国家理科基础科学研究和教学人才培养基地建设教材

有机化学实验

吴美芳　李　琳等　编著

科学出版社
北　京

内 容 简 介

本书共8章，分为有机化学实验技术和实验两篇。上篇包括有机化学实验基础知识、有机合成技术、有机化合物的分离和纯化技术、有机化学实验常用色谱技术、有机化合物的结构表征技术5章，下篇包括基本操作训练和合成实验、有机化合物定性分析实验、研究型实验3章。书末有附录。本书内容丰富新颖，通过典型的实验，将基础有机化学的基本理论、基本知识、基本操作技术与色谱技术、波谱技术、有机化学学科前沿的新技术、新方法融为一体。实验内容紧密结合社会需求和实际应用，注重环保和安全意识，以体现绿色化学的时代特色。

本书可作为综合性大学、师范院校、工科院校化学、应用化学及非化学类专业本科生的有机化学实验教材，也可供从事有机化学和相关专业的科研人员参考。

图书在版编目(CIP)数据

有机化学实验/吴美芳等编著. —北京：科学出版社，2013.8
国家理科基础科学研究和教学人才培养基地建设教材
ISBN 978-7-03-038409-6

Ⅰ.①有… Ⅱ.①吴… Ⅲ.①有机化学-化学实验-教材 Ⅳ.①O62-33

中国版本图书馆CIP数据核字(2013)第194276号

责任编辑：丁 里 / 责任校对：郑金红
责任印制：赵 博 / 封面设计：迷底书装

科学出版社出版
北京东黄城根北街16号
邮政编码：100717
http://www.sciencep.com
北京科印技术咨询服务有限公司数码印刷分部印刷
科学出版社发行 各地新华书店经销
*
2013年8月第 一 版 开本：787×1092 1/16
2025年1月第八次印刷 印张：27 3/4
字数：725 000

定价：75.00元

(如有印装质量问题，我社负责调换)

序

有机化学实验是高等学校化学专业、应用化学专业本科生的必修课，也是化工类专业，环境化学、生物化学、药物化学等专业必修的基础课程。

有机化学实验除培养学生掌握有机化学的基础理论、实验方法、实验技术外，还培养学生的科学思维、严谨的科学态度、实事求是的优良作风，更培养学生分析问题和解决问题的能力。

南京大学化学化工学院老一辈化学家历来十分重视实验教学，已故的著名化学家戴安邦教授指出：化学实验室是实施全面化学教育最有效的场所。正因为实验教学的重要性，改革开放以来，实验教学成为高等学校重要的改革课题。

吴美芳、李琳等编写的《有机化学实验》一书，是南京大学化学化工学院长期从事有机化学实验教学的教师和技术人员积累的成果，也是实验教学不断改革的丰硕成果。南京大学金陵学院从事有机化学实验教学的同仁为该书的出版付出了辛勤劳动。

该书特点显著：

(1) 贯彻树立以学生为本，知识传授、能力培养、素质提高协调发展的教育理念和以能力培养为核心的实验教学观念，构建了基础实验、综合实验、设计型和研究型实验循序渐进的三层次实验教学体系，以利于学生在教师指导下自主实验，以利于学生创新能力的培养。

(2) 体现了三个结合，即基本实验内容与有机化学学科前沿相结合；基本实验方法与现代有机化学先进的实验方法相结合；基本操作与现代大型仪器使用相结合。

(3) 实验内容紧密结合社会需求和实际应用，激发学生实验兴趣。

(4) 选择实验项目时十分注重环保和安全意识，尽可能使用无毒和低毒的药品试剂，并增加多步合成的实验以减少环境污染。

该书内容丰富，信息量大，特色显著，可作为化学类专业和非化学类专业的实验教材。

孙尔康

2013 年 4 月于南京大学

前　言

化学是一门中心的、实用的和创造性的科学，而有机化学则是化学这一中心科学最主要的组成部分之一。自19世纪中叶有机化学学科诞生以来，历经100余年的发展，有机化合物已成为生机勃勃的庞大家族，在迄今为止已知的7000多万种化合物中，绝大多数是有机化合物。而这其中每个化合物的问世，都无不经历过艰苦而复杂的实验过程，一步又一步的合成、分离提纯、结构测试与表征。在人类多姿多彩的生活中，有机化合物无处不在，无处不用。我们的衣、食、住、行都离不开有机化合物，如糖、脂肪、蛋白质、氨基酸、石油、塑料、合成纤维、农药、医药等。而有机化学实验技术是合成有机化合物庞大家族的奠基石，是有机化学得以发展的基础。

随着科学技术的不断发展与进步，各个学科相互交叉渗透，极大地促进了有机化学实验技术的发展。在有机合成中出现了超声有机合成、微波有机合成、电有机合成、光有机合成、组合化学、点击化学等合成技术。计算机技术和量子化学的发展则为设计新的具有特殊功能的有机化合物提供了便利条件。分子蒸馏技术、超临界流体萃取技术等具有传统分离技术难以达到的优势，分离效率高，分离温度低，特别适用于热敏性和化学不稳定性物质的分离。色谱技术的应用越来越广泛，已成为分离、纯化、鉴别有机化合物和跟踪有机反应进程的十分重要的实验技术。特别是气-质、液-质联用技术的提高，高分辨率核磁共振仪的问世，可以十分方便地确定有机化合物的结构，加快了有机合成的发展与进步。

有机化学实验教学的目的是训练学生掌握有机化学实验技术，培养和提高学生的动手能力及发现问题、分析问题和解决问题的能力，使学生养成严肃认真、事实求是的科学态度，严谨细致的工作作风，勇于探索的创新精神和良好的科学素养，为进一步应用化学知识和实验技术开展科学研究、解决生产实践和科学研究中所涉及的化学问题打下坚实的基础。因此，有机化学实验教材的改革和创新是培养21世纪具有开拓和创新精神的有机化学科研及应用型人才的一个非常重要的环节。

为此，我们在吴美芳编写的“有机化学实验讲义”的基础上，结合多年有机化学实验教学改革与实践经验，参考了国内外出版的同类教材和有关文献，编写了本书。

全书共分两篇。

上篇有机化学实验技术，包括有机化学实验基础知识、有机合成技术、有机化合物的分离和纯化技术、有机化学实验常用色谱技术和有机化合物的结构表征技术。主要介绍了有机化学实验安全知识、常用的有机化学文献及有关的网络资源、常规的有机实验技术，相转移催化合成、微波合成、超声波合成、光化学合成、无水无氧操作等现代有机合成实验技术，以及GC、HPLC、UV、IR、^{1}H NMR、GC-MS等现代色谱、光谱分析技术。

下篇实验，包括基本操作训练和合成实验、有机化合物定性分析实验和研究型实验。基本操作训练和合成实验，按照现代性、综合性、应用性、趣味性及绿色化的原则选编了66个有代表性的有机化学反应和类型，兼顾迅速发展的新试剂、新反应、新方法、新技术的实验，其中还编写了5个英文文献实验，作为阅读英文资料和文献合成实验的入门。实验内容编排由浅入深，从简单到复杂，每个实验均以制备—分离、纯化—产品分析为主线详细编写，并且都附有红外光谱图、核磁共振谱图。各个实验既可独立，又可互相组合成多步合成实验，在教学安排上具有较大的机动性。实验规模以小量合成为主，兼顾常量、半微量和微量合成实验。这样既节约了药品，减少了污染物，又有利于实验技术全面训练，实验操作规范化和准确观察有机反应的各种物理化学变化现象，能体现出目标化合物的产率、纯度等，使学生对自己合成的产品不仅有量的概念，而且有质的概念，较全面地认识有机化合物和有机反应，并有助于引导学生的发散性思维，唤起他们进一步提高有机合成技术的热情及创新意识。有机化合物定性分析实验，内容上力求少而精。尽管仪器分析已成为鉴别有机化合物最重要的手段，但是作为基本知识和实验技能，有机化合物定性分析实验仍然是有机化学研究不可缺少的方法，并且是仪器分析无法完全替代的。化学分析方法简单易行，可在极方便的条件下对疑难分析作出迅速判断，为仪器分析补充信息和证据。研究型实验仅提供了 30 个参考课题，由学生根据选题独立查阅文献、选择合成方法，拟订实验步骤，进行实验操作，写出研究结果的小论文。

书末有附录，主要包括有机化学实验常用玻璃仪器单、主要基团的红外特征吸收峰、各类取代苯的特征吸收频率等，以供参考。

本书由吴美芳制订编写大纲，经参编人员讨论后分工编写。参加本书编写的有：吴美芳（第 1 章，第 2 章 2.9，第 8 章），李琳（第 2 章 2.10，第 3 章 3.6，第 6 章实验四十三，第 7 章实验七十六），王杰（第 2 章 2.7），成义祥（第 6 章实验五十六），尹桂（第 2 章 2.1、2.4 和 2.6），于海涛（第 2 章 2.12，第 6 章实验六十二和实验六十三，所有样品的核磁共振谱图数据处理），崔凯（第 2 章 2.8），马洁洁（第 2 章 2.11，第 4 章 4.2.4、4.3.4 和 4.3.5，第 5 章 5.7.2），于海燕（第 2 章 2.13，附录）。本书其他章节为“有机化学实验讲义”的内容。参加实验复核、编写和修改工作的有吴美芳、李琳、王杰、成义祥、尹桂、崔凯、马洁洁、于海燕、丁志远、马一静。全书由吴美芳修改、定稿。书中部分图表由丁志远绘制。于海燕协助本书部分内容的输入以及本书的编排和校对工作。

本书是南京大学从事基础有机化学实验教学的教师和实验技术人员多年教学、科研工作经验的积累和总结。

南京大学原化学实验教学中心主任孙尔康教授为本书作序；老一辈的有机化学实验室主任蔡松传教授、尚云教授和陆婉芳教授以及长期从事有机化学实验教学的教师、参加过本课程教学的研究生和技术人员陆大东、叶涛、杭传亭、卞宁生、王秧年、梁同明等为本书付出了辛勤的劳动；杨晓亮副教授和研究生谢晨为本书做了所有样品的 ^{1}H NMR；奚忠华老师为本书做了部分样品的 IR、HPLC、IR 谱图处理和本书部分内容的输入；南京大学金陵学院 08 级冯秦宇、蔡江、胡浩、朱腾、徐昀同学做了部分新实验的试验工作，09 级的部分学生参加了部分实验的复核工作。在本书编写过程中得到了南京大学金陵学院教务处的资助和南京大学化学实验教学中心主任张剑荣教授、有机化学学科以及科学出版社的大力支持和帮助；还参考了大量的国内外相关文献以及兄弟院校的教材。在此一并向他们表示衷心的感谢！

我们还十分感谢使用过原“有机化学实验讲义”的南京大学的历届学生，他们的实践和建议使本书得以不断完善。

我们在选材和编写过程中虽然尽了努力，但由于水平有限，疏漏与不当之处在所难免，敬请使用本教材的师生、读者批评指正。

编　者

2013 年 4 月于南京大学

目　　录

上篇　有机化学实验技术

下篇　实　　验

上篇

有机化学实验技术

第1章　有机化学实验基础知识

1.1　实验室的一般注意事项

在有机化学实验中，经常要使用易燃、易爆、有毒和腐蚀性的药品以及易碎的玻璃仪器，如果处理不当，就容易发生火灾、爆炸、烧伤、割伤或中毒等事故。此外，电器老化、煤气泄漏等处理不当也会发生事故。为了使实验能顺利进行，实验前需要充分做好准备，预习实验内容，了解实验的目的、要求和基本原理，以及有关试剂和产物的性能，撰写预习报告，安排实验计划。操作时要特别小心谨慎，无论怎样简单的实验，都不能粗心大意，以免发生危险使自身受伤，并且危及他人。一般应注意以下几点：

(1) 进入实验室必须穿实验服，不得穿拖鞋、凉鞋或短裤等裸露皮肤的鞋子和服装，长发必须盘起。

(2) 进入实验室必须先熟悉实验室的环境，如水、电、气开关，消防器材、喷淋和洗眼装置，急救箱及其他实验公用设备的位置及使用方法，实验室安全出口和紧急情况下的逃生路线。沙箱、灭火毯、灭火机等消防用具应放在指定地点，不得随便挪动并妥加保护。

(3) 必须遵守实验室纪律和各项规章制度。按时进入实验室，保持室内安静，不擅离实验岗位，不做与实验无关的事情。在实验室中不可吃东西、吸烟、谈笑。

(4) 节约水、电、煤气和药品。对公用仪器和工具要轻拿轻放并保持整洁，用后放回原处并摆放整齐。公用药品不能任意挪动，保持放置药品的台面整洁。

(5) 实验前，应仔细检查仪器是否完整无损，装置是否正确，所取试剂是否正确。全部装妥确认无误后再开始实验。制备或使用有毒气体、挥发性、刺激性毒性物质时在通风橱中进行，必须戴防护眼罩或眼镜、橡胶手套和防护面具。操作处理易燃溶剂时，应远离火源，保持室内通风。

(6) 初次实验应严格按照教材要求进行，如果要改变操作次序或改变药品使用量，必须先征得指导教师许可。

(7) 做实验时要严肃认真，集中注意力进行观察，要经常注意仪器有无破碎、漏气、反应是否正常，避免事故发生。实验时观察到的现象及实验结果要随时、如实、详细地记录在实验报告本上，不要记录在零散的纸张上，以免遗失。

(8) 将玻璃管、玻璃棒或温度计插入塞子时，应注意塞孔大小是否适合。为了防止玻璃管插入时玻璃管折断而割伤皮肤，玻璃管上涂些甘油，手要垫上抹布，并握住玻璃管靠近塞子的部分，慢慢地旋转而进。

(9) 实验室要保持水槽、仪器、桌面、地面“四洁”。桌上不要放不用的仪器或药品，废纸、火柴梗等应放入指定的废物缸中，切勿丢入水槽，以免堵塞下水道。

(10) 有机溶剂、试剂、废酸或废碱液要分别倒入指定的回收容器中，不要倾入水槽，以免侵蚀水管和发生事故。

(11) 做完实验后，将仪器洗净，排齐置于柜内。如有破损，应向供应站领取补齐。公用仪器擦净归回原处并摆放整齐。把实验台周围打扫干净，经指导教师认可后方可离开实验室。

(12) 每次实验结束前，由学生轮流值日，负责打扫和整理实验室，清理水槽和药品台、实验台、通风橱、地面，清倒废物桶，切断所有水、电、煤气，并关好门窗。

1.2　实验室意外事故的预防与处理

1.2.1　着火

着火是有机化学实验室最容易发生的事故。一场严重的火灾，将对实验室的人身、财产和资料造成严重伤害，所以有效地防范才是对待事故最积极的态度。为了防止着火，实验中应注意以下几点：

(1) 不能用烧杯等敞口容器盛装或加热易燃液体，如乙醚、苯、乙醇、丙酮等。加热时要根据实验要求及易燃物的特点，选择仪器装置和热源，尽可能采用水浴、油浴或电热套加热，装置要安装紧密不漏气，接收器支管应接尾气吸收装置。蒸馏乙醚或二硫化碳时，应采用预先加热的水浴加热，并远离火源。

(2) 回流或蒸馏液体时应放沸石，切勿向正在沸腾的溶液中添加沸石或活性炭，否则会暴沸使物料冲出引起着火。

(3) 切勿将废弃易燃溶剂倒入废液缸或下水道，应倒入指定的回收瓶内再集中处理。

(4) 酒精灯用毕应立即盖灭，避免使用灯颈已经破损的酒精灯。切忌斜持一只酒精灯到另一只酒精灯上点火。

(5) 燃着的或阴燃的火柴梗不得乱扔，应放在表面皿或烧杯中，实验结束后一并倒入指定的固体废物回收桶中。

(6) 电器设备用前必须认真检查是否完好，若有问题应及时更换。

(7) 金属钠、钾遇水容易起火爆炸，不能露置空气中，用过的废钠不得随便丢弃，必须及时回收或用乙醇处理，注意将废钠分批缓慢加入，以防着火燃烧。

(8) 不得在烘箱内存放、干燥、烘焙有机物。

如果发生火灾，应保持沉着镇静。首先要切断电源，关闭煤气开关，并移开附近的易燃易爆物质。然后，根据易燃物的性质和火势大小，采取不同的扑灭方法。小火可用细沙或灭火毯盖灭，大火最好用灭火器。水一般不能用来扑灭着火的有机物，因水能和一些药品(如钠)发生剧烈反应，会引起更大的火灾甚至爆炸，并且大多数有机溶剂不溶于水且比水轻，有机溶剂会漂浮在水面上燃烧，火随水流促其蔓延反而扩大火场。

(1) 若衣服着火，不要奔跑，以免风助火势，应立即脱去外衣将火扑灭。一般小火可立即用湿抹布或灭火毯等包裹使火熄灭。若火势较大，可就近用水龙头浇灭，也可立即就地卧倒打滚，压灭火焰。

(2) 在烧杯、烧瓶、热水漏斗等容器中发生的局部小火可用石棉网、表面皿或木块等盖灭。

(3) 有机溶剂在桌面或地面上蔓延燃烧时，不得用水冲，可撒上细沙或用灭火毯扑灭。

(4) 钠、钾等金属着火，通常用干燥的细沙覆盖。严禁用水、四氯化碳和 1211 灭火器，否则会导致猛烈的爆炸，也不能用二氧化碳灭火器。

(5) 在反应过程中，若冲料、渗漏、油浴着火等引起反应体系着火时，情况比较危险，处理不当会加重火势。扑救时必须谨防冷水溅在着火处的玻璃仪器上，必须谨防灭火器材击破玻璃仪器，造成严重的泄漏而扩大火势。有效的扑灭方法是用几层灭火毯包住着火部位，隔绝空气使其熄灭，必要时在灭火毯上撒些细沙。若仍不奏效，必须使用灭火器，由火场的周围逐渐向中心处扑灭或拨打 119 报警。

(6) 电器及贵重仪器等着火时，要用二氧化碳灭火器灭火，灭火后不留痕迹。

有机化学实验室常用的几种灭火器材及适用范围见表 1.1。

表 1.1　实验室常用灭火器材

灭火器材类型	主要成分及灭火方式	适用范围
沙箱	将干燥沙子储于容器中备用。灭火时，将沙子撒在着火处。平时保持沙箱干燥，切勿放入杂物	扑灭金属着火特别安全有效
灭火毯	灭火毯为玻璃纤维布。灭火时包住火焰即可	常用来扑灭金属钠等局部小火
二氧化碳灭火器	液态 CO_2，窒息灭火法。使用时，一手提灭火器，一手握在喷 CO_2 的喇叭筒的把手上，拉开安全插销，对准火根喷射。要注意手不能握在喇叭筒上，以免冻伤	特别适合扑灭油脂、电器及贵重仪器、易燃液体、易燃气体、图书、档案等和忌水的物质及有机物着火，不能用于扑灭金属着火
泡沫灭火器	由 $Al_2(SO_4)_3$＋$NaHCO_3$ 作用产生 $Al(OH)_3$ 和 CO_2 泡沫，灭火时泡沫把燃烧物质包住，与空气隔绝而窒息灭火，灭火后污染严重，火场清理麻烦，一般非大火不用它	适用于扑灭油类、木材、纸张、布匹等着火，不能扑救水溶性易燃液体，如醇、酯、醚、酮等物质的火灾，也不能用于扑灭电器着火
干粉灭火器	主要成分是 $NaHCO_3$ 等盐类物质，加适量的润滑剂和防潮剂。内有压缩 CO_2 管，使用时用力打击，管破，CO_2 将干粉喷出	适用于油类、可燃液体和气体、电器设备、精密仪器、图书等不能用水扑灭的火灾
1211 灭火器	CF_2ClBr 液化气体。以液态罐装在钢瓶内，利用装在筒内的氮气压力将 1211 灭火剂喷射出灭火。使用时保持灭火器直立，不可水平或颠倒使用，首先拔掉安全销，然后握紧压把进行喷射	适用于扑救易燃液体、气体以及带电设备、精密仪器、高压电器设备、珍贵文物等火灾，不宜用于扑灭金属着火引发的火灾

灭火器是火灾扑救中常用的灭火工具，火灾初起时，由于范围小、火势弱，是扑救火灾最有利的时机，正确及时使用灭火器，可以挽回巨大的损失。无论用哪一种灭火器，都是从火的周围开始向中心扑灭。灭火器使用方法如图 1.1 所示。

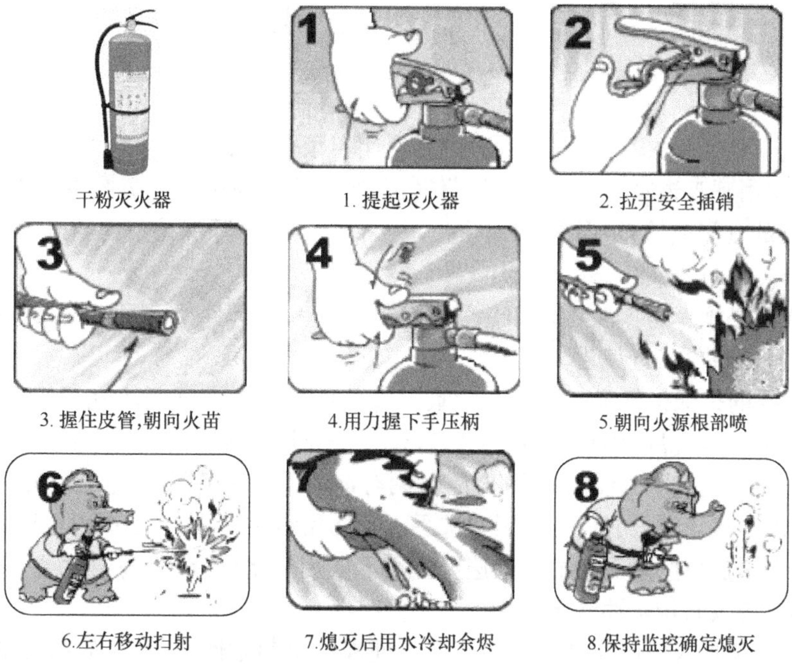

图 1.1　灭火器使用演示

1.2.2　爆炸

爆炸通常是突然发生的，一旦发生无法阻止。爆炸的毁坏力极大，危害十分严重，瞬间危及人身安全，必须引起思想上足够的重视。为了防止爆炸事故的发生，必须注意以下几点：

(1) 使用易燃易爆物，如乙炔、氢气、苦味酸、过氧化物、重氮盐、叠氮化物等或遇水易爆炸的物质如钠、钾等，应严格按操作规程进行。

(2) 浓硝酸、高氯酸和过氧化氢等氧化剂与有机物接触，极易引起爆炸，使用时应特别小心，切勿看错标签，加错药品。

(3) 有的放热反应过于剧烈并生成大量气体，可能引起爆炸。应根据不同情况，控制加料速度、反应温度，必要时采取冷却或防护措施，如防护面罩、安全屏等。

(4) 常压蒸馏或加热回流时，切勿在封闭系统内进行，并经常检查仪器各部分有无堵塞现象。

(5) 减压蒸馏时，不能用平底烧瓶、锥形瓶、薄壁试管等不耐压容器作为接收瓶或蒸馏瓶。必要时，要戴上防护面罩或防护眼镜。

(6) 无论是常压蒸馏还是减压蒸馏，均不能将液体蒸干，以免局部过热或产生过氧化物而发生爆炸。

(7) 使用乙醚等醚类化合物时，必须先检查有无过氧化物存在，若有，应立即用硫酸亚铁等还原剂处理除去过氧化物再进行蒸馏，否则蒸馏时会发生剧烈爆炸。

(8) 如遇瓶塞不易开启时，必须注意瓶内储物的性质，切勿贸然用火加热或乱敲瓶塞。

(9) 煤气灯用完后或中途煤气供应中断时，应立即关闭煤气龙头。发现煤气管、阀门漏气时应立即关闭开关，打开窗户，并通知有关人员进行修理。

如果发生爆炸事故，首先将受伤人员撤离现场，送往医院急救，同时立即切断电源，关闭煤气和水龙头，并迅速清理现场以防引发其他着火中毒等事故。如果已引发了其他事故，则按相应办法处理。

1.2.3　中毒

大多数化学药品都具有不同程度的毒性，使用不慎会造成中毒。化学中毒主要是由下列原因引起的：①由呼吸道吸入有毒物质的蒸气；②有毒药品通过皮肤吸收进入人体；③吃进被有毒物质污染的食物或饮料，误食有毒药品。为了防止中毒，除保持室内通风、勤洗手外，还要注意以下几点：

(1) 实验前必须了解实验中所用化学药品的化学和物理性质、毒性、侵入途径、中毒症状和急救方法等，以减少或避免化学毒物引起的中毒事故。

(2) 最重要的是保护好眼睛。在实验室应该一直佩戴防护眼镜，防止眼睛受刺激性气体熏染，防止任何化学药品特别是强酸、强碱、玻璃屑等异物进入眼内。

(3) 禁止用手直接取用任何化学药品，使用有毒药品时除用药匙、量器外必须佩戴橡胶手套，实验后立即清洗仪器、用具，并用肥皂洗手。若药品沾在皮肤上，不要用乙醇等有机溶剂擦洗，这样反而会增加皮肤对药品的吸收速度。也不要用热水洗涤，因高温时毛孔胀大，有利于毒物渗入体内，应及时用水冲洗干净。

(4) 尽量避免吸入任何药品和溶剂蒸气。处理具有刺激性的、恶臭的和有毒的化学药品必须在通风橱中进行，并戴上防护眼镜和橡胶手套。通风橱开启后，不要把头伸入橱内，并保持实验室通风良好。实验后的有毒残渣必须进行妥善而有效的处理，不准乱扔。

(5) 沾染过有毒物质的衣服、仪器、用具以及打破温度计而洒出的水银，要采取适当的方法及时处理。若出现中毒症状，应到空气新鲜的地方休息，严重者应及时送医院治疗。

(6) 切勿用口吸吸管移取浓酸、浓碱、有毒液体，应用洗耳球吸取。禁止冒险品尝药品，不得用鼻子直接闻气体，而是用手向鼻孔扇入少量气体。

(7) 皮肤上有伤口时，绝不能操作剧毒药品。例如，氰化钠、芳香族硝基化合物、芳胺等，沾及伤口后就会随血液循环至全身，严重的会造成中毒死亡。

实验中若出现咽喉灼痛、嘴唇变色或发绀、胃部痉挛或恶心呕吐、心悸头晕等症状时，则可能是中毒所致。视中毒原因施以下述急救后，立即送医院治疗，不得延误。此外，化学工作者必须懂得苏生法。

(1) 经呼吸道吸入中毒，应立即将患者转移到空气新鲜的地方，解开衣领纽扣，保持呼吸道通畅。对休克者应施以人工呼吸，立即送医院急救。

(2) 经皮肤吸收中毒或腐蚀造成皮肤灼伤，应立即脱去受污染的衣服，用大量清水冲洗，也可用温水，禁用热水，冲洗时间不少于 15min，冲洗越早、越彻底越好，然后用肥皂水洗净。皮肤吸收中毒往往有一段时间过程，要注意观察清洗是否彻底。例如，苯胺清洗不彻底，一定时间后口唇和指甲会出现青紫，需吸氧并注射美蓝缓解。

(3) 一旦眼内溅入任何化学药品，撑开眼睑，立即用洗眼器缓缓持续冲洗 15min。忌用稀酸中和溅入眼内的碱性物质，反之亦然。对因溅入碱金属、溴、磷、浓酸、浓碱或其他刺激性物质的眼睛灼伤者，急救后必须迅速送往医院检查治疗。玻璃屑进入眼睛内是比较危险的。这时应尽量保持平静，绝不可用手揉擦，也不要试图让别人取出碎屑，尽量不要转动眼球，可任其流泪，有时碎屑会随泪水流出。用纱布轻轻包住眼睛后，迅速送医院处理。

(4) 误服药品中毒而发生痉挛或昏迷时，非专业医务人员不可随便进行处理，应立即送医院抢救。除此以外，可采取以下方法处理：先让患者用大量水漱口，除去口腔毒物。为了降低胃中药品的浓度，延缓毒物被人体吸收的速度并保护胃黏膜，可给中毒者服食下列任一种东西，如牛奶、打溶的蛋、面粉、淀粉或土豆泥的悬浮液以及水等。如果一时没有上述东西，可于 500mL 蒸馏水中加入约 50g 活性炭，用前再添加 400mL 蒸馏水，并把它充分摇动润湿，然后给患者分次少量吞服。一般 10～15g 活性炭大约可吸收 1g 毒物。另外，可用手指或勺子的柄摩擦患者的喉头或舌根，使其呕吐。若用这个方法还不能催吐时，可于半酒杯水中加入 15mL 吐根糖浆（催吐剂之一），或在 80mL 热水中溶解一茶匙食盐，给予饮服（但吞食酸、碱之类腐蚀性药品或烃类液体时，因有胃穿孔或胃中的食物一旦吐出而进入气管的危险，遇到此类情况不可催吐）。或把两份活性炭、一份氧化镁和一份丹宁酸混合均匀，称为万能解毒剂。可将 2～3 茶匙此药剂加入一酒杯水使其成糊状，给中毒者服用。

1.2.4 触电

在有机化学实验室中，经常使用烘箱、搅拌器、电吹风、电加热油浴和水浴锅、电热套、变压器、油泵、旋转蒸发仪等电器设备。若使用不当，会发生触电或着火事故。因此，安全用电非常重要，在实验室用电过程中必须严格遵守以下操作规程：

(1) 进入实验室后，首先应了解水、电、气的开关位置，并且掌握它们的使用方法。在实验中，应先将电器设备上的插头与插座连接好，再打开电源开关。不能用湿手或手握湿物去插或拔插头。使用电器前，应先了解它们的使用方法及注意事项，检查线路连接是否正确，运转是否正常后才能使用。实验做完后,应先关闭电源,再拔插头。

(2) 电器内外要保持干净、干燥,切不可进水或其他溶剂。在电器设备附近,不要放置易燃性或可燃性的物质。

(3) 电路中各接点要牢固,防止短路。电路元件二端接头不能直接接触,以免烧坏仪器或产生触电、着火等事故。若电源或电器的保险丝烧断,应先查明原因,排除故障后,再按原负荷换上适宜的保险丝。

(4) 正确操作闸刀开关,应使闸刀处于完全合上或完全拉断的位置,不能若即若离,以防接触不良打火花。禁止将电线头直接插入插座内使用。

如遇人触电,应切断电源后再行处理。救护人员一面注意防止自身触电,一面迅速将触电者拉离电源。可用木柄斧头迅速切断电源。如果不能切断电源时,要用干木条、干燥的布带、皮带或戴上绝缘橡胶手套等,把触电者拉离电源。把触电者迅速转移到附近适当的地方,解开衣服,使其全身舒展。无论有无外伤或烧伤,都要立即找医生处理。如果触电者处于休克状态,并且心脏停搏或停止呼吸,要立即施行人工呼吸或心脏按压。

1.2.5 灼伤

在烧熔和加工玻璃物品时最容易被烫伤。一旦被火焰、蒸气、红热的玻璃、铁器、热油等烫伤,应立即将烫伤处用大量水冲淋或浸泡,以迅速降温避免深度烫伤。轻伤涂以烫伤油膏,重伤涂烫伤油膏后立即送医院。若起水泡不宜挑破,用纱布包扎后去医院治疗。

试剂灼伤在有机化学实验过程中也是经常出现的安全事故,为避免灼伤,在接触这些物质时,最好戴橡胶手套和防护眼镜。一旦被化学药品灼伤,要根据不同情况采取不同的处理方法。

(1) **酸**:若溅在皮肤上,立即用大量水冲洗,然后用5%～10% $NaHCO_3$ 溶液洗涤,再用水洗,最后涂以油膏,并将伤处包扎好。氢氟酸能使指甲、骨头腐烂,滴在皮肤上会形成难以治愈的烧伤。皮肤若被灼烧后,应先用大量水冲洗 20min 以上,再用冰冷的饱和硫酸镁溶液或70%乙醇浸洗 30min 以上;或用大量水冲洗后,用肥皂水或2%～5% $NaHCO_3$溶液冲洗,再用5% $NaHCO_3$溶液湿敷。局部外用可的松软膏或紫草油软膏及硫酸镁糊剂。若溅在眼睛内,先将溅在眼睛外的酸揩去,立即用水冲洗,然后将少许蓖麻油滴入眼睛内。

(2) **碱**:立即用水冲洗,然后用10%硼酸溶液或2% HOAc 溶液洗涤,最后用水洗。涂以油膏,并包扎。若溅在眼睛内,用大量水冲洗后,滴入少许蓖麻油。

(3) **溴**:立即用水冲洗,再用2%硫代硫酸钠溶液洗至伤处呈白色后涂上甘油或烫伤油膏,并将伤处包扎好。溴灼伤是很危险的,灼伤后的伤口一般不易愈合,必须严加防范。眼睛如受溴蒸气所熏,暂时不易睁开,可对盛有乙醇的瓶内注视片刻。

必须注意在受上述药品灼伤后,若创面起水泡,均不宜把水泡挑破。上述各种办法只是应急措施,问题严重者仍需送医院处理。有关急救药品存放在实验室的急救药箱中。

1.2.6 割伤

割伤是实验中最常见的事故之一,为了避免割伤,应注意以下几点:

(1) 玻璃管(棒)切断时不能用力过猛,以防破碎。截断后断面锋利,应在火上熔圆。打扫桌面的碎玻璃管(棒)及毛细管时,要仔细小心。

(2) 将玻璃管(棒)或温度计插入塞子中或橡皮管时，应检查塞孔大小是否合适，并涂点水或甘油润滑后，用布裹住逐渐旋转而入，同时握玻璃管的手应靠近塞子，否则易使玻璃管折断，会引起严重割伤。

(3) 装配或拆卸玻璃仪器装置时要小心进行，不能对玻璃仪器的任何部位施加过度的压力，以防玻璃仪器破损、割手。

玻璃割伤后要及时处理，先取出伤口内的玻璃碎屑等异物，然后用水洗净伤口，挤出一点血，再涂上止血粉或红药水后用消毒纱布包扎。也可在洗净的伤口上贴上“创可贴”，可立即止血，且易愈合。若严重割伤大量出血时，于伤口上下 10cm 处用纱布扎紧，防止大出血，并立即送医院治疗。

1.3　化学药品的使用与保存

有机化学实验及有机化合物的合成研究中经常要使用各种化学药品，而其中很多药品是有毒、可燃和易爆炸的，必须正确使用和保管，严格遵守操作规程，才可以避免事故发生。根据常用化学药品的危险性质，可以大略将其分为易燃、易爆和有毒三类，现分述如下。

1.3.1　易燃化学药品

易燃化学药品见表 1.2。

表 1.2　易燃化学药品

分类	易燃物示例
可燃气体	氢气、氧气、甲烷、乙烷、丙烷、丁烷、乙烯、丙烯、丁烯、乙炔、环丙烷、丁二烯、一氧化碳、甲醚、环氧乙烷、乙醛、氨气、甲胺、二甲胺、三甲胺、乙胺、氰化氢、氯甲烷、氯乙烷、氯乙烯、溴甲烷、硫化氢、二氧化硫等
易燃液体	乙醚、二硫化碳、四氢呋喃、乙腈、苯、甲苯、二甲苯、溴乙烷、石油醚、醇、酯、丙酮、甲乙酮、丙烯醛、丙烯腈、戊烷、异戊烷、己烷、庚烷、辛烷、戊烯、环氧丙烷、二乙烯醚、二氧杂环己烷、苯甲醛、苯胺、苯乙烯、烯丙醇、环己醇、2-乙氧基乙醇、甲酸、乙酸、吡啶、氯苯、羰基镍、烷基铝、乙二醇、二甘醇、乙酰乙酸乙酯、乙醇胺、硝基苯等
易燃固体	红磷、三硫化二磷、萘、铝粉等
遇水燃烧	钾、钠、钙、镁、铝、锌、碳化钙、磷化钙、氨基钠、氢化锂铝等
自燃物质	黄磷、氢化硼、硼烷、有机金属化合物 R_nM(R=烷基或烯丙基，M=Li、Na、K、Rb、Se、B、Al、Ga、Tl、P、As、Sb、Bi、Ag、Zn)及还原性金属催化剂(Pt、Pd、Ni、Cu-Cr)等

对于易燃化学药品的危险性，大致可从闪点、燃点和爆炸极限三个方面加以判断。

(1) **闪点**：指液体表面的蒸气与空气的混合物在遇明火或火花时着火的最低温度。例如，乙醚的闪点－45℃；二硫化碳只有－30℃，是最危险的易燃物。

(2) **燃点**：指液体蒸气在空气中自燃时的最低温度，并且在此温度下无火源(火焰或火花)时，物质可继续燃烧。燃点越低，危险性就越大。但是，即使燃点较高的物质，当加热到其燃点以上的温度时，也是危险的。

(3) **爆炸极限**：指一种可燃气体或蒸气和空气的混合物能着火或引燃爆炸的浓度范围。其最低浓度称为下限，最高浓度称为上限。浓度低于或高于这一范围，都不会发生爆炸。爆炸上下限相隔越大，说明该物质与空气混合有一个很宽的爆炸范围，危险性就越大。例如，乙炔上限是100%，下限2.5%，是危险性很大的易燃物。

从以上部分示例可以看出，具有着火危险的物质非常多，若使用或保管不当，极易引起燃烧事故。实验室保存和使用易燃药品必须特别注意以下几点：

(1) 实验室内不要保存大量易燃溶剂，少量的也须密塞，切不可放在开口容器内，须放在阴凉避光和通风处并远离火源，不能接近电源及暖气等。

(2) 可燃性溶剂均不能用明火直接加热，蒸馏、回流易燃液体时，应防止暴沸及局部过热。易燃蒸气大多比空气重(如乙醚比空气重2.6倍)，能在工作台面流动，即使在较远处的火焰也可能使其着火。尤其处理较大量乙醚时，必须在没有火源且通风的实验室中进行。

(3) 金属锂、钠和钾必须保存在煤油或石蜡油中，装入铁罐盖好，放在干燥处。切割、称量通常要在煤油、无水二甲苯或石油醚覆盖下进行操作。例如，称钠时，先称量盛有无水二甲苯的烧杯，用镊子取出块状钠放于培养皿或干燥、光洁陶瓷板上，用吸水纸擦去煤油，用小刀尽快切去表面的氧化皮，得到表面具有银亮光泽的钠，迅速将其放入已称量的盛有二甲苯的烧杯中，直至达所需质量的钠，然后将多余的钠放回储存瓶中。为加快反应速率，通常将烧杯中的钠在二甲苯覆盖下用小刀切成小块(2mm×4mm)，最后依次用镊子取出小块钠用吸水纸揩去二甲苯，并不断投入反应瓶中。或将小块钠取出放入另一盛有无水石油醚的烧杯中洗去矿物油，然后迅速加入反应混合物中。用过的吸水纸、瓷板、培养皿、小刀等需用95%乙醇或丁醇处理后，方可丢弃和用水清洗。钾的切割和称量与钠相同，由于金属钾比金属钠更活泼，使用时必须非常小心(**注意：金属钾能形成爆炸性的过氧化物，钾表面与空气接触形成的黄色氧化层不能用刀切割，因其会促进爆炸，因此，废弃的金属钾须及时用叔丁醇处理销毁**)。锂常以丝的形式储存于石蜡油中，单位长度的质量是已知的，只需按所需质量切割相应长度的锂丝即可。锂和钾的后处理与钠的后处理一样。

(4) 某些自燃物质，如有机金属化合物、Pd/C等金属催化剂一接触空气就会着火，因此，初次使用时，必须请有经验者进行指导。

(5) 低碳烷烃、乙醛、氯乙烷、溴乙烷、二硫化碳、乙醚、石油醚、苯和丙酮等低闪点的易燃物不得储存于普通电冰箱内，否则即使冰室最低温−18℃，也能由电冰箱内电器开关产生的火花引起着火爆炸。乙醚类物质应放入有防爆装置的电冰箱内保存。

1.3.2 易爆化学药品

爆炸有两种情况：一种是可燃性气体与空气混合，达到其爆炸界限浓度时着火而发生燃烧爆炸；另一种是易分解的物质，由于加热或撞击而分解，产生突然气化的分解爆炸。

当气体混合物发生反应时，其反应速率随成分而变，当达到一定反应速率时，即会引起爆炸，如氢气与空气或氧气混合达一定比例，遇到火焰就会发生爆炸。乙炔与空气也可生成爆炸混合物。汽油、二硫化碳、乙醚的蒸气与空气相混，也可因小火花或电火花导致爆炸。经常使用的乙醚，不但其蒸气能与空气或氧混合，形成爆炸混合物，同时由于光或氧的影响，乙醚可被氧化成过氧化物，其沸点比乙醚高，在蒸馏乙醚时也会引起爆炸。所以无论是何种规格的乙醚，使用时均须先检定其中是否已有过氧化物。检验和除去过氧化物的方法详见无水乙醚的制备实验部分。此外，二氧六环、四氢呋喃、异丙醇及某些不饱和碳氢化合物如丁二烯也可因产生过氧化物而引起爆炸。

某些以较高速率进行的放热反应，因生成大量气体也会引起爆炸并伴随着燃烧的发生。一般来说，易爆物质的化学结构中大多含有以下基团，示例见表1.3。

表 1.3　易爆物中常见的基团及示例

易爆物中常见的基团	易爆物示例
—O—O—	臭氧、过氧化物
$—O—ClO_2$	氯酸盐、高氯酸盐
═N—Cl	氮的氯化物
—ON═C	雷酸盐
—N═O	亚硝基化合物
$—NO_2$	硝基化合物(三硝基甲苯、苦味酸盐)
$—\overset{+}{N}≡N$	重氮及叠氮化合物
—C≡C—	乙炔化合物(乙炔金属盐)

使用可能发生爆炸的化学药品时，必须做好个人防护，需戴面罩或防护眼镜，在防爆玻璃通风橱中进行操作，并设法减少药品用量或浓度，进行微量或半微量实验。对不了解性能的实验，必须先了解清楚后再动手，切勿粗心大意。实验室危险药品要妥善保存，如苦味酸须保存在水中，某些过氧化物(如过氧化苯甲酰)必须加水保存。易爆炸残渣必须妥善处理，不得随意乱扔。例如，残留的卤氮化物可用氨使成碱性分解，叠氮化合物及雷酸银可经酸化分解，过氧化物用还原方法销毁。

1.3.3　有毒化学药品

实验室中大多数化学药品都是有毒物质。通常，进行实验时，因为用量很少，除非严重违反使用规则，否则不会由于一般性的药品而引起中毒事故。但是，对毒性大的物质，如果一旦用错就会发生事故，甚至会有生命危险。因此，在使用剧毒药品时，必须十分谨慎。有的药品经长期接触或接触量过多，也会引起急性或慢性中毒，影响健康。但只要掌握使用毒物的规则和防护措施，就可避免或把中毒机会减少到最低程度。有毒化学药品通常由以下途径侵入人体：

(1) 由呼吸道侵入，经血液循环而至全身。因此有毒实验必须在通风橱内进行，并经常注意室内空气流通。

(2) 由皮肤黏膜侵入。眼睛的角膜对化学药品非常敏感，故进行实验时，必须戴防护眼镜。若皮肤经久接触，或有伤口、或用沾污了的手取食或抽烟，均能将药品带入体内，导致全身中毒，或危害皮肤引起过敏性皮炎。所以进行实验操作时，注意勿使药品直接接触皮肤，必要时可戴手套。

(3) 由消化道侵入。这种情况不多，为防止中毒，任何药品不得用口尝味，严禁在实验室进食，实验结束后必须洗手，严禁将毒物带出实验室。

下面对有毒化学药品进行分类(表 1.4)介绍，以加强防护措施，避免药品对人体的伤害。

表 1.4　有毒物质的分类

分类	特点	示例物质
毒气	容许浓度＜$200mg/m^3$(空气)的气体	光气、氰化氢
毒物	口服致命剂量为每千克体重 30～300mg 的物质	硝酸、苯胺、硝基苯
剧毒物	口服致命剂量＜每千克体重 30mg 的物质	氰化钠、汞

1. 有毒气体

溴、氯、氟、氢氰酸、氟化氢、溴化氢、氯化氢、二氧化硫、硫化氢、光气、氨、一氧化碳等均为窒息性或具刺激性气体。在使用以上气体或进行产生以上气体的实验时，必须在通风良好的通风橱中进行，并设法吸收有毒气体，减少环境污染。若遇大量有害气体逸至室内，应立即关闭气体发生装置，迅速停止实验，关闭火源、电源，离开现场。

2. 强酸和强碱

硝酸、硫酸、盐酸、氢氧化钠、氢氧化钾等均刺激皮肤，有腐蚀作用，造成化学烧伤。吸入强酸烟雾，会刺激呼吸道，使用时应倍加小心，并严格按规定的操作进行。取用酸或碱时，必须戴防护眼镜及橡胶手套。稀释硫酸时，必须将硫酸慢慢倒入水中，并伴随搅拌，不要在不耐热的厚玻璃器皿中进行。储存碱的瓶子不能用玻璃塞，以免碱腐蚀玻璃，使瓶塞打不开，最好储存于聚乙烯、聚丙烯或聚苯乙烯塑料瓶中。配制碱液时，应在烧杯中进行，不能在小口瓶或量筒中进行，以防容器受热破裂造成事故。开启氨水、盐酸或双氧水瓶时，必须事先冷却，瓶口朝无人处，最好在通风橱内进行。若遇酸碱等腐蚀药品泼洒在地上或桌面，须先用沙或土吸附除去，再用水冲洗。切不可直接用抹布、拖把或纸去除强酸。

3. 无机化学药品

(1) 氰化物及氢氰酸毒性极强、致毒作用极快，空气中氰化氢含量达 0.03%，数分钟内即可致人死亡；内服极少量氰化物，也可很快中毒死亡。使用时，须特别注意，氰化物必须密封保存，因其易发生以下变化：

空气中 $KCN+H_2O+CO_2 \longrightarrow KHCO_3+HCN$ 或 $2KCN+H_2O+CO_2 \longrightarrow K_2CO_3+2HCN$

潮湿 $KCN+H_2O \longrightarrow KOH+HCN$

遇酸 $KCN+HCl \longrightarrow KCl+HCN$

氰化物要有严格的领用保管制度，取用时必须戴厚口罩、防护眼镜及手套，手上有伤口时不得进行该项实验。研碎氰化物时，必须用有盖研钵，在通风橱中进行（不抽风）。使用过的仪器、桌面均应亲自收拾，用水冲净，手及脸也应仔细洗净。实验服可能也被污染，必须及时换洗。氰化物的销毁方法是使其与亚铁盐在碱性介质中作用生成亚铁氰酸盐。

$$2NaOH+FeSO_4 \longrightarrow Fe(OH)_2+Na_2SO_4$$

$$Fe(OH)_2+6NaCN \longrightarrow 2NaOH+Na_4Fe(CN)_6$$

(2) 汞室温下即能蒸发，毒性极强，能导致急性或慢性中毒。空气中允许的汞蒸气浓度为 $0.01mg/m^3$，而汞蒸气压在 20℃时为 0.173Pa (0.0013mmHg)，所以使用时必须注意室内通风。提纯或处理汞时，必须在通风橱内进行。不要让汞直接暴露在空气中，汞要存放在厚壁器皿中，上面盖一层甘油。玻璃瓶装汞只能装至半满。拿盛有汞的器皿时必须用手托住瓶底，以免由于汞本身的质量压破瓶底。倒汞时必须在搪瓷盘上操作，以免将汞撒落在地上。汞落地无孔不入，挥发出的汞蒸气更多。如果不慎将汞泼翻，可用水泵减压收集，分散的细粒也要尽量汇拢，用滴管收集，然后用硫磺粉、锌粉或三氯化铁溶液清除。使用和储存汞最好有专门的实验室，且必须阴凉、低温、通风，隔绝火、热、电源，与易爆品、氧化剂、酸类隔离存放，操作时应戴口罩、穿戴防护用具。

(3) 液溴可致皮肤烧伤甚至溃疡，产生剧烈刺痛，不易医治。溴蒸气刺激黏膜，甚至可使眼睛失明。使用时应戴防毒面具、防护眼镜、橡胶手套，穿防腐工作服，且必须在通风橱中进行。取用后应注意液溴上面添加 1/3 左右的蒸馏水，防止溴挥发。盛溴的玻璃瓶必须密塞后放在金属罐中，妥善存放，以免撞倒或打翻。若泼翻或打破，应立即用沙掩埋。若皮肤灼伤，应立即用稀乙醇洗或用大量甘油按摩，然后涂以硼酸凡士林软膏。气温低时应注意保温，防止溴及蒸馏水冻结，使容器破裂。不宜与有机物、易燃物、氨水、酸类混放在一起。

(4) 黄磷极毒，切不能用手直接取用，否则会引起严重持久烫伤。

4. 有机化学药品

(1) 有机溶剂均为脂溶性液体，对皮肤黏膜有刺激作用，对神经系统有选择性刺激作用。例如，苯不但刺激皮肤，易引起顽固湿疹，而且对造血系统及中枢神经系统有严重损害。又如，甲醇对视神经特别有害。大多数有机溶剂蒸气易燃，在条件许可的情况下，最好用毒性较低的石油醚、醚、丙酮、甲苯、二甲苯代替二硫化碳、苯和卤代烷类。使用有机溶剂时注意防火，保持室内空气流通，一般用苯提取应在通风橱内进行。

(2) 硫酸二甲酯，吸入及皮肤吸收均可中毒，且有潜伏期，中毒后呼吸道感到灼痛，对中枢神经影响大，滴在皮肤上能引起坏死、溃疡，恢复慢。

(3) 苯胺及苯胺衍生物，吸入或经皮肤吸收均可致中毒。慢性中毒引起贫血，且影响持久。

(4) 芳香硝基化合物，化合物中硝基越多毒性越大，在硝基化合物中增加氯原子也将增加毒性。此类化合物的特点是能迅速被皮肤吸收，中毒后引起顽固性贫血及黄疸病，刺激皮肤引起湿疹。

(5) 苯酚能够灼伤皮肤，引起坏死或皮炎，沾染后应立即用温水及稀乙醇洗。

(6) 生物碱大多数具有强烈毒性，皮肤也可吸收，少量即可导致中毒，甚至死亡。

(7) 致癌物，很多烷基化试剂长期摄入人体内有致癌作用，应予注意。其中包括硫酸二甲酯、对甲苯磺酸甲酯、*N*-甲基-*N*-亚硝基脲、亚硝基二甲胺、偶氮乙烷以及一些丙烯酯类等。一些芳香胺类由于在肝脏中经代谢生成 *N*-羟基化合物而具有致癌作用，其中包括 2-乙酰氨基芴、4-乙酰氨基联苯、2-乙酰氨基苯酚、2-萘胺、4-二甲氨基偶氮苯等。部分稠环芳香烃化合物，如 3,4-苯并蒽、1,2,5,6-二苯并蒽和 9-及 10-甲基-1,2-苯并蒽等，都是致癌物，而 9,10-二甲基-1,2-苯并蒽属于强致癌物。

使用有毒药品时必须小心，要首先了解其性质与使用方法。不要沾污皮肤、吸入蒸气及溅入口中。最好在通风橱内操作，必要时戴防护眼镜及橡胶手套，小心开启瓶塞，以免破损散出。使用过的仪器应亲自冲洗干净，残渣废料分别倒入指定的废物缸内。经常保持实验室及台面整洁也是避免发生事故的重要措施。

1.3.4　气体钢瓶

1. 钢瓶常识

有机化学实验室经常使用各种气体钢瓶，有些是用作合成原料，有些是用作保护性气体，如丙烯、乙炔、丁二烯、溴甲烷、氯乙烯、环氧乙烷、光气、氨气、二氧化碳、氢气、氮气、氩气、氦气等。气体钢瓶是储存压缩气体和液化气的高压容器，容积一般为 40～60L，最高工作压力为 15MPa(150atm)，最低的也在 0.6MPa(6atm)以上。由于气体钢瓶压力很高，有些气体有毒或易燃、易爆，为了确保安全，避免各种钢瓶相互混淆，常把钢瓶外部漆成不同颜色，并标明瓶内气体的名称，我国常用气体钢瓶的标志见表 1.5。

表 1.5　常用气体钢瓶的标志

气体类别	瓶身颜色	标字颜色/字样	色环
氮	黑	淡黄/氮	
氧	天蓝	黑/氧	P=20,白色单环 P=30,白色双环
空气	黑	白/空气	
氢	淡绿	大红/氢	P=20,淡黄色单环 P=30,淡黄色双环
氨	淡黄	黑/氨	
二氧化碳	铝白	黑/二氧化碳	P=20,黑色单环
氯	深绿	白/氯	
乙炔	白	大红/乙炔不可近火	
氦	银灰	深绿/氦	P=20,白色单环
氩	银灰	深绿/氩	P=30,白色双环
其他可燃气体	大红	白	
其他不可燃气体	黑	黄	

注:色环栏内的 P 是气瓶的工作压力,MPa。

标准高压气体钢瓶是按国家标准制造的,在钢瓶肩部用钢印打出标记,如图 1.2 所示。

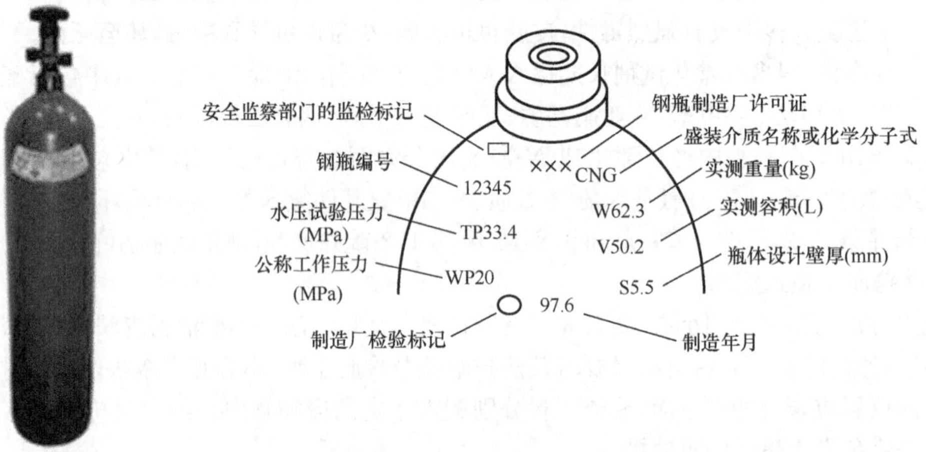

图 1.2　钢瓶及钢印标记

2. 高压钢瓶的使用

(1) 搬运钢瓶时,要装好钢瓶帽和橡皮腰圈,轻拿轻放,用气瓶推车搬运(图 1.3)。不许在地上滚动钢瓶,要避免撞击、摔倒和剧烈震动,以防发生爆炸。

(2) 气体钢瓶放置和使用时,必须用气瓶固定板或气瓶固定架固定牢靠(图 1.4)。易燃易爆有毒气体最好存放在全自动报警气瓶柜中,一旦有气体泄漏,该报警系统自动报警并自动排风,把危险气体排出室外。

(3) 在钢瓶上装上配套的减压阀。检查减压阀是否关紧,方法是逆时针旋转调压手柄至螺杆松动为止。打开钢瓶总阀门,此时高压表显示瓶内储气总压力。然后慢慢地顺时针转动调压手柄,至低压表显示出实验所需压力为止。

图1.3　气瓶推车

图1.4　气瓶固定架

(4) 停止使用时，先关闭总阀门，待减压阀中余气逸尽后，再关闭减压阀。

3. 钢瓶使用注意事项

(1) 钢瓶应存放在阴凉、干燥、远离热源(如阳光、暖气、炉火)的地方。钢瓶受热后，气体膨胀，瓶内压力增大，易造成漏气，甚至爆炸。可燃性气体钢瓶应与氧气钢瓶分开存放。氢气钢瓶应放置在实验大楼外专用的小屋内，用紫铜管引入实验室，并安装防止回火的装置。

(2) 使用气体钢瓶时，应装减压阀和压力表。可燃性气瓶(如 H_2、C_2H_2)气门螺丝为反丝，即逆时针方向拧紧；不燃性或助燃性气瓶(如 N_2、O_2)为正丝，即顺时针拧紧。各种压力表中，除氮气和氧气可相互通用外，其他一般不可混用，只能用于规定的气体，以防爆炸。

(3) 绝对不可将油或其他易燃物、有机物沾在钢瓶上，特别是阀门嘴和减压阀处。也不得用棉、麻等物堵漏，以防燃烧引起事故。

(4) 要注意保护好钢瓶阀门。开关阀门时，首先弄清方向，再缓慢旋转，否则会使螺纹受损。开启总阀门时，不要将头或身体正对总阀门，应站在压力表的另一侧，以防减压阀或压力表被冲出受到击伤。

(5) 可燃性气体要有防回火装置。有的减压阀已附有此装置，也可在气体导管中填装细铁丝网防止回火，在导气管路中加接液封装置也可有效地起到保护作用。

(6) 不可将钢瓶内的气体全部用完，一定要保留0.05MPa(约0.5kgf/cm^2)以上的残留压力(减压阀表压)。可燃性气体如乙炔应剩余0.2～0.3MPa(2～3kgf/cm^2)，氢气应保留2MPa(约20kgf/cm^2)，以防重新充气时发生危险。

(7) 各种高压气体钢瓶必须定期送有关部门检验，合格的才能充气。充一般气体的钢瓶三年必须送检一次；充二氧化碳、氯气等腐蚀性气体的钢瓶至少每两年送检一次；充惰性气体的钢瓶每五年送检一次。

(8) 使用液氮钢瓶时要注意把门窗打开，保持室内通风良好，最好不要放在实验室内。因为实验室的空间都不大，万一液态氮漏气就可能造成局限空间的缺氧窒息，很危险。更何况液态氮容器本身就会为了泄压而不断释放微量氮气，应该设法将其直接排出室外。一般的实验室通风并不很好，使用液态氮的房间最好装设氧气警报器。

4. 氧气减压阀工作原理

氧气减压阀俗称氧气表(图1.5)，其结构见图1.6。阀腔被减压阀门分为高压气室和低压气室两部分。前者通过减压阀进口与氧气瓶连接，气压可由高压表读出，表示钢瓶内的气压；后者经出口与工作系统连接，气压由低压表给出，压力大小由调节螺杆控制。使用时先打开钢瓶总开关，然后顺时针方向(右旋)转动减压阀调节螺杆，螺杆压缩主弹簧，进而传动弹簧垫块、薄膜和顶杆，将阀门打开。高压气体即由高压气室经阀门节流减压后进入低压气室，并经出口通往工作系统。转动调节螺杆，改变活门开启的高度，调节高压气体的通过量并达到所需的压力，停止旋转螺杆。停止用气时，逆时针（左旋）转动螺杆，使主弹簧恢复自由状态，阀门封闭。减压阀装有安全阀，当压力超过许用值或减压阀发生故障时即自动开启放气。其他减压阀的原理和结构与氧气减压阀基本相同，但需注意，各种气体减压阀不能混用。安装减压阀时，应特别注意减压阀与钢瓶螺纹的方向，不要弄错，如氢气减压阀为左旋螺纹，否则会损坏螺纹。

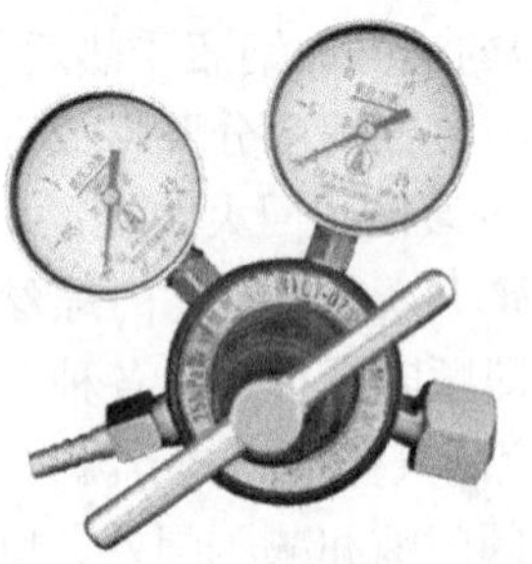

图 1.5　氧气表

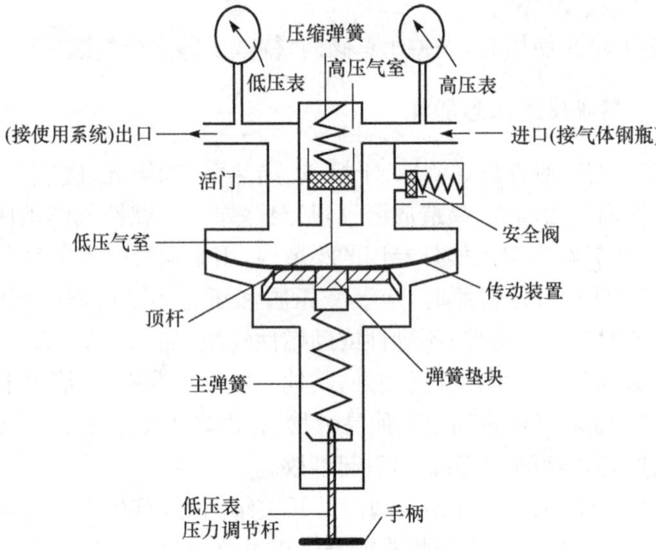

图 1.6　氧气减压阀结构

5. 钢瓶使用示例——氧气瓶

按图 1.7 装好氧气减压阀。使用前，逆时针方向转动减压阀手柄，直至最松位置。此时减压阀关闭，高压表读数指示钢瓶内压力。用肥皂水检查减压阀与钢瓶连接处是否漏气，如不漏

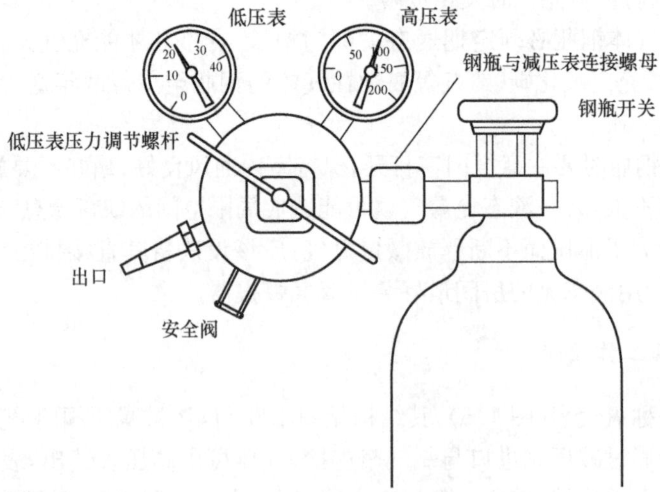

图 1.7　减压阀的安装

气，即可顺时针旋转手柄，减压阀门即开启送气，直至达到所需压力时，停止转动手柄。停止用气时，先关钢瓶阀门，让气排空。当高压表和低压表均指到"0"时，逆时针转动手柄到最松位置，此时减压阀重新关闭。否则下次开启钢瓶阀门时，高压气体将直接冲入充气体系，轻则冲坏设备，重则发生爆炸，还会使减压阀门失灵，致使其失去调节压力的作用。若使用时发现漏气，应关闭阀门后请有关人员处理。此外，氧气钢瓶上阀门的螺纹绝不能涂润滑脂，否则会导致爆炸。

1.3.5　气体发生器

气体发生器使用方便、安全，启动电源开关即可产气，既可以间歇供气，也可以连续供气。可以替代使用、存放均危险的高压钢瓶作为有机实验室的供气设备。根据气体种类的不同和所需气体纯度的高低，气体发生器制备气体所采用的工艺也有所不同。多数情况下，气体发生器利用膜片和特定的吸附剂来制备极高纯度（≥99.99%）的气体。目前实验室常用的气体发生器主要有氮气、氢气、空气、氧气和臭氧发生器，如图1.8所示。

(a) 氢气发生器　　(b) 氮气发生器

图1.8　气体发生器

气体发生器的特点如下：①使用安全，使用时气压低，关机后残余气量少，并有过压保护装置，使用绝对安全；②操作方便，随开随关，一劳永逸；③成本低廉，氢气发生器使用过程中只消耗蒸馏水，最大功率150W，氮气发生器只消耗空气（需另接空气源），最大功率100W；④结构紧凑，外形美观，占地面积小。

1.4　实验预习、记录和实验报告

1.4.1　实验预习

实验预习是做好有机化学实验的重要环节。因为有机化学实验经常使用有毒、易燃或易爆的药品，若实验者对该做的实验一无所知，在实验中慌张忙乱，不仅做不好实验，还很容易引发事故。为了避免事故，并能积极主动、准确、有条不紊地完成实验，实验前必须做好充分的预习。教师应该严格检查学生预习情况，有义务拒绝未进行实验预习的学生进行实验，并且给予警告和教育。

实验预习的具体要求如下：

(1) 在做每一个实验前，必须仔细阅读有关的实验教材，了解实验目的和要求，弄清楚本次实验要做什么，怎样做，为什么要这样做，以及做好本实验的关键。

(2) 了解实验原理，写出主反应、可能产生的副反应及反应机理。

(3) 查阅文献，了解目标产物的其他制备方法、应用及目前研究进展等，并将文献进行小结、综述或写成阅读笔记，并记下文献出处。

(4) 查阅实验中涉及的所有试剂、产物及副产物的MSDS(Material Safety Data Sheet，化学品安全技术说明书)，将其中主要内容如理化特性、危险(害)性、防护措施、安全使用方法、急救和消防措施、安全储存条件及注意事项、废弃处置方法等记录在报告本上或做成卡片。

(5) 以表格的形式列出实验中所用试剂的名称、规格、用量(克、毫升、摩尔)及纯化和配制方法。

(6) 画出反应及产物分离纯化装置图,并标明仪器名称、规格及要求等。

(7) 预习实验中涉及的有关操作,如无水操作、搅拌、加热、萃取、干燥、减压蒸馏、折光率测定、色谱分析和光谱鉴定等实验技术部分的知识。了解玻璃仪器的安装、使用及测试仪器设备的原理、构造及正确的使用方法等。

(8) 根据实验内容,用自己的语言以图示形式简明扼要地写出整个实验步骤的流程。步骤中的文字可用符号简化。例如,化合物可写分子式;用量用“g”及“mL”;加热用“△”;添加用“+”;沉淀用“↓”;气体逸出用“↑”等。

(9) 写出每步操作的目的及注意事项,实验中可能存在的危险及预防措施。

(10) 将实验结果如产品外观、产量、产率、熔点、沸点、折光率、比旋光度、纯度等预先列成表格。

(11) 按照反应方程式中反应物和生成物的物质的量计算出理论产量。

(12) 回答本实验中的思考题。

(13) 列出实验时间进度安排。

预习报告叙述要简明扼要,图示清晰全面,参照预习报告进行实验操作时能够一目了然。

1.4.2 实验记录

实验记录是实验的原始记载,是整理实验报告和研究论文的根本依据,同时也是培养学生严谨的科学作风和良好工作习惯的重要环节。实验记录应遵循真实、详细、及时的原则。“真实”就是根据自己的实验事实如实地记录实验中的情况,绝不能做任何不符实际的虚伪记录。“详细”要求对实验中的任何数据、现象以及实验操作中的各项内容都做详细记录。有些数据、内容宁可在整理总结实验报告时舍去,也不要因为缺少数据而浪费大量时间重新实验。记录应清楚、明白,不仅自己目前能看懂,而且在几十年后其他人也应该看得懂。“及时”是指实验时要边做实验边记录,不要在实验结束后补做“回忆录”或以零散纸张暂记再转抄。回忆或转抄容易造成漏记和误记,影响实验结果的准确性和可靠程度。如果记录有错误,不要擦除或用涂改液抹掉,应用笔轻轻划一横,并在旁边写上正确的信息和数据。

实验记录的内容应包括实验的全部过程,具体包括:

(1) 日期、室温、天气。

(2) 仪器名称、规格、型号及装置。

(3) 药品生产厂家及生产日期、药品的颜色、计量方式、加入的数量、加料方式,每一步操作的时间、内容和所观察到的现象(如搅拌速度、加热温度和加热后反应的变化、固体溶解情况、反应液颜色变化、有无沉淀及气体的出现等)。

(4) 测试仪器的名称、规格与型号,产品的外观、产量、产率、测定的物理常数数据及光谱分析谱图。

(5) 实验中的挫折及处理手段等。

实验记录必须做到简明、扼要,字迹清楚、整洁。

1.4.3 实验报告

做完实验后,总结所做的工作,分析出现的问题,整理归纳实验结果是完成实验不可缺少的环节，同时也是把直接的感性认识提高到理性思维阶段的必要步骤，还是科学研究中撰写科研论文的基本训练，因此务必要认真地完成实验报告。

实验报告的格式列举如下。

1. 性质实验报告

实验×　　××××

(1) 操作记录。

步骤	现象	反应式	结论

(2) 问题讨论。

2. 合成实验报告

实验×　　××××　　　日期　　天气

(1) 实验目的。

(2) 实验原理：反应式和主要副反应。

(3) 主要试剂及产物的物理常数。

<table>
<tr><th rowspan="3">试剂名称</th><th rowspan="3">分子式</th><th rowspan="3">相对分子质量</th><th colspan="3">试剂用量</th><th colspan="4">物理常数</th></tr>
<tr><th rowspan="2">实际用量</th><th colspan="2">物质的量</th><th rowspan="2">沸点</th><th rowspan="2">熔点</th><th rowspan="2">密度</th><th rowspan="2">溶解度</th></tr>
<tr><th>理论</th><th>实际</th></tr>
<tr><td></td><td></td><td></td><td></td><td></td><td></td><td></td><td></td><td></td><td></td></tr>
</table>

(4) 仪器及装置。

(5) 实验步骤及现象。

时间	实验步骤	现象

(6) 实验结果。

<table>
<tr><th rowspan="2">产品名称</th><th colspan="2">产量</th><th rowspan="2">产率/%</th><th colspan="2">熔(沸)点</th></tr>
<tr><th>理论</th><th>实际</th><th>文献</th><th>实际</th></tr>
<tr><td></td><td></td><td></td><td></td><td></td><td></td></tr>
</table>

(7) 问题讨论：内容包括写出自己实验中的心得体会和对实验的意见、建议，通过讨论来总结和巩固在实验中所学的理论和技术，进一步培养分析问题和解决问题的能力。

(8) 思考题解答。

1.4.4 实验产率的计算

有机化学反应中，理论产量是指根据反应方程式，原料全部转化成产物，同时在分离和纯化过程中没有损失的产物的质量。实际产量是指实验中实际分离获得的纯粹产物的质量。产率是指实际得到的纯粹产物的质量和计算的理论产量的比值，即

$$产率=\frac{实际产量}{理论产量}\times 100\%$$

理论产量的计算：若参加反应的物质有两种或两种以上，首先必须写出反应方程式。为了提高产率，往往增加反应物质之一的用量，在这种情况下应以用量少的物质即全部参加反应的物质为基准来计算理论产量。

下面举一实验报告示例。

实验×　1,2-二溴乙烷的制备　日期 2010.4.23　天气晴　室温 22℃

一、实验目的

(1) 了解烯烃的加成反应和双键的活泼性。

(2) 练习安装气相反应的实验装置。

二、实验原理

反应式

$$CH_3CH_2OH \xrightarrow[170℃]{浓 H_2SO_4} CH_2=CH_2$$

$$CH_2=CH_2 + Br_2 \longrightarrow CH_2BrCH_2Br$$

副反应

$$SO_2 + Br_2 + H_2O \longrightarrow HBr + H_2SO_4$$

$$Br_2 + NaOH \longrightarrow NaBr + H_2O$$

三、试剂与产物的物理性质

主要试剂及产物的物理常数

名称	相对分子质量	性状	折光率	相对密度	熔点/℃	沸点/℃	溶解度/(g/100mL 溶剂)		
							水	醇	醚
乙醇	46.07	无色透明液体	1.3611^{20}	0.7893_4^{20}	−117.3	78.3	∞	∞	∞
乙烯	28.05	无色略带甜味气体		0.384_4^{-10}	−169.4	−103.9	微溶	溶	溶
1,2-二溴乙烷	187.87	无色挥发性液体	1.5387^{20}	$2.17\sim2.18_4^{20}$	9.79	131.36	不	易	易
溴	159.81	红棕色发烟液体		3.12_4^{20}	−7.3	58.8	微溶	溶	溶

四、主要试剂用量及规格

20mL 95%乙醇(化学纯)；5mL 溴(化学纯)；40mL 浓硫酸(工业)；5%氢氧化钠溶液。

五、仪器装置

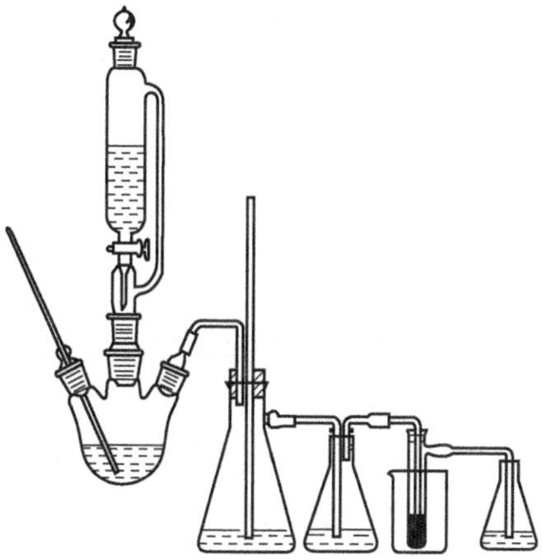

制备 1,2-二溴乙烷的装置

1. 乙烯发生器；2. 安全瓶；3. 洗气瓶；4. 反应管；5. 吸收瓶

六、实验步骤及现象

时间	步骤	现象
12:30	(a)安装如图，用 250mL 三颈瓶作为乙烯发生器，瓶内加 2 勺细沙，温度计水银球部分伸到距瓶底 2mm 处，洗气瓶和尾气吸收瓶中各装 50mL 5%氢氧化钠溶液，吸滤管中装有 5mL 溴并覆盖 3mL 水，将吸滤管置于盛冷水的烧杯中	
13:00	(b)取 40mL 浓硫酸在冷水冷却下慢慢加入 20mL 乙醇中，摇均，取 10mL 放入三颈瓶，其余放入滴液漏斗中	硫酸加入时溶液变热，需要在不断摇动下用水进行冷却
13:30	(c)慢慢加热至 160℃，开始滴加混合液，保持温度在 200～215℃	温度升高，洗气瓶及反应管中有气泡产生，三颈瓶中有大量气体生成，反应管中的红色渐渐变淡，最后呈白色浑浊油状物，吸收瓶中溶液略呈黄色
15:30	(d)产品移至分液漏斗，用 20mL 水和 20mL 5%氢氧化钠洗涤，再用 25mL 水洗两次，将产品分出，用氯化钙进行干燥	产品是白色浑浊油状物，沉于分液漏斗底部，干燥后产品呈无色透明液体
17:00	(e)产品过滤到 25mL 磨口瓶中进行蒸馏，收集 130～131.5℃馏分	未见前馏分，温度一直保持稳定，待温度开始下降停止蒸馏。产品为无色透明液体，质量 15g

七、产率计算

$$CH_2{=}CH_2+Br_2 \longrightarrow CH_2BrCH_2Br$$

$$\begin{array}{cc} 159.81 & 187.87 \\ 3.12\times5 & x \end{array}$$

$$\text{理论产量 } x=\frac{187.87\times5\times3.12}{159.81}=18.3(\text{g})$$

$$\text{产率}=\frac{15}{18.3}\times100\%=83\%$$

八、实验讨论

本实验为气液相反应,仪器装置的严密与否是本实验成败的重要因素。若漏气使乙烯无足够的压力通入反应瓶中,则不可能将其全部溴转变成二溴乙烷。

反应开始加热时,可先将洗气瓶与盛溴的吸滤管间的连接橡皮管打开 1～2min,以排出瓶中的空气,否则瓶中排出的空气将带出溴,从而影响产量。

反应进行到后期时,吸滤管的冷却温度最好不要过低,因为 1,2-二溴乙烷的凝固点为 9.79℃。

1.5 有机化学文献简介

文献资料是人类文化科学知识的载体,是社会发展的宝贵财富。化学文献是化学领域中科学研究、生产实践等的记录和总结,通过文献的查阅可以了解某个课题的历史情况及目前国内外的水平和发展动向。这些丰富的资料能为我们提供大量的信息,借以充实头脑,开阔视野。学会查阅化学文献,对提高学生分析问题和解决问题的能力,更好地完成有机化学实验这门课程是十分重要的。

下面简要介绍常用的有机化学文献及其查阅方法。

1.5.1 工具书

1. *CRC Handbook of Chemistry and Physics*

这是一本英文的化学与物理手册,由美国化学橡胶公司(Chemical Rubber Company,简称 CRC)出版。1913 年出第一版,以后每年累积增新并再版一次,至 2011 年已出版了第 92 版,较新的版本封面上有 CRC 标记。它是一本关于化学、物理及其相近学科数据资料最完整、最详细的手册。其内容分为:A. 数学用表、B. 元素和无机化合物、C. 有机化合物、D. 普通化学、E. 普通物理常数和 F. 其他共六个部分书末附有主题索引。从 71 版起,该手册内容由原来的六个部分调整为十六个部分,而 88 版起至今又扩充为二十个部分,除保留原内容外,还增加了很多新的内容。

有机化学实验中经常用到的是 C 部分(71 版起为第三部分)。这部分的主要内容 (C42～C553;3-12～3-523)是列出了 15 031 个常见有机化合物的物理常数,如相对分子质量、结晶形状、颜色、折光率、相对密度、沸点、熔点，以及在各种溶剂中的溶解度等。各有机化合物按照其母体英文名称的字母顺序排列，母体名后的基团名称也按字母顺序排列。例如，要查甲醇的常数，可以从它的英文名称 methanol 查，这样可查到它的分子式是 CH_3OH，相对分子质量是 32.04，沸点 65.15℃，熔点−93.9℃，相对密度 $0.7914^{20/4}$，折光率 1.3288^{20}，溶于水、乙醚、丙酮、苯、氯仿。

如果不知道英文名称，则可根据甲醇分子式 C_1H_4O，从 C631～C663(3-601～3-633)有机化合物分子式索引中的 C1 部分查到 C_1H_4O，它的后面有编号 09127，根据编号可以查到甲醇的常数。由于有机化合物存在同分异构现象，如乙醇分子式为 C_2H_6O，从分子式索引的 C2 部分中查到编号有 06708 和 09155，结果查得 06708 是乙醇，09155 是二甲醚。这不如用英文名称查方便。

有机化合物的常数表中有各种符号和英文缩写，可从该表前的符号和缩写一览表中查得原文。表中最后一栏(第 80 版起为倒数第二栏)为参考文献，即数据来源，如 B24，94 表示为 Beilstein 第二补编，第 4 卷，第 94 页；80 版起为 5-18-11-01234，表示为第Ⅴ补编，18 卷，11 分册-第 01234 页。Am74，2409 表示 *J Am Chem Soc* 第 74 卷，第 2409 页。第 80 版中增加了一栏 CAS 化学物质登录号。现在，该手册除印刷版外，还有 CD-ROM 及网络版，可在线查看。

2. *Lange's Handbook of Chemistry*

该书于 1934 年出第一版，至今已出第 16 版(2005 年)，由 McGraw-Hill Company 出版。该书为综合性化学手册，内容和 CRC 类似，分成有机化合物、通用数据、换算表及数学、无机化合物、原子、自由基和键的性质、物理性质、热力学性质、光谱学、电解质、电动势和化学平衡、物理化学关系、聚合物、橡胶、脂肪、油和蜡、实验室实用资料共 11 部分，书后有索引。其中第 1 部分报道有机化合物，刊载了 4600 多种有机化合物的物理性质，如名称、分子式、相对分子质量、熔点、沸点、闪点、密度、折光率、溶解度、在 Beilstein 中的参考书目等。每一种化合物都是按照其英文名称的字母顺序排列的。如果不知道英文名称，则可按照书中提供的分子式索引来查找所需化合物。该书经过 60 多年 16 版次的修订、补充、更新，内容丰富、数据完善、使用方便。2003 年，科学出版社出版了魏俊发等根据原书 1998 年第 15 版翻译的中译本《兰氏化学手册》。

3. *Dictionary of Organic Compounds*

Dictionary of Organic Compounds 是有机化学最常用的工具书之一，简称 DOC。1934 年首次出版，由 I. V. Heilbron 主编，此后相继修订再版，到 1996 年出至第 6 版。该书共收录 61 000 多种基本有机化合物，连同衍生物在内共有约 160 000 种化合物，按化合物英文名称的字母顺序排列，一般用系统命名，天然产物用俗名。内容包括名称、别名、属性名、结构图、CAS 登录号、分子式、相对分子质量、熔点、沸点、溶解度、密度、折光率、比旋光度、p*K* 数值、光谱数据、重结晶溶剂、毒性和参考文献等，可根据索引查阅本辞典。

该辞典的第 3 版有中译本，名为《汉译海氏有机化合物辞典》，分为 4 册，仍按化合物英文名称字母顺序排列，收入 30 000 多个条目，连衍生物在内共约 60 000 种化合物，1966 年由科学出版社出版。现在有网络版，可在线查看。

4. *The Merck Index*

The Merck Index 由 M. Windholz 主编，美国默克公司(Merck and Co. Inc.)编辑出版。

该书首次出版于1889年,到2006年已出至第14版。该书为一本化学药品、药物和生物制品的综合性百科全书。第14版共收集了10 000多种化合物,其中药物4000多种、常见有机化合物和试剂2000多种、天然产物2000种、元素和无机化合物1000种、农用化合物1000种。一律按英文字母顺序排列,每一条目包括化合物的各种名称、商品代号、化学结构式、各种物理常数、性质、制法、用途、毒性、来源及参考文献等。卷末附有登记号索引、治疗类别和生物活性索引、分子式索引、物质名称索引,查找很方便。该书虽非药典,但却是药物资料检索的重要工具,现也有网络版,可在线查看。

5.《化工辞典》

该辞典是一部综合性的化学工具书,王箴主编,化学工业出版社出版。1969年初版,目前已出至第四版,收集词目包括无机、有机、分析、物化、高分子、各种化学工业、化学工程、环保等名词约16 000条,其中有机化合物都列出了结构式、基本物理化学性质、熔点、沸点、相对密度、溶解度等数据,并有简单制法和用途说明。该辞典前有按汉字笔画为顺序的目录和汉语拼音检索,辞典末附有英文索引。现在除印刷版外,还有内容非常全面的在线化工词典,现有词汇量约300 000条。可直接输入化学品的中文名、英文名、别名或CAS登记号进行检索。

6. 国际化学品安全卡手册(http://www.brici.ac.cn/icsc/)

中文版《国际化学品安全卡手册》由国家环境保护总局组织,根据国际化学品安全规划署与欧洲共同体委员会合编的原著译出。这套卡片扼要地介绍了1000多种常用有毒化学物质的理化性质、基本毒性数据、接触危害、爆炸预防、急救/消防、储存、泄漏处置、包装与标志和环境数据等16项基础数据,数据科学、可靠,并有网络版,可在线查看。

7. *Sadtler Standard Spectra Collection*

Sadtler Standard Spectra Collection 是由美国 Sadtler Research Laboratories Inc. 自1966年以来连续编纂出版的各种化合物的多种谱图,是当今世界上最大型的谱图集,收集的谱图数量最多,品种最全。它包括三大部分:①标准图谱集,其品种有红外光谱(棱镜和光栅)、紫外光谱、^{1}H核磁共振谱、^{13}C核磁共振谱、荧光光谱、拉曼光谱、高分辨红外光谱及红外气相光谱等;②商业图谱集,包括农药、药物、香料、染料、单体和高分子产品等方面的商业红外光谱、紫外光谱、核磁共振谱等;③生化图谱集,包括生化试剂和甾族化合物等。每个光谱图均注明样品来源、纯度及使用技术(如溶剂、浓度、吸收槽的厚度及长度等)。*Sadtler Standard Spectra Collection* 附有光谱总索引、光谱图序号索引、化合物名称字顺索引、谱线索引、分子式索引、化学分类索引、紫外标准光谱的谱线位置索引和核磁共振化学位移索引等多种索引。利用光谱总索引可同时查阅标准红外光谱、紫外光谱、^{1}H NMR以及^{13}C NMR等5种谱图,现在还可通过网络在线检索。

1.5.2 有机合成方面的参考书

1. *Organic Syntheses*

Organic Syntheses 是世界上最具权威性的有机化学丛书之一,1921年创刊,每年一卷,至2012年共出版89卷。除单卷本外,还另外出版合订本,现已出11集,每集附有主题索引。1976年出版了合订本1～5卷的累积索引,所以这套丛书查阅很方便。

该丛书主要介绍各种有机化合物的制备方法，合成步骤叙述得很详细且经两个不同实验室分别进行验证核实，并有附注介绍作者经验及实验注意事项，内容成熟可靠，是有机合成的重要参考书之一。该丛书从2004年81卷起有电子版，可在"www. orgsyn. org."免费检索，但该丛书的印刷版仍然在继续出版。

2. *Organic Reactions*

Organic Reactions 是一套介绍著名有机反应的综述丛书，1942年初版，目前已出版了74卷。该书主要介绍有机化学中有理论意义或实用价值的重要反应，每个反应都由在这方面做了大量工作、有丰富经验的人撰写。书中对每个被介绍的反应的提出、机理、应用范围、反应条件等都进行了详尽的综述讨论，列出了大量参考文献，并有图表指出对该反应曾进行过哪些工作，对于了解某些重要反应是一本很好的参考书，现已出电子版。

3. *Reagents for Organic Synthesis*

该书由L. F. Fieser和M. Fieser编著，是一本有机合成试剂的全书。1967年出版第1卷，至2011年已出版26卷。该书收集面广，介绍了著名有机合成试剂结构、相对分子质量、物理常数、制备和纯化方法以及合成方面的应用等。现已出电子版。

4. *Synthetic Methods of Organic Chemistry*

Synthetic Methods of Organic Chemistry 为一本年鉴，1946年初版，2011年出版到第78卷。该丛书报道有机化合物新的合成方法、已知合成方法的改进等。每卷末附有主题索引和分子式索引，每5卷后出版累积索引，附在逢5和逢10的各卷中。现已出电子版，可在线查阅或下载。

5. *Vogel's Textbook of Practical Organic Chemistry*

这是一本较完备的实验教科书，1948年初版。该书主要介绍实验操作技术、基本原理、实验步骤及有机分析，对于反应条件和操作过程描述得十分清楚，有许多反应实例和其参考文献。实验步骤较成熟，可以参考书中介绍的许多反应来设计类似物的合成反应条件。

6.《有机合成实验室手册》

《有机合成实验室手册》由万均等根据德国克劳泽·施韦特利克等编著的原著第22版译出，2010年由化学工业出版社出版。这是一部信息量非常大的有机合成实验方面的重要参考书，主要内容包括有机化学基本原理、有机合成实验技术、有机化合物的合成及鉴定等。

1.5.3 美国化学文摘

目前世界各国出版的化学期刊超过14 000种，每年发表的化学文献120多万篇，不仅数量极多，而且文种极复杂。化学文摘就是将大量、分散、各种文字的化学文献加以收集、摘录、分类、整理、组织起来以便于查阅和参考的杂志。

美国化学文摘(*Chemical Abstracts*，CA)创刊于1907年，由美国化学文摘社(Chemical Abstracts Service，CAS)编辑出版，是涉及学科领域最广、收集文献类型最全、提供检索途径最多、部卷也最为庞大的一部著名的世界性检索工具，被誉为"打开世界化学化工文献的钥匙"。CA摘录了全世界200多个国家和地区60多种文字出版的20 000多种科技期刊、科技报告、会议论文、学位论文、资料汇编、技术报告、新书及视听资料，占全世界化学文献的98%以上，所报道的内容几乎涉及化学家感兴趣的所有领域。CA收录范围广、信息量大、索引完备、检索途径多、出版报道迅速，文章在刊物上发表3～4个月，基本上即可见报道。现除印刷版外，还有CD-ROM版和网络版。

1.5.4 期刊

原始研究论文是定期发表于专业学术期刊上的最重要的第一手信息来源，一般以全文、研究简报、短文和研究快报形式发表。全文一般刊登重要发现的进展和历史概况、合成新化合物的实验细节和结论。研究简报和研究快报一般刊登一些新颖简要的阶段性结果。下面列举一些主要的有机化学领域的期刊。

(1) *Angewandte Chemie*, *International Edition in English*（应用化学，国际版），缩写为 *Angew Chem Int Ed*（http://www3.interscience.wiley.com/journal/117943443/grouphome）。1888年创刊，主要刊登覆盖整个化学学科研究领域的高水平研究论文和综述文章，是目前化学学科期刊中影响因子最高的期刊之一。

(2) *Journal of the American Chemical Society*（美国化学会会志），缩写为 *J Am Chem Soc*（http://pubs.acs.org/journal/jacsat）。1879年创刊，主要发表化学领域各方面最新研究进展的原始研究论文和简讯，是世界上最有影响的综合性化学期刊之一。

(3) *Journal of the Chemical Society*（英国化学会会志），缩写为 *J Chem Soc*（http://www.rsc.org/Publishing/Journals/Index.asp）。1848年创刊，为综合性化学期刊。

(4) *Journal of Organic Chemistry*（有机化学杂志），缩写为 *J Org Chem*（http://pubs.acs.org/）。1936年创刊，主要刊登涉及整个有机化学学科领域高水平的研究论文的全文、短文和简报。全文中有比较详细的合成步骤和实验结果。

(5) *Tetrahedron*（四面体）（http://www.elsevier.com/locate/tet）。1957年创刊，主要刊登有机化学各方面的最新实验与研究论文。

(6) *Tetrahedron Letters*（四面体快报），简称TL（http://www.elsevier.com/locate/tetlet）。1959年创刊，主要刊登有机化学家感兴趣的通讯报道，包括新概念、新技术、新结构、新试剂和新方法的简要快报。

(7) *Synthetic Communications*（合成通讯），缩写为 *Syn Commun*（http://www.informaworld.com/smpp/title～db=all～content=t713597304～tab=issueslist）。1971年创刊，主要刊登与合成有机化合物有关的新方法、试剂的制备与使用方面的研究简报。

(8) *Synthesis*（合成）（https://www.thieme-connect.com/ejournals/toc/synthesis）。1969年创刊，主要刊登有机合成化学方面的评述文章、通讯和文摘。

(9) *Synlett*（合成快报）（http://www.thieme-chemistry.com/thieme-chemistry/journals/info/synlett/online/index.shtml）。1989年创刊，主要报道有机合成方面的研究结果及短篇幅的综述和快速的工作简报。

(10) 中国科学B(化学专辑)（http://www.scichina.com）。1950年创刊，主要报道化学基础研究及应用研究方面具有重要意义的创新性研究成果。

(11) 化学学报（http://211.103.157.71/Jwk_hxxb/CN/volumn/current.shtml）。1933年创刊，主要刊登化学各学科领域基础研究和应用基础研究方面的原创性研究成果、阶段性研究成果简报和重要研究工作的最新进展快报。

(12) 高等学校化学学报 (http://www. cjcu. jlu. edu. cn/CN/volumn/current. shtml)。1964年创刊，报道化学学科及其相关的交叉学科、新兴学科、边缘学科等领域所开展的基础研究、应用研究和重大开发研究所取得的最新成果。

(13) 有机化学 (http://211. 103. 157. 71/Jwk _ yjhx/CN/volumn/current. shtml #)。1980年创刊，主要刊登有机化学领域基础研究和应用基础研究的原始性研究成果。

1.5.5 网络资源

近20年来，随着互联网的飞速发展，化学化工电子文献信息源大量涌现，已成为学术信息资源的重要组成部分，其内容的全面和丰富、检索功能的强大和灵活大大超越了传统印刷型文献信息源。通过Internet检索各类化学信息与资源已经成为一种新的趋势，并成为化学工作者了解学科发展动态的首要选择。下面主要介绍一些有机化学常用的数据库。

1. 期刊全文数据库

1) 中国期刊全文数据库

中国期刊全文数据库(CNKI)(http://epub. edu. cnki. net)是目前世界上最大的连续动态更新的中文期刊全文数据库，收录1994年至今国内8200多种重要期刊，内容覆盖自然科学、工程技术、农业、医学、人文社会科学等各个领域。

2) 维普中文科技期刊数据库

维普中文科技期刊数据库(http://www. cqvip. com/)由重庆维普资讯有限公司于1989年创建，收录自然科学、社会科学、农业科学、工程技术、医药卫生、经济管理、教育科学和图书情报等8个学科领域9000余种中文期刊全文数据资料。

3) 万方数字化期刊全文数据库

万方数字化期刊全文数据库(http://gz. wanfangdata. com. cn/)收录1993年至今理、工、农、医、哲学、人文、社会科学、经济管理与教科文艺等8大类100多个类目的5500余种各学科领域核心期刊。

4) 中国科学院科学数据库

中国科学院科学数据库(http://www. csdb. cn/)包括化学核心期刊论文数据库、化工产品数据库(中国)、中药与有效成分数据库、药物与天然产物数据库、红外数据库、化工产品性质价格和厂商数据库、化学物质分析方法数据库、化学配方数据库、化学物质毒性数据库、化学综合数据库等。

5) 美国化学学会数据库

美国化学学会(American Chemical Society，ACS)数据库(http://pubs. acs. org/)中与有机化学有关的期刊有：*Chemical Reviews*，*Chemistry of Materials*，*Crystal Growth & Design*，*Energy & Fuels*，*Journal of Agricultural and Food Chemistry*，*Journal of the American Chemical Society*，*Journal of Combinatorial Chemistry*，*Journal of Medicinal Chemistry*，*Journal of Natural Products*，*The Journal of Organic Chemistry*，*Macromolecules*，*Modern Drug Discovery*，*Molecular Pharmaceutics*；*Nano Letters*，*Organic Letters*，*Organometallics*，*Organic Process Research & Development*。

6) 英国皇家化学学会数据库

英国皇家化学学会(Royal Society of Chemistry，RSC)数据库(http://www. rsc. org)中

与有机化学有关的期刊有：*Chemical Communications*，*Chemical Society Reviews*，*Green Chemistry*，*Journal of the Chemical Society*，*Dalton Transactions*，*Journal of Materials Chemistry*，*Natural Product Reports*，*New Journal of Chemistry*，*Organic & Biomolecular Chemistry*，*Pesticide Outlook*，*Photochemical & Photobiological Sciences*。

其中 Methods in Organic Synthesis(MOS)数据库提供有机合成方面最重要进展的通告服务，提供反应图解，涵盖新反应、新方法，包括新反应和试剂、官能团转化、酶和生物转化等内容，只收录在有机合成方法上具有新颖性特征的条目。Natural Product Updates(NPU)数据库提供有关天然产物化学方面最新发展的文摘，选自 100 多种主要期刊，内容包括分离研究、生物合成、新天然产物以及来自新来源的已知化合物、结构测定，以及新特性和生物活性等。

7) Science Direct 数据库

Elsevier 是世界著名的学术期刊出版公司，Science Direct 数据库(SDOL)(http://www.sciencedirect.com/)是 Elsevier 的网络全文期刊数据库平台系统，该库提供了 1995 年以来 Elsevier 公司及其并购的出版公司等(如 Academic Press、Pergamon)出版的 1800 多种电子全文期刊，为全球最全面的全文电子期刊数据库，涵盖了几乎所有学科领域。其中与有机化学有关的期刊有：*Tetrahedron*，*Tetrahedron：Asymmetry*，*Tetrahedron Letters*。

8) John Wiley 数据库

John Wiley 数据库(http://www3.interscience.wiley.com/cgi-bin/home)中与有机化学有关的期刊有：*Advanced Synthesis & Catalysis*，*Angewandte Chemie International Edition*，*Chemistry-A European Journal*，*Chinese Journal of Chemistry*，*European Journal of Organic Chemistry*，*Heteroatom Chemistry*。

9) EBSCO 数据库

EBSCO 数据库(http://www.ebsco.com.cn/)是全球最大的多学科学术期刊全文数据库之一，几乎涵盖了所有的学术研究领域。它所提供的许多文献为该数据库所独有，无法在其他数据库中获得。对于化学化工重要的数据库有多学科学术期刊集成全文数据库(Academic Search Premier，ASP)。其中与有机化学有关的期刊有：*Synthetic Communcations*，*Letters in Organic Chemistry*，*Current Organic Synthesis*，*Current Organic Chemistry*。

10) Thieme 数据库

Thieme 数据库(http://www.thieme-connect.com/)包含学术界备受认可的化学与药学期刊，其中与有机化学有关的期刊有 *Synthesis*，*Synlett*。

2. SciFinder Scholar 数据库

SciFinder Scholar 数据库(http://scifinder.cas.org)是由美国化学文摘社(CAS)专为学术研究单位于 1995 年推出的 CA 联机检索数据库(客户端版，client)，2009 年在桌面客户端版基础上开发出功能更强大、服务更完善的使用浏览器来访问 SciFinder 的网络检索平台(SciFinder Web 版)，无需下载专用软件，访问数据库更加便捷。

SciFinder Scholar 是目前世界上最大、最全面的化学和科学信息数据库，收录内容比 CA 更广泛，功能更强大。它囊括了美国 CA 自 1907 年创刊以来的所有期刊文献和专利摘要，以及 8000 多万化学物质记录和 CAS 登记号所有内容，更整合了 Medline 医学数据库、欧洲和美国等 60 多家专利机构的全文专利资料等。利用现代机检技术，进一步提高了化学化工文献的可检性和速检性，通过 Internet 在线查询化学文摘 CA 数据库，可以根据分子式、化学结构式、化学反应式和名称等来检索有机化合物的合成方法，同时可以检索该化合物的各种物理性质和红外、紫外、核磁等标准谱图。它还可以通过 eScience 服务选择 Google、Chemindustry. com、ChemGuide 等检索引擎进一步连接相关网络资源，或通过 ChemPort 连接查询到的期刊或专利全文。

SciFinder Scholar 可检索数据库包括以下几种：

(1) **CAplus**SM(文献数据库)。当今世界上最新最全的化学题录型数据库。目前提供超过 3500 万条参考书目记录，摘录 10 000 多种期刊和全球 62 家专利机构的专利，文献追溯至 1800 年，每天更新 4500 条以上的记录。

(2) **MEDLINE**®(生命科学文摘数据库)。美国国家医学图书馆(NLM)出品，包含来自 70 多个国家、4800 多种生物医学期刊，覆盖 1949 年至今的所有文献以及尚未完全编目收录的最新文献。目前有超过 1800 万参考书目记录，每周更新 5 次。

(3) **CAS REGISTRY**SM(物质信息数据库)。全球最大最新的化学物质信息数据库，涵盖了从 1800 年到现在的全世界期刊和专利上报道的有机物、无机物、基因库序列、配合物、聚合物、合金、矿物、蛋白质、核酸等所有的化学物质信息，包括：别名、分子式、环分析数据、结构式、实验及预测数据、参考文献。目前存储有超过 8000 万种物质记录，其中有超过 6500 万种有机和无机物质记录，超过 6300 万个生物序列，每天更新 12 000 多种新物质，每种化学物质有唯一对应的 CAS 注册号。

(4) **CHEMCATS**®(商业应用物质数据库)。提供有关商业应用化学物质及其全球供应商的信息，包括化学品目录手册、CAS 登记号、供应商的地址、价格等信息。目前提供超过 6300 万种商业产品信息，由 1100 多家供应商提供了 1260 多本化学物质目录，每周更新。

(5) **CHEMLIST**®(管制化学物质信息数据库)。提供 1979 年至今全球关键市场受管制的化学物质的信息，包括物质的特征、详细目录、来源以及许可信息等。目前提供超过 29.3 万种化合物的详细清单，来自 13 个国家和国际性组织，每周更新超过 50 条新记录。

(6) **CASREACT**®(反应数据库)。包含从 1840 年到现在的期刊和专利中关于有机、有机金属、无机、生化反应等单步或多步反应信息，包括反应物和生成物的结构式，所有反应物、生成物、试剂、溶剂和催化剂的 CAS 登记号，详细的反应条件。CASREACT 目前有超过 5130 万条反应记录，其中有超过 3940 万条单步和多步反应，超过 1400 万条合成和制备，每周更新 3 万到 5 万条单步及多步反应。

以上六个数据库在 Database 选项中只出现 CAplus、MEDLINE、CAS REGISTRY 和 CASREACT 四个数据库，其中 MEDLINE 可以选择使用，其他两个数据库是默认检索的。

3. 专利数据库

专利文献是一种标准化的连续出版物，内容极其丰富，及时反映了世界各国科学技术的发展成就与水平，在技术引进、科研、生产、进出口贸易、国际合作、科技查新等许多方面都起着重要的作用。

1) 中国专利数据库

现有三家主要的 Web 站点提供免费的检索中国专利数据库(http://www. sipo. gov. cn)：国家知识产权网站(SIPO)，中国专利信息网(http://www. patent. com. cn)，中国专利信息中心(http://www. cnpat. com. cn)。

中国专利数据库包含了中国专利局自 1985 年 9 月 10 日至今公布的所有发明专利和实用新型专利的申请，内容有摘要和主权项等。每一件申请均有名称、摘要、申请人、通信地址、发明人、代理人、申请专利号、申请日、公开(公告)号、公开(公告)日等 27 个描述字段,可对库内所有内容进行全文检索。

2) 美国专利商标局专利数据库

美国专利商标局专利数据库 (http://www.uspto.gov/patft)免费检索 1790 年以来至最近一周发布的美国专利摘要和全文。

3) esp@cenet 专利数据库

esp@cenet 专利数据库(http://worldwide.espacenet.com/)免费提供欧洲专利局收集的自 1920 年以来世界上 60 多个国家或地区公开的专利文献。

4. 光谱数据库

1) SDBS 光谱数据库

SDBS 光谱数据库(http://riodb01.ibase.aist.go.jp/sdbs/cgi-bin/cre_index.cgi? lang=eng)为免费使用的综合性有机化合物光谱数据库,包括质谱(约 19 600 张谱图)、碳谱(约 11 000 张谱图)、氢谱(约 13 500 张谱图)、红外光谱(约 47 300 张谱图)、拉曼光谱(约 3500 张谱图)和电子自旋共振光谱(约 2000 张谱图)。

2) 中国科学院上海有机化学研究所化学综合数据库

中国科学院上海有机化学研究所化学综合数据库(http://202.127.145.134/scdb/)为免费的综合性数据库,包括化合物结构数据库、化学反应数据库、红外谱图数据库(收录了 220 000 多个化合物的红外光谱图、物化性质以及 CA 登录号等信息)、质谱谱图数据库(收录了 12 000 多个化合物的质谱谱图、物化性质等信息)、药物与天然产物数据库、中药与有效成分数据库、化学核心期刊数据库、中国化学文献数据库、化工产品数据库、毒性化合物数据库和化学品安全技术说明书(MSDS)数据库。

3) 红外谱图数据库

ChemExperChem Directory 数据库(http://www.chemexper.com)可以免费检索 7 万多个化学品目录、16 000 种化学品安全技术说明书(MSDS)和 5000 张红外谱图。

Sadtler 红外谱图数据库(http://www.bio-rad.com/ir.html)是世界上最大的红外谱图库(部分免费),提供 220 000 多张纯有机化合物和商品化化合物的红外光谱图。

5. 有机化合物物性数据库

(1) 有机化合物数据库 (http://www.colby.edu/chemistry/cmp/cmp.html)。

(2) 危险化学品数据库 (http://ull.chemistry.uakron.edu/erd/,近 2000 种免费)。

(3) 化合物毒性相关数据库 (http://toxnet.nlm.nih.gov/)。

(4) Haz-Map 有害化学品及其职业病数据库 (http://hazmap.nlm.nih.gov/,免费)。

(5) 有机溶剂性质数据库 (http://murov.info/orgsolvents.html)。

(6) 有机化学目录 (http://murov.info/orgchem.html)。有机化学目录(Organic Chemistry Directory)介绍了有机化合物性质、有机化学实验技术、基础有机实验、有机合成和反应、绿色化学、药物化学、光合成、有机金属化合物、微波合成、组合化学、配位化学、有机化学词典等方面重要的网址,内容相当全。

(7) MSDS 在线数据库 (http://www.msdsonline.com/)。MSDS(Material Safety Data Sheet)即化学品安全数据说明书,是化学品生产商和进口商用来按法律要求向客户提供有关化学品的理化特性(如 pH、闪点、易燃度、反应活性等)以及对使用者的健康(如致癌、致畸等)可能产生的危害、安全使用储存、泄漏处置、急救措施以及有关的法律法规等十六项内容的一份综合性法律文件。

(8) CRC CHEMnetBASE 数据库 (http://www.chemnetbase.com/)。CRC CHEMnetBASE 数据库为化学工具书数据库,涵盖了化学方面最重要的工具书,包含近 60 万种化合物。

(9) The Merck Index Online&sm (http://library.dialog.com/bluesheets/html/bl0304.html)。

6. 有机反应及合成数据库

(1) 有机合成方法数据库 (http://euch6f.chem.emory.edu/index2.html)。

(2) 有机合成手册数据库 (http://www.orgsyn.org/,免费)。ORGSYN 是制备特定化合物的标准参考文献集。它提供了已被证实的可靠的有机合成重要中间体和试剂的方法,包括不稳定的、即用即做类型的化合物等常用试剂的制备。该数据库是整个 *Organic Synthesis* 系列丛书的电子版本,此书于 1921 年出版,包括了 5800 多个反应,而且每年更新一次。

(3) 经典有机反应数据库 (http://www.chempensoftware.com/organicreactions.htm,免费)。

(4) 有机合成文献综述数据库 (http://www.thieme-chemistry.com/,免费)。

(5) 有机合成反应数据库 (http://www.monomerchem.com/)。

(6) 人名反应数据库 (http://www.monomerchem.com/display4.html)。

(7) 合成化学数据库 (http://www.syntheticpages.org/,免费)。

(8) Science of Synthesis 数据库(http://www.science-of-synthesis.com/index.shtml)。Science of Synthesis 数据库是著名有机化学反应和有机金属反应信息数据库,由德国知名 Thieme 出版社出版,提供涵盖广泛、经过严格挑选的可靠的有机化学合成方法。每年以 7 卷的速度增加新的内容,2008 年 Science of Synthesis 达到 48 卷,内容包含 1.8 万多个一般常用实验步骤,24 万个反应式和 80 万个化学结构式。同时,Science of Synthesis 中的合成方法还提供了 1909～2004 年 Houben-Weyl 出版的所有卷期内容,包含 14.6 万个特定产物的实验步骤,58 万个化学结构式以及 70 万条参考信息,进一步扩大了 Science of Synthesis 提供的实验方法。

7. Reaxys 数据库

Reaxys 数据库(https://www.reaxys.com/)于 2009 年由 Elsevier 公司出版,为 CrossFire Beilstein/Gmelin 的升级产品。Reaxys 全面整合了著名的 CrossFire Beilstein (贝尔斯坦)数据库、Gmelin(盖墨林)数据库和 Patent Chemistry(专利化学)信息数据库中的内容,将三个数据库合为一个数据库,并新增更多强大功能,提供有机化学、金属有机化学、无机化学领域中高质量的、经实验验证的广泛的权威信息数据。Reaxys 的检索界面更直观,拥有更强大、更人性化的工具和特性,所有检索结果统一显示在一个窗口中,按照领域或者数值范围进行过滤和二次筛选,检索过程可视化,利用 synthesis plan 设计和优化多步合成路线。新增引文数据及商业数据链接,用户除了可以直接链接到期刊和专利文献,还可以查看文章被引用的情况。所有商业有售的化合物都会冠以“e”的图标,以便于鉴别。

Reaxys 是内容十分丰富的化学数值与事实数据库，集合了物质与物性/反应/文献于一体，对于从事有机合成、药物设计、药理、材料、金属有机等学科的科研人员，是非常有力的工具。Reaxys 是一个基于网络的数据库，不需要用户另外安装客户端软件，用户只需在网络浏览器输入上述网址就可以直接进入数据库。

Reaxys 数据库组成如下。

1）贝尔斯坦有机化学数据库

贝尔斯坦有机化学数据库为当今世界上最全的有机化学数值和事实数据库，数据丰富、可靠，数据来源始于 1771 年至今，每 2～4 周自动更新一次。内容涵盖与化学结构相关的化学、物理等方面的性质，化学反应相关的各种数据，药理学、环境病毒学、生态学等方面的信息资源。数据库现有 1800 万种有机化合物、2800 万个反应和 400 万篇文献。数据库提供化学反应、化学物质与性质及文献信息三种检索方式，用户根据需要选择合适的检索方式。可以用反应物或产物的结构、亚结构或相似结构进行检索，也可以用相关的化学、物理、生态、毒物学、药理学特性以及书目信息进行检索。

2）盖墨林无机化学数据库

盖墨林无机化学数据库为当今最全面的无机化学与金属有机化学数值与事实数据库，数据来源始于 1772 年至今，3 个月更新一次。内容涵盖无机和金属有机化合物相关的理化性质、结构数据，制备过程以及相关反应，地质学、矿物学、冶金学、材料学等方面的信息资源。数据库现有 240 多万种化合物，超过 185 万个反应式，超过 124 万篇文献。

3）专利化学数据库

专利化学数据库始于 1976 年，是贝尔斯坦有机化学数据库的完美补充。包含世界知识产权组织、美国专利局、欧洲专利局专利信息。涵盖的国际专利类别[IPC]（1976 年之后）C07 有机化学、A61K 药物（医药、牙医、化妆品制备）、A01N 生物杀灭剂（农用化学品、消毒剂等）、C09B 染料（可能具有药理学活性）。

Reaxys 提供了各种先进高效的检索方法与二次筛选的功能综合应用，可以帮助用户快速从海量的数据中找出所需要的信息。

Internet 上的化学资源浩如烟海，不断更新，限于篇幅，此处只叙述了一些与有机化学有关的基本网站。信息时代的检索体系和方法层出不穷，要达到信息检索准、全、快的水平，读者只有在上网实践中不断学习、不断摸索、不断积累经验和技巧，建立自己最为有用的资源目录，方能得心应手地获取自己所需的资源和信息。当你踏上科学研究这片土地时，信息检索毫无疑问将是你奔跑的指南针！

第2章 有机合成技术

2.1 常用玻璃仪器

进行有机实验之前，必须了解和熟悉自己领用的玻璃仪器、金属用具、电器、实验室内公用仪器设备的性能以及使用、保养的方法，这样才能根据实验要求正确地组装各种实验装置。

玻璃仪器一般是由软质或硬质玻璃制作而成的。软质玻璃耐温性、硬度、耐腐蚀性较差，一般用它制作的仪器均不耐温，如试剂瓶、普通漏斗、量筒、吸滤瓶、干燥器等。硬质玻璃具有较好的耐温和耐腐蚀性，制成的仪器受热不易发生破裂，可在温度变化较大的情况下使用，如烧杯、烧瓶、试管、蒸馏瓶和冷凝管等。玻璃虽然有较好的化学稳定性，不受一般酸、碱、盐的侵蚀，但氢氟酸对玻璃有很强烈的腐蚀作用，故不能用玻璃仪器进行含有氢氟酸的实验。还有特别浓的或热的碱液对玻璃也产生明显的侵蚀，因此，玻璃容器不能用于长时间存放碱液，更不能使用磨口玻璃容器存放碱液。

有机实验中使用的玻璃仪器主要有普通和磨口两类，而各类中又有大小规格不相同的仪器，下面分别介绍。

2.1.1 普通玻璃仪器

尽管现在有机实验室主要使用标准磨口仪器，但它不需要也不可能完全取代普通玻璃仪器，如量筒、烧杯、表面皿等。图2.1仅列举了几种常用的普通玻璃仪器，它们口径大小不统一，配套使用时需用木塞或橡皮塞连接。

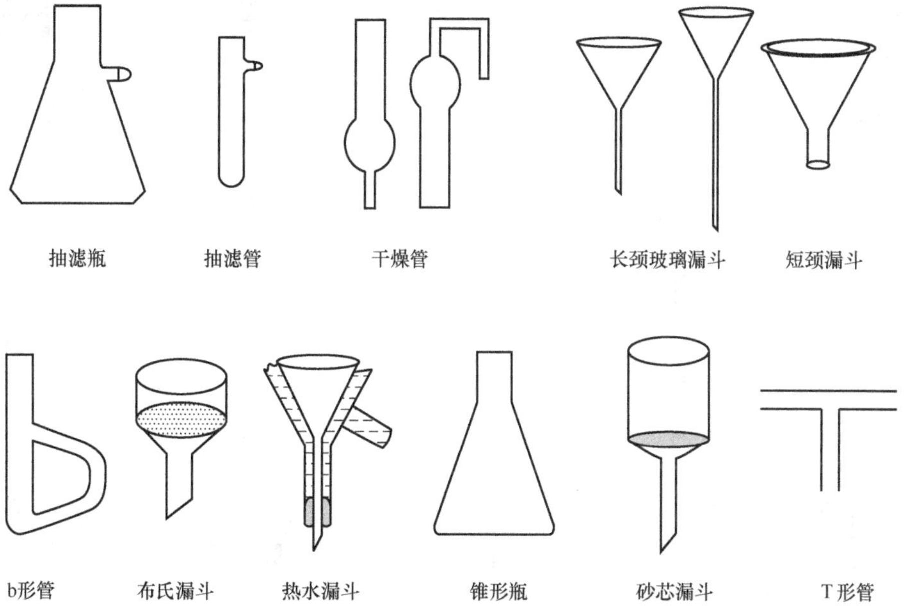

图2.1 普通玻璃仪器

2.1.2　标准磨口仪器

有机化学实验中主要使用标准磨口仪器,装配容易,拆卸方便。标准磨口玻璃仪器口径的大小通常用数字编号表示,这些数字编号是指磨口最大端直径的毫米整数。常用的有10,14,19,24,29,34,40,50号等。有时也用两个数字来表示,如14/30,表示此磨口直径最大处为14mm,磨口长度为30mm;接头14×19,表示该接头的一端为14号磨口,另一端为19号磨口。相同编号的内外磨口可以直接紧密连接,不同编号的磨口无法直接连接时,可借助不同编号的磨口接头(或称大小头)使其连接。图2.2为常用的标准磨口玻璃仪器。

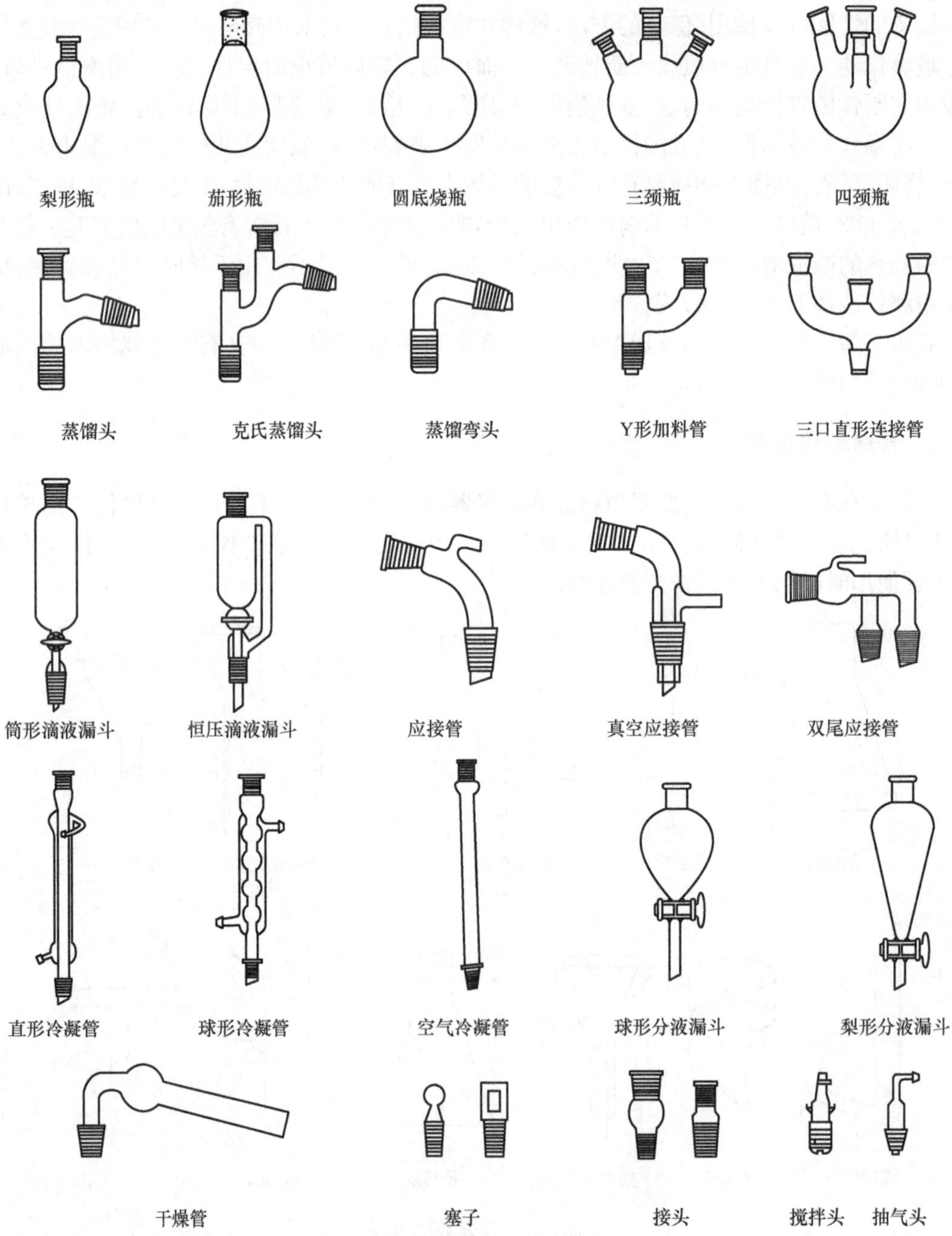

图2.2　标准磨口玻璃仪器

2.1.3 微量玻璃仪器

当一个反应的投料量,液体量为 0.1～2mL 或固体量为 100～300mg 时,需使用微量玻璃仪器,其体积一般为 1～5mL。大部分微量玻璃仪器是常规玻璃仪器的缩微,这类仪器在结构、用途、操作方法等方面与常规玻璃仪器相同,仅是尺寸缩小至可以进行微量操作的程度。下面介绍一些微量有机化学实验用的特殊玻璃仪器(图 2.3),一般各器皿之间的连接多采用螺旋盖加内垫圈(片)或专用连接头的办法(不用磨砂口接头或橡皮塞等作为连接手段),使仪器各部件连接紧密而牢固,同时又避免磨砂接头上的润滑剂对试剂的沾污。垫圈(片)由耐温、耐腐、耐有机溶剂的聚合物制成。反应容器为锥底或试管形,加料时,常使用注射器加料。

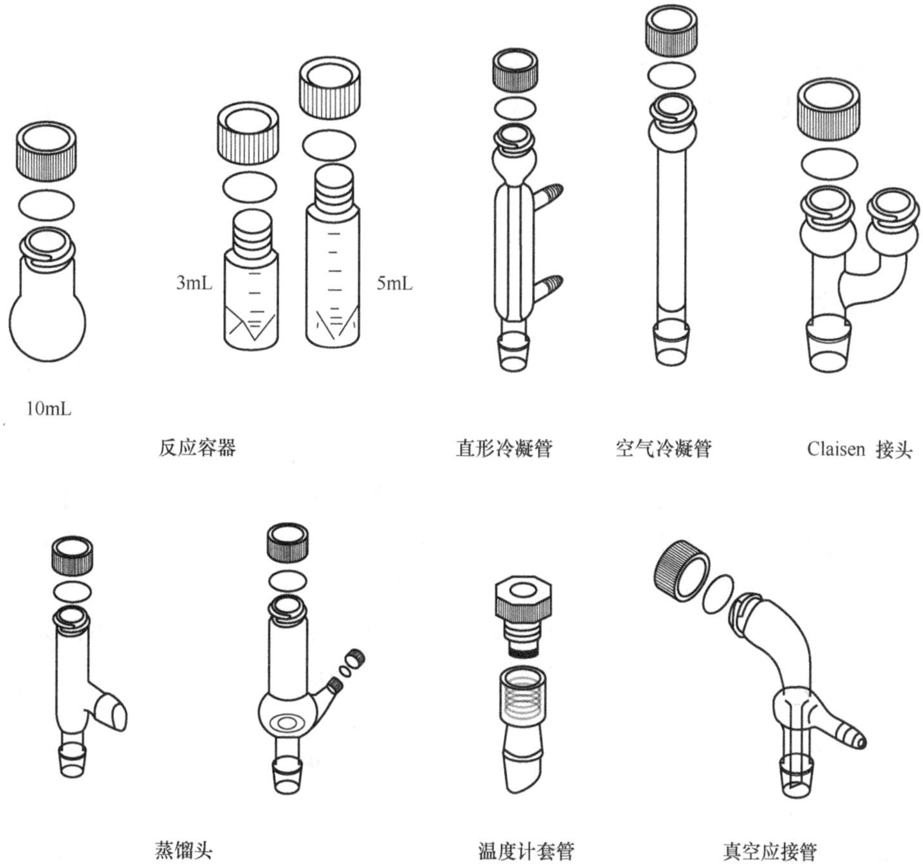

图 2.3 特殊微量玻璃仪器

2.1.4 常用玻璃仪器的主要用途

抽滤瓶(或抽滤管)与布氏漏斗、砂芯漏斗组合,可用于减压过滤。长颈玻璃漏斗经常用于添加液体或普通过滤;如需要保温过滤,要用无颈漏斗或热水漏斗。热水漏斗是在普通玻璃漏斗的外围装上一个铜质的外壳,外壳与漏斗之间装水,用燃气灯加热侧面的支管,以保持所需要的温度。b 形管通常用于测定固体物质的熔点。锥形瓶常用于储存液体、混合溶液、少量溶液加热、常压蒸馏的接收器以及重结晶操作(便于从中取出结晶)。因锥形瓶的瓶底较薄、不耐压,不能用于减压蒸馏,以免炸裂。

圆底烧瓶、茄形瓶或梨形瓶常用于回流及蒸馏，梨形瓶尤其适用于半微量操作。三颈瓶和四颈瓶主要用于反应，可分别安装电动搅拌器、回流冷凝管、滴液漏斗及温度计等。三颈瓶与Y形加料管组合可以当作四颈瓶。冷凝管用于回流或蒸馏物的冷凝。

分液漏斗有筒形、球形和梨形，常用于液体的萃取、洗涤和分离，也可用于滴加液体。滴液漏斗用于滴加液体。当反应体系内具有压力时，最好采用恒压滴液漏斗滴加液体，它不仅能使滴加顺利进行，而且可以避免易挥发或有毒蒸气从漏斗上口逸出。

蒸馏头、蒸馏弯头分别与圆底烧瓶组装后用于普通蒸馏。而克氏蒸馏头与圆底烧瓶组合后常用于减压蒸馏和容易产生泡沫或暴沸的蒸馏。

应接管有单尾、双尾、三尾等，用于接收蒸馏液。单尾应接管一般用于常压蒸馏，双尾或三尾应接管常用于减压蒸馏，可以接收多种馏分。

干燥管用于处理无水溶剂或无水反应装置中，避免潮气的侵入。干燥管内先放入适量脱脂棉或玻璃棉，再装入无水氯化钙等颗粒状干燥剂，最后放入一些脱脂棉或玻璃棉以防干燥剂撒落。

搅拌头用作套管，在其上口套上一小段乳胶管，如插入搅拌棒可用于搅拌反应；插入普通温度计可代替磨口温度计；插入毛细管可用于减压蒸馏。

2.1.5 玻璃仪器使用注意事项

(1) 使用时，应轻拿轻放，以免破裂。不能直接用火对准磨口处加热，防止磨口变形。

(2) 玻璃仪器中除烧杯、烧瓶和试管外都不能直接用火加热，加热时应垫石棉网。凡是瓶壁较厚的玻璃仪器(如吸滤瓶)一般不能用来加热溶液，否则易炸裂。

(3) 磨口必须十分干净，不能沾有污物，否则接头处连接不紧密导致漏气。有时还会因污物而将仪器粘连在一起，不易拆开。若磨口处已粘住，可用小木块轻敲，或在其四周涂上润滑剂后用电吹风吹热，或用水煮后，再小心轻敲使其松开。

(4) 仪器用后要及时拆洗，清洗磨口仪器时，应避免用去污粉擦洗磨口，否则会使磨口连接不紧密，甚至会损坏磨口。长时间放置时，磨口之间应垫以小纸条，避免黏结。

(5) 一般使用时，磨口处无需涂润滑剂，以免沾污反应物或产物。但是，反应中使用强碱时，则应涂上薄薄一层凡士林或真空脂，以免磨口连接处因碱腐蚀而粘牢，无法拆开。对于无水无氧、减压蒸馏等体系，磨口处也需涂润滑剂，以防漏气和增加润滑性能。润滑剂用量尽可能少，一般涂抹在外磨口中部一圈，装好后，旋转至透明。对于活塞部分，润滑剂涂抹在外磨口直径大的一端和内磨口直径小的一端，以免润滑剂堵塞活塞中间通道和污染试剂。

(6) 带活塞的玻璃仪器如分液漏斗、滴液漏斗、分水器等用过洗净后，在活塞与磨口之间应垫上纸片或涂凡士林，以防粘住。

(7) 使用温度计时，应注意温度计的测量范围不得超出其刻度，更不能把其当搅拌棒使用。温度计用后应慢慢冷却，不能立即用冷水冲洗以免炸裂。洗净擦干后放回温度计盒内，盒底要垫上一小块脱脂棉。如果是纸盒，放回温度计时应检查盒底是否完好。

(8) 使用玻璃仪器前必须检查是否完好无损，否则会导致反应物料泄漏，引发事故。安装仪器时，应做到横平竖直，磨口连接处不应产生歪斜的应力，以免仪器破损。

2.2　玻璃仪器的清洗和干燥

2.2.1　清洗

实验中使用清洁的玻璃仪器，避免杂质混入反应物中是非常重要的。应该养成仪器使用后立即清洗的习惯。这不仅容易洗净仪器，而且由于了解污物的性质，便于找出除去的方法，同时还可以节省时间。洗刷仪器的方法可根据实验要求及污物的性质而定。有机实验中最常用清洗仪器的方法包括以下四种：

(1) 用试管刷和去污粉刷洗，直到玻璃表面的污物擦净为止，最后用自来水清洗。去污粉的微小粒子会黏附在玻璃内壁上，不易被冲走，可用自来水多次清洗，或用 2%左右的稀盐酸洗一次，再用自来水清洗，洗净的仪器壁不挂水珠，可供一般实验使用。

(2) 用铬酸洗液清洗。铬酸洗液是实验室中最普遍使用的洗液，制法如下：10g 重铬酸钠溶在 10mL 水中，再慢慢地加入 200mL 浓硫酸，这时温度会上升至 70～80℃，待洗液冷却后保存在干燥的有盖玻璃瓶中。它是强酸和强氧化剂，温度高时氧化能力更强，适合洗去容器内部附着的油状物和炭化残渣。使用铬酸洗液前，应尽可能除去仪器内的有机物，特别是还原物，用过的洗液不要倒掉，还可以继续使用。

(3) 用乙醇-乙醚混合物或乙醇-氢氧化钠混合物清洗。醇醚混合物是最简单和最便宜的洗涤用有机溶剂，它由等量的乙醇和乙醚混合而成，用来洗涤有机物很有效。它容易着火，使用时要小心。已用过的废溶剂可蒸馏后再次使用。乙醇-氢氧化钠混合物也适合洗涤有机物，特别是洗涤酸性有机物效果更佳，但不能与玻璃器皿长期接触。乙醇-氢氧化钠溶液的配制：将 120g 氢氧化钠溶解在 120mL 水中，再用乙醇稀释至 1000mL 即成。

(4) 用超声波清洗。超声波清洗器洗涤玻璃仪器，方便又省时。只要把脏玻璃仪器放在配有洗涤剂溶液的超声波清洗器中，利用声波的振动即可达到清洗仪器的目的。

2.2.2　干燥

清洗后的仪器常需要干燥，有些有机实验成败的关键与仪器的干燥程度密切相关。因此，每次用完后要把仪器洗刷干净，并把它倒置，使水沥干，下次实验时就有干燥的仪器可用，能节约许多时间。常用来干燥的方法包括：

(1) **自然晾干**。把洗净的仪器倒置或倒插在干燥架上自然晾干。

(2) **烘箱烘干**。实验室最常用的是恒温鼓风干燥箱，使用时接上电源，开启加热开关，由控温旋钮控制和调节温度，一般烘箱的温度保持在 100～120℃，半小时后停止加热，冷至室温后将仪器取出。仪器放入烘箱前要将水淋干，自上而下依次放入，仪器开口向上，使水蒸气容易逸出，同时避免残留的水滴流下，使已烘热的仪器炸裂。分液漏斗等带有磨口玻璃塞的仪器，必须取出盖子和活塞后方可放入。用乙醇或丙酮淋洗过的仪器切勿置于烘箱中烘干，以免引起烘箱爆炸。

(3) **吹干**。有时仪器洗涤后需立即使用，可用气流干燥器(图 2.4)或电吹风吹干。首先将洗净的仪器中的水尽量沥干，再用少量乙醇或丙酮将仪器荡洗，用冷风吹 1～2min，待大部分溶剂蒸发后，再用热风吹干，吹干后再吹冷风使其逐渐冷却接近室温。

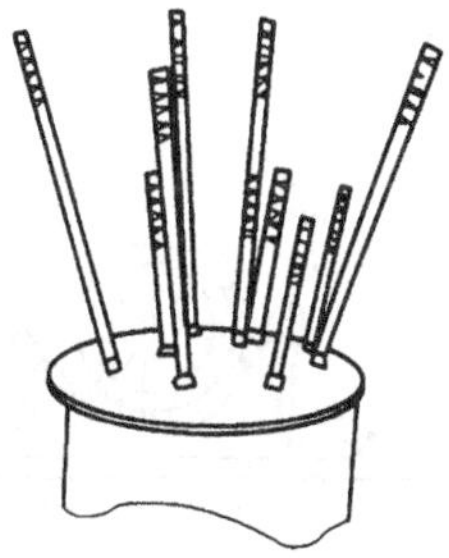

图 2.4　气流干燥器

(4) **热空气浴**。把仪器放在间隔几厘米的双层石棉网上，火在下层石棉网处加热。仪器口朝上，调节火焰大小，可以把仪器周围的温度控制在100℃左右。不能把仪器直接放在火上或与火直接接触的石棉板上烘干，因为那样很容易使仪器破裂。

2.3　塞子的选配和打孔

磨口仪器按照规格不同，配有相应型号的塞子和接头。仪器连接时，只要选择同型号插到一起即可。但是普通玻璃仪器的连接需借助于软木塞或橡皮塞。由于橡皮塞容易被有机溶剂溶胀，因而除要求密封不漏气的操作外（如减压抽滤、减压蒸馏等），一般选用软木塞。选用塞子大小应和相应的口径相匹配。塞子进入瓶颈部分不得少于塞子本身长度的1/3，也不能多于2/3（图2.5）。

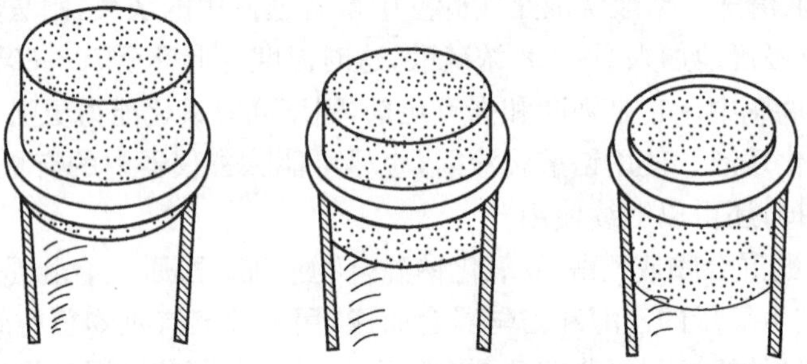

(a) 塞大　(b) 合适　(c) 塞小

图2.5　塞子大小的选取

钻孔器（图2.6）由不同孔径的薄壁无缝金属管制成，管顶配有旋转把手，外加一根实心金属通条，供清除钻孔器中的碎屑。钻孔器的钻头必须保持锋利，用钝后，可用刮刀将其刮锐。

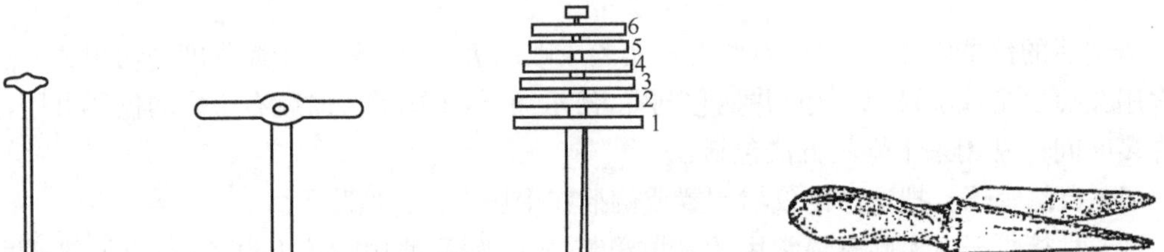

(a)通条　(b) 单个钻孔器　(c) 一套钻孔器　(d) 刮刀

图2.6　钻孔器

图2.7　压塞机

钻孔器大小的选择应按照下面的标准，使物件（如玻璃管、温度计）能紧密地插进孔中。对于软木塞，钻孔器的孔径要略小于待插入物件的外径。而对于橡皮塞，钻孔器的孔径刚好能套到要插物件的外面。为了防止软木塞在钻孔时裂开，钻孔前应将塞子在压塞机（图2.7）上辗压紧密，并检查钻孔器是否锋利，如果不锋利，先用刮刀刮一下。把钻孔器用水或甘油润滑，减小摩擦力。将塞子放在一小块木板上，小的一端向上，选好打孔位置，先用手指转动钻孔器，在塞子的中心割出印痕。然后用一只手固定木塞，另一手拿着钻孔器，从塞子小的一端垂直均匀地钻入，一边轻使压力，一边按顺时针方向将钻孔器向下旋入，如图 2.8(a)所示。不要使钻孔器左右扭动，也不要倾斜，以免钻的孔不直。当钻孔器钻入塞子的一半左右时，按逆时针方向将钻孔器轻轻旋出，捅掉钻头中的软木屑，再用同样方法从塞子的另一端对准原来钻孔的位置把洞钻通。若钻出的孔径稍偏小或不光滑时，可用圆锉稍加修整。橡皮塞钻孔时，是将钻孔器从塞子小的一端垂直均匀地钻入，直到把孔钻通为止。因为橡皮柔韧，即使只留下薄薄的一层，也不易被钻孔器钻头均匀割断。为使大端孔口呈圆形，当钻孔器钻至橡皮塞顶端顶出橡皮时，将钻孔器对准铁架台或其他坚硬平面轻轻下击，使钻孔器钻头均匀切下最后一层橡皮。有条件的可采用电动钻孔器打孔，省时、省力[图 2.8(b)]。

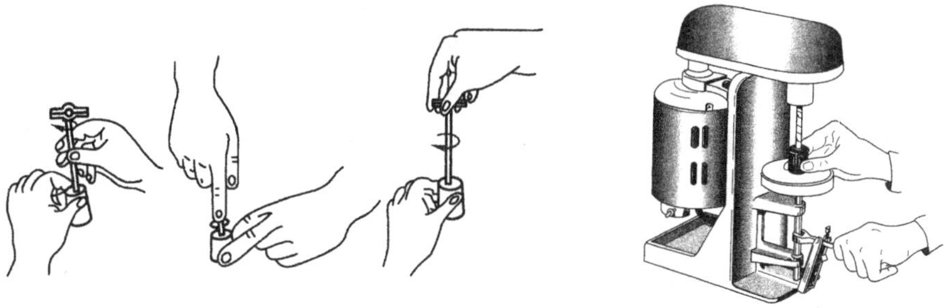

(a) 手动钻孔　　(b) 电动钻孔

图 2.8　塞子的钻孔

将玻璃管(棒)或温度计插入塞孔时(图 2.9)，应检查塞孔大小是否合适，然后涂点水或甘油润滑后用抹布裹住，并尽可能靠近塞子慢慢旋入，切勿用力太大，否则会使玻璃管折断，并割伤皮肤。同样，当从塞中取出仪器时，也应慢慢旋出，而不是拔出。

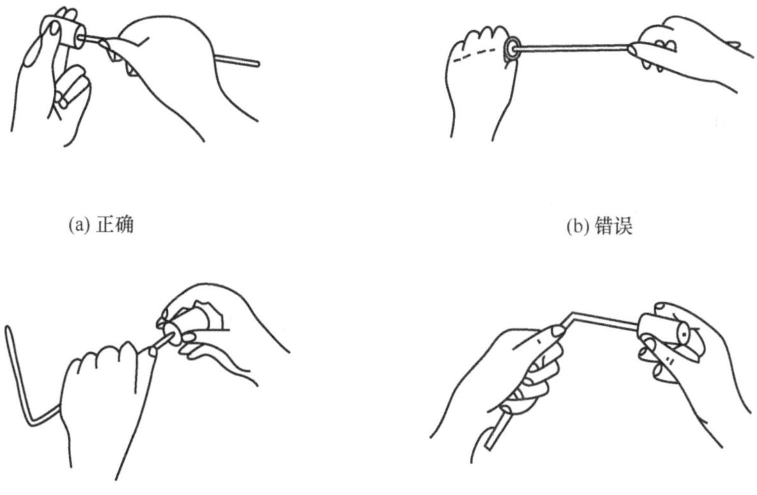

(a) 正确　　(b) 错误

(c) 正确　　(d) 错误

图 2.9　玻璃管插入塞孔的操作方法

每次实验完毕，应将使用过的塞子洗净、晾干，保存备用。

2.4　常用实验装置及其装配规则

2.4.1　实验装置

有机化学实验中用到的实验装置很多，这里仅对常用的回流、气体吸收、搅拌等反应装置进行简单介绍，而其他仪器装置将在有关章节中叙述。

1. 回流装置

很多有机反应在室温下反应很慢或难于进行，需要在反应体系的溶剂或反应物的沸点温度下，较长时间内加热才能完成；产品的精制，如重结晶时样品的溶解也往往需要加热煮沸一段时间。为了防止反应物、产物或溶剂蒸气的蒸发逸出，避免易燃、易爆或有毒物质造成事故与污染，并确保产物产率，常采用回流冷凝装置，即在反应瓶上安装冷凝管，使蒸气不断地在冷凝管内冷凝，回流到反应瓶中。这种连续不断地沸腾气化与冷凝流回的操作称为回流。

有的反应虽然能在室温下进行(有的室温反应时剧烈放热)，但反应物或产物沸点很低，或有毒、有腐蚀性、刺激性气味，反应容器上也必须安装冷凝管，防止低沸点反应物或产物及有毒气体逸出。

回流装置主要由反应容器和冷凝管组成。反应容器中加入参与反应的物料和溶剂等，液体体积占烧瓶容积的 1/2 为宜，最多不得超过 2/3。实验时，根据反应的不同需要，可选用单颈、双颈、三颈或四颈圆底烧瓶作反应容器，加热前先在烧瓶中放入 1～2 粒沸石，以防暴沸，如有搅拌，可不加。回流停止后再要进行加热，须重新放入沸石。

冷凝管可根据反应瓶内液体的沸点来选择，沸点低于 130℃采用球形冷凝管，高于 130℃应采用空气冷凝管。通常在球形冷凝管的夹套中自下而上通入自来水进行冷却。当反应液的沸点很低或其中有毒性较大的物质时，则可选用较长的球形冷凝管，夹套内通冰水或冰盐水，或选用蛇形冷凝管，以提高冷却效率。冷凝水不能开得太大，以免把橡皮管弹出而造成喷水，水流速度应能使蒸气充分冷凝即可。

加热的方式可根据需要加热的温度高低和化合物的特性来决定。一般低于 80℃的用水浴，高于 80℃的用油浴或电热套。如果化合物比较稳定且沸点较高不易燃，可以用煤气灯垫石棉网加热。

回流的速度应控制在 1～2 滴/s，不宜过快，否则因来不及冷凝，会在冷凝管中造成液封，而导致液体冲出冷凝管。

常用的回流反应装置如图 2.10 所示。如果体系要求无水，则在回流冷凝管顶部装上干燥管[图 2.10(b)]。如果体系产生有毒或有气味的气体，则需要装上气体吸收装置[图 2.10(c)]。如果反应中需要滴加物料，可用图 2.10(d)和(e)装置，若还需要控温，则可选用图 2.10(f)装置。

为了使反应过程中不断地移去生成的水，使平衡向增加产物的方向移动(如酯化反应)，或将混合物中的水带出，以达到干燥的目的(如共沸干燥法)，常采用图 2.10(g)～(i)带分水器的回流装置。它是在蒸馏瓶与回流冷凝管之间增加了一支分水器。

常用的几种分水器如图 2.11 所示，其中(a)和(b)用于处理比水轻的液体。使用比水重的带水剂时，应选用图 2.11(c)和(d)的分水器，其中(c)在使用之前须预先吸入带水剂充满刻度管；(d)可以把水连续排走，适用于水分较多的操作。使用这些分水装置，不仅能测量蒸出的水量，而且可以观察分出水的情况及判断反应终点。

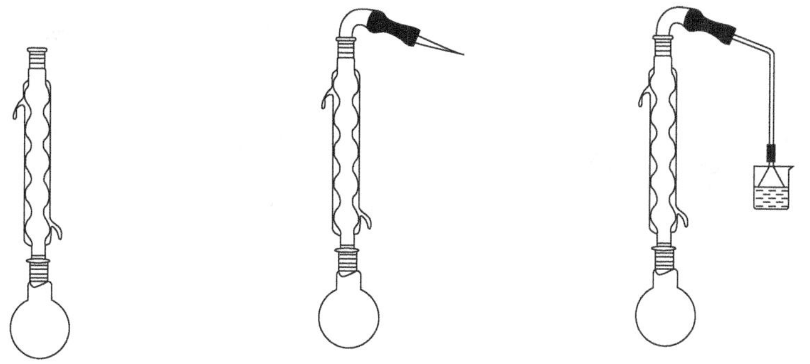

(a) 简单回流装置　　(b) 无水回流装置　　(c)气体吸收回流装置

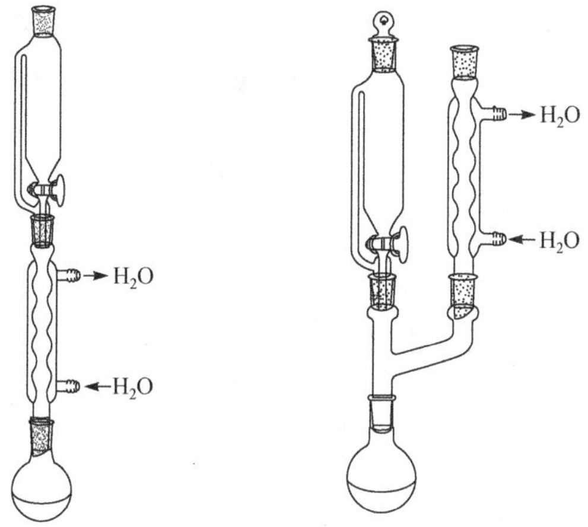

(d)　　(e)　　(f)

回流滴加装置

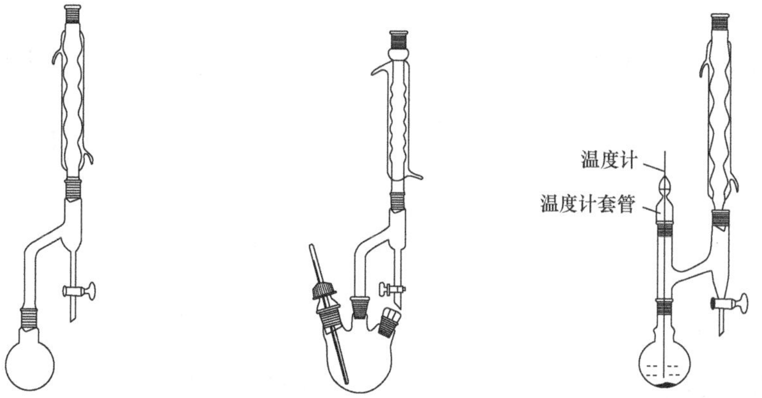

(g)　　(h)　　(i)

回流分水反应装置

图 2.10　回流装置

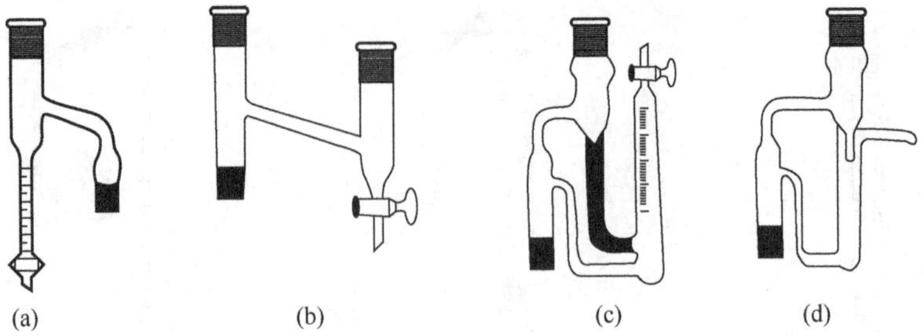

图 2.11　常用的分水器

2. 气体吸收装置

有机实验中有时会产生有毒、有气味的气体，这时需要对其进行吸收，常用的吸收装置如图 2.12 所示。根据气体的理化性质，选择合适的吸收剂。酸性气体可用水或稀碱溶液吸收，碱性气体常用水或稀硫酸吸收。其中图 2.12(a)和(b)可作少量气体的吸收装置。在操作时应经常注意玻璃漏斗的位置，要略微倾斜，使漏斗口一半在液面下，一半在液面上，使气体不能外逸，但又不能形成密闭体系，否则反应瓶一旦冷却，水立即倒吸，实验无法进行。若反应过程中有大量气体生成或气体逸出速度较快时，可使用图 2.12(c)的装置。冷凝管流出的水自上端流入吸滤瓶中，在恒定的平面上溢出，粗玻璃管刚好伸到水面被水封住，以防止气体逸入大气中。微量制备反应中，水溶性的气体可用经水或相应的吸收液润湿的脱脂棉或玻璃棉来进行吸收。通常将润湿的脱脂棉或玻璃棉置于小锥形瓶或烧杯中，更方便的方法是将其填充在连接冷凝管的干燥管中[图 2.12(d)]。

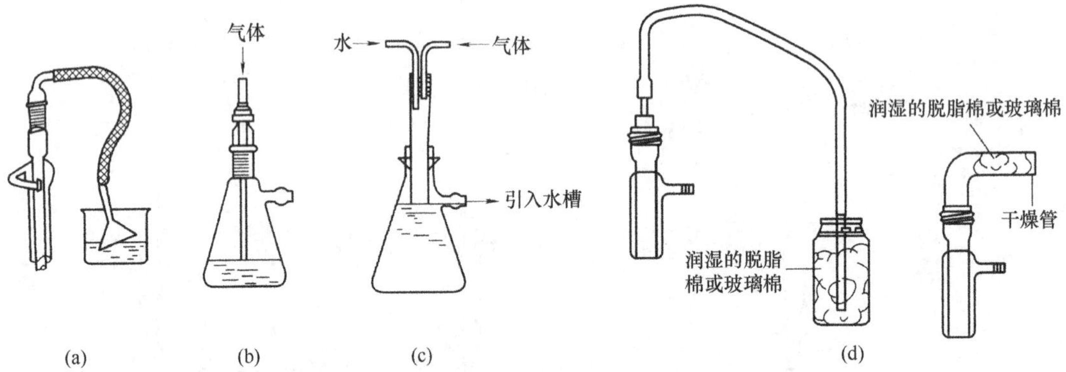

图 2.12　气体吸收装置

3. 搅拌装置

在有机合成反应中，无论是均相反应还是非均相反应，最好采用搅拌的方式进行反应。搅拌可增加相间接触面，加速分子运动，增加分子间碰撞的概率，缩短反应时间，提高反应产率。在边反应边加料的实验中，搅拌可防止局部过浓、过热，减少副反应。一般均相反应可不搅拌，但非均相反应一定要搅拌，否则反应难以进行。

有机化学实验中常用的搅拌反应装置如图 2.13 所示。图 2.13(a)为控温搅拌反应装置；图 2.13(b)可以同时进行搅拌、回流和滴加液体；图 2.13(d)和(f)还可以同时测量反应温度；

图 2.13(c)是带干燥管的无水搅拌滴加回流反应装置；图 2.13(e)是带有气体吸收的无水搅拌、滴加和控温反应装置；图 2.13(g)是在惰性气氛下进行反应的无水无氧反应装置。

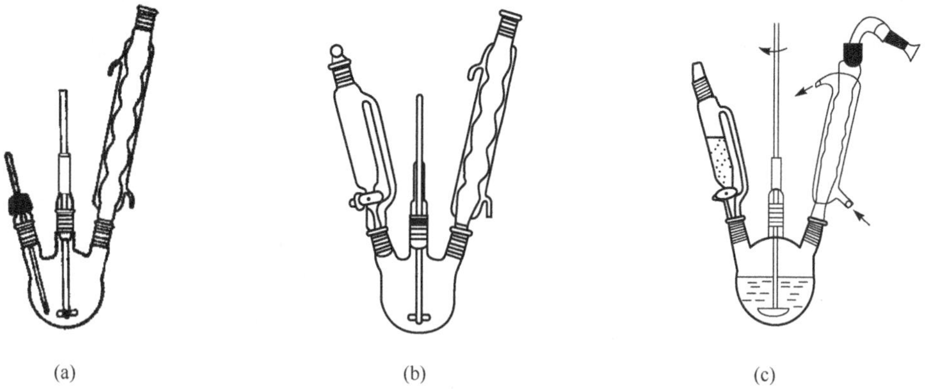

三颈瓶电动搅拌装置

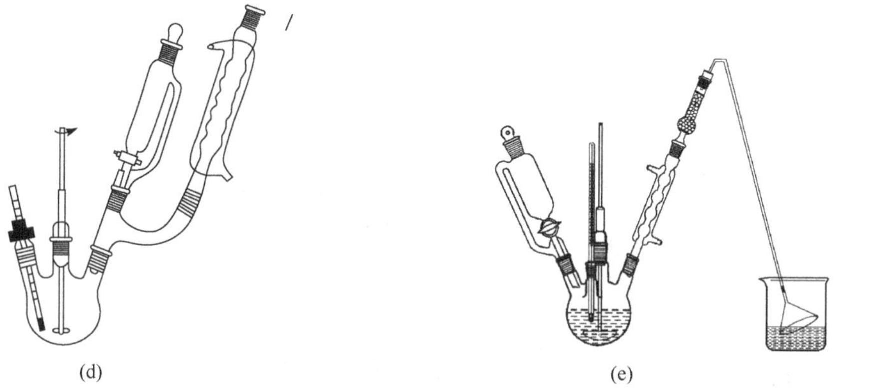

三颈瓶加Y形管及四颈瓶电动搅拌装置

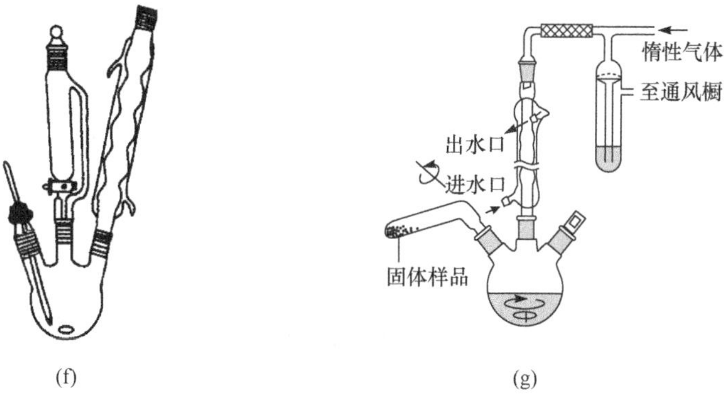

磁力搅拌装置

图 2.13　搅拌反应装置

有机实验中常用的搅拌方式有以下三种。

1) 手工搅拌或振摇

在反应物料量很少，反应时间不长，无毒或无毒气放出，对搅拌速度要求不高的情况下，可通过在烧杯或锥形瓶中用玻璃棒搅拌或振摇来完成反应。

2）电动搅拌

电动搅拌主要用于非均相反应，黏度不是很大的体系，量大、反应时间长，或有毒气放出、或需同时回流和滴加物料等情况下的反应。不适用于过黏的胶状液，否则马达在超负荷情况下转动，易烧毁。电动搅拌主要由电动机、调速器、搅拌棒和搅拌头等密封装置组成，由电机带动搅拌棒进行搅拌，常用的电动搅拌器如图 2.14 所示。电机一般为永磁式直流电机，具有增力功能，转速稳，连续可调，噪声小。

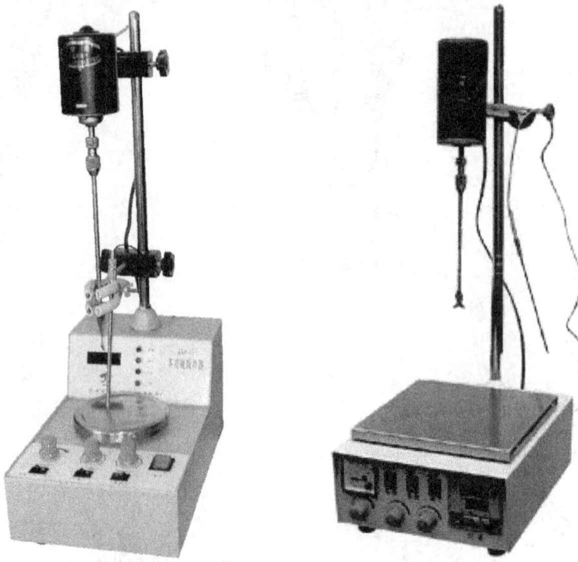

图 2.14　电动搅拌器（集加热、磁力搅拌）

电动搅拌器上配备的搅拌棒由玻璃、金属或金属外套四氟塑料（有市售）制成，为了适应各种搅拌情况，搅拌棒可做成各种形状，如图 2.15 所示，其式样不同，搅拌的效果也不同。

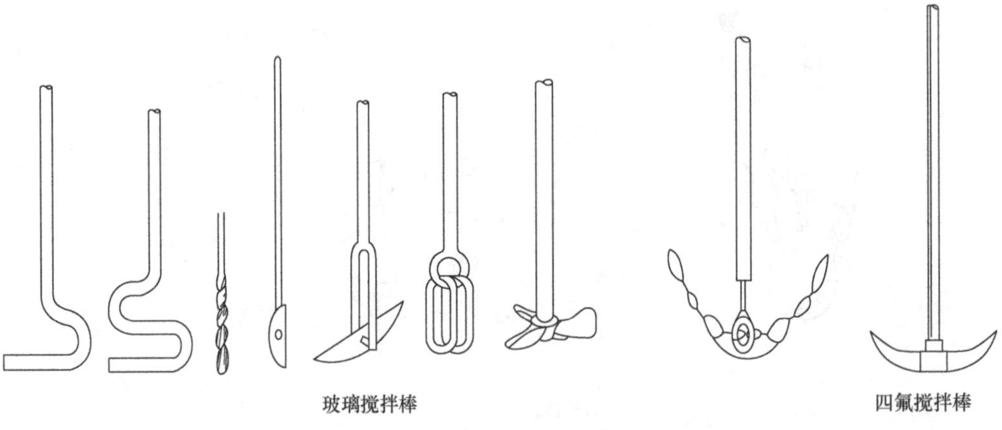

图 2.15　搅拌棒

为了防止蒸气外逸，须采用密封装置，常用的有简易密封装置或液封装置。简易密封装置如图 2.16(a)、(c)、(d)和(e)所示。图 2.16(a)由套有乳胶管的搅拌头和搅拌棒所组成。搅拌棒在乳胶管内转动，在搅拌棒和乳胶管之间滴入少量润滑油，对搅拌棒可起润滑和密封作用。这种简易密封装置也可用于一般减压（1.33～1.6kPa）操作。图 2.16(c)是聚四氟乙烯壳体、橡胶“O”形圈密封的磨口玻璃仪器密封件。图 2.16(d)由四氟乙烯搅拌密封塞和搅拌棒组成。

聚四氟乙烯制成的搅拌密封塞由上面的螺旋盖、中间的硅橡胶密封垫圈和下面的标准口塞组成。使用时只需选用适当直径的搅拌棒插入标准口塞与垫圈孔中，在垫圈与搅拌棒接触处涂少许甘油润滑，旋上螺旋口使松紧适度，把标准口塞装在烧瓶上即可。图2.16(e)是一般的医用微型注射器经过改装制成的搅拌密封装置，将截断的针筒套上乳胶管与磨口套管相连固定在烧瓶上，利用一小段乳胶管将搅拌棒与截断的针筒芯连接，即成为一个转动灵活、气密性良好的精密磨口搅拌器，可用于密封要求较高的反应。只要替换磨口套管，就可以安装在不同大小口径的反应瓶上。图2.16(b)液封装置中要用惰性液体如石蜡油进行密封。

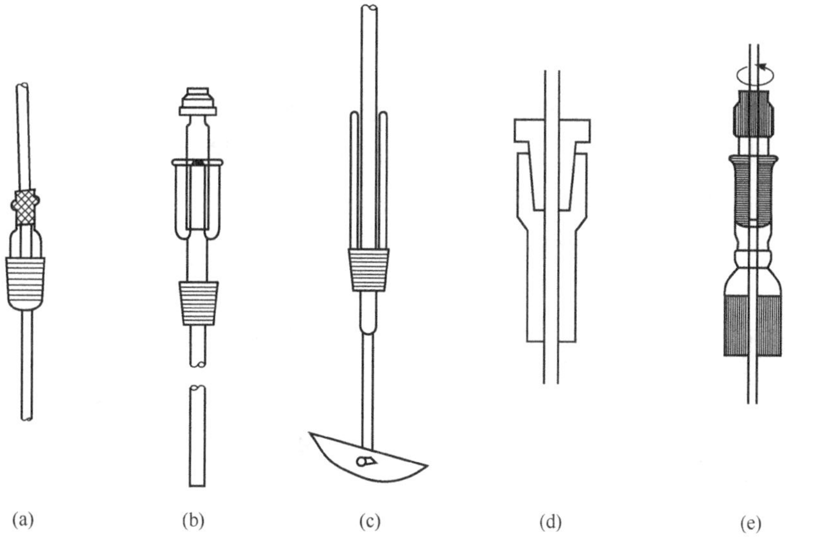

图2.16　密封装置

电动搅拌器使用时必须接上地线，不能超负荷使用，否则电机易发热而烧毁。平时要注意保养，保持清洁干燥，防潮防腐蚀，轴承应经常涂油保持润滑。

3) 磁力搅拌

磁力搅拌主要用于少量液体的搅拌，不适用于量大、较黏或固体物较多的反应体系。磁力搅拌能在完全封闭的装置内进行搅拌，易于密封，使用方便，常用于氢化、真空操作等。

磁力搅拌器(图2.17)由电动机、磁钢和搅拌磁子组成。电动机驱动磁铁旋转，通过磁场的不断旋转来带动容器内磁子随之转动，以达到搅拌的目的。一般都附有调速和加热控温装置，使搅拌和加热同时进行。磁子是一根包有聚四氟乙烯或玻璃外壳的软铁棒，外形有橄榄状、棒状和旋齿状等，如图2.18所示。橄榄状适用于圆底烧瓶、茄形瓶等容器；棒状适用于锥形瓶等平底容器；旋齿状适用于梨形或锥底形等微型烧瓶。磁子的大小应根据容器的大小来选择。

图2.17　磁力搅拌器

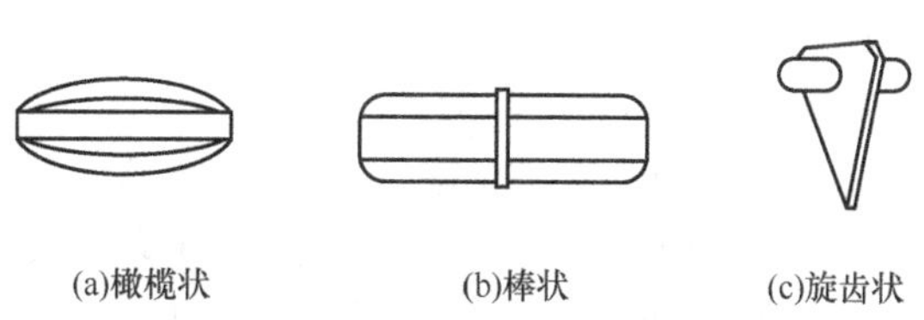

图2.18　四氟搅拌磁子

使用磁力搅拌时须注意以下几点：①磁子放入反应瓶时，不能垂直投入，以免打破容器，需将反应瓶倾斜，使磁子沿着容器内壁慢慢下滑到瓶底；②反应瓶应垂直装置于磁场中央，且尽量靠近磁场，否则会影响搅拌效果；③搅拌时，应缓慢转动调速旋钮，调至所需速度，一旦磁子发生跳动，应立即将调速旋钮旋至零，待磁子静止后再重新缓慢开启；④水或反应物料等洒落在磁盘上，应立即关掉电源处理，以免溶液渗入电机部分损坏仪器；⑤实验结束把仪器擦干净，防止外壳腐蚀、生锈；⑥倾倒溶液前用取磁棒先取出磁子，并及时洗净、晾干，妥善保存备用。

4. 微量反应装置

微量反应装置中一般用锥底形容器作反应瓶，用微型蒸馏头作分水器或接收器，搅拌均采用磁力搅拌。图 2.19(a)为微量无水回流反应装置；图 2.19(b)为带有气体吸收装置的微量回流反应装置；图 2.19(c)为微量分水反应装置。

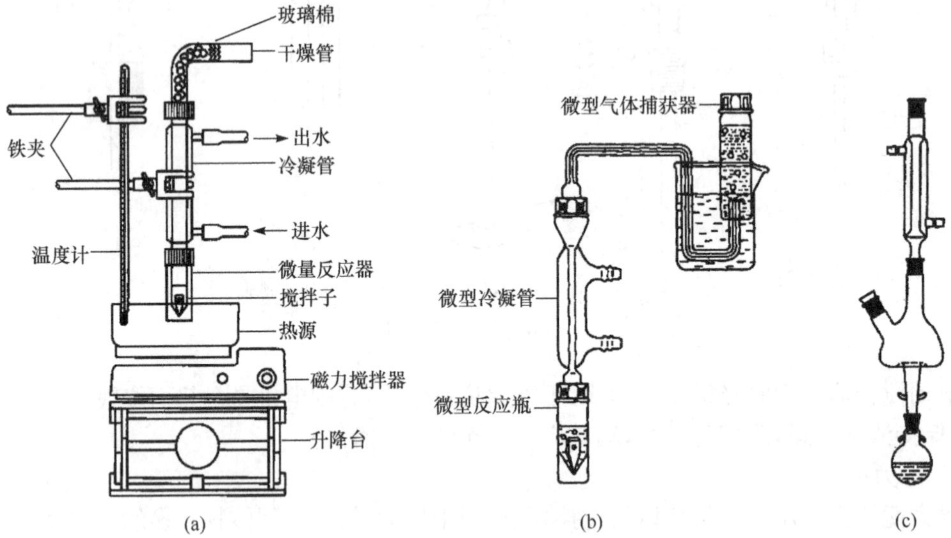

图 2.19　微量反应装置

2.4.2　仪器装配规则

玻璃仪器的安装是有机化学实验的重要基本操作，正确地安装实验装置是做好实验的基本保证。如果安装不正确，不仅影响装置的整齐美观，而且会损坏仪器，甚至造成事故，必须十分重视，多加训练。

有机化学实验常用的玻璃仪器装置，一般都是根据热源的高低，将玻璃仪器用铁夹由下而上依次固定在铁架台上。铁夹有十字夹、双钳自由夹、三钳或四钳自由夹等数种。十字夹的两个夹口互相垂直，两旁均有螺丝调节夹口大小，一个夹口夹铁架台柱，另一个夹铁圈或自由夹等。使用时，必须使后一个夹口的开口向上。这样即使夹口螺丝不紧，仪器也不致跌落而破碎。自由夹的钳子内侧必须贴有橡皮、绒布等柔软的衬垫，或用橡皮管完全套住钳子，否则铁钳直接夹持玻璃仪器时，很容易夹破仪器。对于圆底烧瓶等短颈器皿，应选用双钳自由夹；而对于冷凝管等长形仪器，则几种夹子均可用，但仍以四钳或三钳自由夹更稳妥。用自由夹夹玻璃器皿时，先用左手手指将双钳夹紧，再拧紧自由夹螺丝，待夹钳手指感到螺丝触到双钳时，即可停止旋动，做到夹物不松不紧。自由夹的长柄插入十字夹夹口后，旋紧夹口螺丝，便可固定在铁架台上，仪器与铁架台柱间的距离和角度均可通过长柄插入十字夹夹口的长度和角度调节。

铁架台是仪器装置的支架，仪器装置的重心靠铁架台来稳定。因此，一般情况下，铁架台都是对着实验者正放在实验台上，仪器夹在铁架台的同一边，而不夹在铁架台的对面或侧面，否则重心不稳。同时使用几个铁架台时，应尽量平行放置。

无论仪器装置是简单的还是复杂的，安装顺序总是先下后上，自左至右，逐个将仪器边固定边组装。要求各连接部位既紧密吻合又无张力，整套装置平正整齐、正确美观。拆卸的顺序与组装相反。拆卸前，应先停止加热，移走热源，待冷却后再逐个拆掉。拆冷凝管时注意不要将水洒到电热套或油浴锅中。

有机实验装置很多，除各种反应装置外，还有蒸馏、分馏等分离纯化装置。下面仅以回流装置和电动搅拌装置为例详细介绍仪器的安装、拆卸方法，其他实验装置的装配方法将在有关章节中叙述。

1. 回流装置的安装

(1) 检查玻璃仪器和配套仪器是否完好无损。

(2) 将铁架台放置于实验台适当的位置，铁架台正对实验操作者。

(3) 在铁架台柱上下分别装上两个十字夹、一个双钳自由夹(在下)和一个三钳或四钳自由夹(在上)，夹自由夹的夹口均在左边且必须向上。

(4) 根据热源的高度，确定圆底烧瓶的位置，用双钳自由夹夹住圆底烧瓶瓶颈，垂直固定于铁架台中央，松紧适当，以夹好后稍用力仪器还能转动为宜。

(5) 装上球形冷凝管的进、出水橡皮管。将冷凝管用自由夹垂直固定于烧瓶上方，自由夹夹在冷凝管中部偏下一个磨口长度(3cm)处，以烧瓶口为基准，通过上下移动十字夹调节冷凝管位置，使其下端对准烧瓶口，旋紧十字夹，再一手握住冷凝管，另一手慢慢放松自由夹，将冷凝管插入烧瓶磨口中并稍加转动，使内外磨口紧密相接，再将自由夹稍旋紧，固定好冷凝管，使自由夹位于冷凝管中部。整套装置垂直于实验台，位于铁架台中央。

(6) 将冷凝管下端的橡皮管与自来水龙头连接，上端的橡皮管放入实验台中间的下水管道口中，冷凝水下进上出，使冷凝管中始终充满冷凝水，确保冷却效果。

必须注意一定不要在回流冷凝管上口加塞子，仪器装置必须与大气相通，绝不能密闭，否则，加热后产生的气体或有机物的蒸气在仪器内膨胀，使压力增大，易引起爆炸。有些反应需进行无水操作，为避免空气中湿气的作用，可在仪器和大气相通处安装一个氯化钙干燥管。装配完毕后必须对仪器和装置进行检查，是否做到正确、整齐、稳妥、严密以及装置是否与大气相通。在实验操作前应再仔细检查仪器装配得是否严密，以保证反应物不受损失，避免挥发性易燃液体的蒸气逸出，造成着火、爆炸或中毒等事故。

总之，安装回流装置时，整个装置的高度应以热源为基准，先下后上，冷凝管与反应瓶保持在一条直线上且垂直于铁架台。拆卸时与装配时的顺序相反，先撤去热源，冷却、关闭冷凝水，拆下冷凝管，最后拆下烧瓶。

反应物、溶剂和沸石可事先加入烧瓶中再着手装配冷凝管，液体物也可在装配好后从冷凝管上端用漏斗加入。检查无误后，先通冷凝水后加热，调节加热速度和冷凝水流量，控制回流速度 1～2 滴/s，反应时间从第一滴回流液滴下开始计算。停止回流时，先停止加热，撤去热源，冷却后关冷凝水。反应体系中若含有金属钾或钠，绝不能用水浴或蒸气浴加热。

2. 电动搅拌装置的安装

(1) 检查电动搅拌器运转是否正常。检查玻璃仪器及配套仪器是否完好无损(图 2.20)。

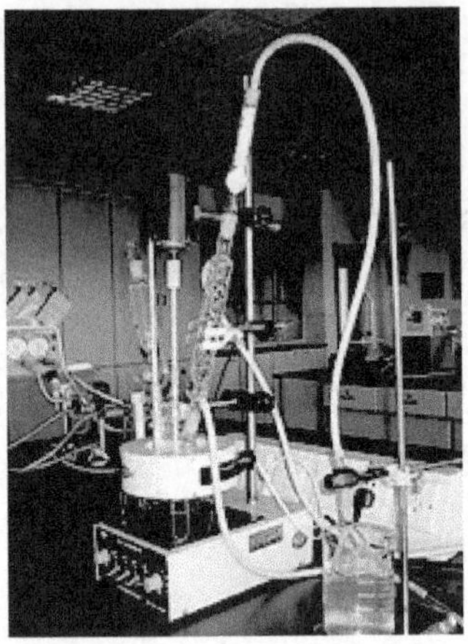

图 2.20　合成对甲苯乙酮的装置

(2) 在电动搅拌器支撑杆上装上十字夹和自由夹。双钳自由夹装在左边,四钳自由夹装在右边,自由夹间不得交叉,搅拌器和夹四颈瓶的自由夹应同在左边。冷凝管夹在右边,使整个装置质量分配平衡。每件仪器都要用夹子固定在同一个搅拌器架上,以防止各件仪器振动频率不协调而使仪器破损。

(3) 热源下垫升降台或木块等,便于取下。根据热源的高度确定四颈瓶的位置,用双钳自由夹夹住四颈瓶中间的瓶颈,垂直固定于电动搅拌器杆上。

(4) 将事先接好进、出水橡皮管的球形冷凝管用右边的四钳自由夹夹住,夹在其中间偏下一个磨口长度处。以四颈瓶的右侧口为基准,调节球形冷凝管的位置,使冷凝管中轴线与四颈瓶口的中轴线重合并恰好相切,旋紧十字夹,再一手握住冷凝管,另一手慢慢松开自由夹,将冷凝管插入四颈瓶右颈中并稍加转动,使内外磨口紧密连接,再将自由夹旋紧,固定好冷凝管,使自由夹在冷凝管的中间。

(5) 搅拌头和搅拌棒之间用乳胶管连接封口,搅拌头上的乳胶管不要太长,否则阻力大且易被摩擦热烫坏。上端露出部分约 0.5cm,下端套至凸出部位,以防上端乳胶管破损时,可将下端的乳胶管立即往上推来封口,不影响反应的进行。乳胶管内涂上凡士林或滴入少量硅油,起润滑和密封作用。

(6) 将套有搅拌头的搅拌棒从四颈瓶的中间瓶口插入瓶底,并打开叶片,以搅拌棒为基准调节搅拌器位置,使搅拌器轴与搅拌棒在一条垂直线上并正好相切,旋紧固定夹,将搅拌棒插入搅拌器轴上连接的真空橡皮管中,搅拌棒离瓶底至少 5mm。装好后,用手转动搅拌棒,看其是否与反应瓶碰撞,与搅拌头套管产生摩擦。然后启动搅拌器,缓慢调节转速,再仔细观察,若有问题,停止搅拌进行适当调整,直至转动时无摩擦碰撞的声音为止。

(7) 恒压滴液漏斗活塞涂上凡士林,用少量反应溶剂检漏,装入四颈瓶的左侧口,漏斗颈部用自由夹固定。再在冷凝管上端装上无水氯化钙干燥管,因有腐蚀性气体放出,干燥管两端应填装玻璃棉,无水氯化钙应取颗粒状,不能用粉末,也不能装得太紧,以免造成气阻引发事故,干燥剂填装高度至少占干燥管的 2/3。干燥管后面再与气体吸收装置连接,吸收装置用自由夹固定在铁架台上。最后在四颈瓶的前侧口(14 号口)装上温度计。因温度计破损后易引起汞污染,一般均在最后安装。一般选用温度计要高于被测温度 10～20℃。

安装完毕,检查装置各连接处是否紧密不漏气。再次开动搅拌器,若运转正常,才能投料进行实验。物料加毕后,打开冷凝水,启动搅拌调至所有物料能以均匀的速度转动为宜,加热升温至所需温度开始计时,随时观察反应温度、搅拌速度、反应现象并及时记录。反应完毕,停止加热,撤去热源,冷却,停止搅拌,关闭冷凝水。

拆卸仪器的顺序与安装时相反,拆卸顺序是:温度计、气体吸收装置、干燥管、滴液漏斗、搅拌棒、冷凝管、四颈瓶。

2.5　简单玻璃工操作

玻璃工操作是有机化学实验中的重要操作之一，有机实验中经常要使用玻璃沸石、玻璃搅拌棒、玻璃弯管、熔点管、沸点管、点样管和毛细管等玻璃小用品。这些小用品通常要求实验者自己制作，故应掌握最基本的玻璃工操作方法。在玻璃工的切割、拉丝、弯曲、吹制四种操作中，最基本的操作是拉玻璃管和弯玻璃管。

2.5.1　玻璃管(棒)的切割和熔圆

所加工的玻璃管或玻璃棒应先洗净并干燥。注意不宜用灯火直接烤干，以免炸裂。玻璃管(棒)的切割是用小砂轮或三角锉刀的锐边在需要切断处锉一锉痕，重复几次，每次朝一个方向锉，不可来回拉锯。至锉痕稍深而清晰时，两手握住玻璃管(棒)，以大拇指顶住锉痕背后两边，轻轻向前推，其余四指同时朝两边拉，玻璃管即平整断裂，如图 2.21 所示。锉痕时，若砂轮来回拉锯，锉痕不易重复，且锉痕较浅，玻璃管不易折断或断口不齐，这样折断时还易引起割伤。为安全起见，尤其是初学者，可在稍离挫痕处用布包住再折断，折断时应注意玻璃管离眼睛稍远些，即使万一有玻璃碎屑迸出，也不会伤害眼睛。若将锉痕用水沾湿，玻璃管更容易断开。此外，用玻璃棒粘滴法也能截断，即将玻璃棒顶端灼烧成玻璃珠状，然后迅速放在锉痕处压紧，玻璃管即自行断裂。

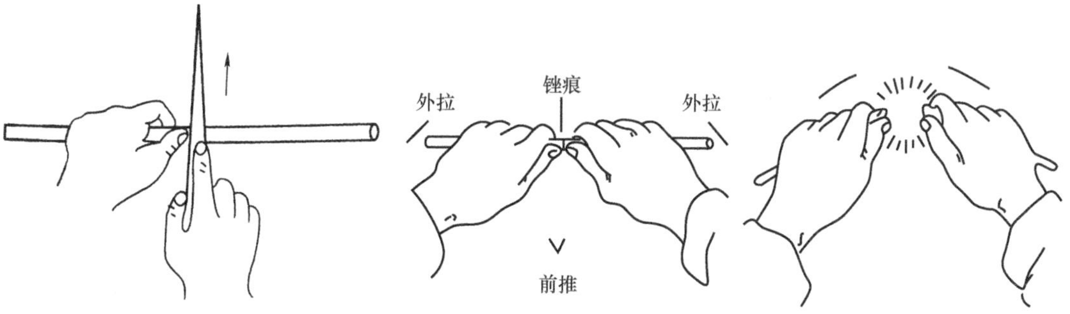

(a) 划痕,不是锯　(b) 拇指放于划痕背后　(c) 向前推进

图 2.21　玻璃管(棒)的切割

断裂的玻璃切口十分锋利，必须在火中熔圆后方可使用。将玻璃管(棒)成 45°倾斜在氧化焰边缘处，边烧边旋转，直至切口圆滑，如图 2.22 所示。不可烧得过久，也不可伸入火焰内部，以免管口缩小和玻璃管发生弯曲变形。

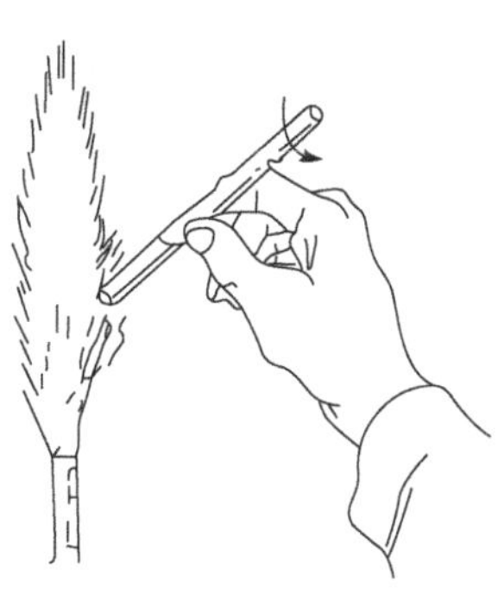

图 2.22　切口熔圆

2.5.2　拉玻璃管(玻璃管拉丝)

玻璃沸石、滴管、熔点管、毛细管等由玻璃管烧软后拉丝而成。因此，拉玻璃管十分重要，必须熟练掌握。

1. 拉玻璃管的一般操作要点

(1) 选用软质玻璃管，先小火预热，再调节火焰，使氧化焰与还原焰层次分明，将玻璃拉丝部位置于氧化焰的最宽处（火焰的 2/3 处）强热灼烧，边烧边将玻璃管同轴来回转动，使其受热均匀。不要偏离火焰，也不要在火中拉长和过分扭曲。当手感已相当柔软且灯焰发黄红色时，表明玻璃管已熔融，已到“火候”。掌握好“火候”是拉玻璃管的关键，拉丝部分越细长，要求玻璃管烧得越柔软。

（2）将已烧软的玻璃管移出火焰，边拉边转，使拉丝部分的中轴线与原中轴线重合。拉丝时先慢后快，并且测其粗细以控制拉丝长短。拉完后，应将玻璃管用双手悬置片刻，待玻璃硬化后再将玻璃管的两粗端分置于石棉网上。粗端很烫，不可手触，也不可直接放在桌面上。冷却后，在适当部位切断。拉丝后的细管极易折断，如同打针时开启安瓿瓶一样，只需要小砂轮轻划一痕，一手抵在痕下，另一手轻轻向上一拔，即可平整折断。

2. 拉制滴管、玻璃钉、玻璃沸石、熔点管和毛细管

1）滴管

取长约 25cm 的洁净玻璃管，按玻璃管拉丝的操作要求，在玻璃管中部拉丝。按细端直径 1.5mm 的要求截成两段，细端用小火熔圆，粗端卷边，即成两根滴管（图 2.23）。

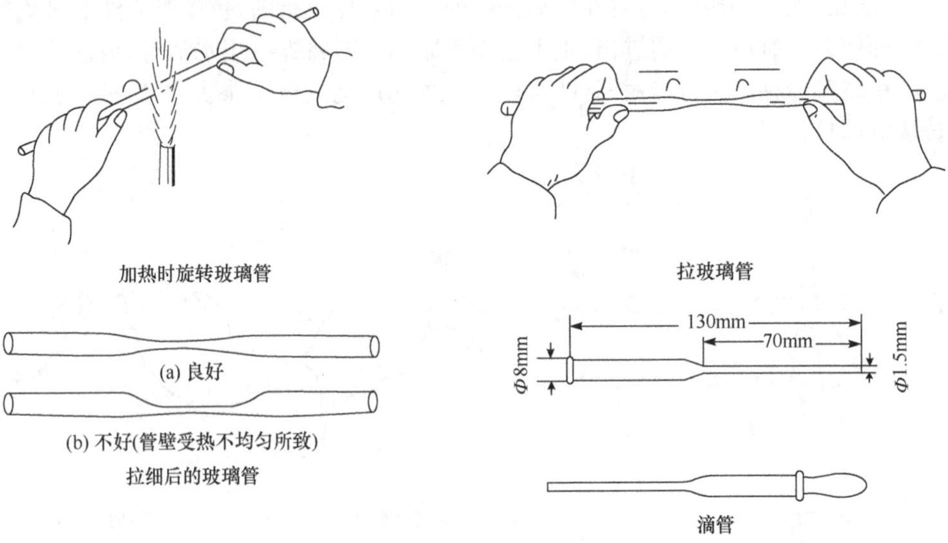

图 2.23 拉制滴管

卷边的简单方法是：将粗端置灯焰外缘烧软后，在石棉网上按一下，如此反复数次，使外缘均匀突出，便于固定橡胶滴头。

2）玻璃钉

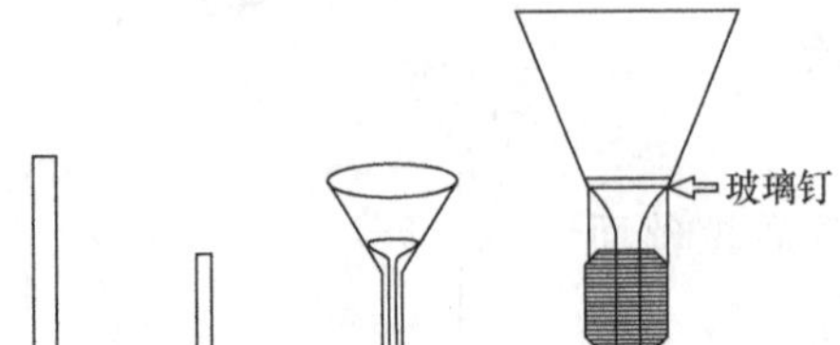

图 2.24 玻璃钉、玻璃钉漏斗

将玻璃棒均匀拉丝，细端直径 2～3mm，截取约 6cm 的细玻璃棒，一端熔圆，另一端按滴管卷边的方法在石棉网上压扁，即成玻璃钉（图 2.24）。将它放在小玻璃漏斗中，可用于小量固体过滤。因此，玻璃钉的扁端应略大于漏斗颈口。若直接将粗玻璃棒的一端压扁，使扁端直径约为 1.5cm，这样制成的大玻璃钉可用于研磨固体样品和抽滤时压干滤饼。

3）玻璃沸石

沸石是多孔的化学惰性固体，蒸馏液体时用作助沸物，提供气化中心，使液体平稳沸腾。常用的沸石是多孔的素烧瓷片，也可用玻璃管或玻璃棒制成的玻璃沸石。玻璃沸石比一般沸石黏附的液体少，也较易从它表面刮下黏附的固体。

制作玻璃沸石，是将一段玻璃管（棒）烧熔后在火中反复重叠拉丝（拉长后再对叠在一起，造成空隙，保留空气）几十次后，移出火焰拉成 1～2mm 粗细，冷却后截成长约 1cm 的小段装在广口瓶中备用，如图 2.25 所示。

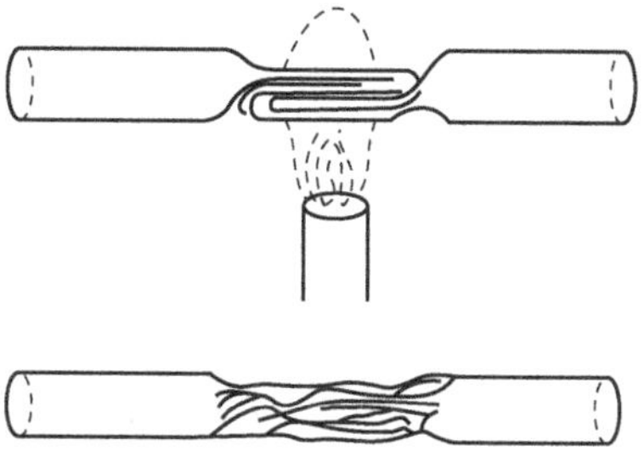

图 2.25　玻璃沸石

4）熔点管

熔点管是内径为 0.8～1.2mm、长约 15cm、两端封口的毛细管，使用时从当中截开，内装固体样品，用于毛细管法测定熔点。拉制熔点管时要选择直径为 1cm、壁厚 1mm 左右的软质玻璃管，并经彻底清洗、干燥。

拉制时，常用煤气喷灯加热，也可在普通灯头上装一鱼尾灯头以加宽火焰，使玻璃管的受热熔融部分较大，灯焰温度要高，使玻璃管充分熔融软化。当玻璃管烧至发黄红变软时，从火中取出，待玻璃管的红热部分稍冷后，迅速水平向两边拉开，如图 2.26 所示。拉丝时，先慢拉，同时用两手的拇指和食指捻转玻璃管，然后较快地拉长，此时眼睛注视细部中央，以拉丝的长短来控制毛细管的粗细。拉完后，用两手悬置片刻，至冷却变硬时，两粗端分别置于石棉网上，冷却后，按上述要求截取合格的毛细管。每根毛细管的两端分别在小火边缘上一边转动，一边烧熔封口，要尽可能地将底封得越薄越好。封好的底端应为不留孔隙的珠状透明玻璃。

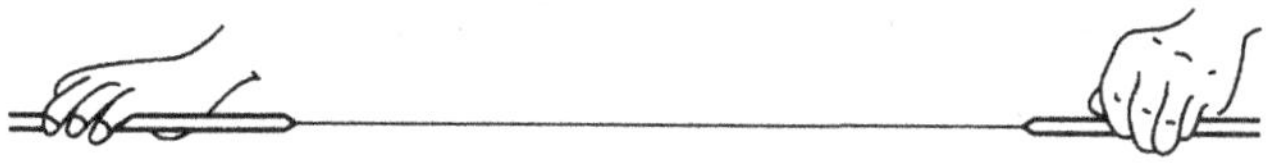

图 2.26　拉制熔点管

5）减压蒸馏用毛细管

减压蒸馏用毛细管一般要求细如发丝，弹性良好，在水中吹不出气泡，仅在乙醚中可吹出成串的细小气泡。这样细的毛细管一般是分两次拉成的。首先，将玻璃管在较窄的火焰上烧软，移离火焰，缓缓拉伸至细部直径约 2mm；然后，将细部烧软，迅速拉开，即可得到很细的毛细管。

2.5.3　弯玻璃管（棒）

弯玻璃管时宜选用壁较厚的玻璃管，加热时不宜烧得过软，否则玻璃管容易变形。弯好的玻璃管要在同一平面上，弯曲处均匀平滑，保持原有管径，没有外缘瘪陷、内缘纠结等缺陷。弯好后应随即进行退火处理，即将弯曲部分在弱火焰中均匀加热片刻，然后将其慢慢移出火焰，再放在石棉网上冷至室温。否则玻璃管或玻璃棒内部会因骤冷而产生很大的应力，即使不立即破裂，过后在存放或使用过程中也有可能断裂。

现介绍弯玻璃管（图 2.27）的两种简单方法。

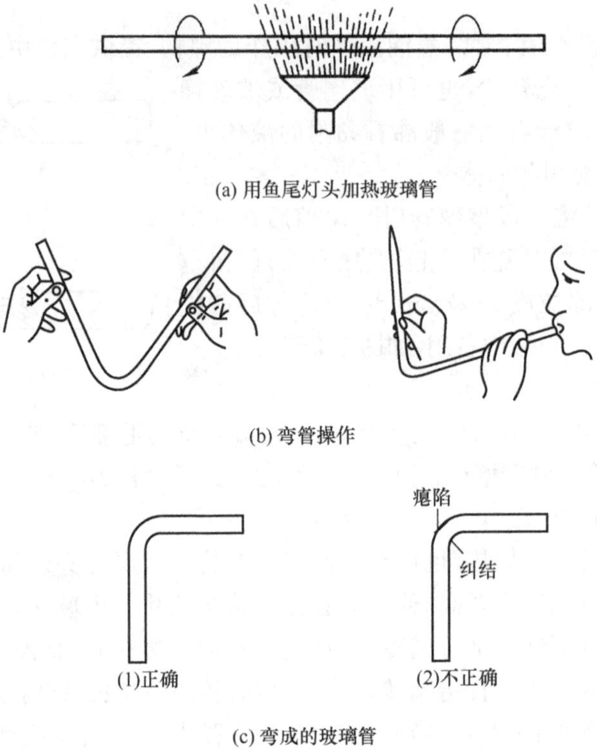

图 2.27　弯玻璃管

(1) 手持玻璃管两端,用中等火焰加热,一边加热,一边慢慢转动使玻璃管受热均匀。当玻璃管受热部分稍软后即从火中取出(不可在火焰中弯玻璃管),两手轻微地向中心施力、让玻璃管因自身质量而渐渐弯曲至所需角度。绝对不要用力过大,否则在弯的地方玻璃管会瘪陷或纠结。此法较易掌握,适合制作角度大的弯管。如果要制作角度较小的弯管,可分几次弯成。先弯成一个较大的角,以后的加热和弯曲都要在前次加热部位稍偏左或偏右处进行,直到弯成所需要的角度。不要把玻璃管烧得太软,一次不要弯得角度太大。不过弯角小时,容易出现内缘纠结。

(2) 密封式弯制。玻璃管一端套上橡胶滴头,或拉丝后将细端烧熔封口。左手持滴头或细端,右手持粗端,用喷灯或鱼尾灯焰加热玻璃管,边烧边同轴转动,不要扭曲,使玻璃管受热均匀。红热软化时移出火焰,迅速用右手拇指抵住粗端管口,堵住管中空气,同时左手慢慢上提,弯曲成所需角度。或者在左手上提时,从粗端吹气,不让管中气流外逸,切不可用力猛吹,否则会使弯曲部位管径膨大,直至形成气泡。此法弯成的玻璃管比较均匀平滑,容易保持原有管径。当用此法弯小角度玻璃管时,以加大加热面,一次弯成为宜。

搅拌棒的制作与玻璃管的弯曲类似,即将玻璃棒先用小火加热,然后加大火焰(玻璃棒急速受热易炸裂)并不断转动,当烧到一定程度后从火焰中取出,用已预热的镊子或坩埚钳将其弯成所需要的形状。加工好的玻璃管(棒)均应随即在弱火焰中加热片刻进行退火处理。

总之,两手旋转均匀,掌握玻璃管(棒)熔融或软化的“火候”,拉或弯时用力得当,这是做好玻璃工操作的关键。

2.6　加热和冷却

大多数有机化学反应在室温下反应速率很慢，为了加快反应速率，除使用合适的催化剂外，常采用加热的方法。此外，有机化学实验的许多基本操作，如液体的蒸发和浓缩等都要用到加热。

但是，有一些反应会产生大量的热，若不迅速消除，将使反应物分解或逸出反应容器，甚至引起爆炸，如硝化反应、重氮化反应等，因此这些反应必须在低温下进行。此外，蒸气的冷凝、结晶的析出也需要冷却。

反应温度的控制是有机化学实验重要的操作条件，直接影响反应速率、反应产率和副反应等问题，对实验的成败至关重要，故必须掌握各种加热和冷却方法，以便正确地控制反应温度。

2.6.1　加热

有机实验室常用的加热方式有以下五种：

(1) **煤气灯**。多用于加热水溶液和高沸点溶液，不能用于加热易燃物及减压蒸馏等。煤气灯加热时，容器下必须垫块石棉网，切不可直接用火加热。

(2) **水浴**。适用于沸点在 80℃以下，易挥发、易燃有机液体的加热。实验室常用电热水浴锅[图 2.28(a)]，它是靠浸没的电热盘管加热浴液，由调压器调节加热温度。使用电热水浴锅时，注意应先加水，后接通电源，以免烧毁加热管。水浴锅内的盛水量最多不应超过其总容量的 2/3，将容器浸入水浴后，浴面以略高于容器中的液面为宜。切勿使容器触及水浴底部，以免破裂。加热过程中随时补充水以保持原有体积，切不能烧干。若长时间加热，可在水面上加几片石蜡，石蜡受热熔化覆盖在水面上，可减少水的蒸发。必须注意，当涉及钠或钾的操作，绝不能用水浴加热，以免发生事故。

(3) **油浴**。用于 80℃以上的有机液体的加热。油浴传热均匀，容易控制温度，常用作减压蒸馏、分馏和高温反应的热源。油浴所能达到的最高温度取决于所用油的种类，实验室常用的导热油有：甘油(140～150℃)，温度过高易分解；聚乙二醇(150～200℃)，价廉，易清洗，毒性小；石蜡油(约 200℃)，不易分解，但易燃烧；硅油或真空泵油(250℃左右)，硅油价贵，不易清洗，高温或进入酸碱等杂质易凝胶，分解产物毒性大。

用油浴加热时，油浴中应悬挂温度计，以便及时调节电压，控制加热温度，若用控温仪就能自动控制热浴的温度。有机实验中，为保证实验的安全，防止油浴燃烧，现常用电热油浴锅[图 2.28(b)]，即电热盘管放在油浴内加热，由调压器调节加热温度或控温仪自动控制温度。此外，还可将油浴与磁力搅拌器、电动搅拌器组合在一起，如多功能搅拌器、集热式磁力加热搅拌器，使加热、控温和搅拌同时进行。实验完毕后，撤去油浴但仍放置在容器下面，待附着在容器外壁上的油滴尽后，用纸和干布把容器擦净。

使用油浴时应注意：①尽量避免用明火加热油浴，一旦着火，热油火焰不易熄灭；②加热温度不要超过导热油的最高使用温度，即必须在其闪点以下，如果油浴开始冒烟，可能已接近闪点，应立即停止加热，已发黑变稠的老浴油应及时更换，因为它比新油更易闪燃；③谨防水溅入热油浴中，水溅入热油中，会使热油飞溅引起严重灼伤；④油浴上最好加盖，减少油蒸气污染空气，同时防止脏物进入油中。

(4) **电热套**。沸点在 80℃以上的液体均可使用电热套加热[图 2.28(c)]。它是由玻璃纤维包裹电热丝编织成的帽状加热器。电热套的加热温度由调压器控制，最高温度可达400℃左右，是有机实验中一种简便、安全的加热装置。电热套有 50mL、100mL、250mL、500mL 等各种规格，使用时应根据容器的大小选用合适的型号。受热容器应悬置在加热套的中央，不能接触包的内壁。为了有效地保温，可将包口和容器之间用玻璃布围住。要避免水、化学药品溅入或溢漏至电热套内，以免电热丝烧毁或着火。电热套主要用于回流加热，若用它进行蒸馏或减压蒸馏，随着蒸馏的进行，瓶内液体逐渐减少，会使瓶壁过热，造成蒸馏物炭化。

(a) 电热水浴锅　　(b) 电热油浴锅　　(c) 电热套

图 2.28　加热器

(5) **其他**。还可用红外灯、电热板、电磁炉、红外加热炉、光波炉、微波炉等加热。加热温度需达数百摄氏度以上时可使用沙浴、金属浴或熔融的无机盐浴加热。

2.6.2　冷却

在冷却条件下，一般不会发生爆炸、着火等危险，故冷却方法比加热简单得多。原则上，只要具备必要的冷却剂，便可获得所需的低温。一般将装有反应物的容器浸入冷却剂中就可达到冷却的目的。冷却剂的选择是由冷却的温度决定。

(1) **冰-水**。最简单的冷却是将容器浸在冷水中或用流动的水冷却，可使被冷物的温度降至接近室温；有的反应，水分的存在并不影响反应，可把干净的碎冰直接投入反应物中，这样降温更快，能更有效地保持低温；需冷至 0℃时，冰-水是最常用的冷却剂，这比单用碎冰冷却效果好，因冰-水能与埋入其内的容器外壁密切接触，但水也不能加得太多，否则不足以维持 0℃。

(2) **冰-盐**。当需要把反应混合物冷却到 0℃以下时，常将按不同比例混合的碎冰和无机盐作为冷却剂，如碎冰与研细的食盐质量比为 3∶1，并均匀混合时，可冷至－20℃；10 份六水合氯化钙与 7～8 份碎冰均匀混合，可冷却到－40～－20℃。

(3) **干冰**。若要冷却到更低温度，用干冰（固体二氧化碳）与乙醇、异丙醇、丙酮、乙醚或氯仿的混合物，可冷至－78～－50℃，当干冰加入有机溶剂时会猛烈起泡，故配制时应小心、缓慢。

(4) **液氮**。液氮可冷至－196℃，液氮与乙醇、丙酮或异丙醇等有机溶剂混合可获得所需的低温浴浆。液氮和干冰是两种方便而又廉价的冷却剂，这种低温冷浆浴的制法是：在一个清洁的杜瓦瓶中注入纯的有机溶剂，其用量不超过容积的 3/4，在良好的通风橱中缓慢地加入新取的液氮，并用一根结实的搅拌棒迅速搅拌，最后制得的冷浆稠度应类似于黏稠的麦芽糖。常用冷却剂及其最低冷却温度参见表 2.1。

表 2.1　常用冷却剂

冷却剂	最低冷却温度/℃	冷却剂	最低冷却温度/℃
冰-水	0	25g NH_4Cl+100g 碎冰	−15
15g NaCl(细)+100g 碎冰	−11	50g $NaNO_3$+100g 碎冰	−18
1g NaCl(细)+3g 碎冰	−20	66g NaBr+100g 碎冰	−28
NH_4Cl+$NaNO_3$+冷水(1∶1∶1,质量比)	−20	77g 乙醇+碎冰 73g	−30
3g 粉状 $CaCl_2$+2g 碎冰	−50	干冰	−78
4g $CaCl_2·6H_2O$+100g 碎冰	−7	干冰(过量)+乙醇	−72
100g $CaCl_2·6H_2O$+100g 碎冰	−29	干冰(过量)+丙酮	−78
125g $CaCl_2·6H_2O$+100g 碎冰	−40	干冰(过量)+乙醚	−100
150g $CaCl_2·6H_2O$+100g 碎冰	−49	液氮	−196
30g NH_4Cl+100g 水	−3	液氮+乙酸乙酯	−84
100g NH_4NO_3+100g 水	−12	液氮+丙二酸乙酯	−52
45g NH_4NO_3+100g 碎冰	−17	液氮+乙酸正丁酯	−77

(5) **其他**。实验室还常用低温冷却液循环泵(图 2.29)、低温恒温搅拌反应浴、低温恒温槽等制冷设备。若有机物要长期保持低温,就要用防爆冰箱或冷柜。置于冰箱内的容器必须贴好标签,盖好塞子,防止水汽进入或有机溶剂逸出引起着火爆炸。此外,切勿将装有易燃、易爆物质的容器放入冰箱。

图 2.29　低温冷却液循环泵

制作和使用冷却剂时应注意以下几点:水银−38.87℃会凝固,若温度低于−38℃,则不能用水银温度计。此时,应采用添加了少许颜料的有机溶剂(如乙醇、甲苯、正戊烷)的低温温度计。但由于有机液体传热较差和黏度较大,这种温度计达到平衡的时间较长,为延长冷浴使用时间,冷浴外壁要用厚泡沫塑料等隔热材料垫、包、盖严。干冰和液氮等必须盛放在保温瓶(也称杜瓦瓶)或其他绝热较好的容器中,上口用铝箔覆盖,降低其挥发的速度。进行低温操作时,应戴橡胶手套和防护眼镜,防止发生冻伤事故。

2.7　相转移催化技术

2.7.1　概述

相转移催化(phase transfer catalysis,PTC)是 20 世纪 60～70 年代发展起来的有机合成新方法、新技术。当两种反应物分别处于不同相(如水相和有机相)时,彼此的反应速率很慢,甚至不能发生反应,加入少量第三种物质,使反应物从一相(如水相)转移到另一相(如有机相)中,与该相中的另一物质发生反应,第三种物质就称为相转移催化剂,这类反应称为相转移催化反应(若从有机相转移到水相,则称为反相相转移催化反应)。例如,溴代正辛烷和氰化钠水溶液放在一起，即使加热 14 天，取代反应仍不进行，但若加入少量季铵盐，搅拌不到 2h，反应已完成 99%。

各种非均相体系都可实现相转移催化反应，常见的是液-液体系，其中以有机相-水相体系最常见。有时也采用液-固体系、液-液-固体系，甚至包括气相在内的多相体系。

相转移催化反应具有反应速率快、反应条件温和、操作简便、副反应少、产率高、选择性好、不需要价格昂贵的无水溶剂或非质子溶剂等特点，可实现传统方法难以实现或不能进行的反应，因而在有机合成中应用非常广泛。

2.7.2 相转移催化剂

1. 相转移催化剂的性质

相转移催化剂实质上也是表面活性剂，既有一定的水溶性又有一定的脂溶性。一般来说，满足相转移催化反应要求的相转移催化剂应具备以下条件：①能够将一种物质由它的正规相转移到另一物质的正规相，如在溴代正辛烷和氰化钠的水溶液的反应中，溴代正辛烷的正规相是有机相，而氰化钠的正规相是水相；②转移了的物质应处于较活泼的形式，如可将反应物盐中的阴离子以离子对的形式转移至有机介质中，由于这些阴离子未被溶剂化，因而具有较强的活性；③本身具有形成离子对的结构条件和能力；④应有足够的碳原子数，使形成的离子对具有适当的亲脂性，若碳原子数太小，其亲脂性差，反之，若碳原子数太大，其后处理困难；⑤具有较好的化学稳定性，易于回收。

2. 相转移催化剂的类型

相转移催化剂主要有以下三大类：

(1) 鎓盐类化合物，如季铵盐、季鏻盐、季锍盐、季钟盐等。常用的是季铵盐，季铵盐具有价格便宜、毒性小等优点，得到了广泛应用。为了使相转移催化剂在有机相中有一定的溶解度，季铵盐中应有足够的碳数，一般以含 12～25 个碳原子为宜。同时季铵盐的溶剂化作用不明显，能保持较高的催化活性。此外，季锑盐、季铋盐、季锍盐、季钟盐等也可用作相转移催化剂，但制备难度大、价格高，一般只用于实验室研究。

(2) 大环冠醚或穴醚类化合物应用于相转移催化剂的开发较早，但毒性大、价格昂贵，应用受到限制。

(3) 开链聚醚类，如聚乙二醇类 $HO\text{-}(CH_2CH_2O)_n\text{-}H$、聚氧乙烯脂肪醇类 $C_{12}H_{25}O\text{-}(CH_2CH_2O)_n\text{-}H$ 等。开链聚醚容易获得、无毒、蒸气压小、价廉，在使用过程中不受孔穴大小的限制，具有反应条件温和、操作简便、产率高等优点，是冠醚理想的替代物。

针对某些相转移催化剂价格贵、难回收的问题，近年来发展了三相相转移催化剂，实质是将上述催化剂设法负载在固体树脂、硅胶、玻璃等材料上，形成既不溶于水又不溶于有机溶剂的固态相转移催化剂，达到既保持催化剂良好的催化性能，又易于回收循环使用等目的。例如，季铵盐型负离子交换树脂，负离子 Y^- 从水相转移到固态催化剂上，再与有机试剂 R—X 发生亲核取代反应，该方法称为液-固-液三相相转移催化。这种方法操作简便、催化剂可定量回收、能耗小、绿色环保，适用于连续化生产，具有很好的发展前景。常见的相转移催化剂见表 2.2。

表 2.2　常见的相转移催化剂

类型		名称	缩写
鎓盐类化合物	季鏻盐	溴化十六烷基三乙基鏻	CTEPB
		溴化十六烷基三丁基鏻	HDTBP
		氯化十六烷基三乙基鏻	HTBPC
	季铵盐	氯化三辛基甲铵	TCMAC
		溴化苄基三乙铵	BTEAB
		氯化苄基三乙铵	BTEAC
		氟化苄基三乙铵	BTEAF
		溴化十六烷基三乙铵	CTEAB
		溴化十六烷基三甲铵	CTMAB
		氯化十六烷基三甲铵	CTMAC
		氯化二丁基二甲铵	DBDMA
		溴化十六烷基二甲苄铵	DDMBB
		溴化己基三乙铵	HTEAB
		溴化十二烷基三乙铵	LTEAB
		溴化甲基三苯铵	MTPAB
		溴化辛基三乙铵	CTEAB
		溴化四丁基铵	TBAB
		碘化四丁基铵	TBAI
大环醚类化合物	冠醚	18-冠-6	18-C-6
		二苯并-18-冠-6	DB-18-C-6
		二环己基-18-冠-6	DC-18-C-6
	穴醚	穴醚[2.2.2]	cryptand[2.2.2]
		穴醚[2.2.1]	cryptand[2.2.1]
		穴醚[2.1.1]	cryptand[2.1.1]
开链聚醚类		$HO{-}(CH_2CH_2O)_n{-}H$，如 PEG200、PEG400、PEG600、PEG800 等 $C_{12}H_{25}O{-}(CH_2CH_2O)_n{-}H$	

3. 反应条件的影响

(1) 溶剂。有机反应物为液体时，自身就可以作为有机相，当然也可以加入与水互溶性很小的有机溶剂，以确保离子不发生水合作用。若相转移离子对的亲脂性强，则宜采用正庚烷或苯等作溶剂，否则由水相进入有机相的离子对将很少。在采用 TBAB、TCMAC 等相转移催化剂时，二氯甲烷、氯仿等溶剂有利于离子对进入有机相，使反应加速；但若水相是氢氧化钠水溶液，则应避免使用氯仿作有机相溶剂，否则会发生卡宾副反应。此外，为了防止强亲核试剂与二氯甲烷、氯仿发生反应，可用邻二氯苯作溶剂代替，不过它对离子对的萃取能力较弱。

(2) 催化剂的选择和用量。在中性介质中，应考虑选用 15 个碳原子以上的相转移催化剂；在酸性介质中，可选用 TBAB、TCMAC；在浓碱溶液中，TEBA、TCMAC 较适用。通常情况下，苄基三乙基铵盐是常用的催化剂。催化剂的用量一般为 1%～3%(摩尔分数)。某些特殊情况下，如烷基化试剂很不活泼或极易水解时，需用等物质的量的催化剂。

(3) 搅拌。采用机械搅拌是不错的选择，可有效地使上下两层充分混合接触；磁力搅拌在反应液黏度不大时也可使用。一般来说，对于水/有机相的中性相转移催化剂体系，搅拌速度应大于 200r/min；而对于固-液反应及有氢氧化钠存在的反应，转速应大于 800r/min。

(4) 催化剂的稳定性。对于常用的季铵盐和季鏻盐，碱性条件是不利的。例如，在碱性条件下，季铵氢氧化物在室温下就可发生下列副反应：

$$R_3\overset{+}{N}R'\overset{-}{O}H \longrightarrow R_3N + R'OH$$

四丁基铵盐在浓 NaOH 水溶液中于 60℃下 7h 后可分解出 52%的三丁基胺，100℃下 7h 后可分解出 92%的三丁基胺。鏻盐在进行 Wittig 反应或鏻盐本身带有苯基取代基时，往往容易分解产生氧化三苯基膦。

2.7.3　相转移催化反应的原理

1. 季铵盐类催化反应机理

下面以液-液体系为例，说明季铵盐的相转移催化作用：

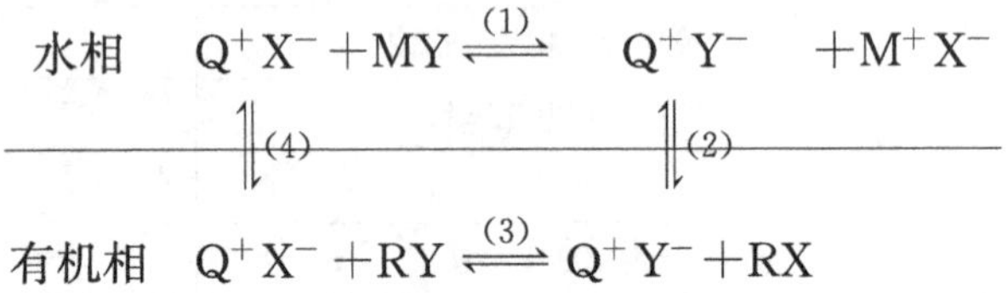

图中，Q^+X^- 是季铵盐，MY 是溶于水相的反应试剂(如 KCN)，RX 是溶于有机溶剂中的反应物，RY 是要合成的产物。季铵盐(Q^+X^-)首先与反应试剂(MY)形成在有机溶剂中有一定溶解度的离子对(Q^+Y^-) (1)，此离子对在强烈搅拌下被萃取到有机相中(2)，它将与存在于有机相中的作用物(RX)快速反应生成所需要的产物(RY) (3)，释出的催化剂重新回到水相中(4)。如此循环往复而使反应连续进行下去。

2. 聚乙二醇类催化反应机理

聚乙二醇类(PEG)作为相转移催化剂的催化机理可能是由于链节可以折叠成螺旋状并自由滑动的链，如下所示：

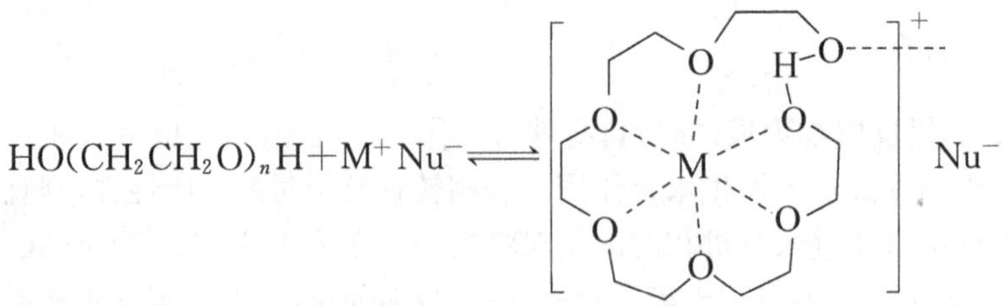

其中氧原子位于内侧，形成 7～8 个氧原子处于同一平面的假环状结构，与反应试剂的 M^+ 结合，生成伪有机阳离子，其余氧原子则弯伸于平面的一侧，从而使亲核试剂 Nu^- 裸露，使其具有较高的反应活性，同时能从水相转移至有机相中，与有机相中的作用物反应形成目标产物。PEG 可分为 PEG200、PEG400、PEG600、PEG800 等，随着 PEG 相对分子质量的增大，PEG 与亲核试剂的结合能力有所提高，产物产率有所增加，催化作用更加明显。

3. 冠醚类催化反应机理

冠醚类(crown ethers)作为相转移催化剂，主要用于固-液型反应体系。在这类反应中，反应物溶于有机溶剂中，然后此溶液与固体盐类接触，当溶液中有冠醚时，盐与冠醚形成配合物而溶解于有机相中，随即在其中进行反应。

例如，$KMnO_4$水溶液对烯烃的氧化效果很差，在有冠醚存在时，可发生以下反应：

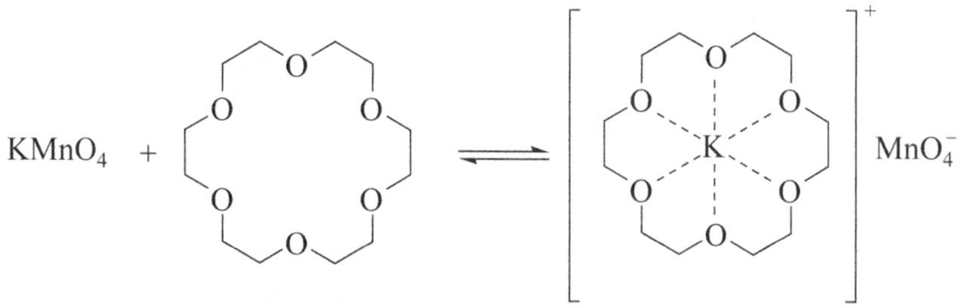

18-冠-6 的空穴半径 (0.26～0.32nm)与 K^+ 半径(0.266nm)相适应，它能与 K^+ 成共平面的 1∶1的大阳离子，形成的配合物转入有机相后，不仅能使反应在均相进行，同时也提高了 MnO_4^- 的氧化活性。固体 $KMnO_4$能直接与冠醚配合，故反应可在固、液相进行。除 MnO_4^- 外，OH^-、CN^-、I^-、$RCOO^-$、F^- 等阴离子在形成离子对由水相进入有机相之前，由于阴离子脱去水合分子而成为没有溶剂化的完全自由的裸阴离子，都是很强的亲核试剂，能与各种有机物作用，发生多种多样的反应。

2.7.4　相转移催化反应技术在有机合成中的应用

相转移催化反应技术在有机合成中应用非常广泛，涉及许多不同类型的反应，如烷基化反应、卤素交换反应、加成反应、消除反应、氧化反应、还原反应等。

季铵盐类相转移催化剂一般应用于烷基化反应、亲核取代反应、消除反应、加成反应等，而 PEG 和冠醚类催化剂则较多用于有机氧化还原反应。还有许多其他相转移催化反应，如羰基化反应、偶联反应、Ramberg-Backlund 反应、霍夫曼降解反应等。随着理论和应用研究的不断深入，相转移催化反应必将具有更广阔的前景。

2.8　催化氢化技术

2.8.1　概述

有机化合物在催化剂存在下与氢的反应称为催化氢化。催化氢化是有机合成中的重要方法之一，与化学还原法相比，具有操作简便、反应条件温和、产品产率高、质量好、价格便宜、催化剂能重复使用、无环境污染等优点，是符合现代绿色化学理念的先进技术，已在实验室及工业上得到广泛的应用。

催化氢化根据反应体系的不同可分为非均相催化氢化和均相催化氢化。目前在化工、医药生产中，非均相催化氢化占催化氢化的主要地位，可用于还原各种有机化合物，产品纯度好、产率高，很多情况下氢化结束后，过滤除去催化剂即可得到高产率的产物。影响非均相催化氢化反应的因素，除催化剂的种类、活性、反应温度、压力外，溶剂种类、介质的酸碱性，甚至特定种类的微量杂质也会对催化氢化产生不同程度的影响。均相催化氢化反应是指催化剂可溶于反应介质的催化氢化反应，其优点在于反应活性高、反应条件温和、选择性好、不易中毒等，尤其适用于不对称氢化反应。

催化氢化又可分为催化加氢和催化氢解两种反应。催化加氢是对不饱和键的加成反应，广泛用于烯、炔、硝基化合物、醛、酮、腈、羧酸衍生物、芳环类化合物等的氢化还原。催化氢解通常是指在催化剂的存在下，含有碳-杂键的有机分子氢化时碳-杂键断裂，结果分解成两部分氢化产物，这类反应常见的有：脱卤氢解、脱苄氢解、脱硫氢解和开环氢解。催化氢解反应在近代有机合成中已被广泛采用，如利用连接在氧原子或氮、硫原子上的苄基比较容易发生氢解这一特点，在多肽等复杂的天然化合物合成中用作保护基，反应结束后，可在温和的条件下将其脱除，而其他基团不受影响。

2.8.2 催化氢化反应原理

氢化反应均为放热反应，但由于 H—H 键的键能很高(436kJ/mol)，无催化剂时反应很难进行。在非均相催化氢化反应中，固体催化剂的主要作用是活化氢气，在催化剂表面形成与催化剂键合的氢。不饱和键向催化剂靠近，并在打开重键与氢结合的同时，与催化剂形成新的键合，再打开键合与另一氢原子结合，完成加氢，如图 2.30 所示。此反应具有很好的立体选择性，通常得到顺式加成产物。

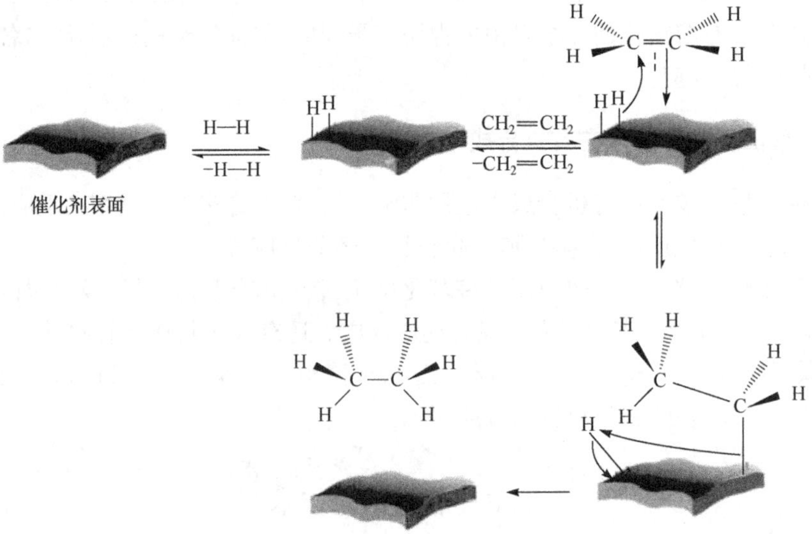

图 2.30　非均相催化氢化反应的原理

2.8.3 催化剂的种类及性质

非均相催化氢化反应常用的催化剂主要是第Ⅷ族金属元素镍、铂、钯、钌、铑、铱等高度分散的活化态金属、金属氧化物或硫化物，其中最重要的是镍、铂、钯。氢化催化剂的性能主要取决于其本身的化学组成及结构，但制备方法不同，得到的催化剂的孔径分布、孔隙度、比表面积及颗粒度等表面状态也不同，它们的催化效能也就不同。因此催化剂的制备工艺在催化氢化反应中有着十分重要的作用。

(1) 镍催化剂。Raney 镍的催化活性较高，干燥的 Raney 镍在空气中剧烈氧化自燃，通常于实验室现制现用。其具体的催化活性取决于不同组成的镍-铝合金及不同的加合金的方法、所用碱的浓度、溶化时间、反应温度及洗涤条件等，采用不同的制备条件，可以得到不同活性的有着不同用途的 Raney 镍（Raney 镍通常用符号 W 表示，数字 1～7 表示不同的标号）。各种型号的 Raney 镍中，W-2 活性适中，制法也较为简便，使用较广泛。

(2) 钯催化剂。钯催化剂中最常用的是钯/碳（Pd/C）载体催化剂。它是将氯化钯固载在活性炭上，常用的 Pd/C 有 5%和 10%两种规格。以上两种规格催化剂均有市售，通常无需自行制备。钯催化剂具有催化活性高、反应条件温和、应用范围广的优点。在温和条件下，对炔键、烯键、肟基、硝基的氢化有较高的活性，而对羰基、苯环和氰基几乎没有催化活性。钯是最好的脱卤、脱苄基等氢解反应的催化剂。在贵金属催化剂中，钯的价格相对便宜，其催化活性不易受到杂质的影响，应用范围较广，可在中性或酸性条件下使用。每次回收的 Pd/C 催化剂用有机溶剂充分洗去其表面附着的杂质后可重复使用数次，但活性会略有下降，最后完全失去活性的 Pd/C 经灼烧除尽碳后回收钯，再用于制备 Pd/C。

(3) 铂催化剂。铂催化剂有铂黑、二氧化铂和载体铂等。最常用的载体铂催化剂由氯铂酸盐固载在活性炭上，然后用甲醛还原制得。载体铂催化剂在空气中不会自燃，也不会失活。铂催化剂活性高，氢化条件温和，可在常温常压下使用。除镍催化剂应用范围外，对羧基、酰胺基、苯基均有氢化活性。但铂催化剂易中毒，硫、磷、砷、碘、酚等均会使铂催化剂中毒，活性明显下降。铂催化剂价格昂贵，必须回收，用有机溶剂充分洗涤后，多次循环使用，且在完全失活后回收，经灼烧除去碳后回收铂，否则成本过高。

近年来新发展的均相催化剂主要是铑、钌和铱的带有各种配位基的配合物，这些配合物能溶于有机相。其中较好的均相催化剂有氯化三（三苯基膦）合铑[$(Ph_3P)_3$ · RhCl]、氯氢化三（三苯基膦）合钌[$(Ph_3P)_3$ · RuClH]、氢化三（三苯基膦）合铱[$(Ph_3P)_3$ · IrH]、联萘二苯膦合铑[Rh · BINAP]等。均相催化剂的优点是催化活性较高、反应条件温和、化学选择性好，不会由于杂质（如有机硫化合物等）的存在而丧失或降低活性，可在常温常压下进行催化反应而不引起双键的异构化。当均相催化剂中的配体为手性化合物时，广泛应用于不对称合成。

2.8.4　氢化设备

1. 常压氢化装置

常压氢化装置由氢化反应瓶、量气管、水准瓶及磁力搅拌器（或振荡器）等组成。三通活塞接氢气储存系统及真空系统，量气管和水准瓶用橡皮管连接，量气管的体积一般为 100～2000mL，可根据反应的规模大小选择合适的储气量，水准瓶中通常所装的液体是水，升降水准瓶可使量气管排气和充气。反应过程中，氢气压力大小可以通过水准瓶的高度来调节，反应结束后，再通过水准瓶来测量参加反应的氢气体积，如图 2.31(a)所示。

常压氢化用磁力搅拌很理想，因为它既不易漏气，又能控制搅拌速度和温度。但是它不能用于以 Raney 镍为催化剂的氢化反应，因为 Raney 镍本身具有磁性，会被磁子吸在瓶底，达不到搅拌的目的。

2. 加压氢化设备

实验室常用的高压反应釜为不锈钢材质，容积一般为 250～3000mL，耐压范围一般为 10～30MPa，主要由反应容器、搅拌器及传动系统、冷却装置、安全装置、加热炉等组成，如图 2.31(b)所示。

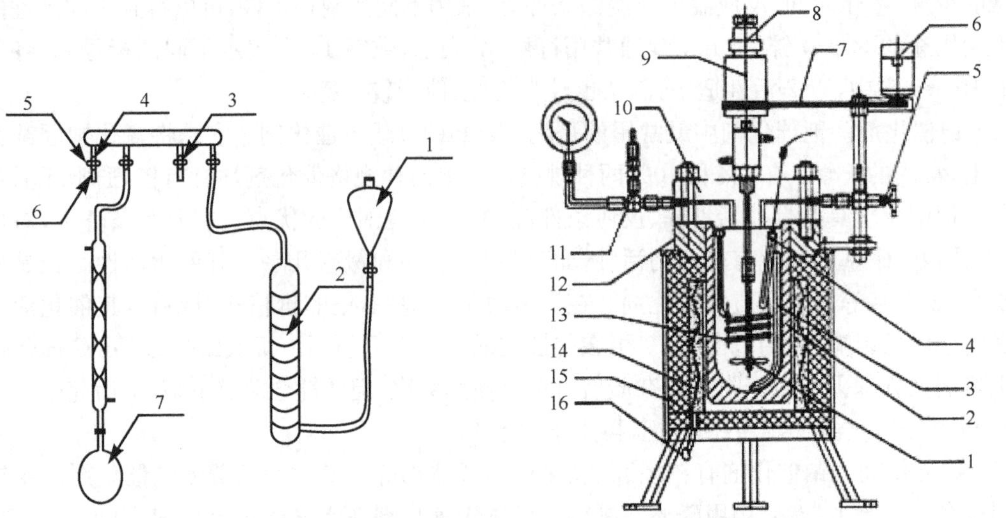

(a) 常压氢化装置

1.水准瓶;2.量气管;3.二通活塞;4.三通活塞;
5.接氢气源;6.接水泵;7.反应瓶

(b) 推进搅拌式高压釜结构示意图

1.搅拌桨；2.釜体；3.进料/取样管；4.热电偶；5.针型阀；6.调速电机；
7.传动皮带；8.测速部件；9.搅拌器；10.釜盖；11.压力表/防爆阀；
12.法兰；13.内冷却盘管；14.电加热炉；15.保温体；16.电加热输入

图 2.31　氢化设备

2.8.5　催化氢化操作

催化氢化反应根据反应需要的压力不同分为常压氢化、低压氢化和高压氢化。通常氢化反应压力为 0.1～0.5MPa 的称为低压氢化，反应压力＞0.6MPa 的称为高压氢化。

1. 常压氢化操作

由于实验室常压氢化受反应器体积及搅拌方式限制，通常原料用量为 0.02～0.1mol。先在水准瓶中加入蒸馏水，并将其固定在相对较高的位置上，在所有的活塞部分涂好凡士林，确认连接软管已接牢。将反应物料和大部分溶剂先加入反应瓶，用少量溶剂与催化剂混合，搅拌呈泥状，加入反应瓶中，并用少量溶剂冲洗容器。通过三通活塞，将气体管路与反应器及水泵相连接，用水泵将反应体系中的空气抽出，真空度不要太高以免溶剂逸出，100mmHg(1mmHg＝1.333 22×10^2Pa)即可，关闭水泵同体系的连接，观察表头读数是否下降(若下降表示体系漏气)。若表头读数无变化，缓慢打开连通氮气气源的三通活塞，向反应体系中充入氮气，重复上述操作两次，将反应体系中的空气全部换成氮气。再重复上述抽真空、注入气体的操作，用氢气置换体系中的氮气三次。关闭氢气进气阀，调节水准瓶，使液面同量气管中液面齐平，记录氢气体积，开启磁力搅拌，进行反应。在整个反应过程中，应定时计量体系吸收氢气的体积，根据氢气消耗情况适量补加氢气，通过吸氢量可判断反应是否完全。

2. 低压氢化操作

低压氢化是在特制的厚壁玻璃瓶中进行的，也要一套特制的设备，包括氢气储存筒和磁力搅拌或振摇系统。由于玻璃瓶不怕腐蚀，故氢化能在强酸溶液中进行。但要注意反应压力不得超过 0.49MPa，否则有破裂的危险。低压氢化也可以在高压釜中进行，只是低压氢化时，高压釜上要换一个量程为 0.98MPa 的压力表，用钢瓶直接经减压阀将氢压调至 0.196～0.49MPa，就能进行低压氢化。其操作方法可参照常压氢化及高压氢化。

3. 高压氢化操作

将反应物和大部分溶剂加入高压釜中，用少量溶剂将催化剂搅成泥状，转移至高压釜中。高压釜采用的是不锈钢密封面的硬密封，加好物料后需确认密封面上无物料、催化剂等残留，避免密闭不严造成漏气。轻轻盖好釜盖，确认密封面相互吻合，无倾斜。釜盖上的固定螺丝为偶数个，在旋紧螺丝时，先将各螺丝初步旋好，再用扭力扳手，按对角次序将螺丝两两旋紧，各螺丝旋紧的扭力要保持一致。连接好氢气及氮气导气管。首先打开氮气进气阀，向反应釜内通入 0.5～1.0MPa 的氮气，关闭进气阀，开启搅拌器，并保持几分钟以观察压力表读数是否下降，可同时将肥皂水涂在反应釜各接口处检漏。确认反应釜密闭后，打开放空阀将氮气排出。关闭放空阀，再打开氮气进气阀，向釜内通入 0.5～1.0MPa 的氮气，总计氮气置换空气三次，再用氢气置换氮气三次(操作同前)。若为室温反应，通入氢气至反应压力开始反应。若为加热反应，先通入反应要求压力的 1/2～2/3，加热升温至反应温度后，再缓慢通入氢气至反应压力，以避免升温后釜内压力过高。通过投料量计算出反应吸氢的物质的量，并折算成该反应温度压力下的相应体积，以此为参考，当反应釜内压力下降时缓慢打开进气阀补充氢气。当在此温度、压力下，釜内压力不再下降或已远超过计算出的总吸氢量时停止反应。先关闭加热，冷却后关闭搅拌，放掉反应釜中过量的氢气，直至与外界平衡。在开釜旋松螺丝时，同旋紧时一样，要按照对角次序两两松开，打开全部螺丝后，慢慢提起釜盖，用少量溶剂将搅拌桨上附着的物料洗至釜内，将釜内所有物料转移至大烧杯中，过滤回收催化剂，滤液蒸去溶剂得产品。

高压反应釜使用后需及时清理干净，除反应釜腔外，进、出气的管路均需冲洗干净，以防止物料在其中凝结，导致针型阀漏气。

2.8.6 催化氢化注意事项

无论是常压氢化还是加压氢化，所用的氢气、催化剂本身易燃易爆，加上高压釜、高压氢气钢瓶等，氢化操作过程中稍有不慎，都会造成着火或爆炸等严重后果。为了预防事故的发生，所有的氢化反应都必须注意以下几点：

(1) 氢化室内严禁烟火，任何一个火花在一定条件下都有可能引起火灾或爆炸。

(2) 实验室进行常压催化氢化反应，实施前必须仔细检查所用仪器，不得使用有明显破损、有裂痕以及有大气泡的玻璃仪器，检查所用的橡皮管是否老化，以及接头处是否松动。

(3) 高压催化氢化反应必须在专门的高压反应室进行，操作过程中必须随时进行安全检查，切勿超过规定的压力和温度。若高压釜已长期未用，需先进行耐压密封实验。可用空气、氮气试漏，严禁使用氧气。将高压釜密封并充气至反应所需压力，放置几分钟后观察压力表读数是否下降，若读数下降，可用涂抹肥皂水的方法检查漏气部分并予以排除。高压釜的升压必须缓慢、分次进行。以 0.2 倍的工作压力为间距，每升一级停 5min、升至实验压力时停 30min，检查密封情况。实验压力应为工作压力的 1～1.05 倍较为适宜。发现漏气，应先缓缓降压，然后适当拧紧漏气部分的螺母或接头。严禁在高压高温下拧动螺母或接头，必须待设备冷却且完全解除压力后，才能紧、松螺母。

(4) 无论是常压催化氢化还是高压催化氢化，必须确保反应体系中无空气残留。先用氮气充分置换体系中的空气，再用氢气置换氮气，每个操作必须重复三次以上，确保置换完全，方可进行实验。充气和排气均应缓慢地进行，不要使压力剧烈变化，开闭阀时应避开阀芯和出气方向。

(5) 催化剂使用前，应做小试进行活性检查，催化剂用量不得任意加大。釜内物料量不得超出容积的 1/2。在任何情况下，都不能让氢、氧(空气)与催化剂同时存在，未换气前不得进行搅拌。

(6) 高压釜升温不能太快，升温速度不要大于 80～100℃/h，当离要求温度相差 30～50℃时，应适当减小加热电压，当温度升到离要求温度差 20℃时应暂时切断电源以免过热。有的反应剧烈放热，升温时尤其应该慎重。禁止速冷速热，以防过大的温度应力造成釜体裂纹。

(7) 反应进行时，实验人员应留在防火防爆室外，观察反应是否正常。若发现氢化过程中高压釜的振动或搅拌系统声音异常，或突然听到漏气声，或高压釜出现炸裂现象，应首先将高压釜的搅拌及加热电源切断，再视情况决定是否进入防火防爆室检查。

(8) 氢化反应结束，需充分冷却后再打开针型阀将釜内气体放出，直至釜内压力降至 0.1MPa 时才可打开高压釜。离开氢化室前，除照明系统外切断所有电源。

2.9 微波合成技术

2.9.1 概述

微波是频率为 300MHz～300GHz，即波长为 1000～1mm 的电磁波，位于电磁波谱的红外光波和无线电波之间。20 世纪 60 年代，Williams 就曾经报道了用微波加速某些化学反应的研究结果，但在化学合成中应用微波技术则直到 20 世纪 80 年代初期才开始，当时人们并未预料到它对化学研究领域的重大作用。微波应用于有机合成的研究始于 1986 年，Gedye 和 Smith 等通过比较常规条件与微波辐射条件下进行酯化、水解、氧化等反应，发现在微波辐射下，反应得到了不同程度的加快，而且有的反应速率被加快了几百倍。这一发现对几个世纪来惯用的传统加热技术提出了挑战，给有机化学反应研究注入了新思维。微波辐射能更有效地利用能量，反应产率高、副反应少、节省时间、节约能源，符合绿色化学的要求。因此，微波促进有机合成技术越来越被化学界人士所看好，而且形成了一个备受关注的领域。从 1986 年至今，将微波用于有机合成的研究已涉及有机化学反应的各个方面。

2.9.2 微波促进有机反应的机理

微波的能量较低，比分子间的范德华结合能还小，因而只能激发分子的转动能级，不能直接打开化学键。微波技术应用于有机合成反应，反应速率与常规方法相比有的能加快数倍、数十倍，有些反应能加速数百倍甚至数千倍。为什么微波有如此大的效果呢？目前关于微波加速有机反应的机理，化学界存在着两种观点。一种观点认为，微波是 1m～1mm 的超高频振荡波，对有机物碳链结构能进行整体的穿透，能量迅速到达反应物的各官能团上。极性分子由于分子内电荷分布不平衡，在微波场中能迅速吸收电磁波能量，通过分子偶极作用，以每秒数十亿次的高速旋转产生热效应，其加热是由分子自身运动引起的，因此受热体系温度均匀。分子偶极矩越大，则加热越快，反应加速。由于是“内加热”，作为反应主导趋势的主反应官能团都能迅速达到活化能量进行反应，降低了副反应进行的程度，提高了产率。与传统的热传导和热对流进行的反应相比，其反应机理和结果是大不相同的。对于非极性分子，由于其在微波场中不能产生高速运动，反应作用很小甚至无作用，对于极性分子在非极性溶剂中和非极性物在极性介质中，加热速率则大为降低。微波对化学反应的加速主要归结为对极性有机物的选择加热，即微波的致热效应。另一种观点则认为，微波对化学反应的作用，一是使反应物分子运动剧烈，温度升高；二是微波场对离子和极性分子的洛仑兹力作用使得这些粒子之间的相对运动具有特殊性，且与微波的频率、温度及调制方式的密切相关，因而微波加速化学反应的机理非常复杂，存在致热和非致热两重效应，国内外也有许多报道证明了这一观点。1996年，Shibata等通过对乙酸甲酯的水解动力学进行研究，发现微波能降低该反应的活化能，加快水解反应速率。黄卡玛、刘永清等通过研究KI和H_2O_2的反应动力学，发现电磁波确实改变了该反应的活化能和指前因子，而且这种改变与温度有关，活化能和指前因子的变化使得反应呈现加速和减速两重结果，实验也证明了微波在一定条件下还可以抑制化学反应的进程。目前，对微波反应中的加热速率、溶剂性质、微波输出影响、加压影响、反应物极性对微波能量吸收等问题都在探讨和研究中。

微波加热的原理是：在液体中电介质分子的偶极子转向极化（取向极化）的弛豫时间为10^{-12}～10^{-9}s，这一时间与微波交变电场振动一周的时间相当。因此，当微波辐射溶液时，溶液中的极性分子受微波作用随其电场的改变而取向和极化，吸收微波能量，同时这些吸收了能量的极性分子通过与周围其他分子的碰撞把能量传递给其他分子，从而使液体温度升高。因为液体中每一个极性分子都同时吸收和传递微波能量，所以升温速度快，且液体内外温度均匀。

2.9.3　微波有机合成技术

微波有机合成反应是使反应物在微波的辐射作用下进行反应。用于有机化学反应的微波反应器主要分为两个部分，即微波炉装置和微波反应容器。

1. 微波炉装置

目前有各种商品化的微波化学合成仪，如图2.32所示。图2.32(a)为最常用的常压回流微波合成仪；图2.32(b)是Voyager连续流动微波合成仪，具有间歇流动结合连续流动与批量式反应的优点；图2.32(c)是Discover环形聚焦单模微波化学合成仪，能全自动精确控制有机化学的各类反应，可以调节微波能量、温度和压力。

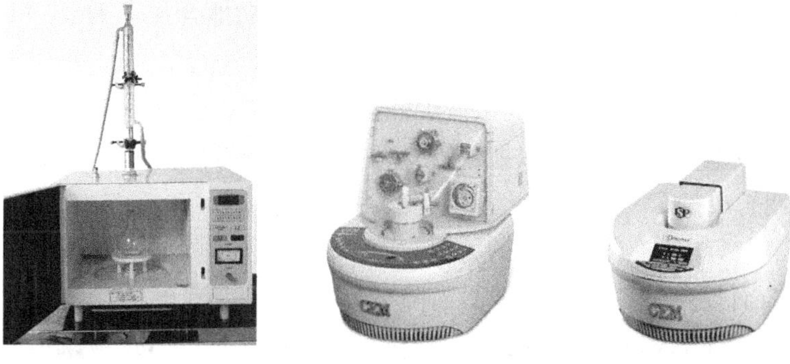

(a) LWMC-205　　(b) Voyager　　(c) Discover

图2.32　微波化学合成仪

2. 微波反应容器

一般只要对微波无吸收、微波可以穿透的材料，如玻璃、聚四氟乙烯、聚苯乙烯等都可以制成微波反应容器；对于密闭体系进行的反应，需选择耐压反应器；对于非封闭体系的反应，对容器的要求不是很严格，一般采用玻璃材料反应器，如烧杯、烧瓶、锥形瓶等。

3. 微波反应技术

微波反应技术大致可以分为三种：微波密闭合成技术、微波常压合成技术和微波连续合成技术。

1）微波密闭合成技术

1986 年，Gedye 等首次将微波引入有机合成反应的研究就是采用了微波密闭反应器，它是将装有反应物的密闭反应器置于微波源中，经微波辐射，反应器冷却后再对产物进行后处理。他们研究了四种完全不同类型的有机反应，如苯甲酰胺水解成苯甲酸及苯甲酸与甲醇、丙醇和丁醇的酯化反应等。在密闭系统中进行微波有机合成反应可以使反应体系在瞬间获得高温高压，使反应速率加快，但在高压条件下反应器容易变形甚至爆炸，这促使化学家不断对其进行改进。1991 年，Mingos 等设计了可以调节反应釜内压力的密封罐式反应器，它可以有效控制反应体系的压力，从而达到控制温度的目的，但只能粗略地控温。1992 年，Raner 等将计算机应用在反应温度的监测上。1995 年，Raner 等又发展了密闭体系下的微波间歇反应器（MBR），该装置容量可达 200mL，操作温度可达到 260℃，压力可达到 10MPa，微波输出功率为 1.2kW，具有快速加热能力，实现了对微波功率的无极调控，吸收和反射微波能的测量，负载匹配设计达到了最大的热效率，可直接测量反应体系的温度和压力。密闭体系中进行微波有机反应的特点是使反应体系瞬间获得高温高压，使反应速率大大提高。

2）微波常压合成技术

为了使微波技术应用于常压有机合成反应，1991 年，Bose 等对微波常压技术进行了尝试，在一个长颈锥形瓶内放置反应的化合物及溶剂，在锥形瓶口上盖一个表面皿，将反应体系放入微波炉内，开启微波，控制微波辐射能量的大小，使反应体系的温度缓慢上升。利用这一反应装置成功地进行了阿司匹林中间产物的合成。1990 年，Mingos 等对家用微波炉进行改造，在炉壁上开一个小孔，通过小孔使微波炉内反应器与炉外的冷凝回流系统相接，微波快速加热时，溶液在这种反应装置中能够安全回流。利用该装置成功地合成了 $RuCl_2(PPh)_3$ 等一系列金属有机化合物。1992 年，刘福安等对 Mingos 的常压系统进行了改进，反应容器放在炉腔中心，聚四氟乙烯管从反应器的底部伸到微波炉外与氮气相接。进行反应时，吹入的氮气可以起到搅拌的作用，当反应结束时，又可以把该管与真空泵相接，将反应生成的液体吸出来。

3）微波连续合成技术

微波反应器是微波有机合成技术的关键。鉴于在反应物料量小的情况下微波才能显著促进有机化学反应，而反应物料量大效果明显降低，Cablewski 等开发了一种连续微波反应器（CMR）进行常规有机合成，其压力可达 0.14MPa，温度可达 200℃，反应既迅速又安全。但对有固体析出及高黏度体系，CMR 则不适合。Raner 等报道了一种可适用于高温（260℃）、高压（10MPa）的釜式多功能微波反应器，进行了多种合成证明这种反应器十分安全。另外，用此反应器还可进行动力学研究。

除常规的溶液反应外，微波反应也常采用无溶剂反应，即微波干法合成反应技术。此反应避免了大量有机溶剂的使用，对解决环境污染具有现实意义。微波干反应通常是将反应物分散担载在氧化铝、硅胶、黏土、硅藻土或高岭土等多孔性无机载体上，干燥后置于密封的聚四氟乙烯管中，放入微波炉中进行反应，反应结束后，产物用适当溶剂萃取后再纯化。这些无机载体不吸收微波，但可以透过微波，而载体表面所吸附的有机反应物能充分吸收微波能量，从而使这些分子充分激活，大大提高了反应速率。

4. 微波反应器的使用方法

下面以 LWMC-205 型微波反应器为例，介绍微波反应器的使用方法。LWMC-205 型微波反应器，功率 0～750W 连续可调，可根据化学反应的需要选定合适的功率，在反应过程中保证有连续不断的微波辐射，可连续工作 100min。选择相同的功率和工作时间可以获得相同的反应条件，重复性好，反应装置如图 2.32(a)所示，具体操作方法如下：

(1) 安装反应装置。

(2) 设定反应时间，按“反应时间选择”键→按数字键，光标左第一位数字闪烁，每输入一位数字，光标闪烁将后移一位，直至四位数字设定完毕。显示屏内即显示如 02:30，前两位为分计数，后两位为秒计数。

(3) 按“启动”键，显示屏开始显示所设定时间的倒计时，直至程序结束。

(4) “功率调节”，开始倒计时，立即顺时针转动功率调节旋钮，先快后慢，直至功率表指示需要的功率读数为止（**注意：开始时电压的升高不足以令磁控管起振，到一定电压后才有微波功率输出**）。结束工作时，蜂鸣器鸣响 6 次，将功率调节旋钮逆时针方向调回零位，拆除反应装置。如果反应时间长，由于外界电压变化，输出功率读数有可能发生漂移，注意观察功率表，适时进行调节。如果下一次实验需要同样的输出功率，反应完毕后不要变更功率调节旋钮的位置，下一次只需设定反应时间，再按“启动”键，反应将以同样的条件重复进行。

(5) 正在运行的实验需要中止，按“清除”键。

(6) 反应时间设定完毕后如需加以修改，先按“清除”键，再重新输入数字。

(7) 反应过程中需要暂停微波供能，按“暂停”键，当再次按“启动”键后，微波炉将继续完成原先设定的工作程序。

5. 微波反应器使用注意事项

由于微波反应的特殊性，在微波实验过程中应注意以下安全事项：

(1) 微波炉炉门门封及门体如果损坏，要经专业维修人员修好之后才能使用。

(2) 微波炉内不能使用金属器皿进行加热。

(3) 微波炉内没有反应物时，不能空腔启动微波炉。反应物必须有一定的极性，如果全部为非极性物质则相当于空腔操作，将会损坏磁控管。

(4) 如果发现微波炉内出现烟雾，注意保持炉门关闭，并立即将微波炉电源断开。

(5) 切勿将密闭容器置于微波炉中进行反应，以免发生爆炸事故。

(6) 反应物量少、沸点低或需要长时间回流的反应，应尽可能用较小的功率。

(7) 未知反应条件的化学反应，应先从小功率开始实验摸索。

(8) 保护气接管由一个14号的接口和一段PFA软管组成,PFA材料对微波透明,不可随意用其他材料的软管代替。

(9) 工作完毕要把功率调节旋钮逆时针方向旋到底,以免再次启动时功率不易控制。

(10) 切勿在无回流装置的情况下加热低沸点试剂,或将易燃品直接置于腔体内加热,万一炉内着火,请保持冷静:①**千万不要打开炉门**;②**速按"清除"键**;③**切断电源**;④**采取常规灭火措施**。

(11) 使用中切勿取下截止波导,切勿损坏炉门的安全锁(位于炉门门钩处),以防微波外泄伤人。

(12) 在微波炉附近不要放置易燃、易爆物品。在微波炉工作运转期间,要注意监控反应状况,避免发生火灾。

2.9.4 微波技术在有机合成中的应用

微波辐射下的有机反应速率比传统的加热方式快数倍、数十倍,甚至上千倍,特别是可使一些在通常条件下不易进行的反应迅速进行,并且具有操作方便、产率高及产品易纯化等优点。因此,微波合成技术虽然时间不长,但发展迅速,一些国家甚至已将微波辐射有机合成纳入了本科生的实验课程。目前,研究过并取得了明显加速效果的有机合成反应有酯化反应、Diels-Alder反应、重排反应、Knoevenagel缩合反应、Perkin反应、苯偶姻缩合、Reformatsky反应、Deckmann反应、Wittig反应、羟醛缩合反应、烷基化反应、Friedel-Crafts反应、Michael加成反应、偶联反应、氧化反应、消去反应、酯交换反应及糖类和某些有机金属反应等,几乎涉及了有机合成反应的各个主要领域。

微波化学作为一门新兴的交叉学科,还有许多需要深入研究的问题,对于开拓更为广泛的应用前景及从化学角度利用微波提高反应速率、产率及解决常规方法所不能实现的反应,都具有理论价值和实际意义。综上所述,微波具有清洁、高效、耗能低、污染少等特点,它不仅开辟了有机合成的一个新领域,同时也广泛地应用于其他化学领域中,如微波干燥、微波溶样、微波净化、微波中药提取等。随着微波技术的不断成熟,微波在有机合成方面乃至整个化学领域都将有着无法估量的应用前景。

2.10 超声波合成技术

2.10.1 概述

超声化学(sonochemistry)是声学与化学相互交叉渗透而发展起来的一门新兴交叉学科。超声化学主要是利用超声波加速和控制化学反应,提高反应产率,改善反应条件以及引发新的化学反应。

超声波(ultrasound)是频率为20kHz~1000MHz的声波,是一种机械振动在媒介中的传播过程。由于其频率高,波长短,除具有方向性好、功率大、穿透力强等特点外,还具有一系列特殊效应,如力学效应、热学效应、化学效应和生物效应等。在力学效应中,有搅拌、分散、成雾、凝聚、冲击破碎和疲劳损坏等作用。从20世纪20年代开始,超声波就已广泛应用于医疗保健、工业焊接、海洋探测、材料探伤、清洗、粉碎、雷达和通信中的声电子器件等方面。在化学的各个领域,如物理化学、聚合物化学、分析化学及晶体化学等,声化学这一名词也早已出现,但用于有机合成的研究却并不多。直到20世纪80年代中期,这方面的研究才开始活跃起来,并且引起越来越多合成化学家的兴趣。随着大功率超声设备的普及和发展，这一技术在化学化工的应用研究形成了一门新兴的交叉学科——超声化学。从这些年蓬勃发展的趋势来看，声化学将与热化学、光化学和高压化学等一样，在化学中占有越来越重要的地位。

2.10.2　声化学合成原理

超声波促进化学反应并不是声场与反应物在分子水平上直接作用的简单结果，因为超声波的能量很小，不足以打开化学键引发化学反应。因为没有明显的热效应，超声波也不像微波那样通过加热反应体系来促进化学反应。研究结果表明，超声波加快反应的主要作用是其空化效应，即在液体介质中微泡的形成和破裂及伴随能量的释放。空化现象所产生的瞬间内爆有强烈的振动波，产生短暂的高能环境（据计算在毫微秒的时间间隔内可达 2000～3000℃和几百个大气压）。这些局部的高能环境可以引起分子热解离、分子离子化和产生自由基等，引发和促进化学反应的进行。同时也可通过声的吸收，介质和容器的共振性质引起的二级效应，如乳化作用、宏观的加热效应等促进化学反应的进行。超声波促进化学反应主要有以下几个特点：

（1）空化泡爆裂可产生促进化学反应的高能环境（高温高压），使反应试剂产生离子、自由基等活性物质。

（2）超声辐照溶液时还可以产生机械作用，促进传热、传质、分散和乳化等作用。

（3）对许多有机反应，尤其是非均相反应有显著的加速效应。反应速率可比常规方法快几十到几百倍，并且在大多数情况下可提高反应产率，减少副产物。

（4）可使反应在较温和的条件下进行，减少甚至不用催化剂，并且还可以简化实验操作，大多数情况下不再需要辅以搅拌，有些反应不再需要严格的无水无氧条件或分步投料方式。

（5）对金属参与的反应，超声波可及时除去其表面形成的产物、中间体及杂质等，始终暴露其清洁的反应表面，从而大大促进了这类化学反应的进行。

综上所述，在有机声化学反应中，超声波的热效应、机械效应、光效应、活化效应是同时存在的，它们的综合结果在宏观上表现为超声波对有机反应的作用。

2.10.3　有机声化学反应的影响因素

超声波频率及强度对有机声化学反应有重要的影响。超声波频率并非越高越好，事实表明，随着超声波频率的增加，声波膨胀相时间变短，空化核来不及增长到可产生效应的空化泡，即使空化泡形成，由于声波的压缩相时间也短，空化泡来不及发生崩溃，从而导致空化过程难以发生。通常，用于有机声化学合成的超声波的频率一般为 20～80kHz。提高超声波强度可以提高声空化效应。例如，在某一超声波频率和声强下，不能产生空化泡，但提高声强后，空化泡即可形成，不过声强大消耗的功率也大，所以只有在特殊情况下，有机声化学合成才使用 500kHz 以上的频率。除超声频率和强度外，有机液相反应体系中溶剂的性质、溶液的成分、黏度、表面张力以及蒸气压等对声空化效应都有很大的影响。例如，在超声波作用下，偕二卤环丙烷与金属在正戊烷溶剂中几乎没有反应，在乙醚溶剂中反应缓慢，而在四氢呋喃溶剂中反应很快。另外，超声波的使用方式（连续或脉冲）、反应温度、体系溶解的气体类型及含量、外压等也影响有机声化学反应，如温度升高，蒸气压增大，表面张力及黏度系数下降，有利于空化泡的形成。但是蒸气压增大，会导致空化强度或声空化效应下降。因此，为了获得较大的声化学效应，应该在较低的温度下反应，而且应选用蒸气压较低的溶剂。

2.10.4 有机声化学合成技术

超声波反应器是有机声化学合成技术的关键装置，一般由电子部分(信号发生器及控制部分)、换能部分(振幅放大器)、耦合部分(超声波传递)及化学反应器部分组成。目前实验室最常用的超声波反应器是超声清洗槽式反应器和探头插入式反应器，如图 2.33 所示。

(1) 超声清洗槽式反应器结构比较简单，由一个不锈钢水槽和若干个固定在水槽底部的超声换能器构成。将装有反应液体的锥形瓶置于不锈钢水槽中，就构成了超声清洗槽式反应器。该反应器简单方便，但能量损失严重，使得反应中实际消耗的声功率无法定量，而且频率和功率都不可调节。

(2) 探头插入式反应器是将产生超声波的探头直接插入反应体系。这是把超声能量传递到反应液体中的一种最有效的方法。由于是超声波直接作用于反应体系，可避免各种不必要的能量损失，功率连续可调以确定最佳超声辐照条件。但易由探头带入污染或探头本身被腐蚀，对探头的要求较为严格，另外难以对反应液控温。随着声化学的发展，各种类型的超声波反应器不断出现，如将超声清洗槽式反应器与功率可调的声变幅杆反应器结合起来构成的杯式声变幅杆反应器；将超声反应器与电化学反应器、光化学反应器、微波反应器结合起来的复合型声化学反应器。

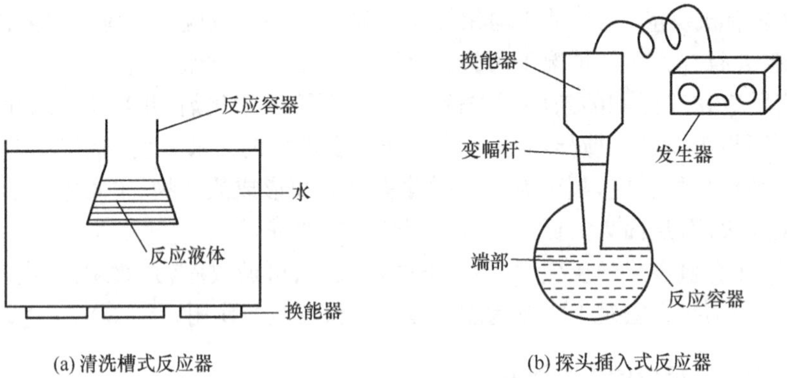

图 2.33　常用超声反应器

2.10.5 超声波技术在有机合成中的应用

由于超声波对有机反应的作用与传统方法相比有明显的优越性，因此有机声化反应在有机合成上有着十分广泛的应用。从有机合成反应类型看，目前已在氧化反应、还原反应、加成反应、取代反应、偶合反应、缩合反应、歧化反应、水解反应、金属有机反应、含无机固体的有机反应等方面取得了很大进展，不仅改良了很多传统的有机反应，而且发现了一些新的反应。超声波在有机合成中的应用研究已经十分广泛，对各种类型的反应几乎都有不同程度的促进作用，大大拓展了研究领域，应用前景广阔。但由于其反应机理异常复杂且受多种因素的影响，目前还不足以阐明反应本质和系统全面地解释反应现象，声能转化率较低，所以其基本理论以及超声波发射装置还有待于进一步发展完善。

2.11　无水无氧实验技术

2.11.1　概述

在有机合成研究工作中经常会遇到一些特殊的化合物，如有机锂、有机锌、格氏试剂、金属氢化物等，它们对空气、水汽很敏感。关于这类物质的制备和处理必须使用无水无氧操作技术。否则，即使合成路线是可行的，最终也得不到预期的产物，还可能引起燃烧或爆炸等事故。化学家通过多年的研究和实践，对无水无氧操作技术已积累了丰富的经验，发明了一些特殊的仪器，并摸索出了一套巧妙的操作技术来解决对空气敏感化合物的合成、分离、纯化、分析及保存等一系列问题。

实验室常用的无水无氧操作方法有以下几种：

(1) 对空气和水汽不是很敏感的体系，一般直接向反应体系中通入惰性气体进行保护，这种方法简便易行，广泛用于各种常规有机合成。惰性气体可以用普通氮气，也可用高纯氮气或氩气。使用普通氮气时，应将气体经过浓硫酸洗气瓶或装有合适干燥剂的干燥塔干燥后导入反应体系。

(2) 对空气和水汽高度敏感化合物的制备和处理，目前采用的无水无氧操作分三种：①高真空线操作(vacuum-line)；②Schlenk 操作；③手套箱操作(glove-box)。

由于 Schlenk 操作比较简便，尤其是处理易挥发的液体或量大的物质更为方便，对真空度要求也不太高，其操作量可从几克到几百克，一般的有机化学反应(回流、搅拌、滴加液体及固体投料等)和分离纯化(蒸馏、过滤、重结晶、升华、萃取等)以及样品的储存、转移都可用此操作，因此已被广泛采用。

Schlenk 操作是指真空和惰性气体切换的技术，主要用于对空气和潮气敏感的反应，它是把有机的常规实验都放在真空和惰性气体的切换下实现保护的反应手段。Schlenk 技术也称双排管技术，其工作原理是：两根分别具有 4～8 个支管口的平行玻璃管，一条为惰性气体线，一条为真空线，通过控制其连接处的双斜三通活塞，对体系进行抽真空和充惰性气体两种互不影响的实验操作，从而使体系得到实验所需要的无水无氧的环境要求。

2.11.2　无水无氧实验装置

1. 实验装置

无水无氧实验装置(Schlenk line)是一套惰性气体净化及双排管操作系统，通过这套系统，可以将无水无氧惰性气体导入反应系统，从而使反应在无水无氧气氛中顺利进行。它主要由除氧柱、干燥柱、Na-K 合金管、截油管、双排管、压力计等部分组成，如图 2.34 所示。

无水无氧实验装置中各部分的作用：鼓泡器，内装少量石蜡油以便观察气体流速；安全管，内装约 5cm 高的汞，上加封石蜡油，其作用是为了防止系统内压力太大将瓶塞冲开，既可以保持系统一定的压力，又可以在系统压力过大时，让惰性气体从中放空；截油管，其中与双排管相连的一根截油管内装活化的分子筛，分别捕集从鼓泡器中以及从 Na-K 合金管中带出的少量石蜡油，以免进入反应器；干燥柱，常填充脱水能力强并可再生的干燥剂，如 5A 分子筛；除氧柱，则选用除氧效果好并能再生的除氧剂，如银分子筛；Na-K 合金管，用于进一步除水除氧；双排管，使反应体系分别与真空系统或惰性气体系统相连，转动双斜三通活塞可切换抽真空或充放惰性气体。注射器换气管组，口加盖橡皮塞，注射器针头插入即可抽换气。

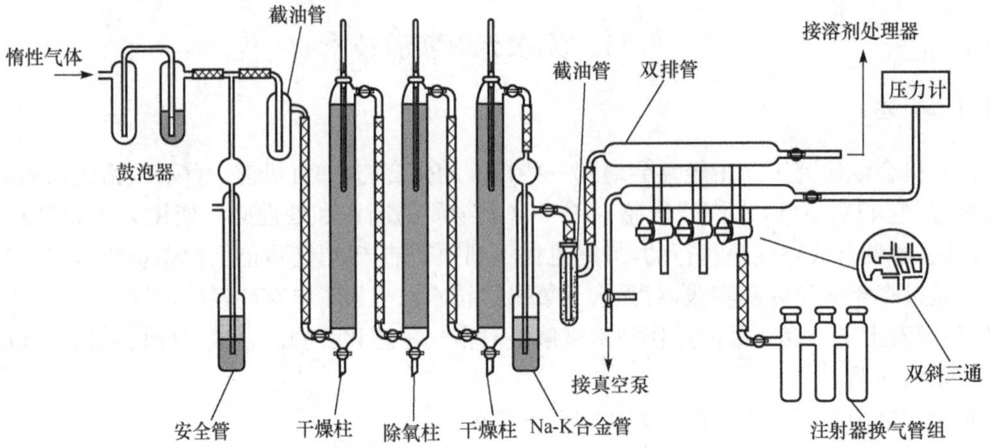

图 2.34 无水无氧实验装置

2. 实验装置预处理

使用无水无氧实验装置前，要对干燥柱、除氧柱进行活化以及制备 Na-K 合金。

(1) 干燥柱活化。若选用 5A 分子筛作干燥剂，则在长为 60cm、内径为 3cm 的玻璃柱中装入 5A 分子筛。从柱的上端插入量程为 400℃的温度计，柱外绕上 500W 电热丝，其外再罩上长为 60cm、内径为 6cm 的玻璃套管。柱的下端连三通，分别与真空泵及惰性气体相接。在 1.33kPa(10mmHg)、320～350℃的条件下对分子筛柱活化 10h。然后旋转三通，导入惰性气体，停止加热，自然冷却至室温，关上旋塞，并接上系统。

(2) 除氧柱活化。若选用银分子筛除氧，则在长为 60cm、内径为 3cm 的玻璃柱中装入银分子筛，从柱的上端插入量程为 400℃的温度计，柱外绕上 300W 电热丝，其外再罩上长为 60cm、内径为 6cm 的外管。活化时，从柱下端侧管通入氢气，尾气从柱上端侧管通至室外。加热至 90～110℃，活化 10h 左右，活化过程中生成的少量水可以通过柱下端的导管放出。当银分子筛变黑后，停止加热，继续通氢气，自然冷却至室温，关上各旋塞，并接入系统。

(3) Na-K 合金的制备。Na-K 合金管上端长为 50cm、内径为 2cm，下端长为 15cm、内径为 5cm。上端侧管连三通，并分别与真空泵和惰性气体相接。先抽真空并用电吹风烘烤后，自然冷却至室温，再充惰性气体，抽换气三次。在充惰性气体条件下，从上口加入切碎的 Na(15g)和 K(45g)，并用适量的石蜡油加以覆盖。然后加热下端，使 Na、K 熔融，冷却后即成 Na-K 合金。插入已抽换气的内管，关上旋塞，并接入系统。

(4) 除水除氧。将上述各柱子处理后串联起来就可以进行除水除氧操作。将要求除水除氧的仪器通过带旋塞的导管，与无水无氧操作线上的双排管相连，在该仪器的支口处接上液封管以便放空，同时保持仪器内惰性气体为正压，使空气不能入内。关闭支口处的液封管，旋转双排管的双斜旋塞使体系与真空相连。抽真空，用电吹风烘烤待处理系统各部分，除去系统内的空气及内壁附着的潮气。烘烤完毕，待仪器冷却后，打开惰性气体阀，旋转双排管上双斜三通，使待处理系统与惰性气体管路相通。如此重复处理三次，即抽换气完毕，这样便可在惰性气流下进行各种无水无氧实验操作。

使用无水无氧实验装置要注意以下几点：

(1) 如果对于无水无氧条件要求不是很高，只要采用一根除氧柱和两根干燥柱即可。

(2) 5A 分子筛干燥容量大、易再生，水平衡蒸气压小于 0.13Pa，经其干燥后的气体含水量一般可小于 10×10^{-6}，也可用 4A 分子筛。银分子筛除氧容易，容量大，可再生。一般经银分子筛除氧处理后的惰性气体，其含氧量可降至 $2mL/m^3$ 以下。此外，还可用金属铜、氧化锰、镍催化剂、钯 A 分子筛等。

(3) 无水无氧实验装置中所用连接管宜采用厚壁橡皮管，以防抽换气时有空气渗入。所用橡皮管需用氢氧化钠溶液煮，再用水长时间冲洗，晾干。鼓泡器等装置中所用的石蜡油需用金属钠丝干燥。

(4) 反应系统若需搅拌，应使用磁力搅拌。若使用机械搅拌，应加大惰性气体流量。

(5) 在连接油泵的真空管与双排管之间一般要接上冷阱。所有真空活塞和磨口接头均需洗净擦干，涂上真空硅酯，涂得薄而均匀，完全透明。所有活塞及接口应用橡皮筋扎牢。弄清楚双斜三通活塞的方向对应的气流走向。如果活塞上没有标志气流走向，有必要在活塞上贴上有箭头标志的胶带。

(6) 安装无水无氧实验装置时，每装一段都要用惰性气体吹，赶走空气，然后接上体系，完全安装完毕后，抽真空，充惰性气体，将体系保持正压。在反应过程中要添加药品或调换仪器，需要开启反应瓶时，都应在较大的惰性气流中进行操作。

(7) 当要对乙醚、四氢呋喃等用钠精制的溶剂进行严格无水无氧处理时，同一双排管上不可再连接含有卤代烃的反应体系，因为可发生 Wurtz 反应，剧烈放热，易爆。

(8) 实验完毕后要将真空橡皮管用样品管塞上，保持真空橡皮管内无水。

2.11.3　无水无氧实验操作

1. 惰性气体的纯化

无水无氧操作需要在无水无氧的惰性气体保护下进行，实验室常用的惰性气体有氮气和氩气。氮气比氩气更价廉易得，大多数有机金属试剂在其中均能保持稳定，因此最常用；它还具有密度与空气相近的优点，所以在其中称量物质时无需校正。但是，氮能与很多过渡金属化合物生成配合物，在这种情况下就必须使用较贵的氩气作保护。氩气密度比空气大，它对空气敏感化合物的保护作用比氮气好。

一般含量达 99.998%的高纯氮气就能保护大多数空气敏感化合物，但是对于特别敏感的物质，则必须使用更纯的惰性气体。实验室通常采用上述无水无氧实验装置进行处理。将惰性气体(如氮气或氩气)在一定压力下由鼓泡器导入安全管，经干燥柱初步除水，然后进入除氧柱以除氧，再进入第二根干燥柱以吸收除氧柱中生成的微量水，继而通过 Na-K 合金管以除去残余微量水和氧，最后经过截油管进入双排管的上排管，就可以导入反应系统或其他操作系统。经过这样的脱水除氧系统处理后的惰性气体，其含水及含氧量可低于 1ppm(ppm 量级为 1×10^{-6})。

2. 试剂的处理及转移

(1) 试剂的处理。无水无氧反应、分离、纯化中使用的一切试剂、溶剂必须严格纯化，除去

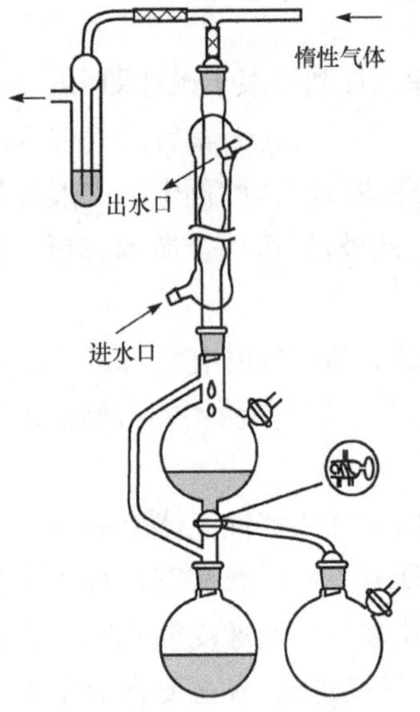

图 2.35　无水无氧溶剂处理装置

水和氧；在储存时也必须注意，防止水汽、空气侵入。大多数溶剂，只要在惰性气氛中将其从干燥剂中蒸馏出来，就可以达到足够的纯度，适用于大多数敏感物质。

对于会受极微量的氧和水影响的反应，可采用特制的溶剂处理器对溶剂进行严格无水无氧处理，如图 2.35 所示。例如，要对常用的乙醚、四氢呋喃、甲苯等溶剂进行处理，可按以下步骤：将回流装置通过三通管与无水无氧操作线相连，经抽换气后，将经钠丝预处理过的溶剂以及钠块和二苯甲酮（按 1：4 质量比）转入其中旋转双斜三通旋塞，使上下相通保持回流。当溶剂中的水分和氧气除尽后，剩余的金属钠将二苯甲酮还原成四苯基频哪醇钠，溶液由黄色变成持久的蓝紫色，即可关闭双斜三通，使溶剂积聚于储液瓶中。使用时可用注射器从侧口抽取或旋转双斜三通从下侧管放出。

(2) 试剂的转移。转移少量敏感液体试剂既简单又有效的方法是利用注射器转移，对于较大量液体的转移可以使用不锈钢导管，如图 2.36 所示。

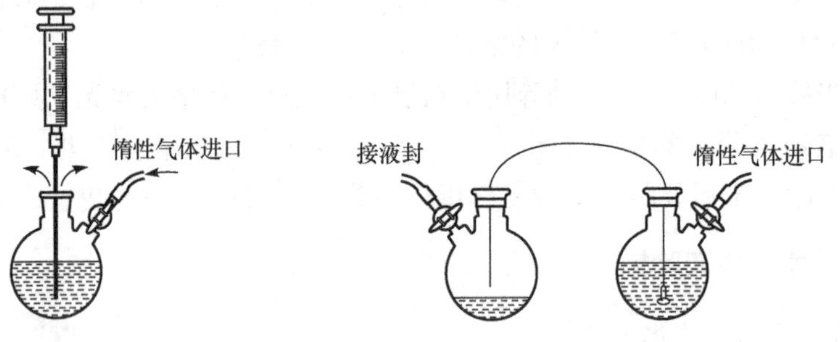

(a) 转移少量液体　　(b) 转移大量液体

图 2.36　液体物料转移装置

3. 空气敏感化合物的合成

进行无水无氧的化学反应一般采用标准的 Schlenk 操作。反应瓶一般是用一口至四口的标准磨口瓶或 Schlenk 管，大多数技术与常规有机合成所用的技术相似。图 2.37 是在普通惰性气氛下进行反应操作的装置。将反应瓶中通惰性气体的支管与双排管相连，反应体系用真空泵抽真空，同时用电吹风烘烤各仪器以除去仪器内的空气及表面吸附的水汽，待冷却后通入惰性气体，如此反复三四次，即可保证无水无氧条件。

4. 反应产物的分离纯化

从敏感溶液中除去悬浮杂质或者从中分离出敏感的固体产物时，可以在氮气气氛下，用砂芯漏斗进行过滤。液体样品通常用蒸馏的方法进行分离提纯。如果产品量足够多，则可采取常规方式进行蒸馏。惰性气氛下的减压蒸馏装置如图 2.38 所示。

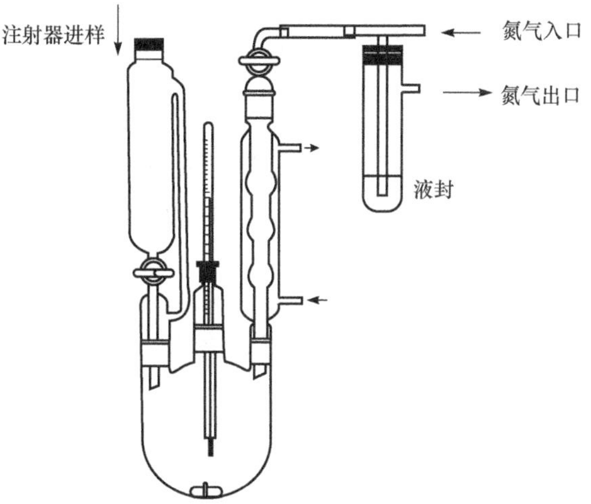

图 2.37　惰性气氛下的反应装置

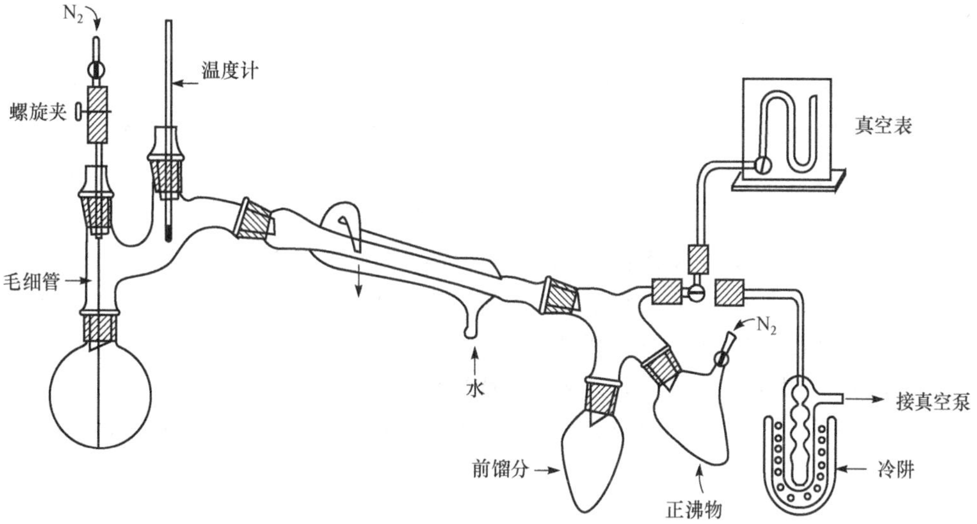

图 2.38　惰性气氛下的减压蒸馏装置

5. *产物的分析*

对空气敏感的化合物的分析鉴定也必须严格采取无水无氧操作技术。从取样、称量、制样到检测都必须如此，否则得不到满意的分析结果。对空气敏感的化合物进行熔点测定时，一般采用熔封的毛细管，利用 b 形管测定；进行红外光谱测定时，常在手套箱中制片；进行核磁共振分析时，需将核磁管的开口端加小片隔膜密封。利用长针管将已经密封的样品管用惰性气体彻底冲洗后，再按前述的注射器操作法将样品移入管内，就可以进行核磁测定。也可按图 2.39 所示进行制样，样品装好后应立即测试。

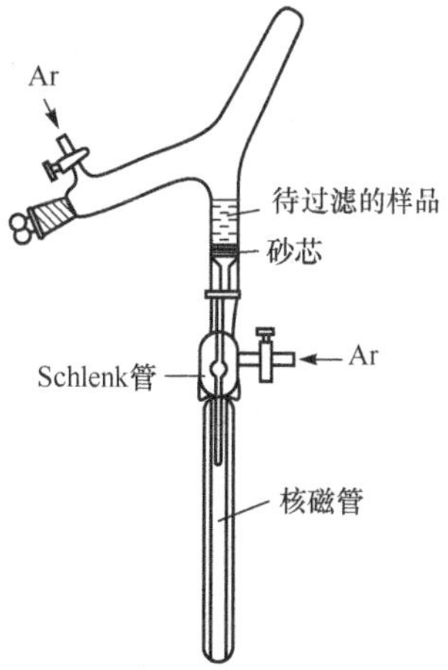

图 2.39　核磁共振分析试样的制备装置

2.12 有机光化学合成

2.12.1 概述

光化学反应是以洁净、节能、节约为目标的化学合成方法，为绿色有机合成化学提供了新途径、新方法和新技术，是合成化学中最活跃、最有生命力的研究领域之一，深入研究光化学反应必将为现代有机合成的发展注入新的活力。

光化学反应是指在紫外光或可见光(波长 200～700nm)照射下发生的化学反应，反应机理属于自由基反应。利用光照引发的化学反应合成有机化合物的方法称为有机光化学合成。根据不同的反应类型可分为光化加成、光化取代、光化氧化、光化还原、光化环化、光化分解及光化异构化等。例如，苯和氯在光照下进行氯化制造“六六六”杀虫剂；环己烷光亚硝基化制造环己酮；二苯甲酮及其衍生物和异丙醇在光照下发生光化还原形成苯频哪醇；还有些有机化合物在光照下形成稠环及杂环化合物；某些有机化合物在光照下电子被激发，以致发生分子结构的光分解或光异构化作用而引起的颜色变化，可应用于微型摄影储存资料和开拓无银盐显示技术等。

光化反应近年来日益受到人们的重视，研究激发态分子化学行为的光化学已成为有机化学的一个重要分支。特别是分析技术的改进以及商品紫外光源的出现，更促进了有机光化学的迅速发展。光不仅可以引起多种多样的化学反应，合成各种前所未有的奇妙分子，而且与人们的日常生活及生命现象有密切的联系，如光合作用就是最重要的光化学反应，地球上绝大多数生物包括人类都直接或间接依靠光合作用所提供的物质和能量而生存。由于光是电磁辐射，光化学研究的是物质与光相互作用引起的变化，因此，光化学是化学和物理学的交叉学科。相应于热化学，光化学有以下特点：①光是一种非常特殊的生态学上清洁的“试剂”；②光化学反应条件一般比热化学温和；③光化学反应能提供安全的工业生产环境，因为反应基本上在室温或低于室温下进行；④有机化合物在进行光化学反应时，不需要进行基团保护；⑤在常规合成中，可通过插入一步光化学反应大大缩短合成路线。

因此，光化学在合成化学中，特别是在天然产物、医药、香料等精细有机合成中具有特别重要的意义。

2.12.2 有机光化学反应的基本原理

有机光化学反应与热化学反应不同的是分子吸收紫外或可见光产生电子激发态，电子激发态提供激发能引起化学反应。分子从基态到激发态所吸收的光能有时远超过一般热化学反应可以得到的能量，因此，有机光化学反应能够完成许多用热化学反应难以完成或根本不能完成的合成工作。分子吸收与辐射能量是量子化的，一个光子的能量 E(以焦耳计)大小与吸收光的波长成反比：

$$E=h\nu=\frac{hc}{\lambda}$$

式中，h 为普朗克常量，$6.626\times10^{-34}\text{J}\cdot\text{s}$；$\nu$ 为光辐射的频率；c 为光速，$2.998\times10^{8}\text{m/s}$；$\lambda$ 为光的波长，m；1mol 的光子也被定义为 1Einstein。

1mol 分子吸收的能量为

$$E=Nh\nu=\frac{Nhc}{\lambda}$$

式中，N 为阿伏伽德罗常量，$6.023\times10^{23}\text{mol}^{-1}$。因此摩尔吸收能量为

$$E=\frac{Nhc}{\lambda}=\frac{6.023\times10^{23}\times6.626\times10^{-34}\times2.998\times10^{8}}{10^{-9}\lambda\times10^{3}}=\frac{1.197\times10^{5}}{\lambda}(\mathrm{kJ/mol})$$

根据此方程式可算出一定波长的有效能量。表 2.3 是近紫外区和可见光区几种不同波长光的有效能量和不同化学键断键所需能量。有机化合物的键能为 200～500kJ/mol，处于表中的有效能量范围之内，因此一个有机分子吸收这个范围内的光将造成键的断裂。例如，碳-碳 σ 键的键能为 347.3kJ/mol，分子吸收波长小于 345nm 的光就可使碳-碳键断裂而发生一系列化学反应。

表 2.3　不同波长光子的能量与不同化学键断键所需能量

波长/nm	能量/(kJ/Einstein)	单键	键能/(kJ/Einstein)
200	598.2	HO—H	498
250	478.6	H—Cl	432
300	398.8	H—Br	366
350	341.8	Ph—Br	332
400	299.1	H—I	299
450	265.9	Cl—Cl	240
500	239.3	Me—I	235
550	217.5	HO—OH	213
600	199.4	Br—Br	193
650	184.1	Me_2N—NMe_2	180
700	170.9	I—I	151

光化学反应的发生，通常要求分子吸收的光能超过热化学反应所需要的活化能与化学键键能。光化学与热化学的基础理论并无本质差别，用分子的电子分布与重新排布、空间立体效应与诱导效应解释化学变化和反应速率等对光化学同样适用。

有机化合物吸收光能后，电子由基态到激发态的跃迁。可能的跃迁为 $\sigma\to\sigma^*$、$\pi\to\pi^*$、$n\to\pi^*$、$n\to\sigma^*$ 和 $\sigma\to\pi^*$ 等，但绝大多数有机光化学反应是通过 $n\to\pi^*$ 和 $\pi\to\pi^*$ 跃迁发生的。当一个反应体系被光照射时，光可以透过、散射、反射或被吸收。光化学反应第一定律格罗图斯-德雷珀(Grotthus-Draper)定律指出：只有被分子吸收的光子才能引起该分子发生光化学反应。但并不是每一个被分子吸收的光子都一定产生化学反应，其激发能可通过荧光、磷光或分子碰撞等方式失去。图 2.40 表明了分子激发与失活的主要途径。

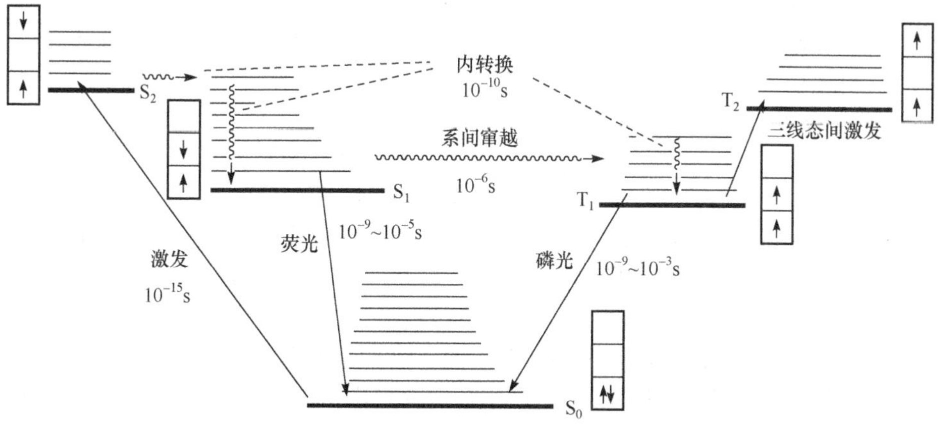

图 2.40　分子激发与失活的主要途径

大多数基态分子的电子是自旋反平行配对的，在光谱中呈现一条谱线，称为单线态基态，用 S_0 表示。电子从基态到激发态跃迁时，它的自旋有两种不同取向，一种是自旋反转，在光谱中呈现三条谱线，这种激发态称为三线态，用 T 表示。另一种是自旋保持不变，这种激发态称为单线态，用 S 表示。第一激发态用 S_1 和 T_1 表示，更高能级的激发态用 S_2、T_2、S_3、T_3 等表示。激发态也可以发生体系间交叉作用，这个过程称为系间窜越。例如

$$S_1 \xrightarrow{\text{系间窜越}} T_1$$

一个光化反应涉及的是单线态还是三线态，取决于系间窜越和激发的单线态的化学反应相对速度。如果系间窜越的速度比光化反应的速度快，则将通过三线态反应；如果比它慢，则将通过单线态发生反应。

在反应中加入敏化剂可使反应通过光敏作用进行，光敏作用常使反应经过三线激发态进行。吸收光能处于激发态（S_1 或 T_1）的分子把它的能量传递给邻近的另一分子并使其激发的过程称为光敏作用。在光敏作用中，能量给予体回到基态，同时能量接受体由基态上升到激发态。能起能量给予体作用的物质称为光敏剂（photosensitizer）。光敏作用有两类，即三线态-三线态能量传递和单线态-单线态能量传递。如果直接光照无法实现对某种分子的激发时，可试用这两类光敏作用来产生激发态，故光敏作用是完成光化学反应的一种重要方法。其中三线态-三线态能量传递更为重要。三线态光敏作用的机理可概括为：在光的作用下形成光敏剂 D 激发单线态，经系间窜越转化成三线态；再经分子间能量传递形成反应物 A 的三线态。这一过程可表示如下：

$$\underset{(\uparrow\downarrow)}{D(S_0)} \xrightarrow{h\nu} \underset{(\uparrow\downarrow)}{D^*(S_1)} \xrightarrow{\text{ISC(系间窜越)}} \underset{(\uparrow\uparrow)}{D^*(T_1)}$$

$$\underset{(\uparrow\uparrow)}{D^*(T_1)} + \underset{(\uparrow\downarrow)}{A(S_0)} \longrightarrow \underset{(\uparrow\downarrow)}{D(S_0)} + \underset{(\uparrow\uparrow)}{A^*(T_1)}$$

利用光敏化作用进行化学反应必须要有一个合适的光敏剂。理想的光敏剂必须能被光辐射所激活；应有足够高的浓度，并能吸收足够量的光子；光敏剂三线态能量必须比接受体的三线态能量高，其三线态必须有足够长的寿命来完成能量传递和高的系间窜越效率。例如，丁二烯能吸收 220～250nm 波长的光激活，而不能在 400nm 波段下被激活。若在丁二烯中加入少量丁二酮，再用可见光（λ>400nm）辐射，则会发生光化学反应。

激发态分子的能量以振动热能传递给其他分子而不发生光辐射时，称为非辐射衰退。从单线态通过光辐射回到基态的过程称为荧光现象，从三线态通过光辐射回到基态的过程称为磷光现象。激发态分子的能量传递给猝灭剂时，激发态就被“猝灭”了。从激发态返回基态并非一个途径，各途径间存在竞争。所以不是每一个被激发的分子都发生光化学反应。发生反应的分子相对于激发分子的分数称为量子产率，用 ϕ 表示。

$$\phi = \frac{\text{形成产品的分子数}}{\text{吸收的光量子数}}$$

一个光化学反应量子产率的大小与反应物自身的结构性质及反应条件有密切关系。实验证明，多数光化学反应的 ϕ 不等于 1。当 $\phi=1$ 时，每一个被激发的分子都变成产物；当 $\phi=0.01$ 时，100 个被激发的分子只有 1 个变成产物；当 $\phi>1$ 时，表示该反应是连锁反应。对于连锁反应，量子产率甚至可以达到 10 的数次方。大多数非连锁反应，其量子产率为0～1，对这类反应消耗的光能太多，且反应速率太慢，工业上很少采用。因此光有机合成主要用于连锁反应，其量子产率高，能耗小。量子产率与产物产率是两个完全不同的概念，量子产率与能量消耗有关，而产物产率与物料消耗有关。

2.12.3 有机光化学合成技术

1. 光源的选择

光源是实现光化学反应的必要条件。光的波长和不同的光源决定被激发的分子形态和可能的断键位置，光的辐射强度则决定光化学反应的速率。光源有多种，以提供不同波长的照射光。选择光源要考虑到反应物和产物的吸收光谱。对于多官能团的化合物，往往有多个吸收谱带。通常选择反应物中吸收带波长较长的光来决定光源。如果产物在所选择的波长范围内也有吸收，就会使产物发生进一步的反应，同时使反应速率大为变慢。这是因为产物起内部滤镜的作用，减弱了光源的作用。下面简要介绍三种常用的光源。

1) 太阳光

太阳光是一种巨大的能源，具有数量巨大、时间长久、普照大地、清洁安全的优点。据估算，每年到达地球表面的太阳光所具有的热量约为 130 万亿 t 煤燃烧释放的能量。但是 290nm 以下的短波光线很少到达地面，300nm 的光线强度也很低。太阳光谱能量的最大值为 470～485nm，适用于可见光区的光化学反应。使用时，最好能随着一天中阳光照射方向的转移而调整反应物的位置。但其缺点是分散性、间断性和不稳定性。因此，在光化学研究中，经常采用聚光措施来提高被辐射光化学体系的受光密度。

2) 汞灯

除太阳光外，实验室内最常用的光源是汞灯。汞灯辐射的光谱波长分布随汞灯的类型变化，它们所发射的波长为 185～750nm，覆盖了整个光化学适用的光波长范围。汞灯按灯内汞蒸气压强分为低压汞灯、中压汞灯和高压汞灯。

(1) 低压汞灯，汞蒸气压为 0.1Pa，主要发射 185nm 和 254nm 两条狭窄的强谱带，其余的辐射谱带强度都很低。低压汞灯适用于在波长较短的范围内有吸收带的反应物。在光化学研究中，常直接把低压汞灯浸入反应介质进行辐照。当反应介质温度与低压汞灯正常壁温(约 40℃)相差过大时，可对光源采取夹套式控温装置。低压汞灯发热少，寿命长。

(2) 中压汞灯，如市场出售的日光灯，在近紫外至可见光范围内辐射有多条清晰分开的较狭窄的谱带。可提供主要波长为 313nm、366nm、435.8nm、546.1nm 和 578nm 的紫外光或可见光。对尚未清楚吸收带波长的反应物，选用中压汞灯较为适宜。中压汞灯常与不同类型的单色器配套使用，由此可以获得强度较大的单色光或狭窄谱带。中压汞灯正常运行时的壁温高达数百摄氏度，当用于反应体系之外辐照时需用风扇冷却。当浸入反应体系中使用时，常采用冷却套保持中压汞灯恒温，冷却介质可用水或滤光液(经辐射后可得窄谱带光的特殊溶液)。中压汞灯具有结构简单、容量大、发光强度高、寿命长和容易从其辐射中分割出强度较大的单色光或窄谱带等优点，是光化学中使用最广泛的光源。

(3) 高压汞灯，发射光谱为 200～800nm(400～800nm 是连续光谱)，是紫外辐射很强的光源。高压汞灯具有发射光谱波长范围大、紫外辐射强度高、可制成容量大的灯(电功率可达数千瓦)、电功率转换为光输出功率的效率较高、灯的寿命较长等优点。

3) 激光器

激光器由可调光腔和置于光腔内的发光材料组成。激光器也是一种在化学反应中经常使用的光源。激光器发射的光有相同的相位、有精确的平行性，并能聚焦为很小的光斑，能发射辐射密度很高的辐射能量($>10^9 W/cm^2$)、可提供不同波长的单色光、脉冲功率高。对于具体所研究的光化学体系选择适用的光源时，主要应考虑以下几个方面：

(1) 光源波长的选择应根据反应物的吸收波长决定。常见的几类有机化合物的吸收波长为：烯，190～200nm；共轭脂环二烯，220～250nm；共轭环状二烯，250～270nm；苯乙烯，270～300nm；酮，270～280nm；苯及芳香体系，250～280nm；共轭芳香醛酮，280～300nm；α,β-不饱和酮，310～330nm。所选用的光源波长应与体系中反应物的吸收波长相匹配。在光源发射光谱波长范围内，体系中的溶剂或其他组分无吸收，或虽然有吸收，但无不希望的副反应发生。理想的情况是使反应物的消光值，远大于体系的溶剂和其他组分消光值的和。

(2) 选用光源的电功率转换为光功率的转换效率高，有效波长范围的辐射能量占总辐射能量的百分数高，光源的容量大，寿命长。

(3) 选用光源的外形和结构要简单，便于安装和操作，便于采取灵活、高效的冷却方式。

2. 光化学反应器

光化学反应常在液相中进行。为接收特定波长光照，需要考虑合适的透光材料制作的反应器。已知耐热的硬质玻璃（如 Pyrex）能透过 300nm 以上的光；而石英玻璃能透过 200nm 以上的光，有些还能透过 200nm 以下的光。如果反应需要在 300nm 以上波长的光照下进行，就可用硬质玻璃制作的反应器；如果反应需要在 200～300nm 光照下反应，就需用石英反应器。

反应器有两种：①外照射反应器，光源放在反应容器的外面，适用于任何光源，主要适用于可见光区的光化学反应（如日光照射），操作方便，便宜；②内照射反应器，光源放在反应容器的里面，光能利用率高，其不足之处是易爆及反应器壁易结垢，灯管需良好的冷却，反应时须有专人看管或设置停水熄灯自动开关。根据反应的需要选择内照射或外照射反应器。图 2.41 是几种常用的光化学反应实验装置。

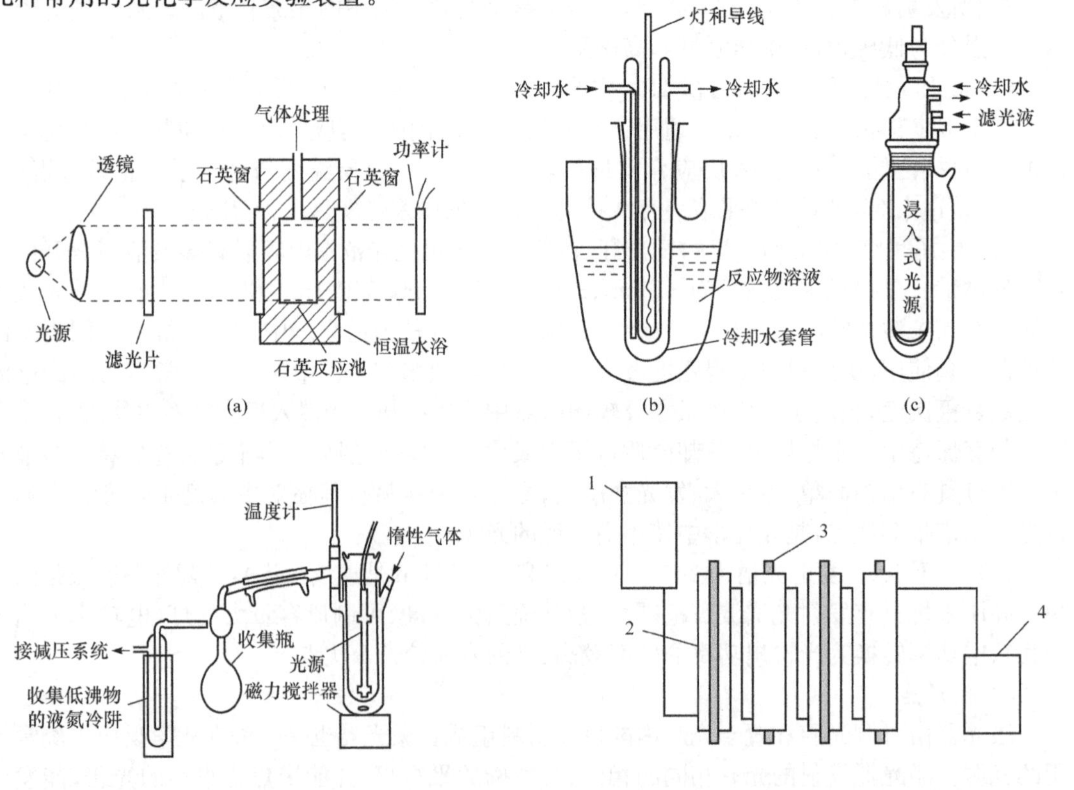

(a)　(b)　(c)

(d) 与蒸馏系统组合的光化学反应装置

(e) 连续式生产维生素D_2的光反应器结构示意图

1.麦角固醇溶液高位槽；2.石英管；3.紫外光源；4.反应液受液槽

图 2.41　光化学实验装置示意图

经典的光化学反应器[图 2.41(a)]由光源、透镜、滤光片、石英反应池、恒温装置和功率计等部分组成。图 2.41(b)、(c)和(d)是侵入式反应器。若采用激光器作光源，则不需要滤光片，其他装置与经典光化学反应器类似。现在已有专门出售的光化学反应器，将光源、透镜、滤光片、反应池和光强检测器等集成在一起，成为一个完整的反应系统。

光化学反应中尤其要注意安全，反应装置必须置于独立的通风橱中，操作时应戴上深茶色或浅黑色的防护眼镜；手上也需要戴一副手套，为防止反射的紫外光的伤害，还可以在装置周围裹以纸板或铝箔。实验室要有良好的通风，以防空气在紫外线照射下产生的臭氧的伤害。反应期间需有专人看守。中、高压汞灯是在几百乃至几千伏的高电压下工作的，加上易碎的灯管和冷却系统等因素，尤其要提高警惕，所有的电气部件都必须接地。另外，光化学反应中常添加过氧化物或偶氮化物作为游离基引发剂，这些化合物有一定的爆炸危险。处理时，应该使用表面光滑的玻璃铲代替金属刮铲；储器使用软木塞或橡皮塞代替螺旋盖；储瓶应包以塑料薄膜，放入棕色的干燥器中；对液体样品应尽量避免蒸馏，可利用层析法加以提纯或蒸馏前先进行预处理；对于极端易爆的化合物，可使用其溶液而避免涉及晶体。

2.13　绿色化学与绿色有机合成

2.13.1　概述

化学对人类社会的进步做出了巨大贡献，无论工业、农业，还是人类生活的各个方面，从衣、食、住、行的生活必需品到汽车、电视、计算机、手机、洗衣机等奢侈品，无不同化学有关(图 2.42)，高科技的发展更是离不开化学的有力支持。可以说化学尤其是有机合成化学的发展和进步，改变了人类的生活方式，提高了人类的健康与生活质量。

图 2.42　化学与生活

然而不可否认，传统的合成化学方法已经对整个人类赖以生存的生态环境造成了严重的污染和破坏，人类也正面临着有史以来最严峻的环境危机。

有机合成化学工业带来的污染随处可见，以往解决污染问题的主要手段是治理、转移、停产甚至关闭生产线，国家也曾因此花费了大量的人力、物力和财力。但多年治理污染的经验告诉人们，只注重末端治理的方法投资大、收益小。到 20 世纪 90 年代，污染治理的观念由末端治理升华到以预防为主。尤其是近年来，可持续发展的理念得到了社会的足够重视，化学家提出了与传统治理污染不同的"绿色化学"概念。绿色化学不是治理污染，而是为防止污染而产生的一种新概念，它是从开发源头解决污染问题的一门科学，对环境保护及社会的可持续发展具有重大意义。

作为 21 世纪的化学工作者，不但要有能力不断地发展新的、对环境更友好的绿色化学，而且要让年轻化学工作者了解绿色化学，为保护我们生存的环境、为子孙后代能有一个蓝天白云、绿水青山、幸福美丽的家园做出应有的贡献。

2.13.2 绿色化学的十二条原则

绿色化学(green chemistry，GC)又称为环境无害化学(environmental benign chemistry，EBC)、环境友好化学(environmental friendly chemistry，EFC)、清洁化学(clean chemistry，CC)，在绿色化学基础上发展的技术称为绿色化工技术(green chemical engineering technology，GCET)或洁净生产技术(clean production technology，CPT)。绿色化学是当今国际化学学科的研究前沿，是具有明确社会需求和科学目标的新兴交叉学科。

Anastas 和 Warner 于 1998 年提出"绿色化学的十二条原则"，这些原则可作为开发和评估一条合成路线、一个生产过程、一个化合物是不是绿色的指导方针和标准。

1. 防止污染优于治理污染

防止污染的产生，而不是在污染产生后再进行治理。近 20 年来，用于化学和化工过程的后处理及废物处置的费用占化学产品成本的比例越来越大。利用绿色化学的方法就可以减少或消除污染，从而减免了因治理污染所带来的费用支出，而防止污染比治理污染费用少得多。

2. 原子经济性

过去在评价一个合成反应的效率时，通常使用产率这个概念。如果一个合成反应的产率达 100%，就认为是一个非常完美的合成方法。但从绿色化学的角度看来，这种衡量标准存在较大的缺陷。1991 年，美国著名有机化学家 Trost 提出了原子经济性的概念来评估化学反应的效率，理想的原子经济性反应应该是反应物原子 100%地转化到目标产物中，而没有原子生成其他副产物。

3. 无害化学合成

无害化学合成是设计只采用和生产低毒或无毒化学品的合成，由于危险来自危害性与暴露性两个方面，减少或消除任一方面都可降低危险性。避免暴露固然可行，但降低毒性的生产才是根本的办法。因此，只要可能，应尽量采用毒性小的合成路线。

4. 设计安全的化学品

任何物质的分子结构与性能之间都存在着内在的联系，尤其在毒性作用机理以及分子结构的表征与控制方面快速发展的今天，安全化学品的设计已成为可能。安全化学品的设计目标是使所设计的产品在具有最大的期望功能与性质的同时把它们的毒性降到最低限度。

5. 使用无毒无害的溶剂和助剂

在合成反应过程中尽可能不使用助剂和溶剂，如果必须使用时应选择无毒无害的助剂，如水、超临界 CO_2、离子液体等。因为助剂不能进入最终的产物中，只能成为废物流中的一部分而对环境造成污染。

6. 设计能源经济性反应

合成反应所需的能量包括反应活化能、加热、冷却、高压、真空、超声以及产物分离提纯所需的能量，这些能耗都给经济效益带来较大的限制。为提高经济效益，尽可能使合成技术在常温、常压下进行。为此，开发和使用催化剂可使反应途径改变，使反应易于进行。

7. 使用可再生原料

可再生(更新)原料一般是指各种物质原料，包括草类、木本植物、农作物和森林残余物等，其他在有限时间内可再生的物质也属于可再生资源。太阳能也可看作是一种可持续能源。而枯竭原料主要是指化石原料，如石油等。与枯竭原料相比，可再生原料没有枯竭的威胁，也不会导致经济方面的压力。

8. 尽量避免不必要的衍生步骤

在设计一个化合物的合成路线时，为了提高选择性，常使用导向和保护的方法，待反应结束后再除去导向基和保护基。显然，这些步骤是合成过程中多余的衍生步骤，不仅消耗资源，而且必然产生废物。因此，在合成中应最大限度地避免衍生步骤，以降低原料消耗和避免环境污染。

9. 催化剂优于化学计量试剂

由于催化剂可以提高反应的选择性，因此，使用催化剂可使副产品减少或不产生。此外，催化剂可降低反应的活化能，从而降低反应所需的能量。

10. 设计易降解的产品

设计的化学品在被使用后应容易降解为无害物质。若被使用后仍然保持原状，在环境中就很容易被动植物吸收并在体内积累放大，从而对人类和生物体产生危害。

11. 预防污染中的实时分析

分析测试手段须不断发展和完善，要求开发出非常实用的实时分析方法，实现在线监控，对有害物质的生产做到提前控制。通过在线监测还可调节反应条件，控制副产物的产生。

12. 防止意外事故的安全工艺

化学合成过程中所选用的物质及其形态应做到将意外事故发生的可能性降到最低，其中包括泄漏、爆炸和火灾等。

2.13.3 绿色有机合成的度量标准

有机合成作为化学合成的重要组成部分，在绿色化学中居于举足轻重的地位。绿色有机合成是指采用无毒、无害的原料、催化剂和溶剂，选择具有高选择性、高转化率，不产生或少产生副产品的对环境友好的反应进行合成，即实现符合绿色化学要求的理想合成。实现理想合成有三个定量指标：原子经济性、环境因子和环境商。

1. 原子经济性

美国著名有机化学家 Trost 认为，合成效率是当今合成方法学关注的焦点。合成效率包括两个方面：一个是选择性(包括化学、区域、非对映和对映选择性)；另一个就是原子经济性，即原料分子中究竟有百分之几的原子转化到产物中。一个高效的合成反应不但要有高选择性，而且必须具备较好的原子经济性。理想的原子经济性反应是原料分子中的原子100%地变成期望的产物，同时不需要其他试剂或仅需要无损耗的促进剂。原子经济性按下式计算：

$$\text{原子经济性}=\frac{\text{被利用原子的质量}}{\text{反应中所使用的全部反应物原子的质量}}\times 100\%$$

例如，在下列反应中：

$$A+B \longrightarrow C+D$$

C 为产物，D 为副产物。在原子经济性的反应中，D 应减至非常小或接近零，即

$$A+B \longrightarrow C$$

若一个反应不是原子经济性反应，则可计算它的原子利用率(atom utilization，AU)。原子利用率是原子经济性的衍生，含义基本相同。原子利用率表述为

$$AU=\frac{\text{目标产物的摩尔质量}}{\text{化工过程中产物的所有物种的摩尔质量之和}}\times 100\%$$

可见，原子经济性和原子利用率两者表述不同，但实质是相同的。然而原子经济性反应往往是指 100%的原子利用率的反应。也就是说，当一个反应的原子利用率达 100%时，就说它是一个原子经济性反应。目前在化工生产中常用的产率的含义是

$$\text{产率}=\frac{\text{所得目标产品的实际质量}}{\text{目标产品的理论质量}}\times 100\%$$

比较评价合成效率的两种指标不难看出：原子经济性(或原子利用率)与产率是两个根本不同的概念，前者是从原子水平上考察化学反应，不仅是对合成效率的评价，而且考虑了环境的影响；而后者则从传统宏观量上考察化学反应，关注的仅是目标产品的转化率。显然，只用反应产率或收率来衡量反应的优劣是不够的。当原料 100%地转变为目标产物时，才能实现零排放。可见，只有同时使用两种评估标准，才能使合成反应更有效、更绿色化。

原子经济性概念引导人们如何去设计有机合成，如何经济地利用原子，避免用保护基或离去基团，这样设计的合成方法就不会有废物而是环境友好的。有机合成中常见的原子经济性反应有重排反应、环加成反应、亲电加成、亲核加成、催化加氢、周环反应等。

2. 环境因子

环境因子(E)和环境商都是由荷兰有机化学家 Sheldon 提出来的。E 是以化工产品生产

过程中产生的废物量的多少来衡量合成反应对环境造成的影响。

$$E=\frac{\text{废弃物的质量(kg)}}{\text{预期产物的质量(kg)}}$$

这里的废弃物是指预期产物之外的所有副产物，包括反应后处理过程产生的无机盐等。显然，要减少废弃物使 E 较小，其有效途径之一就是改变经典有机合成中以中和反应进行后处理的常规方法。

3. 环境商

环境商(EQ)以化工产品生产过程中产生的废物量的多少、物理化学性质及其在环境中的毒性行为等综合评价指标来衡量合成反应对环境造成的影响。

$$\mathrm{EQ}=E\times Q$$

式中，E 为环境因子；Q 为根据废物在环境中的行为所给出的对环境不友好度。EQ 值的相对大小可以作为化学合成和化工生产中选择合成路线、生产过程和生产工艺的重要因素。

绿色有机合成的核心是使反应实现原子经济性，然而目前真正的原子经济性反应非常有限。因此，不断寻找新的途径，提高合成反应的原子利用率是十分重要的。

第 3 章　有机化合物的分离和纯化技术

在有机化学反应中，很难找到只发生单一的反应而得到唯一的纯粹产物的例子。因为发生主反应的同时还发生一种或多种副反应，副产物以及未反应的原料和使用的溶剂等一起构成复杂的混合物。为了获得纯粹的化合物，必须根据混合物的性质，对其进行分离和提纯。经常使用的方法是蒸馏、重结晶、升华等。有时一次分离不能达到预期的目的，还必须进行多次，才能获得满意的结果。

本章将介绍有机化合物的分离和纯化的基本操作及其原理。

3.1　重　结　晶

从反应中获得的固体有机化合物很少是纯粹的，常含有未反应的原料、催化剂、反应的副产物等杂质。纯化固体有机化合物最有效的办法是重结晶，它是提纯有机物质最常用的技术之一。

3.1.1　基本原理

1. 物质的溶解度和温度的关系

固体有机化合物在溶剂中的溶解度一般随溶剂温度的升高而增加，随温度的降低而析出晶体。但是，不同的化合物随温度变化溶解的数量是不一致的。有些化合物在溶剂温度升高时，溶解的数量显著增加，而另一些化合物溶解的数量变化很小。如果选用合适的溶剂，在溶剂沸腾时将被提纯物溶解，有两种情况发生：一种情况是杂质在热的溶剂中不溶解，或溶解度小；另一种情况是杂质的溶解度很大，或全部溶解在溶剂中，溶液冷却后也不会结晶析出。前一种情况下，用趁热过滤的方法将杂质除去。后一种情况下，让溶液冷却结晶，滤出被提纯物的晶体，让杂质留在母液中，最后达到提纯的目的。

通常在待纯化固体有机物中杂质含量在5%以下时利用重结晶的方法提纯，都可得到满意的结果。如果杂质含量过高，则必须先采用其他的方法进行初步提纯。有时一次重结晶达不到预期的目的，还需重结晶两次或更多次。

2. 溶剂的选择

利用重结晶方法提纯化合物，能否得到满意结果的关键是选择合适的溶剂。理想的重结晶溶剂必须具备以下条件：①不能与待结晶的物质发生化学反应；②在溶剂的沸点温度时能溶解大量的待结晶物质，而在室温或比室温稍低的温度时溶解度很小或几乎不溶解，但对杂质的溶解恰好相反，温度高时溶解量不大或几乎不溶，可趁热滤除杂质，或者溶剂温度低时溶解量仍然较大，杂质不析出而仍留在溶液中；③溶剂的沸点不能过高，尤其不能超过被结晶物的熔点；④物质在溶剂中能产生良好的晶形，并且来源广泛，价格便宜，毒性小。表 3.1 列出一些常用的重结晶溶剂及其性质。

表 3.1 常用的重结晶溶剂

溶剂	结构式	沸点/℃	凝固点/℃	和水混溶性	遇火危险性
石油醚	烃的混合物	60～90	<0	－	＋＋＋＋
乙醚	$C_2H_5OC_2H_5$	34.6	－116	－	＋＋＋＋
丙酮	CH_3COCH_3	56.1	－95	＋	＋＋＋
氯仿	$CHCl_3$	61.3	<0	－	0
甲醇	CH_3OH	64.7	－98	＋	＋＋
乙醇(95%)	C_2H_5OH	78.1	－116	＋	＋＋
四氯化碳	CCl_4	76.1	<0	－	0
乙酸乙酯	$CH_3COOC_2H_5$	77.2	－86	－	＋＋
苯	C_6H_6	80.2	5.5	－	＋＋＋＋
乙酸	CH_3COOH	118.1	16.5	＋	＋
DMF	$HCON(CH_3)_2$	153	－61	＋	＋

选择合适的重结晶溶剂可以用“相似相溶”的经验规律作为依据，最后通过实验确定。也可通过文献调查，获得重结晶的溶剂及其用量。极性物质易溶于极性溶剂，难溶于非极性溶剂。极性小的物质或非极性物质易溶于极性小的溶剂或非极性溶剂，而难溶于强极性溶剂。水是一个强极性并能生成氢键的溶剂，低级醇能和水相互混溶，含四个碳以下的醛、酮、酸、酰胺类化合物也能和水形成氢键，溶于水中，但随着碳原子增加，在水中溶解度迅速减小。同系列的高级化合物溶解性能类似于其母体烃，含两个碳的乙酰胺溶于水，而含六个碳的已酰胺不溶于水。低级的醇和酸是含有羟基的溶剂，其溶解能力介于水和醚之间，对烃类和卤代烃化合物的溶解能力比水强得多，但比乙醚弱，对有缔合能力的化合物溶解能力较大，而在四氢呋喃等醚型溶剂、低级酮类溶剂中溶解量更大。

选择溶剂的实验方法是：在试管中放置约50mg待结晶的固体粉末，用滴管逐滴加入5～10滴溶剂，并不断摇动。若在室温下固体几乎全部溶解，说明该溶剂的溶解能力太大，不宜用作结晶溶剂。在室温下溶剂的溶解能力大于1g/mL时，均不宜用作重结晶溶剂。若固体不溶或尚未完全溶解，则慢慢加热至微沸，观察其是否溶解。如果样品还未溶完，可逐滴补加溶剂直到固体全部溶解。若加入溶剂的量已达1.0～2.0mL，样品尚未完全溶解(注意判断是否是不溶性杂质)，应该考虑其他适合的溶剂。样品已经溶解后，应将试管静置冷却，观察样品析出的晶形和数量。如果晶体不能自行析出，可用玻璃棒摩擦液面以下的试管壁，或辅以冷水冷却。用数种试剂重复上述实验，从中选出最合适的溶剂。若样品在热溶剂中的溶解度小于1g/100mL，该溶剂也不合适。溶剂的溶解能力一般以5～10mL溶剂溶解1g样品，回收率达80%～90%为佳。此外，所用溶剂的沸点最好不要高于待纯物的熔点，否则在冷却结晶时容易析出油状物，而且高沸点溶剂通常不易从产品中分离干净。

3. 混合溶剂

很多固体有机化合物在一种溶剂中溶解度太大，而在另一种溶剂中溶解度又太小，不能选出合适的单一溶剂进行重结晶，此时应考虑寻找合适的混合溶剂。如果上述两种溶剂是互溶的，可尝试以不同比例混合，配成混合溶剂（或称溶剂对），常能得到满意的结果。混合溶剂由两种溶剂组成，有时由两种以上的溶剂组成。常用的混合溶剂有乙醇-水、甲醇-水、乙醚-丙酮、苯-石油醚、乙酸-水等。

使用混合溶剂有两种方法。一种方法是事先将两种溶剂按适宜的比例混合，像单一溶剂一样使用。另一种方法是先用溶解度很大的良溶剂在回流情况下将待结晶物制成浓溶液，然后趁热滤去不溶性杂质或用活性炭脱色，再从冷凝管上端加入溶解度较小的热溶剂（不良溶剂），直到溶液出现浑浊不再消失为止，最后补加少量良溶剂或加热回流使浑浊恰好消失（如果第二种溶剂的沸点比第一种低，则应控制温度不高于第二种溶剂的沸点）。

3.1.2 实验操作

重结晶的步骤如下：①选择合适的重结晶溶剂；②制备含有结晶物的浓溶液；③用吸附法除去溶液中有色杂质或其他杂质；④趁热过滤出不溶物或吸附剂（脱色剂）；⑤溶液冷却结晶；⑥收集晶体；⑦干燥晶体，并测定其熔点。

如果一次结晶不符合要求，可再行结晶直到熔点恒定为止。在具体操作过程中，可依结晶物含杂质的情况，对步骤进行增减。

1. 结晶物的溶解

大部分有机溶剂有毒性和易燃性，通常将待结晶的固体置于适当大小的锥形瓶或烧瓶中，装上回流冷凝管，一次加入比需要量略少的溶剂，再加数粒沸石，根据溶剂的沸点选择适当的热浴加热至沸（除非溶剂无易燃性才用煤气灯隔石棉网加热），如固体未完全溶解，小心地从冷凝管上端分批添加少量溶剂加热沸腾几分钟，直到固体全部溶解为止。为了防止发生意外事故，添加溶剂时一定要移开火源。在固体溶解过程中，应注意不要把不溶性杂质误认为固体未溶解完全而加入过多溶剂。判断不溶性杂质的方法是：每次添加溶剂并回流几分钟后，观察未溶物的量是否减少。如果不溶物的量并不减少，就是不溶性杂质。也可取出未溶物，用新鲜溶剂试验其溶解性。

要使产品纯而且产率高，掌握溶剂的合适用量是关键。从减少溶解损失来考虑，溶剂应尽可能少加，但溶液过浓，趁热过滤时会有相当多的物质析在滤纸上，溶解度随温度变化很大的化合物更是如此。因此，从这两方面考虑，多加需要量10%～20%的溶剂是适宜的。有时也可加入过量的溶剂，趁热过滤后再浓缩除去过量的溶剂。

2. 脱色

待结晶的粗产物常含有有色杂质，或混有少量的高聚物或树脂状物质，以及一些不能过滤除去的均匀悬浮物，这些杂质虽然能溶解在溶剂中，但晶体析出后仍会吸附有色杂质。为此常加入少许吸附剂到溶液中，煮沸5～10min进行脱色。吸附剂的加入要在待结晶物完全溶解后进行，否则无法观察溶解情况。另外，千万不可将吸附剂加入正在沸腾或过热的溶液中，因为吸附剂中大量的空气会受热急剧膨胀，造成溶液暴沸冲出容器。有些有色杂质不能被吸附剂完全吸附，脱色后仍呈现杂质的颜色，收集晶体时可洗涤除去。因此，使用足够量的吸附剂脱色后，滤液仍有杂质的颜色时，也不必再次脱色。

可用于脱色的吸附剂有活性炭、硅胶、氧化铝、硅藻土、白垩、滑石粉等。其中最常用的吸附剂是活性炭，它由木炭、糖炭、骨炭等制成。它的吸附能力取决于多种因素，高温脱色时效率不及低温时高。但是煮沸溶液又是为了让溶质全部溶解，防止脱色不彻底。所用的溶剂对吸附剂的吸附能力影响很大，活性炭在水溶液中脱色效果最佳，在有机溶剂中效果较差，又以在非极性溶液中脱色效果最差。在石油醚、己烷、四氯化碳、二氯甲烷、苯、氯仿等非极性或极性较弱的溶剂中，用氧化铝脱色可获得满意的效果。使用过多的吸附剂会降低回收率，所以它的用量依所含杂质颜色深浅而定，一般占待结晶物质的1%～5%(质量分数)。

3. 趁热过滤

趁热过滤的目的是除去不溶性杂质以及吸附剂等物质。常用常压热过滤和减压热过滤两种方法。一般来说，少量溶液常用常压热过滤，大量溶液用减压热过滤为宜。用减压热过滤时，为避免脱色炭穿滤，可使用双层滤纸，或用硅藻土等助滤剂。趁热过滤顺利与否与是否掌握正确的操作方法关系极大。常压热过滤时，为了过滤得快，避免过滤时结晶析出，过滤前应做好下列准备工作：

(1) 叠好折叠滤纸。用普通叠法的圆锥形滤纸过滤有机溶液时，滤纸不能紧贴漏斗壁形成液柱，过滤速度缓慢，使大量的晶体析在滤纸上，造成损失。趁热过滤用折叠式滤纸。折叠式滤纸有很多条凸出的棱边紧贴漏斗，能加快溶液的过滤速度。

折叠滤纸的方法有几种，这里介绍折叠较为均匀的一种，其折叠方法如图3.1所示。

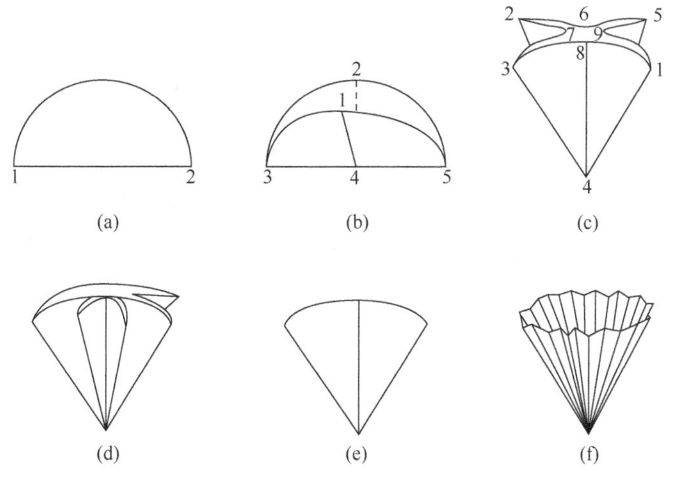

图3.1　滤纸的折叠方法

将选定的圆形或方形滤纸对折[图3.1(a)]；展开并把两端1和2对齐，向同一方向对折[图3.1(b)]；再把[图3.1(b)]中的1、5和2、3间及1、3和2、5间分别向相反方向对折[图3.1(c)]，滤纸均分成8等份；将其中凸出的一边1、4向内折，将每一等份又平分为二[图3.1(d)]；其他三边5、4，2、4，3、4同样向内折，滤纸平分成均匀的16等份[图3.1(e)]；再按同法把每一等份又一分为二，得到32等份的折叠滤纸，展开后即得[图3.1(f)]。折叠时注意尖端处切勿用力折压，否则易在过滤时破裂。滤纸折叠好以后，按照所用漏斗的大小剪去多余的部分，滤纸的上沿应比漏斗低一点，再将折好的滤纸展开并翻转整理好放入漏斗中，避免被手指弄脏的一面接触滤过的滤液。

(2) 预热漏斗。趁热过滤时很容易析出晶体而堵塞漏斗。过滤少量溶液时,可用无颈漏斗或颈短而粗的漏斗,漏斗要预先放在烘箱中烘热,待过滤时才将漏斗取出,放在铁架台上的铁圈中。粗颈漏斗也可放稳在锥形瓶上[图 3.2(a)]。如果过滤的溶液量较多,或溶液稍冷却就会析出晶体,则应该用热水漏斗[图 3.2(b)]。漏斗中先加水,用铁夹夹好并在支管处预先将水烧热。

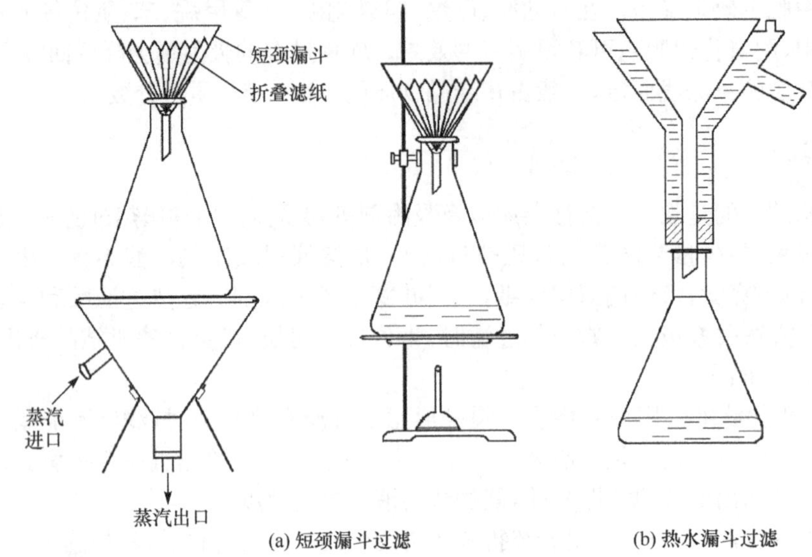

图 3.2　常压热过滤装置

(3) 准备少量热的溶剂。干燥的滤纸在开始过滤时要吸收溶液中的溶剂,使晶体析出并堵塞滤纸孔。过滤前,可先用热的溶剂润湿滤纸。溶液滤完后,会有相当多的晶体析在滤纸上,为了减少损失,要用少量热的溶剂洗下晶体,但切忌溶剂用量过多。

(4) 预热适当大小的锥形瓶。为了防止晶体析出及大量的溶剂挥发,滤液通常应接收在适当大小的事先预热过的锥形瓶中,而不应放在大口容器中。水影响溶质溶解时,锥形瓶应事先干燥。

4. 结晶

热的溶液在室温静置或保温下静置能得到较好的晶形。产品的纯度与晶体颗粒大小有关,颗粒大小又取决于冷却速度。通常,针状晶体以长 2～10mm,片状晶体以每边长 1～3mm 为佳。如果将滤液置于冷水中快速冷却,得到的晶体细小,则其相对表面积大,吸附于表面的杂质较多。如果在冷却过程中经常搅动溶液,也会导致类似的结果。必要时,可将不理想的晶体溶解重新结晶。

有时滤液冷却后形成的过饱和溶液中不析出晶体,这时可加入极少量的粗产物作为晶种;或用玻璃棒蘸一些溶液,待溶剂挥发后得到少量晶体,作为晶种;也可用玻璃棒沿液面下容器的内壁反复摩擦,诱导晶核产生。溶液一旦有了晶核,就会逐渐析出晶体。

有时溶液中的有机物形成过冷溶液。特别是低熔点物质,在其熔点以下也会以油状物的形态从溶液中分离出来。它开始呈现浑浊或乳化,继而形成可见小液滴,析出油状物。油状物经长时间放置或低温冷却也能固化,但油状物是杂质的优良溶剂,得到的固体常含有较多的杂质，这时可加入大量溶剂稀释。为防止油状物产生也可以重新加热溶液到沸腾，再让溶液慢慢冷却，一旦有油状物析出时就剧烈搅动，使油状物均匀分散固化，可减少杂质的含量。对于这种情况，最好另选合适的溶剂重结晶，才能获得满意的效果。为了提高回收率，减少物料在母液中的损失，常在溶液冷至室温后，用冰浴、冰盐浴或放冰箱中进一步冷却，但任何情况下冷却温度都不能低于所用溶剂的凝固点。

5. 减压过滤收集晶体

减压过滤能将晶体快速从溶液中分离出来，固体和液体分离得较完全，滤出的固体容易干燥，其装置如图3.3所示。吸滤瓶上装有布氏漏斗，用耐压橡皮管将瓶的支管和安全瓶连在一起。安全瓶塞子一个孔连接水泵，另一个孔装有两通活塞。安全瓶的作用是避免水压降低时水倒吸进入吸滤瓶。布氏漏斗的大小应和待滤晶体的量相适合，晶体必须能覆盖全部滤纸。但晶体层也不能太厚，否则将会影响晶体的抽干和洗涤。过滤用的圆形滤纸应比漏斗内径略小，用少量溶剂湿润滤纸，关闭安全瓶上的活塞，借水泵的抽力将滤纸紧紧地贴在漏斗底壁，以防止抽滤时晶体沿纸边吸入吸滤瓶中。将待滤混合物沿玻璃棒或镍匙分批倒入漏斗中，最后用镍匙把晶体转移干净，尽量抽去母液。为了除去晶体表面的母液和杂质，需用少量冷的重结晶用的溶剂洗涤一两次。洗涤时首先打开安全瓶的活塞，除去抽力，再加入少量溶剂，用镍匙小心搅动晶体而勿使滤纸松动，使所有晶体湿润，然后关闭活塞，为了尽可能抽去所有溶剂，可用镍匙或玻璃钉紧压晶体。洗涤溶剂对晶体溶解度较大时，也可一边抽气、一边用滴管将少许溶剂均匀地滴在晶体的表面，进行粗略洗涤。如果重结晶溶剂的沸点较高，不利于晶体的干燥，可选用与原溶剂互溶而对晶体不溶或微溶的低沸点溶剂洗涤。抽滤结束前，先拆除吸滤瓶与安全瓶间连接的橡皮管，或者打开安全瓶的活塞，再关闭水泵。

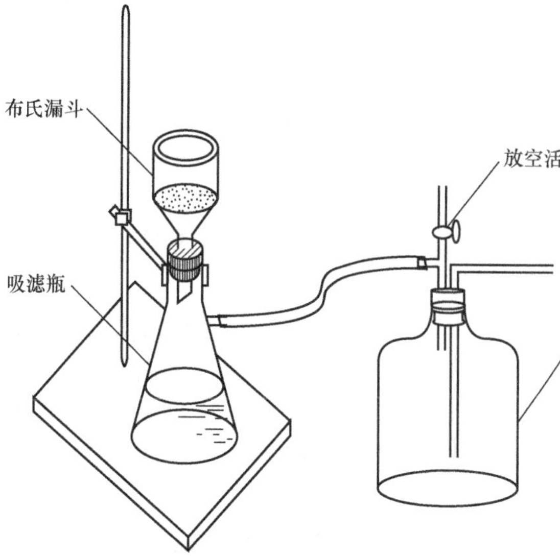

图3.3　减压过滤装置

滤出晶体的母液经进一步冷却或浓缩而得到第二批结晶，其质量常比首批晶体差。母液中含有大量有机溶剂，应该回收处理。

过滤很少量晶体时，可用赫尔什(Hirsch)漏斗[图3.4(a)]以及过滤管代替吸滤瓶。现有

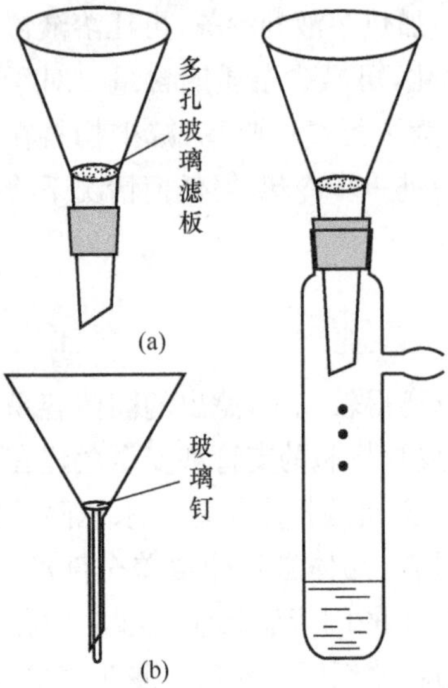

图 3.4　少量晶体的过滤

磨口赫尔什漏斗是在普通小三角漏斗中熔焊一个多孔玻璃滤板，可直接与相同型号的磨口过滤管或吸滤瓶相连，使用起来更方便。若无赫尔什漏斗，可在普通三角漏斗中放一个玻璃钉，玻璃钉脚应较细，但要比漏斗颈略长，如图 3.4(b)所示，可代替赫尔什漏斗。用玻璃钉漏斗时，钉头上面的滤纸应比钉头的直径略大，用溶剂润湿后进行抽气，使滤纸的边缘紧贴在漏斗上，形成完善的封闭。过滤、洗涤、抽干后，将漏斗取下倒扣在干净的表面皿上，轻推玻璃钉脚，晶体便会落在表面皿上。

若待过滤溶液具有碱性，有酸性物质、酸酐或氧化剂等存在，对普通滤纸有腐蚀性作用，在吸滤时容易发生滤纸破损，待滤物穿透滤纸而泄漏，导致过滤失败。此时，可选用耐酸、耐碱的过滤介质(如玻璃布、涤纶或氯纶布)代替滤纸，或采用砂芯漏斗代替铺设有滤纸的漏斗，进行有效的分离，也可防止滤纸屑沾污产物。

砂芯漏斗又称为烧结玻璃漏斗，是由玻璃粉末烧结制成的多孔性滤片，再焊接在有相同或相似膨胀系数的玻璃上所形成的一种过滤容器。表 3.2 列出了国产砂芯漏斗的型号、规格和用途，实验者可以针对不同沉淀颗粒尺寸，选用不同号码的漏斗，以达到最佳过滤效果。

表 3.2　国产砂芯漏斗的型号、规格和用途

型号	平均孔径/μm	一般用途
1#	80～120	过滤粗颗粒沉淀
2#	40～80	过滤较粗颗粒沉淀
3#	15～40	过滤化学反应中的一般结晶沉淀或杂质，过滤含杂质的汞
4#	5～15	过滤细颗粒沉淀
5#	2～5	过滤极细颗粒沉淀，过滤较大的细菌
6#	<2	过滤细菌

在有机化学实验中，3# 或 4# 砂芯漏斗用得较多，其他型号用得很少。砂芯漏斗使用注意事项如下：

(1) 新购置的砂芯漏斗在使用前，需用酸溶液(如稀盐酸、铬酸洗液)进行抽滤，随后用蒸馏水冲洗并抽滤洗净，除去砂芯中的尘埃等外来杂质，烘干后使用。

(2) 在使用砂芯漏斗时，特别注意温度环境要相对稳定，防止温度急剧升降，以免砂芯漏斗熔接的边缘破裂。干燥时，应先放入冷烘箱，再升温干燥，待烘箱降至室温后，再打开烘箱取出。

(3) 砂芯漏斗不能过滤氢氟酸、热浓磷酸、热(或冷)的浓碱液。这些试剂可溶解砂芯中的微粒，使滤孔增大，并有可能使滤芯脱落。砂芯漏斗也不能用来过滤含有活性炭的溶液，因为细小的炭粒容易堵塞滤孔，且不易洗净，使其过滤效率下降，甚至报废。

(4) 砂芯漏斗在减压(或受压)使用时其两面的压力差不允许超过 101.3kPa。

(5) 砂芯漏斗使用后必须及时进行有效的清洗，以免沉淀物堵塞而影响过滤效率。可将砂芯漏斗倒置，用水反复进行冲洗，洗净沉淀物。还可根据不同性质的沉淀物，选择不同的洗涤剂进行洗涤，洗涤时最好先用所选的洗涤剂浸泡一段时间，然后在低真空下反复抽滤洗去滤孔中的堵塞物，最后用清水反复抽滤除去洗涤剂。例如，对于脂肪、脂膏、有机物等沉淀物，可用四氯化碳等适当的有机溶剂洗涤，再用铬酸洗液洗涤，最后用清水洗净。炭化物沉淀可使用温热的铬酸洗液浸泡过夜。过滤碱性沉淀物后的砂芯漏斗可用稀酸溶液洗涤；过滤酸性沉淀物后的砂芯漏斗可用稀碱溶液洗涤，然后用清水洗干净，烘干后备用。切勿用去污粉洗涤，也不要用坚硬的物体擦划滤片。

6. 晶体的干燥

重结晶的样品需通过熔点测定来检验其纯度，在测定熔点前晶体必须充分干燥，彻底除去晶体表面的少量溶剂。干燥晶体的方法很多，具体采用哪种方式可根据重结晶使用的溶剂和晶体化合物的性质来决定。

(1) 红外灯或蒸汽浴干燥。将晶体铺在表面皿上，利用红外灯或蒸汽浴的热量除去溶剂。待干燥的晶体必须是对热稳定的，烘干温度要控制在其熔点 20～50℃以下。由于晶体中含有溶剂，可使其熔点降低很多，对于低熔点化合物，更应该注意控制烘干的温度。

(2) 空气晾干。对于非吸湿性的晶体，且所含的溶剂又较易挥发时，可置于空气中晾干。晶体表面要覆盖一层滤纸，以免沾污灰尘，空气晾干需较长的时间。

(3) 滤纸吸干。对于包含大量溶剂难以在过滤时抽干的固体，可将其置于几层滤纸之间，经挤压吸出溶剂，但是晶体常因此而沾污滤纸纤维。

干燥固体化合物的其他方法详见 3.9 节。

3.1.3　微量固体的重结晶

微量固体重结晶时，热溶液的制备、热过滤、冷却后晶体的收集等，采用常规的方法处理会引起较多的物料损失，且操作不便。其中最重要的是选用合适的仪器，避免不必要的转移。

1. 热饱和溶液的制备

热饱和溶液的制备使用微型回流装置，溶液中加沸石或磁力搅拌，如图 3.5 所示，根据待重结晶固体的数量来选择。如图 3.5(a)所示，瓶的容积为 5mL 或 10mL，可回流的液体为 1～3mL 或 3～6mL。如果液体的沸点较高，可采用缩微的空气冷凝管。如果需要防止空气中水汽的进入，也可在冷凝管口加置干燥管[图 3.5(b)]。这类装置的操作方法与常规回流相同。图 3.5(c)是由真空冷凝指与磨口试管或磨口离心管组成的冷凝指回流装置。在无真空冷凝指的情况下，可用大、小两个具支试管组成简易的微型回流装置[图 3.5(d)]。这类装置可处理的液体量为 0.5～2mL。由于冷凝指的冷凝效果不如冷凝管，故需十分注意加热强度，勿使回流的蒸气逸出。

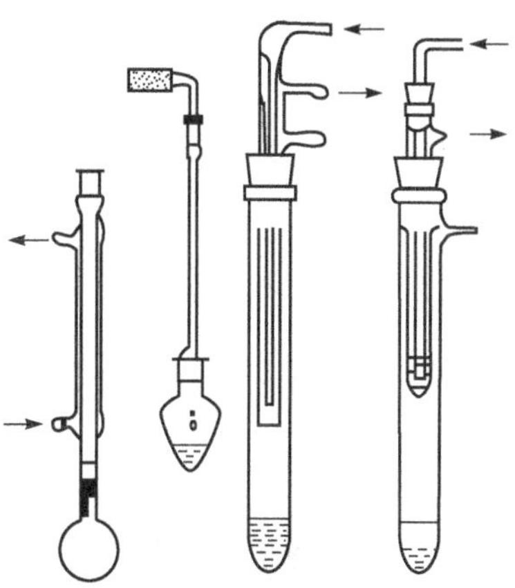

(a)　(b)　(c)　(d)

图 3.5　微型回流装置

2. 热过滤

(1) 离心法热过滤。可在小离心管中进行，热溶液制备后，立即进行离心，使不溶杂质沉于管底，用毛细滴管将上清液移至另一个小离心管中，使其冷却结晶[图 3.8(a)]。

(2) 过滤滴管热过滤。也可用在自制的带有橡胶滴头滴管的细颈部位放入少许脱脂棉作为热溶液的过滤器[图 3.6(a)]。过滤前先用少量重结晶用的热溶剂润湿脱脂棉，再用另一预热过的滴管将待过滤的热溶液移入过滤滴管中，接上橡胶滴头，用力挤压，使热溶液从滴管流至一小离心管中[图 3.6(b)]。或者直接用过滤滴管吸取热的过滤液[图 3.6(c)](滴管的细颈部位做成喇叭口)，然后将带有脱脂棉的细管部分截去或用镊子夹去过滤用的脱脂棉，再将滤液转移至小离心管中冷却。

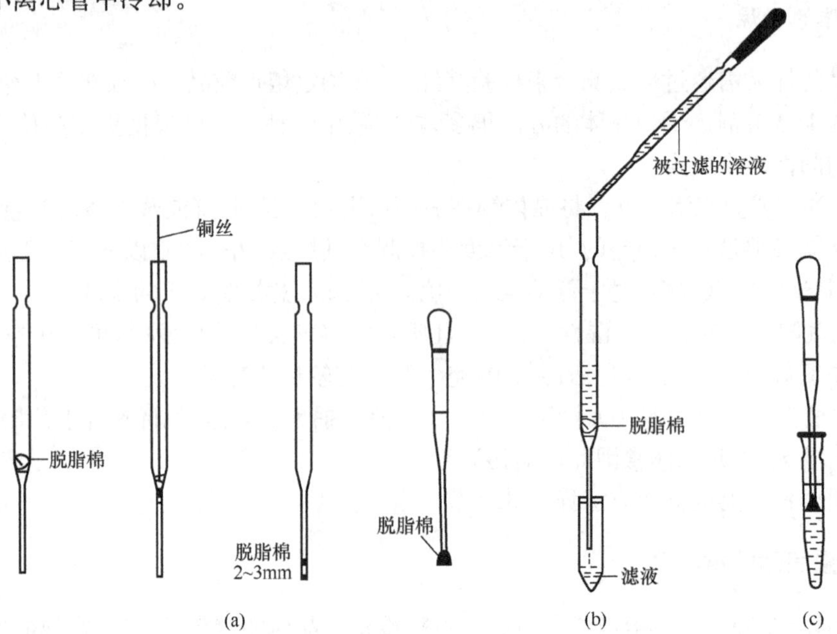

图 3.6　滴管法热过滤

(3) 减压或加压热过滤。这两种方法均要先制作滤棒[图 3.7(a)]，将塞子装在过滤管口上，在喇叭口处塞上一小团脱脂棉，将支管与水泵相接，开泵抽气，再将装有热溶液的试管小心地自下而上套在毛细管外，热的溶液即经过脱脂棉过滤流入过滤管中，而固体则被脱脂棉挡住[图 3.7(b)]。加压法[图 3.7(c)]操作与其相似，所不同的是将单孔塞装在长臂上而不是装在短臂上，热溶液装在过滤管中，用洗耳球自支管口处加压，液体经脱脂棉过滤进入另一试管或离心管中。

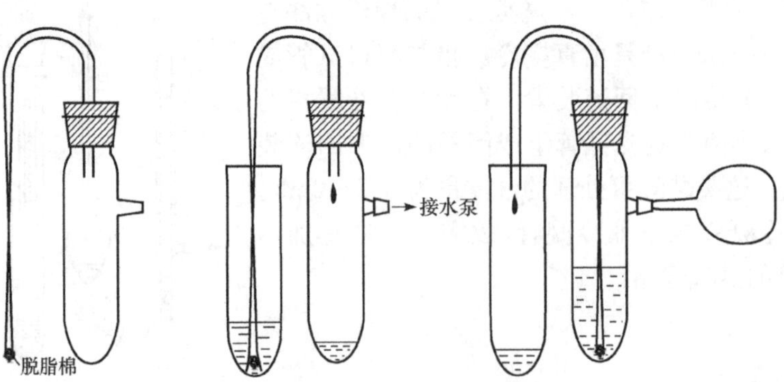

图 3.7　减压-加压热过滤

使用离心法和滴管法热过滤除去杂质，热溶液的浓度应稍小，使操作过程中不至于立即析出结晶为宜。若因热溶液太稀，以致冷却后不易析出结晶，可稍加浓缩，再令其冷却结晶。

3. 晶体收集

滤液在小离心管中结晶后，离心，用滴管吸去母液[图3.8(a)]；然后加入少量重结晶用的冷溶剂，搅匀后离心，再吸去洗涤液。用滤纸吸除溶剂后，真空干燥。

此外，还可用Craig管进行微量(10～100mg)重结晶。首先将粗产物溶解、脱色、热过滤，滤液用Craig管收集，冷却至室温，然后用冰浴冷却使晶体析出完全，再插入Craig管塞(玻璃塞或聚四氟乙烯塞)，放入离心管中，离心后滤液流入离心管中，晶体则留在Craig管塞上，借助于系在Craig管塞上的金属丝将Craig管从离心管中取出[图3.8(b)]，再将晶体刮入表面皿中干燥。

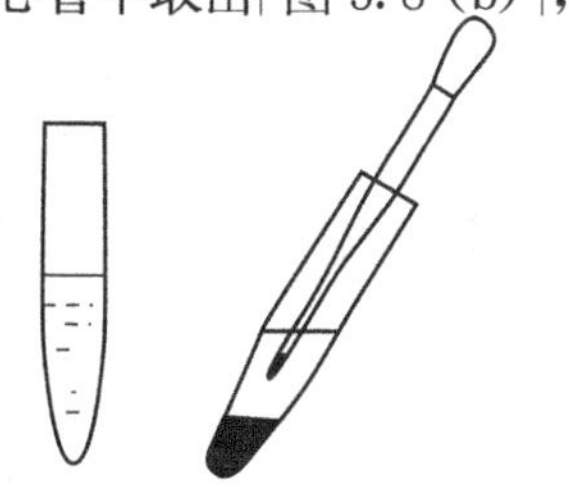

(a)

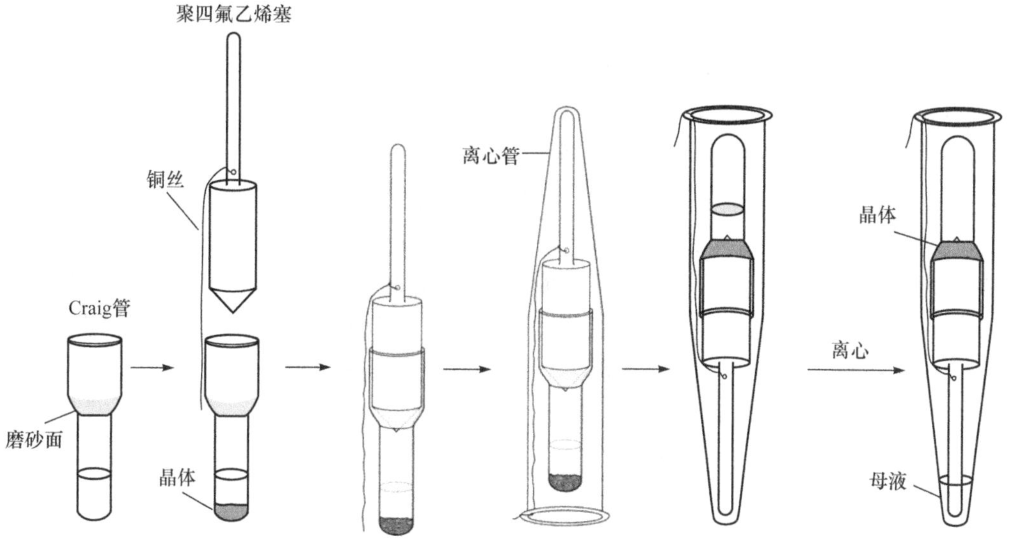

(b)

图3.8　微量固-液分离装置

3.2　升　　华

除重结晶和层析法外，升华也是纯化某些固体有机化合物的一种方法。利用升华可分离不同挥发性的混合物或除去挥发性的杂质。与重结晶相比，升华具有不用溶剂、产物较纯、微量也能升华等优点，但损失较大，故更适合于少量(0.1g以下)物质的精制。但因固体物质的蒸气压一般都很小，能用升华法提纯的物质不多，所以升华法应用范围受到很大限制。

3.2.1　基本原理

升华是固态化合物在熔点以下不经过液态而直接变成蒸气，然后蒸气又被冷凝变为固态的过程。它和简单蒸馏一样，由于待提纯物质和所含杂质的蒸气压存在显著的差别，具有较高蒸气压的升华物质从固态转变为气态，又在冷凝面冷凝为纯的固态物质后，蒸气压低的杂质被遗留下来。对于含有较多杂质的固态化合物，可能一经受热就熔化为液态，但它的蒸气可以不经过液态而直接冷凝为固态。因此，无论物质是从固态转化为蒸气，还是经过液态转变为蒸气，只要蒸气冷凝时不经过液态直接转变为固态的过程都称为升华。

1. 升华过程的温度

升华操作应该控制的温度可从固-液-气相图中看出。图 3.9 是化合物固-液-气三相平衡时温度和蒸气压关系曲线，B 点是三相点，可以近似地看作化合物的熔点。在三相点 B 以下范围内，也即熔点温度 T_m 以下，物质不能以液态存在，只有固、气两相共存。一经加热，固态物质就直接变为气态。而一经降低温度，气态又能直接冷凝为固态。这就表明，升华操作应控制温度在三相点以下的虚线范围内，或者说控制在熔点以下的虚线范围内。但是当温度低于三相点温度很多时，物质的蒸气压又会降低太大，对升华的时间和产率都有影响，因此一般控制在三相点不太远的温度范围内。

2. 升华法分离化合物的条件

运用升华法分离或纯化化合物必须具备两个条件：一是待提纯物质必须有相当高的蒸气压，一般要高于 2.67kPa(20mmHg)；二是杂质或第二种物质与待提纯化合物蒸气压相差较大，显然杂质的蒸气压越低越好。以樟脑的蒸气压-温度曲线（图 3.10）为例，B 点是樟脑的正常熔点(179℃)，BD 线表示在各种压力下固体樟脑的熔点。AB 线表示 0～179℃固体樟脑的蒸气压曲线，BC 线表示 179～208℃液态樟脑的蒸气压曲线。在一个大气压下加热樟脑时，它在 179℃熔解，在 208℃沸腾。如果保持樟脑在蒸发面上的温度为 175℃，它的蒸气压为 320mmHg；保持冷凝面的温度为 25℃，它的蒸气压只有 0.7mmHg。这样，樟脑就从蒸发面升华到冷凝面凝聚下来，生成大量的纯樟脑晶体，杂质的蒸气压通常很低，不能进入生长的晶体中。

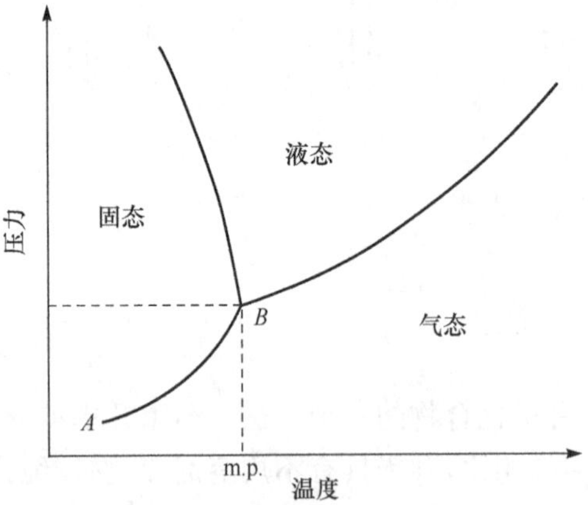

图 3.9　物质三相平衡

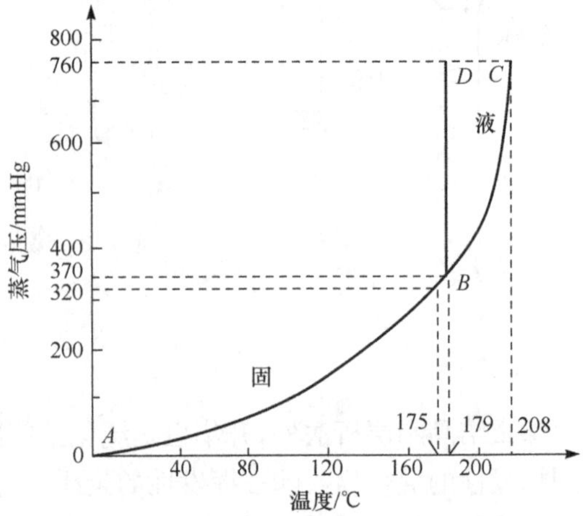

图 3.10　樟脑的蒸气压-温度曲线

3. 升华的产率

有机化合物很少像樟脑一样在大气压下和熔点附近具有较高的蒸气压，这时如果像升华樟脑一样在常压下升华，就不能得到满意的升华产率。例如，萘在熔点 80℃时的蒸气压只有 7mmHg，若要使大量萘全部转变为蒸气，就必须保持它的温度在沸点 218℃附近。为了提高升华的产率，对类似萘的低蒸气压化合物，可在降压情况下升华，提高固体萘分子的蒸发速度。也可将升华物加热到熔点以下的某温度，使其具有较高的蒸气压。同时向升华体系内通入惰性气体或空气，用气流带出萘蒸气，提高蒸发速度，并降低升华物的分压，使蒸气冷凝不经过液态而直接成为固态。升华的速度还与升华物的表面积成正比，因此，应将升华物研细，同时还应保持蒸发面和冷凝面的距离较短。

4. 升华物分子结构特性

升华一般只局限于有对称结构的非极性物质，这类物质内聚力低，蒸气压较高。分子从固态逸出变为气态的难易程度主要由分子间的吸引力决定。分子的静电性质是十分重要的吸引力之一，对称结构的分子，电子密度分布也比较对称，它们的偶极矩比不对称分子小，较小的偶极矩意味着有较高的蒸气压。范德华力对分子的运动也是重要的，但它没有静电力显得重要。通常范德华力的大小随相对分子质量的增加而增加，因此，相对分子质量大的化合物，即使是对称结构，也不适合升华提纯。

3.2.2　实验操作

1. 常压升华

升华装置样式很多，图 3.11 是两种常用的升华装置，其中(a)是升华少量物质的装置。蒸发皿上倒置一口径比它略小的玻璃漏斗，漏斗的颈上塞有一小团脱脂棉或玻璃棉，以降低升华物质的蒸气外逸，在漏斗和蒸发皿之间放置一张直径比漏斗大的圆形滤纸。滤纸上穿有许多小孔，防止升华后的晶体落回蒸发皿内，升华操作时，将研细粉末置于蒸发皿内，选择适当的温度加热。蒸气分子经滤纸小孔上升，然后凝聚在漏斗上，为了降低漏斗壁的温度，必要时可用湿布冷却。较大量物质的升华可在烧杯中进行。烧杯上放置一个通冷水的烧瓶，使蒸气在烧瓶底部凝结成晶体并附着在瓶底上[图 3.11(b)]。

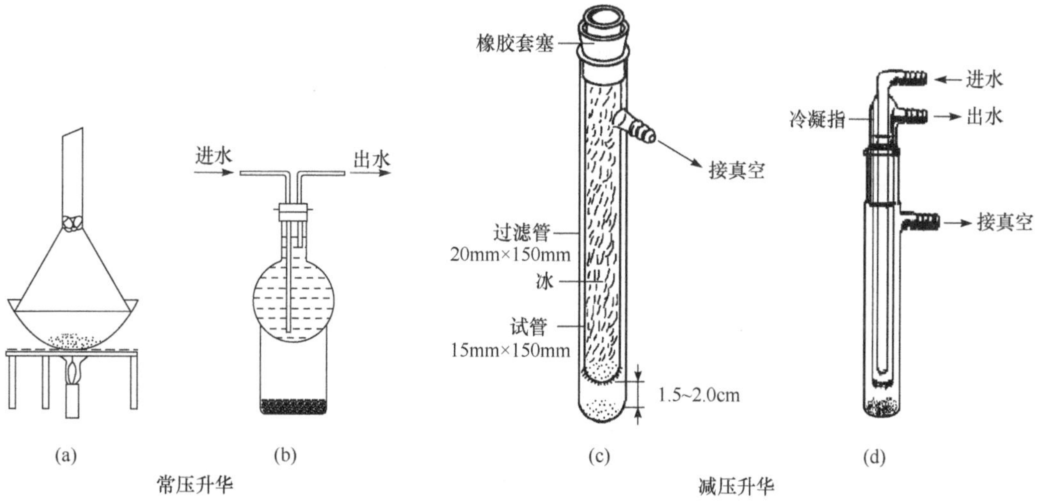

图 3.11　常用的升华装置

2. 减压升华

减压升华特别适用于常压下蒸气压不大或受热易分解的物质。图 3.11(c)、(d)为减压升华装置，将研细的固体物质放在过滤管中，利用水泵或油泵减压，冷凝指(冷凝面)可用循环水或冰水冷却，选用适当的热源缓缓加热，使升华的物质冷凝在冷凝指表面。升华完毕，冷却后小心放气，应仔细拆卸冷凝指，以免晶体受震动而从冷凝指上脱落。

3.3 简单蒸馏

将液体加热到沸腾，使其变为蒸气，然后使蒸气冷凝为液体的过程称为蒸馏。利用蒸馏可将易挥发液体和不挥发液体或固体分离开来，也可将易挥发的液体和挥发性较小的液体粗略分离开来，即将溶液中各组分沸点相差较大的物质粗略分离开来。如果各组分的沸点相差不大，分离就很困难，进行一次简单蒸馏，只能获得大致的分离效果。简单蒸馏又称常压蒸馏或普通蒸馏，是有机化学实验中最常用的实验技术之一，用于液体混合物的分离、提纯、沸点的测定、溶液的浓缩与溶剂的回收等。

3.3.1 基本原理

1. 溶液沸腾时的气相组成

当一个纯净的液体加热到沸腾时，液体上的蒸气组成与液体相同。而液体混合物沸腾时，液体上面的蒸气组成与液体混合物的组成是不同的，蒸气富集的是易挥发的组分(低沸点组分)。此时如果把液体上面的蒸气冷凝，则收集到的液体的组成与蒸气的组成相同。为了使问题讨论简单化，假定溶液是由易挥发组分 A 和不易挥发组分 B 组成的，并且假定此溶液严格遵守拉乌尔定律，则溶液中各组分的蒸气压有下列关系式：

$$P_A = P_A^0 X_A \qquad P_B = P_B^0 X_B$$

式中，P_A、P_B 分别为溶液中 A、B 的分压；P_A^0、P_B^0 分别为纯 A、纯 B 的蒸气压；X_A、X_B 分别为溶液中 A、B 的摩尔分数。

溶液的总蒸气压为

$$P_{总} = P_A + P_B$$

根据道尔顿定律，气相中每一组分的蒸气压和它的摩尔分数成正比，即

$$Y_A = \frac{P_A}{P_A + P_B} \qquad Y_B = \frac{P_B}{P_A + P_B}$$

式中，Y_A、Y_B 分别为气相中 A、B 的摩尔分数。

由上式推知，组分 A 在气相和液相中的相对浓度为

$$\frac{Y_A}{X_A} = \frac{P_A}{P_A + P_B} \div \frac{P_A}{P_A^0} = \frac{P_A^0}{P_A + P_B} = \frac{P_A^0}{P_A^0 X_A + P_B^0 X_B} = \frac{1}{X_A + \frac{P_B^0}{P_A^0} X_B}$$

同理，组分 B 在气相和液相中的相对浓度为

$$\frac{Y_B}{X_B} = \frac{1}{X_B + \frac{P_A^0}{P_B^0} X_A}$$

因为 A、B 在溶液中的摩尔分数 $X_A+X_B=1$，又因为组分 A 比组分 B 易挥发，即 $P_A>P_B$，从而导出 $X_A+\frac{P_B^0}{P_A^0}X_B<1$，将此不等式代入上式，得到$\frac{Y_A}{X_A}>1$，此式的物理意义是易挥发组分 A 在气相中的摩尔分数比液相中的大，也即表明 A 在气相中的浓度比液相中大，将蒸气冷凝后得到的液体中 A 的组分比原来的液体中多。

2. 溶液的沸点和组成的关系

蒸馏一般是在恒定的压力下进行的。由实验可直接绘制出恒压下液体沸点和组成（T-X）曲线（图 3.12），图中横坐标表示 A 和 B 的摩尔分数，纵坐标表示不同组成时溶液沸点的温度。曲线 AOB 为液相组成曲线，ACB 为气相组成曲线，A 比 B 易挥发，若溶液中 A 的含量为 X_1，加热到 t_1 时沸腾，此时对应的气相组成为 Y_1，比液相中 A 的摩尔分数 X_1 大，即 $Y_1>X_1$，故可以把不同挥发性的组分分开。由于气相中含易挥发的组分较多，而液相中含不易挥发的组分逐渐增多，溶液的组成沿 OB 线移动。相应的沸点也随之逐渐升高，当溶液温度达到 t_2 时，气相的组成为 Y_2。如果将 Y_1 和 Y_2 的气相组分的蒸气凝聚为液体接收下来，它就是沸点 $t_1\sim t_2$ 区间 A 的馏分，显然，接收液中 A 的含量比蒸馏液高得多。而残留液中含不易挥发的组分比原来多。由于简单蒸馏分离效果较差，溶液中各组分的沸点至少要差 30℃以上才能获得较好的分离效果。

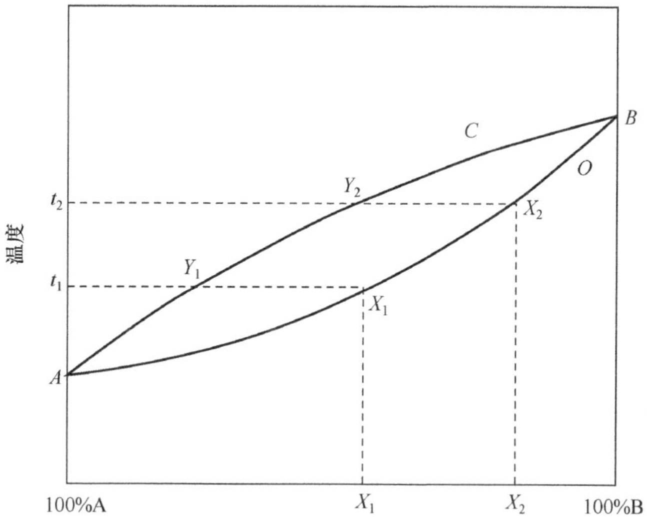

图 3.12　简单蒸馏的 T-X 曲线

在大气压下蒸馏时，由于实验时的大气压往往不正好是 760mmHg，因而严格地说，应对实验的沸点进行校正。但由于偏差一般都很小，即使大气压相差 20mmHg，这项校正值也不过±1℃，因此往往忽略不计。

3.3.2　实验操作

1. 蒸馏仪器的选择和安装

常压蒸馏装置如图 3.13 所示。它由加热气化、冷却和接收三部分构成。

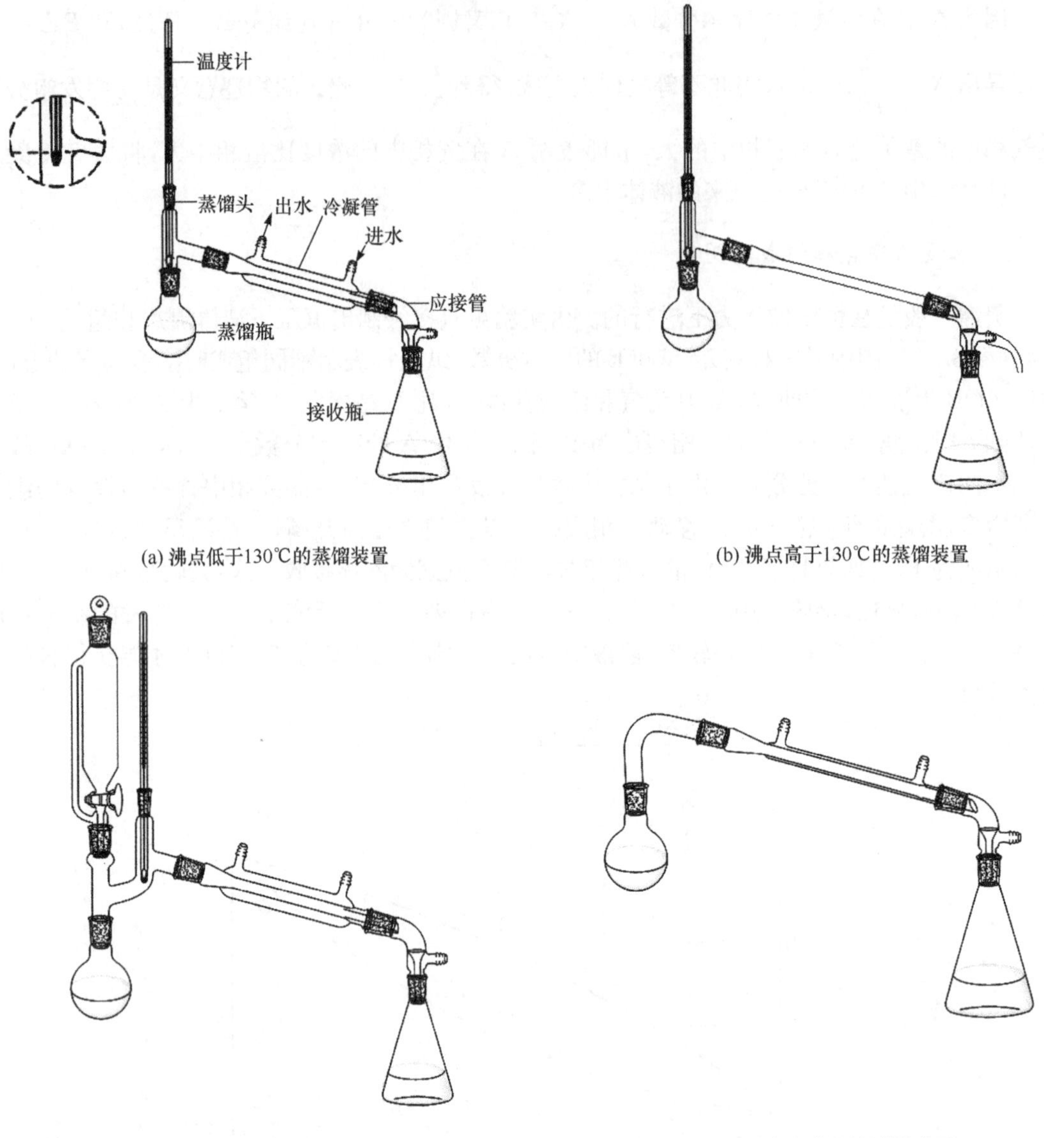

(a) 沸点低于130℃的蒸馏装置　(b) 沸点高于130℃的蒸馏装置

(c) 连续蒸馏装置　(d) 不需要测温的蒸馏装置

图 3.13　常压蒸馏装置

加热气化在蒸馏瓶中进行，选用蒸馏瓶的规格应依据蒸馏液的体积决定，一般蒸馏液应占蒸馏瓶容积的 1/3～2/3。如果装入液体的体积远小于蒸馏瓶体积的 1/3，所选择的蒸馏瓶太大，蒸馏结束时会在瓶中留下较多的液体。如果装入液体的体积超过 2/3，则所选择的蒸馏瓶太小，当溶液加热至沸腾时，它本身或产生的泡沫可能会冲出蒸馏瓶而进入冷凝管。蒸馏瓶上端连有蒸馏头，蒸馏头顶端连有温度计，用于控制蒸气的温度，温度计水银球的上限应与蒸馏头支管的下限在同一水平线上[图 3.13(a)]。水银球的位置不能高也不能低，否则指示馏出液的沸点不准确。

选用何种冷凝管主要依据馏出液的沸点而定。沸点高于 130℃时，用空气冷凝管[图 3.13(b)]；低于 130℃时，用直形冷凝管[图 3.13(a)(c)(d)]。沸点较低的化合物可选择较长的冷凝管；沸点较高的化合物可选用较短的冷凝管。冷凝管的冷凝水从夹套的下端支管进入，从上端支管流出，以保证冷凝水充满夹套达到较好的冷凝效果。冷凝水进出量大小要控制适当，以能使馏出物蒸气完全冷凝为宜。冷凝后的液体通过应接管进入接收瓶。

若蒸馏液的量较大，则可采用图 3.13(c)的连续蒸馏装置，液体可自滴液漏斗中不断地加入，既可调节滴入和蒸出的速度，又可避免使用较大的蒸馏瓶。当要把反应混合物中挥发性物质蒸出或浓缩回收溶剂时，可用蒸馏弯头把圆底烧瓶和冷凝管连接起来[图 3.13(d)]。

如果馏出物是易潮解化合物，或进行无水蒸馏操作，应接管的支管必须连有干燥管以隔绝空气中的湿气。馏出物为低沸点化合物时，接收瓶还必须用冰浴冷却。如果蒸馏时有不冷凝的易燃气体或有毒气体等，应接管还要连接气体吸收装置，或用橡皮管通向室外(图 3.14)。

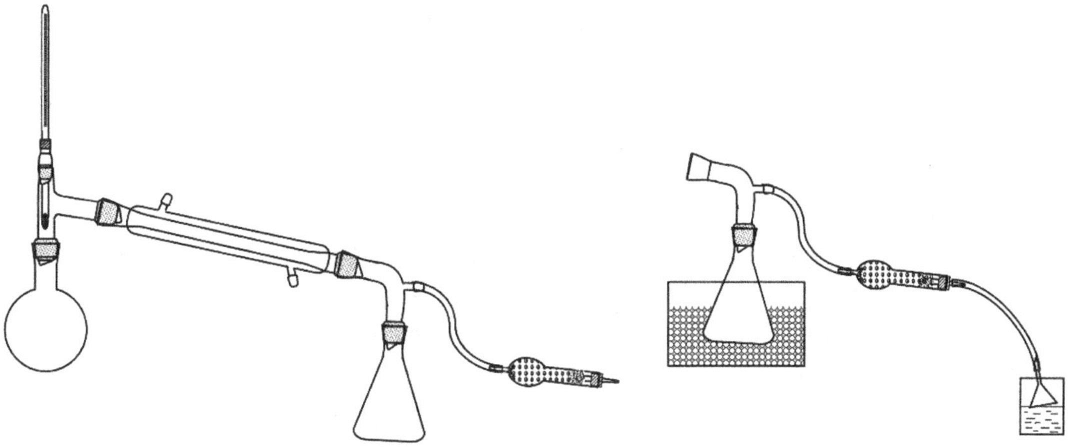

图 3.14　带尾气吸收的无水蒸馏装置

仪器的安装顺序遵循“先下后上，从左至右”的规则。先在铁架台上留好煤气灯或其他热源的位置，夹好铁圈，放上石棉网或热浴锅，然后垂直夹紧蒸馏瓶，装上蒸馏头，再在另一铁架台上用自由夹把冷凝管轻轻夹住(夹在冷凝管的中上部)，冷凝管上进出水的橡皮管必须先装好。调整铁架和自由夹的位置，使冷凝管的中轴线和蒸馏头支管的中心线在一条直线上。然后松开自由夹，上移冷凝管，将蒸馏头支管插入冷凝管中，旋紧自由夹(自由夹应夹在冷凝管的中部)。再装上应接管和接收瓶。若接收瓶位置太高，下面可垫小木块或升降台。最后在蒸馏头的直口上装好温度计。因温度计破损后易引起汞污染，一般均在最后安装。支撑仪器的自由夹不应夹得太紧或太松，以夹紧稍用力尚能转动仪器为宜。自由夹头部要垫以橡皮或石棉绳等软性物质，以免夹破仪器。仪器装好后，从正面看上去在同一平面上而从侧面看上去应成一直线，并与实验台的边缘保持平行。

2. 蒸馏操作

将蒸馏液经漏斗从温度计插口处加入蒸馏瓶中，漏斗颈末端须伸过蒸馏头支管，否则会有部分蒸馏液流入冷凝管。若溶液中有干燥剂或其他固体物质，应在漏斗上放置滤纸或一小团松散的脱脂棉，滤除这些固体。然后加入几粒助沸物，插上温度计，再一次检查仪器的各处接头是否连接紧密和妥善。

如果用水冷却，首先应缓缓通入冷水，然后加热蒸馏液，待大量蒸气出现后，再适当地开大冷凝水，蒸馏液在加热升温过程中蒸馏瓶底部和液体之间有蒸气的气泡形成。溶解在液体内部的空气或以薄膜式吸附于瓶壁上的空气有助于这种气泡的形成。粗糙的容器内壁也能促进气泡的形成。这样小的气泡可作为大的蒸气气泡的气化中心，在沸点时液体产生大量蒸气到小气泡中，待它的总压力超过施于体系的外压和液柱压力总和时，蒸气的气泡上升逸出液面，液体能保持平稳的沸腾。如果蒸馏液中无气化中心，液体的温度可能超过它承受的外压和液柱压力的总和，这时，一旦有气泡形成，就会爆炸性地增大并上升，将蒸馏液冲出瓶外，这种现象称为暴沸。加入助沸物的目的就是为了形成气化中心，保证蒸馏液平稳沸腾，避免暴沸。助沸物通常采用表面疏松多孔的吸附空气的物体，如碎瓷片、玻璃沸石或一端封闭的毛细管，毛细管的长度应足够使封闭一端搁置在蒸馏瓶颈部，而未封闭的一端插到瓶底。如果在加热前忘记加入助沸物，必须移去热源，将蒸馏液冷至沸点以下再补加助沸物，否则会引起暴沸，发生事故。如果沸腾中途停止，则原有的助沸物因受热时逐出部分空气，冷却后又吸附了液体，可能已经失效，再次加热前应加入新的助沸物。

蒸馏开始时，可先大火加热或调大加热电压，当蒸馏液沸腾，蒸气上升到温度计水银球部位时，温度计的读数迅速上升。这时调小火焰或电压，使加热速度略为降低，让蒸馏头和温度计的水银球受热，并使水银球和蒸气温度达到平衡。然后稍稍加大火焰或电压，进行蒸馏。控制馏出液的速度为 1～2 滴/s。蒸馏过程中，要控制火焰或电压的大小，始终保持水银球下端挂有一滴液体。否则，表示部分蒸气过热，读得的沸点偏高。蒸馏速度也不能太慢，否则，水银球的温度不能和馏出液蒸气的温度平衡，读得的沸点偏低，或不规则。

在蒸馏过程中，要始终注意蒸馏瓶和温度计读数的变化，在未达到接收的馏分沸点之前，常有沸点较低的液体蒸出，这部分蒸出液称为前馏分或蒸馏头，前馏分蒸出后，应该换上清洁的已称量的接收瓶，接收需要的馏分，并记录开始接收时的温度和接收最后一滴的温度，这个温度区间即为馏分的沸程或沸点范围，纯粹有机化合物的沸程应为 1～2℃。当蒸馏液主要成分为一种物质时，馏出液的温度比较稳定，前馏分和残留液的量都很少。如果液体含沸点相差较大的高沸点的物质，待接收的馏分蒸出后，若维持原来的加热速度，就不会有馏出物蒸出，温度计的读数下降。若提高加热速度，温度计的读数也会显著提高，蒸出较高沸点的物质。若蒸馏液的成分比较复杂，显然维持原来的加热速度，不会有明显的温度读数下降而是一直上升。这是因为简单蒸馏的分离能力有限，故往往在普通有机化学实验中，收集的沸程较大。在蒸馏液含杂质较少的情况下，即使馏出液温度并不下降，也不能将蒸馏瓶内液体蒸干，以免蒸馏瓶破裂或发生其他爆炸事故。

蒸馏结束时，应先停止加热，稍冷后关闭冷凝水，再拆除仪器。拆除仪器的顺序刚好与安装的顺序相反，先取下接收瓶，再拆除温度计、应接管、冷凝管、蒸馏头和蒸馏瓶。称量馏出液的质量并计算回收率。

3.3.3　微量蒸馏

简单蒸馏装置一般适合分离提纯体积不少于 5mL 的液体。对于提纯 5mL 以下的液体，为了减少黏附和转移的损失，可用由微型蒸馏头组成的简单蒸馏装置进行蒸馏，如图 3.15 所示。

将待蒸馏的液体加入小的梨形瓶或圆底烧瓶中，加入沸石或磁子，装上微型蒸馏头，蒸馏头侧口装冷凝管，蒸馏头的顶端装上微型温度计，温度计水银球上限与蒸馏头的承接阱口齐平，可测定馏出液的沸程。

被蒸馏液体在蒸馏瓶中受热气化，在蒸馏头和冷凝管中被冷却，冷凝下来的液体顺内壁流入承接阱（锥腔下部的环状凹槽）。蒸馏结束，取下冷凝管，用毛细滴管从侧口吸出馏出液。在需要收集几个不同馏分的情况下，可使浴温缓缓上升，当低沸馏分蒸完后会有短暂的“温度下降”和“回流停止”，此时应停止加热，冷却，迅速换一蒸馏头，再重新加热蒸馏出下一馏分。如果需要保持液体干燥，冷凝管上可加置干燥管。

若有少量溶液需要浓缩或少许液体需要蒸发，可采用图 3.16(a)所示的简单装置，一边向液面吹入空气（或氮气），一边用浴液加热，或者将支管接水泵进行减压浓缩。但若要浓缩的溶液量在 0.2mL 以下，则常将溶液滴加入毛细管中，再把毛细管固定在热浴中，用一根直径约 1mm 的毛细管(或注射针管)持续地向毛细管中吹入惰性气体,如图 3.16(b)所示,直至蒸干。

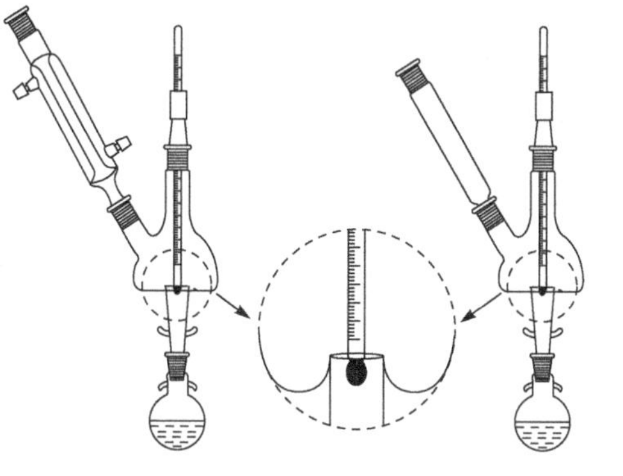

图 3.15　微量蒸馏装置

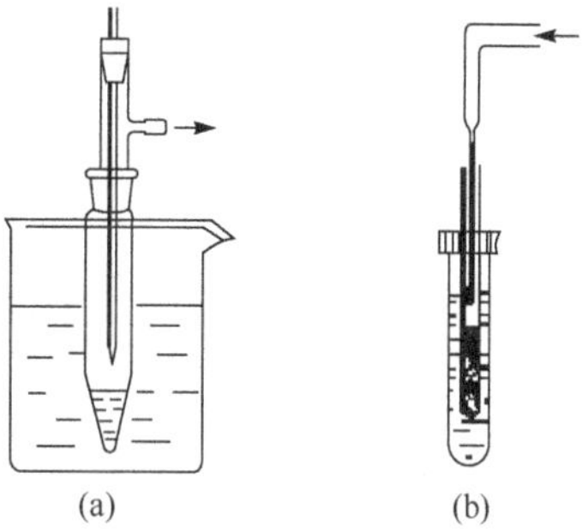

图 3.16　少量溶液的浓缩

3.4　分　　馏

如果要分离的溶液中只含有不挥发的物质,或者需要分离的组分与其他组分沸点相差较大,使用简单蒸馏的方法就能获得满意的效果。如果溶液中含有易挥发的杂质,并且沸点相差不大,用简单蒸馏很难得到较好的分离效果。但是,从简单蒸馏讨论中可知,溶液经过一次简单蒸馏后,馏出液中含易挥发组分比残留液中显著增多。如果多次重复简单蒸馏,即每次将前次的馏出液重新进行蒸馏,显然,重新蒸馏的次数越多,馏出液中含易挥发组分的比例越高。把多次简单的蒸馏组合在一起就是分馏,不过在实际操作中,上述多次的重复简单蒸馏实在费事费时,损失大。根据这一原理,人们设计出分馏装置,并根据不同的要求,采用不同结构的分馏装置,就可达到希望的分离标准。

3.4.1　基本原理

1. 分馏过程中气液两相组成的变化

分馏就是通过分馏柱(或精馏塔)进行多次的简单蒸馏,所以分馏的原理与蒸馏类似。分馏过程中溶液的变化还是从沸点和组成(T-X)曲线来说明。为了使问题简化,仍然假定蒸馏液为理想溶液并且只含有 A、B 两种组分,A 的挥发性比 B 大,纯组分 A 的沸点为 t_A^0,纯 B 的沸点为 t_B^0,原始蒸馏液的组成为 X(图 3.17)。当溶液温度达到 t_4时,溶液在 0 点达成气液平衡,此时,气液两相组成分别为 X_4和 Y_4。先考虑气相中易挥发的 A 组分,如果把组成为 Y_4的蒸气冷凝到 t_3,则蒸气将部分冷凝为液相,得到组成为 X_3的液相和组成为 Y_3的气相。把 Y_3冷凝到 t_2,又得到组成为 X_2的液相和组成为 Y_2的气相。依此类推,从图中曲线可以看到,蒸气中 A 的含量逐渐增多,即 A 的组成 $Y_4<Y_3<Y_2<Y_1$。如果这样反复地把气相部分冷凝,最后得到的蒸气的组成可接近纯 A。再考虑液相部分,把组成为 X_4的液体加热到 t_5,液相部分气化。此时气液两相的组成分别为 Y_5和 X_5,把组成为 X_5的液相再部分气化,则得到组成为 Y_6的蒸气和组成为 X_6的液体。显然液相中 B 的组成 $X_6>X_5>X_4>X_3$,即未蒸出的液体中易挥发的组分越来越少,不易挥发的组分越来越多。如此反复,液相中 B 的含量组成沿液相线上升,最后沸点无限接近 t_B^0,得到纯 B。这就是多次反复地部分蒸发和部分冷凝的过程,它使得溶液中混合组分 A 和 B 逐渐分离为纯物质。

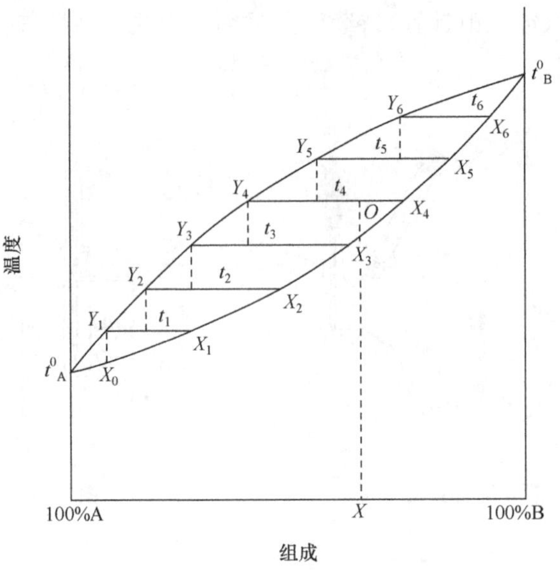

图 3.17　分馏过程中组成的变化

2. 实验室分馏

工业上分馏是利用分馏塔，而实验室分馏是用分馏柱。分馏柱是一根柱身有一定形状的空管，或在管中装有填料，它可以是特制的玻璃球，也可以是三角形金属网或其他形状，式样很多，效率各异，总的目的是为了增大液相和气相的接触面积，提高分离效率。当分馏液沸腾后，混合物的蒸气进入分馏柱。因为沸点较高的组分易被冷凝，所以冷凝液中含有较多高沸点的物质，而蒸气中低沸点的组分相对增多。冷凝液向下流动时又与上升的蒸气接触，二者之间进行热量交换，其结果使得上升蒸气中高沸点物质冷凝下来，低沸点的物质仍呈蒸气上升，而冷凝液中沸点较低的物质则受热气化，高沸点物质仍呈液态。如此经过多次的液相和气相的热量交换，使得沸点较低的物质不断上升，最后被蒸馏出来。沸点较高的物质则不断流回蒸馏瓶中，从而将沸点不同的物质分离开来。所以在分馏过程中，柱内不同高度的各级组成是不同的，高度差越大，组成差别也越大。也就是说，柱内的蒸馏物在动态平衡情况下，从低到高，易挥发组分比例越来越大，柱底和残留液中不易挥发的组分随着蒸馏的进行不断增加。

3. 分馏柱的分馏能力和效率

分馏柱的分馏能力一般用理论塔板数(N)表示。分馏柱中的混合物经过一次气化和冷凝的平衡过程(又称气液平衡)，相当于一次简单蒸馏或一块理论塔板。图 3.17 除表示液体的沸点-组成外，还可以表示分馏柱的分馏能力。假设对组成 X 的原始液体 X_4 进行分馏，最后得到组成 Y_1 的馏液 X_0。那么从图中可以看出，分馏时中间经过了四次独立的气化-冷凝的平衡过程(X_4Y_4-Y_4X_3，X_3Y_3-Y_3X_2，X_2Y_2-Y_2X_1，X_1Y_1-Y_1X_0)，也就是说该分馏柱有四个理论塔板。显然，分馏柱的理论塔板数越多，分离的效果越好。分馏柱的理论塔板数由柱的构造和填料性质决定，可以用实验方法来测定。若要分离 A、B 两组分混合物，也可以根据下面的经验公式计算所需要的分馏柱的理论塔板数：

$$N=\frac{T_B+T_A}{3(T_B-T_A)}$$

式中，N 为理论塔板数；T_A、T_B分别为低沸点组分 A、高沸点组分 B 的沸点(热力学温度)。分馏柱的理论塔板数是在全回流的情况下测定的，而实际上分馏是在部分回流下进行的，所以选用的分馏柱的理论塔板数要大于计算的理论塔板数才能达到有效的分离。根据经验，一般情况下它应是所需理论塔板数的 1.5～2 倍。因为蒸馏瓶至分馏柱之间有一次气化和冷凝的过程，所以计算出的理论塔板数应减去包括蒸馏瓶所相当的一块板。表 3.3 给出了一个理想二组分混合物得到良好分离时所需理论塔板数和该两组分沸点差之间的关系，借助这些数据可以初步估算分离理想二组分混合物所需的近似塔板数，作为选择分馏柱和填料的参考依据。实际分馏时，相应的理论塔板值还要增加一些，甚至加一倍。实验室用的分馏柱的理论塔板数一般为 2～100。

表 3.3　沸点差与所需理论塔板数的关系

沸点差/℃	理论塔板数(N)	沸点差/℃	理论塔板数(N)
108	1	20	10
72	2	10	20
54	3	7	30
43	4	4	50
36	5	2	100

一般来说，液体混合物沸点相差 100℃以上，则可以不用分馏柱；若相差 25℃左右，可用简单分馏柱；相差 10℃左右则需用精密分馏装置。

分馏柱的分馏效率通常用理论塔板当量高度(height equivalent to a theoretical plate, HETP)表示。HETP 相当于一个理论塔板在分馏柱中的有效高度(cm)，即

$$\text{HETP}=\frac{\text{分馏柱有效高度}}{\text{理论塔板数}}$$

假设两根分馏柱的分馏能力都是 10 个理论塔板数，但有一根长 60cm，一根长 30cm，则前者的 HETP 为 6cm，而后者为 3cm，即后者的 HETP 数值小，分馏效率高。

影响分馏柱分馏能力和效率的因素很多，除混合物的本性外，分馏柱的构造如分馏柱的高度、直径，填料的形状、规格、材质和填装方式，以及柱的操作条件如蒸发速度、回流比、柱两端的蒸气压力差(压力降差)的大小、柱的滞留液量的多少、液泛及柱的保温性能等都会影响柱的分馏效果。因此，要想提高分馏效率必须注意以下几点：

(1) 根据待分馏物的沸点差选择合适的分馏柱和填料。分馏物组分间的沸点差越小，所需分馏柱的柱长越长；反之，组分间沸点差越大，所需分馏柱的柱长可以短一些。所选填料应能保持适当的持液量，使液体能完全润湿填料，以保证气液充分接触，但最大不宜超过被分离组分的 1/10。若持液量太大，就无法分离较少体积的液体混合物。在分馏开始前，应先在全回流的情况下液泛两三次，使分馏柱中填料充分润湿才能正常发挥其分馏效率。但分馏在正常进行过程中又要防止液泛，以免破坏气液平衡。

(2) 选择合适的热源，一般以油浴为佳，严格控制和保持稳定的浴温。分馏要缓慢进行，一定要维持恒定的馏速使分馏柱内的气液两相充分接触，以利于热量的交换和传递。若蒸发速度太快，上升的蒸气能将下降的液体顶上去，产生液泛，破坏气液交换。

(3) 选择合适的回流比，使相当数量的液体流回烧瓶中。所谓回流比，就是分馏柱上层的蒸气在单位时间内冷却为液体返回柱内的量与蒸出液体的量的比值。回流比大，分离效率高。

但回流比也不能太大，否则收集液体量太少，分馏时间加长。实验室中通常选用的回流比为理论塔板数的1/10～1/5。

(4) 分馏柱的保温性能要好，外用玻璃布、电热带、绝热泡沫塑料等保温材料包裹，尽量减少分馏柱的热量散发及柱温波动，保持分馏柱内自下而上有一定的温度梯度。

3.4.2　实验操作

1. 简单分馏

1) 简单分馏柱

简单分馏装置和普通蒸馏装置类似，只是在蒸馏瓶和蒸馏头之间加上一根适当长短的分馏柱。合适的分馏柱具体要根据蒸馏物的量及分离的难易程度来选择。普通有机实验中常用的分馏柱有两种形式：刺形分馏柱和填充式分馏柱。

刺形分馏柱又称韦氏(Vigreux)分馏柱，如图3.18(a)所示，高度10～60cm不等。它是在玻璃管内以一定的距离沿圆周向内刺入三根向下倾斜的刺状物，每组刺状物都排成螺旋状，在柱中相交。分馏柱的柱身长，两组刺状物的距离短，分馏效果也相应好一些，但韦氏分馏柱的分离效率较差，约相当于两次普通蒸馏。它的优点是结构简单，易装易洗，蒸馏过程中滞留在柱内的液体少，蒸馏瓶和分馏柱柱头之间的压力差较小，因而适用于分馏少量且沸点差较大的液体混合物，或者用来在减压下对沸点较高而沸点差较大的物质进行分离。

填充式分馏柱[图3.18(b)]是在一定规格的玻璃管(可用空气冷凝管)内充以各种惰性材料(通常称为填料)，以增加表面积，使气液两相充分接触，提高分离效率。简单分馏柱的另一种改革装置是在柱顶加上克氏蒸馏头和冷凝指[图3.18(c)]。上下移动冷凝指或控制进入冷凝指的冷凝水流速，可以调节流回柱内液体的量，即控制回流比，从而提高分离物的分离效率。分馏柱的直径一般为2.5～3.5cm，长30～60cm。填充式分馏柱分离效率较高，适合分离沸点差较小的液体混合物。若要分离沸点相距很近的液体混合物，则必须使用精密分馏装置。

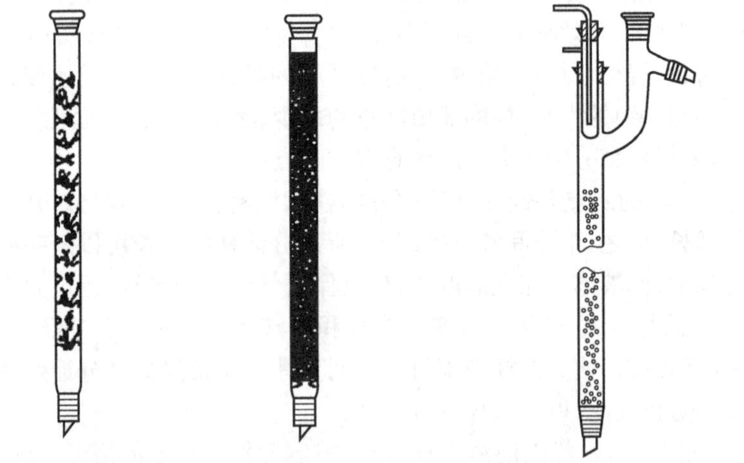

(a) 韦氏分馏柱　　(b) 填充式分馏柱　　(c) 可控制回流比的填充式分馏柱

图3.18　简单分馏柱

2) 填料

填料是决定分馏效率的重要因素，其品种和式样很多，效率各异，可根据被分离物质的性质与精制要求进行选择。填料选择要求：单位体积内表面积大而实体体积小，制造方便，不与被分离物发生化学反应，具有一定的强度，不因堆积而变形。实验室常用的填料有玻璃珠、玻璃管、陶瓷，或螺旋形、马鞍形、网状等各种形状的金属片或金属丝，如图3.19所示。

(a) 单圈螺旋　(b) 多圈螺旋　(c) 三角线圈　(d) 孔环填料　(e) 孔环填料

图3.19　常用填料

螺旋形填料[图3.19(a)、(b)]是用金属丝或玻璃丝做成的单圈或多圈螺旋。装有这种填料的分馏柱HETP为8～12cm，效率不高。但玻璃圈填料适用于腐蚀性介质及有机卤化物的分离。

三角线圈填料[图3.19(c)]是用细金属丝(如镍铬丝、不锈钢丝等)在三棱柱转轴上绕成线圈，然后从转轴模子上脱下，剪成长宽相等的小段制成。这种填料的效率高，HETP可达2cm。

圆柱形填料[图3.19(d)、(e)]是一种空心填料，其空腔较大，压力降较小。其中最简单的是短玻璃管(6mm×6mm)或无釉瓷管填料，但其效率不高。用金属网制成的圆柱，效率明显提高，特别是卷成θ形的填料，柱中有隔层，使耐压强度提高，HETP可达4～5cm。

填料的尺寸以分馏柱直径的1/10～1/8为宜。尺寸加大，HETP也增加，效率降低。但尺寸过小，压力降和附液等不利因素也增大。上述填料的填装方式均为无规则散置，要求填充均匀紧密，工作时不发生松动，以免出现沟流或发生液泛。一般分馏柱下端有安放填料的支承，如有三个向内突的刺、多孔的漏斗或玻璃螺旋。在无腐蚀的情况下，也可用不锈钢网或不锈钢丝球作支承。无论何种支承物都要求通气空隙足够大，能让气、液流顺利通过，不发生阻塞，以免引起液泛。装柱时需先加一两层大尺寸填料，再加所选的各种填料，直至靠近柱顶。

3) 简单分馏操作

简单分馏操作和普通蒸馏操作大体相同。先把蒸馏液装在圆底烧瓶中，加入沸石，再装上分馏柱，柱身必须垂直稳固不晃动，然后分别装上蒸馏头、冷凝管、应接管，最后把温度计插在蒸馏头上(图3.20)。为了保持气液交换充分和温度平稳，减少柱内热量的散发和环境的影响，分馏柱和蒸馏头包玻璃布或绝热泡沫塑料。选择合适的热浴加热，待液体沸腾后，蒸气缓慢地沿分馏柱上升，快达到柱顶时，要特别注意控制加热速度。如果热源太强，容易产生液泛。液泛就是上升的蒸气量大、速度快，能将冷凝下降的液体顶回去，破坏气液交换。如果热浴太弱，又蒸不出馏分。通常保持馏出液的速率平稳在2～3s一滴左右，这样可以达到比较好的分离效果。分馏过程中，要经常观察温度的变化，收集需要的馏分，更换接收瓶。

对于液体量较少且沸点相差较大的混合液体的分离提纯，可用图3.21所示的微型分馏装置进行分馏。图3.21(a)是由H形分馏头组成的微型分馏装置，柱内装有填料，这种分馏装置的操作是连续性的，对各馏分的馏程测定也较准确。图3.21(b)是由微型分馏头构成的简单分馏装置，其操作方法与常规分馏相似，区别在于它是间歇性的，使用时应十分注意加热的强度和稳定性，以充分发挥它的分馏效力。这类装置可以处理的液量为数十微升到 2mL。

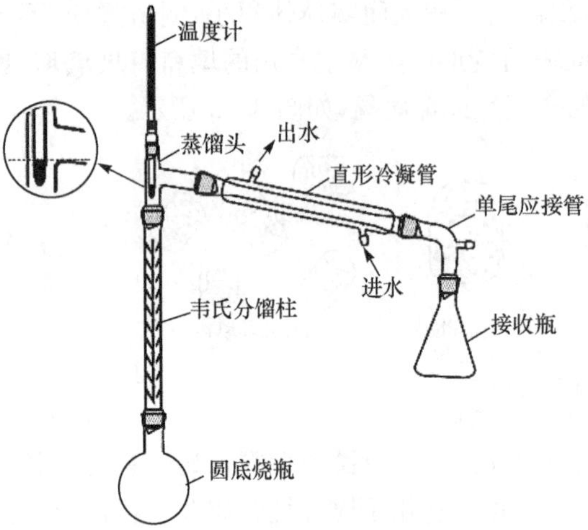

图 3.20　简单分馏装置

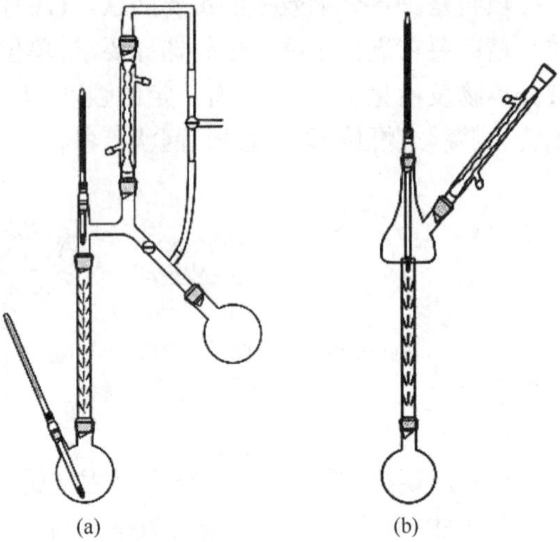

图 3.21　微型分馏装置

2. 精密分馏

1）精密分馏装置

精密分馏的原理与简单分馏完全相同，只是分馏装置有所不同。实验室用的精密分馏装置由热源、蒸馏瓶、分馏柱、分馏头、接收瓶和柱身保温系统几部分组成(图 3.22)。

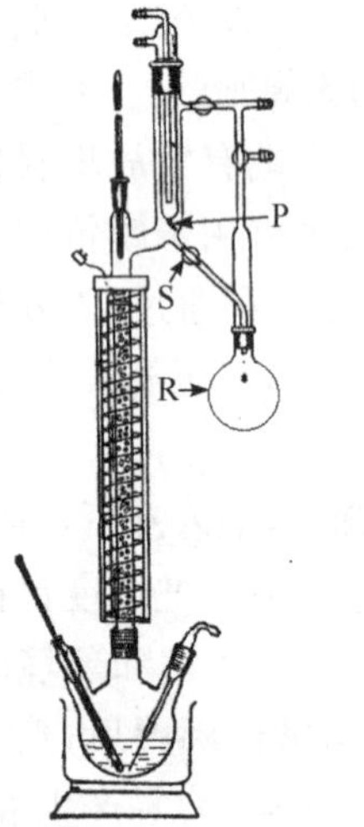

图 3.22　精密分馏装置

为了提高分馏效率，分馏柱上安装全回流可调蒸馏头(简称分馏头)代替普通蒸馏头，分馏头主要用来冷凝蒸气，测量馏出液的温度和控制回流比。在全回流中，从冷凝管尖端 P 返回柱中的液体如果为 10 滴，而通过活塞 S 流入接收瓶 R 为 1 滴，则回流比为 10∶1。回流比越大，分馏效率越高。对于非常精密的分馏，使用高效分馏柱有时采用 100∶1 的回流比。另外，柱身装有保温套，保证柱身温度与待分馏混合物的沸点相近，以利于气液两相平衡。当物料沸点较低或分馏要求不高时，一般只需用绝热的泡沫塑料或玻璃布等包裹或使用具有镀银真空夹套的分馏柱。

对于高沸点混合物的分馏，需用电热夹套补偿热量损失。一般在分馏管外面套一支绕有热电阻丝或电热带的补偿加热管，再在加热管外面罩一支保护套管，防止空气对流的影响。温度计或热电偶置于分馏管和加热管之间，由调压变压器控制夹套温度。柱身较长时，可用上、下两段电阻丝分别调节。控制上段夹套温度低于柱内同一水平处 2～5℃，但都不能高于物料温度，下段温度稍高于上段，使柱身自下而上保持一定的温度梯度，否则将严重降低理论塔板数。沸点较高且易分解的液体，可采用减压分馏装置。

蒸馏瓶一般用多口烧瓶，瓶中放置待分离的物质，其装料量最多为容积的 2/3，而真空精馏时，则不超过 1/2。它的侧口用于进出料和测量料液温度。必要时连接压力计，测量蒸馏瓶中压力，及时了解蒸馏瓶与柱头之间的压力差，以便准确控制加热速度。此外，在减压分馏中用来插毛细管。接收瓶要适用于减压分馏，可以在减压不中断的情况下更换接收瓶，收集各个馏分。蒸馏瓶的热源要求能精密控制温度，常用恒温油浴或电热套。

2）精密分馏操作

首次使用的填料要用丙酮、乙醇等低沸点溶剂回流清洗，除去沾在金属填料表面的油脂，将洗净烘干的填料均匀紧密地填装在分馏柱内。若是用过的分馏柱，则要用适当溶剂回流提洗多次，再用热空气干燥（将夹套和蒸馏瓶加热，从分馏头抽气）。

首先牢固地安置好铁架台，并在铁架台上放置热源。在热源的上方装上蒸馏瓶，调整到适当的高度，并用铁夹牢牢固定在铁架台上，磨口接头涂少量润滑脂，以利于拆卸。将装好填料的分馏柱装在中口上，轻轻转动柱身使其紧密连接，并用铁夹固定在铁架台上，柱身要垂直稳固不晃动，然后装上分馏头和接收瓶，并分别用铁夹固定在铁架台上，最后在柱顶端装上温度计。

将待分馏物放入三颈瓶中，加入沸石（也可用电磁搅拌），一侧口装上温度计，另一侧口塞上磨口塞（若为减压分馏应装入毛细管），柱头的回流冷凝管中通入水，关闭出料活塞S，但系统不得密闭，对保温套及电热套通电加热，控制保温套温度略低于待分馏物组成中易挥发组分的沸点。调节电热套温度以较快速度加热至液体沸腾，蒸气升至柱中，冷凝、回流而形成液泛，即柱中冷凝液较多，使上升的蒸气受阻，蒸气便将液体往上抬。当填料全部浸湿后，降低电热套温度，使液体流回烧瓶。待液泛现象消除后，再提高加热温度，如此重复液泛两三次，确保填料充分润湿（玻璃填料和空管柱可省去预液泛）。经过上述预液泛操作后，调节柱温，使其与待分馏物中易挥发组分的沸点相同或稍低。控制电热套温度，使蒸气缓慢地上升至柱顶，冷凝而全回流（不蒸出）。经一定时间后柱内以及柱顶温度均达到恒定，表示平衡已建立。此后逐渐旋开出料活塞S，在稳定的情况下（不液泛），按一定回流比连续蒸出。收集一定沸点范围的各馏分，记录每一馏分的温度范围及质量。

通常控制回流比和分馏柱塔板数相等时效率最高。每一组分的馏头、馏分和馏尾都要分别收集。馏头和馏尾要在高回流比下收集。收集馏分时，如果温度变化稳定在1～2℃，则可以适当减小回流比，加快蒸出速度。如果蒸气温度不断上升，则可能蒸发速度过大，需要加大回流比或改成全回流，并稍降低蒸馏瓶温度，减小蒸发速度，避免液泛。一旦出现液泛，应立即停止接收，重新在全回流下建立气液平衡。经一段时间平衡后，蒸气温度重又降回原来的沸点，再行收集。若回流比已经很高，蒸气温度仍不断上升，则需更换接收瓶，收集过渡馏分，以后再在沸点恒定时收集后一个馏分。另一种收集馏分的方法是依次将馏液按一定体积收集，根据沸点、折光率或气相色谱分析结果，画出分馏曲线，将组成相近的部分合并。若最后一个组分含量较少，为防止蒸干，可加入另一种化学性质稳定的高沸点液体，如十氢萘（沸点190℃）或正十六烷（沸点287℃）作为“排代剂”进行蒸馏。

3.5 减压蒸馏

有些液体有机化合物的沸点很高，常压蒸馏很不方便，还有些液体化合物在常压蒸馏尚未达到沸点时，常因受热发生全部或部分分解、氧化、重排等反应，分离和提纯这类化合物适宜的方法是减压蒸馏。

3.5.1 基本原理

当液体的蒸气压等于外界施于它表面的压力时，液体就发生沸腾。施于它表面的气压高、沸点也高；施于它表面的气压低，沸点也低。因此，只要降低液体表面的压力，就降低了该液体的沸点。可利用水泵或油泵降低蒸馏液表面压力。减压蒸馏前，应先了解压力降低后的沸点，这对选择热浴方式、选择温度计和实验操作具有一定的参考价值。

降低压力和沸点变化的对应关系有时能在文献中找到。若在文献中找不到时，可用以下方法进行估算：

(1) 根据经验规律进行粗略的估算。一般常压沸点 250～300℃的化合物，其表面压力减到 2.67kPa(20mmHg)时，沸点比常压沸点低 100～120℃；压力减到 2.67kPa(20mmHg)以下，压力每下降一半，沸点大约下降 10℃。

(2) 根据经验曲线(图 3.23)找出有机物在某压力下的沸点的近似值。例如，某化合物常压下沸点 200℃，若体系的压力为 20mmHg，可估算出它的沸点为 85～95℃，其方法是先在右边的斜线上找出 20mmHg 的点 D，再在中间的直线上找出常压沸点 200℃的 E 点，连接 D、E 两点并延长相交于左边直线上，交点 F 指示的沸点就是压力下降后的相应沸点。

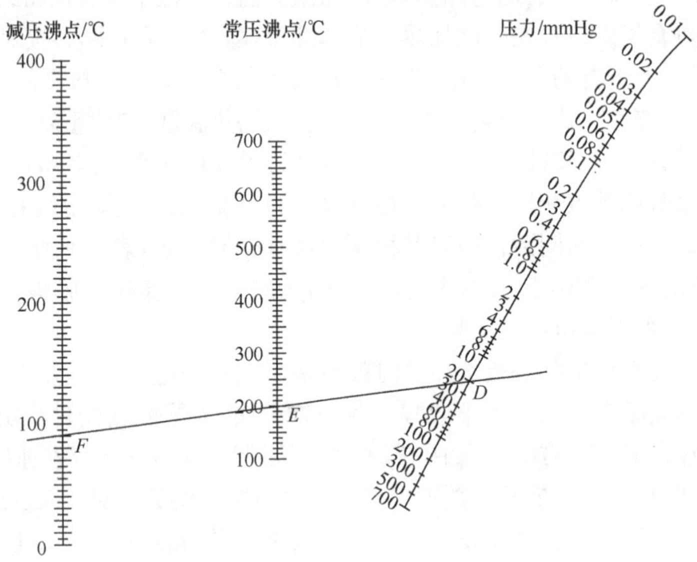

图 3.23　压力-温度列线图

(3) 按照下列公式，可求出在给定压力下沸点的近似值：

$$\lg P = A + \frac{B}{T}$$

式中，P 为蒸气压；T 为沸点(热力学温度)；A、B 为常数。以 $\lg P$ 为纵坐标、$1/T$ 为横坐标作图，可以近似地得到一直线。因此，可从两组已知的压力和温度算出 A 和 B 的数值，再将所选择的压力代入上式计算出液体的沸点。

(4) 使用由英国剑桥大学 Goodman 小组用 java 编写的一个沸点-压力计算工具(图 3.24，电子版，在网上使用)，可以非常准确方便地计算出压力降低后相对应的沸点。

图 3.24 中蓝色线为水蒸气压力曲线；黄色线为用 Trouton 规则计算的蒸气压曲线；灰色线为甲烷蒸气压曲线；绿色线为用 Trouton-Hildebrand-Everett 规则计算的蒸气压曲线，最准确。

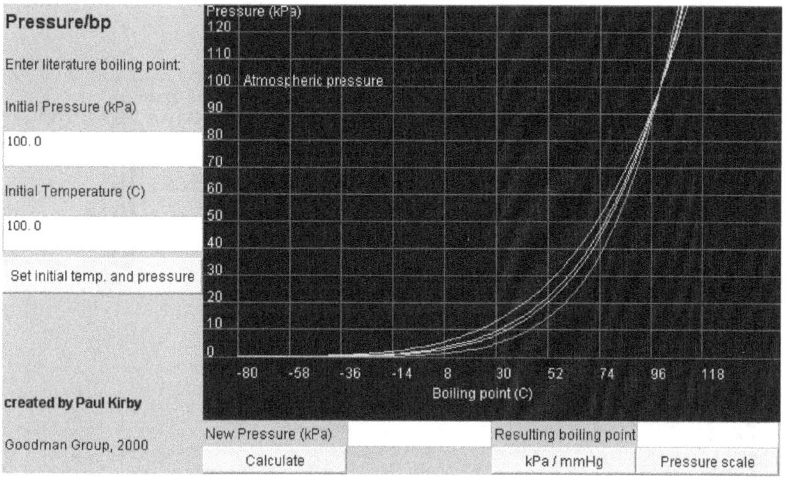

图 3.24　沸点-压力计算图

该沸点-压力计算工具有两种使用方法：①在左上方输入初始压力以及该压力下的沸点，点击曲线，在右下方新压力(kPa)和相应沸点框中立即显示出降低后的压力及相应的沸点；②在左上方输入初始压力以及该压力下的沸点，在右下方输入降低后的压力或相应沸点，然后点击计算按钮，立即在相应的方框中显示出沸点或压力。关于沸点-压力计算工具使用的详细介绍参见 http://www-jmg.ch.cam.ac.uk/tools/magnus/boil.html。

很多已知化合物的沸点在手册和有关文献上都有详细的记载。例如，水杨酸乙酯在不同压力下的沸点分别是 234℃/101.33kPa、127℃/4.00kPa、124℃/3.33kPa、119℃/2.67kPa、113℃/2.00kPa、105℃/1.33kPa、95℃/0.67kPa。特别值得指出的是，减压蒸馏时化合物的沸点是依据压力而变化的，记录时除了要记录馏出液的沸程，还必须记录蒸馏体系的压力。

3.5.2　实验操作

1. 减压蒸馏的装置

减压蒸馏的装置如图 3.25 所示，它可分为抽气、保护、测压和蒸馏四个部分。

1) 抽气部分

蒸馏体系的抽空是用水泵和油泵进行的。水泵是由玻璃或金属制成的，现在常用循环水式真空泵代替简单的水泵，它不但使用方便、节约用水，还可以提供冷凝水。水泵的结构如图 3.26所示。水泵的抽空能力除与泵的设计和制造技术有关外，还与水压、水温有关。水压大抽速也大，水压小抽速也小。水压不稳时，必须防止水的倒吸。水泵最高抽空极限为当时水温的饱和蒸气压。例如，水温 25℃时，抽空最高极限为 3.17kPa(23.8mmHg)。表 3.4 列出5～31℃时水的饱和蒸气压。在此温度范围内，水蒸气压的毫米汞柱数与摄氏温度大致相同，误差不超过 3mmHg，这一规律可帮助记忆。水温较高时，可在水箱中加入一些冰块，降低水的饱和蒸气压，以提高泵的抽气效果。由于水泵的抽空能力较低，它一般用于真空要求不高的场合，或作为油泵减压前预处理。

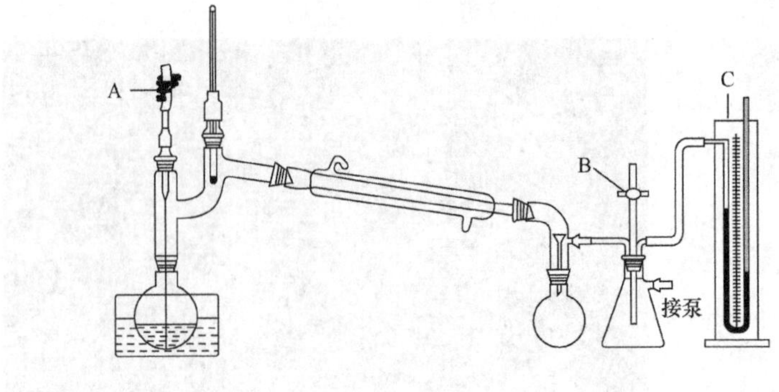

(a)

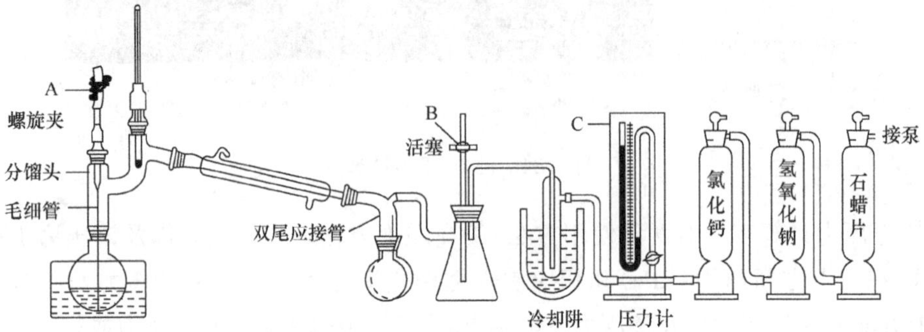

(b)

图 3.25　减压蒸馏装置

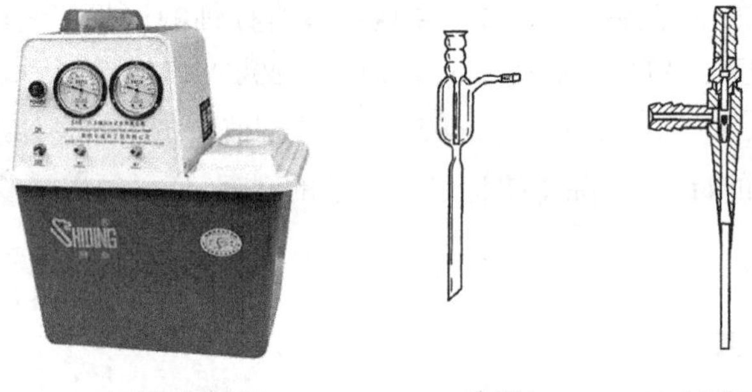

(a) 循环水式真空泵　(b) 玻璃制　(c) 金属制

图 3.26　水泵

表 3.4　5～31℃水的饱和蒸气压

温度/℃	饱和蒸气压/mmHg	温度/℃	饱和蒸气压/mmHg	温度/℃	饱和蒸气压/mmHg
5	6.543	14	11.987	23	21.068
6	7.013	15	12.788	24	22.377
7	7.513	16	13.634	25	23.756
8	8.045	17	14.530	26	25.209
9	8.609	18	15.477	27	26.739
10	9.209	19	16.477	28	28.349
11	9.844	20	17.535	29	30.043
12	10.518	21	18.650	30	31.824
13	11.231	22	19.827	31	33.695

油泵的抽空能力很强，一台好的油泵能将体系真空度抽到 0.1mmHg 以下。油泵结构(图 3.27)比较精密，工作条件也要求较高。蒸馏液中含有的蒸气压较高的溶剂、水、酸，以及蒸馏过程中化合物分解出来的沸点较低物质，都能影响油泵的抽空能力。蒸气压较高的蒸气溶解在油泵中，使油泵的蒸气压增加。水蒸气凝结在油泵中，不但提高了油泵的蒸气压，而且能与油形成浓稠的乳浊液，影响油泵的正常工作。酸性蒸气又会腐蚀油泵的金属构件，因此，在使用油泵时必须十分注意保护。使用油泵减压前，先用水泵减压，尽量蒸除低沸点物质和其他会影响油泵工作的物质，使用三相电的油泵，接线必须和油泵要求一致，否则会损坏油泵。图 3.27(b)是一种新型的全特氟龙材质构成的抗强化学腐蚀隔膜真空泵，真空度可达 2mbar(1mbar$=10^2$Pa)，泵在使用过程中能做到完全无油无污染。

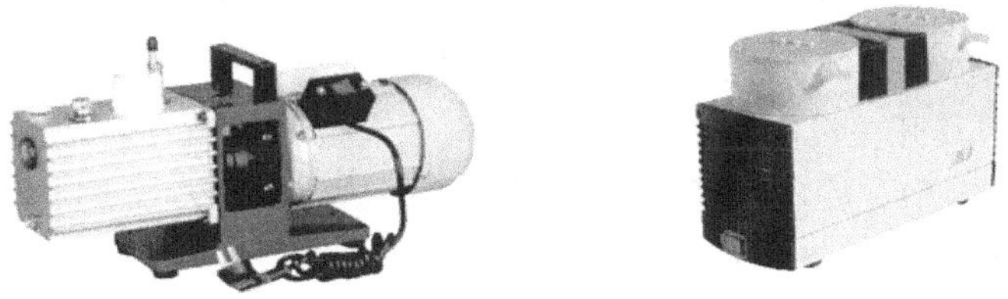

(a) 2XZ型旋片式真空泵 (b) KNF隔膜真空泵

图 3.27 油泵

2) 保护部分

为了防止有害物质进入油泵，保证油泵正常工作，必须在应接管支管和油泵之间依次串联安全瓶、冷阱和吸收塔(图 3.28)，用来捕集低沸点物质、水、酸性物质和有机物蒸气。冷阱的结构如图 3.29 所示。冷阱置于盛有冷冻剂的冷藏瓶中，冷冻剂的选用按需要而定，冰水混合物常被选为方便的冷冻剂。吸收塔如图 3.30 所示，它分别装有块状无水氯化钙或硅胶、颗粒状氢氧化钠和小块石蜡片。安全瓶可由普通吸滤瓶改装而成，瓶口上装有两通活塞，用于调节蒸馏体系的压力和解除真空时放气。

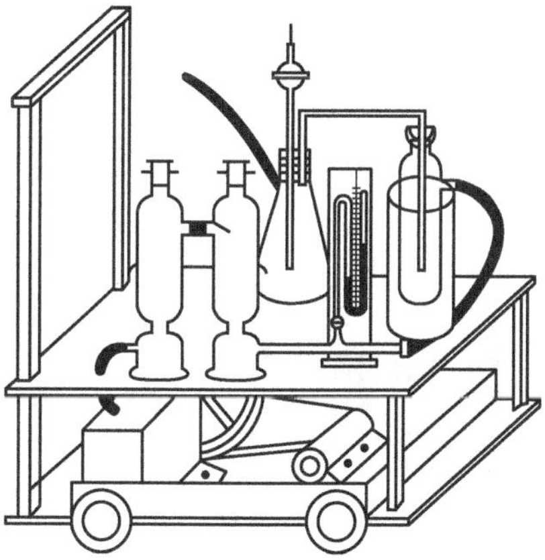

图 3.28 油泵小车

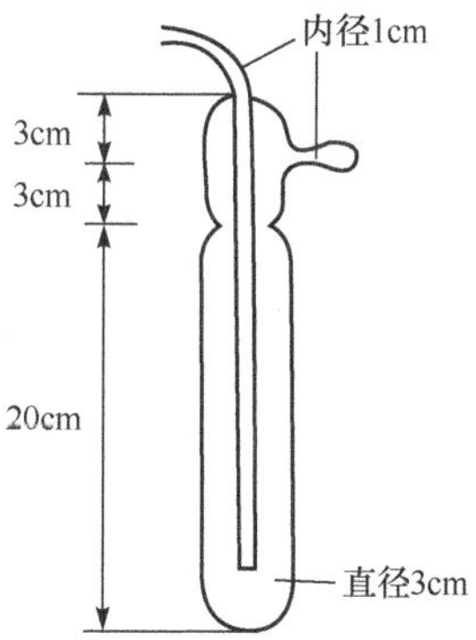

图 3.29 冷阱

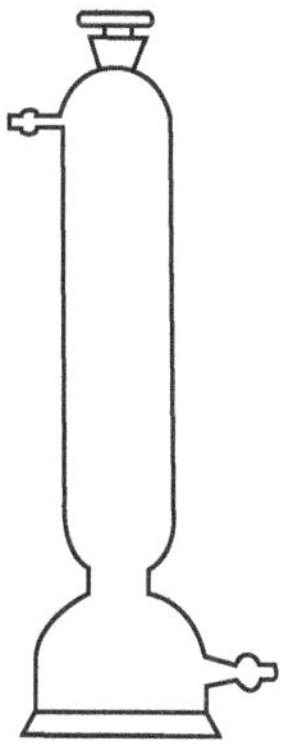

图 3.30 吸收塔

3) 真空测量部分

减压体系的真空通常用水银压力计来测量。通常用的压力计有开口式、封闭式两种(图 3.31)。开口式压力计为 U 形细玻璃管，两臂水银柱差是体系压力和当时的大气压力之差。体系中实际真空度是当时大气压减去此差值。开口式压力计的特点是测量准确，但读算方式烦琐。封闭式水银压力计的特点是体积小、使用方便，两臂汞柱高度之差即为体系的真空度。测定压力时，可将滑动标尺的零点调到和右臂的水银柱顶端齐平，这时左臂的水银柱顶端刻度即为体系的真空度。麦氏真空规读数时先开启真空系统的活塞，稍等片刻后慢慢转动至直立状，比较毛细管汞面应升到零点，另一封闭毛细管中汞面所示的刻度即为系统的真空度。测量范围为133.32～1.33Pa(1～0.01mmHg)，读完后应立即慢慢恢复横卧式，关闭真空系统的活塞，再读时重复上述操作。这种压力计在测量范围内使用十分方便。使用水银压力计时要特别小心，切勿打破或撞翻，测量真空度时要防止水和其他物质进入压力计内，以免影响其测量精度。图3.32是金属制压力表，所量的压力一般不太准确，但对于测量水泵减压蒸馏时系统的真空度非常方便，而且不易损坏，使用安全。

现在常用数字式低真空测压仪(图3.33)替代水银压力计，无汞污染，安全可靠，读取数据更方便、直观。蒸馏体系在抽真空之前，先将数字式低真空测压仪接上电源，选定压力测量单位(mmHg/kPa)，将其开关拨向所选单位，按下面板上置零按钮，然后开启真空泵，关上安全瓶活塞，待面板上读数稳定后，将当日大气压减去面板读数即为体系实际真空度。使用时应注意防止有机蒸气、水蒸气、酸气等对数字式低真空测压仪的侵蚀，确保仪器的稳定和安全。

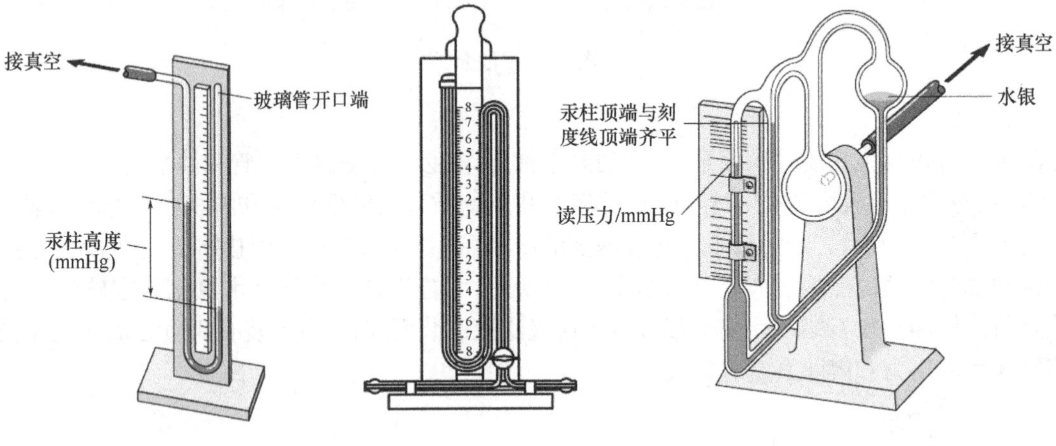

(a) 开口式　　(b) 封闭式　　(c) 麦氏真空规

图3.31　水银压力计

图3.32　金属制压力表

图3.33　数字式低真空测压仪

蒸馏体系的真空度除与泵的抽空效率有关外，还要求整个系统必须密封不漏气。仪器各部分要连接紧密，磨口处不能夹有污物，选配塞子时，必须用橡皮塞，不能用软木塞。塞子大小及打孔都要非常合适。各部分连接的橡皮管最好用耐压的厚壁橡皮管。真空度要求很高时，各接头处都要均匀地涂好真空脂。

压力计的位置要尽可能靠近蒸馏部分，否则测得的真空度比蒸馏部分高。严格来说，即使压力计尽量靠近蒸馏部分，仍然存在着压力降。使用粗口颈的玻璃管、橡皮管能减小这一误差。在低压时，冷凝一滴液体所需的蒸气体积比常压时大得多。即使是缓慢的蒸馏，蒸气从蒸馏瓶进入冷凝器的速度也由于体系的压力降低而急骤增加。所以，在蒸馏体系中由于高速运动的蒸气分子产生反压的影响，体系实际真空度要比压力计读出的压力偏低。因而保持适当缓慢而稳定的蒸馏速率也是准确测定压力的重要因素。

4) 蒸馏部分

减压蒸馏部分和普通蒸馏的装置有两处不同(图 3.25)。一是使用两个颈的克氏(Claisen)蒸馏头，其目的是避免蒸馏瓶内沸腾的液体因激烈冲撞而跳溅到冷凝器内。蒸馏头上带有支管的一颈插温度计，指示馏出液的沸点，另外一颈插入一根底端拉成细发状的毛细管的玻璃管。毛细管伸到距瓶底 1～2mm 处，用以代替沸石。它的上端紧密连接一小截橡皮管，橡皮管内插一段细金属丝，以免橡皮管因抽气受压而粘在一起失去作用。橡皮管上带有螺旋夹，以便调节毛细管的进气量。减压蒸馏时，极少量的空气沿毛细管从蒸馏液的底部冒出一连串的小气泡，作为液体沸腾时的气化中心。二是用双尾应接管或多尾应接管代替单尾应接管，在不中断抽气的情况下，收集不同馏分的馏出物。应接管和冷凝管连接处要均匀涂以真空脂，使其在体系压力很低时依然能灵活转动。应接管和接收瓶与冷凝管之间要用橡皮筋或塑料夹固定在一起，防止解除真空后脱落打破。蒸馏瓶和接收瓶要用耐压的圆底烧瓶，不能用锥形瓶或其他不耐压的容器，否则将引起内向爆炸。

蒸馏沸点较高的物质时，最好用石棉绳或玻璃布裹好蒸馏头和蒸馏瓶的上部，以减少热量的散发。为了避免蒸馏液局部过热，通常选用适当的油浴加热，而较少用煤气灯直接加热，油浴内一般悬吊一支温度计，控制热浴温度比收集的馏分沸点高 20～30℃。

2. 减压蒸馏操作

减压蒸馏之前，应先进行普通蒸馏，然后用高效率的水泵减压尽可能蒸除低沸点的物质，再启动油泵减压蒸馏。按图 3.25 的装置搭好仪器。将蒸馏液置于蒸馏瓶中，液体的体积不超过蒸馏瓶容积的 1/2，装上毛细管、逐渐关闭活塞 B 观察压力计 C 所指示的汞柱差，算出体系的真空度。如果不是减压泵本身的效率限制而达不到所需真空度，需检查各连接部位是否漏气，如果塞子和橡皮管连接处漏气，可解除真空(解除真空的方法见后)，用熔融的固体石蜡密封，如果是磨口接头处漏气，应重新涂好真空脂。调节螺旋夹 A 到蒸馏液中有连续平稳的小气泡出现，如果无气泡出现，表明毛细管堵塞，必须更换。若体系已超过所需的真空度，可慢慢地调节活塞 B，放入少量的空气，降低真空度到需要的值。根据蒸馏液沸腾的温度选择合适的热浴加热。蒸馏瓶至少有 2/3 浸入浴液中，调节火焰或电压大小，使浴温比液体沸腾温度高 20～30℃，控制馏出液速度 1～2 滴/s。待馏出液温度达到所收集的馏分时，转换应接管和接收瓶使所需沸程的液体流入指定的接收瓶中，接收瓶应在蒸馏前称好质量，纯物质的沸程一般不超过 2℃。在这个蒸馏过程中，应随时注意观察温度、压力和沸点的变化。

蒸馏结束或蒸馏中途需要解除真空时，应先移去热源。待溶液稍冷后，松开螺旋夹 A，小心地打开活塞 B，接通大气(**注意：一定要慢慢旋开活塞，否则，因体系压力的急剧变化，压力计的水银柱急速起落，有冲破玻璃的危险**)。待体系内的压力和大气压力基本平衡后，再切断电源，关闭油泵。

综上所述,减压蒸馏操作开始时的要点为"先调整压力,再加热",蒸馏结束的操作要点为"先撤下热浴,稍冷后放气,再关闭油泵"。

3. 微量减压蒸馏装置

微量减压蒸馏装置由圆底烧瓶、微型蒸馏头、温度计、真空冷凝指及减压蒸馏毛细管组成,装置如图 3.34(a)所示。因为蒸馏的物料量很少,也可以用电磁搅拌代替毛细管防止暴沸。当仅需要蒸去溶剂而不需要测定沸点进行减压蒸馏时,用微型蒸馏头配以真空冷凝指即可,装置如图 3.34(b)所示。减压蒸馏时,在真空冷凝指的抽气指处连接安全瓶,安全瓶分别与测压计、真空泵连接,并带有活塞以调节体系真空度及通大气。由克氏蒸馏管组成的微量减压蒸馏装置如图 3.34(c)所示,其操作也是间歇性的,但可以准确测定馏分的沸程。由 H 形蒸(分)馏头组成的减压蒸(分)馏装置如图 3.34(d)所示,当柱中无填料时为减压蒸馏装置,有填料时为减压分馏装置,操作可连续进行,各馏分的沸程也可准确测定和控制,只是填料中会有一定量的滞留。

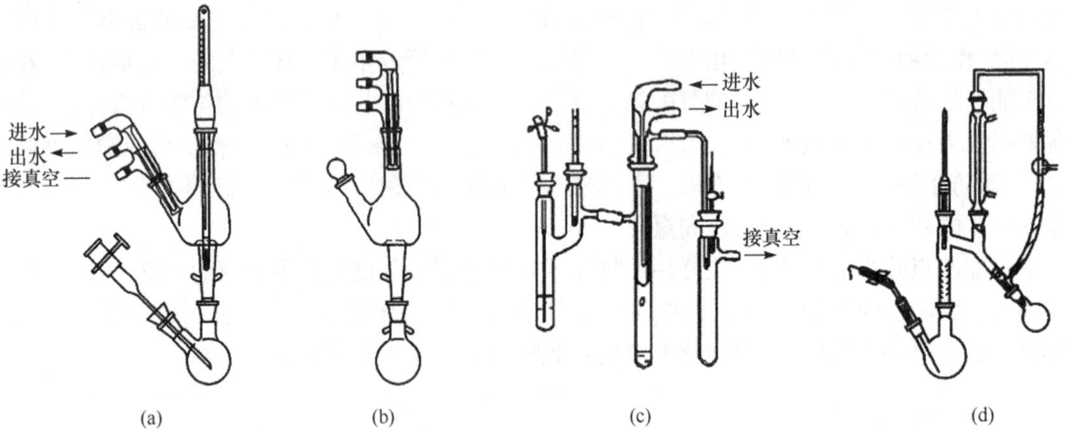

图 3.34　微量减压蒸馏装置

4. 旋转蒸发仪

在有机反应、提取和色谱分离中经常要使用大量溶剂,但要回收或除去这些溶剂却是烦琐又费时的操作,而且由于长时间的加热,还可能造成产物的分解。为了克服这些缺点,现代有机化学实验室中常用旋转蒸发仪来浓缩溶液,如图 3.35 所示。旋转蒸发仪主要由蒸馏装置、电动旋转控制装置和加热测温装置组成,它可在常压或减压下进行蒸馏操作,可一次进料,也可分批吸入进料。蒸馏时电动机带动烧瓶旋转,溶液在边加热边旋转的过程中,由于液体样品和蒸发瓶间的向心力和摩擦力的作用,液体样品在蒸发瓶内表面形成一层液体薄膜,这样可增大蒸发面积,防止溶液暴沸,加快蒸发速度,节省实验时间。

旋转蒸发仪操作规程如下:

(1) 将旋转蒸发仪顶端的真空活塞打开使其通大气,装上接收瓶,用卡口卡牢。如果回收的是无水溶剂,应保证接收瓶和蒸发仪内部干燥。打开冷凝水,调节冷凝水流量。

(2) 在烧瓶中加入待蒸液体,常压蒸馏溶液量不超过 2/3,减压蒸馏不超过 1/2。将烧瓶小心地装在蒸发仪上,用卡口卡牢。

(3) 打开水泵电源抽真空,转动顶端活塞调至合适的真空度,待烧瓶吸住后,用升降控制开关将烧瓶置于水浴内。

(4) 开机前先将调速旋钮左旋到最小，打开旋转蒸发仪的电源开关，慢慢将调速旋钮往右旋至所需要的转速。一般大蒸发瓶用中、低速，黏度大的溶液用较低转速。

(5) 根据烧瓶内液体的沸点设定水浴加热温度，在设定温度下旋转蒸发。

(6) 蒸毕，先关闭加热开关，用升降控制开关使烧瓶离开水浴，冷却后关闭转速旋钮，停止旋转。打开真空活塞，使体系与大气相通，取下烧瓶，关闭水泵。

(7) 使用结束后，关闭冷凝水，关闭电源，拔下电源插头。

综上所述，旋转蒸发仪的操作要点是：开始时"应先减压，再开动电机转动蒸馏烧瓶，然后加热"；结束时"蒸馏瓶应先离开热浴，冷却后停电动机，再通大气，关真空泵"，以防蒸馏烧瓶在转动中脱落。

使用旋转蒸发仪应注意以下几点：

(1) 玻璃仪器应轻拿轻放，装前应洗干净，擦干或烘干。用后应及时清洗干净，妥善处理接收瓶中回收的溶剂。

(2) 所用磨口仪器安装前需均匀涂少量真空脂(常压蒸馏不用涂真空脂)。

(3) 水浴锅必须先注水后通电，不允许无水干烧。

(4) 常压蒸馏时真空活塞要与大气相通。

(5) 若真空度升不上去，需检查：①各接头，接口是否密封；②密封圈，密封面是否有效；③主轴与密封圈之间真空脂是否涂好；④真空泵及其橡皮管是否漏气；⑤玻璃仪器是否有裂缝、碎裂、损坏的现象。

(6) 如果溶液浓缩过程中容易暴沸喷出，可通过改变真空度、降低水浴温度、减缓蒸馏瓶的旋转速度、降低液体与浓缩瓶的接触面积等方法进行消除。

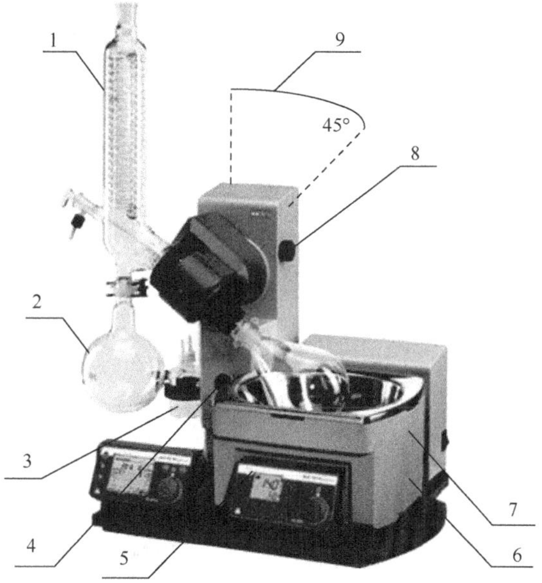

图3.35 IKARV10旋转蒸发仪

1. 冷凝管；2. 接收瓶；3. 真空缓冲瓶；4. 可调高度限制；5. 数字显示屏；6. 加热锅；7. 加热锅可外移150mm；8. 电动马达升降；9. 马达角度可调

3.6 共沸蒸馏

共沸蒸馏又称恒沸蒸馏，主要用于分离沸点相近的物质以及能形成共沸的物质。共沸蒸馏在实验室及工业生产过程中的应用相当广泛，如用于除去溶剂中的水分；除去反应过程中所生成的水，使反应向有利于生成产物的方向移动（如酯类的制备）；分离、精制各种物质等。共沸蒸馏既可间歇进行，也可连续进行。

3.6.1 基本原理

共沸蒸馏属于非理想溶液的蒸馏。共沸物是一种至少含有两种溶剂成分的液体混合物，由于分子间的相互作用并不遵守拉乌尔定律，溶液的蒸气压比预期的偏大（正偏差）或偏小（负偏差），实际溶液以正偏差居多。在正偏差情况下，不同分子间的引力比同种分子间的引力小，因此，混合液体的蒸气压比单一的易挥发组分蒸气压大，其沸点比任何一个纯组分低，形成具有一定组成的最低共沸点混合物。在负偏差情况下，不同分子间的引力比同种分子间的引力大，因此，混合液体的蒸气压比单一的难挥发组分的蒸气压小，其沸点比任何一个纯组分高，形成具有一定组成的最高共沸点混合物。

有些混合物的溶液在一定的压力下具有固定的沸点和确定的组成，沸点时的气相和液相的组成也完全相同，这种混合物称为共沸（或恒沸）混合物，它的沸点称为共沸点（或恒沸点）。恒沸物组成和恒沸点又随压力不同而改变，甚至恒沸物消失。

图 3.36 表示有最低和最高共沸点混合物的沸点-组成情况。如果从曲线的最高点或最低点（共沸点）对纵坐标作一平行线，就把沸点-组成图分为两个独立的 T-X 图。溶液的组成无论落在共沸点以外的什么位置，都只能得到一种纯化合物和共沸物。因此具有共沸点的溶液不能利用一次分馏，同时得到纯 A 和纯 B。但是可以用其他方法破坏溶液的共沸组成，再进行分馏，得到纯物质组分。

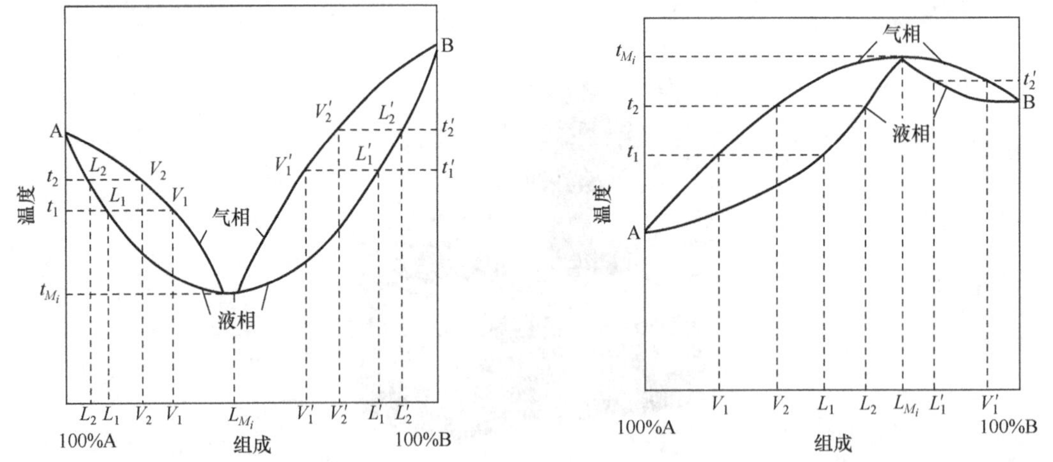

(a) 具有最低共沸点混合物

(b) 具有最高共沸点混合物

图 3.36 共沸混合物的沸点-组成曲线

混合液体在共沸温度下彼此不能完全互溶的共沸物为非均相共沸混合物（如水-环己烷、水-甲苯等）；与此相反，混合液体在共沸温度下完全互溶的共沸物为均相共沸混合物（如乙醇-

水、丙酮-氯仿等)，非均相共沸物都具有最低共沸点，在有机物中较为常见的是低共沸点混合物。

在共沸混合物或相对挥发度很小的溶液中加入第三组分，该组分与原混合物中的一种或两种组分形成新的具有最低沸点的共沸物。新的共沸物的沸点比其中任何一个纯组分或原共沸物的沸点都低得多，从而加大了组分间相对挥发度，容易用蒸馏的方法分离，这种蒸馏方法称为共沸蒸馏，加入的第三组分称为夹带剂或恒沸剂。

例如，向乙醇和水的共沸物中加入苯，使苯-乙醇-水形成三元共沸物蒸出，蒸出后分成上下两层，上层为苯和乙醇，可用分水器使其返回烧瓶中，下层为水和乙醇。这样不断地进行，可把水都带出来，然后蒸出苯和乙醇的共沸混合物，烧瓶中留下的是纯净的乙醇。

3.6.2　实验操作

1. 夹带剂的选择

在共沸蒸馏中，选择适当的夹带剂是共沸蒸馏成败的关键，对夹带剂的要求是：

(1) 夹带剂的沸点应比原料沸点低 10～40℃，以保证足够大的沸点差，便于分离和回收。

(2) 夹带剂应能与被分离组分之一(最好是含量少的组分)形成新的最低共沸物，其共沸点应显著低于原溶液组成的沸点或原共沸物的沸点，一般两者沸点差不小于 10℃。

(3) 新共沸物中夹带剂含量尽量少，以便减少夹带剂用量及气化、回收时所需的能量。

(4) 新共沸物最好为非均相混合物，便于用分层法分离。

(5) 无毒性、无腐蚀性，具有良好的热稳定性和化学稳定性，且价廉易得。

实验室中常用的夹带剂有苯、甲苯、二甲苯、环己烷、三氯甲烷、四氯化碳等。

2. 夹带剂的用量

夹带剂的用量应保证与被分离的组分完全形成恒沸物，根据恒沸物的组成及分离的具体要求，从物料平衡式求出夹带剂的用量。例如，现有 95%(质量分数)的乙醇和水组成的二元溶液，拟用三氯乙烯作夹带剂除去乙醇中的水分，三氯乙烯与乙醇和水能形成三元最低共沸物。三元最低共沸物的组成为乙醇 16.1%，水 5.5%，三氯乙烯 78.4%，试求夹带剂的用量。

以原料质量(F)100g 为基准，设夹带剂三氯乙烯的用量为 Sg，恰好与料液中的水分形成共沸物。D 为柱顶三元非均相共沸物的质量(g)，$X_{f水}$ 和 $X_{d水}$ 分别为原料和柱顶三元共沸物中水的质量分数。

以水为基准作物料衡算：

$$DX_{d水} = FX_{f水}$$

$$D = \frac{100 \times 0.05}{0.055} = 90.9(\text{g})$$

夹带剂的用量为

$$S = DX_{ds} = 90.9 \times 0.784 = 71.3(\text{g})$$

100g 料液完全从柱顶带出水分所需的夹带剂用量为 71.3g。

3. 共沸蒸馏装置

共沸蒸馏可采用前面介绍的简单蒸馏、分馏和减压蒸馏三种蒸馏装置，对任意体系实施分离。此外,实验室常用的共沸蒸馏装置如图 2.10(g)~(i)所示,它是在蒸馏瓶与回流冷凝管之间增加了一根分水器,常用的几种分水器如图 2.11 所示。

3.7 水蒸气蒸馏

水蒸气蒸馏是将不溶于水的挥发性物质与非挥发性(或稍具有挥发性)物质分离的一种方法。它是有机实验中常用的分离和纯化手段之一,经常用来分离含有大量树脂状副产物的反应产物,以及从天然产物中分离需要成分等。尤其是在从大块的固体或溶状物中分离相对少量的物质时,更显出其独特的优点。而使用通常的蒸馏、过滤、提取等方法都是很困难的,有时甚至是不可能的。

3.7.1 基本原理

1. 水蒸气蒸馏的沸点

与水不相溶的化合物和水一起加热时,两种物质都发生气化,并各自具有蒸气压,彼此互不相关。依据道尔顿分压定律,整个体系总蒸气压为两组分蒸气压之和,与组分之间的相对数量无关,即

$$P_{总}=P_{A}+P_{水}$$

式中,$P_{水}$和 P_{A}分别为水和不溶于水的化合物 A 的分压;$P_{总}$为体系的总气压。

当化合物的总蒸气压等于外界大气压时,体系就发生沸腾,两者同时被蒸馏出来。由于体系的总蒸气压比任何一个组分的分压都大,因此,混合物的沸点比其中较低沸点组分的沸点还要低。也就是说,在常压下用水蒸气蒸馏,就能在 100℃以下将高沸点化合物和水一起蒸出。对于分离纯化在沸点或沸点以下就发生分解的化合物,水蒸气蒸馏是一个好方法。

2. 水蒸气蒸馏条件

假定混合物中两组分的蒸气都是理想气体,根据状态方程:

$$P_{A}V=\frac{m_{A}}{M_{A}}RT$$

$$P_{水}V=\frac{m_{水}}{M_{水}}RT$$

式中,P_{A}为化合物 A 的分压;$P_{水}$为水的分压;V 为气体的体积;M_{A}为化合物 A 的相对分子质量;m_{A}为气相中化合物 A 的质量;$M_{水}$为水的相对分子质量;$m_{水}$为气相中水的质量;R 为摩尔气体常量;T 为热力学温度。

两方程之比为

$$\frac{P_{A}}{P_{水}}=\frac{m_{A}/M_{A}}{m_{水}/M_{水}} \quad 即 \quad \frac{m_{A}}{m_{水}}=\frac{P_{A}M_{A}}{P_{水}M_{水}}$$

由上式可见,在同体积的馏出液中,化合物与水的质量比等于它们各自的蒸气压与相对分子质量的乘积之比。由于大多数水蒸气蒸馏都是在接近 100℃时进行的,故馏出液的组成可直接通过 100℃时两组分的蒸气压来表示,其结果并无显著的误差,因此上式又可写为

$$\frac{m_{A}}{m_{水}}=\frac{P_{A}M_{A}}{760\times 18}=\frac{P_{A}M_{A}}{13\,680}$$

分析上式可知，利用水蒸气蒸馏可以分离相对分子质量较大但蒸气压较低的化合物，或相对分子质量不大而蒸气压较高的化合物。

实际上，用水蒸气蒸馏纯化化合物时必须同时考虑以下三个条件：①待提纯化合物不溶于水或几乎不溶于水；②它和水长时间沸腾也不会发生化学变化；③化合物在约 100℃时的蒸气压一般不小于 1.33kPa(10mmHg)。

许多邻二取代苯的衍生物比相应的间二取代物随水蒸气挥发性大。当取代苯为强极性时，由于氢键的影响，促使形成螯合物时这种现象尤为明显。例如，邻硝基苯甲醛、邻氨基苯甲酸与相应的间、对二取代物相比有较高的蒸气压，很容易用水蒸气蒸馏的方法分离。

3. 过热水蒸气蒸馏

对于大多数化合物，往往相对分子质量越高，蒸气压越低。有时相对分子质量比水大几十倍，但它靠近 100℃时的蒸气压却低于 0.666kPa (5mmHg)，在馏出液中的含量只占百分之几。因而不能用水蒸气蒸馏来有效地分离和提纯。为了提高馏出液中的含量，可采用过热水蒸气蒸馏的方法，即通过提高水蒸气的温度来提高被蒸馏化合物的温度，从而达到提高蒸气压的目的。

过热水蒸气蒸馏装置如图 3.37 所示。

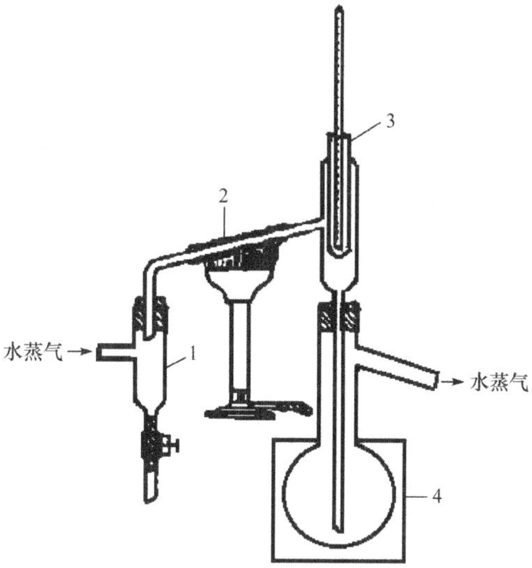

图 3.37　过热水蒸气蒸馏装置

1. 除水管；2. 硬质玻璃管；3. 温度计套管；4. 空气浴

3.7.2　实验操作

1. 水蒸气蒸馏装置

实验室常用的水蒸气蒸馏装置与蒸馏装置的主要差别是在前端增加了水蒸气发生器，如图 3.38 所示。水蒸气发生器用金属制成，也可以用大的平底烧瓶代替。发生器的盛水量一般占其容积的 3/4 左右。安全玻璃管约 70cm，它几乎伸到发生器的底部，当发生器内压力增大时，水柱沿玻璃管上升，调节内压。如果系统发生堵塞，水便会从玻璃管溢出。这时应停止蒸馏，检查通过蒸馏瓶的蒸气导管是否堵塞。蒸馏瓶可选择长颈圆底烧瓶，也可选择三颈瓶[图 3.38(b)]。为了防止瓶中蒸馏液冲入冷凝管内，蒸馏瓶口应向水蒸气发生器方向倾斜 45℃左右，蒸馏液的体积一般不超过瓶容积的 1/3。蒸气导入管之间连有 T 形管，T 形管的下端连有橡皮管和弹簧夹，以便除去冷凝下来的水。三颈瓶的上侧一颈用弯管或蒸馏头和冷凝管连接，余下一颈用塞子塞好。混合物的蒸气经冷凝管后从应接管流入接收瓶中。如果用玻璃弯管代替蒸馏弯头，玻璃管的孔径要大于蒸气导入管。

若需要处理的样品量很少，如在 10mg 以下，而且蒸气压较高，只需少量水蒸气即可完全蒸出，可以将水和样品一起放在圆底烧瓶中，使用缩微的简单蒸馏装置，直接加热蒸馏瓶使它们一起共沸蒸出。若需要较多水量才能完成水蒸气蒸馏，则可采用微型水蒸气蒸馏装置，如图 3.39(a)所示，根据所需水量选择二口烧瓶，使产生的水蒸气通入装有待蒸馏物质的过滤管中，馏出液经冷凝指冷凝收集。也可以使用如图 3.39(b)所示的装置，其主要特点是装在外管中的水既是水蒸气的来源，也是蒸馏管的热浴。

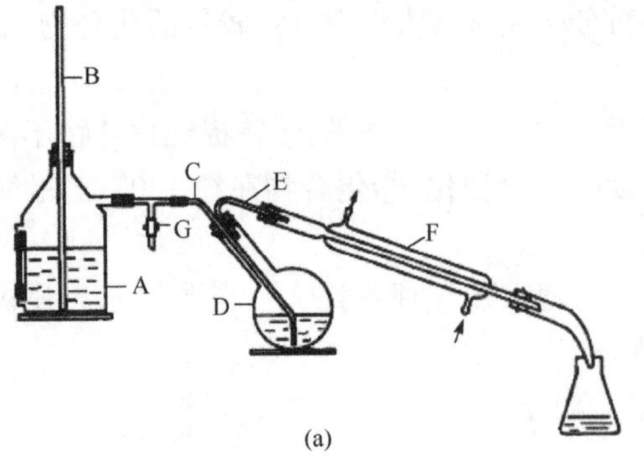

(a)

A.水蒸气发生器；B.安全玻璃管；C.水蒸气导管；
D.长颈圆底烧瓶；E.馏出液导管；F.冷凝管；G.弹簧夹

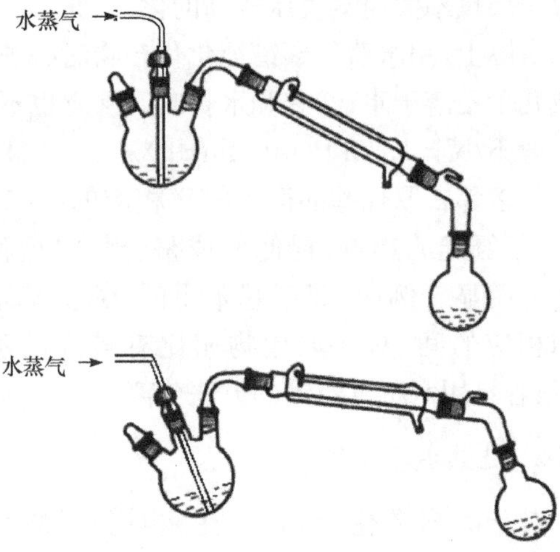

(b)

图 3.38　水蒸气蒸馏装置

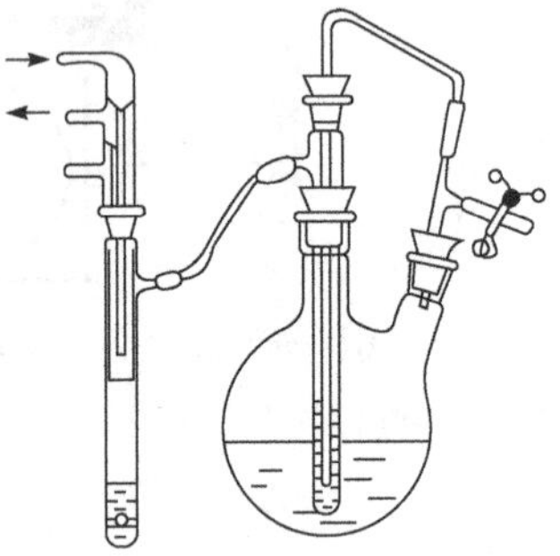

(a)

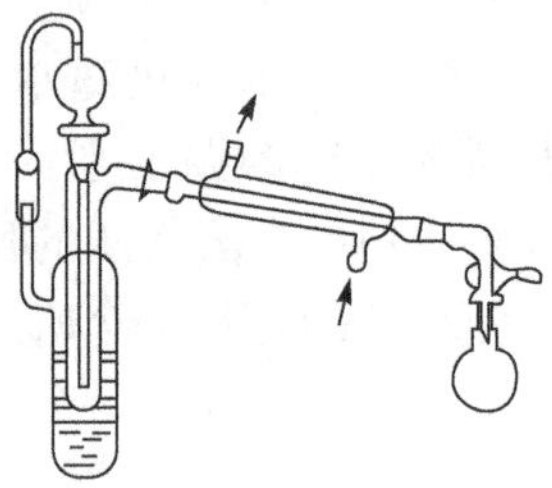

(b)

图 3.39　微型水蒸气蒸馏装置

2. 水蒸气蒸馏操作

仪器装好后，再检查一下是否正确无误，然后将溶液放入蒸馏瓶中，如果分离物是固体，应加入少量水。加热水蒸气发生器，待水一沸腾就立即将弹簧夹夹紧，使蒸气进入三颈瓶中。为了使蒸气不致在三颈瓶中冷凝过多，可用电热套或隔着石棉网用小火加热三颈瓶。蒸馏物气体出现后，要控制冷凝水的流量，使馏出物蒸气在冷凝管中全部冷凝下来。如果蒸出的有机物熔点很高，易在冷凝管中析出固体，则应调小冷凝水，使其冷凝后仍保持液态流出，并防止堵塞冷凝管和应接管。如果调小冷凝水后还会在冷凝管中析出固体，可关闭冷凝水，必要时还可把冷凝水暂时放出，使固体熔化。重新通过冷凝水时要非常缓慢，防止因冷凝管骤冷而破裂。万一冷凝管或应接管发生堵塞，应立即停止蒸馏，用玻璃棒或镍匙等疏通体系，也可用电吹风加热，使固体熔化。少量物质的水蒸气蒸馏装置如图 3.40 所示，可直接在蒸馏瓶中加入少量水，使其与水一起沸腾蒸出，也可通入水蒸气进行蒸馏。

水蒸气蒸馏一般应在进行至馏出液不再含有油珠而澄清为止。蒸馏结束时，应先打开弹簧夹，使 T 形管和大气相通，然后停止加热。否则，残留液易倒吸入水蒸气发生器中。蒸馏中途因系统堵塞要停止蒸馏时，也应按此方法停止蒸馏，待排除故障后再继续蒸馏。

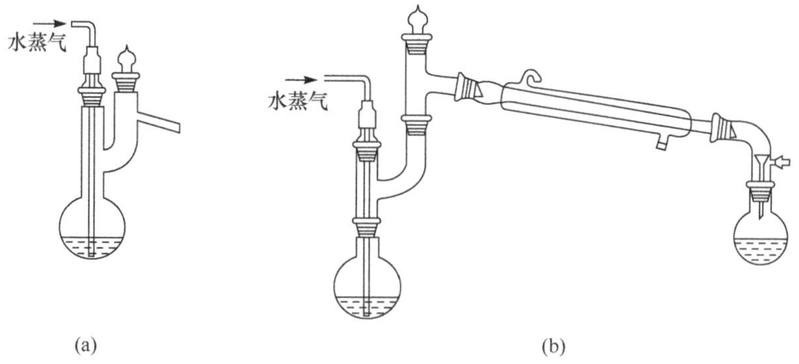

图3.40　用克氏蒸馏瓶(头)进行少量物质的水蒸气蒸馏装置

3.8 萃　　取

萃取是溶质从一种溶剂向另一种溶剂转移的过程。它是有机化学实验中用来提取和纯化化合物的常用操作之一,通过萃取能从固体或液体混合物中分离出所需要的化合物。此外,也可以用来除去少量杂质,使产品纯化。凡是除去杂质的萃取通常称为洗涤。这里介绍常用的液-液萃取和液-固萃取。

3.8.1 基本原理

利用化合物在两种互不相溶(或微溶)的溶剂中溶解度或分配系数的不同,使化合物从一种溶液内转移到另一种溶液中,经过反复多次的萃取,能将绝大部分的化合物提取出来。

分配定律是萃取法的重要理论依据。溶剂对不同的物质有着不同的溶解度。在两种互不相溶的溶剂中,加入某种可溶性的物质时,它就分别溶解于此两种溶剂中。实验证明,在一定的温度下和该化合物的分子在此两种溶剂中不发生分解、电解、缔合和溶剂化作用时,则此化合物在两种溶剂内的浓度比是一个定值。无论所加物质的量是多少,都是如此,用下式表示:

$$\frac{C_A}{C_B}=K$$

式中,C_A、C_B分别表示一种化合物在两种互不相溶的溶剂中的物质的量浓度;K 是一个常数,称为分配系数。

有机化合物在有机溶剂中一般比在水中溶解度大。用有机溶剂来提取溶解于水的化合物是萃取的典型实例。在萃取时,若在水溶液中加入一定量的电解质(如氯化钠),利用盐析效应以降低有机物和萃取溶剂在水溶液中的溶解度,常可提高萃取效果。要把化合物从所需要的溶液中完全萃取出来,通常萃取一次是不够的,必须重复萃取数次。利用分配定律的关系,可以算出经过萃取后化合物的剩余量。

设 V 为原溶液的体积;W_0 为萃取前化合物的总量;W_1 为萃取一次后化合物的总量;W_2 为萃取二次后化合物的总量;W_n 为萃取 n 次后化合物的总量;S 为萃取溶剂的体积。经过一次萃取,原溶液中该化合物的浓度为 W_1/V,而萃取溶剂中含该化合物的浓度为 $(W_0-W_1)/S$;两者之比等于 K,即

$$\frac{W_1/V}{(W_0-W_1)/S}=K$$

整理得

$$W_1 = W_0 \frac{KV}{KV+S}$$

同理，经二次萃取后，则有

$$\frac{W_2/V}{(W_1-W_2)/S}=K \quad 即 \quad W_2=W_1\frac{KV}{KV+S}=W_0\left(\frac{KV}{KV+S}\right)^2$$

因此，经过 n 次萃取后

$$W_n=W_0\left(\frac{KV}{KV+S}\right)^n$$

当用一定量溶剂萃取时，希望被萃取物在水中的剩余量越少越好。上式中 $KV/(KV+S)$ 总是小于 1，所以 n 越大，W_n越小。也就是说，把溶剂分成数次进行多次萃取比用全部量的溶剂进行一次萃取好，但应注意，上述公式只适用于几乎与水不相溶的溶剂，如苯、四氯化碳等。而与水有少量互溶作用的溶剂如乙醚等，上述公式只是近似的，但还是可以定性地指出预期的结果。

例如，在 100mL 水溶液中含有 4g 正丁酸，在 15℃时用 100mL 苯萃取。设已知在 15℃时正丁酸在水和苯中的分配系数 $K=1/3$，用苯 100mL 一次萃取后在水中剩余量为

$$W_1=4\times(1/3\times100)/(1/3\times100+100)=1.0(\text{g})$$

如果将 100mL 苯分为三次萃取，则剩余量为

$$W_3=4\times[(1/3\times100)/(1/3\times100+33.3)]^3=0.5(\text{g})$$

从上面的计算可以看出，100mL 苯一次萃取可提取 3.0g(75%)的正丁酸，而分 3 次萃取可提取 3.5g，所以用同体积的溶剂分多次萃取比一次萃取的效果高得多，但当溶剂的总量不变时，萃取次数 n 增加，S 就要减小。例如，当 $n=5$ 时，$W_5=0.38\text{g}$，$n>5$ 时，n 和 S 这两个因素的影响几乎相互抵消。再增加 n，W_n/W_{n+1} 的变化很小，通过实际运算也可以证明这一点，所以一般同体积溶剂分 3～5 次萃取即可。

上面的结果也适用于由溶液中萃取出(或洗涤)杂质。

另外一类萃取剂(酸或碱)的萃取原理是利用其与被萃取物质发生化学反应，使有机物得到分离或从化合物中除去杂质。例如，用稀酸水溶液萃取胺类，或用稀碱溶液萃取有机酸，就是利用酸碱反应生成可溶于水的盐以促进分离。

3.8.2 液-液萃取

在有机化学实验中，常用的液-液萃取操作包括：①用有机溶剂从水溶液中萃取有机反应产物；②用水从反应混合物中萃取出酸、碱催化剂或无机盐类；③用稀碱或稀无机酸溶液萃取有机溶液中的有机酸或有机碱，使其与其他有机化合物分开。

1. 萃取溶剂的选择

利用萃取方法分离提纯有机化合物，得到满意结果的关键是选择出合适的萃取溶剂。萃取溶剂的选择应由被萃取化合物本身的性质决定。理想的萃取剂要具备以下条件：①与水不能互溶或发生化学反应；②对被萃取物的溶解度大，而对杂质的溶解度小；③沸点较低，萃取后用简单蒸馏容易除去；④有适宜的密度，毒性小，价格便宜，操作方便。一般难溶于水的物质用石油醚等萃取；较易溶的用苯或乙醚萃取；易溶于水的物质用乙酸乙酯或类似溶剂萃取。例如，用乙醚提取水中的乙二酸效果较差，改用乙酸乙酯则效果较好。由于乙醚几乎能溶解大多数有机物，沸点又低，因此乙醚是实验室中最常用的萃取剂，萃取效果好，但易燃，使用时必须

小心。上述条件可作为选择溶剂时的参考,事实上不可能全部满足。只要其中主要的条件满足要求,即使另一些不能满足也可采用。

常用的萃取剂有乙醚、苯、四氯化碳、氯仿、二氯甲烷、正丁醇、二氯乙烷、石油醚、乙酸乙酯等。

2. 间歇多次萃取

用分液漏斗进行萃取是实验室经常使用的操作之一。一般选择一个比萃取液大 1～2 倍体积的分液漏斗,把漏斗活塞及塞孔擦干,先在活塞的大端薄薄地涂上一层润滑脂,再在漏斗活塞孔的小端均匀地涂上一薄层润滑脂(注意:切勿涂得太多或使润滑脂进入活塞孔中,以免堵塞活塞孔,影响分液及沾污萃取液;若活塞为聚四氟乙烯塑料,可不涂润滑脂),塞好后向同一方向旋转数圈至透明,使润滑脂均匀分布,将活塞关闭好,加入一定量的水,上下摇动分液漏斗,检查塞子和活塞是否漏水,确认不漏后再使用。然后将漏斗放置在预先固定于铁架台上的铁圈中。漏斗中装入待萃取物的水溶液和萃取用溶剂(一般为溶液体积的 1/3),塞好塞子(此塞子不能涂油),应旋紧且密闭气孔,以免漏液。取下分液漏斗,如图 3.41(a)所示,用右手手掌顶住漏斗顶塞并握住漏斗,然后用左手的大拇指、食指和中指扣住活塞手柄,其他手指垫在塞座下面,以防活塞脱落。振摇时漏斗的活塞部分向上,并向上倾斜朝向无人处。开始振摇时要慢,每振摇几次后,立即用拇指和食指打开活塞放气[图 3.41(b)]。若振摇后不放气,塞子就可能被顶开而出现漏液。

(a)　(b)

图 3.41　持分液漏斗的方法(a)和分液漏斗放气的方法(b)

以乙醚萃取水溶液中的化合物为例,在振摇后乙醚可产生 300～500mmHg 的蒸气压,加上原来空气和水的蒸气压,漏斗中的压力就大大超过了大气压。如果不注意放气,塞子就可能被顶开出现漏液。放气后,关好活塞再振摇。如此重复多次,直至放气时只有很小的压力,再剧烈振摇 2～3min。将漏斗放回铁圈中,静置,使两液相分层,然后打开上面塞子或旋转上面的玻璃塞,调好放气孔,将下面活塞慢慢旋开,使下层液体从活塞放出(图 3.42)。注意分液漏斗的茎部要与接收器的内壁相接触,使液体沿瓶壁流下时不致溅出。右手握紧活塞手柄,左手握住活塞小端外筒,边转动活塞边往里推活塞,流速由快到慢。当两层液体界面刚进入活塞孔时,立即关闭活塞,上层液体从分液漏斗的上口倒出,切不可从下面活塞放出,以免被残留在颈下的第一种液体所污染。分离时一定要尽可能分离干净,有时在两液相之间可能出

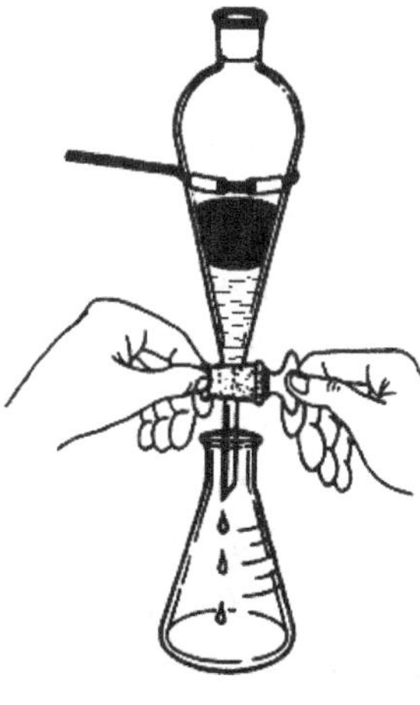

图 3.42　分层的方法

现的一些絮状物也应同时放出，然后将水溶液倒回分液漏斗中，再用新的萃取剂萃取。萃取次数取决于分配系数，一般为 3～5 次。将所有萃取液合并，加入适量合适的干燥剂进行干燥，然后蒸去溶剂，萃取后所得有机物视其性质确定纯化方法。

水层和有机层在漏斗中的相对位置由其密度而定。例如，乙醚比水轻，而氯仿比水重。当溶剂中溶解大量溶质时，相对密度可能发生改变。若对液层判别不清，应取几滴下层溶液加到盛有几滴水的试管中检验，看其是否溶解于水就能确定。通常在尚未确定之前，任何一层都不要匆忙倒掉，以免判断失误。

应当注意，上述操作方法虽然简便，但如果疏忽了某一操作环节就会造成实验失败。例如，①分液漏斗不配套或活塞润滑脂未涂好造成漏液或无法操作；②有时对溶剂和溶液体积估计不准，使分液漏斗装得过满，振摇时不能充分接触，影响了该化合物对溶液的分配过程，因而降低了萃取效果；③忘记把玻璃活塞关好，即将溶液倒入，待发现后已部分流失；④振摇时，塞子未旋紧或上口气孔未封闭，致使溶液漏出，或者不经常开启活塞放气，漏斗内压力增大，溶液自玻璃塞缝隙漏出，甚至冲掉塞子，溶液流失，损坏漏斗，严重时会造成爆炸事故，特别是当使用碳酸钠时，容易产生二氧化碳，就更应注意放气；⑤放气时，尾部如果对着人，有害气体会造成伤害事故；⑥静置时间不够，未待两液相分层清晰就忙于分出下层，不但没有达到萃取的目的，反而使杂质混入；⑦上下两层，由于事先未了解哪一层是需要的产品，误将产品放掉，一般在未弄清楚之前，应将两层分别保存，待确认后再弃去不需要的液层。以上这些问题在操作过程中会经常发生，要求实验者时刻加以注意。

萃取某些含有碱性或表面活性较强的物质时，常会产生乳化现象。有时由于存在少量轻质沉淀，溶剂部分互溶，两液相密度相差较小时，都不能使两液相很清楚地分开。这时应采取下列方法破除乳化现象：

(1) 较长时间静置。

(2) 若溶剂与溶液能部分互溶而发生乳化现象，可加入少量电解质（如氯化钠），利用盐析作用加以破坏，在两相密度相差较小时，加入氯化钠也可以加大水相的密度。

(3) 若因碱性物质存在而产生乳化现象，常加入少量稀硫酸或采用过滤等方法消除。

(4) 滴加数滴醇类化合物（如丁醇、戊醇），以改变表面张力，破坏乳状液；或加入少量破乳剂进行破乳。

若利用化学反应进行萃取，其操作方法和上面所述相同。利用 5%氢氧化钠、5%或 10%碳酸钠（碳酸氢钠）溶液等碱性萃取剂，可从有机相中分出有机酸（转变成水溶性钠盐）或除去酸性杂质。相反，利用稀盐酸、稀硫酸等酸性萃取剂，可从有机相中萃取出有机碱性物质或除去碱性杂质。此外，应用浓硫酸可从饱和烃中除去不饱和烃，或从卤代烃中除去醇及醚等。

使用分液漏斗时应当注意：分液漏斗的活塞要用细绳子套扎在漏斗身上，以免滑出或调错；放在烘箱中烘干时，应将活塞取下；用碱液萃取后一定要及时洗干净，在塞子和磨口之间应垫上纸片，以防粘住。

3. 连续萃取

实验室也常采用连续萃取，主要是当有些化合物在原有溶剂中比在萃取溶剂中更易溶解时，必须使用大量溶剂进行多次萃取。这时用多次间歇萃取效果较差，且操作烦琐，损失大。为了提高萃取效果，减少溶剂用量和化合物的损失，多采用连续萃取装置，使溶剂在进行萃取后能自动流入加热器，受热气化、冷凝变成液体后再进行萃取，如此循环即可萃取大部分物质。

此法萃取效率高，溶剂用量少，操作简便，损失较小，唯一的缺点是萃取时间长。使用连续萃取方法时，根据所用溶剂的密度大于或小于被萃取溶液密度的条件，应采用不同的实验装置，如图 3.43 所示，但它们都是基于同一原理。

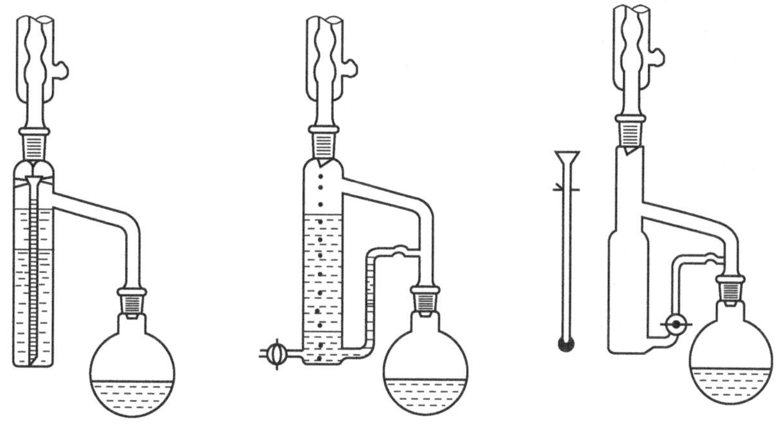

(a)
较轻溶剂萃取较重溶液中物质的装置

(b)
较重溶剂萃取较轻溶液中物质的装置

(c)
兼具(a)和(b)功能的装置

图 3.43　连续萃取装置

4. 微量萃取

需要萃取的物质量很少时，可以采用微量萃取技术进行萃取，如图 3.44 所示。具体的操作方法是：把萃取剂和待萃取物加入一支合适的离心试管中，再插入滴管，通过挤压滴管上的橡胶滴头反复吸放，使互不相溶的两相充分接触(相当于分液漏斗的振摇)，静置分层后，用滴管将有机相吸出，转移至另一离心试管中。如此反复几次，将有机相合并，干燥，蒸除溶剂。如果滴管吸入混合液，可待管中液体静置分层后再将两层液体分别滴入不同的离心试管中，或将离心试管加塞后振荡使其充分混合，注意随时开塞放气。也可以在 5～10mL 梨形瓶中，通过磁子搅拌达到萃取的目的。

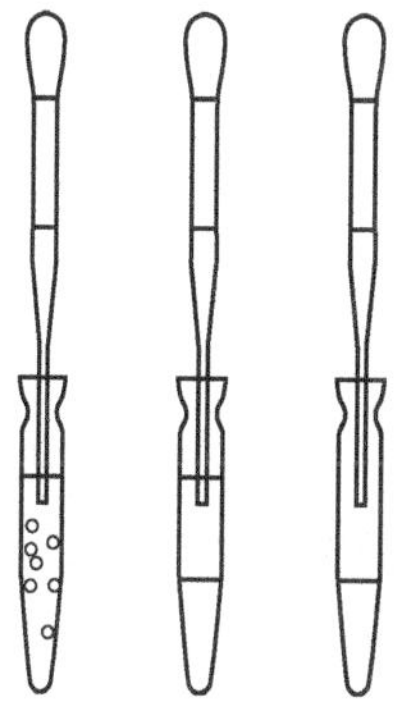

图 3.44　微量萃取装置

3.8.3　液-固萃取

从固体中萃取有机化合物有冷浸、渗漉及加热提取等方法。前两种方法常用于天然产物的萃取，因为它是靠溶剂的长期浸润溶解，将有机物冷浸出来。但此法效率不高，需要时间长，溶剂用量大，所以实验室不常采用。加热提取法有一次式的加热回流提取及多次式的连续萃取。为了节约溶剂，使萃取更加完全，实验室中常用索氏(Soxhlet)提取器(或称脂肪提取器)进行连续萃取，如图 3.45 所示。它是利用溶剂加热回流及虹吸原理，使固体物质连续多次地被溶解萃取，而且每次均被新鲜溶剂所萃取，因此萃取效率高。萃取前应将固体物质研细，以增加固液接触面积。然后将固体物质放入滤纸筒内(将滤纸卷成圆柱状，直径略小于提取筒的内径，下端用线扎紧)，轻轻压实，上面盖一小圆形滤纸，然后将其放入萃取筒内。向烧瓶中加入溶剂及沸石，装上冷凝管，加热烧瓶使溶剂沸腾，溶剂蒸气经冷凝管冷凝成液体并滴入提取筒中，当液面超过虹吸管顶端后，萃取液自动流入烧瓶中，萃取出部分物质。再次蒸发溶剂，如此循环，直至被萃取物质大部分被萃取为止。固体中可溶性物质富集于烧瓶中，然后用蒸馏法回收溶剂，将萃取物质从溶液中分离出来。

在用索氏提取器提取过程中应注意调节温度，因为随着提取过程的进行，蒸馏瓶内的液体不断减少，当从固体物质中提取出来的溶质较多时，温度过高会使溶质在瓶壁上结垢或炭化。此外，由于被萃取物要在烧瓶中长时间受热，对于受热易分解或易变色的物质就不宜采用这种方法。萃取时，所使用溶剂的沸点也不宜过高。

对于少量固体物质的提取，可选用图 3.46 所示的微量固-液萃取装置。

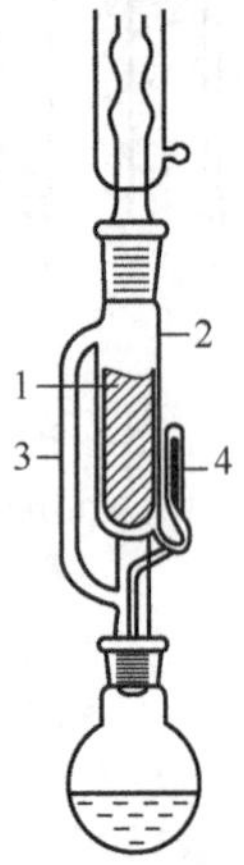

图 3.45　索氏提取器

1. 滤纸筒；2. 提取器；3. 侧管；4. 虹吸管

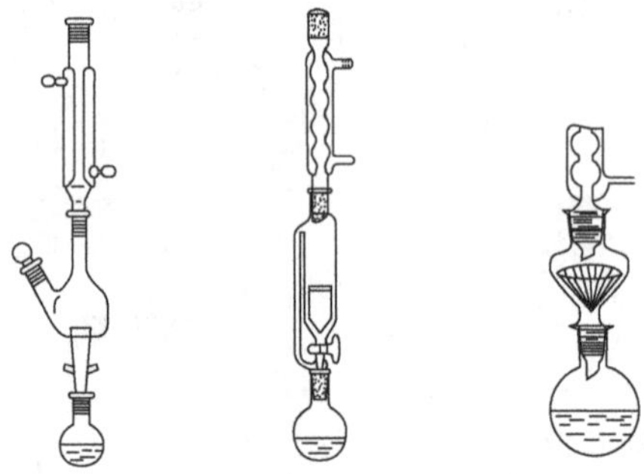

图 3.46　微量固-液萃取装置

3.9　干　燥

干燥就是用适当方法除去固体、液体和气体中含的少量水分和少量有机溶剂。在实验室中，干燥是常用的重要操作之一，虽然简单，但如果做得不合要求，无论在反应过程中还是在纯化产品时都会影响结果。在合成实验中，要求非常干燥的条件很多，不仅所用的原料、溶剂和仪器需要干燥，而且还要防止空气中的湿气进入反应器。例如，制备格氏试剂时，要求在无水、无醇的干燥乙醚中进行，为了防止空气中的水和二氧化碳侵入，还必须在冷凝管上端安装碱石灰或无水氯化钙干燥管，否则将影响产品的质量和产量，严重时得不到预期的产品，导致整个实验失败。分析某个化合物之前，也必须进行干燥，否则分析结果不准。因此干燥操作必须严格要求，认真对待。

3.9.1　基本原理

干燥的方法大致可分为物理方法和化学方法两种。物理方法又有吸附、分馏、共沸蒸馏、冷冻和加热等。

物理吸附常用的干燥剂有硅胶、氧化铝、离子交换树脂和分子筛等，它们通过活性表面吸附水分子。物理吸附是可逆的，吸附和解吸速度都很快，且一般不受温度影响，所以这类干燥剂不仅具有效率高和速度快的优点，而且能在较高温度下进行干燥，使用过的干燥剂经高温解吸后还可重新使用。粒状硅胶的吸水容量为 75%，饱和水分后由深蓝色变为粉红色，主要用于干燥器、干燥管和干燥塔中。氧化铝的最大吸水量约为 10%，因其除水效率高，常用于痕量水的最后干燥。此外，它还能有效地吸附醚和烃类中的过氧化物，只需将它们流过一根合适的氧化铝的柱子即可。离子交换树脂是一种不溶于水、酸、碱和有机溶剂的高分子聚合物。例如，苯磺酸钾型离子交换树脂内有很多孔隙，可以吸附水分子，使用后将其加热到 150℃以上，被吸附的水分子又被释放，可以反复使用。分子筛是多水硅铝酸盐的晶体，当把它加热到一定温度时，水脱去，晶体内部形成许多孔径大小均一的孔道和占本身体积一半左右的许多孔穴，允许小的分子“躲”进去以达到不同大小的分子“筛分”的目的。

4A 型分子筛是一种硅铝酸钠，其化学组成是 $Na_{12}[AlO_{12}(SiO_2)_{12}]\cdot 27H_2O$，微孔的表观直径约为 4.2Å，能吸附直径为 4Å 的分子。

5A 型分子筛是硅铝酸钙钠，其化学组成是 $Ca_4\cdot Na_{12}[AlO_{12}(SiO_2)_{12}]\cdot 30H_2O$，微孔的表观直径约为 5Å，能吸附 5Å 的分子，因此也能吸附直径为 3Å 的水分子和直径为 4.9Å 的最小的有机化合物甲烷分子。吸附水分子后的分子筛可加热至 350℃以上，经解吸后重新使用。分子筛干燥效果好，选择性高，可在 pH 5～12 的介质中使用。新购买的分子筛使用前应活化脱水，活化温度为(550±10)℃，加热 2h，活化后待温度降到 200℃左右应立即取出放在干燥器内备用。分子筛用于除去微量水分，若水分过多，则应用其他干燥剂先进行去水后再用分子筛干燥。表 3.5 列出了几种最常用的分子筛，供选用时参考。

表 3.5　几种常用分子筛的吸附性能

类型	孔径/Å	可以吸附的分子
3A	3.2～3.3	N_2、O_2、H_2、H_2O
4A	4.2～4.7	CH_3OH、C_2H_5OH、CH_3CN、CH_3NH_2、CH_3Cl、CH_3Br、CO_2、C_2H_2、CS_2、CO、NH_3、CH_4、C_2H_6、He、Ne、Ar、Kr、Xe 以及可被 3A 分子筛吸附的物质
5A	4.9～5.5	C_3～C_{14}正构烷烃、CH_3F、C_2H_5Cl、C_2H_5Br、$(CH_3)_2NH$、$C_2H_5NH_2$、CH_2Cl_2、C_2H_6、CH_3Cl 以及可被 3A、4A 分子筛吸附的物质
13X	9～10	小于 10Å 的各种分子

化学方法是以干燥剂和水反应。按其除水作用又可分为两类：①能与水可逆地结合生成水合物，如无水氯化钙、无水硫酸镁等；②与水发生化学反应生成新的化合物，如金属钠和五氧化二磷等。实验室应用较广泛的是第一类干燥剂，下面以无水硫酸镁为例讨论这类干燥剂的使用。

在装有压力计的真空容器中，加入一定量的无水硫酸镁，保持室温为 25℃，缓缓加入水分，结果得到不同的水蒸气压力。这些结果可以用蒸气压-组成图来表示(图 3.47)。A 点为起始状态，当加入水后，水蒸气压力沿 AB 线上升至 B 点，此时开始有硫酸镁一水合物 $MgSO_4\cdot H_2O$ 生成。在此体系中再加入水，压力沿 BC 可保持不变，直到无水硫酸镁全部转变为硫酸镁一水合物为止。这种转变在 C 点开始形成硫酸镁二水合物 $MgSO_4\cdot 2H_2O$，此时存在两种固体 $MgSO_4\cdot H_2O$ 和 $MgSO_4\cdot 2H_2O$ 间的平衡，压力保持恒定，直至硫酸镁一水合物全部转变为二水合物(E 点)为止。依此类推，压力上升至 E 点，开始形成四水合物 $MgSO_4\cdot 4H_2O$，最后至 M 点全部形成了七水合物 $MgSO_4\cdot 7H_2O$。若用七水合物在恒温(25℃)下抽真空渐渐移去水分，也可获得相同的曲线，这些结果可用下列平衡式表示：

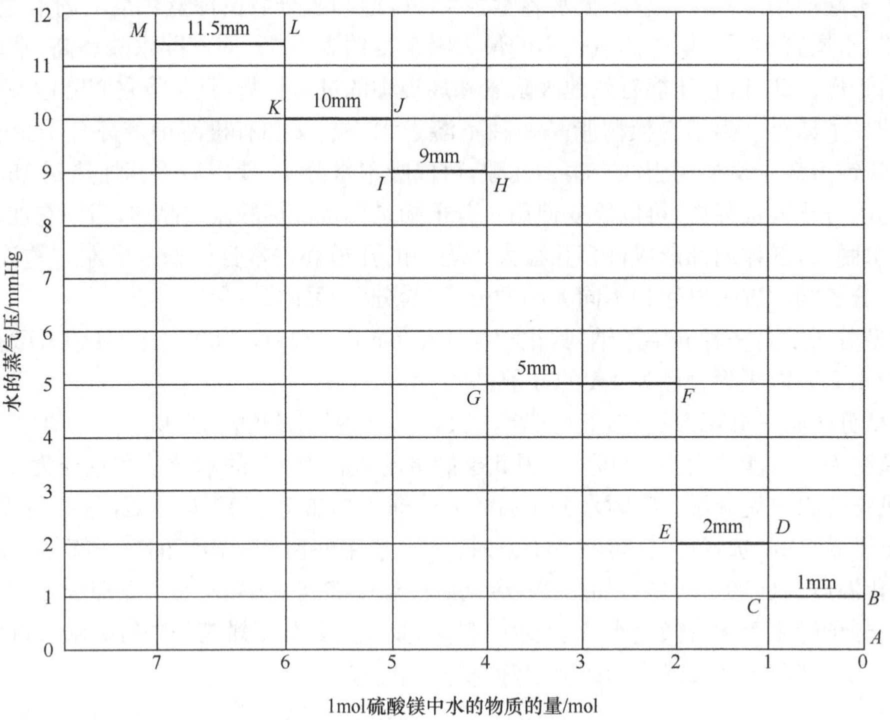

图 3.47　含有不同结晶水硫酸镁的蒸气压-组成图

$$MgSO_4 + H_2O \rightleftharpoons MgSO_4 \cdot H_2O \qquad 1mmHg$$
$$MgSO_4 \cdot H_2O + H_2O \rightleftharpoons MgSO_4 \cdot 2H_2O \qquad 2mmHg$$
$$MgSO_4 \cdot 2H_2O + 2H_2O \rightleftharpoons MgSO_4 \cdot 4H_2O \qquad 5mmHg$$
$$MgSO_4 \cdot 4H_2O + H_2O \rightleftharpoons MgSO_4 \cdot 5H_2O \qquad 9mmHg$$
$$MgSO_4 \cdot 5H_2O + H_2O \rightleftharpoons MgSO_4 \cdot 6H_2O \qquad 10mmHg$$
$$MgSO_4 \cdot 6H_2O + H_2O \rightleftharpoons MgSO_4 \cdot 7H_2O \qquad 11.5mmHg$$

所谓 1mmHg 的压力是指在 25℃，硫酸镁一水合物和无水硫酸镁平衡状态时水的蒸气压，它与两者的相对量没有关系。当温度变到 50℃时，上述体系平衡水蒸气压就要上升。

从以上叙述，可以得出应用这类干燥剂的几个特点：

(1) 因为是可逆反应，所以不能将水完全除尽。若用无水硫酸镁干燥含水的有机液体，无论加多少量的无水硫酸镁，在 25℃时所能达到的最低水蒸气压为 1mmHg，也就是说全部除去水分是不可能的。若加入过多的干燥剂，不但不能提高干燥效果，反而使有机液体被吸附，损失加大；若加入的量不足，则不能达到一水合物，其蒸气压比 1mmHg 高，干燥效果不好。因此，干燥剂的加入量要适当，一般为 1%。

(2) 含水量越少，干燥效果越好，这就决定了这类干燥剂只适用于干燥含有少量水的液体有机物。如果含大量水，必须在干燥前设法除去。例如，在萃取时一定要先将水层尽可能分离干净后才能使用干燥剂干燥，否则就不能达到干燥的目的。

(3) 温度升高使平衡向脱水方向移动，所以在蒸馏前就必须将干燥剂滤除。

(4) 这类干燥剂形成水合物到达平衡需要一段时间，因此加入干燥剂后，都要放置一段时间，有时要数小时。

与水作用形成新化合物的这一类干燥剂，如五氧化二磷、氢化钙、氧化钙、金属钠和镁等，它们与水发生不可逆反应，干燥效率高，速度快。这类干燥剂专门用于有机化合物的彻底干燥。

$$CaO + H_2O \xlongequal{} Ca(OH)_2$$

$$2Na + 2H_2O \xlongequal{} 2NaOH + H_2\uparrow$$

另外，这一类干燥剂与水的反应产物在较高温度下都相当稳定，干燥后不必将干燥剂滤除，可直接进行蒸馏。但这类干燥剂吸水容量较小，且价格较贵，所以通常先用第一类干燥剂进行初步干燥后，再用此类干燥剂除去残留的痕量水分。而且只有在需要彻底干燥的情况下才使用这类干燥剂。

制备无水乙醇时，单用钠不能完全除去乙醇中含有的少量水分，因为乙醇钠与水的反应是可逆的：

$$C_2H_5ONa + H_2O \rightleftharpoons NaOH + C_2H_5OH$$

因此必须加入酯，如邻苯二甲酸二乙酯或乙二酸二乙酯，使上述反应平衡向右移动，才能制得含水量低于 0.01%的无水乙醇。应当注意，金属钠通常以钠片或钠丝的形式使用，在干燥过程中为了使产生的氢气逸出，同时防止潮气侵入，在容器上应装配氯化钙干燥管。

3.9.2　液体有机化合物的干燥

从水溶液中分离出的液体有机物常含有少量水，如不干燥脱水，直接蒸馏可能与水形成共沸混合物，使前馏分增多，还有可能与有机物发生水解等化学反应，所以蒸馏前一般都要进行干燥。

1. 共沸除水

利用蒸(分)馏和生成共沸混合物的方法除去少量水分或溶剂。共沸除水的方法在工业上已获得广泛应用。许多液体有机物能与水形成二元、三元、四元共沸混合物，可用共沸蒸馏法除去其中的水分；当共沸物的沸点与其有机组分的沸点相差不大时，可采用分馏法干燥。共沸点均低于该溶剂本身的沸点，因此当共沸混合物蒸馏完毕时，剩下的就是无水溶剂。例如，无水苯沸点为 80.3℃，由 29.6%水和 70.4%苯组成的共沸混合物在 69.3℃沸腾，若蒸馏含有少量水的苯，则上述组成的混合物首先被蒸出，最后蒸出无水苯。当用二元共沸混合物不能使液体干燥时，可向混合物中加入能形成三元共沸物的液体，如将苯加入 95%乙醇中，经过分馏(理论塔板数不少于 10)后，可得到无水乙醇。此法还可用于除去反应过程中生成的水或醇(如酯化反应)，以达到提高产率的目的。

2. 使用干燥剂除水

液体有机化合物的干燥，除上述方法外，还通常将干燥剂直接与其接触。为了有效地进行干燥，选择干燥剂时必须注意以下几个问题：

(1) 选用干燥剂应与被干燥的液体有机化合物不发生化学反应，不溶解于该有机物中。例如，酸性化合物不能用碱性干燥剂，同样碱性化合物不能用酸性干燥剂。有些干燥剂能与被干燥的有机液体生成配合物，所以也不能用来干燥该类化合物。强碱性干燥剂(如氧化钙、氢氧化钠)能催化某些醛和酮类发生化学反应如自动氧化反应，也可使酯或酰胺发生水解反应。

所以在选择干燥剂应注意其应用范围。常用干燥剂见表 3.6。

表 3.6　各类有机物常用干燥剂

化合物类型	干燥剂
烃	$CaCl_2$、$CaSO_4$、P_2O_5、Na（不能用于烯烃）
卤代烃	$CaCl_2$、$CaSO_4$、$MgSO_4$、Na_2SO_4、P_2O_5
醇	K_2CO_3、$MgSO_4$、CaO、Na_2SO_4、$CaSO_4$、Mg(加少量 I_2催化)
醚	$CaCl_2$、Na、$CaSO_4$、$MgSO_4$、P_2O_5
醛	$CaSO_4$、$MgSO_4$、Na_2SO_4
酮	K_2CO_3、$CaCl_2$、$MgSO_4$、Na_2SO_4、$CaSO_4$
酸、酚	$MgSO_4$、Na_2SO_4、$CaSO_4$
酯	$CaSO_4$、$MgSO_4$、Na_2SO_4、K_2CO_3
胺	KOH、NaOH、K_2CO_3、CaO
硝基化合物	$CaCl_2$、$MgSO_4$、Na_2SO_4、$CaSO_4$

(2) 使用干燥剂时，同时要考虑干燥剂的干燥能力(吸水容量)、干燥效能和干燥速度。吸水容量是指单位质量干燥剂所吸收的水量；干燥效能是指达到平衡时液体干燥的程度。对于形成水合物的无机盐干燥剂，常用吸水后结晶水的蒸气压来表示。例如，硫酸钠形成 10 个结晶水的水合物，其吸水容量达 1.25，在 25℃时水蒸气压为 1.92mmHg。氯化钙最多能形成 6 个结晶水的水合物，其吸水容量为 0.97，在 25℃水蒸气压为 0.30mmHg。因此，硫酸钠的吸水容量较大，但干燥效能弱，而氯化钙吸水容量较小，但干燥效能较强。在干燥含水量较大而又不易干燥的化合物时，常先用吸水量较大的干燥剂除去大部分水，再用干燥效能较强的干燥剂。当然在选用干燥剂时还要注意其他一些因素。常用干燥剂的性能与应用范围见表 3.7。

(3) 干燥剂的用量。根据水在液体中的溶解度和干燥剂的吸水量可以计算出干燥剂的最低用量。例如，室温时水在乙醚中的溶解度为 1%～1.5%，若用氯化钙干燥 100mL 含水的乙醚，用氯化钙的吸水容量为 0.97 可以算出至少需要氯化钙 1～1.5g，但实际用量却远超过最低用量，才能使干燥完成。这是因为干燥乙醚是可逆过程，乙醚中的水分不可能完全除尽；另外，要得到最高水合物需要的时间很长，因此往往不能达到它应有的吸水量，所以干燥剂的实际用量大大超过计算用量。干燥其他的有机液体时，通过查阅手册可以了解水在其中的溶解度，从而估计干燥剂的用量。由于干燥剂同时吸收一部分有机液体，影响产品的产量，所以干燥剂的用量应有所控制。必要时可先加入少量干燥剂静置一段时间，过滤后再加入新的干燥剂，或先用吸水量较大的干燥剂干燥，过滤后再用干燥性能强的干燥剂，一般 10mL 样品需加入干燥剂 0.5～1.0g。由于液体中水分含量的不同，干燥剂的质量、颗粒大小和干燥温度不同，实际操作中难以确定具体的数量，但上面介绍的条件对选择干燥剂具有重要的参考价值。

(4) 干燥时的温度。对生成水合物的干燥剂，应当注意，加热虽然可以加快干燥速度，但远不如水合物放出水的速度快，因此干燥通常在室温下进行，蒸馏前应将干燥剂滤去。

表 3.7　常用干燥剂性能与应用范围

干燥剂	吸水作用	吸水容量	干燥性能	干燥速度	水合物与温度的关系		应用范围
					温度/℃	水合物	
氯化钙	$CaCl_2 \cdot nH_2O$ $n=1,2,4,6$	0.97 按 $n=6$ 计算	中等	较快，吸水后表面为薄层液体覆盖，故放置时间长些为宜	<30 <45	$CaCl_2 \cdot 6H_2O$ $CaCl_2 \cdot 4H_2O$	能与醇、酚、胺、酰胺及某些醛、酮形成配合物，因而不能用来干燥这些化合物，工业品中可能含有氢氧化钙和碱或氧化钙，故不能用来干燥酸类
硫酸镁	$MgSO_4 \cdot nH_2O$ $n=1,2,\cdots,7$	1.05 按 $n=7$ 计算	较弱	较快	<19 <38	$MgSO_4 \cdot 7H_2O$ $MgSO_4 \cdot 6H_2O$	中性，应用范围广，可代替氯化钙，并可用于干燥酯、醛、酮、酰胺等不能用氯化钙干燥的化合物
硫酸钠	$Na_2SO_4 \cdot nH_2O$ $n=7,10$	1.25 按 $n=10$ 计算	弱	缓慢	<32 <52	$Na_2SO_4 \cdot 7H_2O$ $Na_2SO_4 \cdot 10H_2O$	中性，一般用于有机液体的初步干燥
硫酸钙	$CaSO_4 \cdot nH_2O$ $n=1/2,2$	0.06 按 $n=1/2$ 计算	强	快	<38 <80	$CaSO_4 \cdot 2H_2O$ $CaSO_4 \cdot H_2O$	中性，常与硫酸镁(钠)配合，用于最后干燥
碳酸钾	$K_2CO_3 \cdot nH_2O$ $n=1/2,2$	0.20 按 $n=2$ 计算	较弱	慢			弱碱性，适用于干燥醇、酮、酯、胺及杂环等碱性化合物，不适用于酸、酚及其他酸性化合物
氢氧化钾(钠)	溶于水		中等	快			强碱性，适用于干燥胺、杂环等碱性化合物，不能用于干燥醇、酯、醛、酮、酸、酚等
金属钠	$Na+H_2O \longrightarrow NaOH+1/2H_2$		强	快			限于干燥醚、烃等中痕量水，用时切成小块或压成钠丝
氧化钙	$CaO+H_2O \longrightarrow Ca(OH)_2$		强	较快			适用于干燥低级醇类
五氧化二磷	$P_2O_5+3H_2O \longrightarrow 2H_3PO_4$		强	快，但吸水后表面为黏浆液覆盖，影响进一步干燥			适用于干燥醚、烃、卤代烃、腈等中的痕量水分，不适用于醇、酸、胺、酮等
分子筛	物理吸附	约 0.25	强	快			适用于各类有机物的干燥

3. 实验步骤

1) 常量液体的干燥

在加入干燥剂前，应尽可能将被干燥液体内的水分离干净，不应有任何可见的水层及悬浮水珠。将该液体置于干燥洁净的锥形瓶中，加入颗粒大小合适、均匀的干燥剂，用塞子塞紧，并不时振摇加速达水合平衡。若发现有水层，必须将水层分去或以吸管将水吸去，再加入一点干燥剂。若干燥剂附在瓶壁互相黏结，通常是因为干燥剂用量不够，应补加。放置半小时以上，最好过夜。有时在干燥前，液体出现浑浊，经干燥后变为澄清透明液，且干燥剂棱角分明，不粘瓶壁，流动性好，这可作为水分基本除去的标志。当然也有液体虽然澄清透明，但不一定说明不含水分，因为澄清透明与否和水在有机液体中的溶解度有关。将已干燥的有机液体通过装有一小团脱脂棉或折叠滤纸的漏斗直接滤入蒸馏瓶中进行蒸馏。必要时，可用少量干燥溶剂迅速洗涤干燥剂，将洗液和滤液合并。干燥后的液体进行蒸馏或其他处理时，都应根据无水操作的要求进行。仪器装置中凡是与大气相通处，均应装上合适的干燥管，以防潮气侵入。

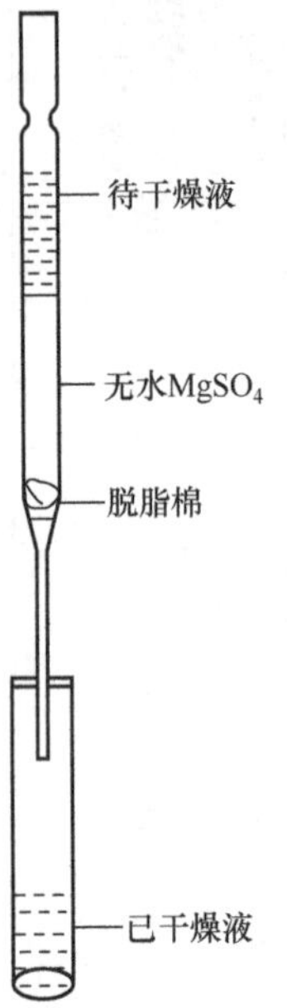

图 3.48　微量液体的干燥

2) 微量液体的干燥

有时需干燥物质的量很少，但又要求干燥效果好，损失少，可采用干燥柱干燥。将一小团脱脂棉用干净的细铁丝塞入滴管细口端，将合适的干燥剂均匀填入柱内，制成干燥柱，如图 3.48 所示。先用干燥溶剂湿润柱体，再将溶有待干燥物质的溶液通过干燥柱，最后用少量干燥溶剂淋洗，并用橡胶滴头挤压尽量除尽吸附剂中的溶液，蒸除溶剂即得干燥后的物质。

3.9.3　固体有机化合物的干燥

固体有机化合物的干燥主要是指除去残留在固体上的少量低沸点溶剂，如水、乙醚、丙酮、苯等。由于固体有机物的挥发性较溶剂小，所以可采用蒸发和吸收的方法来达到干燥的目的。蒸发的方法有自然干燥和加热干燥。有时蒸发和吸收两法同时并用，如真空恒温干燥器。

1. 自然干燥

自然干燥是最经济、最方便的方法。但注意，被干燥的固体有机物应该稳定、不分解、不吸潮。干燥时，要把被干燥固体放在表面皿或其他敞口容器中，尽量摊成薄层，再盖上滤纸，防止灰尘落入，然后在室温下放置直到干燥为止。

2. 加热干燥

为了加快干燥，对于熔点较高且遇热不分解、不易燃的固体，可使用红外灯、烘箱、红外线或微波干燥。加热温度应低于固体有机物的熔点，并不时翻动，不能有结块现象，放有温度计以便控制温度。红外线穿透性很强，能使溶剂从固体内部的各个部分蒸发出来，因此比普通加热(溶剂从固体表面蒸发)干燥快。微波干燥是利用微波与水、极性溶剂、被处理的物质等分子间的相互作用，吸收微波能使自身发热，整个物料同时被加热。微波能在瞬间渗透到被加热物体中，无需热传导过程，数分钟就能把微波能转换为物质的热能，因此加热速度快、干燥效率高。用烘箱或微波干燥时，必须注意样品中不得含有易燃溶剂，而且要严格控制温度以免样品炭化或着火。当被干燥的物质数量较大时，可采用真空恒温干燥箱，其优点是使样品维持在一定的温度和真空下进行干燥，干燥量大，效率高。

3. 干燥器干燥

对易分解、吸潮或升华的有机固体化合物，不能用上述方法干燥，应放在干燥器内用干燥剂干燥，一般采用以下三种干燥器：

(1) 普通干燥器。一般适用于保存易潮解或升华的样品，但干燥效率不高，所费时间长。干燥剂通常放在多孔瓷板下面，待干燥的样品放在于表面皿或培养皿中，置于瓷板上面[图 3.49(a)]。所用干燥剂由被除去溶剂的性质而定，具体见表 3.8。

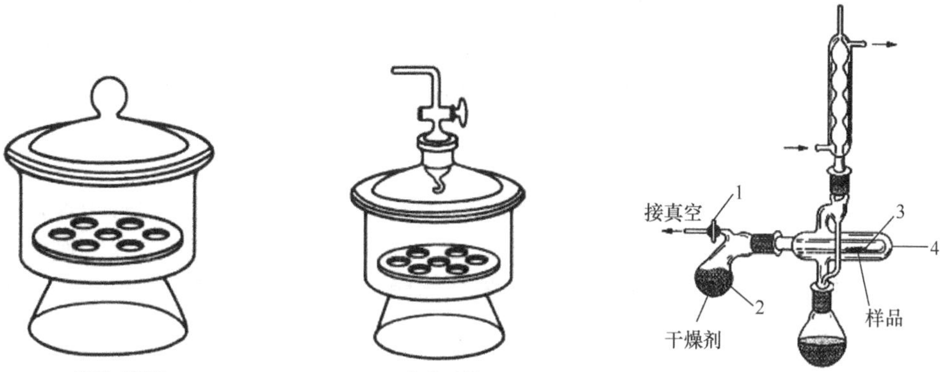

(a) 普通干燥器　(b) 真空干燥器　(c) 真空恒温干燥器

1.真空活塞；2.容器；3.夹层；4.加热夹套

图 3.49　干燥器

表 3.8　干燥器内常用的干燥剂

干燥剂	除去的溶剂或杂质
氧化钙	水、酸
氯化钙	水、醇
硅胶	水
分子筛	水、残余溶剂(小分子)
氢氧化钠	水、酸蒸气、醇
硫酸	水、醇、酸(不适用于真空干燥器)
五氧化二磷	水、醇、酸
石蜡片	烃类、醇、醚、氯仿、四氯化碳、苯、甲苯

(2) 真空干燥器。它比普通干燥器干燥效率高，如图 3.49(b)所示。真空干燥器的盖子上有一玻璃活塞，用以抽真空，常用水泵抽气，需接上安全瓶，以免在水压变化时使水倒吸入干燥器内。活塞下端的玻璃管呈弯钩状，口向上，这样可防止在通入大气解除真空取样时，因空气流入太快将固体吹散。当然最好在放试样的皿上加盖。当停止抽真空时，应先关闭干燥器上的活塞，然后打开安全瓶上的活塞，再关水泵。对空气敏感的物质，可通入氮气保护。显然，这种干燥器不适用于升华物质的干燥。

(3) 真空恒温干燥器。真空恒温干燥器俗称干燥枪[图 3.49(c)]，适用于少量物质的干燥，干燥效率很高，可除去结晶水或结晶醇，常用于元素定量分析样品的干燥。使用时将装有待干燥样品的小试管或小舟放入夹层中，带有真空活塞的容器内放置五氧化二磷，并混杂一些玻璃棉。圆底烧瓶中盛有机溶剂，其沸点必须低于固体样品的熔点。通过真空活塞接水泵抽真空，达一定真空度时，关闭活塞，停止抽气。加热圆底烧瓶中的溶剂至回流，利用溶剂蒸气加热夹套，使样品在真空和恒温的干燥室内干燥。每隔一定时间再抽气，以便及时排除样品中挥发的溶剂蒸气，同时使干燥室内保持一定的真空度。干燥完毕先移去热源，待温度降至接近室温时，缓慢地解除真空，将样品取出置于普通干燥器中保存。

4. 真空冷冻干燥

真空冷冻干燥就是把含有大量水分的有机物先在低温(－50～－10℃)下冻结成固体，然后利用冰的水蒸气压力较高的性质，在真空(1.3～13Pa)条件下使水蒸气直接从固体中升华出来，最终使有机物脱水成固体或粉末的干燥技术。真空冷冻干燥的基本原理与升华相似，多用于受热易破坏或易吸潮的有机物质的干燥，该法已广泛应用于生产。

3.9.4　气体的干燥

有机实验中有气体参加反应时，常需要将气体发生器或钢瓶中的气体通过干燥剂进行干燥。固体干燥剂一般装在干燥管、干燥塔(图 3.50)或大的 U 形管内；液体干燥剂则装在各种形式的洗气瓶(图 3.51)内。具体要根据被干燥气体的性质、用量、潮湿程度以及反应条件选择不同的干燥剂和仪器装置。常用的气体干燥剂见表 3.9。

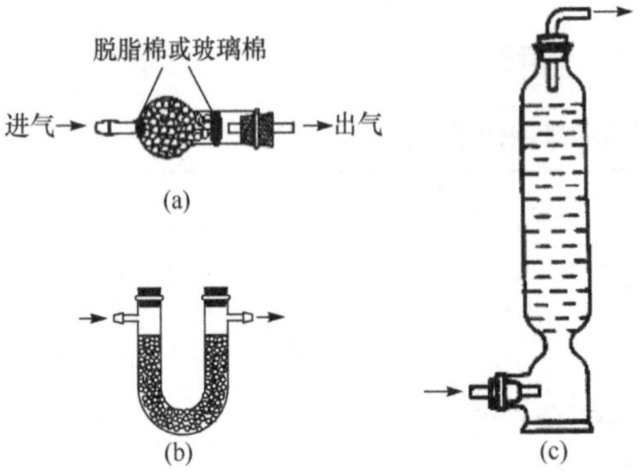

图 3.50　干燥管和干燥塔

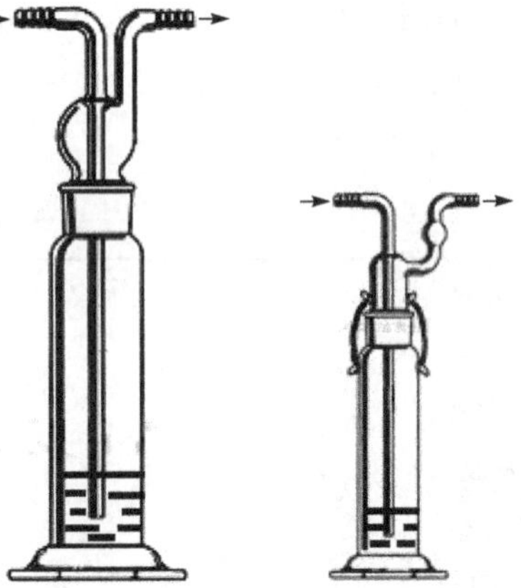

图 3.51　洗气瓶

表 3.9　常用的气体干燥剂

干燥剂	可干燥的气体
CaO、碱石灰、NaOH、KOH	CH_3NH_2、NH_3等碱性气体
$CaCl_2$	低级烷烃、烯烃、醚、卤代烃、N_2，H_2，O_2、HCl、SO_2、CO_2、CO
P_2O_5	N_2、H_2、O_2、SO_2、CO_2、烷烃、乙烯
浓 H_2SO_4	N_2、H_2、HCl、Cl_2、CO_2、烷烃
$CaBr_2$、$ZnBr_2$	HBr

为了干燥效果好，操作安全，应注意以下几点：

(1) 用无水氯化钙、生石灰、钠石灰等固体干燥剂干燥气体时，干燥剂颗粒大小要适当，颗粒太大，气体与干燥剂接触面小，干燥效果不好；颗粒太小，容易堵塞，一般以黄豆粒大小为宜。填装时切勿装得太紧密，要留有空隙。

(2) 液体干燥剂用量要适当，太少将影响干燥效果，过多则压力大，气体不易通过，体系有被密封的危险。如果干燥要求高，可同时连接两个或更多的干燥装置。根据被干燥气体的性质，可放相同的干燥剂或两种不同的干燥剂。用洗气瓶时，其进口管与出口管不能接错，并控制通入气体的速度。为了防止发生倒吸，在洗气瓶与反应容器之间应连接安全瓶。尤其应注意的是，当开启气体钢瓶时，应先调整好气流速度，再通入反应瓶中，切不可开大钢瓶直接通入瓶中，以免气流太急，发生危险；在停止通气时，应减慢气流速度，先把反应瓶与安全瓶分开，再关闭钢瓶。干燥剂还可继续再用，用毕后应随即将通路塞住，以防吸潮。

(3) 在一些要求无水的有机反应或蒸馏中，为了防止大气中的水汽侵入，装置中凡是与空气相通的地方均应安装干燥装置。

第 4 章　有机化学实验常用色谱技术

色谱法(chromatography)是近代广泛用于分离、纯化和鉴定有机化合物的重要方法之一。与重结晶、升华、萃取、蒸馏等经典的分离、纯化方法相比,色谱法具有高效、灵敏、准确、快速、设备简单、操作方便、样品用量小等优点。本章将简要介绍以下几种常用的色谱法:薄层色谱(TLC)、柱色谱(CC)、气相色谱(GC)和高效液相色谱(HPLC)。

4.1　色谱法及其分类

4.1.1　色谱法的基本原理

色谱法是由俄国植物学家 Tswett 于 20 世纪初创立的。他在研究植物绿叶中的色素成分时,采用了一根竖立的玻璃管,管内填充碳酸钙颗粒,把植物叶的色素提取液加到柱的顶端。起初,色素被吸附在碳酸钙上,然后用纯净的石油醚冲洗,随着石油醚不断冲洗柱子,在玻璃管内的色素被分离成几个具有不同颜色的谱带,最后将填充物挤压出来,按色带分段切割,分别测定和鉴别。当时,Tswett 就把这种分离方法命名为色谱法,把这根玻璃管称为色谱柱。后来,色谱法虽用于无色物质的分离,但色谱这个名称却一直沿用至今。

色谱法也称色层法或层析法,与溶剂萃取法相似,也是以相分配原理为依据。分离过程中包含两个相,一相是固定的,称为固定相;另一相是流过此固定相的,称为流动相。它是利用各物质在固定相和流动相之间具有不同的分配系数,当两相做相对运动时,这些物质在两相中进行多次反复的分配,从而达到分离的目的,如图 4.1 所示。

若物质在两相体系中的分配系数为 K,则

$$K=\frac{C_s}{C_m}$$

式中,C_s 为物质在固定相中的浓度;C_m 为物质在流动相中的浓度。

物质的分配系数越大,在固定相中的浓度越大,层析时随流动相移动的速度也就越慢。混合物中各组分在两相中的分配系数只要有微小差异,经过多次反复分配后,它们随流动相的移动速度就会表现出明显差别,从而达到分离的目的。

4.1.2　分类

色谱法的种类很多,可以按其两相状态、分离原理、操作方式等分类。目前常用的色谱法列于表 4.1。所有色谱方法各有特点,应根据工作需要以及可能进行选择。

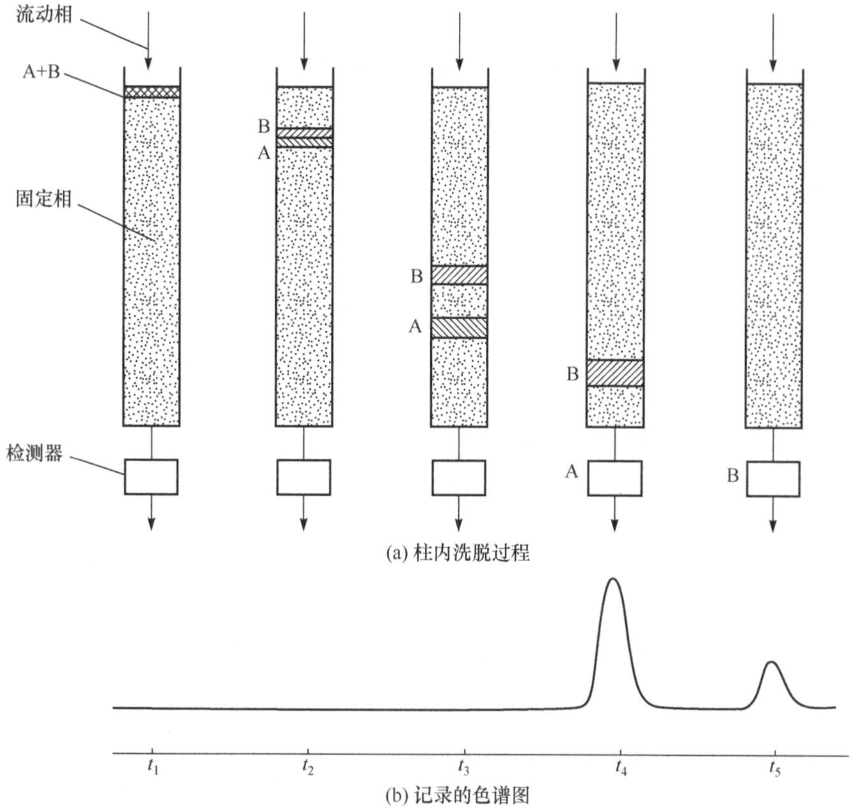

图 4.1　二组分混合样的分离

表 4.1　常用的色谱方法

色谱类型	流动相/固定相	分离原理	用途
薄层色谱 (thin layer chromatography, TLC)	液/固	吸附	分离和鉴定
柱色谱 (column chromatography, CC)	液/固	吸附	分离和提纯
纸色谱 (paper chromatography, PC)	液/液	分配	分离和鉴定
气相色谱 (gas chromatography, GC)	气/液	分配	分离、定性和定量分析
高效液相色谱 (high performance liquid chromatography, HPLC)	液/液	分配	分离、定性和定量分析
凝胶色谱 (gel permeation chromatography, GPC)	液/固	扩散	分离、测定相对分子质量
离子交换色谱 (ion exchange chromatography, IEC)	液/固	静电作用及扩散	分离、除去离子、浓缩和提取
超临界流体色谱 (supercritical fluid chromatography, SFC)	液/液	分配	分离

4.2 薄层色谱

4.2.1 基本原理

薄层色谱法是快速分离和定性分析少量物料的一种非常重要的液-固色谱技术，操作简便快捷，应用广泛。其实验方法如图 4.2 所示。

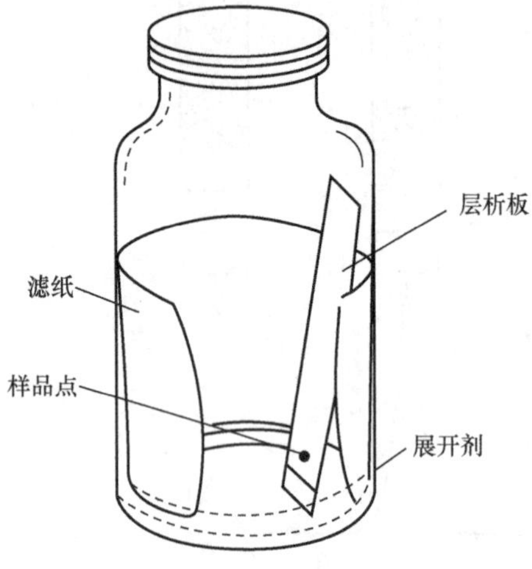

图 4.2　层析缸

在一块洁净的玻璃底板上铺一薄层吸附剂（固定相），经干燥活化后，即成可供应用的薄层板。因常用显微镜载玻片作为玻璃底板，故把这种薄层板称为薄层载片。

用毛细滴管吸取少量待测样品溶液，将滴管底端触及薄层板底部附近的一点上，管内样品因毛细作用而释放到板上，形成一个小的样品斑点，这一技术称为点样或点板。将点好样的薄层板放在盛有一浅层溶剂（流动相）的密闭容器中时，溶剂将通过毛细作用沿着板上的吸附层上行，这时，样品就随着溶剂而移动，同时在固定相和移动的液相之间经历多次分配平衡，这一过程称为薄层板展开或爬板。当溶剂上行至一定高度，混合物中各组分沿板上行的速度显出差异，从而使各组分分离。

当一个混合物样品中含有几种不同物质时，每个物质被固定相吸附和被溶剂溶解的程度取决于该物质分子中所含有的官能团和分子的极性。一般来说，吸附剂是强极性的，故将与强极性物质牢固地结合。流动的液相的极性常比吸附剂小，易溶解极性小甚至非极性的物质。因此，若溶剂是足够非极性的，则极性强的物质将缓慢地上行或者根本不上行，而非极性物质则将迅速地上行。

薄层板展开完毕后，将它从层析缸中取出并任其干燥，直至不再含溶剂为止。若混合物已被分开，在板上会有一行竖直排列的斑点。然而，斑点往往是看不出来的，这是因为许多物质是无色的。这时，要用显示法方可使斑点变为可见。最简易、最常用的显示法是用碘蒸气或紫外光照射使斑点显色，此外还有多种其他显色剂，将在实验操作中详细说明。

4.2.2 实验操作

1. *薄层载片的制备*

小的薄层板用作定性分析，大的薄层板用作制备性分离，这里只介绍前者，即薄层载玻片的制备方法。

最常用于制备薄层板的两种吸附剂是硅胶和氧化铝。硅胶又分为硅胶 H、硅胶 G、硅胶 HF_{254} 和硅胶 GF_{254} 等不同类型。H 代表不含黏合剂；G 代表熟石膏（$CaSO_4 \cdot 1/2H_2O$），用作黏合剂，遇水或潮气时便会凝结成坚硬物质（$CaSO_4 \cdot 2H_2O$），其含量约占吸附剂总质量的 10%～13%；F_{254} 代表含荧光剂，可于 254nm 紫外光下观察荧光。与硅胶相似，氧化铝也因含黏合剂或荧光剂而分为氧化铝 G、氧化铝 GF_{254} 及氧化铝 HF_{254}。硅胶具弱酸性（pH 3～4），适用于酸性及中性物质的分离。氧化铝因制法和处理方法不同有碱性、中性和酸性三类，碱性氧化铝(pH 9～10)适用于碱性化合物的分离；中性氧化铝(pH 7～7.5)适用于中性或对酸、碱不稳定的化合物的分离；酸性氧化铝(pH 3.5～4.5)适用于酸性化合物的分离。氧化铝的极性比硅胶大，适用于分离极性较小的化合物。吸附剂的颗粒大小对分离效果、展开速度以及 R_f 值都有一定影响。通常颗粒较细、粒度范围窄的吸附剂分离效能好，斑点圆而集中。吸附剂的粒度比柱层析用的小，一般为 180～200 目。为了使薄层牢固地附着在支持物上以便于操作和保存，制板时需要在吸附剂中加入合适的黏合剂，通常把加有黏合剂的薄层板称为硬板。常用的黏合剂除煅石膏外，还有羧甲基纤维素钠(CMC)、淀粉、聚乙烯醇、聚丙烯酸、聚丙烯酰胺等。CMC 是实验室最常用的黏合剂，常用浓度为 0.2%～1.0%，浓度越高，薄层硬度越大，其缺点是不能使用腐蚀性的显色剂。

把吸附剂用适当溶剂调成浆料，将载玻片浸入盛有吸附剂浆料的容器内或采用倾注法便可制成涂上吸附剂层的薄层板。制板的操作步骤如下：

(1) 制备浆料。

在特制层析缸或烧杯中，以每克硅胶 G 需 2～3mL CMC 清液的配比，制成均匀的不带团块的浆料。制浆时应加硅胶至溶剂中，边加边将混合物顺一个方向搅拌。若加溶剂至吸附剂中，结果常会在混合物中形成团块。待浆料调匀成糊状后，应立即涂布，以免浆料凝固给涂布带来困难。也可将硅胶置于研钵中，边研磨边慢慢加入 CMC 清液。

(2) 涂片。

将载玻片用洗涤剂和水刷洗干净，置烘箱中烘干或用纸擦干，取用洗净后的载玻片时应握其边缘，防止指印沾在板面上而使吸附剂难以与玻璃黏合。

涂片法通常有两种。一种是倾注法，即把调好的浆料倒在玻璃板上，再把板放在桌面边缘轻轻敲击，使浆料均匀铺展在板上使表面均匀光滑。另一种是浸涂法，如图 4.3 所示，把两块载玻片合在一起，以拇指和食指分别夹持载玻片上部两边，浸入盛有浆料的广口瓶(或层析缸)中，载玻片应在浆料中浸没到距其顶端约 1cm 高处，手应握在其顶端未被浸涂的地方。浸放片刻(几秒钟)后，缓慢均匀地从浆料中取出载玻片，握持片刻后，立即将两块板分开平放在纸巾上于室温下晾干，这样一次可制得两块薄层板。

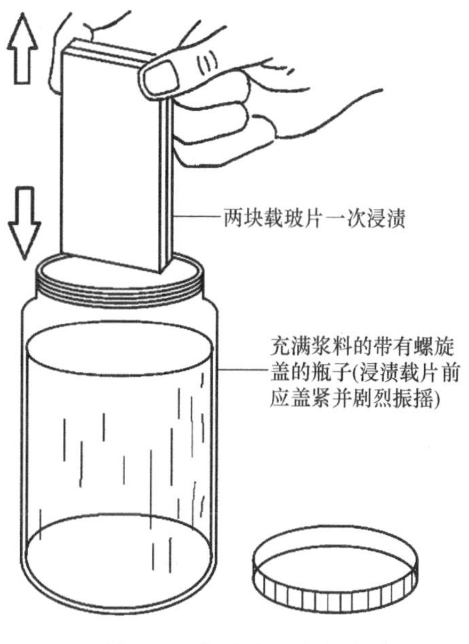

图 4.3　载玻片浸渍涂浆

要特别注意的是，因为浆料在放置中会沉积，故应在每次浸入载玻片之前将浆料剧烈搅拌均匀。每次浸涂后，要随时盖好瓶塞，以免溶剂挥发，使浆料变得越来越稠厚。

薄层板制备的好坏直接影响层析效果。薄层应尽量均匀，厚度为 0.25～1mm。不均匀的薄层板展开时溶剂前沿不齐，实验结果也不易重复。因此，要求在涂片后，板上应有一层均匀的吸附剂，表面不应有纹路、团块，也不得留下没有涂料的空白小点。若出现这些缺点，可能是浆料太稀、不均匀或浆料中有气泡，载玻片未充分洗净干燥所致。若浆料太稀，可适量补加硅胶 G，重新调匀。若板面上有团块，可能是浆料太厚，要加适量溶剂稀释，使稠度适宜。涂片不成功时，可用纸巾擦净玻璃板后，重新进行涂布。取拿板时必须小心，只触及板的顶部或两侧。

(3) 薄层板的活化。

活化就是除去板上的吸附剂所吸附的微量水分。薄层板的活性与含水量有关,其活性随含水量的增加而下降,故活化条件应根据实验需要而定。

涂好的薄层板完全晾干后,可置于烘箱内升温活化。硅胶板一般在烘箱中逐渐升温,至105～110℃恒温活化 30min 即可。氧化铝板至 200℃烘 4h 可得活性Ⅱ级的薄层板,150～160℃烘 4h 可得活性Ⅲ～Ⅳ级的薄层板。

2. 点样

在薄层层析中,样品的用量对物质的分离效果有很大影响。所需样品的量与显色剂的灵敏度、吸附剂的种类、薄层的厚度均有关系。样品太少时,斑点难以观察,样品太多时往往出现拖尾现象,以致各组分不容易分开。

通常将样品溶于低沸点溶剂(丙酮、甲醇、二氯甲烷、乙酸乙酯、乙醚和乙醇)中,配成 1%溶液,若试样是液体,可直接使用。点板时,一般采用内径为 0.3mm、管长为 100mm 的玻璃点样毛细管或微量注射器。将毛细管的一端浸入试样溶液中,借毛细作用使试样进入毛细管,将点样毛细管轻轻触及距薄层板底部约 1cm 处的一个点上,使毛细管内的液体流出。触板时动作要轻,切勿戳破吸附剂表面,接触应极短暂并随即移开,使样品斑点直径不大于 2mm,如图 4.4 所示。若让毛细管停在板上,则其中试样会全部释放在板上,以致样品斑点过大,造成拖尾或重叠等现象,影响分离效果。为便于控制斑点大小,点板前可将盛有样品的毛细管轻触在纸巾或滤纸上,吸出多余溶液,只留下几毫米长的一段液柱。点板时,即使触板时间较长,也不用担心斑点过大。点板后立即向板上缓缓吹气,这样做有助于溶剂来不及在板上扩散即已挥发,而得到很小的斑点。若样品溶液太稀,一次点样量不够时,可重复在原点点样几次,但在每次点样前必须让上次点样时的溶剂完全挥发。点样完成后,用铅笔在板的边缘相当于样点的高度处作一记号,便于以后确定原点位置。如果样品斑点过大,或板被戳破,则应重新点板。

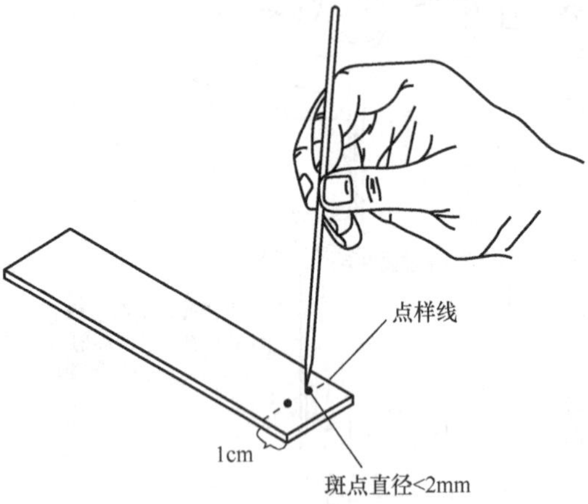

图 4.4　毛细管点样

一块薄层载片上最多可点三个样品。每个样品斑点均应距底端约 1cm,两点之间相距 1cm,先在中间点一个样,其余两个均匀点在两侧。若样点间的距离太小,展开时由于扩散作用往往使斑点直径扩大,造成不同斑点间的合并和混淆。

3. 展开

1) 展开剂的选择

选择合适的展开剂是薄层色谱获得满意分离效果的关键因素之一。展开溶剂的选择取决于样品的极性、样品的溶解度和吸附剂的活性等因素。溶剂的极性越大,则对化合物的洗脱能力也越大。能使点在板上的所有物料与溶剂一起前进的溶剂,表示其极性过大;不能使斑点中任何物料移动的溶剂,则表示极性不够。各种溶剂的洗脱能力和各类化合物的吸附程度列于表 4.2。

表 4.2　溶剂的洗脱能力及各类化合物的吸附程度

化合物	溶剂(洗脱剂)
饱和烃	正戊烷、正己烷
不饱和烃	环己烯、四氯化碳、甲苯、苯
醚类	乙醚
酯类	氯仿
醛酮	二氯甲烷、乙酸乙酯
醇类	异丙醇
酚类	乙醇
酸类	甲醇、乙酸、水
在硅胶和氧化铝上的吸附程度依次递增	洗脱能力依次递增

当找不到合适的单纯溶剂时,可以用两种或三种溶剂按一定比例混合。

氯仿和苯属于中等极性溶剂,对于需待分离的多种官能团是良好的选择。对于烃类试样,应优先选择的良好溶剂是己烷、石油醚或苯。己烷和石油醚中掺进各种不同比例的乙酸乙酯或乙醚后就变成中等极性的混合溶剂,它们对于许多常见官能团都很有用。极性试样可能需用二氯甲烷、乙酸乙酯、丙酮或甲醇等极性大的溶剂进行洗脱。

确定良好溶剂的一条快捷途径是同心圆法,即在一块板上点上同一试样的几个斑点,斑点之间至少相隔约 1cm,在滴管中吸入一种溶剂并让滴管与斑点之一轻轻接触,溶剂将向外扩展成一圆圈,将溶剂前沿用铅笔画出。在每一斑点上各点上一种不同溶剂,当这些溶剂向外扩展时,所有斑点都将扩大成同心圆环。从这些环的外形,便可对溶剂的适宜性作出大致判断。所用溶剂必须纯粹和干燥,否则会影响吸附剂的活性和分离效果。图 4.5 即为用此法进行试验时经常遇到的几种情况。

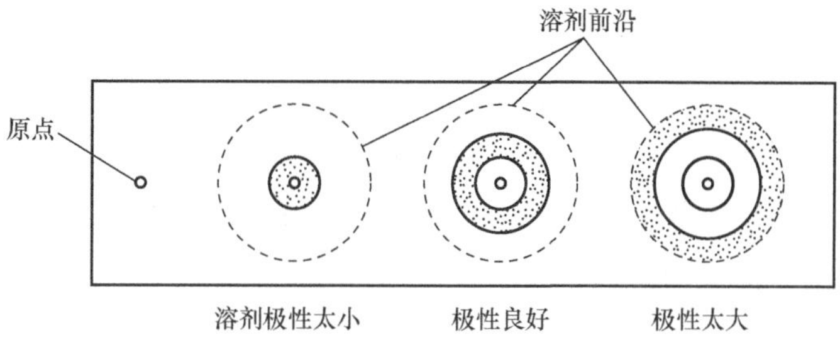

图 4.5　试验溶剂的同心圆环法

2) 薄层板的展开

一旦溶剂选定后,即可将薄板放入展开室中展开。展开室应为密闭体系,通常用特制层析缸或带盖广口瓶制成。为使溶剂蒸气迅速在展开室中达到饱和,加快展开过程,展开室内壁需用滤纸贴住,但又不能完全围住,应留一道 2～3cm 宽的直缝,以便观察展开过程。图 4.2 即为在广口瓶中上行法展开的示例,将板放入前,瓶内所衬滤纸需用展开溶剂完全润湿,并将广口瓶旋摇片刻。其后,调节瓶底的溶剂液面至约 5mm 深,绝不能超过板上样品斑点的高度,否则样品斑点将溶解在瓶内溶剂中,而无法进行层析分离。

将板放入瓶内时必须小心,勿使任何涂层部分触及滤纸衬里。一旦板已放妥,盖上盖子,等待溶剂通过毛细作用沿板上行。这种上行通常是相当快的，故必须留心观察。溶剂上升时，薄层板看上去相当湿，当溶剂前沿到达距涂层表面顶端约 5mm 时，立即将板取出，并立即用铅笔在板上轻轻画出溶剂前沿位置。切勿让溶剂前沿超出涂层顶端，即所谓的爬过头。实际上，溶剂并不会超过板的顶端，但若让斑点停留在一块完全被溶剂湿润而溶剂又不在其中移动的板上，将会因扩散作用使斑点扩大。板取出后应平放在空气中晾干，干燥后即用铅笔描出其上任何可见斑点。如果无明显斑点，则要用显示法显色。

上述展开方法属于竖直上行法，其他还有倾斜上行法(图 4.6)、下降法(图 4.7)和双向展开法等。双向展开法使用的是方形薄层板，将样品点在一个角上，先用一种展开剂向一方向展开，将板取出，待展开剂挥发后，把板旋转 90°，再换另一种展开剂展开，该法尤其适用于成分复杂的混合物的分离。

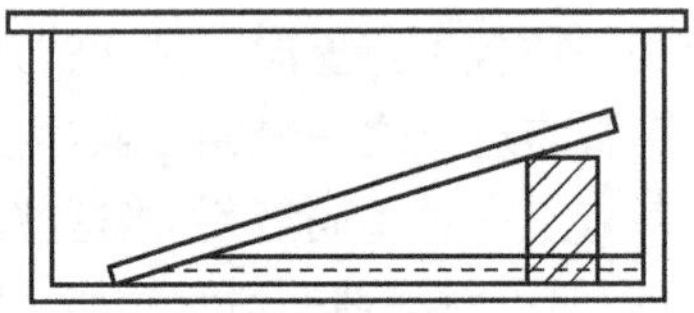

图 4.6　倾斜上行法展开

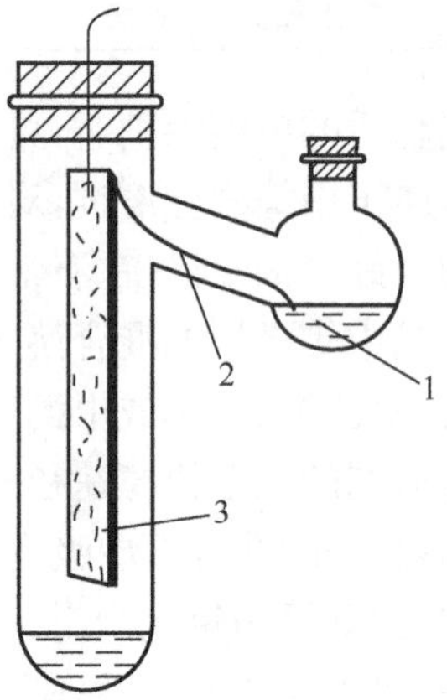

图 4.7　下降法展开

1. 溶剂；2. 滤纸条；3. 薄层板

4. 显色

样品展开后，如果本身有颜色，可以直接观察到斑点位置，但许多有机化合物是无色的，因此存在一个显色问题。无色斑点可用多种方法显示。

(1) 碘蒸气。碘蒸气是最常用的显色剂，除饱和烃和卤代烃外，几乎所有的有机化合物均能与碘形成棕色或黄色配合物。具体操作如下：在带盖广口瓶中放几粒碘晶体，可温热广口瓶加速碘的升华。瓶内充满碘蒸气时，把已经干燥的待显色的薄层板置于其中，通常在几秒钟到几分钟之内便会显出斑点。若样品量太少，即使放置较长时间也不会呈现清楚的斑点。斑点足够清晰时，将板取出，立即用铅笔在板上描出斑点轮廓。

因为有机物与碘的配位是可逆的，这种显色并非永久，当碘从板上升华逸出时，斑点自行褪色，因此必须及时标记斑点位置。另外，经碘显色后，化合物往往发生了变化，故不能从板上刮下斑点，从其中回收分离出来的组分。若薄层板未完全干燥，还含有少量溶剂，碘蒸气能与溶剂结合，使板面呈淡棕色，分离后的化合物则呈现较暗的斑点。为避免干扰，显色前应将板完全干燥。

(2) 紫外灯。在紫外灯下，化合物往往作为光亮的斑点出现在板上。这一点常能为化合物结构提供线索。因为只有某些种类的化合物才能发出荧光，在紫外光下非常光亮。还有许多化合物能吸收紫外光，故常用含有荧光指示剂（硫化锌和硫化镉的混合物)的吸附剂制板。

例如，硅胶 GF_{254} 既含熟石膏 G 又含荧光指示剂（F_{254}），用它制成的板放在波长 254nm 紫外光下照射时，整块板发荧光，而板上出现的黑点则是分离出来的组分吸收紫外光所致。一般情况下，紫外光不改变有机化合物的结构，用此法显示时，不仅操作简便，还能从板上逐个刮下斑点所在的吸附剂，再用适当溶剂从其中提取出分离得到的组分，可用于进一步鉴定。

（3）板上喷洒 1∶1（体积比）H_2SO_4-H_2O 溶液（需在通风橱中操作），然后用电吹风加热或在烘箱中烘干，使化合物炭化，浓硫酸能使绝大多数有机物炭化，造成永久性斑点。

（4）其他显色剂，如卤代烃可用硝酸银溶液显示，生成的卤化银见光分解，在薄层板上留下黑色斑点；醛酮类化合物可用 2,4-二硝基苯肼溶液显示，形成黄色或橙色斑点；醇类化合物可用硝酸铈铵或高锰酸钾显色；酚类化合物可用三氯化铁溶液显色等。一些特殊类型的化合物还有其特定显色剂，在此不加详述。

5. 记录和计算 R_f 值

用描图纸描下显色后的薄层板，标出原点、各组分斑点和溶剂前沿的位置，记录所用的吸附剂型号、展开剂和展开方法、薄层板规格，以及样品溶液浓度和相对点样量。然后按下式计算各个斑点的 R_f 值：

$$R_f=\frac{\text{斑点中心(重心)距原点的距离}}{\text{溶剂前沿距原点的距离}}$$

R_f 值即为物质移动距离与溶剂前沿移动距离的比值，又称比移值。图 4.8 是计算 R_f 值的例子。

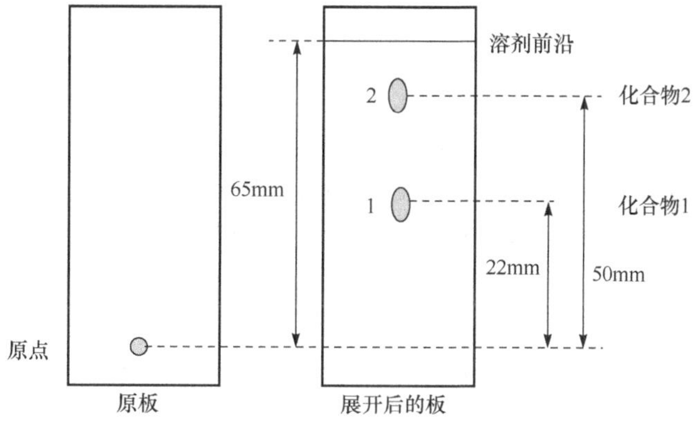

化合物 1：$R_f=\frac{22\text{mm}}{65\text{mm}}=0.34$；化合物 2：$R_f=\frac{50\text{mm}}{65\text{mm}}=0.77$

图 4.8　计算 R_f 值的一个实例

对于不太大的斑点，样品移动距离是斑点中心至原点的距离。

若斑点呈现拖尾现象，则应从其“重心”处量起，对于大的和拖尾的斑点，应适当减少点样量重做一次层析，以取得可靠结果。

影响 R_f 值的因素很多，包括所用的吸附剂、吸附层厚度、溶剂、点样量、展开方式、展开室温度、溶剂蒸气的饱和程度等。当这些实验条件固定后，任何一种特定化合物的 R_f 值就是常数，故可作为定性鉴定的依据。但正如许多化合物有相同的熔点一样，许多化合物可能有相同的 R_f 值。另外，R_f 值虽然是薄层层析中的一个重要参数，但由于再现性很小，其应用受到很大限制，文献中记载的 R_f 值只能作为参考。实际进行分析工作时，往往用标准样品点在同一块板上作为参比，与待测试样进行对照，求得相对 R_f 值。

4.2.3 薄层层析在有机化学实验中的应用

薄层层析一方面能检出少至 10^{-7}g 的物料,另一方面,使用涂层较厚(>500μm)的制备性大板,一次便可分离 0.2～0.5g 物料,因此应用范围广泛。

下面简述薄层层析在有机化学实验中的几个重要用途。

1. 确定两个化合物是否相同

在同一块板上并排点两个化合物的样品,展开后,若 R_f 值相等,则它们很可能是同一化合物;若 R_f 值不等,则它们肯定不是同一化合物。

2. 确定化合物的纯度

无论薄板用何种溶剂展开,单纯物总是只出现一个斑点。但有时也有例外,如性质极相似的异构体混合物,有时很难找到一种溶剂使其分离。若有几个斑点,则肯定是混合物,且可知其中的组分数目。

3. 用作柱层析的先导和监控柱层析分离

当拟用柱层析分离一个混合物时,可先用薄层层析选择最佳溶剂,这样可以节省许多时间。只要所用吸附剂相同,在薄层层析中能使组分得到最佳分离的溶剂多半在柱上也会非常有效。同时,又可用薄层层析监控柱层析效果,只要把每批柱层析流出液做薄层层析,便可确定其中含有何种组分,从而了解柱层析进程。

4. 监控有机反应进程

可在反应过程中的各点取出反应混合物样品进行薄层分析,图 4.9 为一示例。此例中要求的反应是 A 转变成 B,在反应开始时(0h)就制备一块点上纯 A、纯 B 及反应混合物的薄层板并展开,到 0.5h、1h、2h 和 3h 时再制备类似的薄板并展开。这些薄板表明,反应在 2h 时已完成,当反应进行超过 2h 后,一个新化合物,即副产品 C 开始出现,这样即可判断适宜的反应时间是 2h。

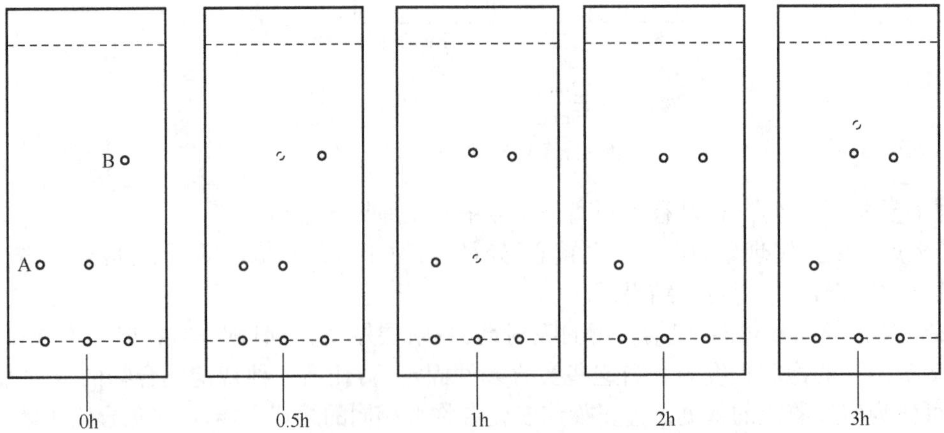

图 4.9 一个反应的监控

薄层层析在应用上的主要限制是不能用于挥发性物质,因为其会从薄板上挥发掉。

4.2.4 反相薄层色谱

反相薄层色谱(reversed-phase thin layer chromatography,RP-TLC)是分配色谱,其原理主要基于样品分子在流动相和固定相间的溶解度不同(分配作用),从而实现分离。反相薄层色谱利用化学键合反应,将烷基硅烷键合到硅胶表面,制成非极性固定相,用极性较大的液体作流动相进行分离分析。化学键合相硅胶的硅烷化程度为分离提供选择性,可根据样品性质选择适当的固定相材料,实现最佳分离效果。化学键合相硅胶是目前反相色谱中应用较广的固定相,它具有点样量大、斑点扩散小、R_f值重现性好、分离效率高等优点,广泛用于药品的分离,特别适用于组分复杂的混合物的分离。

制备化学键合反相薄层板主要有以下两种方法:①把黏合剂与硅烷化硅胶混匀,再加入非极性溶剂调匀,制板,晾干后使用;②原位反应硅烷化。国际市场上已经有多种化学键合薄层板供应(表4.3)。

表4.3 商品化学键合相薄层板

生产工厂	国家	产品标记	碳链
Antec,Bennwil	Switzerland	OPTI-UP C_{12}	C_{12}
Baker,Phillipsburg	USA	Si-C_{18}	C_{18}
Macherey-Nagel	GFR	SIL $C_{18\text{-}100}$	C_{18}
MerK,Darmstadt	GFR	Silanized Silica gel	$C_{2,8,18}$
Whatman,Clifton	USA	Multi-K	C_{18}

与常规正相薄层板相比,反相薄层板具有很多优良性能,其主要特性如下:

(1) 可重复使用。用过的键合相薄层板经过洗涤和干燥后就可以重新使用。例如,Whatman生产的KC_{18}反相薄层板层析后,只要用甲醇或二氯甲烷洗去层析物(在紫外光下不被检出),就可以重新使用。此板经5次再生使用,未发现性能变异(薄层板必须避免机械损坏)。

(2) 重现性好。在吸附TLC中,硅胶的活性常因吸附空气中的水分而降低,用此硅胶板做实验时,层析物的R_f值常随之变化,化学键合相硅胶板则不存在这个问题。在湿度不同的实验环境下展开,仍然能获得重现性良好的R_f值。但是,当用水和醇混合溶剂作流动相时,为保证得到重现性良好的R_f值,应防止化学键合相薄层板吸附醇蒸气。

(3) 斑点扩散小。

(4) 能广泛用于多种样品的分离,特别适用于分离极性强的复杂样品,如氨基酸、维生素等。

RP-TLC中使用的展开剂较为简单,最常用的是水、甲醇、乙腈、四氢呋喃等极性较大的溶剂或其混合溶剂。另外,强酸或强碱也可作为展开剂,如甲醇-0.2mol/L盐酸(6∶4,体积比,下同)或甲醇-1mol/L氢氧化钠(6∶4)。但是,展开剂中的含水量是有一定限制的,如KC_{18}薄层,当展开剂中含水量大于40%时,薄层容易膨胀脱落,这时若在展开剂中加入3%氯化钠或氯化钙,情况便可改善。表4.4列出了几种不同化学键合相允许展开剂中的最高含水量。

表4.4 使用不同化学键合相时展开剂中允许水含量(展距40mm)

薄层材料	RP-18	RP-8	RP-2	硅烷化 C_{18}(75%)	硅烷化 C_{18}(50%)
展开剂中允许水含量/%	20	30	50	40	80

除展开剂中水含量对不同化学键合相薄层分离有影响外，化学键合相中烷基链长度、烷基化程度及展开剂的 pH 等对分离都有影响。化学键合硅胶碳链长度增长，化合物的 R_f 值变小，分离效果逐渐变好；键合硅胶烷基化程度越高，越有利于极性化合物的分离；分离酸性或碱性物质时，更需选择好最佳 pH。对某些复杂样品，用简单展开难以完全分离时，采用梯度展开方式往往能实现最佳分离。

由于反相薄层色谱的展开剂与反相高效液相色谱（RP-HPLC）的洗脱体系基本一致，因此，对所需分离的物质，可预先用 RP-TLC 摸索分析条件，再转移到 HPLC，稍加调整极性，便可得到良好的洗脱体系，大大缩短 HPLC 洗脱条件的选择时间，既可节约溶剂，又可保护昂贵的色谱柱。随着色谱技术和药物分析技术的不断发展，RP-TLC 这一薄层色谱新技术在有机化学、药物分析等领域必将得到更广泛的应用。

4.3　柱　色　谱

利用色谱柱将混合物各组分分离开来的操作过程称为柱色谱，又称柱层析。柱色谱是色谱技术中的一类，依据其作用原理又可分为吸附柱色谱、分配柱色谱和离子交换柱色谱等，其中以吸附柱色谱应用最广。下面主要介绍吸附柱色谱，其操作方法也可作为其他类型柱色谱的参考。

4.3.1　基本原理

吸附柱色谱法是利用各组分在吸附剂与洗脱剂之间的吸附和解吸能力的差异而实现分离。将待分离的混合物样品加入已装好的色谱柱顶部，混合物中各组分被吸附在顶部吸附剂的表面。然后用合适的洗脱剂自柱顶向下均匀地进行淋洗，样品中的各组分在吸附剂表面发生吸附竞争，同时也在洗脱剂中发生溶解竞争。一般来说，极性小的、溶解度大的组分首先被解吸出来进入流动相。进入流动相的组分随着流动相向下移动途中又经历新的吸附和解吸溶解竞争。混合物中各组分间的极性、溶解度等方面有细微的差别，受吸附和解吸溶解的难易也各不相同，随洗脱剂移动的速度也不相同。这样经过反复多次的吸附和解吸溶解竞争后，各组分间逐渐拉开距离，在色谱柱中形成若干个不同的色带，随着洗脱过程的进行从柱底端流出，分别收集不同的色带（无色组分采用等体积收集），蒸除溶剂后即可得各组分的纯品。

4.3.2　实验操作

柱色谱按操作方式不同可以分为常压柱色谱、加压柱色谱、减压柱色谱和微量柱色谱等。下面主要介绍常压柱色谱的操作方法。

1. 层析柱的选择

实验室中常用的层析柱如图 4.10 所示，活塞的芯最好是聚四氟乙烯制作的，这样可以不涂真空油脂，以免污染产品。如果使用普通的玻璃活塞，则真空油脂要小心地涂薄涂匀。

层析柱的尺寸根据被分离物的量来确定，其直径与高度之比则根据被分离混合物的分离难易而定，一般为 1∶8～1∶50。柱身细长，分离效果好，但可分离的量小，且分离所需时间长；柱身短粗，分离效果较差，但一次可以分离较多的样品，且所需时间短。如果待分离物各组分较难分离，宜选用细长的柱子；如果要处理大量的较易分离的或对分离纯度要求较低的混合

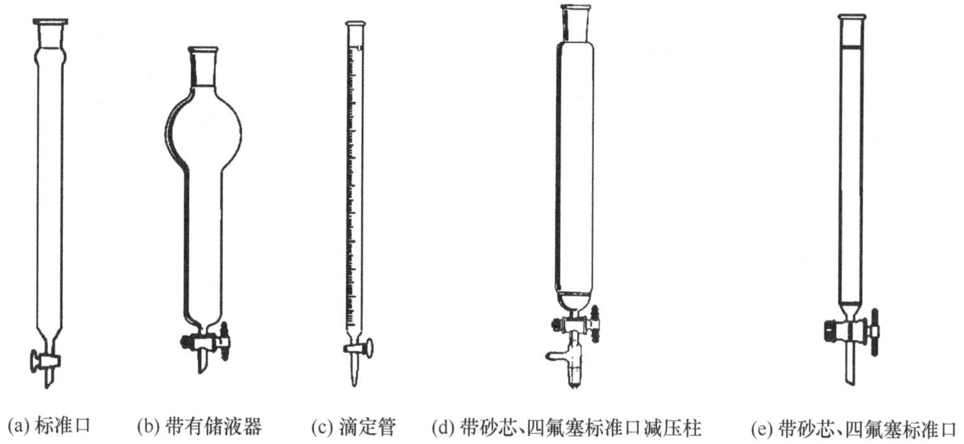

图 4.10　层析柱

物，则可选用粗而短的柱子。最常使用的层析柱，直径与长度之比为 1∶8～1∶15。表 4.5 列出的分离样品量与柱长度、直径、吸附剂用量间的关系仅供参考。

表 4.5　样品量与柱尺寸、吸附剂用量间的关系

样品量/g	吸附剂用量/g	柱直径/mm	柱长度/mm
0.01	0.3	3.5	30
0.1	3.0	7.5	60
1.00	30.0	16.0	130
10.00	300.0	35.0	280

2. 吸附剂的选择

一种理想的吸附剂应具备以下条件：①能够可逆地吸附待层析的物质；②不能使被吸附物质发生化学变化；③粒度大小应使淋洗剂以均匀的流速通过层析柱；④最好是白色的或浅色的，以便对色带进行观察。硅胶和氧化铝均符合上述要求，成为柱层析中最常用的吸附剂。其用量与待分离样品的性质和吸附剂的极性有关。通常吸附剂用量为被分离样品量的 30～50 倍，对于难以分离的混合物，吸附剂的用量可达 100 倍或更高。对于吸附剂应综合考虑其种类、酸碱性、粒度及活性等因素，最后用实验方法选择和确定。

市售氧化铝有酸性、碱性和中性之分。酸性氧化铝是用 1%盐酸浸泡后，用蒸馏水洗至其浸出液的 pH 为 4，适用于分离酸性物质；碱性氧化铝浸出液的 pH 为 9～10，用于分离胺类、生物碱及其他有机碱性化合物；中性氧化铝的相应 pH 为 7.5，适用于醛、酮、醌、酯等类化合物的分离以及对酸、碱敏感的其他类型化合物的分离。硅胶是实验室应用最广的吸附剂，市场上有各种不同孔径大小的硅胶供应。由于它略带酸性（能与强碱性有机物发生作用），所以适用于酸性和中性有机化合物的分离。

吸附剂的颗粒大小应当均匀。颗粒太粗，溶液流出太快，分离效果不好；颗粒太细，表面积大，吸附能力高，但淋洗剂流速太慢，因此应根据实际需要而定。柱层析所用氧化铝的粒度一般为 100～150 目，硅胶为 80～200 目。

氧化铝和硅胶的活性取决于含水量的多少。通常将活性分成五级(表4.6)。各活性级别分离效果的差异要用实验方法确定,而不是盲目选择高的活性级别,最常使用的是Ⅱ～Ⅲ级。如果吸附剂活性太低,分离效果不好,可通过活化来提高其活性。活化就是指用加热的方法除去吸附剂所含的水分,提高其吸附活性的过程。通常是将吸附剂放进烘箱中恒温加热。活化的温度和时间应根据分离需要而定。氧化铝一般在200℃恒温4h,硅胶在105～110℃恒温0.5～1h。活化完毕,切断电源,待温度降至接近室温时,从烘箱中取出放入干燥器中备用。有的样品在活性高的吸附剂中分离效果不好,可将吸附剂放在空气中使其吸收一些水分,分离效果反而较好。此外,一些天然产物带有多种官能团,对微弱的酸碱性都很敏感,则可用纤维素、淀粉或糖类作吸附剂。

表4.6　吸附剂的活性与含水量的关系

活性等级	Ⅰ	Ⅱ	Ⅲ	Ⅳ	Ⅴ
氧化铝含水量/%	0	3	6	10	15
硅胶含水量/%	0	5	15	25	38
吸附活性	强→弱				

硅胶活性的测定:将偶氮苯、对甲氧基偶氮苯、苏丹黄、苏丹红、对氨基偶氮苯、对羟基偶氮苯6种染料各约20mg溶于10mL苯中,加50mL石油醚(60～90℃)稀释。然后取20mL上述溶液,加到1.5cm×10cm的硅胶柱上,再用20mL苯和石油醚的混合液(1∶4)冲洗。以流速1.0～1.5mL/min冲洗后,观察染料的位置,由表4.7确定硅胶的活性级。氧化铝活性的测定方法与硅胶活性的测定方法相同。

表4.7　硅胶活性定级法

染料	活性级(R_f值)			
	Ⅱ	Ⅲ	Ⅳ	Ⅴ
偶氮苯	0.59	0.74	0.85	0.95
对甲氧基偶氮苯	0.16	0.49	0.69	0.89
苏丹黄	0.01	0.25	0.57	0.78
苏丹红	0.00	0.10	0.33	0.56
对氨基偶氮苯	0.00	0.03	0.08	0.19

3. 淋洗剂的选择

淋洗剂是将被分离物从吸附剂上洗脱下来所用的溶剂,所以也称为洗脱剂或溶剂。其极性大小和对被分离物各组分的溶解度大小对于分离效果影响很大。如果淋洗剂的极性远大于被分离物的极性,则淋洗剂将受到吸附剂的强烈吸附,从而将原来被吸附的待分离物"顶替"下来,随多余的淋洗剂冲下而起不到分离作用;如果淋洗剂的极性远小于各组分的极性,则各组分被吸附剂强烈吸附而留在固定相中,不能随流动相向下移动,也不能达到分离的目的。如果淋洗剂对于被分离物各组分溶解度太大,被分离物将会过多、过快地溶解于其中并被迅速洗脱而不能很好地分离;如果溶解度太小,则会造成谱带分散,甚至完全不能分开。常用溶剂的极性大小次序也因所用吸附剂的种类不同而不尽相同,常用洗脱剂的极性按以下次序递增:己烷和石油醚＜环己烷＜四氯化碳＜三氯乙烯＜二硫化碳＜甲苯＜苯＜二氯甲烷＜氯仿＜乙醚<乙酸乙酯<丙酮<丙醇<乙醇<甲醇<水<吡啶<乙酸。选择合适的淋洗剂时，首先在薄层层析板上试选(图4.5)，一般以待分离样品的R_f值为0.2～0.3为宜。选择的淋洗剂应使两相邻物质R_f值之差最大化，初步确定后再上柱分离。如果所有色带都行进较慢，则应改用极性较大且溶解性能也较大的溶剂，反之则改用极性和溶解性都较小的溶剂，直至获得满意的分离效果。

除分离效果外，还应考虑以下因素：①在常温至沸点的温度范围内可与被分离物长期共存不发生任何化学反应，也不被吸附剂或被分离物催化而发生自身的化学反应；②沸点较低以利回收；③毒性较小，操作安全；④价格低廉，来源广泛；⑤回收溶剂一般不应作为最终纯化产物的淋洗剂。

淋洗剂的用量往往较大，故最好使用单一溶剂以利回收。只有在选不出合适的单一溶剂时才使用混合溶剂。混合溶剂一般由两种或两种以上可以无限混溶的溶剂组成，先以不同的配比在薄层板上试验，选出最佳配比，再按该比例配制好，与单一溶剂一样使用。如果必须在层析过程中改变淋洗剂的极性，不能把一种溶剂迅速换成另一种溶剂，而应当将极性稍大的溶剂按一定的百分数逐渐加到正在使用的溶剂中，逐步提高其比例，直至所需要的配比。一条经验规律称为幂指数增加。例如，原淋洗剂为环己烷，如欲加入二氯甲烷以增加其极性，则不应立即换为二氯甲烷，而应使用这两种溶剂的混合液，其中二氯甲烷的比例依次为5%、15%、45%，最后换为纯净的二氯甲烷。每次加大比例后，须待流出液量为吸附剂装载体积的3倍时再进一步加大比例。这只是一般方法，其目的在于避免后面的色带行进过快，追上前面的色带，造成交叉带。但如果两色带间有很宽阔的空白带，不会造成交叉，则也可直接换成后一种溶剂，所以应根据具体情况灵活运用。

在实际工作中，被分离的样品是不能选择的，但认真考察各个组分的分子结构，估计其极性，对于正确选择吸附剂和淋洗剂都是有益的。一般的选择规律是：若化合物的极性较大，或含有极性较大的基团，则易被吸附而较难被洗脱，在极性吸附剂柱上进行分离，宜选用活性较低的吸附剂和极性较大的淋洗剂。反之，对于极性较小的样品，则选用活性较高的吸附剂和极性较小的淋洗剂。若各组分极性差别较大，则易于分离，可选用较为短粗的柱子，使用较少的吸附剂；若各组分极性相差很小，则难以分离，宜选用细长的柱子，并使用较大量的吸附剂。

4. 装柱

装柱是柱色谱中最关键的操作，装柱的好坏直接影响到分离效果。装柱的方法分湿法和干法两种。

1) 湿法装柱

先将需要量的吸附剂于搅拌下加至淋洗剂(如为混合溶剂，选择极性小的)中，浸润、溶胀并调成糊状，备用。将干燥干净的层析柱垂直固定在铁架台上，关闭活塞，加入选定的淋洗剂至柱容积的1/4(不带砂芯的层析柱：用一支干净的玻璃棒将少量玻璃棉或脱脂棉轻轻推入柱底狭窄部位，小心挤出其中的气泡，但不要压得太紧密，否则淋洗剂将流出太慢或根本流不出来。将准备好的白沙加入柱中，使在玻璃毛上均匀沉积成约5mm厚的一层)。在层析柱下面放置一个干净且干燥的锥形瓶，接收淋洗剂，层析柱尖端应进入锥形瓶内，尽量减少淋洗剂的挥发。打开柱下活塞调节流出速度为1滴/s，将调好的吸附剂和洗脱剂的糊状物慢慢且连续不断地倒入柱中，同时用套有橡皮管的玻璃棒轻轻敲击柱身，使吸附剂在淋洗剂中均匀沉降，形成均匀紧密无气泡的吸附剂柱。吸附剂最好一次加完，若分数次加，则会沉积为数层，各层交接处的吸附剂颗粒很细，在分离时易被误认为是一个色层。全部吸附剂加完后，在吸附剂沉积面上小心地铺一层2～3mm的白沙(若柱很小，也可不用白沙而盖上一张直径与柱内径相当的滤纸片)，关闭活塞。在全部装柱过程及装完柱后，都需始终保持吸附剂上面有一段液柱，否则将有空气进入吸附剂，在其中形成气泡而影响分离效果。如果发现柱中已经形成了气泡，应设法排除，若不能排除，则应倒出重装。装好吸附剂的层析柱各层材料的分布如图4.11所示。

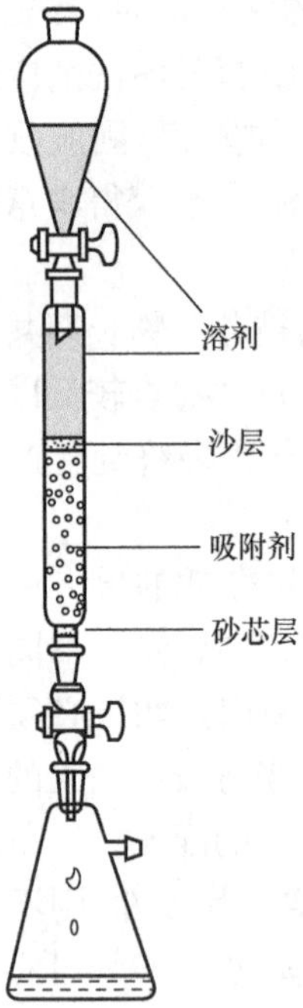

图4.11　柱层析装置

2) 干法装柱

先将层析柱垂直固定在铁支架上，关闭活塞。加入溶剂至柱容积的3/4，打开活塞控制溶剂流速为1滴/s，然后将所需量的吸附剂通过一支短颈玻璃漏斗慢慢加入柱中。同时，轻轻敲柱身使柱填充紧密。干法装柱的缺点是容易使柱中混有气泡。特别是使用硅胶为吸附剂时，最好不用干法装柱，因为硅胶在溶剂中有一溶胀发热过程，若采用干法装柱，硅胶在柱中溶胀，往往留下缝隙和气泡，影响分离效果，甚至需要重新装柱。

5. 加样

加样也有湿法、干法两种。湿法加样是将待分离物溶于尽可能少的低沸点、低极性的溶剂中(溶剂的极性不能大于淋洗剂的极性)，若有不溶性杂质应当滤去。打开柱下活塞小心放出柱中液体，至液面正好下降到与吸附剂顶端齐平，关闭活塞，将配好的溶液沿着柱内壁缓缓加入，切记勿冲动吸附剂，否则将造成吸附剂表面不平而影响分离效果。溶液加完后，小心开启柱下活塞，放出液体至溶液液面降至吸附剂顶端时，关闭活塞，用少许溶剂冲洗柱内壁(同样不可冲动吸附剂)，再放出液体至液面降到吸附剂顶端处，再次冲洗柱内壁，直至柱壁和柱顶溶剂没有颜色。加样操作的关键是要避免样品溶液被冲稀。在技术熟练的情况下，也可以不关下部活塞，在1滴/s的恒定流速下连贯地完成上述操作。

干法加样是将待分离样品加少量低沸点溶剂溶解，再加入适量吸附剂，拌匀后在旋转蒸发仪上减压蒸除溶剂至干。将吸附了样品的吸附剂均匀平摊在柱内吸附剂的顶端，然后在上面加盖一薄层吸附剂，再盖上滤纸片或加盖一层石英砂。干法加样易于掌握，不会造成样品溶液的冲稀，但不适合对热敏感的化合物。

6. 淋洗和接收

样品加入后，先用滴管小心地加入淋洗剂，直至溶剂高于柱内吸附剂层几厘米。然后在柱顶装上盛淋洗剂的滴液漏斗，调节漏斗的活塞，让溶剂慢慢滴下，直到淋洗剂液面高于漏斗下端适当高度时，调节层析柱下端的活塞，使淋洗剂以1滴/s的流速流过层析柱。随着流动相向下移动，混合物中不同极性的组分在柱中移动的速度不同，各个组分在柱上分成若干个不同的色带(有色组分)，继续淋洗，各色带间距离拉开，最终被一个个淋洗下来。当第一色带开始流出时，更换接收瓶，接收完毕再更换接收瓶，接收两色带间的空白带，并依此法分别接收各个色带。若后面的色带下行太慢，可依次使用几种极性逐渐增大的淋洗剂来淋洗。在使用薄膜塑料柱进行层析时，一旦色带形成并拉开距离，可将柱吸干，用刀沿空白带处切开，将各色带分别萃取，各自蒸去溶剂，即得到相应组分的化合物。

7. 显色

分离无色物质时需要显色。如果使用带荧光的吸附剂，可在黑暗的环境中用紫外光照射以显出各色带的位置，以便按色带分别接收。但柱上显色远不如在薄层板上显色方便，所以常用的方法是等分接收，即事先准备十几个甚至几十个接收瓶，依次编出号码，各接收相同体积的流出液，体积的大小取决于柱的大小和分离难易的程度，通常为吸附剂体积的5%，并各自在薄层板上点样展开，然后在薄层板上显色(相关的显色操作见薄层层析部分)。具有相同 R_f 值的为同一组分，可以合并处理。也可能出现交叉带，若交叉带很少，可以弃去，若交叉带较多，或样品很贵重，可以将交叉部分再次进行柱层析分离，直至完全分开。例如，某一样品经等分接收和薄层层析并显色处理后如图4.12所示。由图可知，1、7、8号接收液都是空白，没有任何组分，可以合并。2～6号为第一组分，可以合并处理，9～13号为第二组分，14～16号为第三组分，17～20号为第四组分。其中第14号实际是一个交叉带，以第三组分为主，也含有少量第二组分。如果对第三组分的纯度要求不高，可以并入第三组分；如果对第三组分的纯度要求很高，可将第14号接收液浓缩后再做一次柱层析分离。

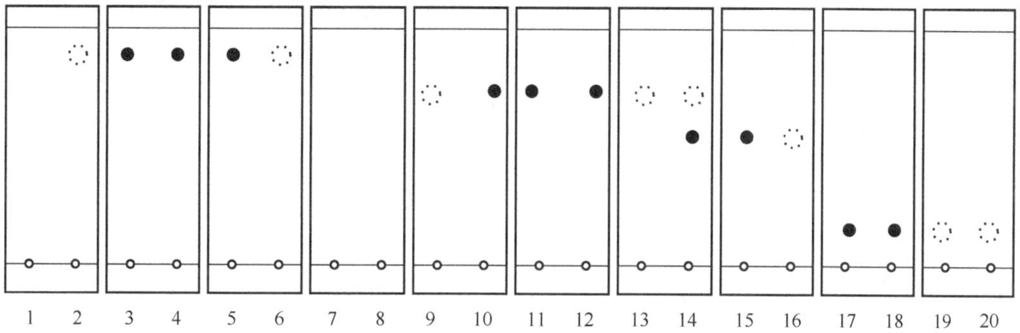

图4.12　一个四组分样品经柱层析分离后用薄层检测的情况

1～20接收液编号；○接收液点样处；●展开后的样点位置；⁛ 模糊的样点

4.3.3　柱层析操作注意事项

(1) 控制淋洗剂流出的速度。

一般控制流速为1滴/s。若流速太快，样品在柱中的吸附和解吸溶解过程来不及达到平衡，影响分离效果。若流速太慢，分离时间会拖得太长。有时，样品在柱中停留时间过长，可能促成某些成分发生变化。流动相在柱中下行速度小于样品的扩散速度，会造成色带加宽、交合甚至根本不能分离。

(2) 必须尽力避免出现下列现象之一，否则会严重影响分离效果。

a. **色带过宽，界限不清**。造成的原因可能是柱的直径与高度比选择不当，或吸附剂、淋洗剂选择不当，或样品在柱中停留时间过长，但更常见的却是在加样时造成的。若在样品溶液加入柱中后，没有打开下部活塞放出淋洗剂使样品溶液降至吸附剂顶端处，即急于加溶剂冲洗柱壁，会造成样品溶液大幅度稀释，或过早加大量溶剂淋洗，必然会造成色带过宽。所以溶样时一定要使用尽可能少的溶剂，加样时一定要避免样品溶液的稀释。

b. **色带倾斜**。正常情况下柱中的色带应是水平的，如图4.13(a)所示。而倾斜的色带如图4.13(b)所示，在前一个色带尚未完全流出时，后面色带的前沿已开始流出，所以不能接收到纯粹的单一组分。造成色带倾斜的原因是吸附剂的顶面装得倾斜、吸附剂填装不均匀或柱身安装得不垂直。

c. **气泡**。造成气泡的原因可能是玻璃毛或脱脂棉中的空气未挤净，其后升入吸附剂中形成气泡，也可能是吸附剂未充分浸润溶胀，在柱中与淋洗剂作用发热而形成，但更主要的是在装柱或淋洗过程中淋洗剂放出过快，液面下降到吸附剂沉积面之下，使空气进入吸附剂内部滞留而成。当柱内有气泡时，大量淋洗剂顺气泡外壁流下，在气泡下方形成沟流，使后一色带前沿的一部分突出伸入前一色带[图 4.13(c)]，从而使两色带难以分离。所以，在装柱及淋洗过程中应始终保持吸附剂上面有一段液柱。

d. **柱顶面填装不平**。这时色带前沿将沿低凹处向下延伸进入前面的色带[图 4.13(d)]，这也是一种沟流。

e. **断层和裂缝**。当柱内某一区域内积有较多气泡时，这些气泡会合并起来在柱内形成断层或裂缝。图 4.13(e)表示了裂缝造成的沟流，而断层相当于一个不平整的装载面，它造成沟流的情况与图 4.13(d)相似。

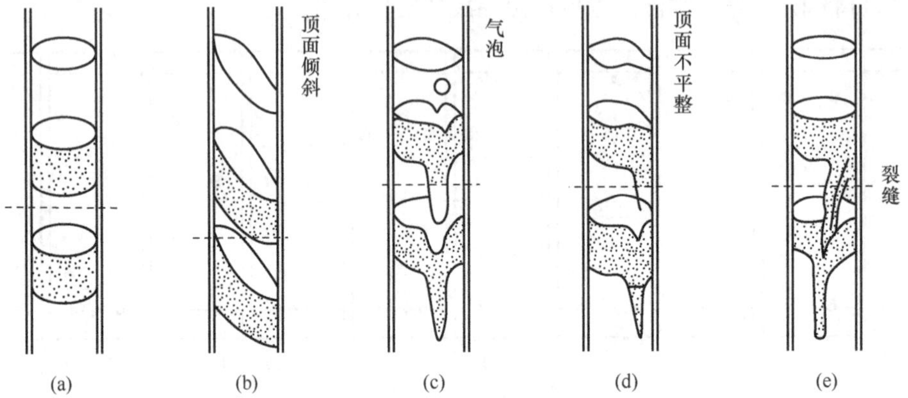

图 4.13　层析柱中的色带(虚线表示更换接收瓶处)

4.3.4　快速柱色谱

快速柱色谱(flash column chromatography)又称闪柱，属于加压柱色谱，是利用柱前加压提高柱分离速度的方法。与传统柱色谱相比，快速柱色谱所用硅胶粒度更细，一般为 200～400 目；用量少，填装高度一般为柱直径的 1.5～4 倍；分离速度快，能在 15min 内分离 0.01～10.0g 的试样，并且分离效果与薄层色谱相似，现已广泛应用于有机化合物的分离。

1. 装置

与常压柱色谱装置相比，快速柱色谱只是多了一个加压体系，如图 4.14 所示。色谱柱顶端连有储液瓶、流速控制器(也可用带磨口的三通活塞)，流速控制器通过一根导气管与供气源相连，流速控制器上的针型阀可以调节气体流速，给色谱柱加压。针型阀切勿全部关闭，总保持让部分气体逸出，保证整个系统的安全。玻璃磨口连接处用橡皮筋扣紧以免加压时脱开。快速柱色谱的加压方法有很多种，常见的有：双链球、空气压缩泵、氮气钢瓶、蠕动泵和小气泵(鱼缸供气的加压泵)。可根据实验条件选择合适的加压方法，一般压力不可过大，否则溶剂走得太快会降低分离效果。压力大小根据所需流速在 0.4～0.8kgf/cm^2 选择。也可用气胆作为压缩气体的储存器放在色谱柱上端，通过一个玻璃活塞与色谱柱相连。

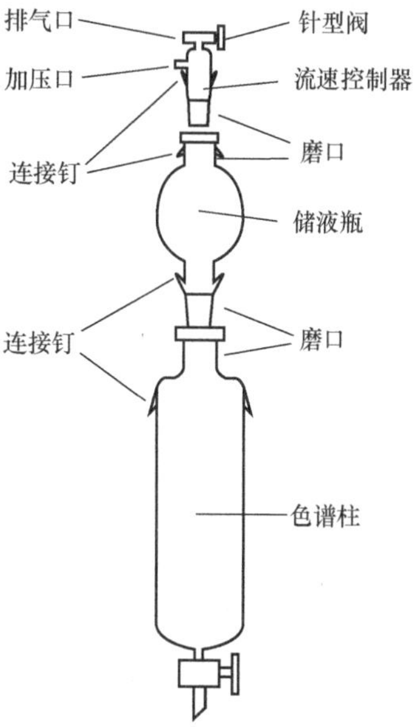

图 4.14　加压柱色谱装置

2. 操作步骤

快速柱色谱操作过程和常规柱色谱差别不大。

1) 洗脱剂的选择

洗脱剂可根据 TLC 实验情况选择，一般使样品的 R_f 值为 0.3～0.4 为宜。若有多个组分，且 R_f 值相差较小，则使中间组分的 R_f 值落在这个范围内；对 R_f 值相差较大的两三个组分，可使其中 R_f 值最小的一个在 0.3 左右。对于一般分离，最常用的洗脱剂为不同比例的乙酸乙酯-石油醚（30～60℃）。而分离极性化合物常用丙酮或二氯甲烷与石油醚（30～60℃）的混合溶剂。

2) 色谱柱的选择

色谱柱的选择与样品的处理量和分离难度有关。当样品数量较多、分离难度较大（相邻组分的 ΔR_f 较小）时，需选用较粗大的柱以填装较多的硅胶。选择合适直径的色谱柱在通常情况下可参考表 4.8。

表 4.8　快速色谱柱的直径与样品量的关系

柱直径/mm	洗脱剂体积/mL	样品量/mg		分级接收量/mL
		$\Delta R_f \geqslant 0.2$	$\Delta R_f \geqslant 0.1$	
10	100	100	40	5
20	200	400	160	10
30	400	900	360	20
40	600	1600	600	30
50	1000	2500	1000	50

3) 装柱

快速柱色谱硅胶用量大约是被分离混合物总量的 50 倍，在各种不同直径的柱中硅胶的最佳填装高度为 15cm 左右，过高的柱床不易装匀和压紧，影响分离效果。装柱方法参照常压柱色谱。如果选用干法装柱，硅胶干装入柱后，一定要敲紧并且在下口用水泵抽真空将柱床抽紧，关闭活塞。然后加入低极性溶剂，使柱内的干吸附剂上充满溶剂，打开活塞，水泵减压，当有液体流出时，关闭活塞，断开水泵。连接加压球（泵），用橡皮筋固定，打开活塞，加压赶去硅胶内气泡，直到吸附剂完全被溶剂浸透没有气泡出现为止，关闭活塞，打开加压装置上的放气旋钮，解除柱中压力。装紧后，在硅胶上面再加上一薄层石英砂或粗硅胶（60～100 目）。

4) 加样

将柱中溶剂压至硅胶层顶面，然后把用尽量少的溶剂溶解的样品溶液加至柱顶，加压压入硅胶层。或加入吸附有样品的硅胶，装平并压紧，上面再覆盖一层石英砂或粗硅胶。样品量（mL）为硅胶用量（g）的 1/6～1/3。

5) 洗脱

样品加完后，先小心加入少量洗脱剂，加压至液面与硅胶层顶面相齐，然后加入大量洗脱剂，连接流速控制器，以 5cm/min 的流速洗脱样品，根据需要添加溶剂直到所有的组分被洗脱出来。操作过程中切记不要使柱内液体流干，溶剂的液面始终高于吸附剂。溶剂总的用量(mL)是柱内硅胶用量(g)的 7～10 倍。如果色谱柱填充得好，每 10～20s 可收集一个组分。

4.3.5　微量柱色谱

微量柱色谱由于操作简单、环境友好而广泛应用于有机化学实验教学中。微量柱色谱可用滴管或 50mL 滴定管作为色谱柱分离混合物，如图 4.15 所示。

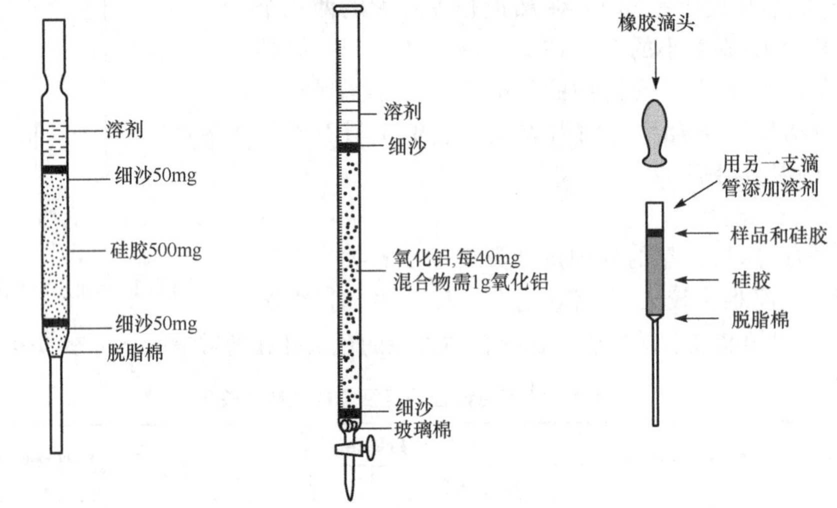

(a) 滴管色谱柱　(b) 滴定管色谱柱　(c) 滴管快速色谱柱

图 4.15　微量柱色谱装置

滴管色谱柱常用干法装柱，可用来分离 10～100mg 的混合物。在滴管下端放一小团脱脂棉，加入 50mg 细沙，再加 500mg 干吸附剂，吸附剂上面再加 50mg 细沙，加入溶剂，直至吸附剂完全被溶剂浸湿且无气泡。

滴定管色谱柱常用湿法装柱，可用来分离 50～200mg 的混合物。在 50mL 滴定管底部填充约 10cm 玻璃棉来缩短其高度，在吸附剂上端和下端分别加 1cm 左右细沙，1g 吸附剂可分离 40mg 的混合物。

微量快速柱色谱通常用 230～400 目的硅胶作为吸附剂，吸附剂填装高度为 5～6cm，吸附剂上端留出 4～5cm 空间用于添加溶剂，用橡胶滴头加压。

微量色谱柱使用方法与常量色谱柱相同。色谱柱浸湿后，切记不要使其干裂。

4.4　气 相 色 谱

4.4.1　基本原理

气相色谱是一种以气体为流动相的柱色谱分离技术。根据所使用的固定相不同，可以分为气固色谱和气液色谱。前者使用的固定相是具有一定活性的多孔性固体吸附剂，如分子筛、活性炭、硅胶等，分离的主要对象是一些在常温常压下为气体和低沸点的化合物。后者使用的固定相为吸附在小颗粒固体表面的高沸点液体有机化合物，通常将这种固体称为载体或担体，而将被吸附的液体称为固定液。在实际工作中，气液色谱应用更为广泛。

气相色谱的分离原理是在一定温度下，利用试样中各组分在色谱柱中的固定相和流动相之间的分配系数不同，当气化后的试样被载气带入色谱柱中运行时，组分就在其中的两相间进行反复多次的分配（吸附-脱附或溶解-放出），由于固定相对各组分的吸附或溶解能力不同（保留作用不同），因此各组分在色谱柱中的运行速度不同，经过一定的柱长后，便彼此分离，按顺序离开色谱柱进入检测器。检测器将组分的浓度（或质量）变化转变为电信号，再经放大后，由记录器记录下来，即得到色谱图。根据各组分的出峰时间及峰面积大小，即可对化合物进行定性鉴定和定量分析。

由于气相色谱是气体作流动相，其黏度小，组分在气相中的扩散速度快，传质快，可供选择的固定相很多，加上高灵敏度检测器的使用，因此气相色谱得到极其广泛的应用，成为最有力的分离分析工具之一。但气相色谱仅适用于沸点较低、热稳定性较好的物质的分析。气相色谱的工作温度一般在 400℃以下，对于在此温度下不能气化或易分解、氧化、重排的化合物以及具有较强腐蚀性的物质则不适用。所以，目前只有 15%～20%的有机物可以用气相色谱分析。

4.4.2　仪器简介

气相色谱仪的型号和种类很多，但它们均由六大系统组成：气路系统、进样系统、分离系统、温控系统、检测系统和记录系统。

1. 气路系统

气相色谱仪具有一个让载气连续运行、管路密闭的气路系统。气路系统包括气源、减压阀、稳压阀、净化器、压力表等流速控制和测量系统，如图 4.16 所示。

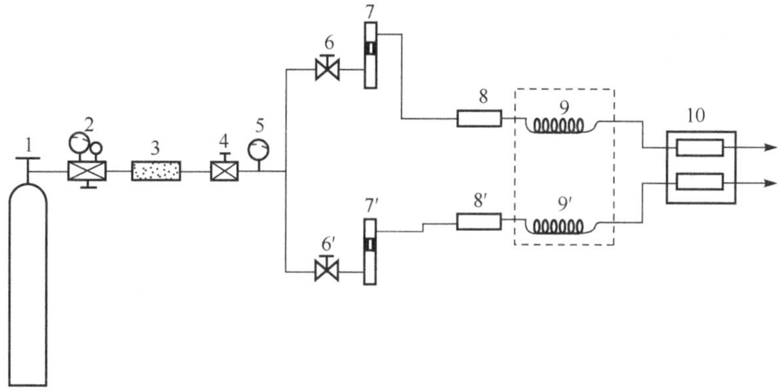

图 4.16　补偿式双气路结构示意图

1. 载气；2. 减压阀；3. 净化器；4. 稳压阀；5. 压力表；6,6′. 针形阀；7,7′. 转子流速计；8,8′. 气化室；9,9′. 色谱柱；10. 检测器

气路系统的气密性、载气流速的稳定性以及测量流量的准确性对色谱结果均有很大的影响。气相色谱中常用的载气有氢气、氮气、氦气和氩气。载气的选择主要由检测器性质以及分离要求决定，如热导检测器，一般选用热导系数大的氢气或氦气；氢火焰离子化检测器，一般选用氮气。

载气中含有微量的水、氧、烃类气体等杂质，为了消除这些杂质对色谱柱和检测器的影响，载气在进入色谱柱前需通过装有硅胶、活性炭或分子筛的净化管进行净化。载气通常由钢瓶供给，净化后，通过稳压阀调节至恒定的压力和流速后进入色谱系统。

2. 进样系统

进样系统包括进样装置和气化室。其作用是将液体或固体样品（配成溶液）在进入色谱柱前瞬间气化，然后快速定量地转入色谱柱中。进样量的大小、进样时间的长短、试样的气化速度等均会影响色谱的分离效率和分析结果的准确性及重现性。因此要求进样迅速、准确。目前液体试样的进样一般都用微量注射器，常用的规格有 1μL、5μL、10μL 和 50μL 等。气体试样的进样常用色谱仪本身配置的推拉式六通阀或旋转式六通阀定量进样。

3. 分离系统

分离系统是色谱柱，它是仪器的核心部分，混合物中各组分的分离都在这里完成。色谱柱类型有填充柱及毛细管柱，一般填充柱柱长 1～10m，柱内径为 2～4mm；毛细管柱内径为 0.10～0.75mm（通常为 0.20～0.53mm），长为 15～100m，内壁涂有 0.1～5μm 厚的固定液。色谱柱的分离效果与柱长、柱径和柱形有关，还与所选用的固定相和柱填料的制备技术以及操作条件等许多因素有关。

4. 温控系统

温控系统用来设定、控制、测量色谱柱炉、气化室、检测室三处的温度。柱温直接影响柱的选择性和柱效，检测器的温度直接影响它的灵敏度和稳定性，气化室的温度决定样品能否瞬间气化，因此必须精确控制。气化室的温度应使试样瞬时气化而又不分解，一般情况下，气化室的温度比柱温高 10～50℃。对于沸点范围很宽的混合物，可采用程序升温法分析，使柱温连续地随时间由低温向高温线性或非线性地变化，沸点不同的组分各在其最佳柱温下流出，从而改善分离效果，缩短分析时间。

5. 检测系统

检测器是一种将载气中被分离组分的量转变为易测量信号（一般为电信号）的装置。

检测器的种类很多，可根据样品性质和实验要求选择。常用的检测器包括氢火焰离子化检测器、热导检测器、电子捕获检测器和火焰分光光度检测器。

(1) 氢火焰离子化检测器（flame ionization detector，FID）。这种检测器是根据有机物在氢氧焰中燃烧产生离子而设计的。它是一种高灵敏度通用型检测器，几乎对所有有机物都有响应，而对无机物、惰性气体或火焰中不解离的物质等无响应或响应小。这种检测器对温度不敏感，响应快，线性范围为 10^7。一般选用氮气作载气。

(2) 热导检测器（thermal conductivity detector，TCD）。热导检测器是根据各种物质与载气的导热系数不同，利用热敏元件进行检测，在气相色谱中应用广泛。凡是与载气的导热系数有一定差别的化合物都能用热导检测器检测。导热系数差别越大，检测灵敏度越高。一般使用导热系数大的氢气或氦气作为载气。

(3) 电子捕获检测器（electron capture detector，ECD）。这是一种灵敏度高、选择性好的检测器，它只对具有电负性的物质，如含卤素、硫、磷、氮的物质有响应，且电负性越强，检测灵敏度越高，一般可达 10^{-14} g/mL；对一般的物质，如烃类等，信号很小。

6. 记录系统

记录系统是由计算机将检测器检测到的电信号转化为数字信号，并以色谱峰的形式记录下来，由此得到气相色谱图。

4.4.3　气相色谱分析条件的选择

在气相色谱分析中，为了得到理想的色谱分析结果，除要选择合适的色谱柱和固定液外，还需选择分离的最佳操作条件。

1. 色谱柱的选择

色谱柱柱形、柱长度、柱内径的大小都会影响柱的分离效果。气相色谱采用的色谱柱主要分为填充柱和毛细管柱(图 4.17)两种类型，一般直形优于 U 形、螺旋形，但后者体积小，为一般仪器常用。填充柱柱效低，常用于制备级样品的分离分析；而毛细管柱的柱效高，常用于极少量样品的分离分析。由于各组分间的分离度与柱长的平方根成正比，柱子长，柱的分离效果好，但柱子的压降增加，保留时间长，甚至会出现扁平峰，使分离效果下降。因此，在能满足最难分离物质达到较好分离的前提下，尽量选择短柱，以利于缩短分析时间。同时，所选色谱柱内径要与定性、定量分析所需的样品量相适应。增加色谱柱内径，虽然可增加分离的样品量，但同时也增加了分子纵向扩散路径，使柱效降低。因此，尽可能采用内径较小的柱子，小内径的色谱柱有较高的线速，以利于快速分析。一般填充柱选择柱长 2～6m，内径 3～6mm；毛细管柱选择柱长 30～100m，内径 0.2～0.53mm。

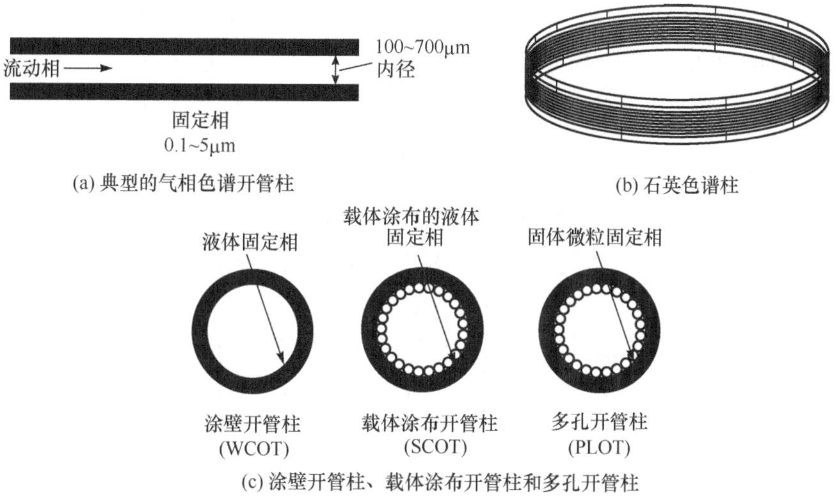

图 4.17　毛细管色谱柱

2. 固定液的选择

气相色谱能否有效地将试样中的各个组分完全分离，很大程度上取决于固定相的选择是否适当。气相色谱固定相主要有固体固定相和液体固定相两类，其中液体固定相使用最为广泛。液体固定相涂层有 3 种，如图 4.17(c)所示。涂壁开管柱是将固定液直接涂布在柱内壁上；载体涂布开管柱是将固定液涂布在多孔固相载体上；多孔开管柱是在柱内壁涂一层多孔材料，如沸石。在色谱分析过程中，固定液直接对各组分起分离作用，载体在色谱过程中不起直接的分离作用，但会对柱效产生影响。

理想的固定液需满足以下条件：①有较大的溶解度和高的选择性；②蒸气压低，在检测温度下不易挥发(蒸气压一般为1.3332～13.332Pa)；③固定液的化学稳定性好，一般情况下不与载体、组分和载气发生不可逆的化学反应；④固定液的使用温度范围宽，黏度小，凝固点低，热稳定性好，在较低温度下不凝固，在较高温度下不发生分解、聚合。常用的固定液见表4.9。

表4.9 常用的固定液

固定相名称	型号	极性	分离对象	使用温度/℃ 最低/最高
角鲨烷	SQ	非极性	饱和烃类	20/150
甲基硅油或甲基硅橡胶	SE-30 OV-101 SP-2100 SF-96	非极性	碳氢化合物、 氨基酸、酚、胺	50/350 20/350 0/350 20/250
苯基(5%)聚硅氧烷、乙烯基(1%) 苯基(5%)甲基聚硅氧烷	SE-52/SE-54 OV-73	弱极性	多核芳烃、酚、酯、 碳氢化合物、药物胺	50/300 20/350
苯基(50%)甲基聚硅氧烷	DC-710 OV-17 SP-2250	中等	药物、农药	20/220 20/350 0/350
氰丙基(25%)、苯基(25%)甲基聚硅氧烷	OV-225	中等	脂肪族甲酯、 碳水化合物	20/250
β-氰乙基(25%)甲基聚硅氧烷	XE-60	中等	酯、硝基化合物	250
聚乙二醇-20000	Carbowax-20M	极性	酸、醇、醛、酯	60/225
氰丙基(100%)聚硅氧烷	OV-275	强极性		20/275

固定液的选择是能否有效分离样品中各组分的关键因素。因此，在进行色谱分析前，必须充分了解试样中各组分的性质及各类固定液的性能，以便选择最合适的固定液。选择固定液通常根据“相似相溶”的原则，当样品和固定液的性质相似时，分子间的作用力强，在固定液中的溶解度就大。例如，分离非极性样品时，一般选择非极性固定液。它们之间的作用力主要是色散力，试样中各组分按沸点从低到高的顺序流出色谱柱，若是同沸点的化合物则是极性大的先流出色谱柱；分离极性物质时，一般按极性强弱来选择相应极性的固定液，试样中各组分一般按极性从小到大的顺序流出色谱柱；分离极性和非极性混合物时，一般选用极性固定液，试样中非极性组分先出峰，极性组分后出峰；分离具有酸性或碱性的极性试样时，可选用带有酸性或碱性基团的高分子多孔微球，组分一般按相对分子质量大小顺序分离。此外，还可选用强极性固定液，并加入少量的酸性和碱性添加剂，以减小谱峰的拖尾；能形成氢键的试样，应选用氢键型固定液，如腈醚和多元醇固定液等，试样中各组分则按形成氢键的能力的大小顺序分离；对于复杂组分，一般可选用两种或两种以上的固定液配合使用，以增加分离效果；对于含有异构体的试样(主要是含有芳香型异构部分)，一般应选用有特殊保留作用的有机皂土或液晶作固定液。

色谱柱固定相液膜的厚度会影响柱子的保留特性和柱容量，其保留特性随液膜厚度的增加而增加。一般来说，毛细管柱液膜越薄(0.1～0.2μm)，分析速度越快，适合分析高沸点化合物，液膜厚适合分析低沸点的化合物，常用的液膜厚度为 0.25～0.5μm。

3. 载气流速的选择

载气流速是决定色谱分离的重要因素之一。一般流速高，色谱峰窄，反之则较宽，但流速过高或过低都对分离不利。流速要求平稳，常用的流速范围为 10～100mL/min。

4. 柱温的选择

柱温是一个重要的色谱操作参数，直接影响分离效能和分析速度。一般来说，提高柱温可缩短分析时间，并且可以改善气相和液相的传质速率，有利于提高柱效能；而降低柱温可使色谱柱的选择性增大，有利于样品中各组分的分离，并提高色谱柱的稳定性，延长柱寿命。一般采用的柱温以稍低于样品的沸点或接近样品中各组分的平均沸点温度较适宜。易挥发组分常采用低柱温，而不易挥发的样品采用高柱温。在任何情况下，都要注意柱温不能超过固定液的最高使用温度，否则会造成柱中固定液大量挥发流失，使柱寿命缩短，影响检测。但是柱温至少必须高于固定液的熔点，使其有效地发挥作用。对于宽沸程的多组分混合物，可采用程序升温的方法进行分析。

5. 进样量和进样时间的选择

色谱柱的有效分离样品量与柱内径、柱长及固定液用量有关，柱内径越大，固定液用量越多，可适当增加进样量。但进样量过大，会造成色谱柱超载，柱效下降，峰形变宽，保留时间也有所变化。一般来说，进样量应控制在柱容量允许范围及检测器线性检测范围之间。在保证检测器灵敏度足够高的情况下，进样量尽可能小。一般情况下，液体样品进样 0.1～0.5μL，气体样品进样 0.1～10mL。

进样速度同样影响分离效果。进样时要求速度快，一气呵成。一般用注射器或进样阀进样时，进样时间应在 1s 以内。如果进样时间太长，会使峰形变宽，出现拖尾现象，影响分离效果。

6. 气化室温度的选择

气化室温度选择不当，会使柱效下降。通常根据样品的沸点及稳定性选择气化室的温度。若温度低于样品的沸点，则样品气化时间长，使样品峰变宽。气化室的温度应使待测样品迅速气化而又不分解为宜，一般选择气化温度比柱温高 10～50℃或比样品组分中最高沸点高 30～50℃。但要注意温度一般不要超过样品沸点 50℃以上，否则易造成样品分解。气化室的温度通常设为 250℃。

7. 检测室温度的选择

为了使色谱柱中的流出物不在检测器中冷凝而污染检测器，检测室的温度应高于柱温。一般可高于柱温 30～50℃，或等于气化室的温度。检测室的温度通常设为 250℃。

4.4.4　气相色谱的应用

混合物经过色谱分离后，可获得一张各组分的响应信号随时间变化的曲线，即色谱图。图上有一个个小色谱峰，它是定性、定量分析的依据。

1. 定性分析

定性分析就是确定图上每个峰是什么物质，其依据就是各峰的保留值。保留值有多种表达方式，其中最基本的是保留时间和调整保留时间，如图 4.18(a)所示。

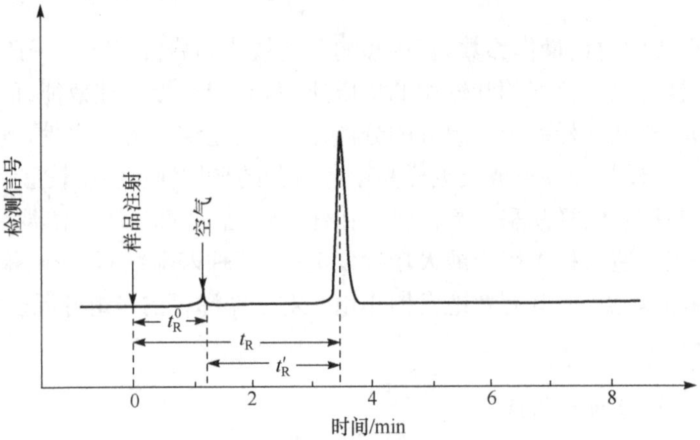

(a) 保留时间与调整保留时间

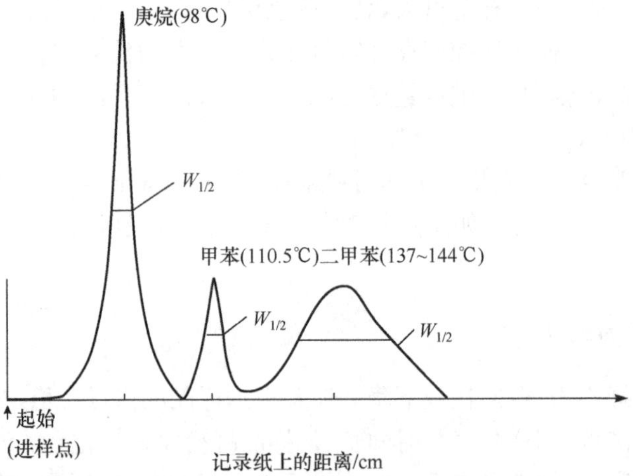

(b) 三组分百分含量的测定

图 4.18　色谱图的分析

保留时间 t_R：从进样到某组分色谱峰最高点的位置。

保留体积 V_R：从进样到某组分色谱峰最高点通过的载气体积，等于保留时间乘以载气平均流速。

保留值：t_R和 V_R的总称。

空气峰：当空气随试样进去后，因为空气的挥发性大，最先通过色谱住，即第一个峰称为空气峰。

死时间 t_R^0：从进样到空气峰的时间。

死体积 V_R^0：从进样到空气峰的载气的体积，等于死时间乘以载气平均流速。

调整保留时间 t_R'：保留时间扣去死时间。

调整保留体积 V_R'：相当于在调整保留时间内通过的载气体积。

相对保留值 α：选用某种化合物作为标准物质，求出在同一条件下未知物与标准物质的保留值的比值。

$$\alpha=\frac{t'_{R(i)}}{t'_{R(s)}}=\frac{V'_{R(i)}}{V'_{R(s)}}$$

式中，i 和 s 分别表示待测定物质和标准物质。

在给定条件(如色谱柱、温度和流速等)下，一个化合物的调整保留时间 t_R'、调整保留体积 V_R'或相对保留值 α 与比移值 R_f 一样是一个特定常数，可用于定性分析。由于相对保留值受固定液和操作条件影响较小，所以它作为定性指标比保留值本身更可靠。当然如果有标准样品，也可直接利用保留时间，观察被测组分与标准样品的保留时间是否一致，或用标准样品与试样混合后进样，看对应的色谱峰是否增大，即可加以鉴别。但是不同物质在同一色谱柱上也有可能有相同的保留值，因此最好在两个极性不同的柱上进行分离，若未知物和已知物都有相同的保留时间，则说明是同一化合物，这种分析方法称为双柱定性。

2. 定量分析

定量分析就是测定混合样品中各组分的相对含量，其依据是

$$m=fA \quad 或 \quad m=fh$$

式中，m 为待测组分的质量；A 和 h 分别为待测组分峰的面积和峰高；f 为校正因子。

在先进的色谱仪上都能准确记录峰的面积、峰高或保留时间(现在还能同时记录各组分的相对含量)。如果是手工测量峰面积，在完全分离(峰形对称)时，则峰面积

$$A=hW_{1/2}$$

式中，$W_{1/2}$ 为 $h/2$ 处的宽度，称为半峰宽。每个峰的面积除以所有峰的总面积，所得的值即为该组分近似的百分含量。

图 4.18(b)为庚烷、甲苯和二甲苯三个组分的气相色谱图。由图中可以计算出各组分近似的百分含量，即庚烷 39.7%，甲苯 8.8%，二甲苯 51.4%，参见下列表格及计算方法：

化合物	沸点/℃	峰位置/cm	H/cm	$W_{1/2}$/cm	A/cm^2
庚烷	98	2.92	8.78	0.50	4.40
甲苯	110.5	4.87	3.51	0.31	0.98
二甲苯	137～144	7.74	2.70	2.11	5.70
					总面积 11.08

$$庚烷含量=\frac{4.40}{11.08}\times100\%=39.7\%$$

$$甲苯含量=\frac{0.98}{11.08}\times100\%=8.8\%$$

$$二甲苯含量=\frac{5.70}{11.08}\times100\%=51.4\%$$

因为这种方法是按混合物峰的总面积等于100%计算的，所以称为面积归一法。此外，还有内标法和外标法。

校正因子 f 的引入是因为峰面积的大小不仅与样品数量有关，而且也与其物理、化学性质有关。这就是说，不同的物质即使数量相等并在相同的色谱条件下，其信号大小也可能不同，故只有经过校正之后，其峰面积才可以定量地代表物质的含量。校正因子可以从文献查得，但较可靠的方法是利用纯物质在同一条件下直接测得。

4.5 高效液相色谱

4.5.1 基本原理

高效液相色谱是在经典液相色谱的基础上引入气相色谱的理论和技术并加以改进而发展起来的。与普通液相色谱相比，它具有以下优点：速度快、分辨率高、灵敏度高、色谱柱可以反复使用、样品用量少，易回收；并且对样品的适用性更广泛，被分析组分的相对分子质量可达300～2000(不包括空间排阻色谱)，对离子型及易热分解的物质都适用。用高效液相色谱法分离复杂化合物，必须具备一根有一定柱效的色谱柱，调节流动相的洗脱强度使被分离的各组分有合适的容量因子，从而使各组分得到分离。供液相色谱选用的流动相很多，可以通过改变流动相极性的大小、离子强度和 pH，或程序改变流动相的流速来选择最佳分离条件。高效液相色谱按分离原理可分为吸附色谱、键合相色谱、离子交换色谱和空间排阻色谱等。

现在高效液相色谱柱最常用的固定相都是化学键合固定相，即通过化学反应将各种不同极性的官能团以化学键合的方式结合到载体表面，这类固定相相当稳定，无液相流失，耐水，耐有机相。在色谱过程中，如果固定相是非极性的，流动相是极性的，则极性强的组分先流出，极性弱的组分后流出，这一类色谱称为反相色谱。如果固定相是极性的，流动相是非极性的，则样品中极性弱的组分先流出，极性强的组分后流出，这一类色谱称为正相色谱。反相键合相色谱操作简单、灵活、稳定性和重复性好，烷基键合相又有大量商品出售，样品在固定相上的不可逆吸附小，更换溶剂容易，流动相价格便宜易得，现已成为一种通用型液相色谱分析方法，分析对象几乎遍及所有类型的有机化合物，包括：极性、非极性；水溶性、油溶性；离子性、非离子性；小分子、大分子；具有官能团差别或相对分子质量差别的同系物。ODS 型及苯基硅烷衍生物的化学键合固定相普遍应用于反相色谱中。

在高效液相色谱实验中，对选择的洗脱剂即流动相有一定的要求。流动相要有合适的极性，高纯度、低黏度，化学稳定性好，能溶解样品，且浸润固定相，从而使样品溶剂正好是流动相本身，同时要兼顾毒性、易燃性和价格，并要适合检测器。若采用紫外检测器，所用的流动相应在所选用的工作波长下无吸收或吸收极小，也就是说流动相的截止波长应小于工作波长。截止波长也称最低可用波长，表示在这波长下溶剂透射率降到10%以下。

4.5.2 仪器结构

高效液相色谱仪现在都做成一个个单元组件，然后根据分析要求将各所需单元组件组合起来，最基本的组件是高压输液系统、进样系统、分离系统、检测系统和工作站(数据处理系统)，如图 4.19 所示。此外，还可以根据一些特殊的要求，配备一些附属装置，如梯度洗脱、自动进样装置、预柱、流动相在线脱气装置等。

高效液相色谱仪的工作流程如下：储液器中的溶剂经脱气处理后，由高压泵输送到色谱柱，试样由进样器注入，流经进样器的流动相将其带入色谱柱中进行分离，并依次随流动相流

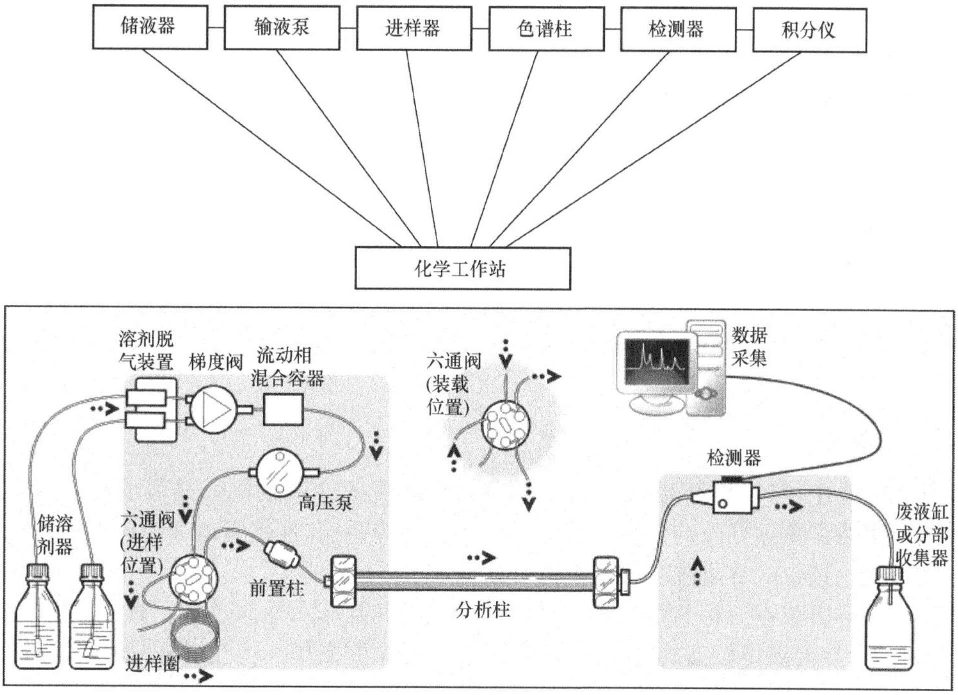

图 4.19　高效液相色谱仪结构及工作流程示意图

至检测器，再从检测器的出口流出分别被收集。检测器检测到的信号送至工作站记录、处理和保存，由此得到液相色谱图。

下面对高效液相色谱仪的几个主要部件进行简单介绍。

1. 高压输液系统

高压输液系统由储液器、高压输液泵、过滤器、压力脉动阻力器等组成。

1）储液器

储液器主要用来提供足够数量的符合要求的流动相以完成分析工作，对于储液器的要求是：①必须有足够的容积，以备重复分析时保证供液；②脱气方便；③能耐一定的压力；④所选用的材质对所使用的溶剂都是惰性的。

储液器一般是以不锈钢、玻璃、聚四氟乙烯或特种塑料聚醚醚酮（PEEK）衬里为材料，容积一般以 0.5～2L 为宜。

所有溶剂在放入储液器之前必须经过 0.45μm 滤膜过滤，除去溶剂中的机械杂质，以防输液管道或进样阀产生阻塞现象。

所有溶剂在使用前必须脱气。因为色谱柱是带压力操作的，而检测器是在常压下工作的，若流动相中所含有的空气不除去，则流动相通过柱子时其中的气泡受到压力而压缩，流出柱子后到检测器时会因常压而将气泡释放出来，造成检测器噪声增大，使基线不稳，仪器不能正常工作，这在梯度洗脱时尤其突出。

2）高压输液泵

高压输液泵是高效液相色谱仪的核心部件，其作用是将流动相以稳定的流速或压力输送到色谱分离系统。对于带有在线脱气装置的色谱仪，流动相先经过脱气装置再输送到色谱柱。高压输液泵应具有以下性能：

(1) 有足够的输出压力，使流动相能顺利地通过颗粒很细的色谱柱，通常其压力范围为

250～400kg/cm²。

(2) 输出流量恒定,其流量精度应为1%～2%。

(3) 输出流动相的流量范围可调。对分析仪器,一般为3mL/min;对制备仪器,一般为10～20mL/min。

(4) 压力平稳,脉动小。

高压泵按其操作原理可分为恒流泵和恒压泵。恒流泵的特点是在给定的操作条件下,输出的流量保持恒定,而与色谱柱等引起的阻力变化无关。常用的有往复泵和注射泵。恒压泵与恒流泵不同,它能保持输出压力恒定,而流量随色谱系统阻力的变化而变化。气动放大泵就是一种恒压泵。由于这类高压泵输液流速随色谱系统的阻力而变化,导致保留时间的重现性差,所以目前在分析上已较少使用。

2. 进样系统

在液相色谱中,与气相色谱不同,柱外的谱带扩宽现象会造成柱效显著下降,尤其是使用微粒填料时更为严重。柱外的谱带变宽通常发生在进样系统、连接管道及检测器中,故一个设计较好的液相色谱仪应尽量减少这三个区域的体积。

常用的进样方式有三种:直接注射进样、停流进样和高压六通阀进样。直接注射进样的优点是操作简便,并可获得较高的柱效,但这种方法不能承受高压。停流进样是在高压泵停止供液,体系压力下降的情况下,将样品直接加到柱头。这种进样方式操作不便,重现性差,仅在不得已时才采用。高压六通阀进样的优点是进样量的可变范围大,耐高压,易于自动化;缺点是容易造成谱峰柱前扩宽。

目前应用最为广泛的是六通阀进样器,进样体积由定量管确定,常规高效液相色谱仪中通常使用10μL,20μL的定量管。六通阀进样器的结构如图4.20所示。操作时先将阀柄置于图4.20(a)所示的采样(load)位置,这时进样口只与定量管接通,处于常用状态。用平头微量注射器注入样品溶液,样品停留在定量管中,多余的样品溶液从5处排出。将进样阀柄顺时针旋转至图4.20(b)所示的进样(inject)位置时,流动相与定量管接通,样品被流动相带入色谱柱中进行分离。

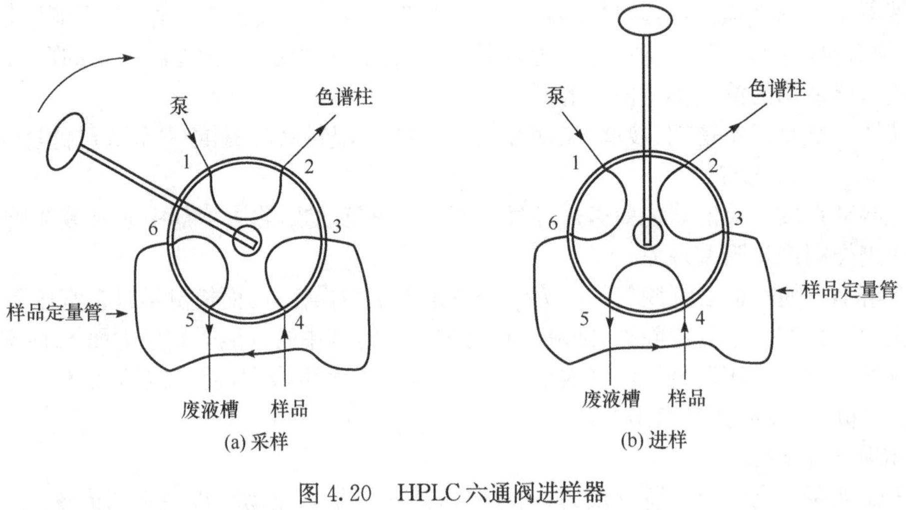

图4.20　HPLC六通阀进样器

3. 色谱柱

色谱柱是 HPLC 系统的核心部分，分离的效能直接取决于所选择的固定相类型。在高效液相色谱中，色谱柱一般采用优质不锈钢管制作。在早期，填充剂粒度大(20～75μm)，柱管径一般为 2mm，柱长 50～100cm。近年来，由于高效微型填料(3～10μm)的普遍应用，考虑管壁效应对柱效的影响，故一般采用管径粗(4～5mm)、长度短(10～50cm)的色谱柱。

液相色谱柱的填充一般采用匀浆法。其操作是先将填料配成悬浮液，在高压泵的作用下快速将其压入装有洗脱液的色谱柱内，经冲洗后即可备用。目前采用这种装柱法可达到每米柱效 80 000 塔板数。填充完毕的色谱柱是有方向的，流动相的方向应与柱的填充方向一致。色谱柱的管外都以箭头显著地标示了该柱的使用方向，安装和更换色谱柱时一定要使流动相按箭头所指方向流动。

4. 检测系统

用于液相色谱中的检测器，除应具有灵敏度高、噪声低、线性范围宽、响应快、死体积小等特点外，还应对温度和流速的变化不敏感。

在液相色谱法中，有两种基本类型的检测器。一种是溶质型检测器，它仅对被分离组分的物理或物理化学特性有响应。属于这类检测器的有紫外检测器、荧光检测器、电化学检测器等。另一种是总体检测器，它对试样和洗脱液总的物理或物理化学性质有响应。属于这类检测器的有示差折光检测器、介电常数检测器等。紫外检测器是液相色谱中应用最广泛的检测器，具有高选择性及灵敏度，对周围环境温度、洗脱剂组成及流速波动不太敏感等优点，可用于梯度淋洗操作，但它只适用于能吸收紫外-可见光的物质。一般选择在对被分析物有最大吸收的波长处进行工作，以获得最大的灵敏度和抗干扰能力。

常见的紫外-可见检测器波长为 190～600nm(或 700nm)，在此范围内可选定任何波长进行检测，有效光谱宽度为 5nm 左右。最低检测浓度可达 10^{-9}g/mL。

在选择测定波长时，必须考虑所使用的流动相组成，因为各种溶剂都有一定的透过波长下限值，超过这个波长，溶剂的吸收会变得很强，对被测物质产生干扰。

5. 附属系统

液相色谱仪的附属装置依使用者的要求而异。通常附属装置包括脱气、梯度洗脱、再循环、恒温、自动进样、馏分收集以及数据处理等装置。这些装置一般均属选用部件，但若使用得当，会大大增加仪器的功能和提高工作效率。

一般来说，梯度洗脱装置是一种极重要的附属装置。这种洗脱方式是将两种或两种以上性质不同但可以互溶的溶剂随着时间改变而按一定比例混合，以连续改变色谱柱中冲洗液的极性、离子强度或 pH 等，从而改变被测组分的相对保留值，提高分离效率，加快分离速度。很明显，液相色谱中的梯度洗脱和气相色谱中的程序升温相似，这种洗脱方式主要应用于分离分配系数 K 相差很大的复杂混合物。

4.5.3　高效液相色谱仪的日常维护

1. 储液器

①完全由 HPLC 级溶剂组成的流动相不必过滤，其他溶剂在使用前都应用 0.5μm 的滤

膜过滤后方可使用，以保持储液瓶的清洁，不要使用多日存放的蒸馏水（易长菌）；②储液器内应有过滤器，过滤器在使用 3～6 个月后或出现阻塞现象时要及时更换，以保证仪器正常运行和溶剂的质量。

2. 高压输液泵

①使用 HPLC 级溶剂；②过滤流动相和溶剂；③溶剂使用前必须先经过脱气；④每次开始使用时要放空排气，结束后从泵中洗去缓冲液，不能让水或腐蚀性溶剂滞留泵中；⑤定时更换垫圈；⑥使用过程中避免泵长期高压运作。

3. 进样器

①对于六通进样阀，保持清洁和良好的装置可以延长阀的使用寿命；②样品应无不溶性杂质，防止污染进样口；③对于手动进样器，当使用缓冲溶液时，要用水冲洗进样口，同时拨动进样阀数次，每次数毫升。

4. 色谱柱

①色谱柱应在要求的 pH 和柱温范围下使用，应使用不损坏柱的流动相；②在进样前应将样品进行必要的净化，以免进样后对色谱柱造成损伤；③在使用过程中应避免突然的高压冲击，以及流动相极性的突然变化；④工作结束后，应选用合适的流动相冲洗色谱柱；⑤色谱柱长时间不用，存放时，柱内应充满溶剂，两端封死（如甲醇适用于反相色谱柱，正相色谱柱用相应的有机相）。

4.5.4 高效液相色谱分析条件的选择

1. 固定相的选择

化学键合固定相按键合官能团的极性分为极性键合相和非极性键合相两种。常用的极性键合相主要有氰基、氨基和二羟基键合相。极性键合相常用于正相色谱，混合物在极性键合相上的分离主要是基于极性键合基团与溶质分子间的氢键作用，极性强的保留值大。反相液相色谱中使用的固定相为非极性键合相，大多是各种烃基硅烷的化学键合硅胶。烷基链长可以是 C_2、C_4、C_6、C_8、C_{12}、C_{16}、C_{18}、C_{22}及 C_{36}等，其中最常用的是十八烷基键合相和辛烷基键合相，简称 C_{18}（又称 ODS）柱和 C_8柱。高效液相色谱分析任务的 70%～80%都由 C_{18}柱完成。烷基的链长对样品容量、溶质的保留值和分离选择性都有影响。一般来说，样品容量随烷基链长增加而增大，且烷基键合相表面键合的碳链长度越长，其保留值也越大。长链键合相具有较高的含碳率和更强的疏水性，对各种样品均表现出更强的分离选择性和适应性，尤其适用于非极性芳烃样品和极性药物、氨基酸、肽类样品的分离。但短链烷基键合相具有比长链键合相更高的键合密度和表面覆盖率，残余的羟基较少，更适合分离极性较强的样品，并可以使用较强酸性的流动相。

因此，分离中等极性和极性较强的化合物可选择极性键合相，分离非极性和极性较弱的化合物可选择非极性键合相。键合相的使用寿命取决于硅胶表面被键合官能团的覆盖程度，覆盖量大或呈多分子覆盖层时，会增加其稳定性，通常正相键合的稳定性要小于反相的。在实验中，由于大量极性或非极性样品的连续注入，引起固定相对样品的吸附、缔合等不良效应，柱子的性能越来越差，此时应及时对色谱柱进行再生处理。正相键合相柱可用甲醇-氯仿（1：1）流动相进行再生；反相键合相柱可用甲醇流动相进行再生，如果还未能达到要求，可使用丙酮、二甲基甲酰胺或约 0.01mol/L 无机酸水溶液进行再生。

2. 流动相的选择

与气相色谱不同，高效液相色谱中的流动相不仅携带样品前进，而且主要用来调节分离的选择性，是色谱分离成功与否的重要因素。可供选择的流动相（溶剂）有几十种，流动相的种类和配比能显著影响分离效果，为使样品得到足够的分离，必须选择一个合适的流动相。作为流动相的溶剂应满足以下要求：①能溶解样品，但不与样品和固定相发生化学反应；②溶剂纯度高，尽量采用色谱纯试剂，因为在色谱柱使用期间，流过色谱柱的溶剂是大量的，若溶剂不纯，会因长期积累杂质而导致检测器噪声增加；③溶剂应与固定相不互溶，否则造成固定液流失，使柱的保留特性发生变化；④溶剂的黏度尽可能小，这样可减少传质阻力，提高柱效；⑤应与检测器匹配，对于紫外检测器，溶剂的紫外截止波长应小于其工作波长；⑥沸点低（<100℃），不干扰对所分离各组分的回收。

一般根据“相似相溶”的原理来选择流动相。由于实际分析的样品是多种多样的，因此合适的流动相只有通过实验来选择。对于正相化学键合相色谱，一般采用己烷、庚烷或异辛烷为底溶剂，在其中加入少量的极性溶剂，如二氯甲烷、四氢呋喃、乙腈和甲醇等。对于反相键合相色谱，一般以纯水为底溶剂，在其中加入与水相混溶的有机溶剂，如二甲亚砜、乙腈、甲醇、异丙醇及四氢呋喃等。

用于反相色谱溶剂的洗脱强度顺序为：水（最弱）<甲醇≤乙腈<乙醇≈丙酮≈乙酸乙酯≈二氧六环<异丙醇≈四氢呋喃<丙醇<二氯甲烷（最强）。

大多数实验要求流动相的溶剂强度大于水而小于纯甲醇或纯乙腈。其中应用最广的是甲醇-水、乙腈-水和四氢呋喃-水，它们的本底紫外吸收和黏度特性都比较适宜。反相色谱中选择最佳洗脱剂的经验规则是：对于非（弱）极性化合物试用 70%～90%甲醇-水；对于中等极性化合物试用 50%～70%甲醇-水；而对于强极性化合物可用 30%～40%甲醇-水。

虽然采用适当比例的二元混合溶剂就可以适应不同类型的样品分析，但有时为了获得最佳分离，也可以采用三元甚至四元混合溶剂作为流动相。

另外，用于反相色谱的流动相应保持 pH 为 2～8，若 pH>8.5，会引起基体硅胶的溶解，pH<1.0，键合的硅烷会被水解，而且也不能用含有氧化剂的缓冲溶液作流动相。采用反相色谱分离弱酸性（$3 \leqslant pK_a \leqslant 7$）或弱碱性（$7 \leqslant pK_a \leqslant 8$）样品时，通过调节流动相的 pH 来抑制样品组分的解离，增加组分在固定相上的保留，并改善峰形。分析弱酸性样品时，通常在流动相中加入少量弱酸，常用 50mmol/L 磷酸盐缓冲液和 1%乙酸溶液；分析弱碱性样品时，通常在流动相中加入少量弱碱，常用 50mmol/L 磷酸盐缓冲液和 30mmol/L 三乙胺溶液。流动相中加入有机胺可以减弱碱性溶质与残余硅醇基的相互作用，减轻或消除峰拖尾现象。

3. 洗脱方式的选择

(1) 恒组成溶剂洗脱。用恒定配比的溶剂系统作为流动相进行洗脱是最常用的色谱洗脱方式，具有方法简便、色谱柱易再生等优点。但对于成分复杂的样品，往往不能达到理想的分离要求，此时需采用梯度洗脱。

(2) 梯度洗脱。又称梯度淋洗或程序洗脱，即在整个分离过程中，溶剂强度按一定程序连续变化，使不同极性的样品组分得到良好的分离。当完成梯度淋洗后，在更换流动相时，要注意流动相的极性与平衡时间，由于不同溶剂的紫外吸收程度有差异，可能引起基线漂移。

4. 柱温和流动相流速的选择

高效液相色谱中，柱温一般选择室温25℃左右，适当提高柱温有利于改善传质和提高分析速度。流动相一般采用1mL/min的流速。

4.5.5 高效液相色谱的应用

高效液相色谱的分离效能和分离速度是经典液相色谱、精密分馏及一般的化学方法难以比拟的，它不受样品挥发度和热稳定性的限制，非常适合分离生物药品的大分子、离子型化合物、不稳定的天然产物以及其他高相对分子质量和挥发性差的混合物。因此，它可用于分离的样品范围很宽。高效液相色谱也可采用气相色谱的常用技术，利用样品在色谱过程中的各种特性进行定性和定量分析。

1. 定性分析

当进行定性分析时，可用色谱鉴定法定性，如标准物对照法、保留值定性法、相对保留值定性法、保留指数定性法和文献值对照法等。

2. 定量分析

当进行定量分析时，其测定方式和计算方法与气相色谱相同，可用面积归一化法、内标法、外标法等进行测定。

3. 制备纯物质

高效液相色谱除用于定性定量分析外，还可用于制备纯物质。其做法是：在色谱仪的出口处安装一个馏分收集器（也可用手工操作），按色谱峰的出峰信号逐一收集，除去流动相后，即可得到纯物质。在适当的条件下，对一般的分析柱（内径3～4mm，长30cm），用加大进样量的方法，可以完成5～100mg的制备量，纯度可达99.99％以上。

第 5 章　有机化合物的结构表征技术

在有机化学实验中，必须弄清原料、产物、副产物等各种有机化合物的结构，了解有机化合物分子的结构与物理化学性能之间的关系，根据物质的物理化学性质可以推断其分子结构，进而验证合成方法的可行性。因此，有机化合物的结构表征是有机合成的“眼睛”，对进一步提高有机实验技术及创新意识具有十分重要的指导作用。

本章将简要介绍熔点、沸点、折光率、旋光度、红外光谱、紫外-可见光谱、核磁共振波谱及气相色谱-质谱联用技术。

5.1　熔　点

熔点是有机化合物最重要的物理常数之一。它不仅可以用来鉴定固体有机物，而且根据熔程的长短可定性地判别物质的纯度。此外，根据混合熔点是否下降，还可以判断熔点相近或相同的两个化合物是否是同一种物质。

5.1.1　基本原理

1. 纯粹有机化合物的熔点

纯粹结晶性的有机化合物通常具有固定的熔点。熔点就是在常压下某一化合物的固态和液态相互平衡共存时的温度。

图 5.1 是物态随加热时间和温度而变化的关系图，当固态有机物被加热时，温度沿 SA 线升高，加热时间 A 点以前的区间内，化合物温度升高，但仍然以固态存在。温度达到 A 点时，开始有少量的化合物转变为液态，固液两态间建立平衡。若继续加热，化合物的温度并不发生变化，供给的热能使固态不断转变为液态，固液两相平衡依然存在，加热时间达到 B 点，刚好所有的固态物完全熔化为液态物。平衡破坏，供给的热量仅用来提高液态物的温度。直线 AB 对应的温度 T_m 就是该化合物从初熔到全熔的温度，即为纯粹有机化合物的熔点。

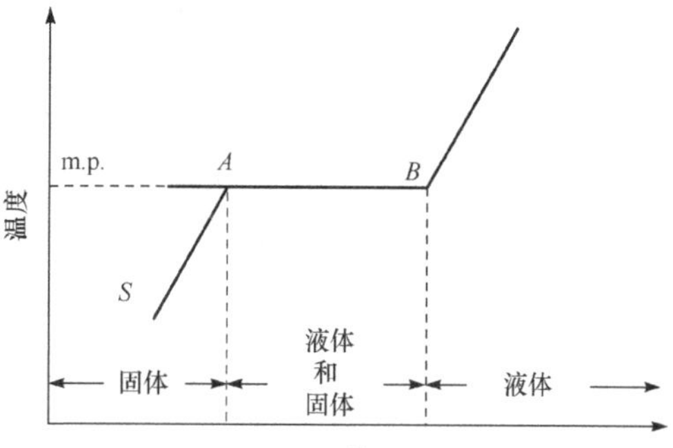

图 5.1　物态随加热时间和温度而变化的关系

上述现象可由图 5.2 解释，它表示一个化合物在固态和液态时的蒸气压与温度之间的关系。固态有机物受热时，它的蒸气压随温度的增加而增加，即沿 EC 线上升，固态转变为液态后液态蒸气压也随温度的增高而增高，即沿 CB 线上升。反之，温度下降时，蒸气压也随着下降。由于固液两态蒸气压曲线变化的斜率不同，EC 和 CB 相交于 C 点，C 点的蒸气压既是固态的蒸气压也是液态的蒸气压。换句话说，C 点的蒸气压也就是固液两态平衡共存时的蒸气压，而 C 点对应的温度就是该化合物的熔点 T_m。因此，也可以说，有机化合物的熔点就是该化合物在固液两态相等蒸气压时的温度。从图 5.2 还可以看出，两条曲线相交为一点，即蒸气

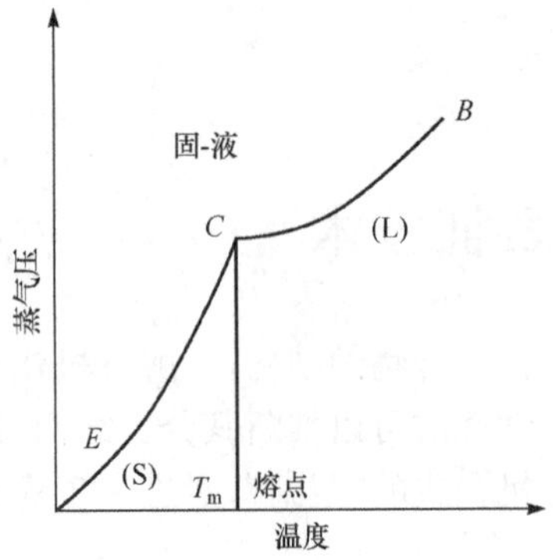

图 5.2　物质固、液态的蒸气压-温度曲线

压相等时的温度只有一点，所以熔点的温度是很敏锐的。在测定熔点时，一定要控制加热速度足够慢，让化合物有充分的时间从固态转变为液态。在通常的实验条件下，测得的熔点是该物质开始从固态到完全转变为液态时的温度范围，即物质从初熔到全熔的温度区间。这个温度区间也称为熔程或熔点间隔。纯粹的固体有机化合物不但有确定的熔点，而且熔程在 2℃以内。例如，纯苯甲酸的熔点是 122～123℃，纯酚酞的熔点是 262～263℃。

2. 杂质对熔点的影响

依据上述讨论，化合物的熔点和蒸气压有确定的对应关系。因此，杂质对熔点的影响实质上就是对蒸气压的影响。为了使问题讨论简化，假设物质是由纯 A 和纯 B 组成的，并把其中 B 作为 A 的杂质，将纯 A 加热到它的熔点以上温度时，则成为液态化合物。根据拉乌尔定律，在一定的温度和压力下，在溶剂中增加溶质的物质的量，必导致溶剂的蒸气压降低。因此，若将少量的 B 组分加入 A 中，必然导致 A 的蒸气分压下降。图 5.3 表示了纯的 A 组分加入杂质 B 后，混合物中 A 组分蒸气压曲线从 M_AL_A 下降到 M_BL_B，和固态 A 的对应交点也从 M_A 下降到 M_B，M_B 才是加入杂质 B 后构成的新体系液态和固态蒸气压相等点，原先的固液两态蒸气压平衡被破坏。如果维持原熔点温度 T_A 不变，因为此时的蒸气压已超过固体 A 的对应蒸气压，固体 A 势必完全熔解。如果不供给热能，由于固体 A 熔解吸热，必导致体系温度下降，才能重新建立固液平衡。重新建立起平衡的温度 T_B 就是 A 和 B 混合后的熔点。因此它比纯粹 A 组分熔点低，即杂质使此物质熔点下降。

现将 A 和 B 两组分分别以不同的比例混合，测定其熔点，可得一个典型的全熔点温度和组成关系曲线(图 5.4)。T_a 和 T_b 分别为纯粹 A 和 B 的熔点，曲线交点 E 是低共熔物，T_e 是低共熔点，不同的化合物混合具有不同的低共熔点，其组成比例也不尽相同。低共熔点混合物的熔点与纯粹物质一样，存在固定的熔化温度，但它不是一个纯粹化合物，而是均匀的机械混合物。现根据熔点和组成(T-X)图来讨论纯物质含有杂质后熔程变化的情况。假定 A 中含

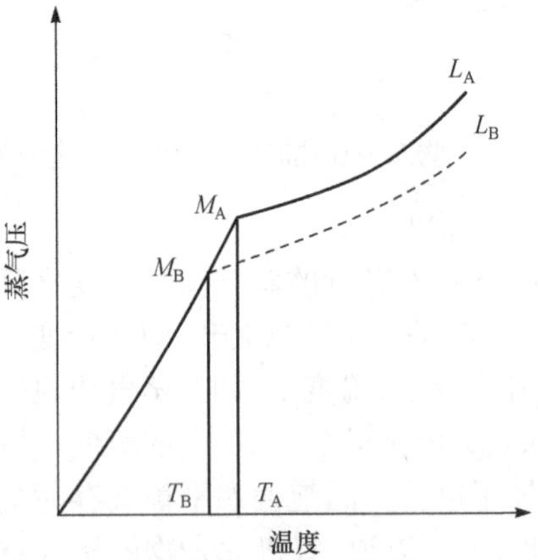

图 5.3　纯物 A 混有少量杂质 B 时蒸气压变化曲线

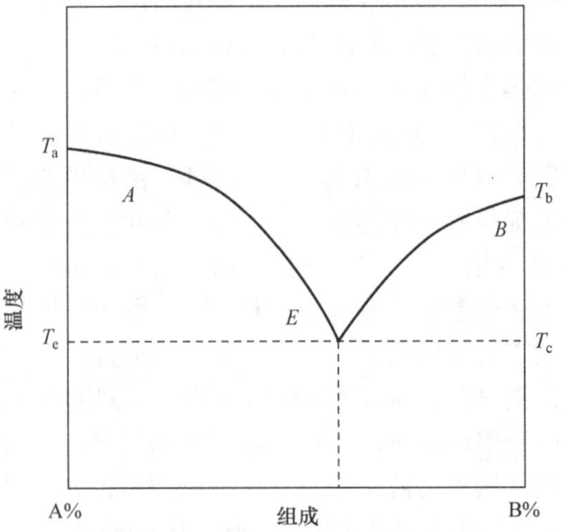

图 5.4　A 和 B 的组成与熔点的关系

有少量 B 的固体混合物，加热到低共熔点 T_e 时，固体开始熔化。继续加热，更多的 A 和 B 在低共熔点熔化，直到固态物 B 完全熔化后混合物温度开始升高，同时更多的固态物 A 熔化为液态。杂质 B 在液态中的浓度却越来越低，熔点沿 EA 线上升到温度 T_a时，固态 A 完全转变为液态。如果在熔化过程中一直保持平衡条件，含有杂质的 A 熔点范围从 T_e到 T_a，所以，杂质的存在不但使纯粹物质的熔点降低，而且使熔程变宽。

理论上说，A 和杂质 B 以任意比例混合，固态必在 T_e时开始熔化，到 T_a以下某一温度熔完，杂质 B 的比例增加时，熔程上限下降。在实际测定熔点时，达到完全平衡的条件几乎是做不到的，并且直到相当量固态物熔化后才发现熔程的下降。特别是只有少量的杂质存在时，在低共熔点时形成液态物的量很少，直到低共熔点以上，相当高的温度时才确实观察到熔化物。因此，在实际测定熔点时几乎像是纯的固体，有一个熔点上限靠近该真实熔点的狭窄熔化范围。含有较多杂质的固态物熔程上限通常在真实熔点以下相当距离，并看到一个较宽的熔化范围。

3. 混合熔点法

纯粹的固态物因杂质的影响使熔点降低、熔程加大的现象，除可作为判断该物是否纯粹的依据外，还用来鉴定未知的固态有机物。通常把熔点相近或相同的两个化合物混合后测定的熔点称为混合熔点，这种方法就是混合熔点法，可以验证两个具有相近或相同熔点的化合物是否为同一化合物。例如，已测得一未知物的熔点为 122℃，根据文献资料分析可能是苯甲酸(熔点 122℃)或 β-萘酚(熔点 122℃)，为了二者择一，可以取不同比例的未知物与苯甲酸相互混合，测定混合物熔点，观察它是否发生变化。如果熔点维持原值不变，就是苯甲酸。如果熔点降低，熔程拉长，则可能是 β-萘酚。为了最后确定是 β-萘酚，还必须将其与 β-萘酚混合，再测定其混合物熔点。只有混合物熔点不发生变化时，才可确定未知物就是 β-萘酚。通常测定混合熔点至少要取三种不同的比例，如甲 20%，乙 80%；甲 50%，乙 50%；甲 80%，乙 20%。

上述混合熔点是很典型的二元混合物熔点特征。在少数情况下，两种化合物混合后熔点并不总是降低。它还有以下各种情况(图 5.5)。

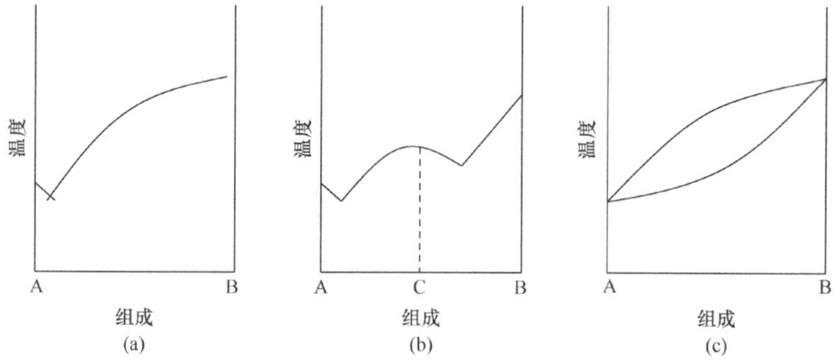

图 5.5　(a) 低共熔点组成混合物中只加入少量的 B，就可能引起熔点上升；(b)两化合物混合后形成新化合物 C；(c) 形成一种固溶体，没有低共熔点

混合熔点的变化虽然存在少数例外的情况，不能作为鉴定有机化合物的最后确证，但在通常情况下，混合熔点的变化仍是可信的。

5.1.2　测定方法

1. 毛细管法测熔点

1) 熔点测定器

熔点测定器有多种样式，设计的要点是使样品和温度受热均匀一致，实验室常用的是 b 形管，又称提勒(Thiele)管，近年来显微熔点测定仪也用得相当广泛。

b形管的构造如图5.6所示，管口装有一开孔的搅拌头或缺口的软木塞，使体系敞开。通过搅拌头上套的乳胶管或软木塞上适当大小的圆孔固定温度计，水银球处于支管口至底部的中间。使用短臂温度计时，刻度应朝向木塞的缺口，以免木塞遮挡住刻度，装入b形管内浴液的高度应在支管口的上线，装好样品的熔点管借助于浴液的黏性附于温度计上，并刚好保持管内样品处于水银球中部。当采用石蜡油或硅油作浴液时，可用细橡皮圈把熔点管固定在温度计上，煤气灯处于图示位置加热。

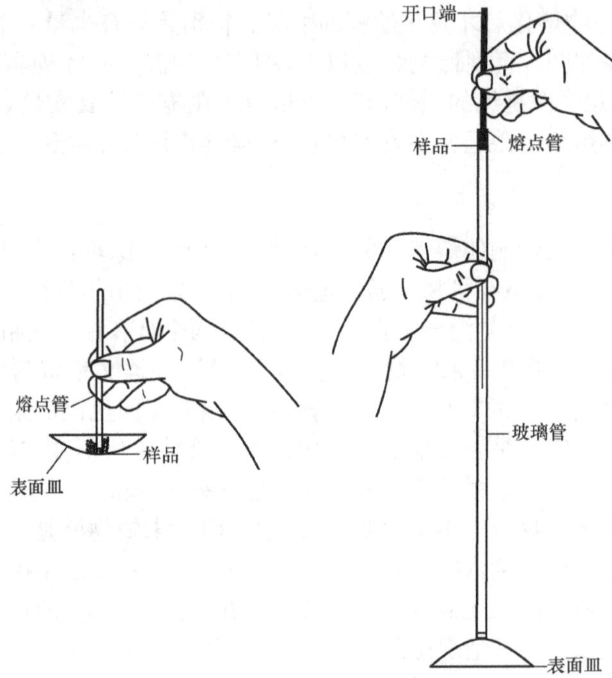

(a) 样品装入熔点管　　(b) 样品装入熔点管底部

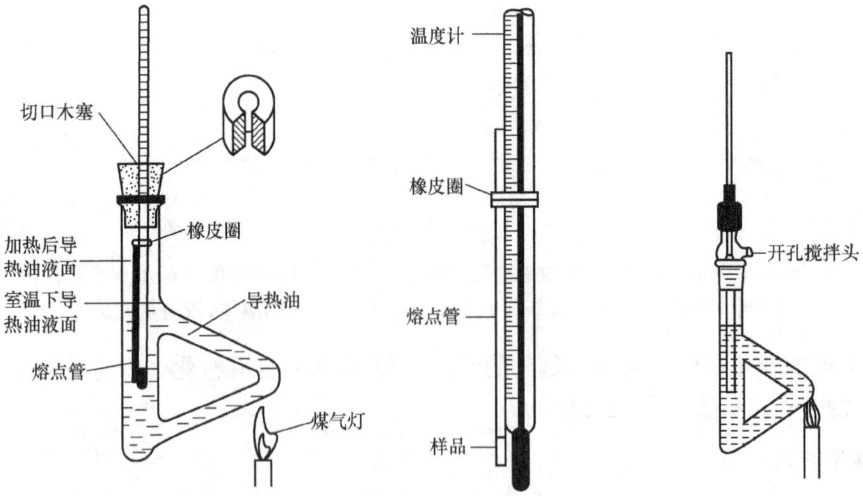

(c)　　(d)　　(e)

图5.6　b形管熔点测定装置

2）热浴的选择

浴液采用透明的易导热的液体，常用的浴液和最高使用温度如下：甘油，140℃；浓硫酸，220℃；磷酸，300℃；硅油，250℃；石蜡油，220～230℃；浓硫酸：硫酸钾＝6：4，360℃。

浓硫酸和钾盐的溶液不适合测定低熔点的化合物。浓硫酸有极强的腐蚀性，加热温度太高，会分解出刺激性三氧化硫。浓硫酸长期放置会吸收空气中水分，再用时需缓缓加热，防止受热过猛，酸从管中冲出，造成危险。浓硫酸还会因沾染有机物或其他杂质变黑，妨碍观察，可加入少许硝酸钾晶体，加热脱色。硅油黏度太大，导热效果差，但适合测定高熔点化合物。石蜡易变色。

3）装样

取约 0.1g 干燥的样品置于干净的表面皿上，用玻璃钉或磨口塞研成极细的粉末后，堆积在一起。将熔点管开口的一端反复插入粉末中，然后将熔点管开口一端向上，轻轻地在桌上敲击，使粉末受震动下落，紧密填充在管底。也可用空气冷凝管，或约 40cm 长的玻璃管垂直于表面皿上，反复让熔点管从管内自由落下，直到样品紧密的装高 2～3mm 为止[图 5.6(a)和(b)]。擦净熔点管外的样品粉末，放好备用。

4）熔点的测定

按图 5.6 将 b 形管垂直夹于铁架台上，固定盛有浴液的 b 形管和粘有装好样品的熔点管的温度计。特别注意温度计水银球和熔点管的位置是否正确，木塞是否开好缺口。检查无误后，用煤气灯（图 5.6 所示部位）加热，开始时温度可上升较快，4～6℃/min。待距熔点 15～20℃时，调小火焰，维持温度上升 1～2℃/min，越接近熔点升温速度越要缓慢，为 0.2～0.3℃/min，控制加热速度是熔点测定准确性的关键。这样一方面是为了保证有充分的时间让热量由熔点管外传至管内，使样品熔化；另一方面因操作者不能同时观察温度计读数和样品的变化情况，只有缓慢加热才能使此项误差减小。一般可在加热中途试将煤气灯暂时移去，观察温度是否上升，如果停止加热后温度也停止上升，则说明原来的加热速度比较合适。

在熔点测定过程中要注意样品是否有变色、放出气体等分解现象，做好记录。熔点测定，至少要有两次重复的数据，才能认为确实可靠。每次测定熔点后要记录下样品开始塌落并有液相产生(初熔)和固体完全消失时(全熔)温度计的读数。例如，某化合物在 122℃时开始萎缩，123℃开始有液滴出现，124℃熔解完全，记为熔点：123～124℃。固体样品的熔化过程如图 5.7所示。

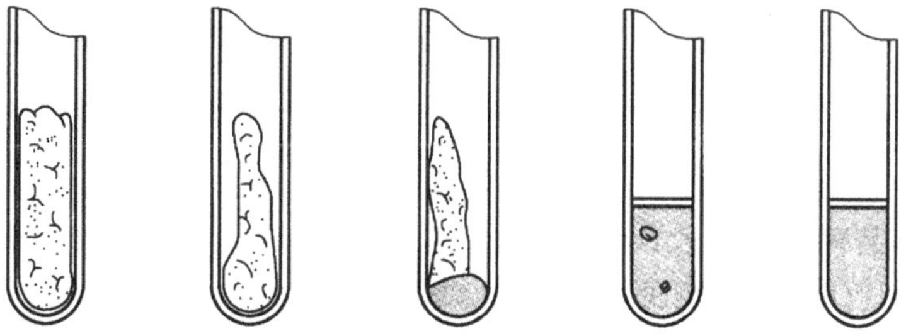

图 5.7　固体样品的熔化过程

测定熔点后管内样品一般不能让其冷却结晶后重复使用，因为有些样品在熔点以上温度时会发生全部或部分分解，或转变为不同熔点的其他结晶形式。因此，每次测定必须用新的熔点管另装样品。

测定易升华样品的熔点，要封闭熔点管的两端，以免升华，并将毛细管全部浸入加热液体中。对于易吸潮的样品，也可应用两端封闭的毛细管测定，以免测定熔点过程中样品吸潮而致熔点下降。对于易分解的样品，应先将浴液加热至熔点附近 10℃左右时，再放入样品快速测定。由于分解产物的生成，原化合物即混有杂质，熔点下降，加热时间越长，分解产物生成的数量越多，熔程就越大。文献中报道这类化合物熔点时，通常在熔点温度后面括号中加符号“d”(decomposition)。例如，丙二酸的熔点为 135℃(d)，表示该物质在 135℃熔化，同时也发生分解。对于易氧化分解的样品，可用真空密封毛细管测定，毛细管的抽真空和密封如图 5.8 所示。毛细管的开口端插入刺有小孔的橡胶隔膜，橡胶隔膜再依次与玻璃管、真空橡皮管、真空系统相连，抽成真空后在图示位置进行熔封。

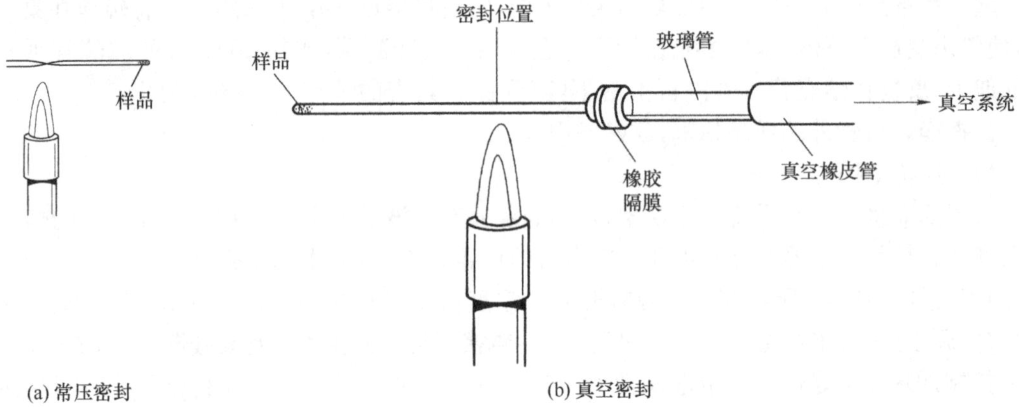

图 5.8　熔点管密封方法

对于未知样品，应先以较快的加热速度粗测一次，再进行第二次精确测定。一系列样品需连续测定时，要先测熔点低的样品，后测熔点较高的样品。前一次熔点测好后，需让热浴液冷却到下次待测物的熔点以下约 30℃。热浴液和温度计绝不能用湿抹布或冷水骤冷，以防发生事故。

毛细管法也能测定低熔点(－50℃以上)的样品，通常是把熔点管内的样品放在一个盛有干冰-甲醇冷却剂的大烧杯中固化，然后在搅拌下缓慢微热冷却剂，使样品熔化并记录熔点。

熔点测定结束后，一定要待浴液冷却近于室温，才能将浴液倒回原来的瓶中。如果浴液已经变色，要倒入指定的试剂瓶中，留待重新处理。温度计上的硫酸要用废纸擦去，再用水冲洗。温度计破裂要报告指导教师，切勿将水银和破温度计乱扔，以免实验室被水银污染，影响身体健康。

2. 显微熔点测定法

显微熔点测定法要用显微熔点测定仪，目前这类仪器型号很多，但其基本结构和原理都相似，如图 5.9 所示。它主要由变压器、加热台、温度计或温度显示器、显微镜头和其他部件组成。使用显微熔点测定仪的优点是样品用量少(2～3 颗小粒晶体，有时一粒晶体就可以)，可以测高熔点(350℃以上)的样品。样品在受热过程中的变化可通过显微镜很清楚地看到，如水合物脱水、多晶形物质的晶形转变、升华和分解等现象。

显微熔点测定仪的升温速度由变压器控制，测定熔点有两种方法，一种是平衡法，即仔细

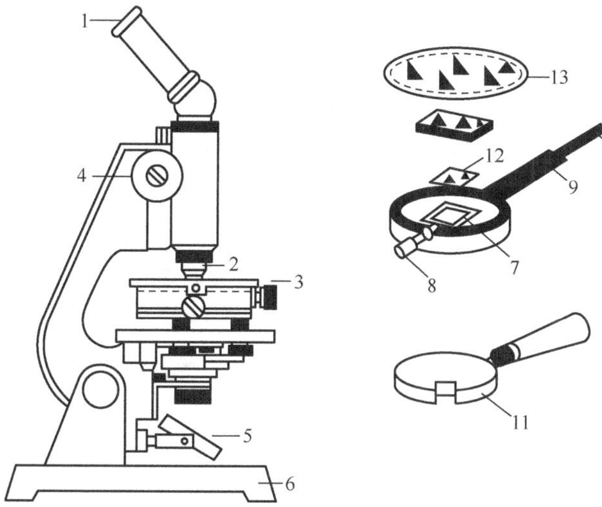

图 5.9　显微熔点测定仪示意图

1. 目镜；2. 物镜；3. 电加热台；4. 手轮；5. 反光镜；6. 底座；
7. 可移动的载玻片支持器；8. 调节载玻片支持器的把手；9. 温度计套管；
10. 温度计；11. 金属散热板；12. 载玻片；13. 保温圆玻璃盖

地调节加热器的加热温度，读取固液两相数量恰好相等时的温度；另一种是连续法，在熔点附近加热器以 1～2℃/min 的速度缓慢升温，当样品晶体的棱角开始变圆视为初熔，待晶体完全消失视为全熔，测得一个熔点的范围。

具体测定步骤如下：

取两片玻璃载玻片，用蘸有丙酮的脱脂棉擦拭干净，同时用擦镜纸擦干，取微量晶粒放在载玻片的中央，盖上另一载玻片，轻轻压实，放置在加热台中心，使样品位于加热台的中心，盖上保温圆玻璃盖。调节反光镜、物镜和目镜，使显微镜焦点对准样品，直至能清晰地看到待测样品的晶体外形为止。开启加热器，调节加热速度，当接近样品熔点 10℃左右时，控制温度上升的速度为 1～2℃/min，观察被测样品的熔化过程，把样品晶体棱角开始变圆时的温度作为初熔温度，结晶完全消失时的温度作为全熔温度。测毕停止加热，稍冷，用镊子取出保温圆玻璃盖和载玻片，将铝散热块置于加热台上加速冷却，然后清洗载玻片，待温度降至熔点值以下 30℃即可重新测定或以备再用（注意：测试过程中，加热台属高温部件，一定要使用镊子夹持放入或取出载玻片和保温圆玻璃盖，严禁用手触摸，以免烫伤）。对已知熔点的物质，可根据所测物质的熔点值，适当调节调温旋钮进行测定；对未知熔点物质，可先用中、较高电压迅速粗测一次，找到物质熔点的大约值，再根据该值适当调整和精细控制测量过程，最后进行较精确测量。

如要测定混合熔点，应将两种样品各取少许放在载玻片上，使其彼此靠近，用另一载玻片轻压并稍微转动一下，使样品紧密接触后进行测定，其他操作同上。

5.1.3　温度计校正

由于温度计确定刻度的方法和测定熔点方法上的差异，温度计本身水银柱孔径的均匀性不一致，以及长期使用玻璃体积变形等因素影响，温度计的读数和样品的真实熔点之间有一定误差。校正温度计的方法，可与标准温度计对比，也可采用一系列纯粹有机化合物的熔点作为校正的标准。以测得的熔点为纵坐标，以测得熔点和真实熔点间的差值为横坐标，绘制一条校正曲线，利用该曲线能直接读出每一样品熔点的校正值。常用的标准样品及其熔点见表 5.1。

表 5.1　标准样品及其熔点

化合物	熔点/℃	化合物	熔点/℃
冰	0	苯甲酸	122.4
二苯胺	53.5	尿素	132.8
萘	80.3	水杨酸	158.3
间二硝基苯	90.0	丁二酸	182.8
乙酰苯胺	114.3	蒽	216.2

5.2　沸　　点

5.2.1　基本原理

1. 纯液体的沸点

如果将某液体置于密闭的真空体系中，液体的分子就会逸出液面。当逸出液面和进入液面的分子数约相等时，达到平衡。这些运动的分子在液体表面形成一确定的蒸气压。蒸气压的大小则取决于液体的温度。这一确定的压力就称为某温度下该液体的饱和蒸气压。它随着液体的温度增加而有规律地增加。图 5.10 中，*BC* 线表示了液体 A 的蒸气压随温度变化的典型曲线。

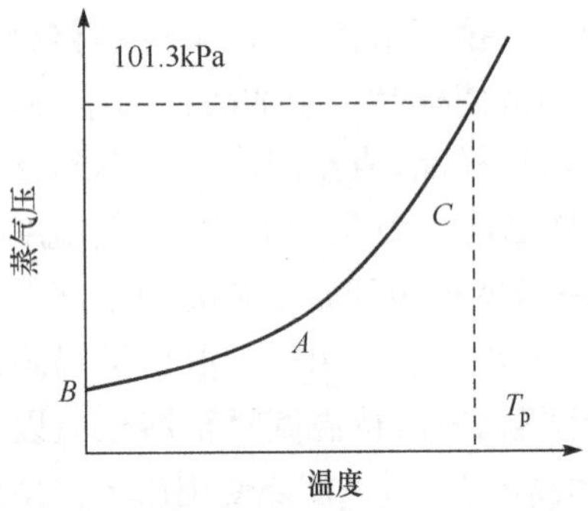

图 5.10　蒸气压与温度的关系

在温度 T_p 时，液体 A 的蒸气压达到 101.3kPa (760mmHg)，液体开始沸腾。T_p 称为液体 A 的常压沸点，如纯乙醇在 78.32℃时饱和蒸气压达到 101.3kPa，并发生沸腾，78.32℃就是乙醇的常压沸点。在标准大气压下，任何液体，只要蒸气压在达到 101.3kPa 前不发生分解，它就有自己的特征沸点温度。

一般来说，液体沸点的高低主要取决于分子本身的质量和分子之间相互作用力的强弱。同一系列的化合物，相对分子质量越大，沸点越高。相对分子质量差不多的液体，极性分子比非极性分子的沸点高。分子极性大的又比极性小的沸点高。具有缔合能力极性分子的液体又比非缔合极性分子的液体沸点高得多。例如，乙醇的相对分子质量为 46，沸点是 78℃，二甲醚相对分子质量也是 46，沸点却为 −24℃，这是因为二甲醚分子比乙醇分子极性小，又不发生缔合。丙烷的沸点 −42℃，三者相对分子质量差不多，但乙醇和二甲醚的沸点却比丙烷高得多，这是因为丙烷分子既没有极性，又不发生分子间缔合。

沸点是鉴定液体化合物的特征物理常数，纯粹液体的沸点固定，且沸程一般不超过 1～2℃，因此可利用沸点及沸程定性地检验物质的纯度。

2. 溶液的沸点

溶液中所含组分不同，对其沸点影响很大。任何溶液常压时的沸点都是该溶液总蒸气压等于 101.3kPa 时的温度。如果溶液中所含组分为 A 和 B，根据拉乌尔定律，在给定的温度下，溶液中一个组分的分压力等于溶液中该纯物质的蒸气压与其摩尔分数的乘积，即

$$P_A = P_A^0 N_A \qquad P_B = P_B^0 N_B$$

式中，P_A^0、P_B^0 分别为纯液体 A、B 的蒸气压；P_A、P_B 分别为溶液中 A、B 组分的分压；N_A、N_B 分别为 A、B 组分的摩尔分数。

溶液的总气压为各组分分压之和，即

$$P_{总} = P_A + P_B = P_A^0 N_A + P_B^0 N_B$$

如果组分 B 的挥发性低于组分 A，因为 $P_B < P_A$，$N_A + N_B = 1$，所以

$$P_A^0 N_A + P_B^0 N_B < P_A^0 N_A + P_A^0 N_B = P_A^0 (N_A + N_B) = P_A^0$$

$$P_A^0 (N_A + N_B) = P_A^0 \quad 即 \quad P_{总} < P_A^0$$

也就是说，在溶液中含有较低挥发性物质时，溶液的总蒸气压低于纯液体 A 的蒸气压。溶质对蒸气压的影响如图 5.11 所示。图中线 $B'C'$ 表示这类溶液的蒸气压依温度变化而变化的情况。直到温度超过 T_p 达到 T_p' 时，溶液的总蒸气压才达 101.3kPa，因此溶液中有非挥发性的或较低挥发性溶质时使溶液沸点升高。盐水的常压沸点高于 100℃，就属于这种类型的溶液。如果溶液中所含组分 C 比 A 更易挥发，则在确定的温度下溶液的蒸气压比纯液体 A 的蒸气压高。此时溶液的蒸气压和温度关系可由曲线 $B''C''$ 表示。在温度为 T_p'' 时，溶液的总蒸气压就达到 101.3kPa，即溶液中含比 A 易挥发的溶质时，溶液的沸点下降。有机物丙酮和水混合后组成的溶液就是这种类型的溶液。

3. 压力和沸点的关系

从上述讨论可知，液体的沸点是指该液体的饱和蒸气压等于外压时的温度。如果外压发生变化，温度也必须发生相应的改变，才能继续维持液体的蒸气压和外压相等的关系。以图 5.12为例，当液体体系的外压降低到 P_A，对应的温度降到 T_A 时，溶液的总蒸气压只要达到 A 点就与外压 P_A 相等，这时液体发生沸腾，沸点为 T_A。因此，对于一个确定的液体，其沸点随外压变化而变化。外压减小沸点也降低，所以在测定液体的沸点时，必须注明液体体系的外压。例如，沸点 152℃/75mmHg 则表示外压为 75mmHg(9.98kPa)时，沸点是 152℃。记录沸点时，如果不注明体系的压力，则认为是该溶液在标准大气压下的沸点。

4. 恒沸物的沸点

还必须注意的是，纯粹的液体有机化合物在一定的压力下具有一定的沸点，但是具有固定沸点的液体并不一定都是纯粹的液体化合物。有些化合物在一起常组成二元或三元恒沸物，恒沸物也有一定的沸点。例如，在一个大气压下，苯、水、乙醇的比例是 74∶7.5∶18.5，沸点是 64.85℃。苯和乙醇的比例是 67.6∶32.4，沸点是 68.85℃。因此，绝不可把有固定沸点的液体化合物都当成纯粹的化合物。

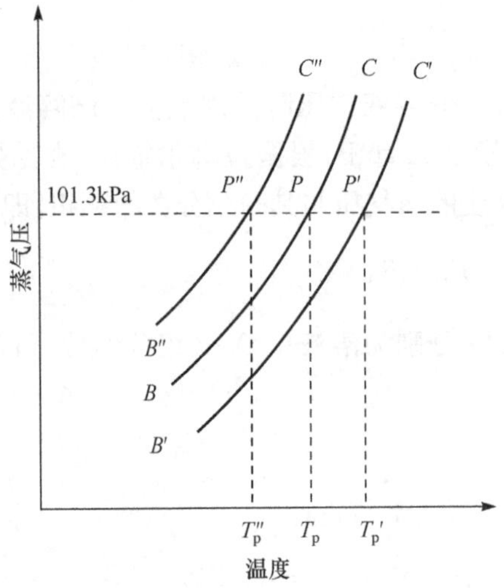

图 5.11 溶质对蒸气压的影响曲线

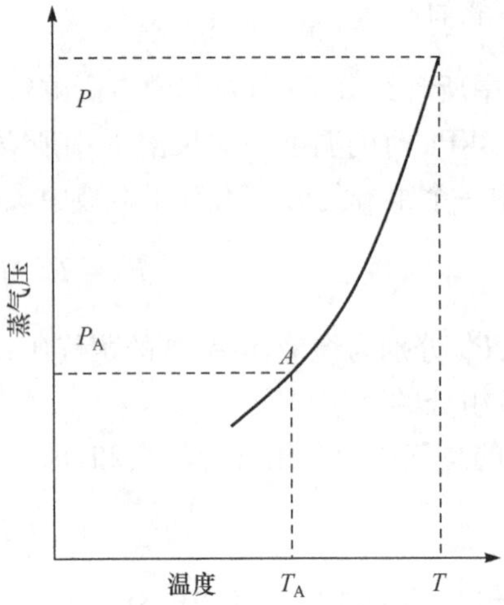

图 5.12 沸点与外压的关系

5.2.2 测定方法

测定沸点的方法有常量法和微量法两种。

1. 常量法(蒸馏)

常量法测沸点的装置及操作方法与简单蒸馏法相同。用蒸馏法测定沸点所需样品至少为5～10mL。当液体不纯时,沸点界很长,无法确定沸点,这时应先把液体用其他方法提纯后再测定沸点。

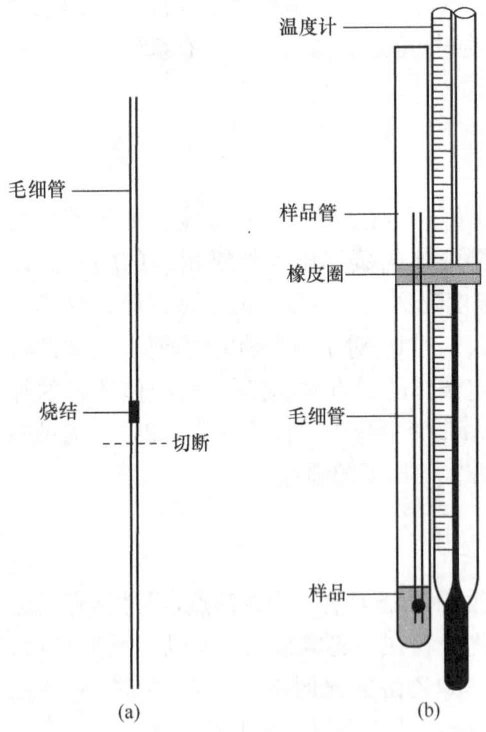

图 5.13 微量法测沸点

2. 微量法

微量法测沸点的特殊优点是样品用量小,只要 1～2 滴液体。Siwolobow 法微量沸点测定装置由内管和外管组成[图 5.13(b)],用小火将两根熔点管的末端连接在一起,连接处要求熔封不漏气。距连接处 4～5 mm 的位置轻轻地切除一端,并以它作为管的下端[图 5.13(a)]。

另取一清洁干燥的玻璃管,拉制成内径为4mm左右的细玻璃管,取 7～8 cm 一段,将末端熔封成小试管,作为沸点管的外管,熔封的端点要尽量薄。外管也可以用小试管代替。

测定沸点时,先放置 1～2 滴样品于外管中,然后将内管插入外管,再用橡皮圈将沸点管固定在温度计上,并使样品处于温度计水银球中部,最后把沸点管连同温度计一起放入 b 形管或烧杯中加热(类似熔点测定装置)。待测液体受热时,内管中有小气泡缓慢逸出。当达到样品沸点时,有一连串小气泡急速逸出。此时,立即停止加热(沸点不高的样品要防止被蒸发光)。使浴液自行冷却,气泡逸出的速度即逐渐减慢。当气泡不再冒出而液体刚要进入内管的瞬间或最后一个气泡刚欲缩回内管时,内管的蒸气压和外界的压力相等,此时的温度即为该样品的沸点。也可用小火缓慢加热,内管中刚好出现大量气泡时的温度即为该液体的沸点温度。前一种观察法比后一种方法准确。这种沸点测定法的精确度为(±1～2)℃。取出内管,轻轻挥动以除去管端的液体,再插入外管中,重复操作几次,几次误差应不超过1℃。

5.3 折光率

折光率是有机化合物重要的物理常数之一,它可以作为液体化合物纯度的标准,并且比沸点更为可靠。它也可以用作鉴定和区别未知物的依据,多数异构体化合物沸点极为相近,而折光率却完全不一样。只要测出它的折光率,就可以确定它是什么异构体。此外,折光率还用于测定液体混合物的组成,以及根据摩尔折射研究分子结构等。

5.3.1 基本原理

1. 光的折射

光的传播速度和方向并不是在所有的介质中都是一样的。光线经过两个不同的介质时,光速和方向会发生变化。例如,将一根玻璃棒非垂直地插入水中,本来很直的玻璃棒看上去弯曲了,因为光在空气与水中的传播速度和方向不一致,这种现象称为光的折射。如果把空气选为比较介质,在相同温度下用波长相等的单色光照射,测出第二种介质的折射角,那么测得的折射角就是第二种介质的性质,并可以把它作为那种介质的特征常数。如果第二种介质是液体有机化合物,那么它就是该液体化合物的特征常数。

2. 折光率和影响折光率的因素

实际上,有机化合物的折射常数不是用折射角来表示,而是用折光率 n 来表示。如图5.14所示,AO 为入射光线,OB 为折射光线,通过 O 点垂直于界面的虚线为法线,α 和 β 分别为入射角和折射角,折光率服从Snell定律:

$$n=\frac{\sin\alpha}{\sin\beta}$$

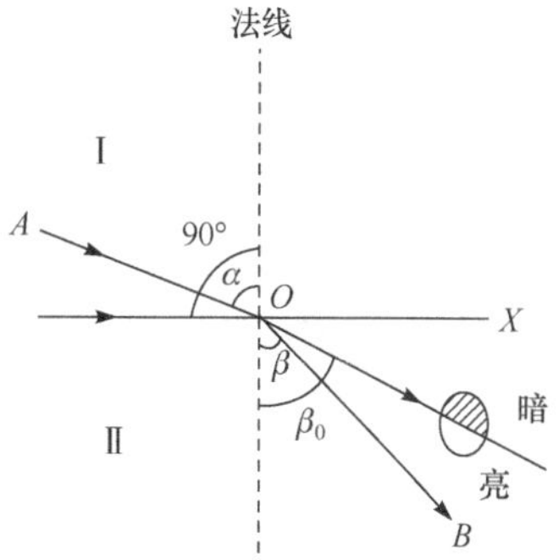

图5.14　光的折射

影响折光率的主要因素是光的波长和温度。不同波长的光在不同介质中的传播速度也不同,它导致了折射角发生变化。在测定折光率时,一般使用钠光的D线(波长589.3nm)作为入射光。常用于测量折光率的阿贝(Abbe)折光仪用日光作光源,光通过它的消色散装置,其测得的数值与用钠光的D线所得结果一样。温度的变化能引起液体化合物密度的变化。光在密度高的物质中传播速度较慢,在密度低的物质中传播速度较快。对于大多数有机化合物,温度增加1℃,它的折光率就降低 3.5×10^{-4}～5.5×10^{-4},为了便于将某一温度下的折光率转换成另一温度下的折光率,一般选用平均值 4.5×10^{-4} 作为温度变化的校正值。如果要测量出准确的折光率,可通过恒温控制装置使温度变化在0.1℃范围内,测量值可精确到万分之一。所以折光率的表示应注明所用的光线和温度，一般的文献记载符号为 n_D^{20} 或 n_D^{25}，它表示测定折光率的入射光为钠光 D 线，温度是 20℃或 25℃。若不是在 20℃或 25℃测定，则必须对实测值进行换算。当温度高于 20℃或 25℃时，应加上温度变化常数，反之，应减去温度变化常数。例如，硝基苯在 25℃时的实测值为 1.5506，其校正值应为

$$n_D^{20}=1.5506+4.5\times10^{-4}\times(25-20)=1.5529$$

5.3.2　阿贝折光仪的构造及原理

测定折光率最常用的仪器是阿贝折光仪[图 5.15(a)]，需目测读出样品的折光率。此外，目前有机实验室广泛使用操作更方便的由光电池自动显示的数字阿贝折光仪，如图 5.15(b) 所示，尽管仪器类型不同，但基本原理相似。

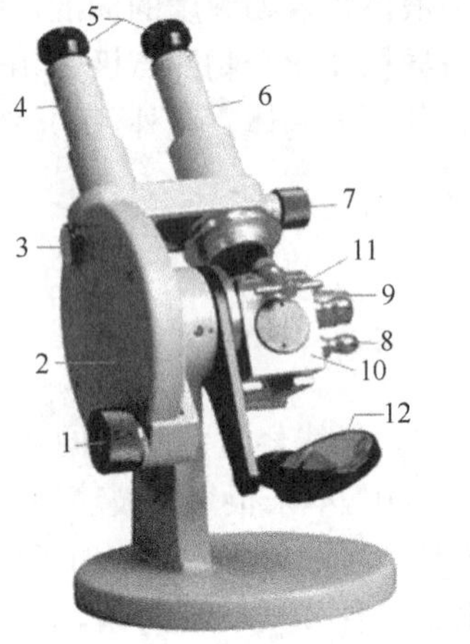

(a) WZS-1型阿贝折光仪

1.棱镜转动手轮;2.刻度盘;3.小反光镜;4.读数镜筒;5.目镜;6.望远镜筒;7.消色散镜调节器; 8.接恒温槽;9.温度计座;10.直角棱镜;11.棱镜锁紧板手;12.反光镜

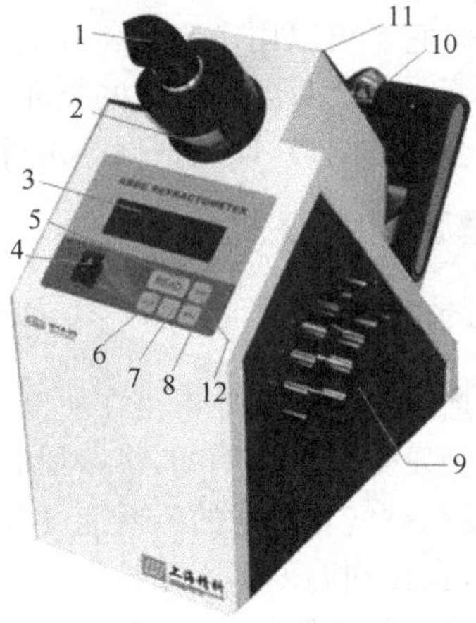

(b) WYA-2S数字阿贝折光仪

1.目镜;2.色散校正手轮;3.显示窗;4."POWER"电源开关;5."READ"读数显示键;6."BX-TC"经温度修正锤度显示键;7."n_D"折光率显示键;8."BX"未经温度修正锤度显示键;9.调节手轮;10.聚光照明部件;11.折射棱镜部件;12."TEMP"温度显示键

图 5.15　阿贝折光仪

阿贝折光仪的光学原理是：当光由疏松介质 A 进入较密介质 B 时，折射角 β 小于入射角 α（图 5.14）。入射角为 90°时，是最大入射角，折射角也达到最大值，此时折射角 β_0 称为临界角。很显然，在光的波长和其他条件都一定时，β_0 的值是一个常数，它与折光率的关系是

$$n=\frac{\sin\alpha_0}{\sin\beta_0}=\frac{1}{\sin\beta_0}\qquad(\alpha_0=90°)$$

因此测折光率的问题就转变为测临界角 β_0 的问题。根据这一原理，阿贝折光仪使自然光通过仪器本身的消色散装置，得到的单色光在 0°～90°从介质 A 射入介质 B，这时介质 B 中临界角以内的整个区域均有光线通过，是明亮的，而临界角以外的全部区域没有光线通过，是暗的。如果在介质 B 的上方用一目镜观察，就可以看见一个界限十分清晰的半明半暗的圆，不同的介质 B 有大小不同的临界角，半明半暗的界限位置也有差别。

如果在目镜上刻有"一"、"＋"字形标志，改变介质 B 与目镜的相对位置，就可以使半明半暗的界线和"＋"字交叉点重合。只要测定其转动的相对度数，经换算便得到介质 B 的折光

率。阿贝折光仪标尺上的读数在仪器设计时已经换算为折光率,测量时可直接读出被测物的折光率,输入微机系统进行数据处理,然后数字显示出被测样品的折光率。

测定折光率时常见情况如图5.16所示,其中(d)是读取数据时的图案。当遇到(a)即出现色散光带,则需调节棱镜微调旋钮直至彩色光带消失呈(b)图案,然后再调节棱镜调节旋钮直至呈(d)图案;若遇到(c),则是由于样品量不足所致,需再添加样品,重新测定。

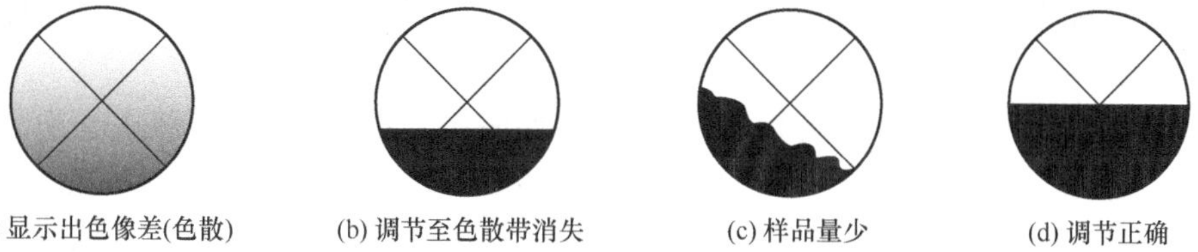

图5.16 折光仪的调节

5.3.3 阿贝折光仪的使用方法

1. WZS-1型阿贝折光仪的使用方法

(1) 先装上温度计套管,插入温度计。然后将折光仪和恒温槽相连,待温度恒定后,打开直角棱镜,在进光棱镜的磨砂面上滴少量丙酮,把棱镜合上,再打开,立即用擦镜纸向同一方向轻轻擦洗上下镜面,切不可来回擦洗。

(2) 待丙酮挥发后在进光棱镜的磨砂面上加2～3滴样品。样品不能太多,也不能太少或分布不均匀,否则视场模糊。注意切勿使滴管尖端直接接触镜面,以免在镜面上造成刻痕。若被测液体为低沸点易挥发物,动作要迅速,或从棱镜组侧面的一小孔加入。在测定过程中,需用针筒在棱镜组侧面的一小孔内加以补充。小心地关闭棱镜,旋紧棱镜锁紧扳手,使液体均匀无气泡并充满视场。

(3) 打开小反光镜,调节棱镜下方反光镜的位置和角度,使两个目镜内视场明亮。转动左边刻度盘(粗调),并在右边镜筒内找到明暗分界线。

(4) 调节消色散镜,使目镜中彩色光带消失,明暗界限清晰。再转动左边刻度盘(细调),使明暗分界线恰好通过"＋"字交叉线的交点。

(5) 观察读数镜视场右边所指示刻度即为测试样品的折光率,记录读数和测量温度,重复测定两次,取其平均值。折光率可读至小数点第四位,刻度盘上读至第三位,第四位估算。将实测值校正至文献温度下的折光率。

(6) 测完后,用丙酮清洗镜面上的样品,待晾干后再测下一个样品。全部测试完毕后,先用丙酮清洗镜面上的样品,待晾干后,在上下镜面间垫一层擦镜纸,再关上棱镜。否则棱镜打不开,易损坏。取下温度计及套管,放回原处,将仪器还原,盖上防尘罩。

2. WYA-2S数字阿贝折光仪的使用方法

(1) 按下"POWER"电源开关,聚光照明部件中照明灯亮,同时显示窗显示"00000"。有时显示窗先显示"－",数秒后显示"00000"。

(2) 打开折射棱镜部件,移去擦镜纸,这张擦镜纸是仪器不使用时放在两棱镜之间的,防止在关上棱镜时,可能留在棱镜上的细小硬粒弄坏棱镜工作表面。擦镜纸只需用单层。

(3) 检查上下棱镜表面,并用丙酮小心清洁其表面。测定每一个样品后也要仔细清洁两块棱镜表面,因为留在棱镜上少量的原来样品将影响下一个样品的测量准确度。

(4) 将被测样品放在下面折射棱镜的工作表面上。若样品为液体，可用干净滴管吸 1～2 滴液体样品放在棱镜工作表面上，然后将上面的进光棱镜盖上。若样品为固体，则固体样品必须有一个经过抛光加工的平整表面。测量前需将抛光表面擦净，并在下面的折射棱镜工作表面上滴 1～2 滴折光率比固体样品折光率高的透明液体(如溴代萘)，然后将固体样品抛光面放在折射棱镜工作表面上，使其接触良好。测固体样品时不需将上面的进光棱镜盖上。

(5) 旋转聚光照明部件的转臂和聚光镜筒，使上面进光棱镜的进光表面(测液体样品)或固体样品前面的进光表面(测固体样品)得到均匀照明。

(6) 通过目镜观察视场，同时旋转调节手轮，使明暗分界线落在交叉线视场中。从目镜中看到视场是暗的，可将调节手轮逆时针旋转。看到视场是明亮的，则将调节手轮顺时针旋转。明亮区域在视场的顶部，在明亮视场情况下可旋转目镜，调节视度看清晰交叉线。

(7) 转动目镜下方缺口中色散校正手轮，同时调节聚光镜位置，使视场中明暗两部分具有良好的反差和明暗分界线，具有最小的色散。

(8) 再旋转调节手轮，使明暗分界线准确对准交叉线的交点。

(9) 先按“n_D”折光率显示键，再按“READ”读数显示键，显示窗中“00000”消失，显示“－”，数秒后“－”消失，显示被测样品的折光率。

(10) 检测样品温度，可按“TEMP”温度显示键，显示窗将显示样品温度。除了按“READ”键后，显示窗显示“－”时，按“TEMP”键无效，在其他情况下都可以对样品进行温度检测。显示为温度时，再按“n_D”键，显示的是原来的折光率。

(11) 样品测量结束后，必须用丙酮小心清洁镜面，晾干后再垫上一层擦镜纸，关闭棱镜，关闭电源，盖上防尘罩。

(12) 本仪器折射棱镜部件中通有恒温水结构，如需测定样品在某一特定温度下的折光率，仪器可外接恒温器，将温度调节到所需温度再进行测量。

(13) 因本仪器光源离棱镜太近，测量时间长，温度变化较大，影响测定结果，所以测定时动作要快。

3. 使用注意事项

(1) 阿贝折光仪的量程为 1.3000～1.7000，精密度为±0.0001。使用时要注意保护，仪器应该放在干燥、空气流通和温度适宜的地方，以免仪器的光学零件受潮发霉。

(2) 搬仪器时应手托仪器的底部，不可提握仪器聚光照明部件中的摇臂，以免损坏仪器。

(3) 仪器使用前后及更换样品时，必须先用丙酮或乙醇洗净棱镜表面。滴管绝对不能触及镜面。

(4) 被测样品中不能含有固体杂质，测试固体样品时应防止折射棱镜的工作表面拉毛或产生压痕，严禁测试腐蚀性强的样品。

(5) 仪器应避免强烈震动或撞击，防止光学零件因震碎、松动而影响精度。

(6) 仪器聚光镜是塑料制成的，为了防止带有腐蚀性的样品对其表面造成破坏，使用时用透明塑料罩将聚光镜罩住。仪器不用时应用塑料罩将仪器盖上或者将仪器放入箱内。

(7) 不得随意拆装仪器，如果仪器发生故障或者达不到要求，应及时保修。

5.3.4 阿贝折光仪的校准

阿贝折光仪测试前通常用蒸馏水进行校正。先测定蒸馏水的折光率两三次，取其平均值，然后与水的标准折光率(表 5.2)进行比较,求得折光仪的校正值,再用这个数值去校正所测的其他样品的结果。校正值一般都比较小,若数值很大时,必须对整个仪器进行校正。

表 5.2　纯水在不同温度时的折光率

温度/℃	折光率(n_D)	温度/℃	折光率(n_D)
18	1.3332	25	1.3325
19	1.3331	26	1.3324
20	1.3330	27	1.3323
21	1.3329	28	1.3322
22	1.3328	29	1.3321
23	1.3327	30	1.3319
24	1.3326		

5.4　旋　光　度

手性有机化合物的对映体是互为镜像的立体异构体。它们的熔点、沸点、相对密度、折光率以及光谱等物理性质都相同,并且在与非手性试剂作用时,其化学性质也一样,唯一能够反映分子结构差异的性质是它们的旋光性不同。当偏振光通过具有光学活性的物质时,其振动方向会发生旋转,所旋转的角度即为旋光度(optical rotation),通常用 α 表示。

一个化合物具有光学活性是由其分子结构决定的。在一定条件下,不同光学活性物质的旋光度为一常数,通常用比旋光度$[\alpha]$表示。比旋光度是光学活性物质的特征物理常数,只与分子结构有关,可以通过旋光仪测定物质的旋光度经换算求得。比旋光度通常用于研究手性分子的构型,确定某些反应机理,鉴定手性化合物的光学纯度和溶液含量。

5.4.1　基本原理

旋光性物质的旋光度和旋光方向可以由旋光仪测定,其工作原理如图 5.17 所示。常用的旋光仪主要由光源、起偏镜、样品管和检偏镜几部分组成。普通光先经过一个固定不动的棱镜(起偏镜)变成偏振光,然后通过盛液管,再由一个可转动的棱镜(检偏镜)来检验偏振光的振动方向和旋转角度。使偏振光的振动平面向右旋转的称为右旋,用(+)表示,使偏振光的振动平面向左旋转的称为左旋,用(−)表示。

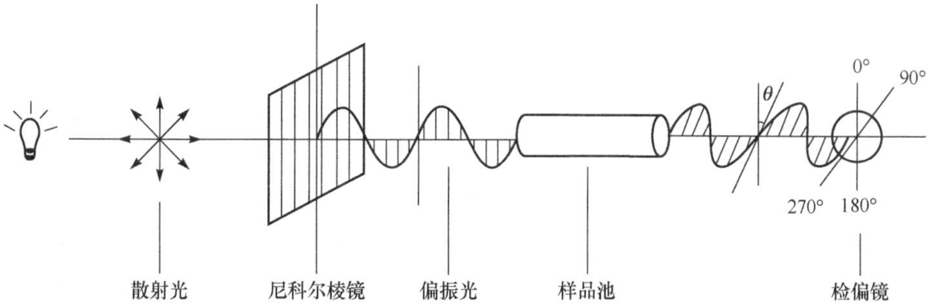

图 5.17　旋光仪工作原理示意图

尽管旋光仪的种类较多，测定旋光的范围、读数的方式差别很大，但基本原理是相似的。现在的旋光仪都是自动调节，自动显示读数，使用很方便。

图 5.18 为 WZZ-2B 型数字式自动旋光仪，采用光电检测自动平衡原理，进行自动测量。测量结果直接显示读数，操作简单，准确度达±0.01°。

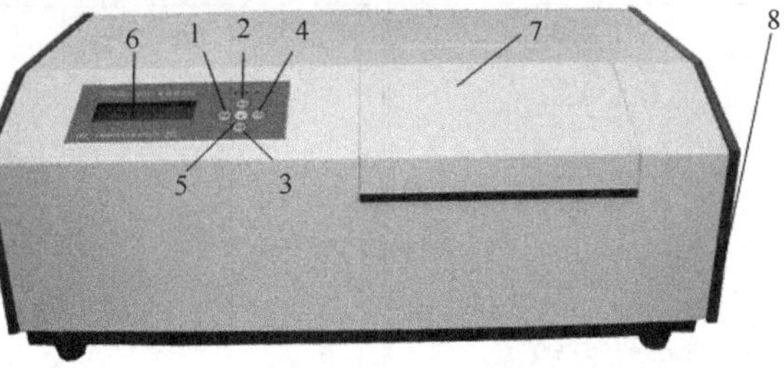

图 5.18 WZZ-2B 型数字式自动旋光仪

1. 测量；2. 清零；3. 复测；4. 平均；5. 123；6. 数显窗；7. 样品室；8. 电源和光源

5.4.2 实验操作

1. *测定方法*

以 WZZ-2B 型数字式自动旋光仪为例，其操作方法如下：

(1) 配制溶液，准确称取 0.1～0.5g 样品，置于 25mL(或 10mL)容量瓶中，加入溶剂至刻度。常用的溶剂有水、乙醇、四氢呋喃、氯仿等。配制的溶液应透明无机械杂质，否则应过滤或提纯后重新配制。若待测物质为纯液体，则可直接测试，在测试前确定其相对密度。

(2) 开机预热，将仪器电源插头插入 220V 交流电源(要求使用交流电子稳压器 1kVA)，并将接地线可靠接地。打开电源开关，这时钠光灯应启亮，经 5min 钠光灯激活，使其发光稳定。

(3) 打开光源开关，仪器预热 20min。若光源开关打开后，钠光灯熄灭，则再将光源开关上下重复扳动一两次，使钠光灯在直流下点亮为正常。

(4) 按"测量"键，这时数显窗应有数字显示。注意：开机后"测量"键只需按一次，如果误按该键，则仪器停止测量，液晶屏无显示。要再次按"测量"键，液晶重新显示，此时需重新校零。

(5) 零点校正，选用适当长度的旋光管，测定纯液体样品时，用空的旋光管进行校正。测定溶液时，装入蒸馏水或其他用来配制待测样品溶液的溶剂，将旋光管放入样品室，盖上箱盖，待示数稳定后，按"清零"键，使数显示数为零。一般情况下，本仪器若不放旋光管时读数为零，则放入溶剂后也应为零。但需防止光束通路上有小气泡或沾有油污，旋光管中若有气泡，应先让气泡浮在凸颈处；通光面两端的雾状水滴应用软布擦干。旋光管螺帽不宜旋得过紧，以免产生应力，影响空白读数。如果读数不是零，则随后所测数据必须校正。旋光管安放时应注意标记的位置和方向。

(6) 测试，取出旋光管，测定纯液体样品可直接加入。测定溶液，需用待测样品溶液洗涤三次后，再注入待测样品溶液至旋光管的凸颈处，注意除去气泡，按与空白相同的位置和方向放入样品室内，盖好箱盖。仪器读数窗将显示出该样品的旋光度，待数字显示屏读数稳定后读数。再逐次按"复测"键，至少复测两次。按"123"键，可切换显示各次测量的旋光度值。按"平均"键，显示平均值，取平均值作为样品的测定结果。

(7) 数据处理，记录旋光管的长度、溶剂、溶液浓度及测试时的温度，再根据公式计算比旋光度、光学纯度、旋光物质在溶液中的浓度及对映体过量值等。

(8) 仪器使用完毕后，应依次关闭光源、电源开关，拔下插头，盖上防尘布，同时洗净旋光管。

2. 注意事项

(1) 配制样品溶液时，要确保样品转移干净。配制的溶液要清澈透明，若浑浊则不能测定。如果样品的比旋光度值较小，在配制待测样品溶液时，浓度宜较高，并选用较长的旋光管，以便观察。如果样品超过测量范围，仪器在±45°处来回振荡，此时取出旋光管，仪器即自动转回零，可将试液稀释一倍再测。

(2) 测试时，旋光管所置放的位置和方向应固定不变，以消除因距离变化所产生的测试误差。

(3) 温度变化对旋光度具有一定的影响。若用钠光(λ=589.3nm)测试，温度每升高 1℃，多数光活性物质的旋光度会降低 0.3%左右。一些受温度影响大的旋光性物质应将仪器及样品置于规定温度的恒温室中测试。

(4) 旋光仪应在正常照明、室温和正常湿度条件下使用，禁止在高温高湿条件下使用，避免经常接触腐蚀性气体，否则将影响使用寿命。

(5) 每次测定前，均需用空白溶剂校正零点，测定后，再用试剂核对零点有无变化，若发现零点变化很大，则应重新测定。

5.4.3 影响旋光度的因素

光活性物质的旋光度与其浓度、测试温度、光波波长等因素密切相关。

1. 旋光物质的浓度

通常，旋光度与旋光物质的溶液浓度成正比。然而在溶液过浓的情况下，由于溶质与溶剂的某些作用使旋光度的增加并不与溶液浓度成比例，故不宜配制浓度过高的溶液，在较低浓度下进行测定可以防止由此而产生的偏差。

2. 样品管的长度

旋光度与光束通路中光学活性分子数成正比，因此在给定的浓度下，旋光度也与样品管长度成正比。通常样品管的长度有 1dm 和 2dm 两种。在旋光物质的量足够时一般均选用 1dm 长度，这样便于换算比旋光度。但对于旋光度较小或溶液浓度小的样品，最好采用 2dm 长的样品管。

3. 溶剂

同一旋光物质在不同溶剂中配制成相同浓度的溶液，测得的旋光度可能完全不同，有的甚至得到相反的符号，因此在报道旋光度时必须注明所使用的溶剂。

4. 温度

旋光度对温度比较敏感，这涉及旋光物质分子不同构型之间平衡态的改变，以及旋光活性分子溶剂化程度的变化等内在原因。故必要时应在恒温室中进行，或者进行温度校正。

$$[\alpha]_D^t=[\alpha]_D^{20}+Z(t-20)$$

式中，Z 为温度系数；t 为测定时温度，℃；各种旋光物质的 Z 值不同，一般均为－0.04～－0.01/1℃。

5. 光源波长

物质的旋光度是波长的函数。通常，使用较短的波长测得的旋光度较大，原则上应选择对其最灵敏的波长作光源。但实际上常用钠灯的 D 线 589nm 作为光源。

5.4.4 旋光法的应用

1. 测定比旋光度

从上面讨论可知，旋光度因实验条件的不同而有很大差异，但是，在一定条件下，每一种光活性物质的旋光度为一常数，因此通常用比旋光度$[\alpha]_D^t$来表示光学活性化合物的旋光特性。对于溶液，比旋光度与各种实验因素的关系可由下列公式表示：

$$[\alpha]_\lambda^t=\frac{\alpha}{lc}$$

式中，t 为测定时的温度；λ 为所用光源波长（通常用钠光源的 D 线，λ＝589.3nm）；α 为旋光度的测定值；l 为旋光管的长度，dm；c 为样品溶液的浓度，g（溶质）/mL（溶液）。

通常比旋光度的测定还应指明溶剂。如果被测样品为纯液体，可直接测定而不需配成溶液。计算比旋光度时，只要将其密度 ρ 代替上式中的浓度 c 即可：

$$[\alpha]_\lambda^t=\frac{\alpha}{l\rho}$$

式中，ρ 为温度 t 时纯液体的密度，g/cm^3。

2. 测定旋光物质的光学纯度

在进行不对称合成和拆分具有光学活性的化合物时，得到的通常不是百分之百的纯对映体，而是存在少量的镜像异构体的混合物。这时必须用光学纯度或对映体过量（ee）来表示旋光异构体的混合物中一种对映体过量所占的百分数。光学纯度的定义是：旋光性产物的比旋光度除以光学纯试样在相同条件下的比旋光度。

计算样品的光学纯度：

$$\mathrm{OP}(\%)=\frac{[\alpha]_{D样品}^t}{[\alpha]_{D纯样}^t}\times100\%$$

对映体过量 ee 则用下式表示：

$$\mathrm{ee}(S,\%)=\frac{S-R}{S+R}\times100\% \quad 或 \quad \mathrm{ee}(R,\%)=\frac{R-S}{R+S}\times100\%$$

式中，S（或 R）为主要异构体；R（或 S）为其镜像异构体。一般情况下，旋光度与对映体组成成正比，因此光学纯度与对映体过量所占的百分数两者相等。

3. 测定对映体相对百分含量

根据所得的光学纯度，可以计算试样中两个对映体的相对百分含量。拆分完全的对映体

的光学纯度是 100%。假设旋光异构体中(−)对映体的光学纯度为 X%，则

$$(-)\text{对映体的百分含量}=\left(X+\frac{100-X}{2}\right)\times 100\%$$

$$(+)\text{对映体的百分含量}=\left(\frac{100-X}{2}\right)\times 100\%$$

例如，已知样品(S)-(−)-2-甲基丁醇的相对密度 $d_4^{23}=0.8$，在 20cm 长的旋光管中，其旋光测定值为−8.1°，且其标样$[\alpha]_D^{23}=-5.8°$，则有

$$\text{比旋光度}[\alpha]_{D\text{样品}}^{23}=\frac{\alpha^{23}}{cl}=\frac{-8.1}{2\times 0.8}=-5.1°$$

$$\text{光学纯度 OP}(\%)=\frac{[\alpha]_{D\text{样品}}^{23}}{[\alpha]_{D\text{标样}}^{23}}\times 100\%=\frac{-5.1}{-5.8}\times 100\%=88\%$$

$$(-)\text{对映体百分含量}=\left(88+\frac{100-88}{2}\right)\times 100\%=94\%$$

$$(+)\text{对映体百分含量}=\frac{100-88}{2}\times 100\%=6\%$$

$$ee=\frac{S-R}{S+R}\times 100=\frac{94\%-6\%}{94\%+6\%}\times 100\%=88\%$$

4. 测定溶液浓度或含量

将已知纯度的标准品或参考样品按一定比例稀释成若干份不同浓度的试样，分别测出其旋光度。然后以浓度为横坐标、旋光度为纵坐标，绘制旋光曲线。一般旋光曲线均按算术插值法制成查对表形式。测定时，先测出样品的旋光度，根据旋光度从旋光曲线上查出该样品的浓度或含量。注意旋光曲线应用同一台仪器，同一支旋光管来测定。

5.5 红外光谱

5.5.1 基本原理

用红外区域波长(0.7～1000μm)的光照射化合物所得到的光谱称为红外光谱(infrared spectroscopy，IR)，它是阐明有机化合物结构最常用的波谱技术之一。有机化合物的红外光谱主要是研究中红外光区，即 2.5～25μm(波数 4000～400cm^{-1})的吸收光谱。物质的红外吸收仅涉及分子振动和转动能级的变化，分子必须满足以下两个条件才能吸收红外辐射：①分子振动时伴随瞬间偶极矩的变化；②分子的振动频率与红外辐射的频率相同。

红外光与有机分子的相互作用可以用谐振子模型定性地加以解释。有机分子可以看成是由强度不同的弹簧连接起来的一组球。弹簧相当于化学键，球相当于各种原子。这些分子弹簧以各自的频率进行两种基本振动，即改变键长的伸缩振动和改变键角的弯曲振动，如图 5.19所示。

每一种化学键可能同时产生几种振动形式，每一种振动有其一定的频率，这些频率与键的强度和成键原子的质量有关。对于双原子分子的振动频率 ν，可以根据胡克(Hooke)定律近似计算。

$$\nu=\frac{1}{2\pi}\sqrt{\frac{K}{\mu}}\qquad \mu=\frac{m_1 m_2}{m_1+m_2}$$

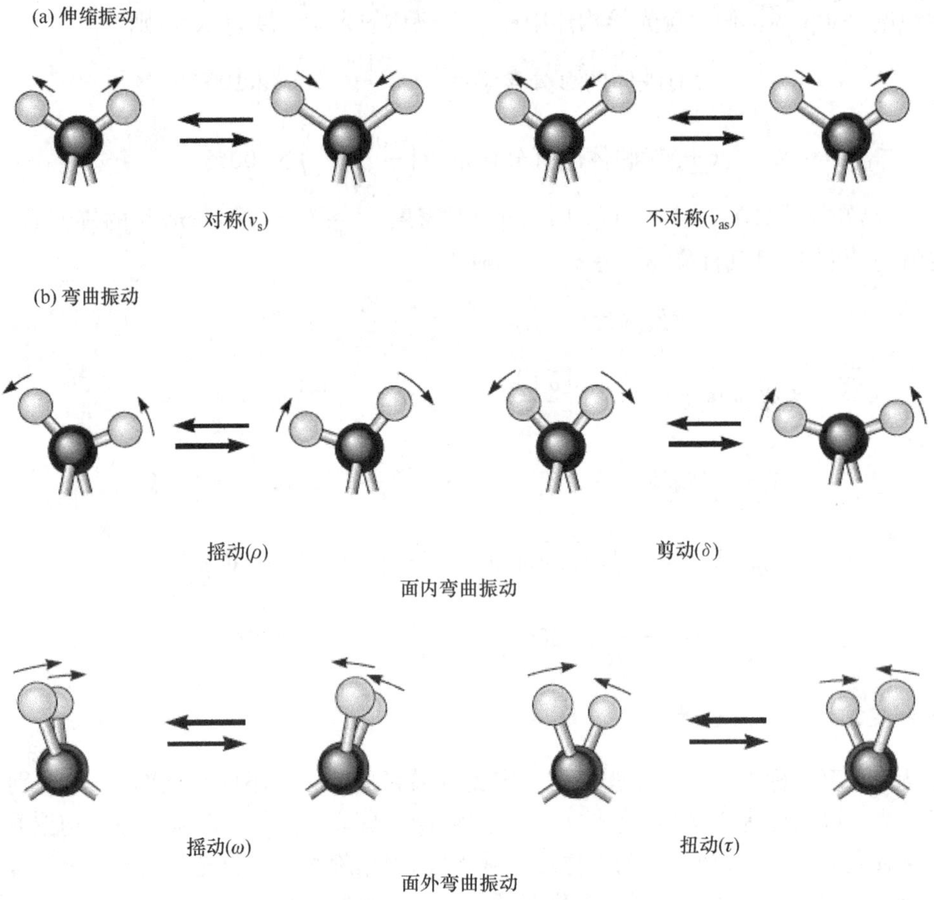

图 5.19　亚甲基($-CH_2$)的各种振动形式

若将频率用波数 $\tilde{\nu}$(cm^{-1})表示，则

$$\tilde{\nu}=\frac{1}{2\pi C}\sqrt{\frac{K}{\mu}} \qquad \mu=\frac{m_1 m_2}{m_1+m_2}$$

式中，μ 为折合质量；K 为化学键力常数；C 为光速。

在多原子分子中，化学键并不是孤立的，键的振动频率还受到分子中其他部分的影响。因此，根据谐振子模型得出的计算值与实测值之间会产生误差。尽管如此，该公式还是可以成功地用来了解双原子结构单元的振动情况。

大多数有机分子的振动频率处在红外光区，当一定频率的红外光照射分子时，如果分子中有一个化学键的振动频率与红外光的频率相同，这个化学键就要吸收该频率的红外光，使光能转变为分子的振动能量，增加其振幅，如果分子中没有以相同频率振动的化学键，就不吸收红外光。因此，当对红外光的频率连续地进行改变时，可以观察到，在透过的光中，某些区域被吸收，变得较弱，而另一些区域未被吸收，强度不减，结果形成带有暗条的谱带。设入射光强度为 I_0，透射光强度为 I，则透过率为

$$T=\frac{I}{I_0}\times 100\%$$

以波长(μm)或波数(cm^{-1})为横坐标，以透过率 $T\%$ 为纵坐标作图，就成为物质的红外光谱图。图中的吸收峰是分子中某些基团或化学键振动时吸收能量的反映。

由 n 个原子组成的多原子分子存在 $3n-6$ 个基本振动，而线形分子为 $3n-5$ 个。理论上应产生相同数目的吸收带，实际上吸收带的数目比预期的少得多，一般有机化合物的红外光谱只显出 30～50 个吸收带。这是因为：①只有能引起分子偶极矩改变的振动才产生红外吸收；②若干振动吸收的能量十分相近，一般的分光光度计无法分辨；③若干振动吸收的能量太小（吸收波长大于 20μm 的辐射能），在仪器的适用范围之外。另外，倍频振动和组合频振动也会出现吸收，以及费米共振和振动偶合等原因，使红外光谱变得更加复杂。所以，对所有的红外吸收在理论上进行解析将是十分困难的。因此，当红外光谱用于定性分析时，通常是利用各种特征吸收频率图表，选出官能团和骨架结构的吸收谱带，而且还要与已知化合物的标准光谱相比较才能得出结论。

5.5.2　仪器原理

红外光谱仪分为色散型与傅里叶变换型红外光谱仪（FT-IR），两者的测定原理不同。色散型红外光谱仪的工作原理是，光源发出的红外光先照射样品，而后经光栅分成单色光，被检测器检测，得到红外光谱图；傅里叶变换红外光谱仪的工作原理是，光源发出的光经过迈克耳孙（Michelson）干涉仪后变成干涉光，然后让干涉光照射样品，检测器检测到的是包含样品信息的干涉信号，通过计算机傅里叶变换后，得到红外光谱图。两种类型仪器的工作原理如图 5.20 所示。

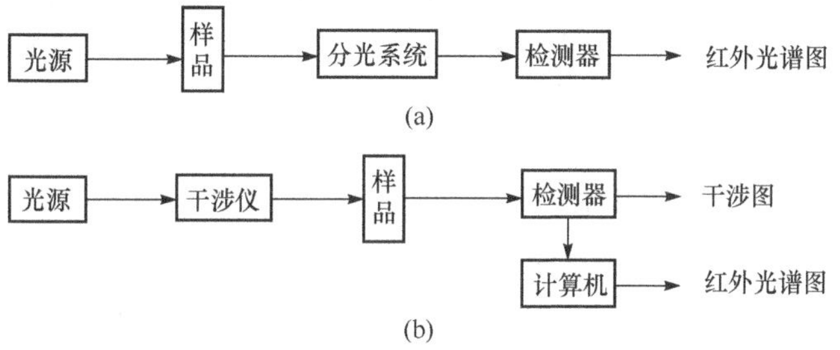

图 5.20　色散型(a)与傅里叶变换型(b)红外光谱仪的工作原理

傅里叶变换型红外光谱仪的主要部件是迈克耳孙干涉仪。它由一个光学分束器和两个平面镜组成。两平面镜互成 90°，其中一个是定镜，另一个是沿轴向平行移动的动镜，在移动的过程中与定镜始终保持 90°。光学分束器具有半透明性质，与动镜、定镜成 45°，它使入射光 50%通过，50%反射。经过动镜、定镜反射，两束光会合，形成干涉光。迈克耳孙干涉仪的工作原理如图 5.21 所示。

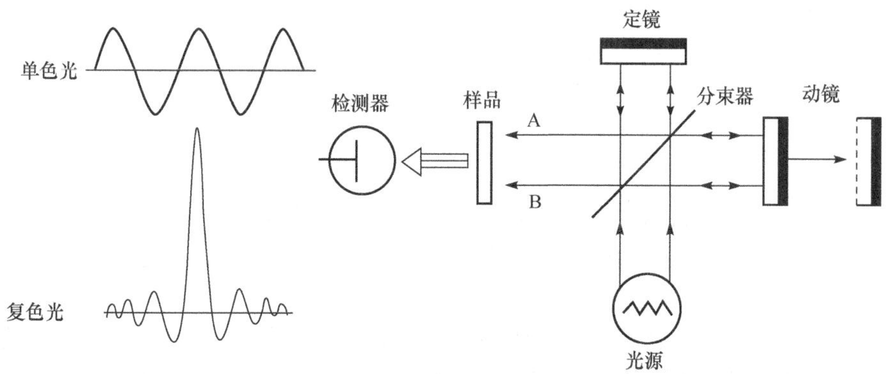

图 5.21　迈克耳孙干涉仪的工作原理以及单色光和复色光的干涉图

当定镜、动镜与分束器的距离相等时，A、B两束光的光程差为零，相位相同，产生相长干涉，亮度最强；当动镜移动1/4λ时，则A、B两束光的光程差为1/2λ，相位相反，产生相消干涉，亮度最弱。在检测器上可以得到一个亮度随动镜移动的干涉波形。单色光是一个余弦波形；而复色光将是一张在零光程差时强度最大，而其余部分迅速衰减的干涉图。

5.5.3 测定方法

红外光谱仪对于气体、液体和固体样品都适用。但应指出，所有用于红外光谱分析的试样必须保证纯度高(>98%)和无水，否则杂质和水的吸收会使光谱图变得无意义，水不仅在3710cm^{-1}和1630cm^{-1}有强烈的吸收峰，而且还腐蚀用氯化钠或溴化钾制作的样品池。

本节主要介绍样品的制备和摄图时的注意点，以期获得较好的谱图。

1. 样品的制备

样品槽或样品窗口通常用不吸收红外光的金属卤化物为材料制成，如氯化钠、溴化钾、氟化钙或氯化银等。最常用的是氯化钠和溴化钾，它们质脆易吸水，操作时应注意勿使其受压过重以免破碎，平时置于干燥器中保存。

1) 气体样品

对于气体样品，可直接将其注入抽成真空的气体池内。吸收峰的强度可通过调整气体池内样品的压力来实现。因为水蒸气在中红外区有强吸收峰，所以气体池要干燥，以免羟基峰的干扰和气体池的窗片被腐蚀。

2) 液体样品

低沸点液体样品的测试采用封闭式液体池。可将液体样品直接注入液体池(液层厚度一般为0.01～1mm)中进行测量。封闭式液体池的清洗是向池内注入能溶解样品的溶剂，经过浸泡处理，最后用干燥气体吹干。

高沸点液体样品的测试一般采用可拆卸式液体池。将液体样品滴夹在两盐片之间，形成一层均匀薄膜进行测定。

3) 固体样品

(1) 糊状法。将2～3mg固体样品与1～2滴石蜡油一起研磨至很细的糊剂后，将该糊状物夹在两盐片中间进行测试。在识谱时，需注意石蜡油本身的吸收峰。

(2) 薄膜法。对于某些可塑性、熔点低、熔融时不分解、没有化学变化的样品，可直接将其熔融后，涂在盐片上进行测试。也可将试样溶解在低沸点的易挥发溶剂中，涂在盐片上，待溶剂挥发成膜后进行测定。

(3) 压片法。将固体样品与KBr(1∶100左右，质量比)一起研磨到粒度小于2μm后，置于压片模具内，将其压成透明的薄片，置于样品架上进行测试。

2. 摄图操作中的注意点

(1) 红外光谱峰应尖锐清晰，如果强度呈平坦状，表明样品过多。

(2) 为了获得最大的分辨率，先要调整好基线(背景吸收)，使其处于图纸顶部接近100%T处。

(3) 光谱的强度应以最强峰在其吸收最大值处的透射率为5%～10%较合适。为此，需要掌握好样品的用量、KBr片的厚度及溶液样品槽的厚度。

(4) 光谱图往往因摄图条件和方法的不同而有明显差别。在完成测定后，应立即在图纸上记录样品名称、物态、测定方法、仪器型号等有关资料。这些资料相当重要，若不及时记录，极易忘记。

5.5.4　红外光谱的解析

一切有机化合物，正如人的指纹一样，具有各自特定的红外光谱，即不同结构的两个化合物绝不会有完全相同的红外光谱，所以，红外光谱可用来鉴定化合物。将两个化合物的光谱图进行对比，如果它们每个吸收峰均能彼此重合，那么这两种物质基本上等同。这是红外光谱的第一种用途。第二种用途，也是在有机定性分析工作中探讨红外光谱的主要目的，是根据各类基团的特征吸收谱带，进行官能团的定性分析，它保证了重要官能团不会被漏检，与化学证据相互印证，进一步确认某些基团的存在。更有意义的是，从红外光谱中可获得用一般化学方法不易获得的重要结构信息，如醇、酯、仲酰胺等一些官能团，它们的化学分类反应特征不甚明显，往往容易漏检；又如芳环上取代基的数目和位置更无法用简单的化学方法检出，但所有这些结构特点均有其特征吸收谱带，十分容易识别，对确定未知物的结构无疑将提供重要依据。

1. 红外光谱的解析方法

现将解析红外光谱的一般步骤简要说明如下。

1) 收集其他方面的资料

应尽可能收集元素分析、相对分子质量、物理常数、化学性质及紫外光谱、核磁共振谱、质谱等资料。特别是不能从红外光谱得到的总体信息如相对分子质量、分子式等是十分重要的。若没有这些资料而解析红外光谱，在多数情况下将很困难。

2) 计算不饱和度

根据质谱或元素分析数据求出分子式，由分子式计算出该化合物的不饱和度。化合物的不饱和度(U)用下式计算：

$$U=1+n_4+\frac{n_3-n_1}{2}$$

式中，n_4为四价原子数目，如碳；n_3为三价原子数目，如氮；n_1为一价原子数目，如氢、卤素等。二价原子如氧、硫等不参加计算。$U=0$ 时，表示分子是饱和的；$U=1$ 时，表示分子中有一个双键或一个环；$U=2$ 时，表示分子有一个叁键或有两个双键或一个双键和一个环。

3) 确定官能团

(1) 观察 4000～1400cm^{-1} (2.5～7μm) 出现的官能团及骨架的特征吸收带，它们是由 H—X(X=C,N,O)的伸缩振动或 X=Y 的伸缩振动引起的。表 5.3 中列出的重要基团的特征吸收基本值应该熟记。

表 5.3　重要基团的特征吸收基本值

基团	波数/cm^{-1}	波长/μm	基团	波数/cm^{-1}	波长/μm
OH	3600	2.78	C=O	1715	5.83
NH	3500	2.86	C=C(烯)	1650	6.06
CH	3000	3.33	(芳环)	1600	6.25
C≡N	2250	4.44		1450	6.90
C≡C	2150	4.65	C—O	1100	9.09

(i) 羰基 C═O。

在 1820～1660cm^{-1}(5.5～6.1μm)显示强吸收。其峰往往是图中的最强峰，且具中等宽度。若有羰基存在，则依下列次序检查其他各种基团；若无羰基，则进入(ii)。

a. 酸。OH 在 3300～2500cm^{-1}(3.0～4.0μm)有宽吸收，部分峰与 C—H 交叠。

b. 酰胺。NH 在 3500cm^{-1}处有中等强度的吸收，若呈双峰，则表示有—NH_2基团。而 $-\mathrm{N}\begin{matrix}\diagup \mathrm{R} \\ \diagdown \mathrm{R'}\end{matrix}$ 在 3500cm^{-1}无吸收。

c. 酯。C—O 在 1300～1000cm^{-1}(7.7～10μm)有中等强度吸收。

d. 酐。在 1810cm^{-1}和 1760cm^{-1}(5.5μm 和 5.7μm)附近有两个 C═O 吸收。

e. 醛。$-\overset{\overset{\displaystyle \mathrm{O}}{\|}}{\mathrm{C}}-\mathrm{H}$ 中的 C—H 在 2850cm^{-1}和 2750cm^{-1}(3.5μm 和 3.7μm)附近有两个弱吸收，但一般易被其他 C—H 的吸收带淹没。

f. 酮。以上五种情况均被排除时，可能是酮羰基。

(ii) 若 C═O 不存在。

a. 醇或酚。检查 OH 在 3600～3300cm^{-1}(2.8～3.0μm)有宽吸收；C—O 在 1300～1000cm^{-1}(7.7～10.0μm)有中强以上的吸收。

b. 胺。检查 NH 在 3500cm^{-1}(2.85μm)附近有中等吸收；若为双峰，为—NH_2 的特征。

c. 醚。无 OH 吸收，C—O 在 1300～1000cm^{-1}(7.7～10.0μm)有中强吸收。

(iii) 双键和芳环 C═C(烯烃)。

1650cm^{-1}有弱吸收，═C—H 在 3000cm^{-1}的左侧有吸收(脂肪族 CH 在 3000cm^{-1}的右侧吸收)。C═C(芳环骨架)在 1600cm^{-1}和 1450cm^{-1}(6.2μm 和 6.9μm)附近有两个强吸收，═C—H 在 3000cm^{-1}的左侧有吸收。脂肪族 CH 在 3000cm^{-1}的右侧有吸收。

(iv) 叁键。

C≡N 在 2250cm^{-1}(4.5μm)附近有一个中等且尖的吸收。

C≡C 在 2150cm^{-1}(4.6μm)附近有一个弱且尖的吸收。

≡C—H 在 3300cm^{-1}(3.0μm)，即 3000cm^{-1}的左侧有吸收。

(v) 硝基。

在 1600～1500cm^{-1}(6.2～6.7μm)和 1390～1300cm^{-1}(7.2～7.7μm)各有一个强吸收。

(vi) 烃。

以上的特征吸收一个也没有，主要吸收峰都在 3000cm^{-1}(3.3μm)附近的 CH 区域内，光谱非常简单，只有 1450cm^{-1}(6.9μm)和 1375cm^{-1}(7.3μm)有—CH、—CH_2和—CH_3的吸收峰。

(vii) 基团的特征吸收会受下列因素的影响而发生谱带位置的移动，测定条件不同引起的谱带位置变化如下：

a. 同一样品，物态不同时光谱之间的差异很大，有时会被误认为不同的化合物。

b. 样品在不同的溶剂中测定时，由于溶剂效应的影响，谱带位置也会明显不同。分子内部结构不同引起谱带位置变化。

c. 电性因素(诱导、共轭、偶极场效应等)。

d. 质量因素和偶合效应。

e. 空间因素(构象、空间位阻、环的张力、对称性、分子内氢键等)。

在解析图谱时，应充分注意谱带位置的移动。利用收集得到的其他方面的资料和查阅各种基团的红外特征吸收表，仔细确定其归属。常见官能团的特征频率参见附录 2。

(2) 分析指纹区内的吸收峰，进一步决定化合物结构。

指纹区 $900\sim667cm^{-1}$ 这一区域内的吸收峰是很有用的。例如，可以表明双键的取代程度和构型，苯环的取代位置等。

4) 与标准红外光谱对照

如果根据光谱解析和收集到的其他资料已能推断出未知物质的结构，则应把推断物质的标准红外光谱或该推断物质的纯样品在同样条件下测得的光谱进行比较，研究两者吸收谱带的位置、强度和形状。若两者的光谱完全一致，即得到证实。只有少数弱吸收谱带不一致时，可能是含有微量杂质所致，也可能是在 KBr 压片中，由不同的晶态而引起的。

5) 配合其他分析方法综合解析

对于一些较复杂的样品，单凭一张红外光谱图难以确定未知样品的详细结构，必须与其他分析手段如质谱、核磁共振、元素分析、色谱等结合应用才能得出正确的结论。

2. 标准红外光谱图的检索

决定化合物结构时常要参考标准光谱。近年来出现了大量光谱图库，最常用的红外光谱标准谱图有 Sadtler 标准红外光谱图库、Aldrich 红外光谱图库、Sigma Fourier 红外光谱图库等。Sadtler 是一部由美国的 Sadtler Research Laboratories 编集和出版的光谱集。它收集了 70 000 多张红外光谱图，而且每年都增补一些新的谱图。该谱图集有多种检索方法，如分子式索引、化合物名称索引、化合物分类索引和相对分子质量索引等，而且还可以同时检索紫外光谱、氢核磁共振波谱和碳核磁共振波谱的标准谱图(参见 1.5 节)。

事实上，现在许多红外光谱仪都配有计算机检索系统，可直接从储存的红外光谱数据中鉴定未知化合物。

5.5.5　红外光谱解析示例

从合成对甲苯乙酮的实验中分离出某液体化合物，分子式为 $C_9H_{10}O$，其红外光谱如图 5.22所示，试进行解析，推测其结构。

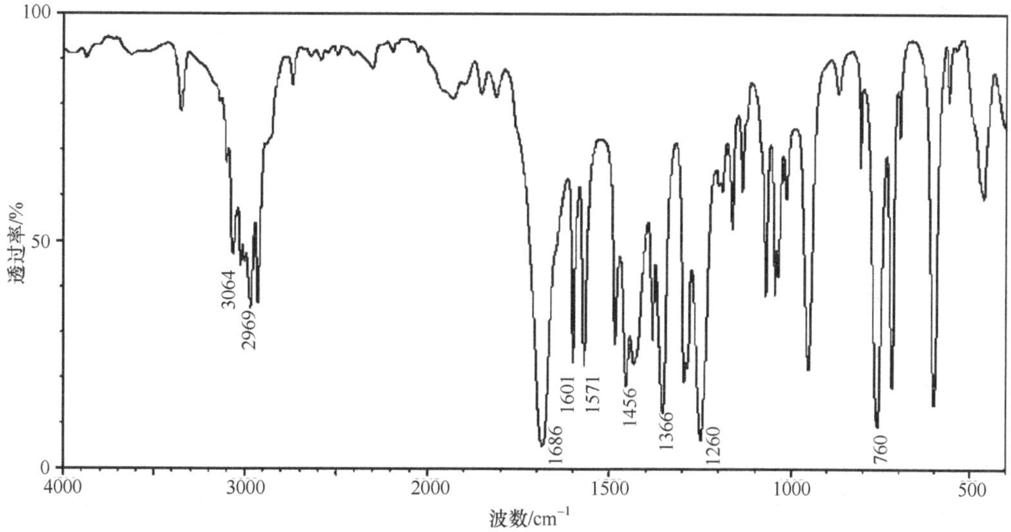

图 5.22　未知物 $C_9H_{10}O$ 的红外光谱图

(1) 计算不饱和度：

$$U=1+9+\frac{(0-10)}{2}=5$$

不饱和度为 5，可能含有苯环和 C═O、C═C 或环。

(2) 谱图解析：

谱峰归属	$3064cm^{-1}$	苯环上═C—H 伸缩振动，说明可能是芳香族化合物
	$2969cm^{-1}$	饱和 C—H 伸缩振动
	$1686cm^{-1}$	C═O 的特征吸收峰，因为分子中没有 N，可能为醛、酮；醛、酮羰基 C═O伸缩振动吸收峰一般大于 $1700cm^{-1}$，如果 C═O 与苯环直接相连，因共轭效应使吸收频率向低波数位移，所以 C═O 可能与苯环直接相连
	$1601cm^{-1}$ $1571cm^{-1}$	芳环 C═C 骨架伸缩振动。$1600cm^{-1}$ 吸收峰裂分，同时 $1500cm^{-1}$ 吸收峰不出现，说明有共轭基团与苯环相连
	$1456cm^{-1}$	芳环 C═C 伸缩振动
	$1366cm^{-1}$	甲基对称变形振动的特征吸收峰。波数低移，可能与羰基相连
	$1260cm^{-1}$	C—C(═O)—C 中的碳骨架伸缩振动吸收峰，芳酮特征峰
	$760cm^{-1}$	苯环上相邻 4 个 H 原子═C—H 的面外变形振动和环骨架变形振动，苯环邻位取代的特征峰
推测结构	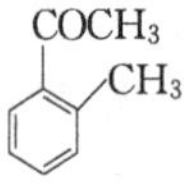	
结构验证	其不饱和度与计算结果相符；并与标准谱图对照证明结构正确	

5.6 紫外-可见光谱

5.6.1 基本原理

在电磁波谱中，紫外-可见光区处于 X 射线与红外区之间，即波长为 4～800nm，其中 4～400nm 的电磁辐射称为紫外区，400～800nm 的电磁辐射称为可见光区。紫外区又分为两个部分，一部分称为远紫外区，波长范围为 4～200nm。由于空气中的氧、氮及二氧化碳等都对这一段电磁波产生吸收，因此样品进行远紫外区测量时，仪器的光路系统必须抽成真空，以排除上述气体的干扰，故该区又称为真空紫外区；另一部分波长范围为 200～400nm 的紫外光称为近紫外区。由于玻璃对波长小于 300nm 的电磁辐射产生强吸收，所以测量吸收波长小于 300nm 的样品要使用石英比色皿。

当分子吸收一定量的紫外-可见光能量时，引起分子中的价电子从低能态向高能态跃迁，所产生的吸收光谱称为紫外-可见吸收光谱（ultraviolet-visible absorption spectrometry，UV-Vis），又称为电子光谱。紫外-可见光谱与红外光谱一样，都属于分子光谱。

有机化合物分子中价电子包括形成单键的 σ 电子、双键的 π 电子和非成键的 n 电子。当分子吸收一定能量后，其价电子将从能量较低的成键轨道跃迁至能量较高的反键轨道，如图 5.23所示。分子内各种电子的能级高低次序为（带 * 号的为反键轨道）：$\sigma^* > \pi^* > n > \pi > \sigma$。

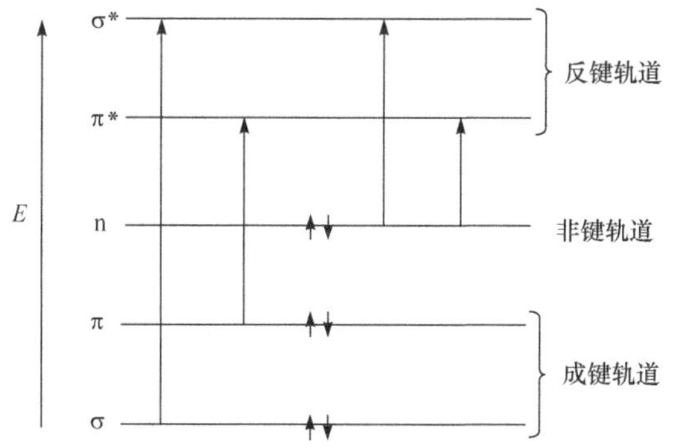

图 5.23　电子跃迁能级图

在大多数有机化合物分子中，价电子总是处在 n 轨道以下的各个轨道中，当受到光照射时，处在较低能级的电子将跃迁至较高能级。可能的跃迁有 $\sigma \rightarrow \sigma^*$，$\sigma \rightarrow \pi^*$，$\pi \rightarrow \sigma^*$，$n \rightarrow \sigma^*$，$\pi \rightarrow \pi^*$ 和 $n \rightarrow \pi^*$ 六种。不同类型的电子跃迁所需要的能量不同，其中 $\sigma \rightarrow \sigma^*$ 跃迁需要的能量最大，而 $n \rightarrow \pi^*$ 跃迁需要的能量最小。由于 $\sigma \rightarrow \sigma^*$、$\sigma \rightarrow \pi^*$ 和 $\pi \rightarrow \sigma^*$ 跃迁需要的能量大，因此产生这三种跃迁所吸收的光波长小于 200nm，位于远紫外光区，对其紫外-可见光谱研究较少。饱和碳氢化合物具有 σ 电子，这类分子受到光照射时将发生 $\sigma \rightarrow \sigma^*$ 跃迁，吸收波长小于 200nm，所以在紫外-可见光谱分析中，己烷、环己烷等常用作溶剂。

紫外-可见光谱的表示方法一般以吸收曲线来表示。横坐标采用波长或波数，纵坐标采用吸光度来表示。其中吸光度 A 表示单色光通过试样时被吸收的程度。它与入射光强度(I_0)和透射光强度(I)强度的关系如下：

$$A = \lg \frac{1}{T} = \lg \frac{I_0}{I}$$

常用术语：

(1) 最大吸收波长和最小吸收波长。吸收曲线的峰称为吸收峰，它对应的波长为最大吸收波长；吸收曲线的谷所对应的波长称为最小吸收波长。

(2) 生色团。从广义上来说，生色团是指分子中可以吸收光子而产生电子跃迁的原子基团。但是，人们将能吸收紫外和可见光的原子团或结构系统定义为生色团。主要是具有不饱和键和未成对电子的基团，如 C═C、C═O 等。

(3) 助色团。助色团是指带有非键电子对的基团，如—OH、—OR 等，它们本身不能吸收大于 200nm 的光，但是当它们与生色团相连时，会使生色团的吸收峰向长波方向移动，并且增加其吸收强度。

(4) 红移和蓝移。在有机化合物中，取代基的变更或溶剂的改变常使其吸收带的最大吸收波长 λ_{max} 发生移动。向长波方向移动称为红移，向短波方向移动称为蓝移。

5.6.2　仪器原理

紫外-可见光谱仪光路系统一般采用的是双光路系统。它主要由光源、单色器、样品室及检测器组成。其光路图如图 5.24 所示。

由光源发出的复合光，经入射狭缝射入单色器，由色散元件将该复合光分解成单色光，经出射狭缝射出。从单色器出来的单色光，经半圆形反射镜交替反射光束，使其分别通过参比池

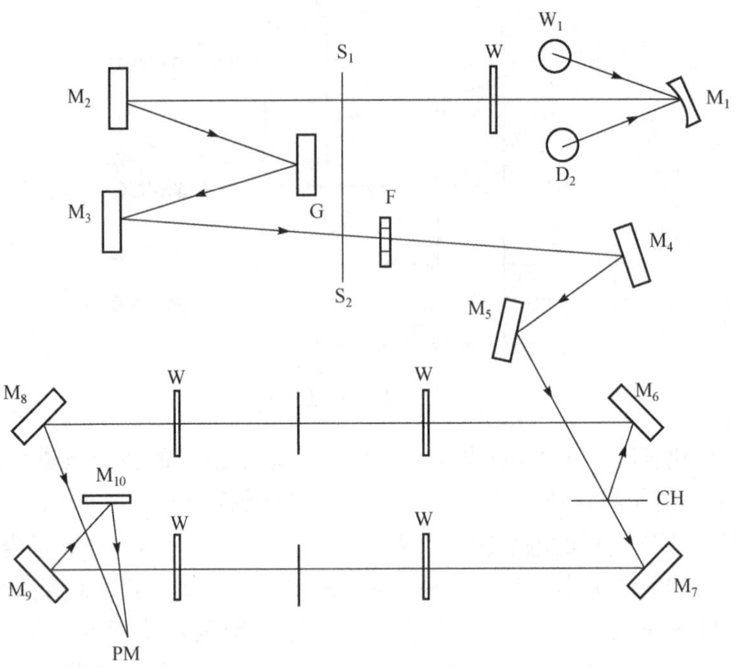

图 5.24　紫外-可见光谱仪双光路系统

M_1～M_{10}. 反射镜；W. 石英窗；F. 滤光镜；PM. 光电倍增管；

G. 色散元件；CH. 半圆形反射镜；W_1、D_2. 光源；S_1. 入射狭缝；S_2. 出射狭缝

和样品池。这样，使两束光变为脉冲射到检测器上。检测器检测到的电信号被送到放大器，将信号放大后送入 A/D 转换，并经计算机处理，将数据显示打印出来。整个仪器的工作原理如图 5.25 所示。

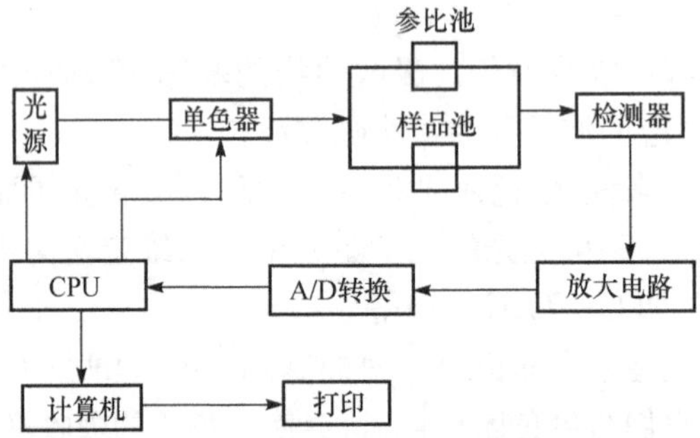

图 5.25　紫外-可见光谱仪工作原理

紫外-可见光谱仪常用的光源有两种：一种是热光源（常用钨灯），另一种是气体放电灯（常用氢灯）。钨灯靠加热发光，工作波长范围为 320～2500nm；氢灯通过气体放电发光，波长范围为 165～375nm。

单色器的作用是将来自光源的复合光变成单色光。通常由入射狭缝、色散元件及出射狭缝组成。色散元件一般采用棱镜或光栅。

检测器一般采用光电倍增管，它的灵敏度高，可将微弱的信号检测出来，供后续电路放大、采样并处理。

5.6.3 溶剂的选择

溶剂的选择通常从试样的溶解度及溶剂在测量范围内无吸收来考虑。

(1) 在测量范围内,溶剂本身无吸收。若测量范围在可见光区,可选用无色的溶剂;若在紫外区,选用溶剂时,应使样品吸收信号的范围大于该溶剂的截止波长。常用溶剂及波长极限见表5.4。

(2) 溶剂必须是光谱纯的,否则会有杂质信号产生。

(3) 溶剂的极性会对样品吸收峰的位置和形状产生影响。

表5.4 常用溶剂及波长极限

溶剂	波长极限/nm	溶剂	波长极限/nm
水	210	庚烷	210
甲醇	215	1,2-二氯乙烷	235
异丙醇	215	二氯甲烷	235
环己烷	210	甘油	230
乙醇	210	氯仿	245
正丁醇	210	四氯化碳	265
乙醚	210	苯	280
己烷	210	丙酮	330
十氢萘	200	乙腈	210

5.6.4 样品的制备

(1) 试样溶液要在校正过的容量瓶中制备。通常制备的标准溶液(称量准确至0.1mg),浓度约为0.1%。若是定性分析,就不需要这样准确称量。

(2) 测定含量时,一般溶液的浓度最好使透过率为20%～65%,吸光度为0.2～0.7,通常所配制的溶液浓度以10^{-5}～10^{-2}mol/L为宜。

(3) 玻璃池在300nm左右有强的吸收,因此应采用石英池测定。操作时在池内装满标准溶液,将盖子沿池口边缘轻轻平推盖好,石英池表面的溢出物要用薄绢或擦镜纸揩净,手指切不可触及石英池的光学表面。

5.6.5 一般解析方法

紫外光谱主要反映分子中不饱和基团的性质。紫外-可见光谱图所得到的吸收带的最大吸收波长λ_{max}和最大摩尔吸收系数ε_{max}两个重要参数可反映分子内共轭体系的特征(表5.5)。单靠紫外光谱一般不易确定化合物的结构,若与红外光谱、核磁共振、质谱以及化学方法相配合还是可以发挥较大作用的。紫外光谱与有机分子的结构一般关系如下:

(1) 在220～800nm无吸收,化合物不存在共轭体系。

(2) 在220～250nm有强吸收($\varepsilon \geqslant 10\ 000$),分子中有两个共轭的不饱和键。

(3) 在220～250nm有强吸收,若在250～290nm处伴随有中等强度的吸收或不同程度的精细结构,分子中有苯基存在。

(4) 250～350nm有低强度或中等强度的吸收,且峰形对称性好,分子中可能含有羰基。

(5) 300nm 以上的强吸收,说明化合物有较大的共轭体系。

表 5.5 紫外吸收光谱和分子结构的关系

吸收类型	λ_{max}/nm	ε	跃迁	可能的化合物类别
单谱带	<220	100～10 000 <100	n→σ* n→π*	胺、醇、醚、硫醇、腈
单谱带(在较短波长处没有主要吸收)	250～360	10～100	n→π*	简单的非共轭发色团($C{=}O$,$N{=}N$,$-NO_2$)
两个谱带	两者>200	1000～10 000;若存在增长发色团的基团>10 000	π→π*	芳香族体系(精细结构)
三个谱带	一个,200 附近 两个,200 以上	1 000～10 000	π→π*	多环芳香族化合物、杂环化合物
高强度谱带	>210	10 000～20 000	π→π*	α,β-不饱和酮、二烯、多烯
两个谱带	>300 <250	若存在共轭 >10000	n→π* n→π*	简单的酮、酸、酯和酰胺,含有 π 体系和未共享电子对的化合物

5.7 核磁共振波谱

核磁共振波谱法(nuclear magnetic resonance spectroscopy,NMR)是研究具有磁性质的某些原子核对射频辐射的吸收,是测定各种有机和无机成分结构的最强有力工具之一。在磁场中,原子核分裂出的磁能级之间的能量差很小。例如,在 1.41T 磁场强度下,磁能级的能量差约 25×10^{-3}J/mol。若要在这样的磁能级之间产生跃迁,其所需的电磁辐射能量极小,处于 $10^9\sim10^{10}$nm 的射频辐射已足够。可见,核磁共振波谱法类似于紫外-可见光谱法以及红外光谱法,也属于吸收光谱,只是研究的对象是处于强磁场中的原子核对射频辐射的吸收。其中氢核磁共振波谱(^{1}H NMR)和碳核磁共振波谱(^{13}C NMR)应用最为广泛。

5.7.1 氢核磁共振波谱

1. 基本原理

各种有机化合物中都含有能产生核磁共振的原子核,而其中以^{1}H、^{13}C 核最常见,其次为^{15}N、^{19}F、^{31}P 核。质子磁共振是一项极为重要的实验技术,它是以氢核具有核自旋这一特性为基础的。当旋转的氢核放到外磁场中,根据量子力学的计算,其自旋量子数为 $I=1/2$,它的磁矩有两种取向:与外磁场同向或反向。与磁场同向是较为稳定的取向,能量低;与磁场反向是比较不稳定的取向,能量高。因此当质子受到一定频率的电磁辐射,而辐射所提供的能量又等于两种取向的能量差时,质子就吸收电磁辐射,从低能态跃迁到高能态。

理论上,可以把物质放入一个恒定强度的磁场中,用获得红外光谱的同样方法获得一个波谱,即逐渐改变辐射的频率,然后记录物质所吸收的辐射频率。但是,实际上采用了保持恒定的辐射而改变磁场强度的方法。在某一磁场强度下,质子转向所需的能量与辐射的能量相匹配时,可以得到一个信号,并以峰的形式记录在图表上。

如果一个有机分子中的全部质子所处的电子环境完全相同，那么它们都将在完全相同的磁场强度下吸收，因而在谱中只有一个信号。由于每一类等性的质子和其他类型的质子在所处的电子环境上有微小的差别，因此能够产生吸收的磁场强度也就有相应的差别，给出若干个信号，得到一张有很多吸收峰的谱图。谱图中的横坐标为磁场强度（Gs）或电磁辐射的频率（Hz），纵坐标则为电磁辐射的吸收强度。谱图中峰的相对位置反映出质子环境的差别，给出了分子结构极为详细的信息：

(1) 信号的数目，表明分子中有几种类型的等位氢（等性氢）。

(2) 信号的位置，表明每种类型质子所处的电子环境。

(3) 信号的强度，通过峰面积表明质子数。

一个信号裂分成几个峰，即峰的裂分数，表明一个质子相对于其他邻近原子的环境有关情况。

2. 基本概念

1) 化学位移

表征在 NMR 谱中各不同化学环境的 H 共振峰的位置相对于某一标准物共振峰的距离称为化学位移，通常用 δ 表示。由于各种类型核的共振磁场差别不大，不能精确地测出其绝对值，因此一般以相对数值表示，以某一标准物（通常用四甲基硅烷作为标准，简称 TMS）的峰为原点，测出其他各峰与原点的相对距离作为化学位移值，计算式如下：

$$\delta=\frac{\nu_{样品}-\nu_{TMS}}{\nu_{仪器}}\times 10^6$$

式中，$\nu_{样品}$ 和 ν_{TMS} 分别为样品和 TMS 标样的共振频率（以 Hz 为单位），一般 $\nu_{TMS}=0$；$\nu_{仪器}$ 为仪器操作频率（以 MHz 为单位，$1MHz=10^6 Hz$）。

最常用的表示化学位移值的单位是百万分之一（ppm）。因此 δ 以 ppm 为单位，是与磁场强度或电磁辐射频率无关的参数。把 TMS 质子的吸收位置定为 $\delta=0.00$，则其他质子的化学位移可以在 TMS 左边若干 ppm 处（低场），或在 TMS 右边若干 ppm 处（高场）。

在水溶液样品中常用 $(CH_3)_3SiCH_2CH_2CH_2SO_3Na$（DSS）为化学位移参比物，但当样品的物质的量浓度较小和 DSS 用量较大时，三个亚甲基会在 δ 0.5～3.0 出现三组干扰峰。在极性溶剂中使用 $(CH_3)_3SiCD_2CD_2CD_2SO_3Na$（DSP）作参比物会更好，分子中三个亚甲基的质子均被氘原子取代，消除了参比物的干扰。

有机化合物各种氢的化学位移值取决于它们的电子环境。如果磁场对质子的作用受到周围电子云的屏蔽，质子的共振信号就出现在高场。如果质子受到的是去屏蔽作用，其共振信号就出现在低场。一些常见基团中质子的化学位移值见表 5.6。

表 5.6　不同类型质子的化学位移

氢的类型	化学位移 δ/ppm	氢的类型	化学位移 δ/ppm
环丙烷	0.0～0.4	C≡CH	2～3
RCH_3	0.9	ArH	6～8.5
R_2CH_2	1.3	ArCH	2.2～3
R_3CH	1.5	C=CCH	1.8
$C=CH_2$	4.6～5.9	C≡CCH	1.8

续表

氢的类型	化学位移 δ/ppm	氢的类型	化学位移 δ/ppm
FCH	4～4.5	RO_2CCH	2～2.6
ClCH	3～4	$R\overset{\overset{O}{\Vert}}{C}CH$	2～2.7
Cl_2CH	5.8		
BrCH	2.5～4		
O_2NCH	4.2～4.6	$R\overset{\overset{O}{\Vert}}{C}H$	9～10
ICH	2～4		
OCH(醚,醇)	3.3～4	ROH	1～5.5
$\genfrac{}{}{0pt}{}{O}{O}\rangle CH$	5.3	ArOH	4～12
		RCOOH	10.5～12
OCH(酯)	3.7～4.1	RNH	1～5

注:与氧和氮相连的质子的化学位移值与温度和溶液的浓度有关。

2) 峰面积

核磁共振信号的强度是通过吸收峰的大小显示出来的,而核磁共振信号下的面积,即每组峰的面积与产生这组信号的质子数目成正比。如果把各组峰的面积进行比较,就能确定各种类型质子的相对数目。核磁共振信号的面积是用电子积分仪测量的,在谱图上通常用阶梯曲线表示,该线是由低场向高场画的,阶梯的高度与峰面积成正比。各个峰面积的相对积分值也可以在谱图上直接用数字显示出来,如果将含一个质子的峰的面积指定为1,则图谱上的数字与质子的数目相符,如图5.26所示。现在的图谱大多采用这种方法来显示质子的数目。

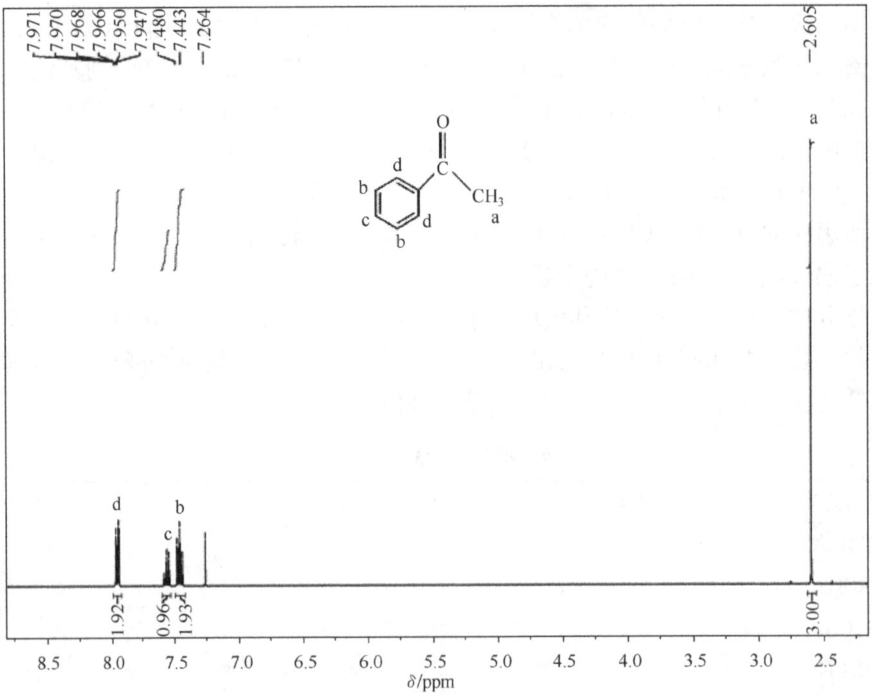

图5.26　苯乙酮的核磁共振氢谱(400MHz,$CDCl_3$)

3）信号的裂分

在使用低分辨率的 NMR 仪时，所得到的谱图中只出现单峰。若采用高分辨率的仪器，则谱图相应于化学位移处的单峰往往会变成多重峰。这是由磁核之间引起能级的裂分产生的。这种相互作用称为自旋-自旋偶合，由此而产生的谱线精细结构称为自旋-自旋偶合裂分。

只有在不等性的质子间（相邻近的）才能有自旋-自旋偶合裂分。有时离得较远的不等性质子也可以偶合，特别是有 π 键插入时。在同一个碳上的质子，如果是不等性的，有时也可以偶合。不等性的质子是指电子环境不同的质子，也就是在谱图上化学位移不同的质子。当某一个（或一组等性的）质子与另一种类型的 n 个等性的质子偶合时，该质子的吸收峰将裂分为 $n+1$ 重峰；当某一个（或一组等性的）质子分别与两种类型的等性质子（一种为 n 个，另一种为 n' 个）偶合时，该质子的吸收峰将裂分为 $(n+1)(n'+1)$ 重峰。

3. 仪器原理

核磁共振仪根据射频信号的作用方式不同，分为连续波核磁共振波谱仪（CW-NMR）和脉冲傅里叶变换核磁共振仪（PFT-NMR）。连续波工作方式是将射频信号连续不断地加到样品上观察核磁共振信号，由于它是单频发射和单频接收，要逐个记录信号才能组成一张谱图，扫描时间长，信号弱，灵敏度低，这种仪器目前已被脉冲傅里叶变换核磁共振仪取代。脉冲傅里叶变换核磁共振仪是以适当宽度的射频脉冲作为“多道发射机”，使所选的核同时激发，得到核的多条谱线混合的自由感应衰减（free induction decay，FID）信号的叠加信息，然后以快速傅里叶变换作为“多道接收机”，变换出各条谱线在频率中的位置及其强度，即得到通常的 NMR 谱图。PFT-NMR 有很强的累加信号的能力，信噪比高（600∶1），灵敏度高，分辨率好，测定速度快，样品用量少，可用于测定 ^{1}H、^{13}C、^{15}N、^{19}F、^{31}P 等核的一维和二维谱。一般脉冲傅里叶核磁共振仪都由以下几个部分组成：匀强磁场、脉冲发生器、射频信号发生器、探头、信号检测、A/D 和 FT 转换以及信号的记录，工作原理如图 5.27 所示。

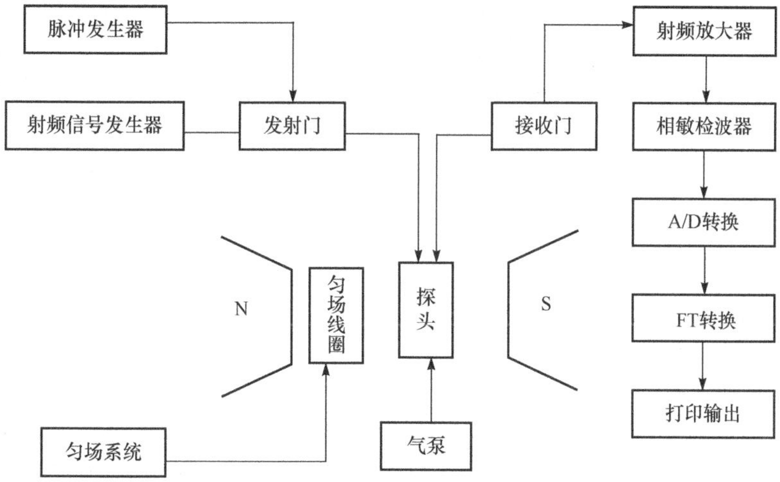

图 5.27　PFT-NMR 谱仪器工作原理

匀强磁场的产生是核磁共振仪的主要部件，它能够提供强而稳定、均匀的磁场。匀强磁场的产生分为以下三类：

（1）**永久磁铁**。它不需要电源，把磁铁放在恒温箱中，采用隔热隔磁措施，磁场强度就能保持稳定，使用方便。常用于60MHz及以下共振频率的仪器。

(2) **电磁铁**。它的磁场强度和磁极间隙都可以调整，灵活性大。但电磁铁易受周围温度变化的影响，耗电量大。一般能够提供60～100 MHz共振频率的仪器。

(3) **超导磁铁**。它是将超导材料制成的线圈放到液氦中，使其处于超导状态。因线圈无电阻，电流通过就不会产生损耗。给该线圈加上一个很大的电流，它就可以产生一个很强的磁场。即使去掉电源，磁场仍然能够保持强而稳定。超导磁铁磁场稳定，磁场高，做出谱图的分辨率高，灵敏度高，便于分析。用于提供200～900 MHz共振频率的仪器。

探头是核磁谱仪的核心部件，它固定于磁体或磁铁的中心，为圆柱形，探头的中心放置装载样品溶液的样品管。探头对样品发射产生核磁共振的射频波脉冲并检测核磁共振的信号。这两个功能常可由一个线圈来完成。

除磁体(或磁铁)和探头外，核磁共振仪还包括多个部件，如射频发生器、脉冲发生器、前置放大器、接收器等。由于是傅里叶变换分析仪器，必须有相应的计算机硬件、软件。高频核磁共振仪一般配有工作站，以进行复杂的运算和操作。

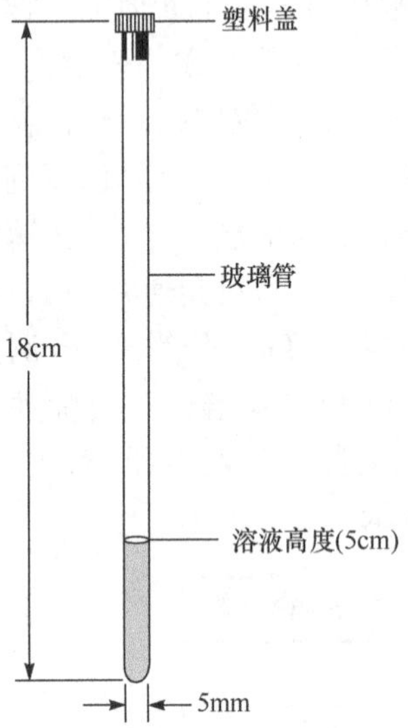

图 5.28　核磁管

4. 样品的制备

(1) 样品管。根据仪器和实验的要求，可选择不同外径(Φ=5,10mm)的标准核磁管，如图5.28所示。微量操作可使用微量核磁管。NMR管必须是完全干燥的，一般通过烘箱加热干燥即可。

(2) 溶液的配制。配制溶液的样品必须很纯，样品用量与仪器性能有很大关系。样品少，其信号也小，且噪声大，一些弱峰可能被掩盖。因此要得到一张合格的谱图，一定要有足够的样品，一般样品量为10～50mg，样品浓度为5%～10%。对傅里叶核磁共振仪，^{1}H谱一般只需1mg左右，甚至可少至几微克；^{13}C谱需要几到几十毫克样品。将它溶于0.5～1mL溶剂中，若溶剂中不含内标物，还要加入1～2滴1%TMS，用小滴管将溶液转移到标准的核磁管中。使用重水作溶剂时也可改用4,4-二甲基-4-硅代戊磺酸钠(DSS)为内标，DSS与TMS的化学位移值相同，且用量少，甲基峰尖锐，但用量过大时，将在化学位移值0.5～3.0处出现—CH_2杂峰。

5. 溶剂的选择

溶剂一般要求不产生干扰信号，溶解性能好，与被测物质不发生化学作用。在核磁共振实验中，为防止溶剂对样品信号产生干扰，使用的溶剂都是氘代试剂。由于氘代度不会是100%，因此在核磁共振图谱上常可看到溶剂的信号峰，在^{13}C NMR谱中也会出现相应的吸收峰。在仪器使用外锁操作时，^{1}H谱也可使用不含质子的溶剂，如四氯化碳、四氯乙烯、二硫化碳等。在配制样品溶液时，除考虑溶解度外，还要考虑可能的溶剂峰干扰，必要时可更换溶剂，以检查某些峰是否被溶剂峰掩盖。常用氘代溶剂中残留质子的化学位移值见表5.7。

表 5.7　常用氘代溶剂中残留质子的化学位移

溶剂	δ/ppm	残留水峰 δ/ppm	溶剂	δ/ppm	残留水峰 δ/ppm
氘氯仿	7.27	1.54	氘吡啶	7.22,7.58,8.74	4.96
氘甲醇	3.35,4.84		氘苯	7.16	0.5
氘丙酮	2.05	2.85	氘乙腈	1.94	2.16
重水	4.79		DMF-d_6	2.75,2.92,8.03	3.48
氘二甲亚砜	2.50	3.32	HAc-d_4	2.04,11.65	
CF_3COOH-d	11.5		氘环己烷	1.38	

6. ^1H NMR 谱图解析

1）解析谱图的大致程序

（1）根据分子式计算化合物的不饱和度。

（2）根据积分曲线，算出各峰的相对面积，求出每组峰所代表的质子数。

（3）根据 δ 值识别各组峰所对应的化学环境，如饱和链烃、烯烃、芳烃等。先解析没有偶合的质子信号，再解析有偶合质子的信号。

（4）将全部信息与推断为可能合理的分子结构进行逐一核对：①等位氢的种类数应等于峰的组数；②等位氢的数目应与各组峰的面积成正比；③一种基团与邻近基团的位置关系应与各组峰的裂分数相对应。

（5）与标准谱图相对照进行确证。常用的标准 NMR 谱图数据库参见 1.5 节。

（6）配合其他物理和化学分析方法综合解析。对于一些较复杂的样品，单凭一张 NMR 谱图很难确定一个未知物的结构，一般还必须配合物理常数、元素分析、红外光谱、紫外光谱及质谱等手段才能得出正确的结论。

2）核磁共振波谱解析示例

（1）图 5.29 为 2-氨基-1,2-二苯基乙醇（$C_{14}H_{15}NO$）的 ^1H NMR 谱，试对该谱图进行解析，指出谱图中每一个谱峰的归属。

谱图解析：

	峰号	δ/ppm	峰面积	氢质子数	裂分峰数	归属
谱峰归属	(a)	1.84	2.95	3	宽单峰	—NH_2*，—OH*
	(b)	4.16	1.01	1	双峰	—CH*(NH_2)—
	(c)	4.75	1.00	1	双峰	—CH*(OH)—
	(d)	7.27	10.33	10	多重峰	Ar—H

（2）一化合物的分子式为 $C_9H_{11}NO_2$，它的 ^1H NMR 谱如图 5.30 所示，试推测其结构。

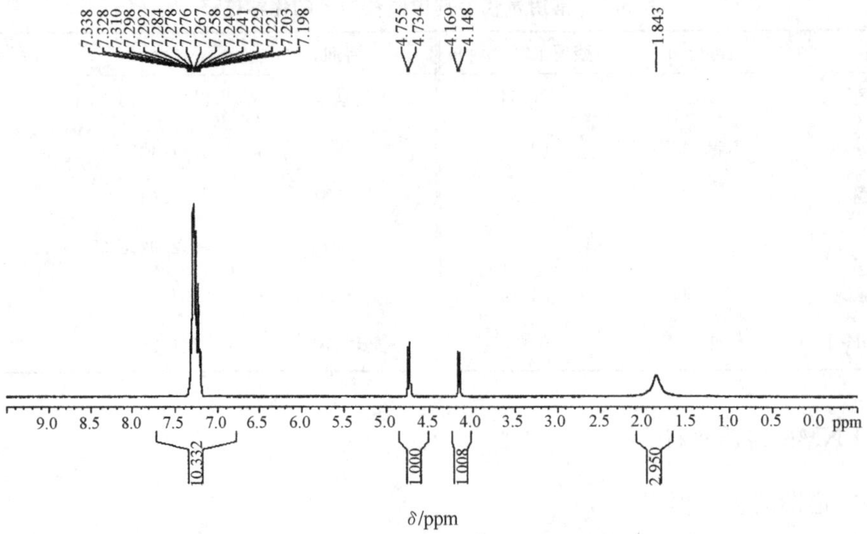

图 5.29　2-氨基-1,2-二苯基乙醇的 ^{1}H NMR 谱

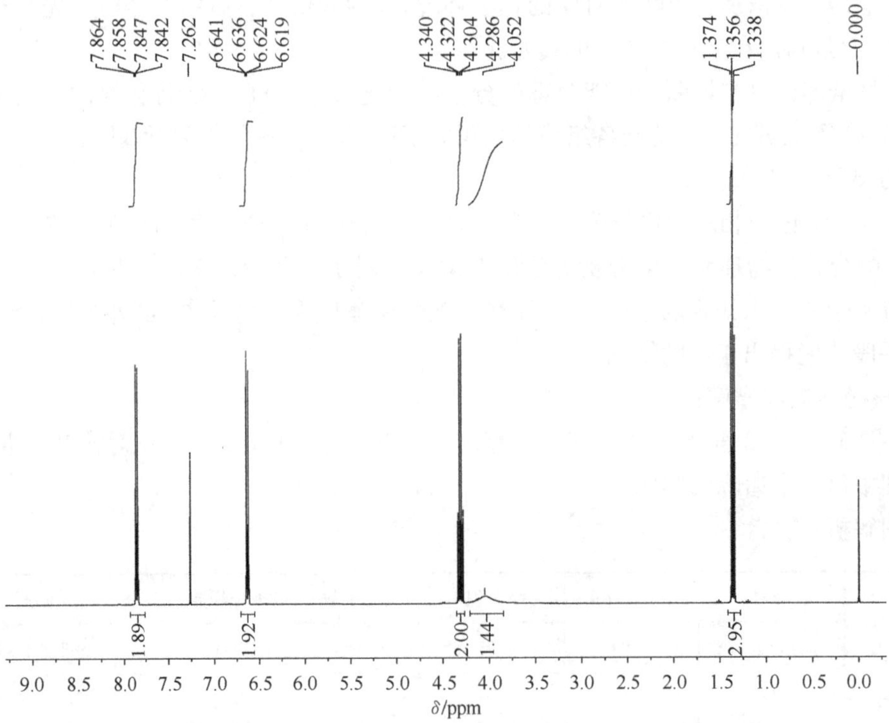

图 5.30　未知化合物 $C_9H_{11}NO_2$ 的 ^{1}H NMR 谱(400MHz,$CDCl_3$)

a. 计算不饱和度：

$$U=1+9+\frac{1-11}{2}=5$$

表示有一个苯环加一个双键或一个环。

b. 谱图解析：

	峰号	δ/ppm	积分	裂分峰数	归属	推断
谱峰归属	(a)	1.36	3H	三重峰	—CH_3	3 个氢，1 个 CH_3 峰，三重峰，与两个质子偶合，可能有一个—CH_2—CH_3*
	(b)	4.31	2H	四重峰	—CH_2	2 个氢，1 个 CH_2 峰，四重峰，与三个质子偶合，信号在低场可能与电负性基团相连，—O—CH_2*—CH_3
	(c)	4.05	2H	宽单峰	—NH_2	宽单峰可能是—OH、—NH 或—NH_2，因其积分是 2H，所以此峰应该是—NH_2
	(d)	6.63	2H	二重峰	Ar—H	芳香区两个二重峰，说明是对二取代芳环结构
	(e)	7.85	2H	二重峰		
推测结构	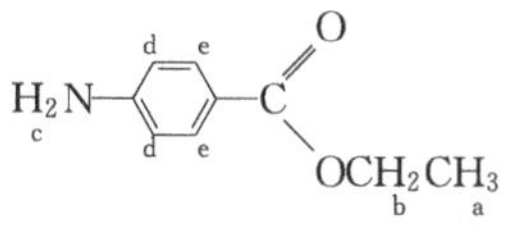					
结构验证	其不饱和度与计算结果相符，并与标准谱图对照证明结构正确					

5.7.2　碳核磁共振波谱

氢核磁共振波谱是通过确定有机物分子中氢原子的位置，而间接推出结构的。而在有些官能团不含氢原子，如 C═O、C═C═C、N═C═O 或季碳原子，其官能团信息不能通过氢谱获得，但是^{13}C 出现在碳骨架的任何位置上的概率是相同的，因此碳谱可以完整地反映出分子中各类碳核的信息，但是^{13}C 核的天然丰度仅为 1.108%，相对于氢核的信号灵敏度还不到 2%。长期以来由于技术上的原因，无法满意地测定和利用^{13}C 的核磁共振现象。到 20 世纪 60 年代后期，傅里叶变换技术的出现，才使得碳谱的研究和应用迅速发展起来。碳谱和氢谱在实际应用中相辅相成，成为有机结构分析的重要工具之一。

碳核磁共振波谱的原理和氢核磁共振波谱类似，但与氢谱相比，碳核磁共振波谱具有以下特点：

(1) 化学位移范围大(0～300ppm)，谱线简单，分辨率高，只要碳核所处的化学环境稍有差别，就可以在图谱上有所区别。

(2) 自然丰度低，不可能同时有两个^{13}C 出现在一个分子中，不必考虑^{13}C 与^{13}C 的偶合，只需考虑^{1}H-^{13}C 偶合。^{1}H-^{13}C 偶合常数非常大，图谱上的碳信号发生严重分裂，使得碳谱难以分辨，限制了碳谱的应用。为了克服这一缺点，在碳谱中采用质子去偶技术，以消除碳-氢之间所有的偶合。在质子去偶碳谱中，分子中如果不存在 C 和 H 之外的自旋核，^{13}C 的谱线都是分离的单峰。

(3) 在碳谱中，峰面积与碳原子之间没有定量关系，不能通过积分来判断碳原子数。碳谱中不同信号数目表明有多少种不同类型的碳原子存在；每个信号的化学位移代表的电子环境；每个信号可以分别被鉴别为 CH_3(四重峰，q)、CH_2(三重峰，t)、CH(二重峰，d)或 C(单峰，s)。通常带有 2 个或 3 个氢的碳原子产生的信号最强，而不带氢的碳原子产生的信号最弱。

碳核磁共振波谱中的化学位移是一个重要的参数，它能充分反映有机化合物的结构特征。有机化合物中各种碳的化学位移也取决于其电子环境。取代基的诱导、共轭、空间效应等对碳谱化学位移的影响规律与氢谱相同。碳上缺电子，使碳核显著去屏蔽，处于低场。化学位移与碳原子的杂化类型有关，sp^3杂化的碳在高场共振，sp^2杂化的碳在低场共振(表 5.8)。此外，碳谱的化学位移还受溶剂、pH、温度等影响。

表 5.8 常见基团中碳的化学位移

碳的类型	δ/ppm	碳的类型	δ/ppm
R—$\underline{C}H_3$	5～40	$\underline{C}$═C	100～170
$R_2\underline{C}H_2$	15～55	$\underline{C}$≡N	105～130
$R_3\underline{C}H$	20～60	ArH(芳环)	110～135
R_4C	0～82	Ar—R(取代芳环)	82～160
$\underline{C}$—F	70～80	—$\underline{C}$═C—(杂芳环)	115～145
$\underline{C}$—Cl	40～50	—$\underline{C}$OOR	150～185
$\underline{C}$—Br	30～40	—$\underline{C}$OOH	160～185
$\underline{C}$—I	5～15	—$\underline{C}ONH_2$	150～180
$\underline{C}$—N	10～70	—$\underline{C}$O—O—$\underline{C}$O	145～175
$\underline{C}$—OH	40～90	R $\underline{C}$OX	150～186
$\underline{C}$—O—$\underline{C}$	45～90	—$\underline{C}$HO	175～220
$\underline{C}$≡C	60～90	R—$\underline{C}$O—R	180～220

碳核磁共振波谱也采用 TMS 作为化学位移参比物，四个甲基的吸收峰位移设为 0.00。对溶解样品的溶剂选择与氢核磁共振波谱类似，由于碳谱的灵敏度较低，所需样品浓度比氢谱大。一些常用溶剂的碳化学位移列于表 5.9。

表 5.9 常用溶剂的碳化学位移

溶剂	δ/ppm	溶剂	δ/ppm
氘氯仿	77	氘吡啶	123.5,135.5,149.5
氘甲醇	49.7	氘苯	128.7
氘丙酮	29.8,206.8	氘乙腈	1.3,117.7
氘二甲亚砜	39.5	氘乙酸	20.0,178.4
氘四氯化碳	96.0	DMF-d_6	30.1,35.2,162.7

^{13}C NMR 谱主要应用化学位移值来确定有机化合物的结构，谱图解析步骤与^{1}H NMR 谱类似。^{13}C NMR 谱解析的大致过程如下：

(1) 区分出杂质峰、溶剂峰，不要遗漏季碳的谱线。

(2) 计算不饱和度。

(3) 分子对称性的分析，若谱线数目少于元素组成式中碳原子的数目，说明分子有一定的对称性。

(4) 碳原子级数的确定(活泼氢数目的确定)。

(5) 碳原子 δ 值的分区。

(6) 推出结构单元，组合可能的结构式。

(7) 对推出的结构进行碳谱指认。

5.8 气相色谱-质谱联用

5.8.1 质谱法原理

质谱法的基本原理是处于高真空中的气态分子受到电子流轰击或强电场作用，失去外层电子生成分子离子，同时某些化学键也发生有规律的裂解，生成各种具有特征质量的碎片离子。这些带正电荷的离子在磁场中再按不同的质荷比（m/e，离子的质量与其所带电荷数的比值）分离，并被收集和记录，得到质谱图。从质谱图中可以知道化合物的相对分子质量和有关分子结构信息，从而进一步推断化合物的结构，这种方法称为质谱法。质谱法具有分析速度快、检测灵敏度高等优点。

5.8.2　质谱仪构造及原理

质谱仪是利用电磁学原理，使气体分子产生带正电荷的离子，并按离子的质荷比将其分离，同时记录和显示这些离子的相对强度的一种仪器，如图5.31所示。

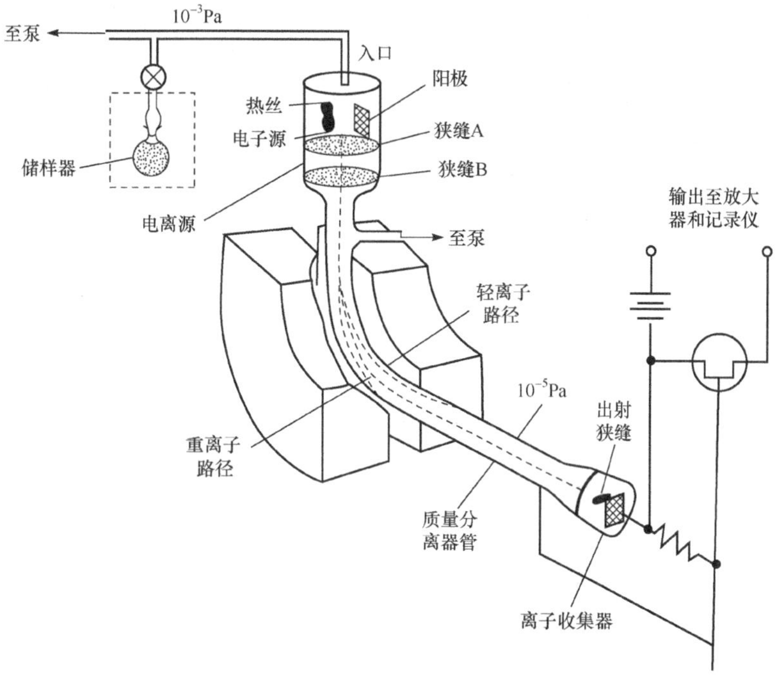

图5.31　单聚焦质谱仪示意图

质谱仪一般由高真空系统、进样系统、离子源、质量分析器、离子收集和记录系统组成。Finnigan TRACE MS 的质量分析器为高灵敏度的四极杆分析器，检测系统为双通道打拿极光电倍增管。

在质谱分析中，样品进入质谱仪中，气化后受到高能量电子的轰击，失去一个电子而成为带正电荷的分子离子。离子的产生依靠离子源提供能量，在质谱仪中常用的离子源包括电子轰击离子源(EI)和电喷雾轰击离子源(ESI)。

在质谱中出现的离子的主要类型有：分子离子、同位素离子、碎片离子和重排离子等。

(1) 分子离子峰。分子中失去一个电子而生成的离子称为分子离子，用 M^+ 表示，相应的质谱峰称为分子离子峰。分子离子峰通常出现在质荷比最高的位置，其主要用途是确定化合物的相对分子质量。

(2) 同位素峰。含同位素的离子称为同位素离子，与同位素对应的峰称为同位素离子峰。由于不同元素的同位素含量不同，在分子离子峰右边1或2个质量单位处会出现强度不等的 $(M+1)^+$ 或 $(M+2)^+$ 的同位素离子峰；通过 $(M+1)^+$ 或 $(M+2)^+$ 的强度可以推测出分子中所含的同位素。若 $(M+2)^+$ 峰的相对丰度为 M^+ 的1/3，可以推断有 ^{37}Cl；若 $(M+2)^+$ 峰与 M^+ 丰度相等，可推断有 ^{81}Br。

根据质量分析器的工作原理，可将质谱仪分为动态仪器和静态仪器两大类。静态质谱仪的质量分析器为稳定的电磁场，它是按照空间位置将 m/e 不同的离子分开；动态质谱仪的质量分析器则采用变化的电磁场，按照时间和空间区分不同 m/e 的离子。例如，由单聚焦和双聚焦质量分析器组成的质谱仪属于静态质谱仪；而飞行时间和四极滤质器组成的质谱仪属于动态质谱仪。

5.8.3 气相色谱-质谱联用(GC-MS)

在质谱分析技术中，对样品的要求必须是纯品，而实际样品往往是复杂的混合物。气相色谱是强有力的分离手段，它可以为质谱分析提供纯品，因而气相色谱-质谱联用(GC-MS)成为鉴定未知物结构的最有效工具之一。两者相辅相成，质谱仪为气相色谱仪的一个检测器，气相色谱为质谱的进样装置，被分离后的各个组分逐个进入质谱仪，可同时获得总离子流色谱图(TIC)和质谱图，如图 5.32 所示。根据质谱图上碎片离子的特征信息对计算机储存的质谱图进行检索，也可与标准图谱对照，查找结构，从而有效地对有机化合物进行定性和定量分析。

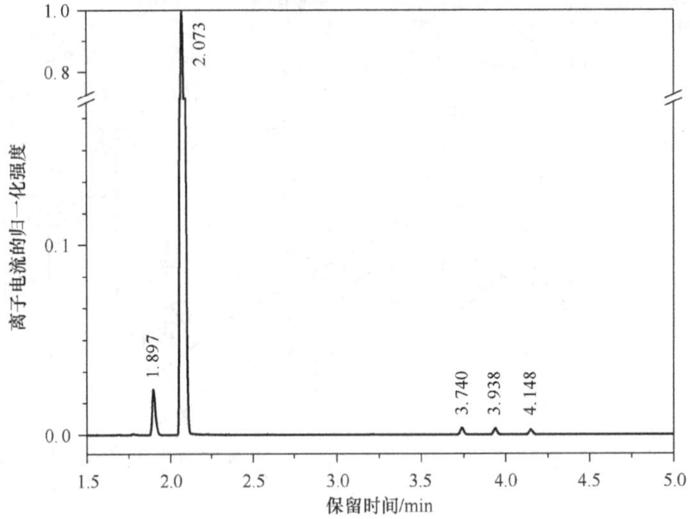

(a)

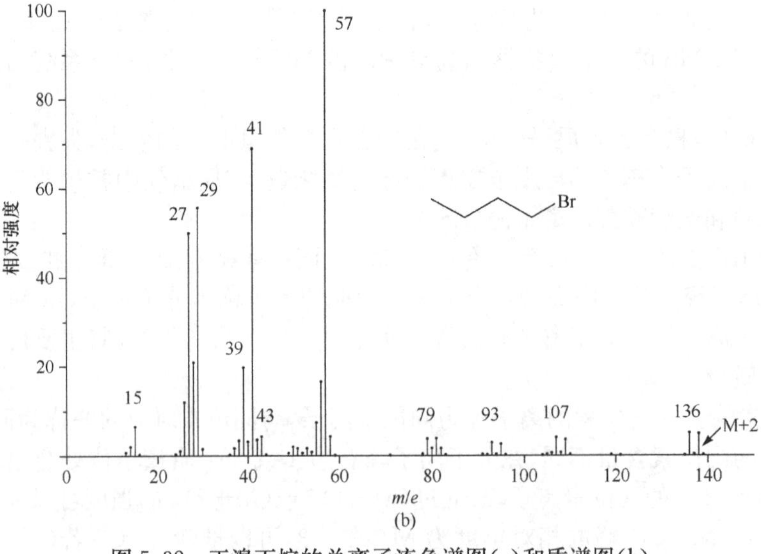

(b)

图 5.32 正溴丁烷的总离子流色谱图(a)和质谱图(b)

下篇

实　　　验

第6章 基本操作训练和合成实验

实验一 简单玻璃工操作

一、实验目的

(1) 初步了解和训练玻璃管(棒)的简单加工技术。

(2) 制作一些简单玻璃制品以备以后实验使用。

二、实验内容

1. 制作搅拌棒及玻璃钉

(1) 截取长17～18cm的玻璃棒两根,两端在火焰中烧圆,作搅拌棒用。

(2) 截取长12cm的玻璃棒一根,一端在火中烧软后在石棉网上压扁,制成大玻璃钉,供过滤时挤压滤饼或研磨晶体用。再截取一根5～6cm长的玻璃棒,拉成2～3mm粗细,并制成小玻璃钉,与玻璃漏斗组合用于过滤少量固体。

2. 练习拉玻璃管及制作滴管

按拉玻璃管要求练习拉玻璃管,熟悉后取25cm长的玻璃管制成总长度为15cm的滴管两根。其粗端长10cm,细端内径为1.5～2mm,长约5cm,细端须在火中熔圆,粗端在火中烧软后在石棉网上按一下卷边,使其外缘突出,冷后装上橡胶滴头即成。

3. 制作玻璃弯管

制作角度为45°、90°和120°的玻璃弯管各一支。

4. 制作沸点管

用小火将两根熔点管的末端连接在一起,连接处要求熔封不漏气。距连接处4～5mm的位置轻轻地切除一端,以它作为微量沸点测定装置中的内管的下端。

5. 拉制玻璃沸石

取上述拉过的不合格玻璃管或玻璃棒,在火焰中对接,反复熔拉(拉长后再对叠在一起造成空隙,保留空气)10多次后,再拉成比熔点管略粗的玻璃棒,冷却至室温后截成长约1cm的小段,即成玻璃沸石,共拉制几十根装在广口瓶中备用。

6. 拉制减压毛细管

先将玻璃管一端用灯焰加热软化后拉成直径约2mm的毛细管,再用小火将靠近粗端一侧的毛细管烧软,迅速地向两面拉伸成头发丝状,截下所需长度,并用小试管盛少许丙酮或乙醚,将毛细管插入其中,吹入空气,若毛细管能冒出一连串细小的气泡,即可用于减压蒸馏。

三、思考题

(1) 做好玻璃工操作的关键是什么?

(2) 玻璃工操作时应如何避免割伤和烫伤? 万一被割伤或烫伤应如何正确处理?

(3) 为什么在拉制玻璃管及毛细管等时,玻璃管必须均匀转动加热?

(4) 在强热玻璃管(棒)之前,应先用小火加热,在加工完毕后,又需经弱火"退火",这是为什么?

实验二　熔点测定及温度计校正

一、实验目的

(1) 了解熔点测定的意义,掌握测定熔点的方法及操作。

(2) 了解温度计校正的意义,学习温度计校正的方法。

二、实验内容

1. 温度计校正

先测冰的熔点,然后用毛细管法按下列顺序测定纯粹化合物的熔点:

①冰 0℃;②二苯胺(分析纯)53℃;③萘(分析纯)80.55℃;④苯甲酸(分析纯)122.4℃;⑤水杨酸(分析纯)159℃;⑥丁二酸(分析纯)185℃。

以实测冰点和纯样熔点数据为纵坐标,以实测熔点和所测样品的标准熔点的差值为横坐标,绘制成温度计校正曲线。用毛细管法测定样品的熔点后,利用校正曲线进行校正。

2. 测定已知物熔点

样品:苯甲酸、尿素或肉桂酸。

3. 测定混合熔点

样品:尿素-肉桂酸(1∶1)。

4. 测定"未知物"熔点

每人测定一个"未知物"(由教师发)。

三、注意事项

(1) 测熔点时每个样品至少测定两次(两次数值应一致)。

(2) 冰熔点的测定方法:在 100mL 烧杯中放置 50mL 细冰及水的混合物,用温度计小心搅拌(由于温度计水银球由薄玻璃构成,容易打破,要特别小心),并将水银球全部浸入冰水中,当温度恒定 2~3min 后记下读数,即得到冰的熔点或水的冰点。

(3) 浓硫酸具有极强的腐蚀性,使用时必须非常小心。熔点测完后,一定要待浴液自然冷至室温后方可将浓硫酸倒回原来的试剂瓶中,若已变色,请倒入指定的回收瓶中。

(4) 测毕,切勿将热的温度计直接用冷水冲洗,否则会使温度计炸裂。

四、思考题

(1) 分别测得样品 A 及 B 的熔点各为 100℃，将其按任何比例混合后测得的熔点仍为 100℃，这说明什么？

(2) 在毛细管法测定熔点的装置中，为什么要用切口的塞子或带孔的搅拌头？为什么每次测定熔点后必须用新的熔点管另装样品？

(3) 测定熔点时，若遇下列情况，将产生什么结果？

①熔点管壁太厚；②熔点管底部未完全封闭，还有一针孔；③熔点管不洁净；④样品未完全干燥或含有杂质；⑤样品研得不细或装得不紧密；⑥ 加热太快；⑦ 样品用量太多。

实验三　沸点及折光率的测定

一、实验目的

(1) 了解测定沸点的意义，掌握常量法及微量法测定沸点的原理和方法。

(2) 掌握简单蒸馏装置的安装和基本操作。

(3) 了解测定折光率的意义，掌握折光仪的使用方法。

(4) 了解和掌握常用手册的查阅方法。

二、实验内容

1. 常量法测定沸点——蒸馏法[1]

在 50mL 圆底烧瓶中放入 30mL 95％工业乙醇，加料时用玻璃漏斗[2]将蒸馏液体小心倒入，注意勿使液体从蒸馏头支管流出。加入 2～3 粒沸石，装上磨口温度计，通入冷凝水，然后用电热水浴加热[3]，并注意观察烧瓶中的现象和温度计读数的变化。开始加热时电压可稍大，当瓶内液体开始沸腾时，蒸气前沿逐渐上升，待达到温度计时，温度计读数急剧上升，这时应适当调小电压，使温度略为下降，让水银球上的液滴和蒸气达到平衡，再稍微加大电压，进行蒸馏。调节电压，控制流出的液滴以 1～2 滴/s 为宜，当温度计读数上升至 77℃时[4]，换一个干燥的锥形瓶作接收器，收集 77～79℃的馏分。当瓶内只剩下少量(0.5～1mL)液体时，若维持原来的加热速度，温度计读数会突然下降，即可停止蒸馏，不应将瓶内液体完全蒸干。量出所收集馏分的体积，并计算回收率(95％乙醇沸点 78.2℃)。

2. 微量法测定沸点[5]

按微量法测定沸点的操作步骤，测定提纯过的 95％乙醇的沸点。记录测得的数据，并与常量法比较。至少测两次。

3. 测定折光率

测定以下物质的折光率，并校正到文献温度下的折光率。每个样品至少测两次。

(1) 提纯过的 95％乙醇。

(2) 下列样品中任选一个：异丙醇、正丁醇、甲苯、环己烷、乙酸乙酯、氯仿、正丙醇、四氯化碳、丙酮、乙腈、二氯甲烷、正氯丁烷、叔丁醇、环己醇、仲丁醇、苯甲酸乙酯。

4. 查阅化合物的物理常数

查阅下列化合物的物理常数(每人任选两个):二苯胺、对二氯苯、萘、香草醛、对叔丁基苯酚、2-萘酚、乙酰苯胺、*dl*-苹果酸、2,4,6-三溴苯胺、水杨酸、三苯甲醇、2-硝基-1,3-苯二酚、阿司匹林、对苯二酚、丙二酸、苯甲酸、尿素、肉桂酸、联苯、间苯二酚以及上述测定折光率的样品。

三、注意事项

[1] 蒸馏或装盛有机溶剂均应选用小口接收瓶,如锥形瓶、圆底烧瓶等。蒸馏体系应与大气相通,否则会造成封闭体系,引起爆炸事故。

[2] 应先安装蒸馏装置,待教师检查合格后,从蒸馏头上口用长颈玻璃漏斗小心加入乙醇,玻璃漏斗颈应伸至蒸馏头支管以下,以防止液体从蒸馏头支管流入冷凝管。

[3] 冷凝水的流速以能保证蒸气充分冷凝为宜,通常只需保持缓缓的水流即可。

[4] 由于温度计未经校正,所以要根据实际情况,收集温度恒定的那部分馏液。

[5] 用薄壁小试管作为沸点管的外管。

四、思考题

(1) 什么是沸点? 液体的沸点与大气压有什么关系? 文献上记载的某物质的沸点温度是否即为实验时的沸点温度? 为什么?

(2) 蒸馏时蒸馏瓶内所盛液体的量应为多少? 为什么?

(3) 蒸馏时加入沸石的作用是什么? 如果蒸馏前忘加沸石,能否立即将沸石加至将近沸腾的液体中? 当重新进行蒸馏时,用过的沸石能否继续使用?

(4) 蒸馏时应如何控制好馏出液的速度? 为什么烧瓶内的液体不能完全蒸干?

(5) 用微量法测定沸点时,为什么沸点温度就是气泡不再冒出,而液体刚要进入内管时的温度?

(6) 如果液体具有恒定的沸点,能否认为它是单纯物质?

(7) 测定液体有机化合物的折光率有何实际意义?

(8) 在使用阿贝折光仪测定折光率时,有哪些注意事项?

实验四 重结晶及过滤

一、实验目的

(1) 了解重结晶的基本原理及意义。

(2) 掌握重结晶的基本操作。

(3) 学习常压过滤和减压过滤的操作技术。

(4) 了解固体样品干燥的意义及方法。

二、实验内容

1. 用水重结晶苯甲酸

称取 1g 粗苯甲酸,放入 100mL 锥形瓶中,加入 30mL 水和几粒沸石,装上回流冷凝器,用电热套加热至沸,并握住铁架台不时摇动促使固体溶解。这时若还有未溶解的固体,可继续加入少量热水，直至全部溶解为止[1]。移去热源，稍冷后加入少许活性炭[2]，装上冷凝管稍加摇动后继续加热微沸 5～10min。

事先在烘箱中烘热或用热水煮热布氏漏斗和吸滤瓶。趁热过滤时，在布氏漏斗中放上预先剪好的双层滤纸，并用少量热水润湿，贴紧滤纸[3]，用吸气过滤法，将上述热溶液通过滤纸迅速地滤入 125mL 吸滤瓶中，待所有溶液过滤完毕后，用少量热水洗涤锥形瓶和滤纸。

滤毕，若吸滤瓶中已有固体析出，则将吸滤瓶置于沸水浴中加热（**注意：切勿使用煤气灯或电热套加热，以免吸滤瓶炸裂**），使固体重新溶解后，将热溶液迅速转移到预热好的干净的 100mL 锥形瓶中，用表面皿将盛滤液的锥形瓶盖好，放置一旁，稍冷后，用冷水冷却以使结晶完全。如果要获得较大颗粒的结晶，可将滤液在室温下放置，让其慢慢冷却，至接近室温时，再用冰水冷却。

结晶完成后，用布氏漏斗抽滤（滤纸用少量冷水润湿吸紧），使结晶和母液分离，并用玻璃塞或玻璃钉挤压，使母液尽量除去。打开安全瓶上的活塞（或拔下吸滤瓶上的橡皮管），停止抽气，加少量冷水至布氏漏斗中，使晶体润湿（可用镍匙使结晶松动），然后重新抽干，如此重复一两次，最后用镍匙将结晶移至表面皿上，摊开成薄层，置空气中晾干或在红外灯下干燥[4]，测定干燥后精制产物的熔点，并与粗产物熔点比较。称量并计算回收率。

2. 用乙醇-水混合溶剂重结晶萘

在装有回流冷凝管的 50mL 圆底烧瓶或锥形瓶中放入 2g 粗萘，加入 20mL 95％乙醇和 1～2粒沸石。接通冷凝水后，在电热水浴上加热至沸，并不时振摇瓶中物，以加速溶解。若所加的乙醇不能使粗萘完全溶解，则可从冷凝器上端继续加入少量 95％乙醇（**注意：添加易燃溶剂时应先灭去周围的火源**），每次加入乙醇后应略为振摇并继续加热，使完全溶解。移去水浴，稍冷后加入少许活性炭，并稍加摇动，再重新在水浴上加热回流数分钟。趁热用预热好的热水漏斗和折叠滤纸过滤，用少量热的 95％乙醇润湿折叠滤纸后，将热的萘-乙醇溶液滤入预热好的干净的 50mL 锥形瓶中（**注意：这时附近不应有明火**），滤完后用少量热的 95％乙醇洗涤容器和滤纸。将锥形瓶重新装上回流冷凝器，水浴加热至沸。移去水浴，从冷凝管上端滴加热水，同时摇动，当溶液出现浑浊摇动不消失时即停止加入热水（**记下加入的热水量**），再用水浴加热，使溶液透明。若不透明，可补加少量乙醇。移去热源任其冷却结晶，晶体用布氏漏斗抽滤，用少量稀乙醇（$V_{乙醇}:V_{水}=2:1$）洗涤。抽干后将结晶移至表面皿上，放在空气中晾干或在红外灯下干燥，待干燥后测定熔点，并与粗产物熔点比较。称量并计算回收率。

3. 用 33％乙醇重结晶乙酰苯胺

在装有回流冷凝管的 50mL 圆底烧瓶或锥形瓶中加入 2g 乙酰苯胺、20mL 33％乙醇（**学生自配，$V_{乙醇}:V_{水}=1:2$**）和 1～2 粒沸石。接通冷凝水后在水浴上加热至沸，并不时振摇，以加速溶解。若所加的乙醇不能使乙酰苯胺全部溶解，则应从冷凝管上端继续加入少量 33％乙醇（**注意：易燃溶剂切勿用烧杯盛装，添加时应先灭去周围的火源**），每次加入乙醇后应略为振摇并继续加热，观察能否完全溶解，待完全溶解后再多加几毫升。移去水浴，稍冷后取下冷凝管，加入少许活性炭，再装上冷凝管，并稍加摇动，重新在水浴上加热煮沸数分钟。将溶液趁热用预热好的热水漏斗和折叠滤纸（滤纸先用 33％热的乙醇润湿）迅速滤入干净预热过的 50mL 锥形瓶中，并注意这时附近不应有明火，滤完后用少量 33％热乙醇洗涤容器和滤纸。盛滤液的锥形瓶盖上表面皿或塞上塞子（**但不要塞得过紧，最好填上纸片，否则难以打开**），任其冷却，最后用冰水冷却。结晶用布氏漏斗抽滤收集(滤纸应先用33%乙醇润湿，吸紧)，并用少量33%乙醇洗涤，抽干后移至表面皿上，置于红外灯下干燥。待干燥后测其熔点，并与粗乙酰苯胺的熔点比较。称量并计算回收率。

三、注意事项

[1] 每次加入3～5mL热水，若加入溶剂加热后，不溶物并不减少，则可能是不溶性杂质，这时可不必再加溶剂。但为防止过滤时有晶体在漏斗中析出，溶剂用量可比沸腾时饱和溶液所需的用量适量多一些。

[2] 活性炭绝对不可加到正在沸腾的溶液中，否则将产生暴沸现象。加入活性炭的量相当于样品量的1%～5%。

[3] 为防止该步吸气热过滤时发生活性炭穿滤，应用与布氏漏斗密合的双层滤纸。滤纸上若结晶析出太多，应重新操作。

[4] 用红外灯烘干，一定要控制好温度，以免苯甲酸和萘升华。

四、思考题

(1) 加热溶解待重结晶的粗产物时，为什么先加入比计算量(根据溶解度数据)少的溶剂，然后渐渐添加至刚好溶解，最后再多加少量溶剂？

(2) 为什么活性炭要在固体物质完全溶解后加入？为什么不能在溶液沸腾时加入？

(3) 减压过滤时，为什么在水泵和抽滤瓶之间要装上安全瓶？滤完后，为什么不能立即关闭水泵？应如何操作？

(4) 将溶液进行热过滤时，为什么要用折叠滤纸过滤，并尽可能减少溶剂的挥发？如何减少其挥发？

(5) 在布氏漏斗中用溶剂洗涤固体时应注意什么？应如何从滤液中回收第二批结晶？所得结晶能否与第一批合并？

(6) 用有机溶剂重结晶时，在哪些操作上容易着火？应该如何预防？

(7) 间硝基苯甲酸在100℃、79℃及25℃的水中的溶解度分别是11g、4.8g及0.4g，计算在下列两种情况下重结晶5g间硝基苯甲酸所需溶剂量及回收率。

第一种情况：热过滤温度100℃，抽滤晶体温度25℃；

第二种情况：热过滤温度79℃，抽滤晶体温度25℃。

实验五　奶粉中乳糖的分离与鉴定

(CAS：5989-81-1)

一、实验目的

(1) 学习从牛奶和奶粉等天然产物中分离提纯糖类物质的原理和方法。

(2) 复习混合溶剂重结晶操作技术。

(3) 掌握旋光仪的使用及旋光度的测定方法。

二、实验原理

奶粉中含有酪蛋白、乳糖、白蛋白和乳脂等四类物质，使用几种不同的溶剂体系就能容易地从奶粉中分离出酪蛋白、乳糖和乳脂。从奶粉中分离提纯乳糖，需先将奶粉配成正常牛奶浓度的 2 倍，再用乙酸处理，使其中酪蛋白以胶状沉淀析出。酪蛋白在奶粉溶液中实际是以酪朊酸钙形式的一种复杂的水溶性单元存在，它由一个带负电荷的微胞与带正电荷的钙离子缔合而成，当用酸中和除去微胞上的负电荷时，可使酪蛋白游离结成胶块析出。

$$[Ca^{2+}][\text{酪朊酸离子}^{2-}]+2CH_3COOH \longrightarrow Ca(OOCCH_3)_2+\text{酪蛋白}\downarrow$$

在分出酪蛋白的滤液中加入碳酸钙，煮沸，用以中和多余乙酸，也使白蛋白和乳球蛋白变性，通过过滤使其与未作用的碳酸钙一同除去。母液经过浓缩、水-乙醇重结晶和活性炭脱色处理后，可得到纯净乳糖，最后通过测定其旋光度来鉴定。

本实验采用乳脂含量小于 0.5%的脱脂奶粉为原料，按照上述分离步骤可以获得满意的结果。若使用乳脂含量 2.5%～4%的全脂牛奶或奶粉，由于乳脂以微小球状(直径为 5～10μm)分散在牛奶中形成乳浊液，用以上分离方案则会影响乳糖的分离效果。

乳糖是二糖，由两个糖分子组成，即半乳糖和葡萄糖。在以下结构中，左边是半乳糖部分，右边是葡萄糖部分。

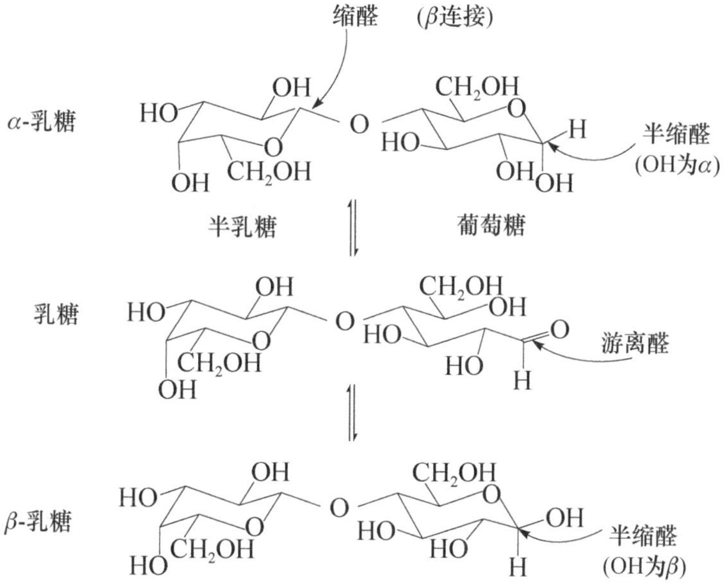

半乳糖通过一个缩醛键与葡萄糖相接。葡萄糖部分能以两种异构的半缩醛结构之一存在，即 α-乳糖和 β-乳糖。这两种异构体是非对映异构体，因为它们有一个碳原子的构型不同。本实验中分离所得的乳糖为 α-乳糖，α-乳糖在 20℃时的比旋光度为＋92.6°。然而，当它置于水中时，旋光度下降，直至达到一个平衡值＋52.3°。β-乳糖的比旋光度为＋34°。在水中，β-乳糖的旋光度上升，直至达到与由 α-乳糖测得的相同的平衡值。在平衡点时，α-和 β-异构体两者都存在。这种随着时间变化导致旋光度的改变，而最终趋向一个平衡值的过程称为变旋光作用。

乳糖是儿童生长发育的主要营养物质之一，对青少年智力发育十分重要，是新生婴儿建立其发育中的大脑和神经组织绝对不可缺少的物质。工业上主要从乳清中提取，广泛用于婴儿的食品加工、医药等领域。

三、实验步骤

1. 乳糖的分离、纯化

将 10 g 脱脂奶粉和 25mL 水加入 250mL 烧杯中，充分搅拌，使块状物消失。然后用水浴加热，维持温度在 40～50℃，在搅拌棒沿烧杯壁缓缓搅动下，用滴管加入 10％乙酸溶液，直至酪蛋白胶状物不再析出，并用精密 pH 试纸检测，pH 达 4.0～4.4 时，停止加酸[1]。继续温热 5min，使酪蛋白析出完全，冷却。将一块湿滤布(200 目尼龙布，20cm×20cm)铺在布氏漏斗上，先将清液倾倒其中过滤，滤液收集在吸滤瓶内。再把酪蛋白胶块移至滤布上，用布包住，用玻璃塞挤压，尽量将乳清挤出。

将乳清转移至 250 mL 烧杯中，加入 2g 碳酸钙，在不断搅拌下煮沸 10min(**注意：防止暴沸**)。趁热用布氏漏斗抽滤[2]，除去碳酸钙和白蛋白。把滤液移至 100mL 烧杯中，在不断剧烈搅拌下，小心加热煮沸(防止暴沸)，浓缩至 12.5mL[3]。浓缩液移至 250mL 圆底烧瓶中，加入 75mL 95％乙醇，在水浴上加热至沸，稍冷，加入 1g 活性炭，再搅拌煮沸 10～15min。在脱色同时，取 4.5g 硅藻土和 15mL 95％乙醇调成糊状，通过真空吸滤，使布氏漏斗的滤纸上铺上一层硅藻土助滤层(**硅藻土用乙醇洗至无色**)。倒出吸滤瓶中的乙醇，将脱过色的乳清-乙醇溶液趁热迅速通过助滤层抽滤。将滤液储存在锥形瓶中，放置，使结晶析出[4]。

乳糖呈无色簇状结晶从乙醇中析出，真空过滤，用少量冷的乙醇-水($V_{乙醇}:V_{水}=6:1$)溶液洗涤产物、干燥、称量，计算奶粉中乳糖的百分含量。

以上制得的 α-乳糖含一分子结晶水，分子式为 $C_{12}H_{22}O_{11}\cdot H_2O$，在 120℃失水。无水乳糖(CAS：14641-93-1)的熔点文献值是 201.6℃。

纯粹乳糖的比旋光度$[\alpha]_D^{20}+52.3°$。

2. 测定乳糖的旋光度

精确称取 0.5g(准确至 0.001g)分离出的乳糖，在 50mL 烧杯中用少量蒸馏水溶解，将此溶解液转移至 25mL 容量瓶中(**样品尽量转移干净**)，加入 1～2 滴浓氨水[5]，用水冲稀至刻度，放置 30min 以上，以备测定旋光度使用[6]。

取一支 1dm 长的旋光测定试管，依次用蒸馏水洗净、少量丙酮冲洗和吹风机吹干。将容量瓶中配制的乳糖溶液小心倒入旋光测定试管中，用旋光仪测定其旋光度，计算比旋光度[7]。

四、注意事项

[1] 应避免温度过高或酸加得过多，导致乳糖水解。滴加 10％乙酸时搅拌速度不能太快，否则酪蛋白结成小块，难以分离。酪蛋白的等电点为 pH 4.6，它在 pH＜4.6 的溶液中不溶。pH 调至 4.0～4.4 时，酪蛋白沉淀迅速，易抽滤，滤液澄清或微浑。

[2] 必须趁热抽滤，待冷却后过滤十分困难。

[3] 浓缩体积应该尽量准确，否则将影响最后析出产品的产量。

[4] 微量胶体杂质会影响乳糖的结晶，故最后的滤液必须澄清，以便获得晶状乳糖。乳糖结晶析出速度很慢，需放置数日后才能完全析出。

[5] 加入浓氨水的目的是使乳糖在溶液中的变旋迅速达到平衡。

[6] 乳糖测定液必须清澈透明，浑浊液不能用于测定。

[7] 乳糖含一分子结晶水，在溶液浓度计算时应减去结晶水的质量。

五、思考题

(1) 画出从奶粉中分离、纯化乳糖的流程图。

(2) 用 10%乙酸处理奶粉液后，所得滤液有些浑浊，如何处理才能使滤液清亮？

(3) 使用旋光仪测定旋光物质的旋光度时，有哪些注意事项？

六、产品的光谱图

产品的光谱图如图 6.1 和图 6.2 所示。

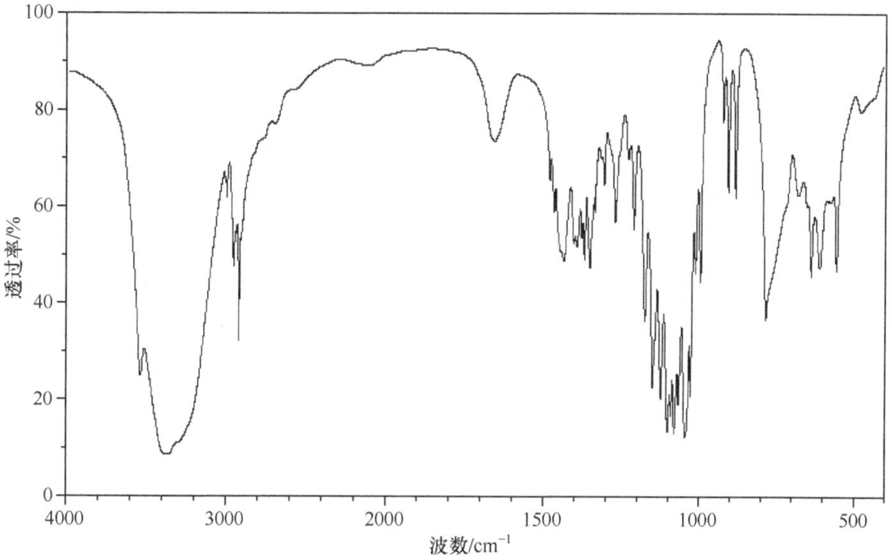

图 6.1　α-D-(+)-乳糖的红外光谱图

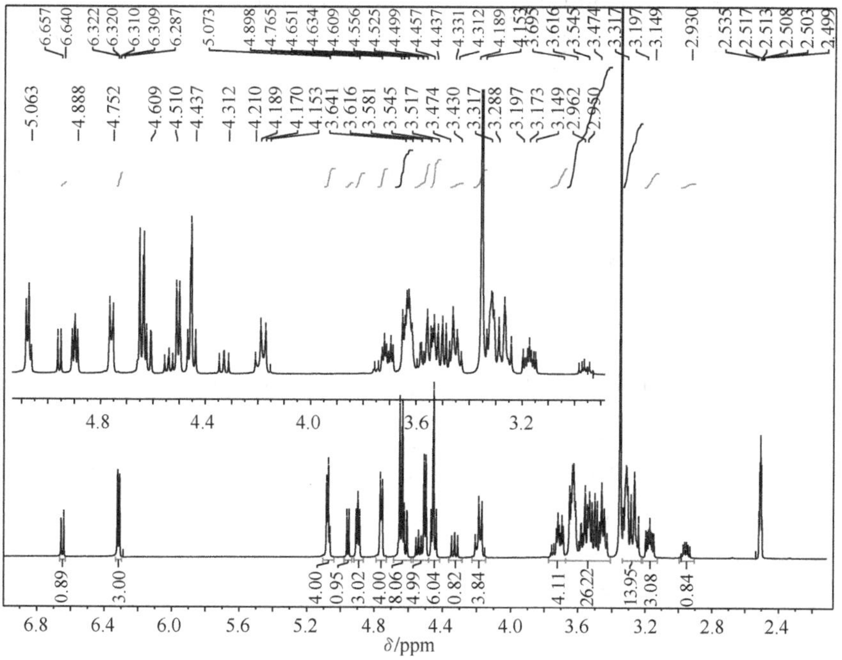

图 6.2　α-D-(+)-乳糖的核磁共振氢谱图(400MHz，DMSO-d_6)

实验六　硝基苯胺的薄层层析

一、实验目的

(1) 了解薄层层析的原理及其应用。

(2) 初步掌握薄层层析操作技术。

(3) 了解影响 R_f 值的各种因素及其在分析鉴定中的作用。

二、实验步骤

1. 硅胶硬板的制作

采用倾注法制备 CMC-硅胶 GF_{254} 板。

(1) CMC 溶液的配制：称取 1g 羧甲基纤维素钠(CMC)于 100mL 蒸馏水中，搅拌或加热至沸使其溶解。用布氏漏斗抽滤或静置数天使不溶物沉定，小心倾出上层清液备用。

(2) 每人取 3.5cm×7.8cm 左右的玻璃片 5 块，洗净、干燥待用。二人合调一份 CMC 硅胶糊。在 50mL 烧杯中称取 8g 200 目的硅胶 GF_{254}，搅拌下慢慢加至 20～24mL 0.5% CMC 溶液中，调成均匀的糊状[1]，每块板加 1 满骨匙，可铺 10 块板。用干净骨匙舀取 1 满匙糊状物倒在载玻片上，用玻璃棒把浆液摊匀，置于水平的桌面上做上下轻微的颠动，并不时转动方向，以制成厚薄均匀、表面平整的硅胶板，铺制过程应在 3～5min 内完成。铺完后水平放置在室温固化阴干，再放入烘箱中缓缓升温至 110℃，恒温活化 0.5h，稍冷后取出放入干燥器中备用。

2. 点样

制作点样毛细管 6 根，毛细管内径为 0.2～0.4mm。

在小试管中分别加入约 0.5mL 已配好的 1%样品的丙酮溶液，贴上标签。

样品：邻硝基苯胺、间硝基苯胺、对硝基苯胺、2,4-二硝基苯胺、未知混合物Ⅰ及未知混合物Ⅱ。

在距薄层板一端 1cm 处用铅笔轻轻画一直线为点样线。取管口平整的毛细滴管[2]插入试液中，在点样线处轻轻点样[3]。每块板点样三个[4]，第一块板上分别点邻硝基苯胺、间硝基苯胺及对硝基苯胺。第二块板上分别点邻硝基苯胺、对硝基苯胺及未知混合物Ⅰ，第三块上分别点间硝基苯胺、2,4-二硝基苯胺及未知混合物Ⅱ。

3. 展开

在层析缸内放好滤纸衬里，注意留出观察窗口，倒入少许氯仿展开剂，使滤纸全部润湿，氯仿的高度应为 0.5cm 左右，盖好层析缸，稍加振摇，待层析缸内被氯仿蒸气饱和后，将点好样的薄层板放入层析缸内，注意勿使板上涂层部分接触滤纸。点样一端在下，浸入展开剂内约 0.5cm[5]，盖上表面皿，待溶剂前沿距吸附剂层顶部约 0.5cm 时，立即取出薄层板，用铅笔记下溶剂前沿位置[6]，晾干。

4. 结果处理

(1) 在实验报告本上记下每块展开后的薄层板图样。

(2) 计算第一块板上各纯样品的 R_f值，解释各个斑点的归属。

(3) 根据相对 R_f值，确定未知混合物Ⅰ和Ⅱ的组分。

三、注意事项

[1] 浆料不宜过浓，否则制板时不易厚薄均匀，制硅胶板更是如此。

[2] 点样用的毛细滴管必须专用，不得弄混。

[3] 点样时，使毛细滴管尖端刚好触及即可，点样过重会使薄层破坏。

[4] 点样时各点之间距离及样品点与吸附剂边之间的距离约 1cm。

[5] 展开剂一定要在点样线下，不能超过。

[6] 若为无色物质，薄层板在晾干后，应喷洒显色剂或在显色缸内用显色剂蒸气显色，也可用紫外光照射显色。本实验分离的物质具有颜色，可省去显色一步。

四、思考题

(1) 在一定的操作条件下，为什么可利用 R_f值来鉴定化合物？

(2) 邻硝基苯胺、间硝基苯胺及对硝基苯胺的极性大小与其 R_f值大小有何关系？将其极性及 R_f值按大小次序排列。

(3) 如果层析缸内空间未被展开剂蒸气饱和，对实验结果有何影响？如何加速其蒸气饱和？

(4) 展开前，展开剂的高度若超过点样线，对薄层色谱有何影响？

(5) 若薄层板上显示单一斑点，能否说明它是单一物质？为什么？

(6) 本实验中是如何确定混合物中各组分的？

实验七　红辣椒中色素的分离与鉴定
(CAS：465-42-9)

一、实验目的

(1) 了解从天然产物中提取天然色素的方法。

(2) 掌握柱层析、薄层层析分离提纯天然产物的原理和操作方法。

(3) 学习用光谱法鉴定天然产物的结构。

二、实验原理

红辣椒中含有多种色泽鲜艳的天然色素，已知的有深红色的辣椒红、红色的辣椒玉红素和黄绿色的 β-胡萝卜素等，它们都属于类胡萝卜素类化合物，从结构上说则都属于四萜化合物。其中辣椒红是以脂肪酸酯的形式存在的，它是辣椒显深红色的主要因素。辣椒玉红素可能也是以脂肪酸酯的形式存在的，这些色素可以通过层析法加以分离。

本实验以二氯甲烷作萃取剂，从红辣椒中提取出辣椒红色素，经浓缩后用薄层层析分析，确定各组分的 R_f值，再经柱层析分离，分段接收并蒸除溶剂，即可获得各个单一组分，最后用红外光谱和紫外-可见光谱进行鉴定。

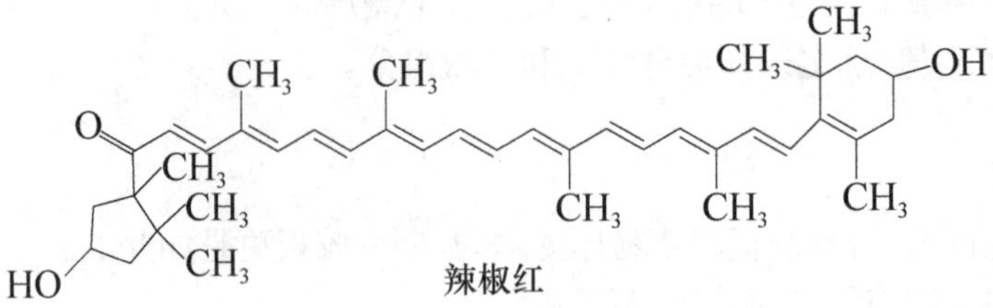

辣椒红

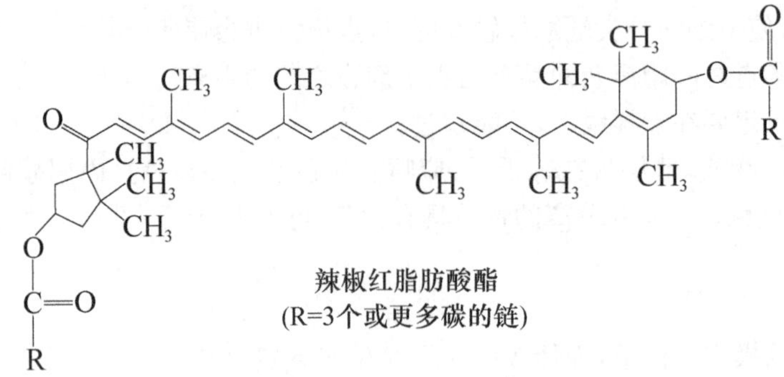

辣椒红脂肪酸酯
(R=3个或更多碳的链)

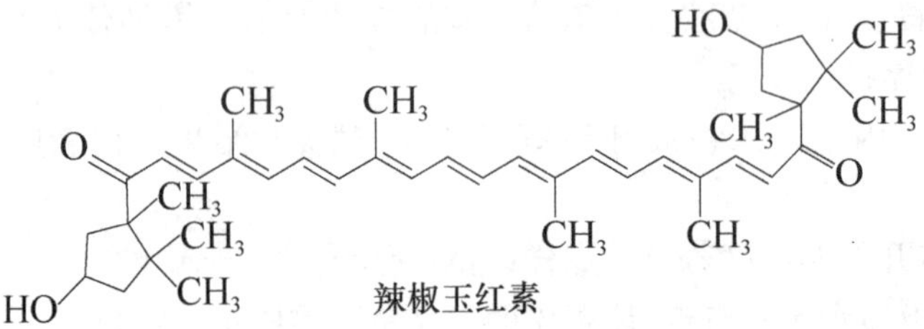

辣椒玉红素

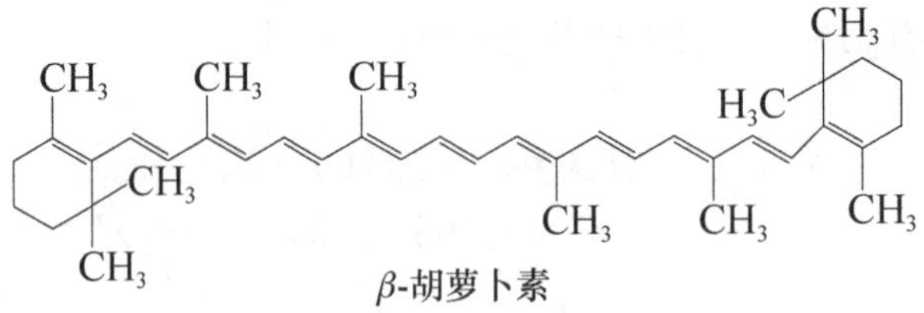

β-胡萝卜素

三、实验步骤

1. 色素的提取

在25mL圆底烧瓶中加入1g红辣椒粉末、10mL二氯甲烷和磁子，装上回流冷凝管，水浴加热搅拌回流20min。冷至室温后，抽滤，滤液蒸馏除去二氯甲烷，得到约0.5mL色素混合物。

2. 薄层分析

取极少量色素混合物，置于小试管中，用2～3滴二氯甲烷稀释。然后在自制的硅胶板上点样，置于层析缸中，用二氯甲烷作为展开剂进行层析。记录各斑点的颜色，并计算其R_f值[1]。已知R_f值最大的三个斑点是辣椒红的脂肪酸酯、辣椒玉红素和*β*-胡萝卜素，试根据它们的结构分别指出这三个斑点的归属。

3. 柱层析分离

(1) 湿法装柱。将洗净晾干的层析柱(25cm×1cm)垂直固定在铁架台上,关闭活塞,注入约为柱高 1/4 的二氯甲烷。打开柱下活塞调节流速约 1 滴/s,将 25mL 二氯甲烷与 8g 硅胶(100～200 目)调成的糊状物,通过大口径固体漏斗徐徐不间断地倒入层析柱中,边加边用洗耳球轻轻敲击层析柱,使吸附剂填装均匀、紧密、没有气泡。在此过程中应始终保持吸附剂沉积层上面有一段液柱。吸附剂加完后关闭活塞,待沉积完全后在吸附剂上面小心地加一层 0.2～0.3cm 厚的石英砂,以防止加淋洗液时冲动吸附剂表层。填装好的层析柱中的吸附剂要全部浸没在溶剂中。

(2) 加样。打开柱下活塞放出柱中液体,待液面降至吸附剂顶端时关闭活塞,用长滴管吸取混合色素的浓缩液[2]轻轻注在沙层上。打开活塞,待样液液面降至吸附剂顶端时关闭活塞。用干净滴管吸取尽可能少的溶剂小心洗涤沙层和柱壁上的有色物质。再打开活塞将液面降至吸附剂表面,如此重复操作直至柱壁和沙层上的洗脱剂均无颜色为止。然后用滴管小心地加入 4～5cm 高的二氯甲烷。

(3) 淋洗和接收。将二氯甲烷装在滴液漏斗中并与层析柱相接,打开并调节滴液漏斗和层析柱的活塞,控制流出速度为 1 滴/s。柱上逐渐分离出黄、浅红、深红三条环状色带。按颜色分别收集三个流出组分,当第三个色带完全流出后停止淋洗。将收集的三个色带溶液分别蒸馏浓缩。

4. 柱效检测

用薄层层析鉴定每份洗脱液,每块板上点两个样点,其中一个是混合色素浓缩液,另一个分别是第一、第二、第三色带,仍用二氯甲烷作展开剂。观察各色带样点展开后的斑点,比较各色带的 R_f 值,推断柱层析分离是否达到预期的效果。将含有红色素的组分合并,浓缩蒸发至干,充分干燥得辣椒红色素[3]。

5. 红色素的鉴定

按照红外光谱和紫外-可见光谱的测定要求,对红色素进行鉴定。

(1) 红外光谱采用液膜法,先压片,后加样品溶液待溶剂挥发后测定。

(2) 紫外-可见光谱测定,比色皿:0.5cm,参比溶液为二氯甲烷,测量波长范围为 300～700nm。

把所得谱图与标准的红外光谱、紫外-可见光谱图对照比较,并指出其红外光谱中主要吸收峰归属及紫外-可见光谱中最大吸收峰(λ_{max})的位置,与理论计算值比较鉴定红色素的结构。

四、注意事项

[1] 如果样点分不开或严重拖尾,可酌减点样量或用少量二氯甲烷稀释样品。

[2] 混合色素浓缩液应留出 1～2 滴作第 4 步分析使用。

[3] 若分离得不好,可将合并的红色素组分再进行一次柱层析。

五、思考题

(1) 吸附色谱法的基本原理是什么?

(2) 若柱子填装不均匀或留有气泡，对分离有何影响？应如何避免？

(3) 为什么装好的柱子应尽量垂直安放？

(4) 样品在柱内的下移速度为什么不能太快？如果太快会有什么后果？

六、产品的光谱图

产品的光谱图如图 6.3 所示。

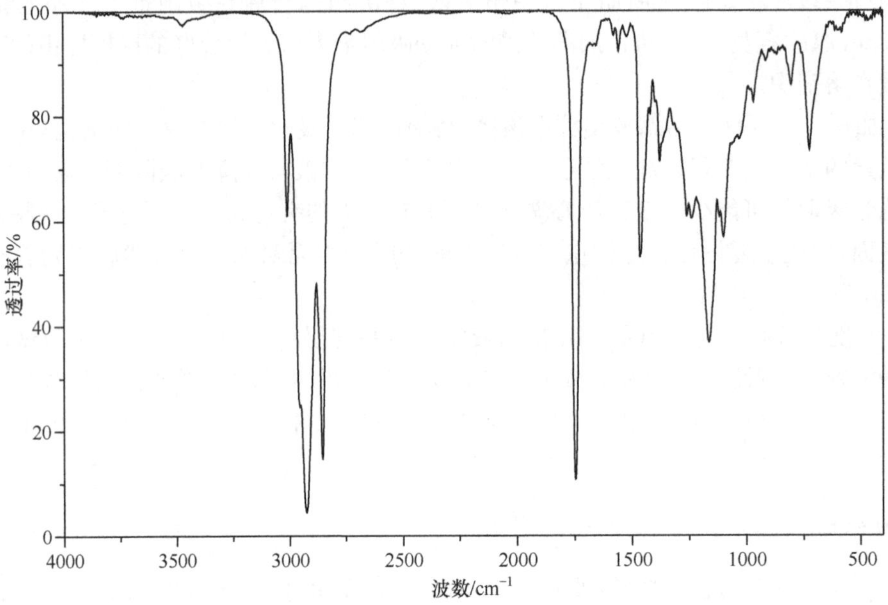

图 6.3　红色素的红外光谱图

实验八　肉桂中肉桂醛的提取和鉴定

(CAS:14371-10-9)

一、实验目的

(1) 初步了解天然产物分离、纯化的一般方法和天然产物研究的重要意义。

(2) 学习分离提取肉桂树皮中的香精油，并鉴定其中的主要成分肉桂醛的化学结构。

(3) 了解水蒸气蒸馏法的原理和应用。

(4) 掌握水蒸气蒸馏的基本操作技术。

二、实验原理

许多植物具有独特的令人愉快的香气和香味。它们来源于植物中含有的香精油(essential oils)，也称为精油。天然香精油是包括很多类化合物的复杂混合物，但在化学结构上主要有三大类：水果和花中的香精油主要是羧酸酯类化合物；樟树、松树、薄荷中的香精油主要是萜类化合物；另一大类则是苯基丙烷类化合物。本实验从肉桂中分离出的肉桂醛便是这类精油中的典型例子。

精油成分往往存在于植物组织的腺或细胞间隙内。它们可以存在于植物的所有部位，但更多集中于籽和花中。精油是植物中的二级代谢产物，它们在植物中所起的作用虽然仍不清楚，但其中许多产物对人类有很大用处，被广泛用作香料、香水、调味品及食品调味香料等，有些精油还具有药用价值。工业上重要香精油的品种有 200 多种，如杏仁油、茴香油、蒜油、罗勒油、薄荷油、桉树油、冬青油、留兰香油、肉桂油、松节油等都是人们熟悉的实例。

香精油的许多组成具有水蒸气挥发性，故可用水蒸气蒸馏加以分离。此外，也可用溶剂萃取法和压榨法分离。本实验将从斯里兰卡肉桂(*Cinnamomum zeylanicum*)树皮中用水蒸气蒸馏法分离出肉桂油。肉桂油不溶于水，因此在水蒸气蒸馏的冷凝液中肉桂油形成油滴分散在水中，用二氯甲烷将它从冷凝液中提取出来，蒸去二氯甲烷后便得到肉桂油。肉桂油的主要组分是肉桂醛，学名反-3-苯丙烯醛，沸点 252℃，室温下呈油状。

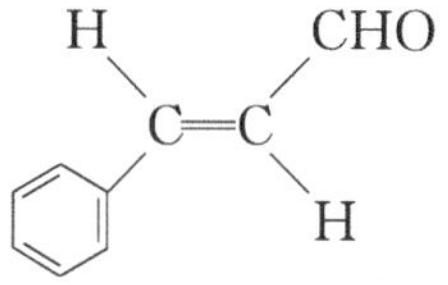

肉桂醛 (反-3-苯丙烯醛)

分离得到的肉桂醛的化学结构除用近代光谱方法鉴定外，还可用以下化学方法验证：

(1) 肉桂醛与 Tollens 试剂发生银镜反应，证明醛基。

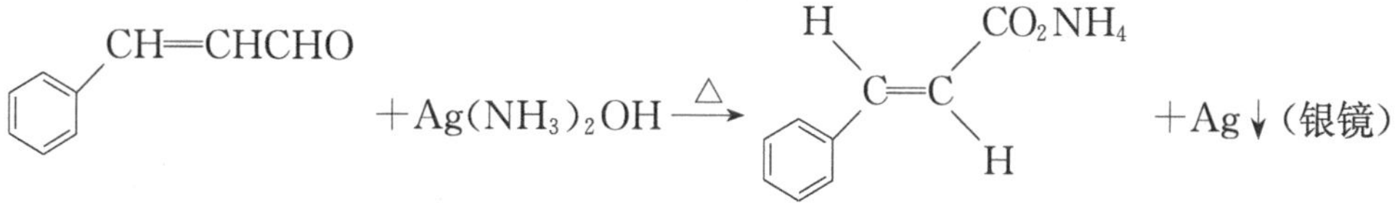

(2) 与氨基脲反应生成缩氨基脲固体衍生物，熔点 215℃，证明为肉桂醛。

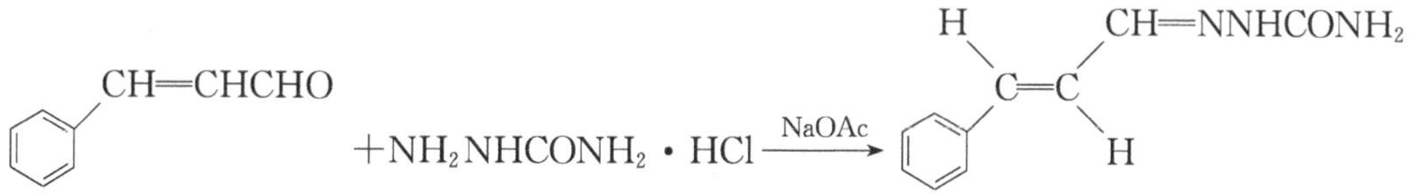

三、实验步骤

1. 肉桂油的分离提取

在 250mL 三颈瓶中放入 2.5g 研细的肉桂树皮，加入 20mL 热水使其润湿，再加入 0.5mL 浓盐酸混合均匀[1]。将三颈瓶装成一套水蒸气蒸馏装置后，通入水蒸气进行缓慢而速率稳定的水蒸气蒸馏[2]，收集约 100mL 馏出液[3]。

将上述馏出液转移到 250mL 分液漏斗中，每次用 10mL 二氯甲烷提取 2 次，二氯甲烷提取液用少量无水硫酸钠干燥。干燥后的溶液用蒸馏法蒸去大部分二氯甲烷，将残余的溶液用滴管完全转移到已称量的 10mL 小过滤管中。将小过滤管中的溶液先室温水泵减压浓缩至几乎无液体时再置热水浴中进一步浓缩，尽可能除尽二氯甲烷，即得基本纯净的肉桂油。称量，计算肉桂中肉桂油的回收率。

2. 肉桂醛的鉴定

1) 化学鉴定

(1) 银镜反应检验醛基。在洁净的大试管中依次加入 1.0mL 10% NaOH 和 1.0mL 10% $AgNO_3$，有棕色 AgOH 沉淀生成。在振摇下向 AgOH 沉淀中滴加 6mol/L 氨水，直到棕色 AgOH 刚好溶解为止。将预先配制好的少许肉桂油在 1.0mL 无水乙醇中的溶液加到上述

Tollens 试剂中，用水浴温和加热，观察试管壁上是否有银镜生成[4]。

(2) 肉桂醛缩氨基脲衍生物的制备。在大试管中放 1mL 水，溶入 0.1g 氨基脲盐酸和 0.15g 无水乙酸钠，再加入 1.5mL 无水乙醇。将此溶液加至肉桂油中(3 组合并)，将混合物置于水浴中温热 5～10min，冷却，使肉桂醛缩氨基脲结晶。滤出晶体或用离心法分离出晶体，用甲醇重结晶，干燥后测定熔点，与文献值对照。另用已知肉桂醛样品按同法制备其缩氨基脲衍生物，测定两者的混合熔点，进一步证明两者的同一性。

2) IR、^{1}H NMR 光谱鉴定

产品用 IR、^{1}H NMR 光谱鉴定。

3) 色谱分析

(1) TLC 分析。硅胶 GF_{254} 板；溶样溶剂：二氯甲烷；展开剂：石油醚-丙酮(10∶1，体积比)；与已知肉桂醛样品对照。

(2) GC 或 GC-MS 的定性定量分析。

四、注意事项

[1] 水蒸气蒸馏前须先浸泡至少 0.5h，增加渗透，促进细胞破壁，提高产率。

[2] 水蒸气导管必须插到接近烧瓶底部，注意导管末端不能被肉桂粉末堵塞。若堵塞，要将导管疏通后才能进行水蒸气蒸馏。

[3] 可用 2,4-二硝基苯肼实验判断蒸馏终点。接收少量馏出液，滴入 3～5 滴 2,4-二硝基苯肼试剂，摇振片刻，若无橙红色沉淀生成，则说明馏出液中已无肉桂油。

[4] Tollens 试剂必须在临用前配制，因银氨配离子溶液不稳定，久置会产生具有强爆炸性的黑色氮化银(Ag_3N)。检验时只能在温水浴中加热，切忌直接在煤气灯上加热或煮沸，以免发生危险。实验完毕，应立即用大量水冲洗后，再加稀硝酸分解，清洗干净。

五、思考题

(1) 有机化合物必须具备哪些性质才可用水蒸气蒸馏法进行纯化?

(2) 本实验中肉桂皮为什么要研细? 蒸馏速度为什么要缓慢?

(3) 简述结束水蒸气蒸馏的操作步骤。

(4) 用二氯甲烷提取时，哪层是水层?

(5) 二氯甲烷提取液为什么要用干燥剂干燥? 本实验中还可用哪些干燥剂?

(6) 本实验中为什么不用蒸馏法将肉桂醛提纯?

六、产品的光谱图

产品的光谱图如图 6.4 和图 6.5 所示。

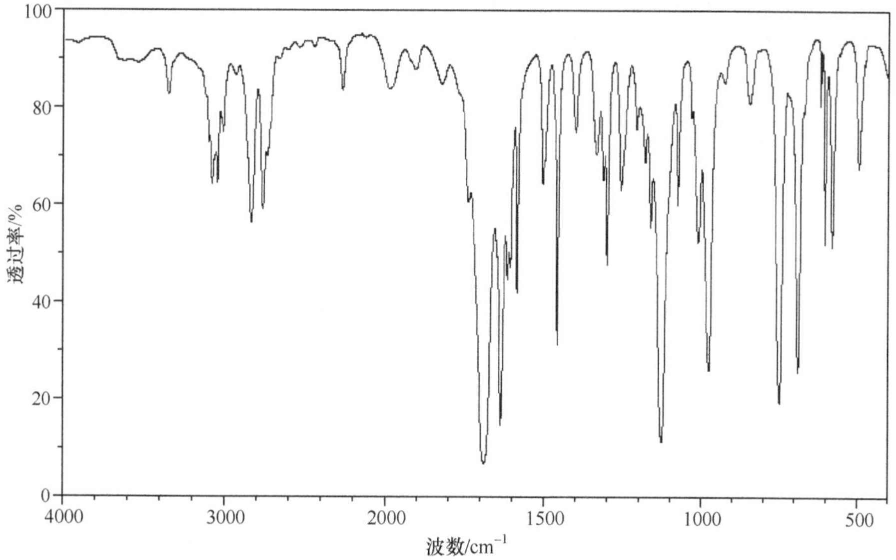

图 6.4 肉桂醛的红外光谱图(液膜)

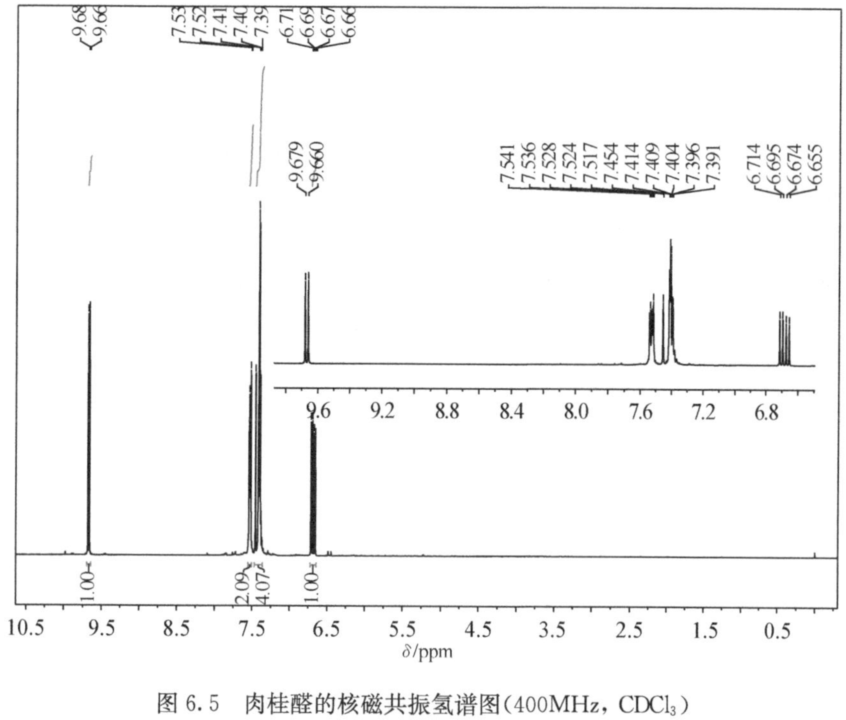

图 6.5 肉桂醛的核磁共振氢谱图(400MHz, $CDCl_3$)

实验九 叔丁基氯的制备

(CAS:507-20-0)

一、实验目的

(1) 了解叔丁基氯的制备原理和方法。

(2) 掌握多功能磁力搅拌器的使用方法。

(3) 学习萃取的原理及分液漏斗的使用。
(4) 了解液体有机物的干燥意义及方法。
(5) 掌握低沸点无水有机物的蒸馏技术。
(6) 了解气相色谱分析的原理、仪器结构及使用方法。

二、实验原理

叔丁基氯是一种广泛用作溶剂和用于合成香料二甲苯麝香、高效低毒农药除虫菊酯及其他精细化学品的重要原料。工业上一般由异丁烯和氯化氢的加成反应制取，实验室通常由叔丁醇与浓盐酸反应制备。叔醇与氢卤酸反应按 S_N1 机理进行，酸使叔丁醇质子化，离去一分子水形成较稳定的叔碳正离子，然后氯离子进攻碳正离子，生成叔丁基氯。

主反应：

$$(CH_3)_3COH + HCl \rightleftharpoons (CH_3)_3CCl + H_2O$$

副反应：

$$(CH_3)_3COH \longrightarrow (CH_3)_2C{=}CH_2 + H_2O$$

三、实验步骤

1. 制备

在 100mL 干燥的圆底烧瓶中放入磁子[1]，加入 7.4g 叔丁醇[2]（9.4mL，0.1mol）和 25mL 浓盐酸（约 0.29mol 氯化氢）。装上回流冷凝管，室温下磁力搅拌反应 0.5h，停止搅拌[3]，将反应液倒入分液漏斗中[4]，静置，直至分为澄清的两层。分出有机层，依次用水、5%碳酸氢钠溶液[5]和水各 10mL 洗涤（洗至中性）[6]，仔细分去水层。

将粗产物转移到干燥的 25mL 锥形瓶中，加入约 1g 无水氯化钙，塞紧瓶塞干燥 0.5h 以上（间歇摇动，可缩短干燥时间）。待产物澄清后，滤入 25 mL 圆底烧瓶内蒸馏，收集 49～52℃的馏分[7]（接收瓶用冰水浴冷却）。产量约 6.5g（产率 70%）。产品进行 GC 分析，并留作下次实验用原料[8]。

纯粹叔丁基氯的沸点 51～52℃，折光率 n_D^{20} 1.3857。

2. 产品分析

(1) 测定折光率。
(2) GC 分析产品质量（面积归一化法）。

分析条件

气相色谱仪：Varian CP-3800；检测器：FID；色谱柱：Varian CP-Wax 52 CB（聚乙二醇柱）；柱长：25m×0.53mm ID；柱温：80℃；气化温度：150℃；检测器温度：250℃；载气（氮气）流速：50mL/min；氢气流速：30 mL/min；空气流速：300 mL/min；进样量：1μL。

四、注意事项

[1] 取、放多功能磁力搅拌器时，应用双手托底座，切勿拿电源线或铁杆，否则易摔坏。放置磁子时注意将反应瓶倾斜一定的角度，让磁子沿瓶壁轻轻滚入瓶中，切勿垂直投入，否则烧瓶易被砸破。

[2] 叔丁醇熔点为 25℃，常温下为黏稠液体，为避免黏附损失，最好用称量法取料。

[3] 反应液应分为澄清的两层，若两层浑浊，应适当延长反应时间。

[4] 溶液须经玻璃漏斗转移至分液漏斗中，以防止磁子滚入打碎容器。

[5] 当加入碳酸氢钠溶液时有大量气体产生，必须缓慢加入并慢慢地旋动开口的漏斗，直至气体逸出基本停止。再将分液漏斗塞紧，缓缓倒置后，立即放气。

[6] 叔丁基氯在水和碳酸氢钠溶液中不很稳定，洗涤操作要尽快完成，以防止叔丁基氯在洗涤过程中发生水解。

[7] 如果 49℃以下的馏分较多，可将其重新干燥，再蒸馏。

[8] 叔丁基氯沸点低，易挥发，须密闭保存备用。

五、思考题

(1) 写出丁醇的结构异构体的构造式，并按其对浓盐酸反应活性的递增顺序排列。在本实验条件下，哪些异构体可得到理想产率的相应烷基氯？

(2) 在制备叔丁基氯的操作中选用碳酸氢钠溶液洗涤有机层，是否可用稀氢氧化钠溶液代替碳酸氢钠溶液？说明原因。

(3) 为什么用碳酸氢钠溶液洗涤前先要用水洗一次？

(4) 用分液漏斗洗涤产物时，为什么摇动后要及时放气？应如何操作？

(5) 为什么在蒸馏之前须用无水氯化钙干燥并且要放置一定时间？为什么蒸馏前一定要滤除干燥剂？

六、产品的光谱图

产品的光谱图如图 6.6 和图 6.7 所示。

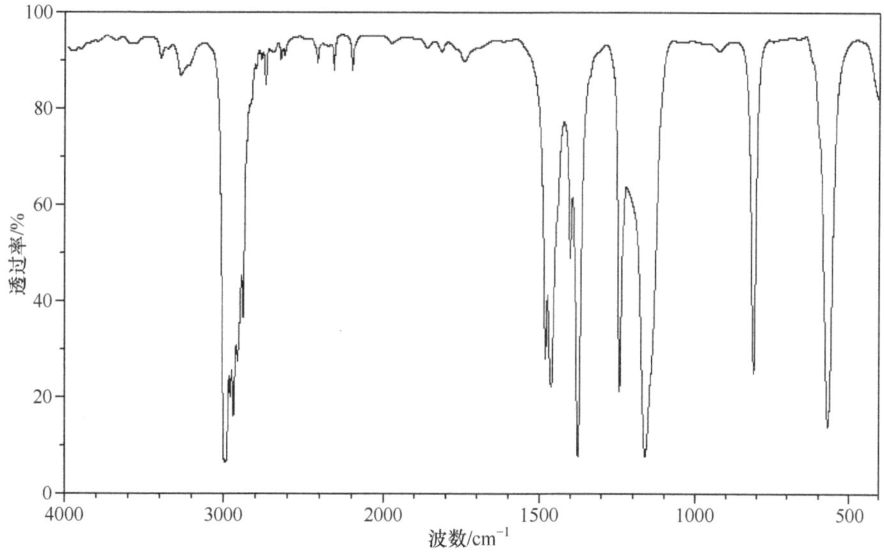

图 6.6　叔丁基氯的红外光谱图

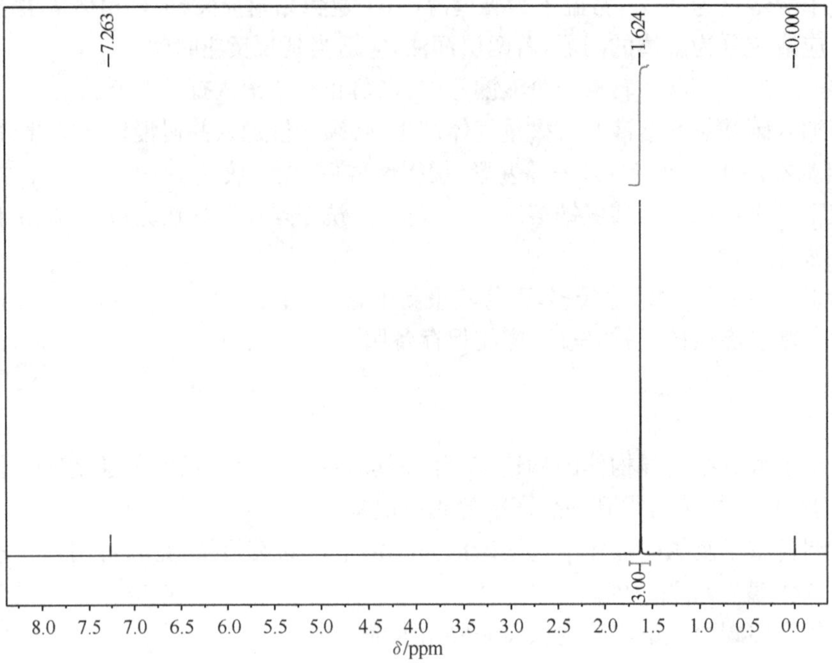

图 6.7　叔丁基氯的核磁共振氢谱图(400MHz, $CDCl_3$)

实验十　对叔丁基苯酚的制备

(CAS:98-54-4)

一、实验目的

(1) 了解利用 Friedel-Crafts 烷基化反应制备对叔丁基苯酚的原理。

(2) 学习无水条件下经二步合成小量固体有机物的方法。

(3) 掌握酸气吸收装置的安装、干燥管的使用等技术。

(4) 进一步掌握萃取、易燃有机溶剂蒸馏及有机溶剂重结晶的操作技术。

(5) 学会利用熔点和 IR、^{1}H NMR 分析鉴定产品。

二、实验原理

对叔丁基苯酚是一种重要的精细化工原料,已广泛地用于制造耐酸、耐水和耐光性能良好的油溶性酚醛树脂、表面活性剂、紫外线吸收剂、农药、医药和杯芳烃类超分子化合物等。它主要由苯酚与异丁烯、叔丁醇或叔丁基氯等烷基化试剂在酸性催化剂作用下,通过亲电取代反应即 Friedel-Crafts 烷基化反应制得。常用的催化剂有无水三氯化铝、硫酸、磷酸、三氟化硼、杂多酸、强酸性阳离子树脂、分子筛、离子液体等。

反应式:

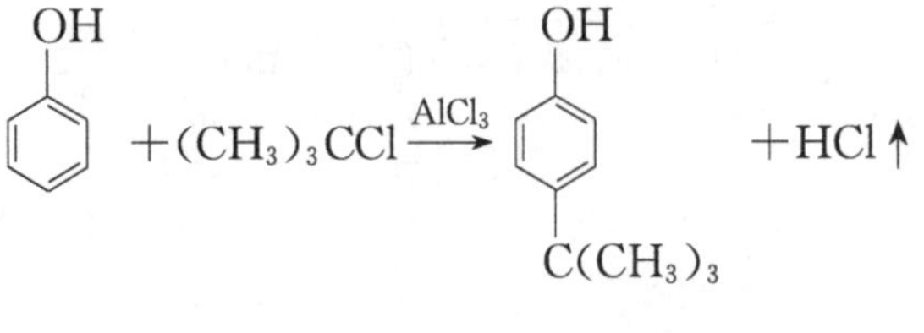

三、实验步骤

1. 制备[1]

取约 0.2g 无水三氯化铝放在带塞的干燥试管中备用。

在一个干燥的 50 mL 锥形瓶内加入 2.5mL(2.1g,20mmol)叔丁基氯和 1.6g(17mmol)苯酚[2],摇动使苯酚完全溶解。在反应瓶上装上氯化钙干燥管和气体吸收装置,以吸收反应过程中生成的氯化氢[3]。向反应瓶中加入无水三氯化铝,不断摇动反应瓶[4],立即有氯化氢放出,如果反应混合物发热,产生大量气泡时可用冷水浴冷却[5]。约反应 0.5h 后,反应瓶中混合物全结成固体[6],再放置 10min 使反应完全。向锥形瓶中加入 8mL 水及 2mL 浓盐酸组成的溶液水解反应物,即有白色固体析出,加入 15mL 乙醚,待固体溶解后将溶液转移至分液漏斗中。锥形瓶用 5mL 乙醚洗涤,倒入分液漏斗中。分去酸层,有机层分别用 10mL 饱和食盐水和水洗涤(**洗至 pH 5～6**),无水硫酸钠干燥。水浴加热蒸除乙醚及过量的叔丁基氯[7],残留物用石油醚(90～120℃)重结晶(**5mL 石油醚/1g 粗品**),得白色对叔丁基苯酚约 2.3g(产率 93%)。

2. 产品分析

(1) 测定熔点,文献值为 99～100 ℃。

(2) 做 IR 或 ^{1}H NMR 分析,并对谱图进行解析,鉴定产品结构。

四、注意事项

[1] 所用仪器和试剂均应充分干燥。

[2] 苯酚易灼伤皮肤,要避免与皮肤接触。若不慎碰到应立即用水冲洗。

[3] 干燥管中支撑物用玻璃棉,内填粒状无水氯化钙,填装高度为干燥管的 2/3。气体吸收装置中的玻璃漏斗应略微倾斜,使漏斗口一半在水面上并用自由夹固定好。这样既能防止气体逸出,又能防止水被倒吸至反应瓶中而使实验失败。

[4] 使催化剂的新表面得到充分暴露以利反应进行。

[5] 当反应温度过高时,反应太剧烈。产生的大量氯化氢气体会将低沸点叔丁基氯(沸点 50.7℃)大量带出使产量降低。

[6] 若不为固体,可用玻璃棒摩擦以诱导结晶。

[7] 尽量蒸除乙醚及过量的叔丁基氯,将蒸出乙醚和叔丁基氯回收后,于室温下用水泵减压抽除残余乙醚及叔丁基氯至残留物固化。蒸馏瓶和接收瓶不能用锥形瓶,否则会发生内爆。

五、思考题

(1) 若用正丁基氯代替叔丁基氯,能否得到本实验中的产物?若不能,则反应后的主产物是什么?还有哪些副产物?

(2) 除用熔点来证明得到的产物是对叔丁基苯酚外,还可用什么方法证明产物是对位异构体而不是邻位或间位异构体?

六、产品的光谱图

产品的光谱图如图 6.8 和图 6.9 所示。

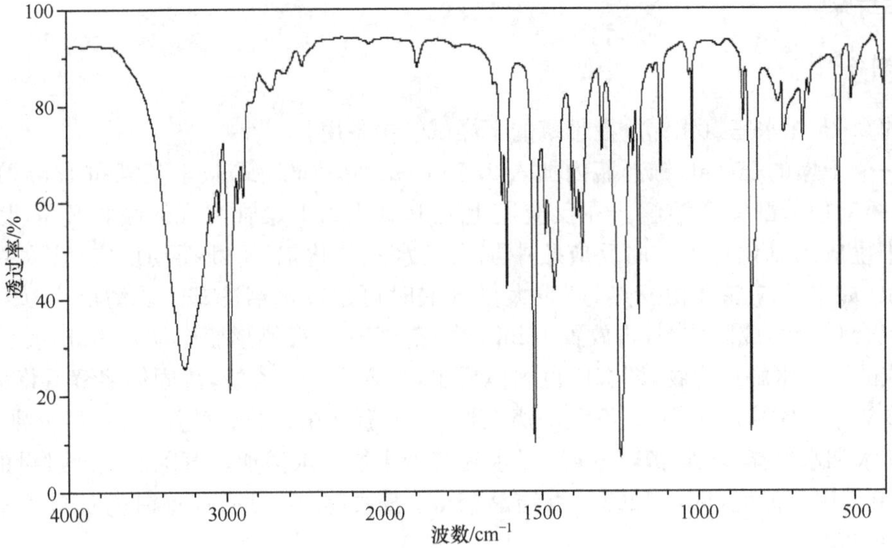

图 6.8　对叔丁基苯酚的红外光谱图

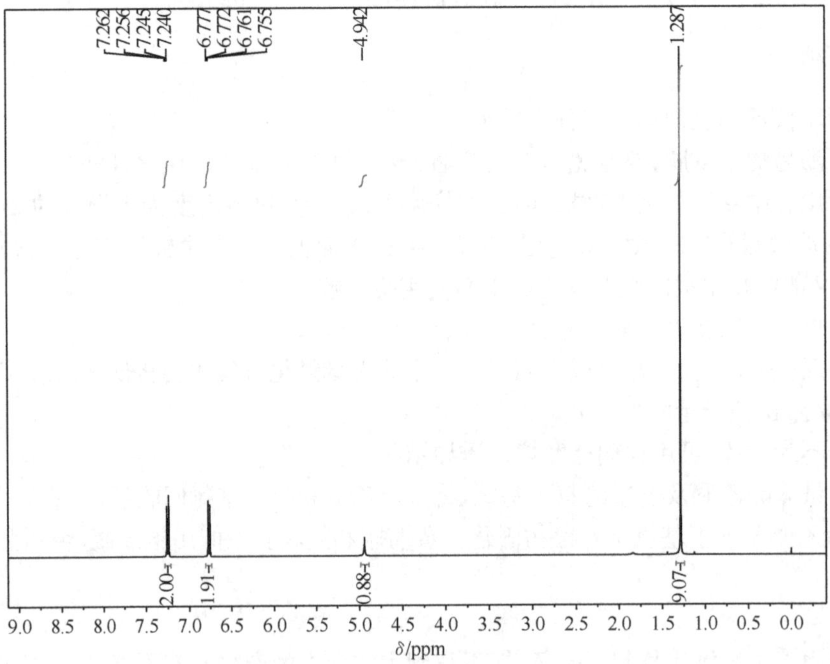

图 6.9　对叔丁基苯酚的核磁共振氢谱图(400MHz，$CDCl_3$)

实验十一　正溴丁烷的制备

（CAS：109-65-9）

一、实验目的

（1）了解由正丁醇制备正溴丁烷的原理和方法。

（2）掌握回流及酸气吸收装置的安装及操作技术。

（3）进一步学习分液漏斗的使用及液体有机物的干燥等操作。

（4）熟练掌握蒸馏装置的安装及操作方法。

二、实验原理

卤代烃是重要的有机合成中间体和试剂。在实验室中一般以相应的醇为原料，在酸性介质中通过 S_N1 或 S_N2 亲核取代反应来制备饱和烃的一卤代物。对于伯醇，这类反应是按 S_N2 机理进行的。正溴丁烷的制备是将正丁醇在浓硫酸存在下与浓氢溴酸共热制得。本实验采用溴化钠与过量浓硫酸作用原位生成氢溴酸，有利于加速反应和提高产率。浓硫酸在此反应中除与溴化钠作用生成氢溴酸外，还作为脱水剂使平衡向右移动，同时又作为氢离子的来源增加质子化醇的浓度。但硫酸的存在会使醇脱水而生成烯烃和醚等副产物。

主反应：

$$NaBr + H_2SO_4 \longrightarrow HBr + NaHSO_4$$

$$n\text{-}C_4H_9OH + HBr \xrightarrow{H_2SO_4} n\text{-}C_4H_9Br + H_2O$$

副反应：

$$CH_3CH_2CH_2CH_2OH \xrightarrow{H_2SO_4} CH_3CH_2CH{=}CH_2 + H_2O$$

$$2n\text{-}C_4H_9OH \xrightarrow{H_2SO_4} (n\text{-}C_4H_9)_2O + H_2O$$

$$2HBr + H_2SO_4 \longrightarrow Br_2 + SO_2 + 2H_2O$$

三、实验步骤

1. 制备

烧杯中先加 10mL 水，搅拌下慢慢加入 15mL 浓硫酸，搅匀冷至室温后加到恒压滴液漏斗中。

在放有磁子的 100mL 三颈瓶[1]上分别装置温度计、恒压滴液漏斗，滴液漏斗上端再依次装置回流冷凝器及溴化氢气体吸收装置，如图 6.10(a)所示（**注意：勿使漏斗全部埋入水中，以免倒吸**）。向三颈瓶中加入 7.4g 正丁醇（约 9.3mL，0.10moL）及 13g 研细的溴化钠（0.12mol）。在磁力搅拌下将烧瓶用电热套加热，待内温达 60℃左右时开始滴加硫酸溶液，15min左右加毕（不要太快，冷凝管处无溴化氢放出）。然后升温至回流（恒压漏斗活塞全打开，侧管用玻璃布包裹保温），回流（回流速度控制 1～2 滴/s，不要太快，确保无溴化氢放出，油层应呈淡黄色）0.5h 后，关上恒压漏斗的活塞，进行蒸馏[2]。最初的馏出物主要是正溴丁烷等有机物，随后蒸出的主要是水及少量有机物，待基本上无油珠进入下层，上层的水层约有 1cm 时停止加热，冷却后拆除装置。

将恒压滴液漏斗中的馏出液转移至分液漏斗中，加入 10mL 水洗涤[3]。将下层粗产物分入另一干燥的分液漏斗中，用 10mL 浓硫酸洗涤[4]。尽量分离干净硫酸层，余下的有机层自漏斗上口倒入原来已洗净的分液漏斗中，再依次用水、饱和碳酸氢钠溶液及水各 10mL 洗涤。将下层产物盛于干燥的 50mL 锥形瓶中，加入约 1g 无水氯化钙，塞紧瓶塞干燥至得到清亮透明液体。干燥后产物通过置有少量脱脂棉的小漏斗滤入 25mL 圆底烧瓶中，加入沸石后，用电热套加热蒸馏，收集 99～103℃的馏分[5]，产量 8～9g(产率 60%～65%)。

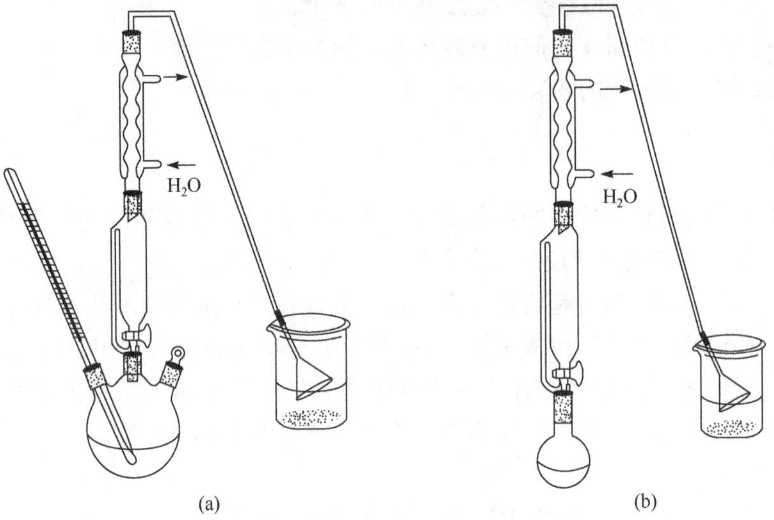

图 6.10　制备正溴丁烷的反应装置

纯粹正溴丁烷的沸点 101.6℃，折光率 n_D^{20} 1.4399。

2. *产品分析*

(1) 测定折光率。

(2) GC-MS 分析。

仪器：Trace GC-DSQ Ⅱ；EI 离子源；四极杆质量分析器；毛细管色谱柱：Varian CP-SIL LOW Bleed，30m×0.25mm×0.25μm；样品制备：1 滴产品用 5 滴甲醇稀释；进样针用样品溶液洗 3 次，取 0.2μL 样品，放空 10 次后进样；GC 条件：柱温 60℃，保持 3min，然后以 100℃/min 升温速度升至 240℃，再保持 1min；进样口温度 260℃；分流比 100；载气流速：恒流模式 1.0mL/min；接口部分：传输线温度 250℃；MS 条件：scan 模式，质量扫描范围 35～300；离子源温度：200℃。

四、注意事项

[1] 本实验将回流反应和蒸馏合二为一，硫酸溶液由一次加入改为边反应边滴加，反应完成后直接将粗产物蒸入恒压漏斗中，这样可减少实验室环境的污染，提高实验的安全性及产品的产量和质量。也可用图 6.10(b)所示反应装置，用油浴加热，待浴温达 65℃左右，开始滴加硫酸溶液，滴加期间不能使有机物蒸气上升到漏斗的侧管。加毕，升温至回流，其他同上。

[2] 正溴丁烷是否蒸完，可从以下几方面判断：①馏出液是否由浑浊变为澄清；②反应瓶上层油层是否消失；③有无油珠从滴液漏斗中上层的水层进入下面的有机层，若无，表示馏出

液中已无有机物，蒸馏已完成。

[3] 若水洗后产物还呈红色，这是由于浓硫酸的氧化作用生成游离溴，可加入几毫升饱和亚硫酸氢钠溶液洗涤除去。

$$2NaBr+3H_2SO_4 \longrightarrow Br_2+SO_2+2H_2O+2NaHSO_4$$

$$Br_2+3NaHSO_3 \longrightarrow 2NaBr+NaHSO_4+2SO_2+H_2O$$

[4] 浓硫酸能溶解存在于粗产物中的少量未反应的正丁醇及副产物正丁醚等杂质。否则在以后的蒸馏中，正丁醇和正溴丁烷可形成共沸物（沸点 98.6℃，含正丁醇 13%），两者难以分离。

[5] 收集的产品应清亮透明，否则须重新干燥、蒸馏。

五、思考题

(1) 本实验中浓硫酸的作用是什么？硫酸的用量和浓度过大或过小有什么不好？

(2) 加料时，若先使溴化钠与浓硫酸混合，然后加正丁醇及水，可以吗？为什么？

(3) 蒸出的粗产物中可能含哪些杂质？各步洗涤的目的何在？用浓硫酸洗涤时为什么要用干燥的分液漏斗？

(4) 用分液漏斗洗涤产物时，正溴丁烷时而在上层，时而在下层。应用什么简单方法加以判断？

(5) 本实验制备的正溴丁烷经 GC-MS 分析，均含有数量不等的 2-溴丁烷、1,2-二溴丁烷和 2,3-二溴丁烷，试用反应式说明其产生的原因。

六、产品的光谱图

产品的光谱图如图 6.11 和图 6.12 所示。

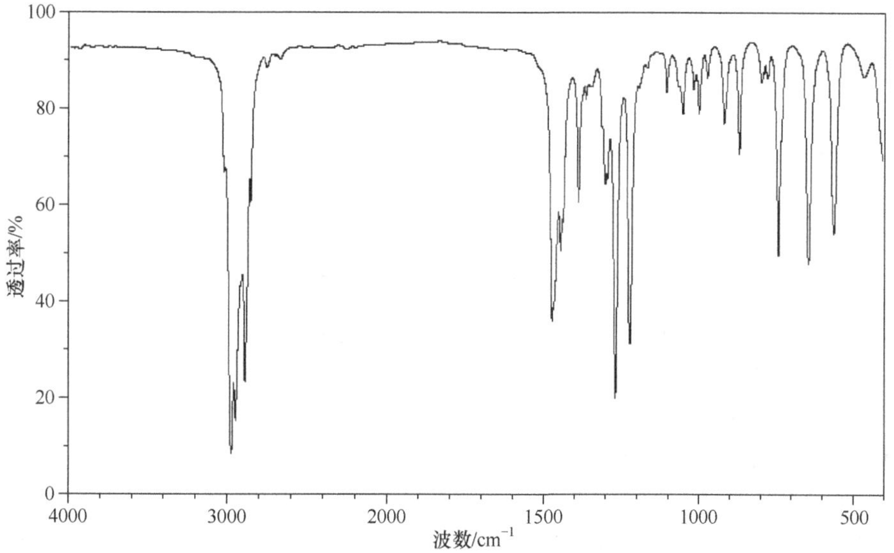

图 6.11　正溴丁烷的红外光谱图

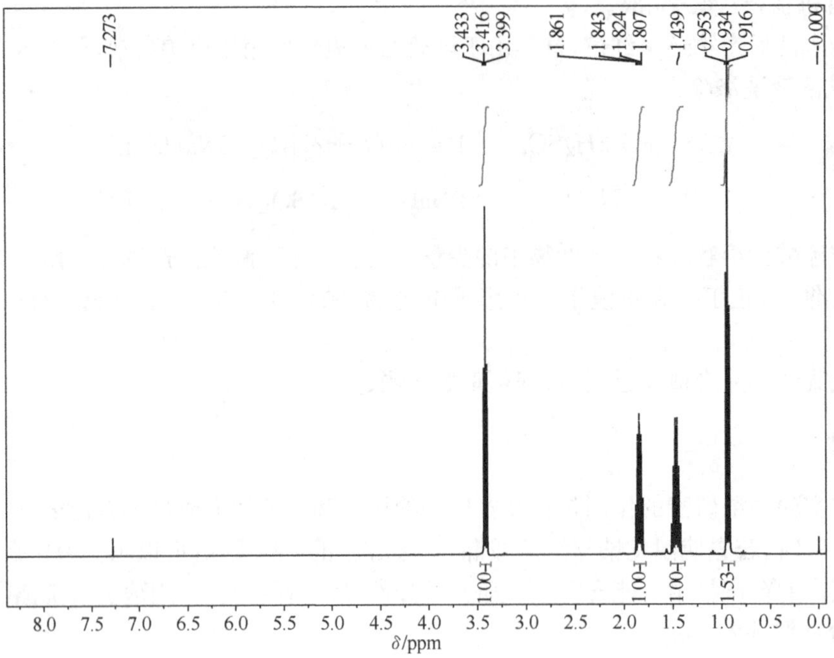

图 6.12　正溴丁烷的核磁共振氢谱图(400MHz, $CDCl_3$)

实验十二　苯丁醚的合成

(CAS:1126-79-0)

一、实验目的

(1) 学习由苯酚和正溴丁烷合成苯丁醚的原理和方法。

(2) 了解相转移催化反应的原理及其在有机合成上的应用。

(3) 掌握机械搅拌装置的安装及操作。

(4) 进一步学习分液漏斗的使用及液体有机物的洗涤、干燥等操作。

(5) 掌握高沸点有机物蒸馏装置的安装及操作方法。

二、实验原理

苯丁醚是合成香料、农药和局部麻醉药盐酸达克罗宁的重要原料。苯丁醚的传统合成方法是采用 Williamson 法,即由金属钠与乙醇反应制成乙醇钠,再与苯酚作用制成酚钠后,苯氧基负离子与正溴丁烷发生 S_N2 反应而成;或利用固体氢氧化钠与乙醇回流后再与苯酚作用,最后与正溴丁烷反应而成。该方法实验条件苛刻,反应需在完全无水的条件下进行,且反应时间长,操作复杂,产品产率低。本实验以四丁基溴化铵作为相转移催化剂,在碱性的水-正溴丁烷体系中,苯氧基负离子与四丁基铵离子形成离子对后,从水相转移到有机相,对正溴丁烷进行 S_N2 亲核取代反应合成苯丁醚。它不需要无水条件,操作简便,反应速率快,反应条件温和,产率较高。

反应式：

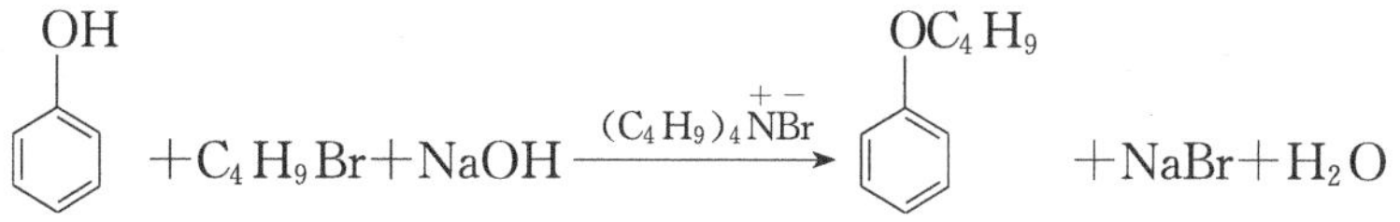

三、实验步骤

1. 制备

在装有搅拌器、冷凝管和温度计的 50mL 三颈瓶中加入 2.50g（27mmol）苯酚[1]、10mL 水和 2.10g（53mmol）氢氧化钠，充分搅拌使苯酚溶解。稍冷却后，分别加入 0.15g（0.46mmol）四丁基溴化铵和 10mL(93mmol)正溴丁烷，电热套加热，在 85～87℃下剧烈搅拌回流 1h[2,3]。

冷却后将反应物转移至分液漏斗中，分出水层，有机层用饱和氯化钠溶液洗至中性**（10mL×3，测 pH）**，将上层产物转移至干燥的 50mL 锥形瓶中，加入适量无水硫酸钠，塞紧瓶塞干燥至溶液澄清透明。干燥后将产物通过置有折叠滤纸的小漏斗滤入 25mL 圆底烧瓶中，加入沸石后，用电热套加热蒸馏，收集 200～210℃馏分。也可采用减压蒸馏，收集 93～97℃/2.26kPa 馏分，产品为无色透明液体，产量约 2.92g，产率 73.07%。纯粹苯丁醚的沸点文献值为 210℃，折光率 n_D^{20} 1.4969。

2. 产品分析

(1) 测定折光率。

(2) 做 IR 或 ^{1}H NMR 分析，并对谱图进行解析，鉴定产品结构。

四、注意事项

[1] 苯酚有腐蚀性，应避免与眼睛、皮肤接触，取用时需戴橡胶手套。若不慎触及皮肤，应立即用肥皂和水冲洗，再用酒精棉擦洗。

[2] 回流温度控制在 85～87℃，温度升高及反应时间过长均会增加副产物。

[3] 此反应发生在两相界面之间，剧烈搅拌反应混合物有利于加速反应。

五、思考题

(1) 本实验中限量试剂是什么？为什么要用过量的碱和正溴丁烷？

(2) 反应后的产物中可能含有哪些杂质？这些杂质对产物的精制有无影响？

(3) 为什么用饱和食盐水洗涤？洗涤的目的是什么？

(4) 简述季铵盐为相转移催化剂的催化反应的原理。

(5) 本实验中，如果不加入季铵盐会产生什么后果？

六、产品的光谱图

产品的光谱图如图 6.13 和图 6.14 所示。

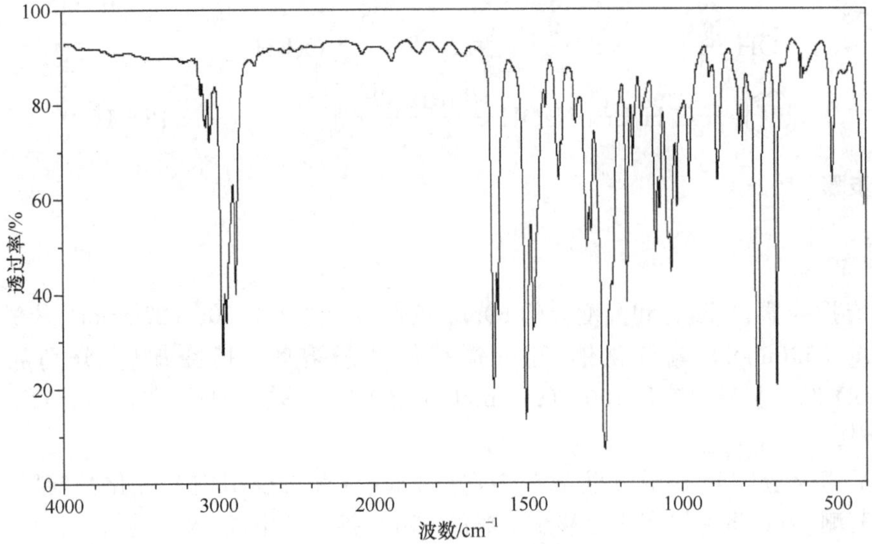

图 6.13 苯丁醚的红外光谱图

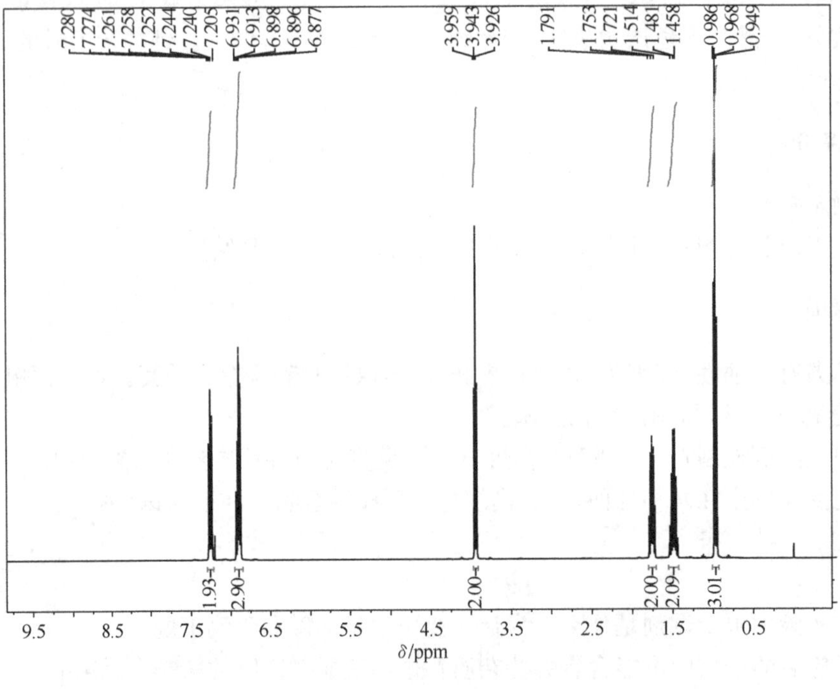

图 6.14 苯丁醚的核磁共振氢谱图(400MHz，$CDCl_3$)

实验十三 乙醇的生物合成

(CAS:64-17-5)

一、实验目的

(1) 了解使用生物发酵法合成乙醇的原理与实验过程。

(2) 掌握过滤、蒸馏和分馏等基本操作。

(3) 学习用 GC 及 IR 分析产品质量及表征结构的方法。

二、实验原理

发酵是天然有机物借助酶的生物催化作用进行的化学变化过程。发酵法制乙醇是在酿酒的基础上发展起来的，在相当长的历史时期内，曾是生产乙醇的唯一工业方法。发酵法的原料可以是含淀粉的农产品，如谷类、薯类或野生植物果实等；也可用制糖厂的废糖蜜；或者用含纤维素的木屑、植物茎秆等。这些物质经一定的预处理后，经水解(用废糖蜜作原料经这一步)、发酵，即可制得乙醇。发酵液中的乙醇含量为 6%～10%，经精馏可得 95%的工业乙醇。发酵法所用的原料都是可再生物质，不但对环境无污染，而且操作简单，符合绿色化学的原则。

本实验以蔗糖为原料，借助酵母中酒化酶的生物催化作用在磷酸盐的促进作用下进行发酵，生成乙醇和二氧化碳，然后发酵液通过蒸馏、分馏得到约 95%的乙醇。发酵液中还含有一些其他的高沸点醇，常称为杂醇油(C_3～C_5醇的混合物)，是酒具有特殊味道的主要成分，它们是由原料和酵母中蛋白质生成的某些氨基酸转化产生的。

发酵过程中，可发酵糖经过细胞内酒化酶的作用，生成乙醇和二氧化碳并渗透到细胞体外，当发酵产生的二氧化碳在溶液中饱和时，此时的二氧化碳会不断上升，带动发酵液中的酵母细胞上下游动，从而使酵母能更加充分地与糖接触，使得发酵作用趋于完全。

主反应：

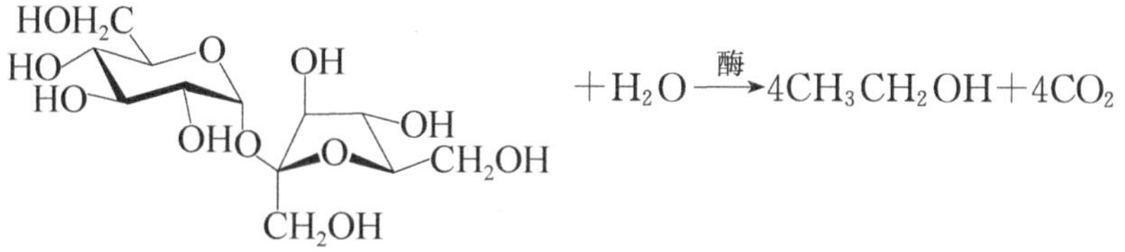

三、实验步骤

1. 制备

在一个 500mL 圆底烧瓶中[1]加入 3.5g 酵母、0.35g 磷酸氢二钠、51.5g 蔗糖和 150mL 水，充分摇动使物料混合均匀，塞上一个带有弯曲玻璃管的单孔橡皮塞，把玻璃管插入装有饱和氢氧化钙水溶液的试管内，玻璃管口伸入石灰水的液面以下超过 0.5cm[2](图 6.15)，注意观察是否有气泡逸出(这种实验装置既可以让气体释放出来，又可避免外面空气进入)。

装置安装稳妥后，室温[3](25～35℃)下放置 7 天，直至二氧化碳气体停止放出，表明发酵完全。

在布氏漏斗中铺一层硅藻土[4](约 10g)，用清水洗去硅藻土中可能存在的杂质，洗涤液应为无色透明，弃去洗涤液。慢慢将发酵混合物倒在硅藻土上，抽滤[5]，得到澄清滤液，滤液[6]先用简单蒸馏收集 78～94℃的馏分，再将粗馏分进行简单分馏，收集 78～82℃的

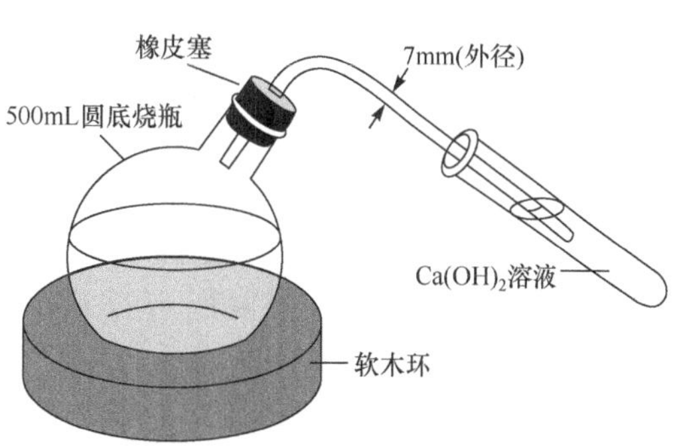

图 6.15 蔗糖发酵实验装置

馏分，得无色透明液体 22mL，产率 60.35%，产品纯度为 94.84%(GC)。

2. 产品分析

(1) 测定折光率。

(2) IR、GC 分析。

GC 分析条件(面积归一化法)

仪器：Varian CP-3800；色谱柱：Varian CP-Wax 52 CB(聚乙二醇柱)；柱长：25m×0.53mm ID；柱温：采用程序升温的方法，起始温度 50℃保持 1min，然后以 10℃/min 升温，升至 100℃保持5min；气化室温度：200℃；检测器温度：250℃；载气(氮气)流速：50mL/min；空气流速：300mL/min；氢气流速：30mL/min；进样量：0.2μL。

四、注意事项

[1] 本实验中的所有仪器必须很干净。

[2] 发酵是厌氧过程，需要在密闭无氧的条件下进行。将导管插入石灰水的液面以下，起水封作用，防止空气及不需要的酶进入反应瓶。若有氧气进入发酵液，会使乙醇进一步氧化成乙酸，甚至生成二氧化碳和水。

[3] 环境温度对发酵影响很大，适当升高反应温度(不要超过 35℃)可以提高反应速率。但温度过高会使酶失效，反应不能进行。工业生产中，将反应放出的二氧化碳回收制成干冰。

[4] 硅藻土作助滤剂，捕集滤液中极细的酵母颗粒，加快过滤速度，使滤液澄清透明。将 10g 硅藻土和约 30mL 水置于烧杯中，剧烈搅拌此混合物，然后在抽气下将其倾入铺有滤纸的布氏漏斗中，使一薄层助滤剂沉积在滤纸上，再用清水洗至无色，弃去洗涤水后，即可用于过滤发酵液。

[5] 在整个后处理过程中切勿摇动反应瓶，以免沉积物浮起，影响过滤速度。先小心地过滤上层清液，最后过滤沉积物。过滤时真空度不要过高，以减少产品损失。

[6] 滤液中含乙醇、水、细胞残留物和杂醇油等，需通过简单分馏提纯乙醇。

五、思考题

(1) 本实验发酵时间较长，可通过哪些现象或方法判断发酵基本结束？

(2) 在抽滤过程中为什么要控制真空度？

(3) 为什么通过蒸馏和分馏也只能得到 95%的乙醇？若要制备 99.5%的无水乙醇可采用哪些方法？

(4) 本实验中应采取哪些措施来减少乙醇的损失，提高产率？

六、产品的光谱图

产品的光谱图如图 6.16 和图 6.17 所示。

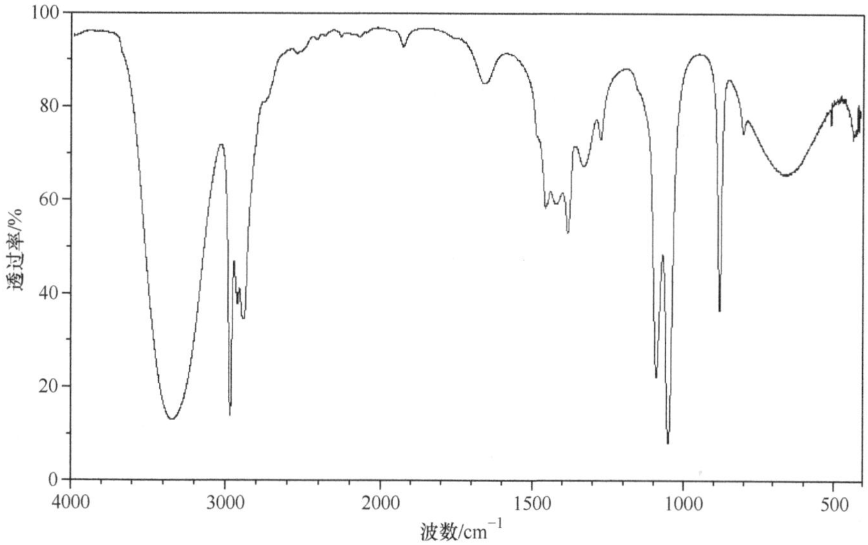

图 6.16　乙醇的红外光谱图

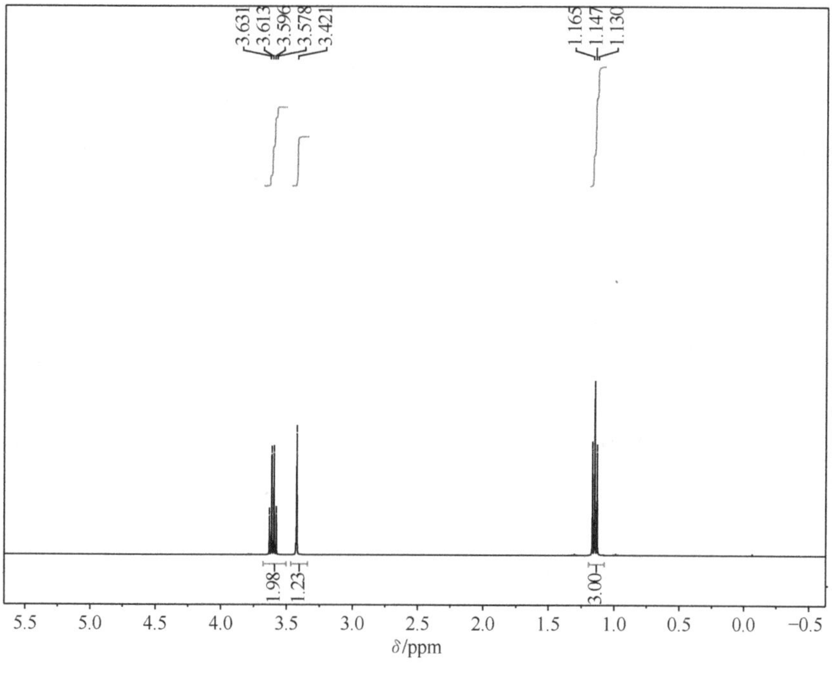

图 6.17　无水乙醇的核磁共振氢谱图(400MHz，$CDCl_3$)

实验十四　乙基叔丁基醚的制备

(CAS：637-92-3)

一、实验目的

(1) 了解醇分子间脱水制醚的反应原理和实验方法。

(2) 掌握反应精馏的操作方法。

(3) 巩固液体有机物的洗涤、干燥及蒸馏等基本操作。

二、实验原理

乙基叔丁基醚(ETBE)比甲基叔丁基醚(MTBE)具有更高的辛烷值和更低的雷德蒸气压,对环境无污染,是一种更优良的汽油添加剂。它还用于制备药物溶胆石剂,对一般的胆固醇结石、混合结石、胆色素结石具有特别良好的溶石效果,临床治愈率达99%。

ETBE可由乙醇和C_4馏分中的异丁烯在酸性催化剂的作用下反应制得,也可由乙醇和丙烯氧化副产物叔丁醇反应制备。实验室中,它既可用Williamson制醚法制取,也可用硫酸脱水法合成。叔丁醇在酸催化下容易形成较稳定的碳正离子,继而与乙醇作用生成混醚。

本实验以乙醇和叔丁醇为反应物,在A-15型强酸性阳离子交换树脂催化作用下,采用反应精馏法合成乙基叔丁基醚。反应条件温和,催化剂可循环使用,对环境友好,是绿色合成工艺。

反应式:

$$C_2H_5OH+(CH_3)_3COH \xrightleftharpoons{H^+} CH_3CH_2OC(CH_3)_3+H_2O$$

三、实验步骤

1. 制备

在100mL圆底烧瓶中加入4g H型A-15阳离子树脂、14.8g(20.0mL,0.2mol)叔丁醇和18.4g(24mL,0.4mol)乙醇。装上分馏柱[1]、蒸馏头、冷凝管、单尾应接管、接收瓶、温度计。单尾应接管接橡皮管通水槽,接收瓶用冰水浴冷却。

装好反应分馏装置后,磁力搅拌下加热,控制浴温为80～85℃。先在80℃回流反应0.5h,使分馏柱[2]中填料充分润湿、气液达平衡。然后逐渐蒸出乙基叔丁基醚和水的共沸物(沸点64℃),用加热速度控制柱顶温度为51～70℃[3],当柱顶温度超过70℃时,停止分馏。全部反应分馏时间需2h左右。

将收集的粗产物转入分液漏斗中,用水洗涤(10mL×4),洗涤至水相体积不再增加[4](每次均要计量),再分别用10mL 10% Na_2SO_3溶液和10mL蒸馏水洗涤,用无水碳酸钠干燥,蒸馏,收集71～73℃的馏分,称量,计算产率。

纯粹乙基叔丁基醚为无色透明液体,沸点71℃,折光率n_D^{20} 1.3759,相对密度d_4^{20} 0.74。

2. 产品分析

(1) 测定折光率。

(2) GC-MS、^{1}H NMR分析。

四、注意事项

[1] 可用空气冷凝管作分馏柱,柱下端放入一小团不锈钢丝球作为瓷环的支撑物,柱中均匀填装小瓷环,装至离磨口约5cm,瓷环上再平铺一薄层不锈钢丝球,使回流液均匀流入柱中。

［2］为防止散热，影响分馏效果，可先加热反应约 0.5h 使填料充分润湿后，将分馏柱用玻璃布或泡沫塑料套包裹保温。

［3］此实验关键是控制加热速度，避免原料乙醇和叔丁醇被过多地蒸出，影响产率。乙醇的沸点为 78℃，叔丁醇的沸点为 82.5℃。叔丁醇与水的恒沸物（含醇 88.3%）的沸点为 79.9℃，乙基叔丁基醚与水的恒沸物的沸点为 64℃，所以分馏时温度尽量控制在 70℃以下。分馏后期，馏出速度大大减慢，此时略微调高温度，当柱顶温度有较大波动时，说明反应瓶中乙基叔丁基醚已基本馏出。

［4］收集的粗产物中含有乙醇和叔丁醇，在用水洗涤的纯化步骤中均要计量，作为乙醇和叔丁醇被基本洗净的依据。

五、思考题

（1）本实验为什么采用反应分馏的方法合成乙基叔丁基醚？

（2）反应过程中，为什么要严格控制分馏柱柱顶的温度不超过 70℃？

（3）粗产物中可能含哪些杂质？各步洗涤的目的是什么？

六、产品的光谱图

产品的光谱图如图 6.18 和图 6.19 所示。

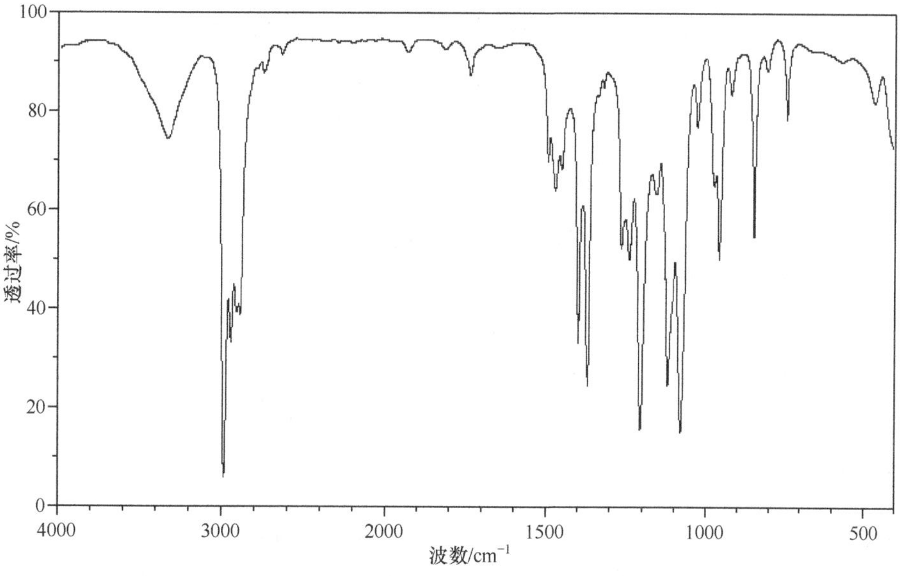

图 6.18　乙基叔丁基醚的红外光谱图

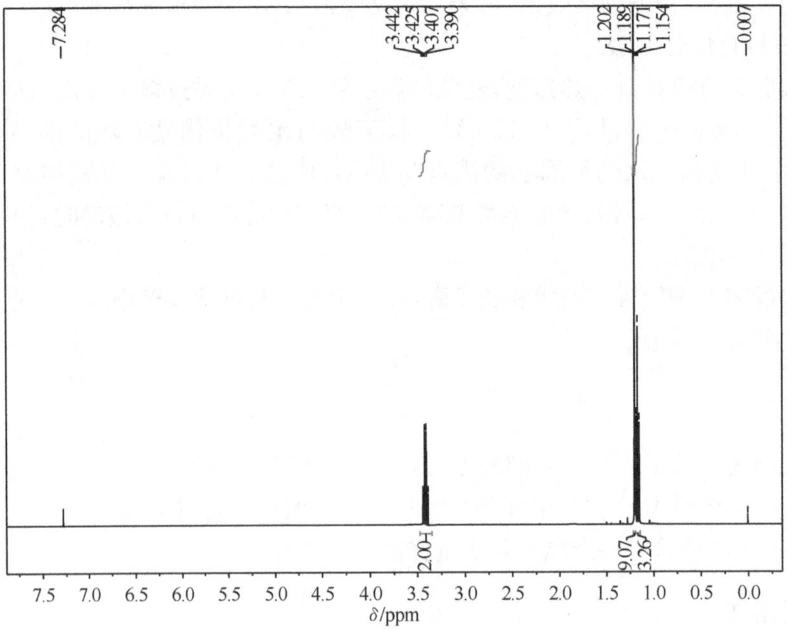

图 6.19　乙基叔丁基醚的核磁共振氢谱图(400MHz，$CDCl_3$)

实验十五　2-硝基-1,3-苯二酚的合成
(CAS:601-89-8)

一、实验目的

(1) 了解间苯二酚的磺化、硝化和脱磺酸基反应的原理和方法。

(2) 了解官能团保护在有机合成中的重要意义。

(3) 熟悉机械搅拌装置的安装和使用。

(4) 学习水蒸气蒸馏的基本原理和应用。

(5) 掌握水蒸气蒸馏的仪器安装和操作方法。

(6) 学习红外光谱的基本原理、仪器使用及解析谱图鉴定产品的结构。

二、实验原理

2-硝基-1,3-苯二酚是重要的工业原料,主要用于合成酸性偶氮染料、医药、冠醚类大环化合物等。2-硝基-1,3-苯二酚在酸中显黄色,在碱中则显红色，颜色变化的 pH 为 5.4～7.4,可用作酸碱指示剂,还可用作彩色相片显影剂的稳定剂 。

2-硝基-1,3-苯二酚的制备是通过间苯二酚先磺化、再硝化,最后去磺酸基完成的。它是一个巧妙地利用磺酸基的占位、定位和钝化作用的例子。间苯二酚中的酚羟基是强的邻对位定位基,如果直接硝化,反应非常剧烈,不易控制,由于空间效应,硝基会优先进入 4、6 位,很难进入 2 位。本实验利用磺酸基的强吸电子性和磺化反应的可逆性,先磺化,磺酸基进入最容易发生反应的 4、6 位,降低了芳环的活性,又占据了活性位置。再硝化时,受定位规则的支配,硝基只能进入 2 位。最后利用水蒸气蒸馏,把磺酸基水解掉,同时将目标产物随水一起蒸出来。

反应式：

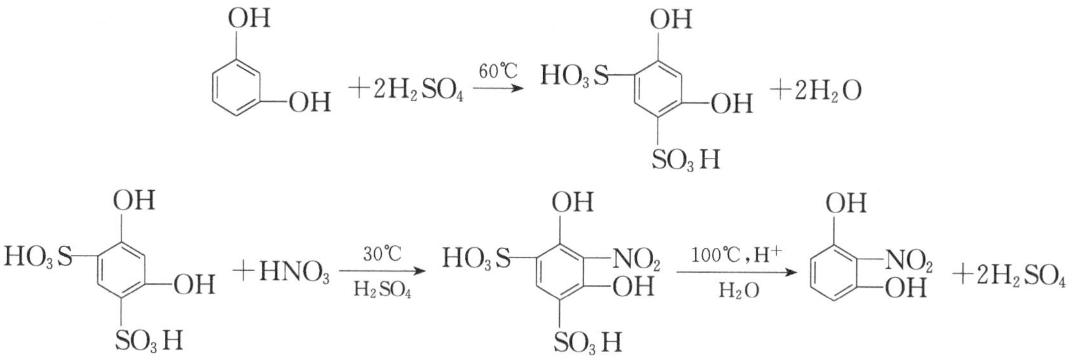

三、实验步骤

1. 制备

将 5.5g(0.05mol) 粉状[1]间苯二酚加入分别装置搅拌器、温度计和滴液漏斗（固定，滴液漏斗上装干燥管）的 250mL 三颈瓶中，再缓慢加入 25mL(45g，0.46mol) 浓硫酸（98%，$d=1.84$），同时充分搅拌[2]，这时反应液发热，生成白色稠状磺化产物。将反应物在 60～65℃[3]的水浴中搅拌反应 30min，冷却至室温，再在冰水浴中冷至 15℃左右。

在搅拌下滴加预先用冰水浴冷却的混酸[4][4mL(3.89g，0.063mol) 硝酸（70%～72%，$d=1.42$）和 5.6mL(10.7g，0.015mol) 浓硫酸]，使反应温度不超过 30℃，这时反应物呈黄色黏稠状（**不应为棕色或紫色**）。滴加完毕后，室温下继续搅拌反应 30min。三颈瓶用冰水浴冷却，搅拌下慢慢加入 15g 碎冰，保持内温在 20℃以下，再用 5mL 冰水洗涤温度计和搅拌棒（**注意：控制好添加冰水的量，不超过 20mL，少则易炭化，多则影响脱磺酸基**）。

将三颈瓶改成水蒸气蒸馏装置，加入约 0.1g 尿素[5]后进行水蒸气蒸馏。在冷凝器壁上和馏出液中立即有橘红色固体产生[6]。至冷凝器壁上没有橘红色固体时，可停止蒸馏，蒸馏液在冰水浴中冷却，过滤。晶体用 10mL 稀乙醇（**5mL 95%乙醇加 5mL 水**）重结晶，得橘红色片状晶体。熔点 84～85℃，产量 2～2.5g，产率约 32%。

2. 产品分析

(1) 测定熔点。

(2) IR 分析，并解析谱图鉴定产品结构。

四、注意事项

[1] 间苯二酚用研钵磨碎呈粉状，否则磺化反应不完全。间苯二酚有较强腐蚀性，小心勿触及皮肤。

[2] 试剂不要加错，若误把硝酸当成硫酸加入，加热时将发生猛烈爆炸。搅拌不要太快，以防止物料甩至瓶壁上，影响反应。也可用磁力搅拌。

[3] 反应温度太低，磺化不充分；温度太高，原料易氧化，产物颜色加深，影响产率。

[4] 要确保混酸的浓度，所用的仪器都必须干燥，硫酸需使用 98%的浓硫酸（$d=1.84$），而且最好是当天新开瓶的。混酸配制：用 50mL 干燥锥形瓶在通风橱中配制，锥形瓶置于冰水

浴中，先加入硝酸，然后边摇边缓慢滴加浓硫酸，切勿倒加以免硝酸挥发、分解，影响反应。加毕，塞上塞子备用。不可敞口久置，以免酸雾挥发或吸潮而降低浓度影响反应。在加入碎冰之前的所有操作中都应避免可能造成反应物稀释的一切因素。

注意安全：硫酸、硝酸腐蚀性很强，切勿弄到手、眼睛、衣服上。一旦溅到，立即用纸或布先擦去后，再用大量水冲洗。

[5] 加入尿素的目的是使多余的硝酸和尿素生成盐[$CO(NH_2)_2 \cdot HNO_3$]而不致使硝酸在水蒸气蒸馏时分解。

[6] 可用调节冷凝水大小的方法，避免产品堵塞冷凝器和应接管。若水蒸气蒸馏得不到产品，说明溶液酸度不够，磺酸基脱不下来，应补加适量浓硫酸(5～10mL)或停止通水蒸气，加入沸石蒸馏浓缩至冷凝管中出现固体后再通水蒸气蒸馏。

五、思考题

(1) 本实验中为什么要先磺化后硝化，再将硝化产物水解？磺酸基起什么作用？

(2) 硝化反应为什么要控制在30℃以下？

(3) 本实验中可能产生哪些副产物？如何尽量减少副产物的产生？

(4) 进行水蒸气蒸馏前为什么先要加冰水稀释？

(5) 产物为什么能采用水蒸气蒸馏进行提纯？

六、产品的光谱图

产品的光谱图如图6.20和图6.21所示。

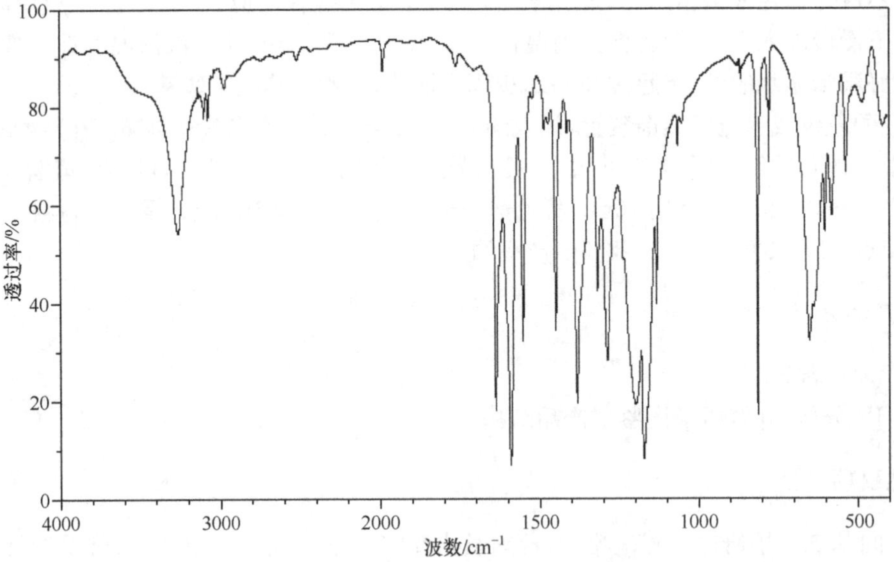

图6.20　2-硝基-1,3-苯二酚的红外光谱图

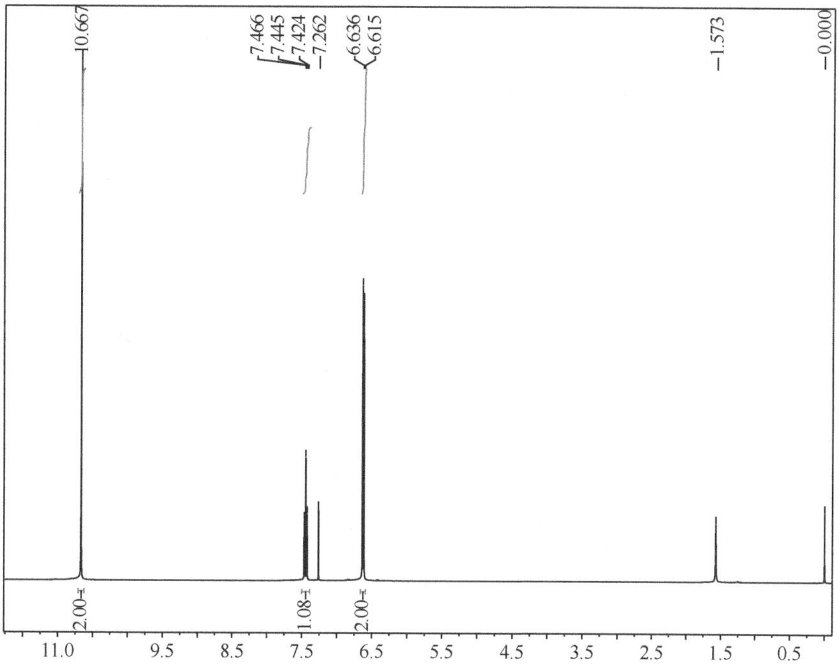

图 6.21　2-硝基-1,3-苯二酚的核磁共振氢谱图(400MHz, $CDCl_3$)

实验十六　2-氨基-1,3-苯二酚及其盐酸盐的合成
(CAS:3163-15-3;634-60-6)

一、实验目的

(1) 学习芳香族硝基化合物还原制备芳胺的原理及方法。

(2) 了解 Pd/C 催化剂的催化原理。

(3) 掌握室温常压液相催化加氢装置的安装和操作。

(4) 复习巩固干燥、蒸馏等操作。

二、实验原理

芳香硝基化合物还原是制备芳胺类化合物的重要方法之一。常用的还原方法主要有化学还原法、催化加氢法、电化学还原法等。

2-氨基-1,3-苯二酚是有机合成中的重要中间体，主要用于生产利福霉素类抗结核药物、染料、农用化学品等。其制备方法大多由 2-硝基-1,3-苯二酚还原而得。文献报道的还原方法有:①连二亚硫酸钠在乙醇中还原;② $SnCl_2$-HCl 还原法;③水合肼-$FeCl_3$/C 催化还原法;④Pd/C催化加氢还原法等。本实验采用室温常压 Pd/C 催化加氢的绿色工艺。这种方法具有反应条件温和,后处理简单,产品色质好,催化剂可循环使用,环境友好等优点。

Pd/C 催化剂是催化加氢中常用的催化剂之一，它具有加氢转化率高、选择性强、性能稳定、反应条件温和、工艺简单、无污染等优点，广泛用于石油化工、医药工业、香料工业、染料工业和其他精细化工的加氢还原。

反应式：

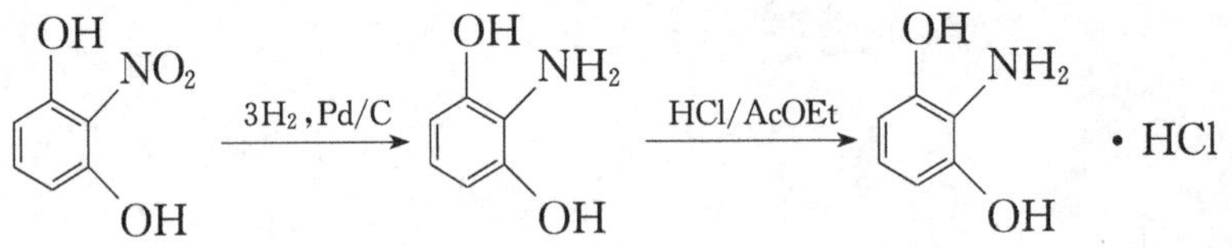

三、实验装置

常压催化氢化装置由量气管、水准瓶（分液漏斗）、氢化瓶（50mL 圆底烧瓶）及磁力搅拌器组成。量气管和水准瓶用橡皮管相连，升降水准瓶可使量气管排气和充气。三通活塞 1 接氢气发生器或氢气袋[1]，三通活塞 2 接水泵，如图 6.22 所示。

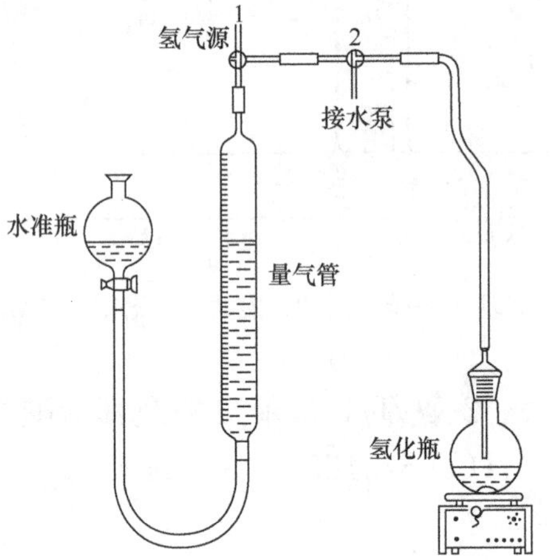

图 6.22　常压催化氢化装置

氢化记录格式见表 6.1。

表 6.1　氢化记录

时间	时间间隔/min	量瓶刻度/mL	间隔吸氢/mL	总吸氢量/mL
10:00	0	137	0	0
10:05	5	157	20	20
10:10	5	177	20	40
⋮	⋮	⋮	⋮	⋮

四、实验步骤

1. 制备

1) 2-氨基-1，3-苯二酚的合成

在 50mL 圆底烧瓶中加入 0.47g(3.0mmol)2-硝基-1，3-苯二酚、0.15g 10%Pd/C[2]（含水量≤1.0%）、8mL 95%乙醇，放入磁子后与氢化系统相连，检查整个系统[3]是否漏气。

将整个氢化系统与带有压力计的水泵相连，开启水泵，当抽至一定压力后（真空度不宜过高，以减少乙醇的挥发），关闭水泵，观察压力计的读数是否发生变化。若系统漏气，应逐个检查玻璃活塞、磨口塞是否塞紧及橡皮管连接处是否紧密等。

待系统不漏气后，打开活塞 1，把盛有蒸馏水的水准瓶的位置提高，使量气管内充满水，赶尽量气管内的空气。关闭活塞 1，打开与水泵相连的活塞 2，开启水泵，抽真空排除整个氢化系统内的空气，抽到一定压力后关闭活塞 2，打开与氢气袋相连的活塞 1 进行充氢。如此抽真空-充氢重复两三次，即可排除整个系统内的空气[4]。

最后对量气管进行充氢，关闭与水泵相连的活塞 2，打开与氢气袋相连的活塞 1，使氢气与量气管连通，同时降低水准瓶的位置，用排水集气法使量气管内充满氢气，关闭活塞 1。取下水准瓶，使其水平面与量气管中水平面高度持平[5]，记下量气管内氢气的体积，然后把水准瓶置于高位。

开动磁力搅拌，在 25℃下进行氢化反应，记下氢化反应开始的时间。每隔 5min，将水准瓶水平面与量气管内水平面置于同一水平线上，记录量气管内氢气的体积变化，作时间-吸氢体积曲线。

当吸氢体积无明显变化后(10min 内体积变化不大于 1mL)，表明反应已经完成，即可停止氢化反应，记下量气管的示数。也可用 TLC 跟踪反应，整个氢化反应约需 45min，总吸氢量为 184mL。按加入的 2-硝基-1，3-苯二酚量计算理论吸氢量[6]，并与实际吸氢量进行比较。

反应结束后，关闭连接量气管的活塞 1，打开与水泵相连的活塞 2，放掉系统内的残余氢气。取下反应瓶，用双层滤纸进行减压过滤，并用少量乙醇洗涤催化剂[7]。注意，不要将催化剂抽干，以防催化剂抽干后自燃。

将黄色透明滤液转移到 50mL 圆底烧瓶中，减压蒸馏除去乙醇，干燥，称量，得 0.35g 咖啡色晶体，产率 93.3%。熔点 152.5～155℃[文献值 153～155℃(d)]，纯度 99.69%(HPLC)。

2) 2-氨基间苯二酚盐酸盐的制备[8]

将 1)中过滤所得滤液，减压蒸馏除尽乙醇后，加入约 80mL 乙酸乙酯使残留物全部溶解，然后通入干燥的氯化氢气体至无白色固体析出为止。过滤，滤饼用少量乙酸乙酯洗涤，干燥，得 0.44～0.45g 白色粉状固体，产率 88%～90%。熔点 240～243℃(d)，纯度 99.22%(HPLC)。

2. 产品分析

(1) 测定熔点。
(2) IR、^{1}H NMR 表征。
(3) TLC 或 HPLC 分析产品纯度。

TLC 检测，展开剂：乙酸乙酯-石油醚(1∶4，体积比)。

HPLC 分析条件

仪器：Agilent 1120；色谱柱：C_{18} 柱 4.6mm×150mm×5μm；流动相：缓冲液(磷酸氢二钠 10mmol/L，磷酸二氢钾 2mmol/L，pH 7.4)-甲醇(70∶30)；样品浓度：1mg/mL (溶剂：甲醇)；进样量：10μL；流速：1mL/min；柱温：25℃；检测波长：254nm。

五、注意事项

[1] 氢气袋由氢气发生器进行充氢。使用前应了解氢气袋所承受的最大压力及氢气发生器的使用方法。氢气易燃易爆，实验过程中必须注意安全，严格按操作规程进行，并注意室内通风，熄灭一切火源。

[2] 干燥的 Pd/C 粉末暴露在空气中容易燃烧，应与溶剂混成糊状加料。

[3] 整个氢化系统安装要紧密、不漏气，否则测量实际吸氢量就失去了意义。

[4] 氢化前须排除系统内的空气，氢化过程严禁空气进入氢化系统内。

[5] 反应时，水准瓶的水平面应略高于量气管内的水平面，以增大反应体系的压力。

[6] 由于氢在常温常压时接近理想气体，因此理论吸氢量可按下列公式计算：

$$V=n\times 22\,414\times\frac{273+t}{273}\times\frac{760}{P-P_w-P_e}$$

式中，V 为被吸收的氢气体积，mL；n 为反应需要的氢的物质的量；t 为氢气的温度，℃，可用氢化室的温度代替；P 为气压计的读数，mmHg；P_w为水在温度 t 时的蒸气压；P_e为乙醇在温度 t 时的蒸气压。

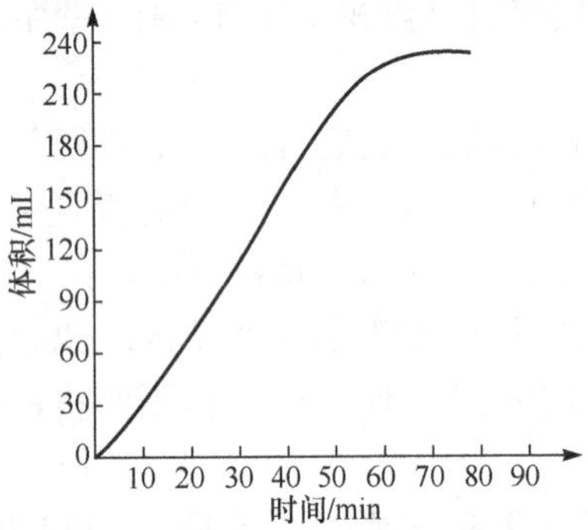

图 6.23　时间-吸氢体积曲线

氢化过程中，催化剂表面也吸附较多的氢，故一般实际吸氢量略大于理论吸氢量。时间-吸氢体积曲线如图 6.23 所示。

[7] 过滤时小心 Pd/C 自燃，不要抽得太干，随时漂洗，抽滤完成后立即用乙醇或水液封，放入指定的回收瓶中，切勿随便扔入废物桶，以免引起着火事故。若不慎把催化剂抽得较干，引起着火时，应赶紧取下漏斗用水冲灭。回收的催化剂，可在相同实验中重复使用。

[8] 2-氨基-1，3-苯二酚极易氧化变色，故一般将其制成盐酸盐，便于保存。干燥的 HCl 由 H_2SO_4 与 NaCl 反应并经硫酸干燥制得。乙酸乙酯经水洗、干燥及蒸馏回收，可循环使用。

六、思考题

(1) 为什么氢化反应过程中，搅拌或振荡速度对氢化速率有显著的影响？

(2) 每次计量量气管内氢气的体积时，为什么都要使量气管内水面与水准瓶水面相平？

(3) 为什么在氢化反应时，水准瓶最好放在高位？如果在氢化反应时，水准瓶位置过低，对反应有什么影响？

(4) 催化氢化反应时，有哪些注意事项？

(5) 若 Pd/C 催化剂失活，应如何处理才能恢复其活性？除 Pd/C 催化剂外，本实验还可用哪些催化剂？

七、产品的光谱图

产品的光谱图如图 6.24 和图 6.25 所示。

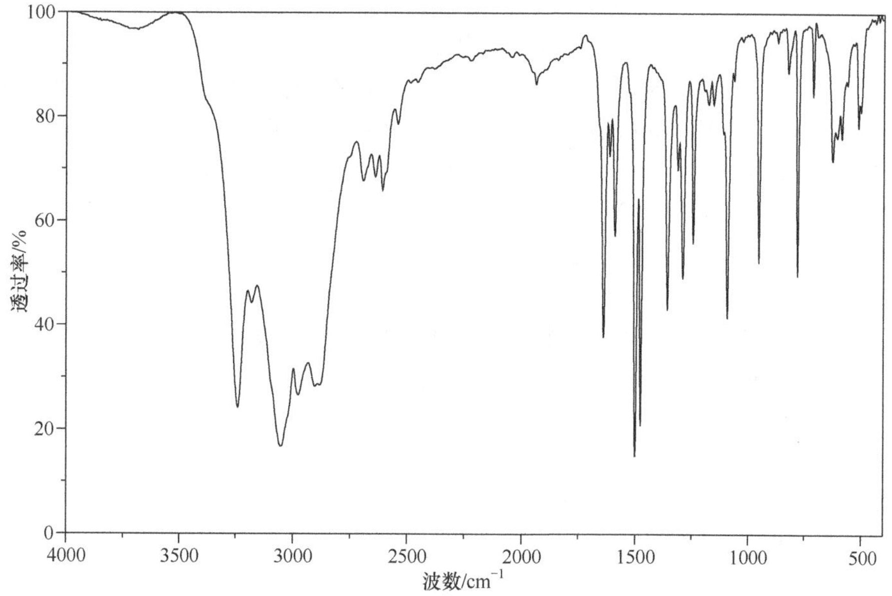

图 6.24　2-氨基-1,3-苯二酚盐酸盐的红外光谱图

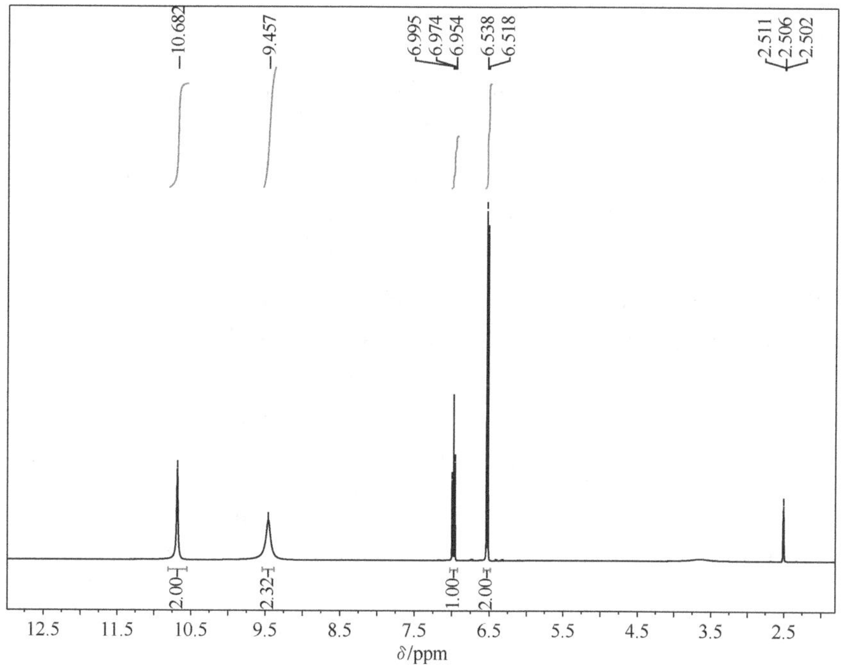

图 6.25　2-氨基-1,3-苯二酚盐酸盐的核磁共振氢谱图(400MHz，DMSO-d_6)

实验十七　阿司匹林的合成

(CAS:50-78-2)

一、背景资料

许多医药品开始都是以植物的粗提取物或民间药物出现，然后才由化学家分离出其中的

活性成分，并测定活性成分的结构，经模拟或简化结构，再进行人工合成，变成效果比原来更好的药物。阿司匹林(aspirin)的研究过程就是其中的一例。

阿司匹林的历史可以追溯到1763年。当时有人发现柳树皮的提取物是一种强效的止痛退热和抗炎消肿药，可用于治疗风湿病和关节炎。后来经过鉴定，其中的活性成分为水杨酸。但水杨酸作为一种药物，由于它的酸性，严重刺激胃壁的黏膜，若用量过大，将导致内出血。为了克服这一缺点，有人将它变成钠盐，但又产生出让人不愉快的甜味，以致病人不愿意服用。直到19世纪初才出现了新的转机，德国Bayer公司化学师Hoffmann发明了合成乙酰水杨酸切实可行的路线，这个产品与水杨酸或其钠盐具有相同的功效，称为阿司匹林。因为它经过胃时不发生变化，副作用小，可以在肠中被肠液的碱性所水解，并释放出水杨酸而产生疗效，所以得到广泛的应用。现在常用的复方解痛片APC就是由阿司匹林、非那西汀和咖啡因组成的。阿司匹林已成为现代生活中不可缺少的药物之一。

二、实验目的

(1) 了解阿司匹林的制备原理、方法和应用。

(2) 进一步熟练掌握重结晶、熔点测定等操作技术。

(3) 学习用红外光谱鉴定有机化合物结构的方法。

三、实验原理

阿司匹林是由水杨酸和乙酸酐合成的。水杨酸中的酚羟基在酸性催化剂的存在下被乙酰化。由于水杨酸是一个既有酚羟基又有羧基的双官能团化合物，在酸存在下发生缩聚反应，产生少量高聚物，该聚合物不溶于$NaHCO_3$溶液，而阿司匹林溶于$NaHCO_3$溶液，生成可溶性的钠盐。可借此将聚合物与阿司匹林分离，产物再用甲苯、乙酸乙酯或丙酮重结晶进一步纯化，除去未反应的水杨酸。最后用三氯化铁稀溶液检验产品中是否有未反应的原料水杨酸，通过IR和^{1}H NMR鉴定其结构。阿司匹林为白色针状晶体，微溶于水，易溶于乙醇，在苛性碱或碳酸钠中溶解，同时分解，在潮湿的空气中缓慢分解，在干燥空气中稳定。

主反应：

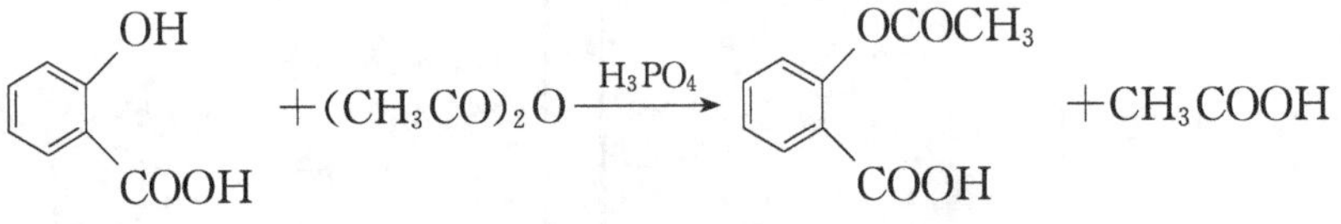

副反应：高聚物

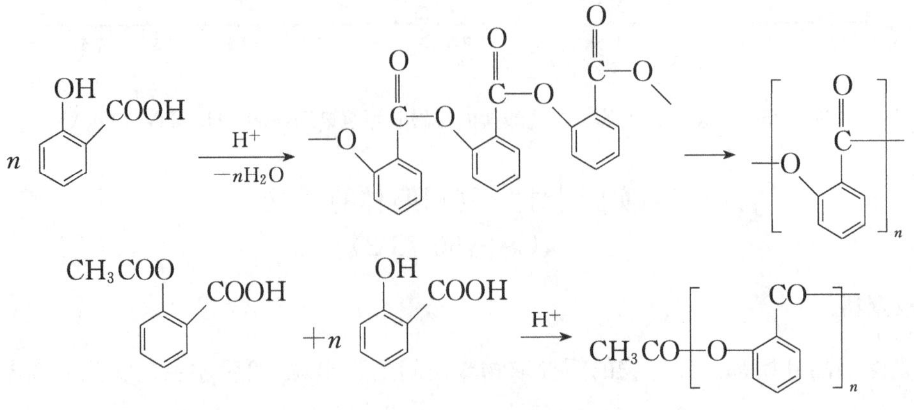

四、实验步骤

1. 反应部分[1]

在放有磁子的干燥的 50mL 圆底烧瓶中依次加入 2.0g(0.0145mol)无水水杨酸、5.0mL(0.05mol)新蒸的乙酸酐[2]和 5 滴 85%磷酸，装上冷凝管及氯化钙干燥管，充分搅拌使物料混匀，在 80～85℃水浴中搅拌加热反应 15min。然后趁热加 2mL H_2O[3]，分解乙酸酐。移去水浴，再加 20mL H_2O 稀释，冰水冷却，使结晶完全。抽滤收集固体，用冰水洗涤(5mL×3)，抽干。

2. 产品的分离、纯化

将粗产物转移到 100mL 烧杯中，在搅拌下加入约 25mL 饱和 $NaHCO_3$ 溶液，直至无 CO_2 气泡产生，抽滤，除去少量高聚物，并用水洗涤(5mL×2)。滤液倒至 100mL 烧杯中，在不断搅拌下慢慢加入约 15mL 1∶1 的盐酸，酸化至 pH 1～2，冰水冷却使结晶完全。抽滤，用少量冰水洗涤晶体两三次，压干滤饼，红外灯干燥(70℃)[4]，称量(约 1.5g)。

保留少量粗品，其余用乙醇-水(1∶3，体积比)重结晶，约 4mL/g 粗品。水浴加热回流，固体溶解后自然冷却结晶，冰水冷却使结晶完全，抽滤，少量溶剂洗涤，抽干，红外灯干燥(70℃)，称量，计算产率。纯粹乙酰水杨酸的熔点 136℃。

3. 产品鉴定

(1) 化学定性分析：在 3 支试管中分别放入少量水杨酸和制得的阿司匹林粗品、精品，加入 1mL 乙醇使晶体溶解，然后加几滴 1%三氯化铁溶液，观察其结果并加以对照，以确定产物中是否有水杨酸存在。

(2) 测定熔点。

(3) IR 分析，与标准 IR 谱图比较，解析图谱并指出各主要吸收峰的归属。

五、注意事项

[1] 仪器和药品均要干燥。

[2] 乙酸酐对人体组织有害，应避免触及皮肤或吸入。

[3] 加水分解过量乙酸酐时会产生大量的热量，甚至使反应物沸腾，因此必须小心操作，可从冷凝管上端慢慢加入。

[4] 阿司匹林受热易发生分解，分解温度为 126～135℃，因此在烘干、重结晶、熔点测定时均不宜长时间加热。测定熔点时先将浴液加热至距熔点 10℃左右时，再放入样品快速测定。

六、思考题

(1) 反应中加入磷酸的目的是什么?

(2) 本实验所制备的阿司匹林可能含有哪些杂质？应如何检验和进一步提纯?

(3) 试写出阿司匹林在体内水解的反应方程式。

(4) 试指出阿司匹林核磁共振谱中各化学位移值的归属。

七、产品的光谱图

产品的光谱图如图 6.26 和图 6.27 所示。

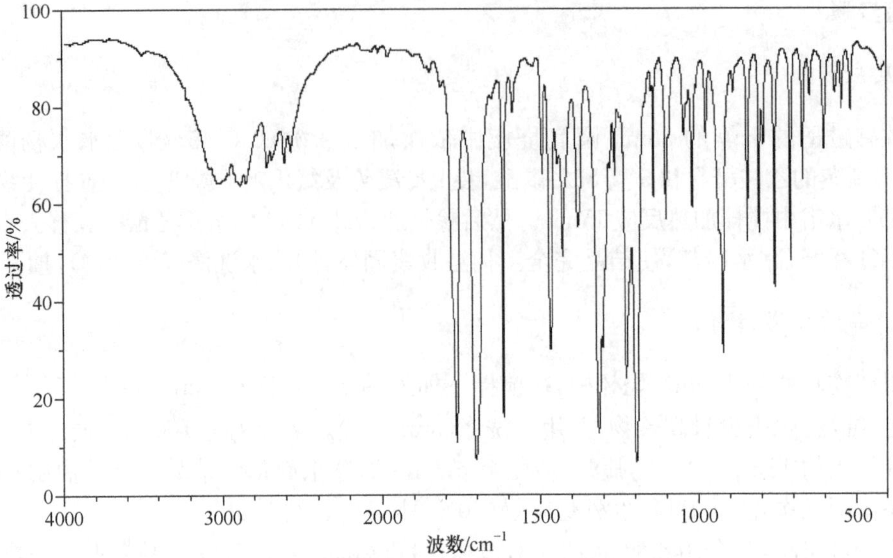

图 6.26　阿司匹林的红外光谱图

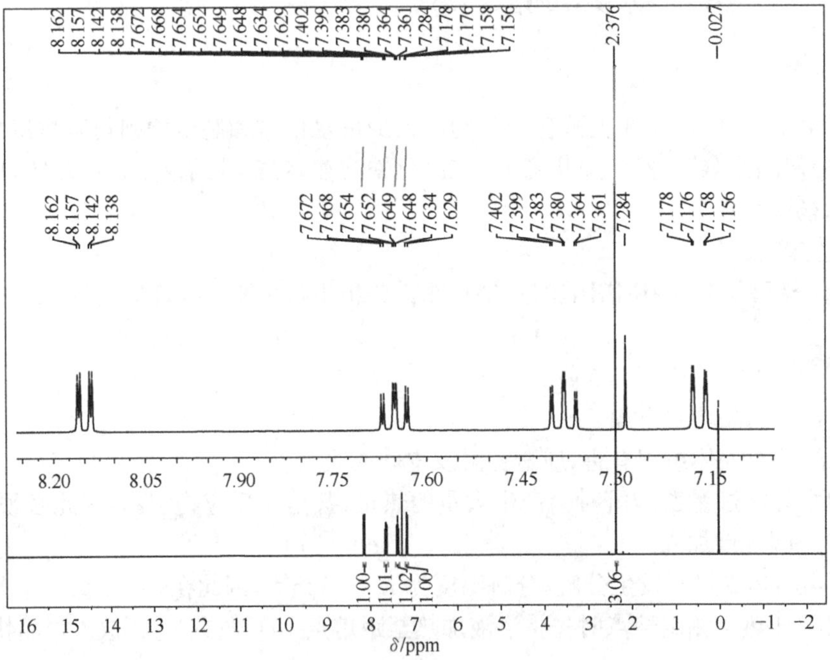

图 6.27　阿司匹林的核磁共振氢谱图(400MHz，$CDCl_3$)

实验十八　甲基橙的制备
(CAS：547-58-0)

一、实验目的

(1) 了解重氮化反应和重氮盐偶联反应的原理和条件。

(2) 掌握重氮盐的制备和重氮盐偶联反应的技术和方法。

二、实验原理

重氮化是制备芳基重氮盐最重要的方法。芳基重氮正离子是弱的亲电试剂，能与高度活化的酚类、芳胺类化合物发生亲电取代反应，生成偶氮化合物(azo compounds)。芳香族偶氮化合物具有高度的热稳定性，有各种颜色，可用作指示剂、染料或颜料。

一般是将芳香族伯胺溶解或悬浮在过量的稀盐酸(HCl 的物质的量为芳胺的 2.5 倍左右)或稀硫酸中，然后在 0～10℃下加入与芳胺物质的量相等的亚硝酸钠的水溶液，通常反应迅速进行，重氮盐的产率差不多是定量的。个别芳胺生成的重氮盐比较稳定，可以在较高的温度，如 40～45℃下重氮化。由于大多数重氮盐都不稳定，温度高容易分解，所以必须严格控制反应温度。重氮盐不宜长期保存，制好后应立即使用，而且通常都不把它分离出来就直接用于下一步合成。对于含—SO_3H、—COOH 等吸电子基的芳伯胺，由于本身生成的内盐不溶于无机酸，因此难以重氮化，这时可采用倒重氮化法，即先将此类化合物溶解在碳酸钠溶液中，加入需要量的亚硝酸钠，再加入稀盐酸。

重氮盐与酚类、芳胺类化合物进行偶联反应时，介质的酸碱性是很重要的。一般重氮盐与酚类的偶联反应是在弱碱性介质中进行的。在此条件下，酚形成苯氧负离子，使芳环电子云密度增加，有利于偶联反应的进行。重氮盐与芳胺的偶联反应是在中性或弱酸性介质中进行的。在此条件下，芳胺以游离胺形式存在，使芳环电子云密度增加，有利于偶联反应进行。如果溶液酸性过强，胺变成铵盐，使芳环电子云密度降低，不利于偶联反应。

甲基橙为橙红色鳞状晶体或粉末，微溶于水，较易溶于热水，不溶于乙醇，显碱性。0.1%的水溶液是常用的酸碱指示剂，pH 变色范围为 3.1(红)～ 4.4(黄)。

甲基橙的制备路线如下：

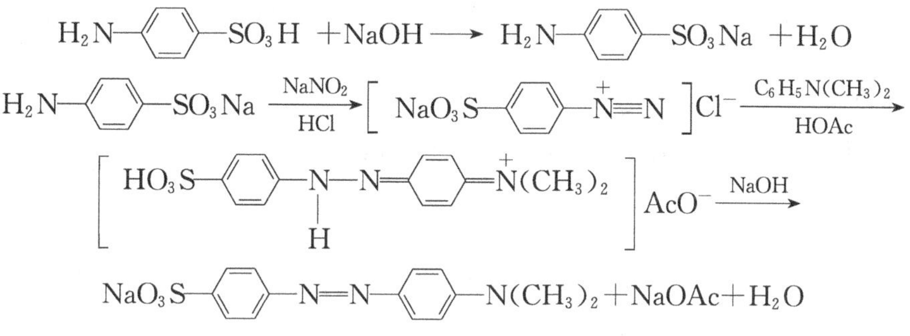

三、实验步骤

1. 重氮盐的制备

在装有冷凝管、搅拌器、滴液漏斗和温度计的 150mL 四颈瓶中放入 10mL 5%氢氧化钠溶液 (0.013mol) 及 2.1g (0.012mol) 对氨基苯磺酸晶体[1]，搅拌下水浴温热使其溶解，再加入 0.8g 亚硝酸钠 (0.011mol) 与 6mL 水配成的溶液，用冰盐浴冷至 0～5℃。在不断搅拌下，将 3mL 浓盐酸与 10mL 水配成的溶液缓缓滴加入上述混合溶液中，并控制温度在 5℃以下。滴加完后用淀粉-碘化钾试纸检验[2]。然后在冰盐浴中继续搅拌反应 15min 以保证反应完全[3]。测定反应液的 pH，用饱和乙酸钠溶液将反应液的 pH 调至 6。

2. 偶联

用移液管取 1.3mL (1.2g,0.010mol)*N*,*N*-二甲基苯胺于滴液漏斗中,再加入 1mL 冰醋酸,混合均匀后,将此混合液在不断搅拌下慢慢滴加到上述冷却的重氮盐溶液中。加完后,继续搅拌反应 10min。然后在 0~5℃滴加 5%氢氧化钠溶液(需 25~30mL),使反应液的 pH 至 10~11,甲基橙粗品呈细粒状沉淀析出[4]。将反应物在沸水浴上加热至全溶,冷至室温后,再在冷水浴中冷却,使甲基橙晶体析出完全。抽滤收集晶体,依次用少量冰水、乙醇、乙醚洗涤,压干。

也可将上述粗产品滤集后,用 1%的氢氧化钠溶液进行重结晶,待结晶完全析出后,抽滤收集晶体,并依次用少量冰水、乙醇、乙醚洗涤[5],得到橙色的小叶片状甲基橙结晶。产量约 2.5g (产率约 76%)。

溶解少许甲基橙于水中,加几滴稀盐酸溶液,然后用稀的氢氧化钠溶液中和。观察颜色变化。

四、注意事项

[1] 对氨基苯磺酸是两性化合物,酸性比碱性强,以酸性内盐存在,所以它能与碱作用成盐而不能与酸作用成盐。

[2] 若试纸不显蓝色,则需补充亚硝酸钠溶液,直至试纸在 8~10s 内显蓝色正好。

[3] 此时若有析出晶体,往往是对氨基苯磺酸的重氮盐。这是因为重氮盐在水中可以电离,形成中性内盐,在低温时难溶于水而形成细小晶体析出。

[4] 若反应物中含有未反应的 *N*,*N*-二甲基苯胺乙酸盐,在加入氢氧化钠后,就会有难溶于水的 *N*,*N*-二甲基苯胺析出,影响产物的纯度。湿的甲基橙在空气中受光的照射后,颜色很快变深,所以一般得紫红色粗产物。

[5] 重结晶操作应迅速,否则由于产物呈碱性,温度高时产物易变质,颜色变深。用乙醇、乙醚洗涤的目的是除去少量有机杂质并使其迅速干燥。

五、思考题

(1) 什么是重氮化反应?为什么此反应必须在低温强酸性及过量亚硝酸盐的条件下进行?

(2) 什么是偶联反应?试结合本实验讨论偶联反应的条件。

(3) 在本实验中,制备重氮盐时为什么要把对氨基苯磺酸变成钠盐?本实验若改成下列操作步骤:先将对氨基苯磺酸与盐酸混合,再滴加亚硝酸钠溶液进行重氮化反应,可以吗?为什么?

(4) 试解释甲基橙在酸碱介质中的变色原因,并用反应式表示。

六、产品的光谱图

产品的光谱图如图 6.28 和图 6.29 所示。

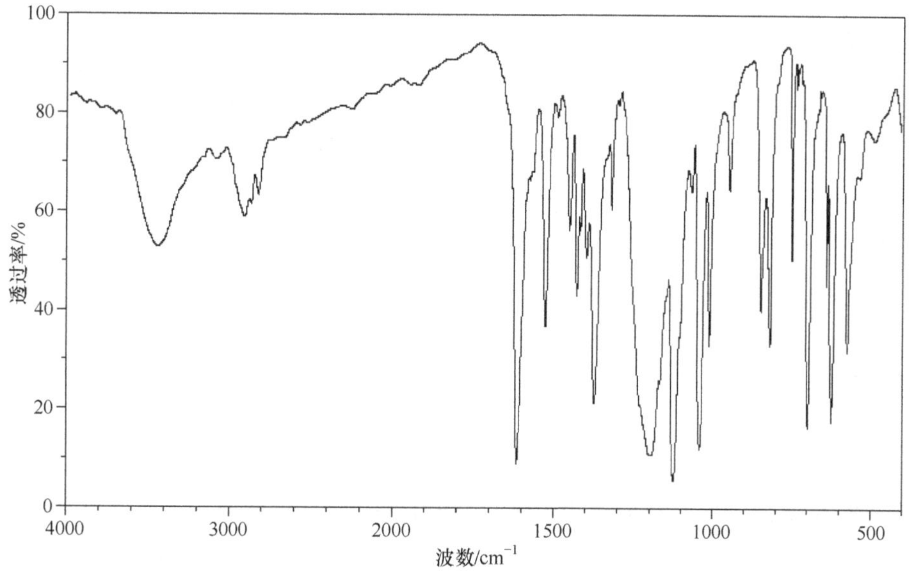

图 6.28 甲基橙的红外光谱图

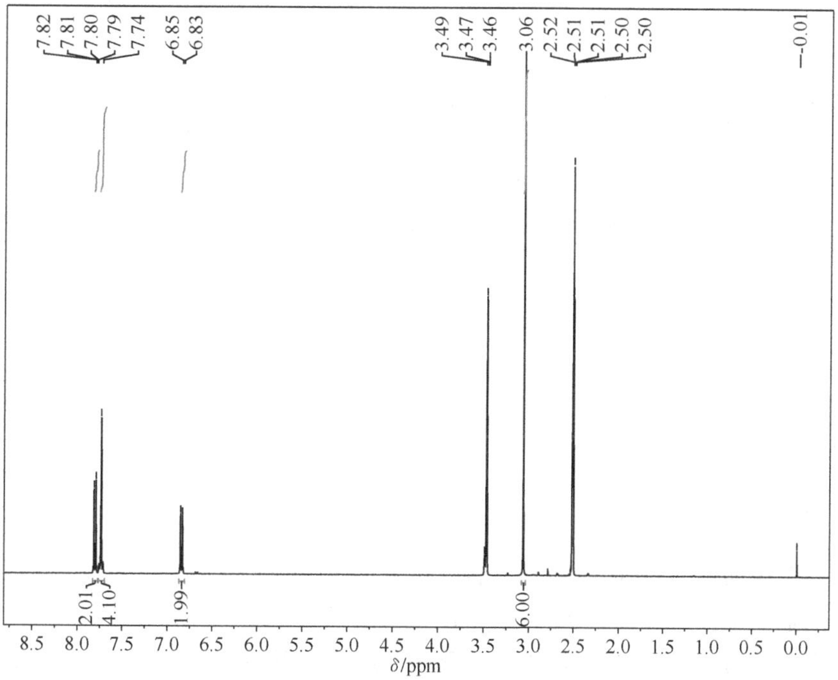

图 6.29 甲基橙的核磁共振氢谱图(400MHz，DMSO-d_6)

实验十九 2-丙基-1,3-二氧戊环的合成
(CAS:3390-13-4)

一、实验目的

(1) 了解官能团保护的基本原理和方法。

(2) 掌握共沸除水的原理以及水分离器的使用。

(3) 学习利用简单分馏分离提纯产品的原理和方法。

二、实验原理

缩醛(酮)是一类重要化合物，通常用于保护羰基或作为合成中间体。丁醛乙二醇缩醛有新鲜的果香香气，可用于多种日化香精配方中。其传统的合成方法是在无机酸或有机酸的催化下由正丁醛与乙二醇合成。

反应式：

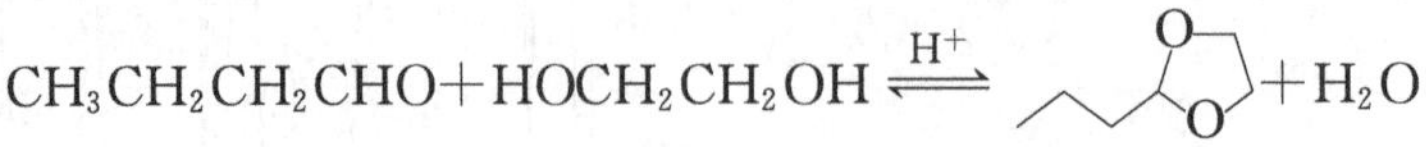

三、实验步骤

1. 制备

在装有搅拌器、温度计、分水器和回流冷凝管的100mL四颈瓶中加入14.4g(0.2mol)丁醛、18.6g(0.3mol)乙二醇和15mL环己烷，搅匀后再加入2g对甲苯磺酸[1]，分水器中加入饱和食盐水距支管约1cm处[2]。加热回流，控制反应温度在88～100℃，回流至分水器中的水层不再升高为止(计量增加的水量)，约50min。反应结束后，冷却至室温，放出分水器中的水层并测量其体积，将有机层并入反应液中。

然后向反应液中加入20mL冰水，充分搅拌后将此溶液转移到分液漏斗中，静置、分去水层，有机层再依次用饱和食盐水(15mL×2)和15mL蒸馏水洗至中性，无水硫酸镁干燥。常压分馏[3]，收集沸程为128～132℃的馏分，称量，计算产率。

纯粹2-丙基-1,3-二氧戊环为无色透明液体，沸点131～132℃，折光率n_D^{20}1.4139，相对密度d_4^{20}0.9395。

2. 产品分析

(1) 测定折光率。

(2) IR、^{1}H NMR分析。

四、注意事项

[1] 对甲苯磺酸易潮解，应迅速称量后即加入反应瓶中。

[2] 分水器中加入饱和食盐水，计量并作上标记。

[3] 常压分馏时，分馏柱最好用填充玻璃填料或瓷环填料的填料柱，并注意保温。

五、思考题

(1) 分水器中为什么不加环己烷或清水而加饱和食盐水？

(2) 反应完毕后为什么加入冰水？有机层用饱和食盐水和蒸馏水洗涤的目的是什么？

(3) 为什么采用简单分馏的方法来收集产品？

六、产品的光谱图

产品的光谱图如图6.30和图6.31所示。

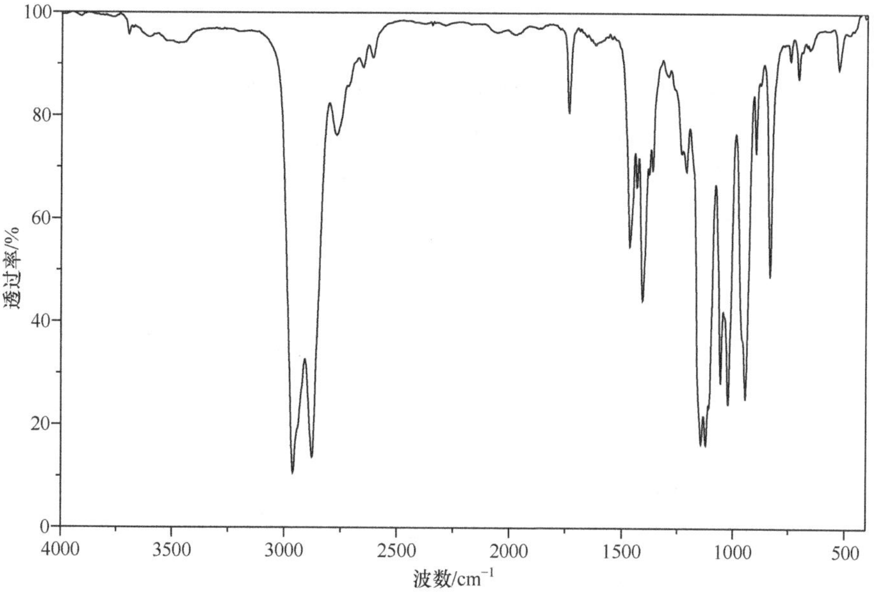

图 6.30　2-丙基-1,3-二氧戊环的红外光谱图

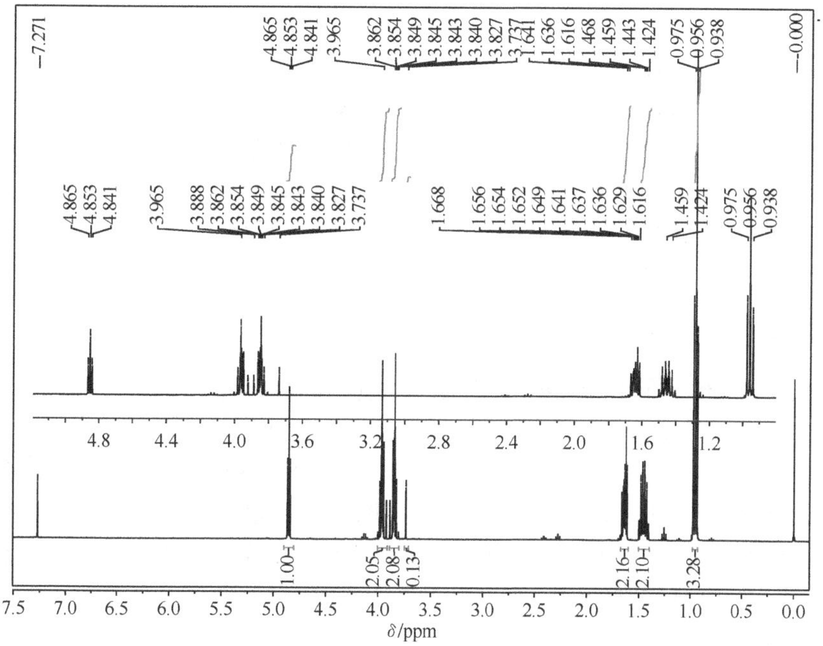

图 6.31　2-丙基-1,3-二氧戊环的核磁共振氢谱图(400MHz, $CDCl_3$)

实验二十　香料“结晶玫瑰”的合成

(CAS:90-17-5)

一、实验目的

(1) 了解氯仿在强碱条件下与醛反应的原理。

(2) 掌握减压蒸馏的仪器安装及操作方法。

(3) 学习多步有机合成技术,复习巩固重结晶操作。

二、实验原理

乙酸三氯甲基苯甲酯是具有玫瑰香气的结晶状香料，商业上称为“结晶玫瑰”。“结晶玫瑰”除可直接作香料外，还是一种良好的定香剂，广泛应用于日化产品中。

“结晶玫瑰”是由苯甲醛和氯仿在强碱氢氧化钠(钾)存在下发生亲核加成反应生成三氯甲基苯甲醇，再以磷酸作催化剂，用乙酸酐作酰化剂进行酯化，经两步反应合成。反应过程如下：

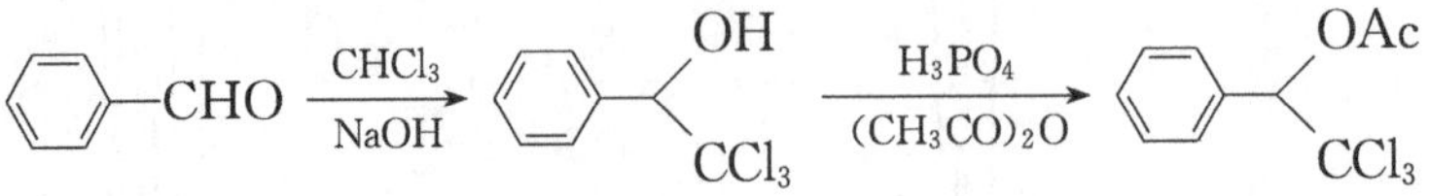

三、实验步骤

1. 三氯甲基苯甲醇的制备

在装有搅拌器、回流冷凝管、滴液漏斗和温度计的100mL四颈瓶中加入0.32g(1mmol)四丁基溴化铵、10.6g(0.1mol)新蒸苯甲醛和24g(0.2mol)氯仿，搅拌下将反应混合物冷至10℃，再加入15mL *N*,*N*-二甲基甲酰胺，然后在15～20℃下缓缓滴加4.8g(0.12mol)氢氧化钠与6.0mL水配成的溶液[1]，约需0.5h。加毕，在30℃下搅拌反应2h后，加入15mL氯仿和40mL冷水，再搅拌15min。将反应混合物转移至分液漏斗中，静置分层。分出有机层，水层用20mL氯仿萃取，合并有机层，加入30mL水，搅拌下加入10%的盐酸，调节pH 6～7。分去水层，有机层再用30mL水洗涤，无水硫酸镁干燥，常压蒸馏除去溶剂，再减压蒸馏收集111～113℃/0.67kPa(5mmHg)的馏分，得无色透明黏稠液体10.7～11.9g，产率47.4%～52.6%。

纯粹三氯甲基苯甲醇的熔点37～38℃，沸点114～116℃/0.67kPa(5mmHg)、137～139℃/2.79kPa(21mmHg)，折光率n_D^{20}1.5684。

2. “结晶玫瑰”的制备

在装有磁子、回流冷凝管(冷凝管上安装干燥管)和温度计的50mL三颈瓶[2]中加入3.4g(0.015mol)三氯甲基苯甲醇和4.0g(0.04mol)乙酸酐，搅拌下加入0.5mL磷酸。加热使反应混合物温度上升至120～125℃反应2h。反应完毕，冷却至室温，搅拌下将反应液倒入20mL冰水中，立即有白色固体析出，再用冰水冷却，抽滤，固体用水洗至中性，少量乙醇洗涤，干燥，得白色粉状固体3.74g，产率93.3%。粗品用无水乙醇重结晶[3]，称量，计算产率。纯“结晶玫瑰”为白色晶体，有清新的玫瑰香气，熔点88～89℃。

3. 产品分析

(1) 测定熔点。

(2) IR、^{1}H NMR分析，并解析谱图，鉴定产品结构。

四、注意事项

[1] 加入氢氧化钠溶液时，将反应温度控制在15～20℃，必须保持有效冷却，防止温度失去控制而急剧上升，增加副反应。

[2] 制备“结晶玫瑰”时，所用仪器必须干燥，否则会影响酯化反应。

[3] 重结晶时，无水乙醇溶剂不能加入太多，否则会降低产品产率。

五、思考题

（1）制备三氯甲基苯甲醇时，如果滴加氢氧化钠溶液时温度未控制好，会增加哪些副反应？

（2）本实验中三氯甲基苯甲醇的产率较低（50％左右），为什么？如何改进？

（3）“结晶玫瑰”粗品为什么用无水乙醇重结晶？

六、产品的光谱图

产品的光谱图如图 6.32 和图 6.33 所示。

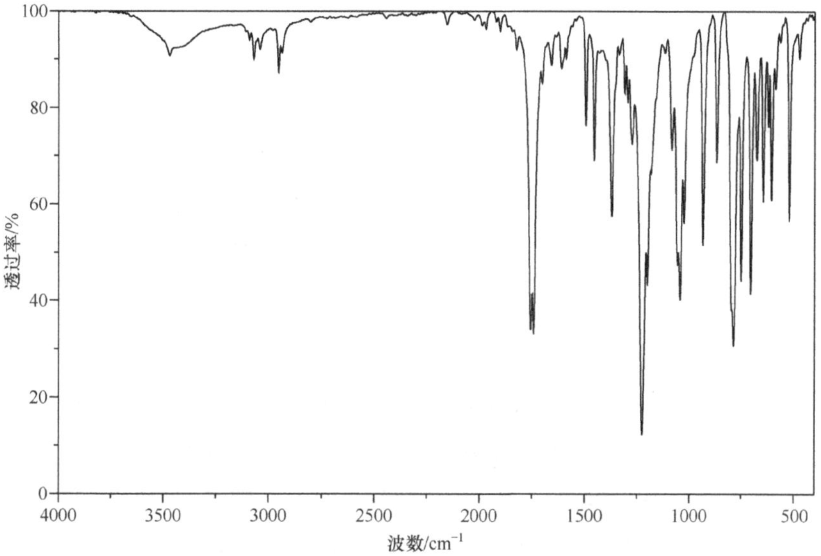

图 6.32　“结晶玫瑰”的红外光谱图

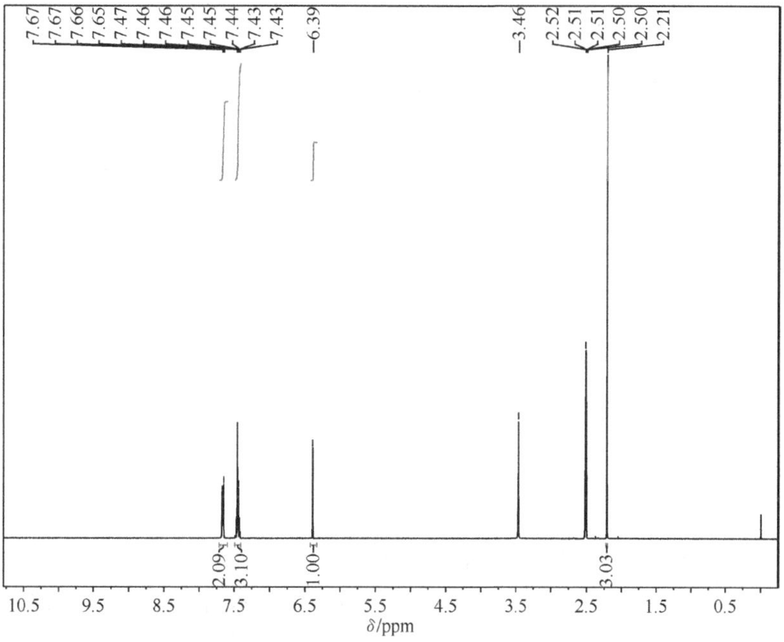

图 6.33　“结晶玫瑰”的核磁共振氢谱图（400MHz，DMSO-d_6）

实验二十一　苯甲酸乙酯的制备

(CAS:93-89-0)

一、实验目的

(1) 了解苯甲酸乙酯的制备原理和方法。

(2) 了解共沸除水的原理和掌握水分离器的使用方法。

(3) 掌握常压蒸馏高沸点有机物的操作技术。

(4) 利用化学手册,查出含水和乙醇的各种三元共沸物。

二、实验原理

羧酸酯一般都是由羧酸和醇在少量浓硫酸催化下作用制得:

$$RCOOH + R'OH \xrightleftharpoons{H_2SO_4} RCOOR' + H_2O$$

这里的浓硫酸是催化剂,它能促使上述可逆反应较快地达到平衡。除浓硫酸外,还可采用干燥的氯化氢、有机强酸或阳离子交换树脂等。在制备甲酸酯时,因为甲酸本身是强酸,所以不需硫酸等其他催化剂。

酯化反应,由于羧酸酯较易水解成羧酸和醇,因此在平衡时一般只有 2/3 的酸和醇转变为酯。为了获得较高产率的酯,通常都用增加酸或醇的用量以及不断移去产物酯或水的方法来进行酯化反应。至于使用过量酸还是过量醇,则取决于原料来源难易和操作是否方便等因素。例如,在制备乙酸乙酯时,用过量的乙醇与乙酸作用,因为乙醇比乙酸便宜;在制备乙酸正丁酯时,则用过量的乙酸与正丁醇反应,因为乙酸比正丁醇容易得到。

除去酯化反应中的产物酯和水,一般都是借形成低沸点共沸物来进行。例如,在制备乙酸乙酯时,酯和水能形成二元共沸混合物(沸点 70.4℃),比乙醇(78℃)和乙酸(118℃)的沸点都低,因此乙酸乙酯很容易被蒸出。在制备苯甲酸乙酯时,因为这个酯的沸点较高(213℃),很难蒸出,所以采用加入苯、环己烷、氯仿等,使乙醇和水与其组成一个三元共沸物,以除去反应中生成的水,使产率有所提高。因为苯的毒性大,不可轻易使用。在本实验步骤中,加入环己烷,它与乙醇和水的三元共沸物的沸点为 62℃,很容易从反应混合物中把水带出。

羧酸酯除直接由酸和醇制备外,还可以由酰氯、酸酐、腈和醇作用而得。制备苯甲酸乙酯的反应式如下:

$$C_6H_5COOH + C_2H_5OH \xrightarrow[C_6H_{12}]{H_2SO_4} C_6H_5COOC_2H_5 + H_2O$$

三、实验步骤

1. 酯化反应

在 100mL 圆底烧瓶中,先放入磁子,然后依次加入 6.1g(0.05mol)苯甲酸、20 mL 95%乙醇、25mL 环己烷,搅匀后再加入 2mL 浓硫酸。加毕,装置水分离器,水分离器上端接一回流冷凝管[图 2.10(g)]。

将烧瓶放在水浴上搅拌加热回流,开始时回流速度要慢,随着回流的进行,苯甲酸逐渐溶解，水分离器中出现上、下两层液体[1]，且下层逐渐增多，当下层高度超过距分水器支管约 1cm 时，开启活塞放出少量下层液体[2]，使下层液体高度始终保持在距分水器支管约 1cm 处。回流 1.5h 后，从冷凝管滴下的回流液中不再有小水珠落入下层，上层液体变得十分澄清，此时可认为酯化反应已经完成。从分水器中分出的下层溶液总共约 18mL。

2. 产品的分离、纯化

继续用水浴加热，使多余的乙醇和环己烷蒸至水分离器中，当充满时可由活塞放出。

将瓶中残留物倒入盛有 60mL 冷水的烧杯中，在搅拌下分批加入碳酸钠粉末[3]，直至中和到无二氧化碳气体产生(**注意：中和至 pH 8～9**)，约需 3g 碳酸钠。将此中和液转移到 125mL 分液漏斗中，分出粗产物[4]，用 15mL 乙醚萃取水层。将乙醚萃取液和粗产物合并，用 10mL 饱和食盐水洗涤，无水氯化钙干燥。先用水浴加热蒸去乙醚，再蒸馏收集 210～213℃的馏分，也可用水泵进行减压蒸馏(124～126℃/10.64kPa)，产量约 5g，产率约 66.7%[5]。

纯粹苯甲酸乙酯的沸点 213℃，折光率 n_D^{20} 1.5001。

3. 产品分析

(1) 测定折光率。

(2) IR 或 ^{1}H NMR 分析，表征产品结构。

(3) GC 分析产品纯度。

分析条件

气相色谱仪：Varian CP-3800；色谱柱：Varian CP-Wax 52 CB；柱长：25m×0.53mm ID；检测器：FID；柱温：60℃，保持 2min，然后以 50℃/min 升温速度升至 220℃，再保持 3min；气化室温度：250℃；检测室温度：250℃；载气(N_2)流量：50mL/min；氢气流量：30mL/min；空气流量：300mL/min；进样量：0.2μL。

四、注意事项

[1] 由反应瓶中蒸出的馏出液为非均相三元共沸物，沸点和组成如下：

沸点(101.3kPa)/℃				质量分数/%		
水	乙醇	环己烷	共沸物	水	乙醇	环己烷
100	78.3	80.8	62.1	4.8	19.7	75.5

它从冷凝管流入水分离器后分为两层，上、下两层的组成如下：

	体积分数(15℃)/%		
	环己烷	乙醇	水
环己烷(上)	94.6	5.20	
水层(下)	71.4	18.2	10.4

[2] 放出少量下层液体，使下层高度始终保持在距分水器支管约 1cm 处，确保乙醇和环己烷及时返回反应体系参与反应，而下层水不会回流到体系中。

[3] 在研细后分批加入，否则会产生大量泡沫而使液体溢出。

[4] 若粗产物与水分层不清，或含有絮状物难以分层，可加些细盐溶入其中，使酯盐析出，也可直接用 15mL 乙醚萃取粗产物，水层再用 15mL 乙醚提取一次。

[5] 本实验也可按下列步骤进行：将 12.2g 苯甲酸、36mL 95%乙醇及 4mL 浓硫酸混合均匀，加热回流 3h 后改成蒸馏装置。蒸去乙醇，后处理方法同上，若用无水乙醇，可提高产率。

五、思考题

(1) 酯化反应之初回流速度要慢，为什么？

(2) 用 Na_2CO_3 中和的目的何在？能否改用 NaOH 中和？

(3) 在分液漏斗中分离粗产品时哪一层是有机层？若用盐析法，有机层在哪一层？

(4) $CaCl_2$ 可用来干燥苯甲酸乙酯，能否用来干燥乙酸乙酯？

(5) 计算本实验中应该共沸蒸出的水的总量。在分水器中的下层是否为纯水？上层的主要组分是什么？

(6) 若不用分水器装置，试计算至少要用多少环己烷才能带出本实验中的全部水量。

(7) 若分水器的侧管口径太细，使用中容易发生什么问题？

(8) 若水在分水器中处于上层而不是下层，该如何设计此种分水器？

(9) 从手册中查出含有水和乙醇的其他各种三元共沸物。

六、产品的光谱图

产品的光谱图如图 6.34 和图 6.35 所示。

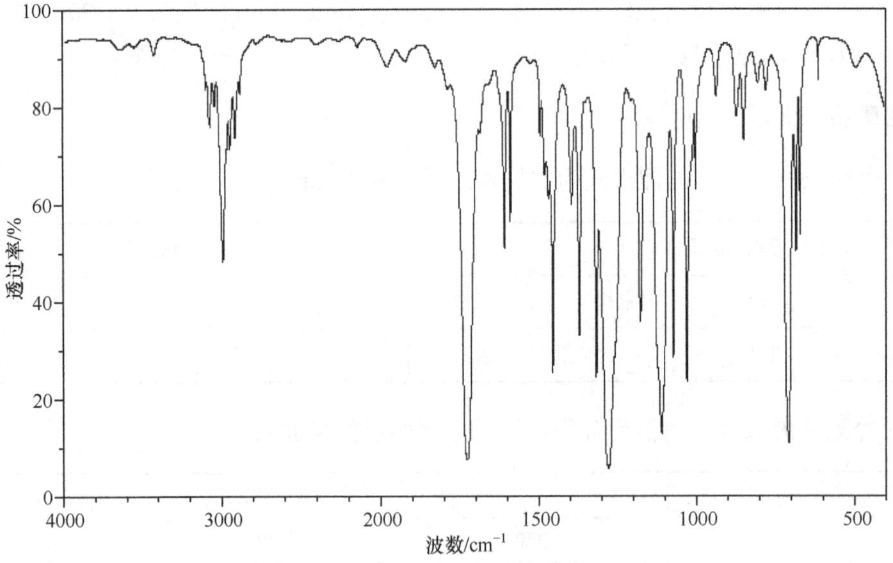

图 6.34　苯甲酸乙酯的红外光谱图

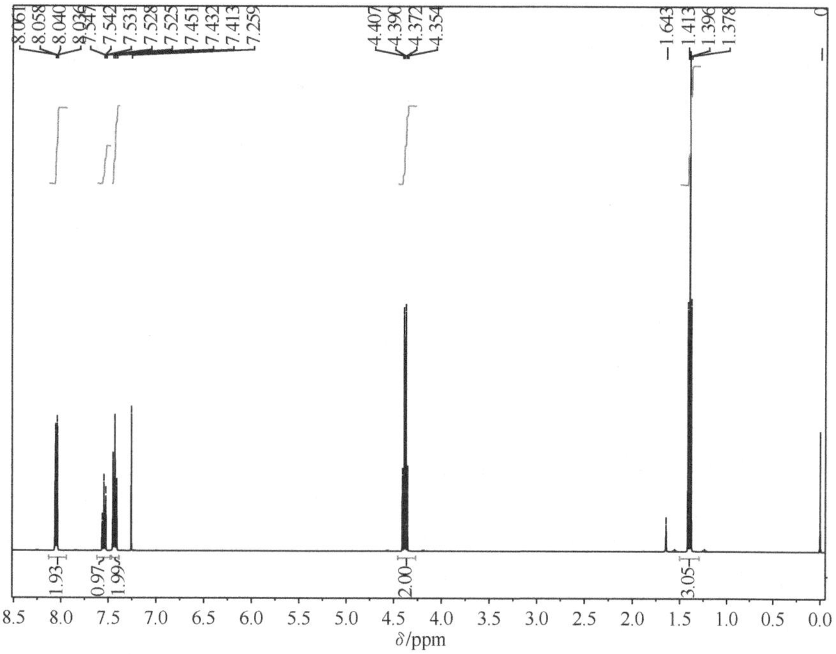

图 6.35　苯甲酸乙酯的核磁共振氢谱图(400MHz，$CDCl_3$)

实验二十二　微波辐射合成苯甲酸乙酯

一、实验目的

(1) 了解微波辐射条件下合成苯甲酸乙酯的原理和方法。

(2) 掌握微波加热进行实验操作的技术。

二、实验原理

羧酸酯一般由羧酸和醇在催化剂存在下直接酯化来制备。通常采用传统的加热方法反应时间长，而微波加热对酯化反应有明显加速作用，比传统的加热法反应时间短。在浓硫酸催化下，苯甲酸和乙醇生成苯甲酸乙酯的反应如下：

$$C_6H_5COOH + C_2H_5OH \xrightarrow[\text{微波}]{H_2SO_4} C_6H_5COOC_2H_5 + H_2O$$

三、实验步骤

1. 酯化反应

在 100mL 圆底烧瓶中依次加入 6.1g(0.05mol)苯甲酸、25mL 95%乙醇、25mL 环己烷，摇匀后再加入 2mL 浓硫酸。充分混合均匀后加入几粒沸石，置于微波炉内，装上空气冷凝管、Y 形加料管、水分离器，水分离器上端接一回流冷凝管(图 6.36)。

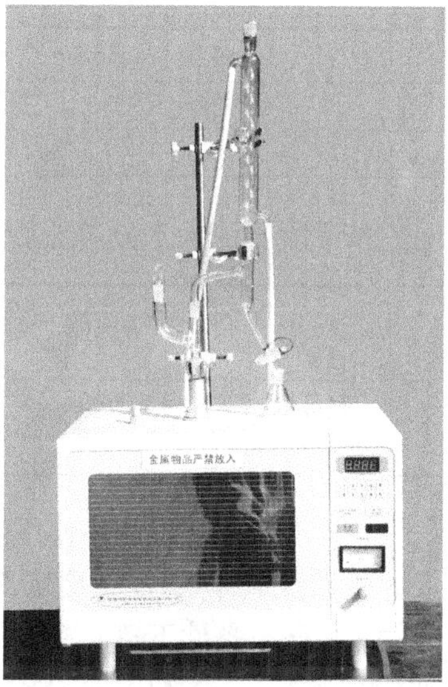

图 6.36　微波酯化反应装置图

先设置反应时间,启动后,将微波炉功率调到 200W,开始回流后,调至 100～160W[1],回流 40min。随着回流的进行,水分离器中出现上、下两层液体[2],且下层逐渐增多,当下层高度超过距分水器支管约 1cm 时,开启活塞放出少量下层液体[3],使下层液体高度始终保持在距分水器支管约 1cm 处。从冷凝管滴下的回流液中不再有小水珠落入下层,上层液体变得十分澄清,此时可认为酯化反应已经完成。从分水器中分出的下层溶液总共约 18mL。

2. 产品的分离、纯化

在圆底烧瓶下放一盛有热水的烧杯,用水浴微波加热[4],使多余的乙醇和环己烷蒸至水分离器中,当充满时可由活塞放出。微波功率 400W(**若烧杯中盛冷水,微波起始功率 600W,回流后调至 400W**),蒸馏时间为 10～15min。

将瓶中残留物倒入盛有 60mL 冷水的烧杯中,在搅拌下分批加入碳酸钠粉末[5],直至无二氧化碳气体产生(**注意:中和至 pH 8～9**),约需 3g 碳酸钠。将此中和液转移到 125 mL 分液漏斗中,分出粗产物[6],用 15mL 乙醚萃取水层。将乙醚萃取液和粗产物合并,用无水氯化钙干燥,先用水浴蒸去乙醚,再蒸馏收集 210～213℃ 的馏分,也可用水泵进行减压蒸馏 (124～126℃/10.67kPa),操作方法详见 3.5 节,产量约 6g (产率 80.0%)。

纯粹苯甲酸乙酯的沸点 213℃,折光率 n_D^{20} 1.5001。

3. 产品分析

(1) 测定折光率。

(2) IR、^{1}H NMR 分析,并对谱图进行解析,鉴定产品结构。

(3) GC 分析产品纯度,分析条件见实验二十一。

四、注意事项

[1] 回流后将功率调至 100W。随着反应的进行,乙醇量减少,回流变慢,根据回流速度随时调节功率。

[2] 由反应瓶中蒸出的馏出液为非均相三元共沸物,沸点和组成如下:

沸点(760mmHg)/℃				质量分数/%		
水	乙醇	环己烷	共沸物	水	乙醇	环己烷
100	78.3	80.8	62.1	4.8	19.7	75.5

它从冷凝管流入水分离器后分为两层。上、下两层的组成如下:

	体积分数(15℃)/%		
	环己烷	乙醇	水
环己烷(上)	94.6	5.20	
水层(下)	71.4	18.2	10.4

[3] 放出少量下层液体使下层高度始终保持在距分水器支管约 1cm 处,确保乙醇和环己烷及时返回反应体系,而下层水不会回流到体系中。

[4] 在微波条件下蒸除溶剂时,浓硫酸的存在容易使有机物炭化。用水浴加热可以分散微波能量,防止反应物因微波能量太大而发生炭化。水浴液面要始终保持高于反应液液面,所以在蒸馏过程中随时注意观察,及时补充烧杯中水分。

[5] 在研细后分批加入，否则会产生大量泡沫而使液体溢出。

[6] 若粗产物与水分层不清，或含有絮状物难以分层，可加些细盐溶入其中，使酯盐析出来。也可直接用 15mL 乙醚萃取粗产物，水层再用 15mL 乙醚提取一次。

五、思考题

(1) 为什么微波辐射能加速酯化反应？微波功率的大小对产物的产率是否有影响？

(2) 用 Na_2CO_3 中和的目的何在？能否改用 NaOH 中和？

(3) 在分液漏斗中分离粗产品时哪一层是有机层？若用盐析法，有机层在哪一层？

(4) $CaCl_2$ 可用来干燥苯甲酸乙酯，能否用来干燥乙酸乙酯？

(5) 计算本实验中应该共沸蒸出的水的总量。在分水器中的下层是否为纯水？上层的主要组分是什么？

(6) 若不用分水器装置，试计算至少要用多少环己烷才能带出该实验中的全部水量。

(7) 若分水器的侧管口径太细，使用中容易发生什么问题？

(8) 若水在分水器中处于上层而不是下层，该如何设计此种分水器？

(9) 从手册中查出含有水和乙醇的其他各种三元共沸物。

六、产品的光谱图

产品的光谱图如图 6.34 和图 6.35 所示。

实验二十三　无水乙醚的制备

(CAS:60-29-7)

一、实验目的

(1) 了解溶剂纯化的原理和方法。

(2) 学习低沸点易燃液体有机物的无水回流、蒸馏等基本操作。

(3) 掌握金属钠的使用方法。

二、实验原理

在有机合成中，常需要根据反应特性选用适宜规格的溶剂。对于某些反应，即使只有微量有机杂质和痕量水的存在，也会对反应速率和产率等发生很大的影响，而市售的各种规格有机溶剂未必能满足要求，因此在使用前需对溶剂进行进一步纯化处理。

乙醚能溶解多数有机化合物，是有机合成中常用的溶剂。市售的乙醚中常含有一定量的水、乙醇、乙醛，如果储藏不当还容易产生少量的过氧化物等杂质，这对于要求以无水乙醚作溶剂的反应（如 Grignard 反应），不仅影响反应的进行，且易发生危险。试剂级的无水乙醚往往也达不到要求，且价格较贵。因此在实验前常自行制备。制备无水乙醚时首先要检验有无过氧化物。为此，取少量乙醚与等体积的 2%碘化钾溶液加入几滴稀盐酸一起振摇，若能使淀粉溶液呈紫色或蓝色，即证明有过氧化物存在。除去过氧化物可在分液漏斗中加入普通乙醚体积 1/5 的新配制硫酸亚铁溶液[1]，剧烈摇动后分去水溶液。

本实验用浓硫酸及金属钠作干燥剂[2]，所得无水乙醚可用于 Grignard 反应。

三、实验步骤

在 250mL 圆底烧瓶中放入 100mL 除去过氧化物的普通乙醚和几粒沸石，装上 Y 形管。在两个管口分别装上回流冷凝管及盛有 10mL 浓硫酸的滴液漏斗，冷凝管和滴液漏斗的顶端再分别装上氯化钙干燥管(**若为恒压滴液漏斗可不装干燥管**)，通入冷凝水，将浓硫酸慢慢滴入乙醚中，由于脱水作用产生热，乙醚会自行沸腾，加完后摇动反应物。

待乙醚停止沸腾后，改成蒸馏装置。在应接管开口处连上氯化钙干燥管，并通过与干燥管连接的橡皮管把乙醚蒸气导入水槽，加入沸石后，用水浴加热蒸馏。蒸馏速度不宜太快，以免乙醚蒸气冷凝不下来而逸散室内[3]，当收集到约 70 mL 乙醚，且蒸馏速度显著变慢时，即可停止蒸馏。将瓶内所剩残液倒入指定的回收瓶中，切不可将水加入残液中(**为什么?**)。

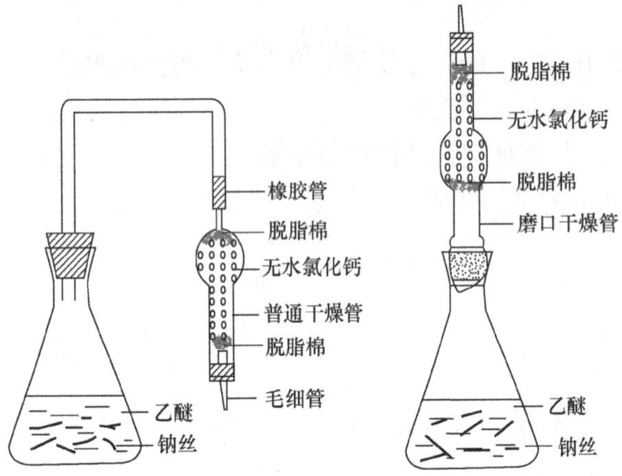

图 6.37　金属钠干燥乙醚装置

在蒸馏收集的乙醚锥形瓶中加入 1g 钠丝，然后用氯化钙干燥管塞住瓶口，干燥管另一端连一木塞或橡皮塞，中间插一末端拉成毛细管的玻璃管(图 6.37)，使乙醚中残留的少量水和乙醇转化为氢氧化钠和乙醇钠。若不再有气泡逸出，同时钠的表面较好，则可储存备用。若放置后，金属钠表面已全部发生作用，需重新添加少量钠丝，放置至无气泡发生。这种无水乙醚可符合一般无水要求[4]。

纯粹乙醚的沸点 34.5℃，折光率 n_D^{20} 1.3526。

四、注意事项

[1] 硫酸亚铁溶液的配制：在 110mL 水中加入 6mL 浓硫酸，然后加入 60g 硫酸亚铁。硫酸亚铁溶液久置后容易氧化变质，因此需在使用前临时配制。使用较少的乙醚制取无水乙醚时，可免去硫酸亚铁溶液洗涤。

[2] 也可在 100mL 乙醚中加入 4～5g 无水氯化钙代替浓硫酸作干燥剂，并在下步操作中用五氧化二磷代替金属钠而制得合格的无水乙醚。

[3] 乙醚为无色透明易挥发易燃液体，20℃时蒸气压为 58.6kPa；蒸气相对密度(空气 =1)：2.6；闪点：−45℃(闭杯)；自燃温度：160～180℃；与 10 倍体积的氧混合成的混合气体，遇火花即能发生剧烈爆炸。乙醚有毒，空气中乙醚浓度达 3.6%～6.5%时，使人麻醉；浓度大于 10%时能致死，空气中允许的极限浓度为 400ppm。故在使用和蒸馏过程中，一定要谨慎小心，远离火源。尽量不让乙醚蒸气散发到空气中，以免造成意外。

[4] 若需要更纯的乙醚，则在除去过氧化物后，用 0.5%高锰酸钾溶液与乙醚共振摇，使其中含有的醛类氧化成酸，然后依次用 5% NaOH、水洗涤，经干燥、蒸馏后，再加钠丝。

五、思考题

(1) 蒸馏易挥发、易燃溶剂时，有哪些注意事项?

(2) 画出蒸馏无水乙醚的装置图。

(3) 实验中如果一旦发生乙醚着火事故，应采取什么措施?

六、产品的光谱图

产品的光谱图如图 6.38 和图 6.39 所示。

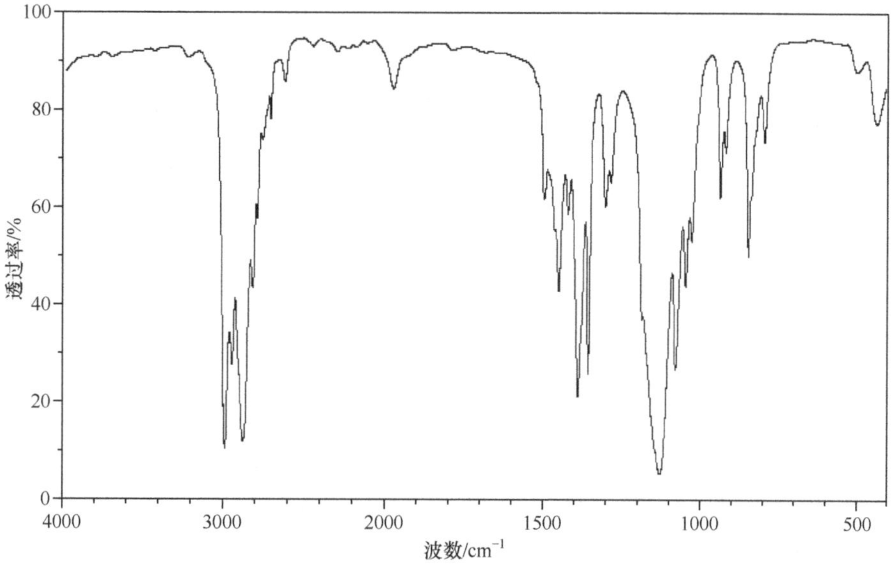

图 6.38　乙醚的红外光谱图

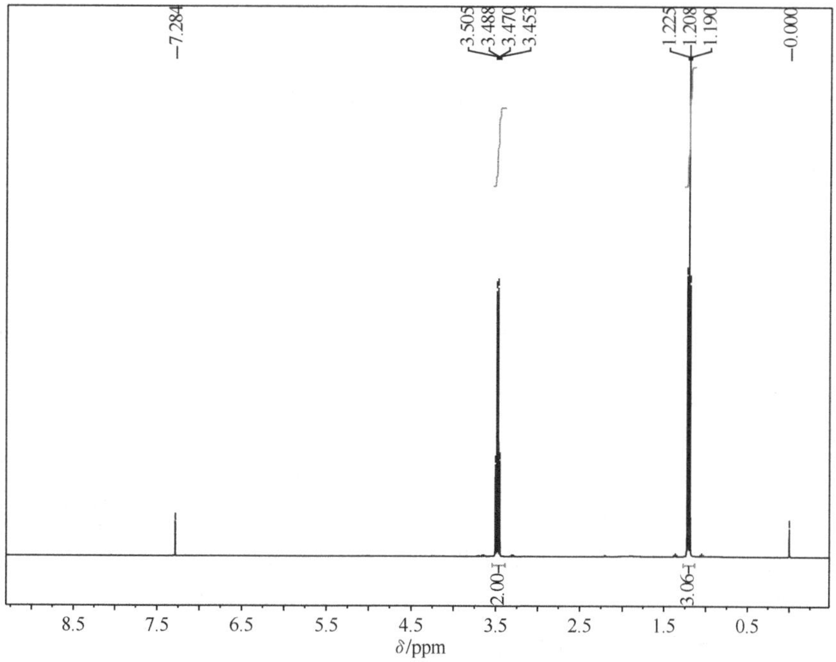

图 6.39　无水乙醚的核磁共振氢谱图(400MHz，$CDCl_3$)

实验二十四　三苯甲醇的合成
（CAS：76-84-6）

一、实验目的

（1）学习 Grignard 试剂的制备原理和方法。

（2）学会正确安装带有机械搅拌器的三颈瓶无水反应装置及使用方法。

（3）复习巩固滴液漏斗、分液漏斗的使用，低沸点易燃溶剂的蒸馏，水蒸气蒸馏，混合溶剂重结晶，熔点测定等基本操作。

（4）学习紫外光谱和高效液相色谱分析产品的原理、仪器操作及其在有机化合物研究中的应用。

二、实验原理

三苯甲醇可由 Grignard 反应，用下列任一种方法制取：

（1）二苯甲酮与苯基溴化镁的反应

$$C_6H_5Br + Mg \xrightarrow{\text{无水乙醚}} C_6H_5MgBr$$

$$(C_6H_5)_2C{=}O + C_6H_5MgBr \xrightarrow{\text{无水乙醚}} (C_6H_5)_3COMgBr \xrightarrow[H_2O]{NH_4Cl} (C_6H_5)_3COH$$

（2）苯甲酸乙酯与苯基溴化镁的反应

$$C_6H_5CO_2C_2H_5 + C_6H_5MgBr \xrightarrow{\text{无水乙醚}} (C_6H_5)_2\overset{\displaystyle OC_2H_5\atop|}{C}OMgBr \longrightarrow (C_6H_5)_2C{=}O + Mg(OC_2H_5)Br$$

$$(C_6H_5)_2C{=}O + C_6H_5MgBr \xrightarrow[2.\ NH_4Cl,\ H_2O]{1.\ \text{无水乙醚}} (C_6H_5)_3COH$$

三、实验步骤

1. 制备

方法一：二苯甲酮与苯基溴化镁的反应

在 250mL 三颈瓶上分别装置搅拌器、冷凝器及滴液漏斗[1]。在冷凝器及滴液漏斗的上口分别装置氯化钙干燥管。瓶内放置 1.5g（0.06mol）镁屑[2]，滴液漏斗中放置 6.4mL（9.5g，0.06mol）溴苯及 30mL 无水乙醚，混合均匀。先滴入 3～5mL 混合液至三颈瓶中[3]（先不搅拌），片刻后即发生反应。若不发生反应，可用温水浴或手心温热反应瓶，使反应尽快发生。若反应仍不能发生，加一小粒碘诱发反应[4]（反应引发现象：发热，瓶壁有乙醚回流，有气泡产生，若加碘引发则为颜色变浅）。引发后缓慢搅拌，继续缓缓滴入其余的溴苯乙醚溶液[5]以保持溶液微微沸腾。加毕，用温水浴加热回流 0.5h，使镁屑作用完全[6]。

将三颈瓶放在冷水浴中冷却，搅拌下滴加 11g（0.06mol）二苯甲酮和 30mL 无水乙醚的混合溶液。滴加完后，用温水浴加热回流 0.5h，促使反应完全。

用冰水浴冷却反应瓶，自滴液漏斗滴入用 12g 氯化铵配制的饱和溶液（约加 45mL 水），分解加成产物[7]。先分出醚层，再用热水浴蒸去乙醚。然后进行水蒸气蒸馏，除去未反应的溴苯和副产物联苯，至无油珠状物馏出为止。瓶中三苯甲醇呈固体析出，冷却，抽滤收集固体并用水及低沸点石油醚洗涤[8]粗产物，烘干后用乙醇-水重结晶[9]得白色棱状三苯甲醇结晶，熔点 160～162℃，产量约 10g（产率约 64%）。

方法二：苯甲酸乙酯与苯基溴化镁的反应

用 1.5g（0.06mol）镁屑和 6.4mL（0.06mol，溶于 30mL 无水乙醚）溴苯按方法一制成 Grignard 试剂后，冷水浴冷却下滴加 3.6mL（3.8g，0.025mol）苯甲酸乙酯溶于 15mL 无水乙醚的溶液，加毕，加热回流 1h。将三颈瓶用冰水浴冷却，加入 20g 碎冰（或 20mL 冰水），然后滴加 1∶1 的水和浓盐酸约 20mL 分解加成产物。分出醚层，水层用 15mL 乙醚提取一次，将乙醚层合并，蒸去乙醚后，加入 20mL 石油醚（90～120℃），搅拌、浸泡或回流片刻，抽滤，滤饼再用 10mL 石油醚洗涤，抽干得粗产品后进行水蒸气蒸馏，至无油珠状物馏出为止。冷却，抽滤收集固体并用水洗涤，干燥（微波干燥：400W，3min×2）。固体经乙醇-水重结晶（晶体用微波干燥：400W，3min），得到纯净的三苯甲醇结晶，测定熔点，称量。产量约 4.5g（产率约 58%）。

2. 产品分析

(1) 测定熔点。三苯甲醇的熔点文献值为 164.2℃。

(2) UV 分析，测定产品最大吸收波长，为 HPLC 确定最佳工作波长及鉴定产品结构。

仪器：UV-2401；比色皿：1.0cm；参比溶液：乙腈；吸光度：0～3.5；扫描波长范围：300～190nm；三苯甲醇溶液的浓度：0.1g・L^{-1}，溶剂：乙腈。

(3) HPLC 分析产品质量。

分析条件

仪器：Agilent 1100LC；色谱柱：ODS 柱 4.6mm×250mm×5μm（国产）；流动相：CH_3CN-H_2O（70∶30，体积比）；进样量：20μL；柱温：40℃；紫外检测器，检测波长：230nm；流速：1.0mL/min。

三苯甲醇含量计算：

$$样品含量(\%)=\frac{W_{标样三苯甲醇}\times A_{样品}}{W_{样品三苯甲醇}\times A_{标样}}\times 100\%$$

(4) 除仪器分析外，也可采用薄层色谱鉴定产物和副产物。

用滴管吸取少量水解后的醚溶液于一干燥小锥形瓶中，在硅胶 GF_{254} 层析板上点样，用甲苯-石油醚（1∶1，体积比）作展开剂，在紫外灯下观察，用铅笔在荧光点的位置作记号。从上到下四个点分别代表联苯、苯甲酸乙酯、二苯甲酮和三苯甲醇，计算其 R_f 值。若有可能，用标准样品进行比较。

取少量重结晶产品溶于乙醚中，按上述方法测定重结晶产品的纯度。

四、注意事项

[1] 所有的仪器及试剂必须充分干燥。仪器在烘箱中烘干后，取出稍冷即放入干燥器中冷却。或将仪器取出后，立即装好，并在开口处装上干燥管，以防止在冷却过程中玻璃壁吸附空气中的水分。

[2] 镁屑应用新刨制的，若长期放置，镁屑表面常有一层氧化膜，可采用以下方法除去：与

5%盐酸溶液作用数分钟，抽滤除去酸液后，依次用水、乙醇、乙醚洗涤。抽干后置于干燥器内备用。

[3] 使镁屑浸没在溶液中即可。

[4] 溴苯与金属镁的反应需要较高的活化能，因此开始反应不容易进行。应加入碘作催化剂，降低反应的活化能。但碘不宜加多，一小粒即可，否则产品颜色深，副产物增多。如果不加碘可以反应，最好不加碘。碘的催化过程如下：

$$Mg + I_2 \longrightarrow MgI_2 \xrightarrow{Mg} 2 \cdot MgI$$

$$\cdot MgI + RX \longrightarrow R\cdot + MgXI$$

$$MgXI + Mg \longrightarrow \cdot MgX + \cdot MgI$$

$$R\cdot + \cdot MgX \longrightarrow RMgX$$

[5] 一定要等引发后，慢慢启动搅拌，并待反应较为平稳后缓缓滴加余下的溴苯醚溶液。控制滴加速度（**使溴苯醚溶液的滴加速度与乙醚的回流速度基本一致**），保持溶液微沸。若回流慢，滴加稍快；回流快，滴加稍慢。反应不得过于剧烈，回流蒸气保持在冷凝管的半球处，否则反应过于剧烈，且会增加副产物联苯的生成。

[6] 若仍有少量残留的镁，并不影响下面的反应。

[7] 若絮状氢氧化镁未全溶，可再加入几毫升稀盐酸促使其全部溶解。

[8] 石油醚洗涤目的是除去未反应的原料及副产物联苯等。因石油醚不溶于水，洗涤之前粗产品必须干燥，否则影响洗涤效果。将干燥后的粗产物放入烧杯中，用石油醚(10mL×2)充分洗涤（用磨口塞研磨），每洗一次均要过滤抽干，目的是除去联苯、有色杂质，可使黄色粗品在重结晶后变白。本实验的其他处理方法：也可以不经分液、萃取等操作，直接将水解产物蒸去乙醚，再将残余物进行水蒸气蒸馏，以除去未反应的溴苯及联苯等副产物。

[9] 用乙醇-水混合溶剂重结晶操作如下：先用最少量的热乙醇使三苯甲醇晶体溶解，然后趁热滴加热水至溶液出现浑浊，再加热使浑浊消失，溶液变为清亮，冷却抽滤析出的结晶。如果在重结晶过程中溶液的颜色较深，则在加热水前加入少量活性炭脱色并趁热过滤，除去活性炭后再滴加热水。

五、思考题

(1) 该实验中会产生哪些副产物？如何抑制这些副产物的产生？

(2) 画出粗产物纯化步骤的流程示意图。

(3) 用混合溶剂进行重结晶时，何时加入活性炭脱色？能否加入大量的不良溶剂，使产物全部析出？抽滤后的结晶应该用什么溶剂洗涤？

六、产品的光谱图

产品的光谱图如图 6.40 和图 6.41 所示。

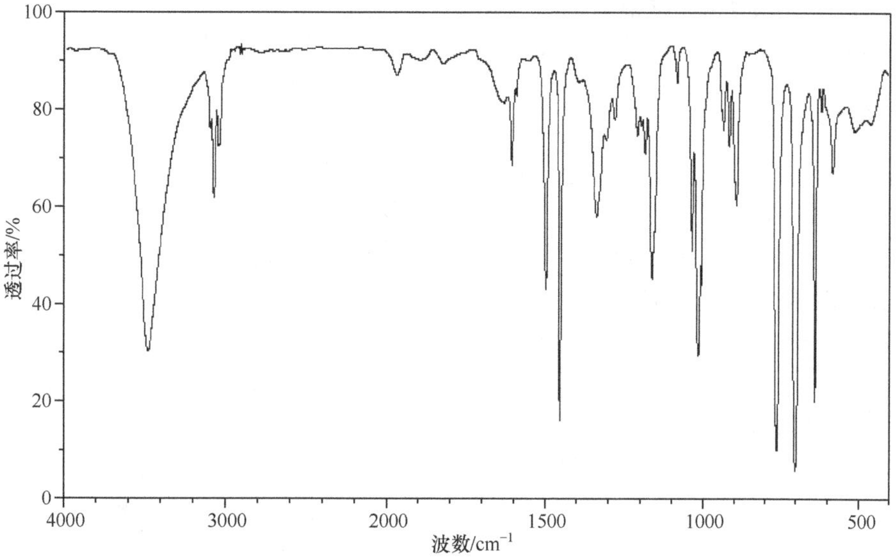

图 6.40　三苯甲醇的红外光谱图

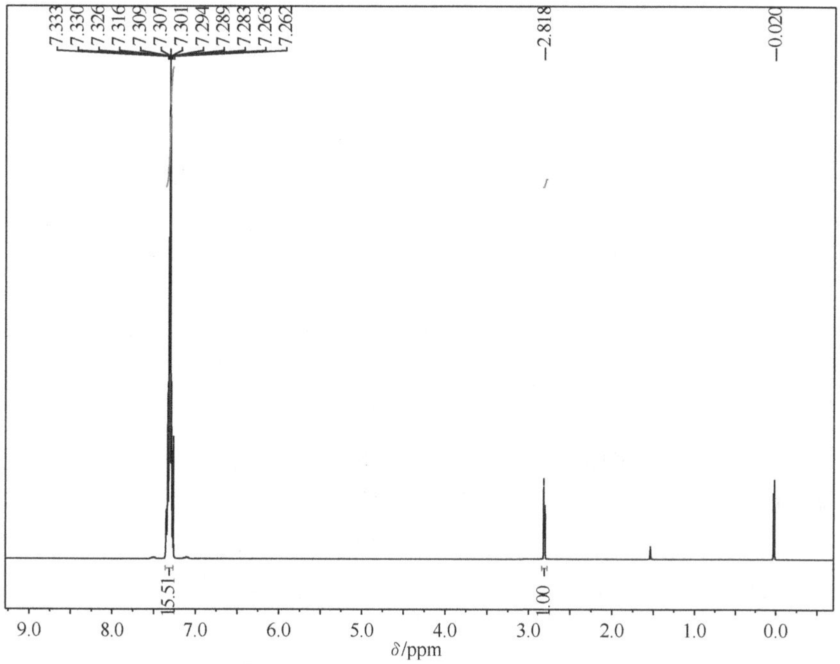

图 6.41 三苯甲醇的核磁共振氢谱图(400MHz，$CDCl_3$)

实验二十五　环己酮的合成
(CAS：108-94-1)

一、实验目的

(1) 了解利用仲醇氧化制备酮类化合物的原理和方法。

(2) 了解相转移催化剂的作用原理及其在有机合成上的应用。

(3) 掌握高沸点有机物蒸馏装置的安装及操作方法。

(4) 掌握用 GC-MS 及 IR、^{1}H NMR 分析产品质量及表征结构的方法。

二、实验原理

环己酮作为一种重要的有机化工原料，广泛应用于纤维、合成橡胶、涂料、医药、农药和有机溶剂等工业。环己酮的实验室制备方法主要有两种：一种是用浓硫酸催化的重铬酸钠氧化法，该法缺点是污染环境，药品较贵，而且催化剂用量较大，后处理烦琐；另一种是以次氯酸钠为氧化剂，同样存在操作烦琐和环境污染等问题。因此，必须研究和开发新的绿色氧化方法和氧化体系，实现环己酮的清洁合成，消除环境污染。

本实验以二水合钨酸钠及磷酸为催化剂、H_2O_2 为氧化剂、四丁基溴化铵(TBAB)为相转移催化剂，催化氧化环己醇合成环己酮。

过氧化氢是一种清洁、价廉易得的绿色氧化剂，不仅反应条件温和，而且反应过程中只产生水，对环境友好。若单独使用 H_2O_2，氧化反应的活性较低，须加入催化剂提高其氧化活性。二水合钨酸钠与磷酸配合起催化作用，二水合钨酸钠在磷酸的作用下先生成磷钨杂多配合物，再与 H_2O_2 形成过氧钨酸配合物，在过氧化钨酸配合物的作用下，环己醇被氧化成环己酮。这种过氧钨酸配合物可能是氧化反应的真正催化剂。

反应式：

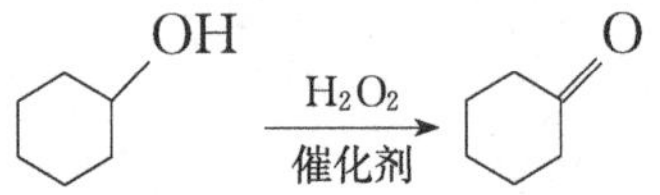

三、实验步骤

1. 制备

在装有回流冷凝管、恒压滴液漏斗、温度计及磁子的 100mL 三颈瓶内依次加入 10g (0.1mol)环己醇、0.64g (6.5mmol)浓磷酸、0.68g(2.0mmol)二水合钨酸钠、0.8g(2.5mmol)四丁基溴化铵。搅拌 10min 后，水浴加热至 65～70℃，在此温度下缓慢滴加 31mL(0.3mol) 30%过氧化氢[1]，5min 后反应体系开始大量放热[2]，溶液变成黄色，控制体系温度为 75～80℃，使反应平稳进行。滴加完毕，在 75～80℃下搅拌反应 2～2.5h，溶液颜色逐渐变浅，直至黄色消失，用薄层层析跟踪反应[3]。反应结束后，冷却，向反应瓶中加入 30mL 水，将回流装置改为蒸馏装置，收集 90～100℃的馏分[4]。将馏出液用食盐饱和后转入分液漏斗中，分出有机层，水层用乙醚萃取(10mL×3)，合并有机层，用等体积的饱和氯化钙溶液洗涤，有机层用无水硫酸钠干燥。先蒸馏除去乙醚，再蒸馏收集 150～156℃的馏分，称量，计算产率。

环己酮的沸点 154～156℃，折光率 n_D^{20} 1.4507。

2. 产品分析

(1) 测定折光率。

(2) IR、^{1}H NMR 和 GC 分析。

GC 分析条件(面积归一化法)

仪器：Varian CP-3800；色谱柱：Varian CP-Wax 52 CB(聚乙二醇柱)；柱长：25m × 0.53mm ID；柱温：60℃保持 1min，然后以 5℃/min 升温速度升至 180℃，保持 5min；气化温

度：200℃；检测器（FID）温度：300℃；载气（氮气）流速：50mL/min；空气流速：300mL/min；氢气流速：30mL/min；进样量：0.2μL。

四、注意事项

[1] 过氧化氢不稳定，易分解，一定要用新鲜的。取用时要小心，切勿沾到皮肤上，以免皮肤被灼伤。一旦沾到皮肤上，立即用大量水冲洗干净。

[2] 反应剧烈放热，通过控制滴加速度及撤去热浴等方式控制反应温度为 75～80℃。

[3] 薄层层析展开剂：石油醚（60～90℃）-乙酸乙酯（10∶1，体积比），$KMnO_4$显色。

[4] 环己酮与水的共沸物沸点为 95℃，环己醇与水的共沸物沸点为 97℃。水的馏出量不宜过多，否则即使盐析，仍不可避免有少量环己酮溶于水而损失。环己酮在水中的溶解度：31℃时，2.4g/100mL 水。

五、思考题

(1) 本实验中的几种催化剂分别起什么作用？

(2) 为什么要严格控制反应温度为 75～80℃？温度过高或过低有什么不好？

(3) 薄层层析跟踪反应，展开后为什么采用高锰酸钾显色？还可用哪些显色方法？

(4) 馏出液用食盐饱和的目的是什么？有机层为什么要用饱和氯化钙溶液洗涤？

(5) 产品中可能存在的主要杂质是什么？如何除去？

六、产品的光谱图

产品的光谱图如图 6.42 和图 6.43 所示。

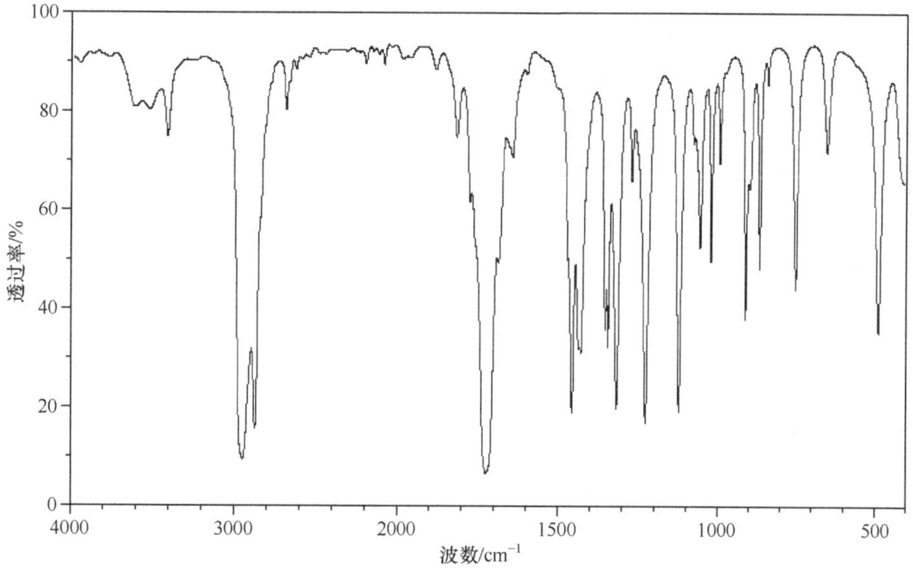

图 6.42　环己酮的红外光谱图

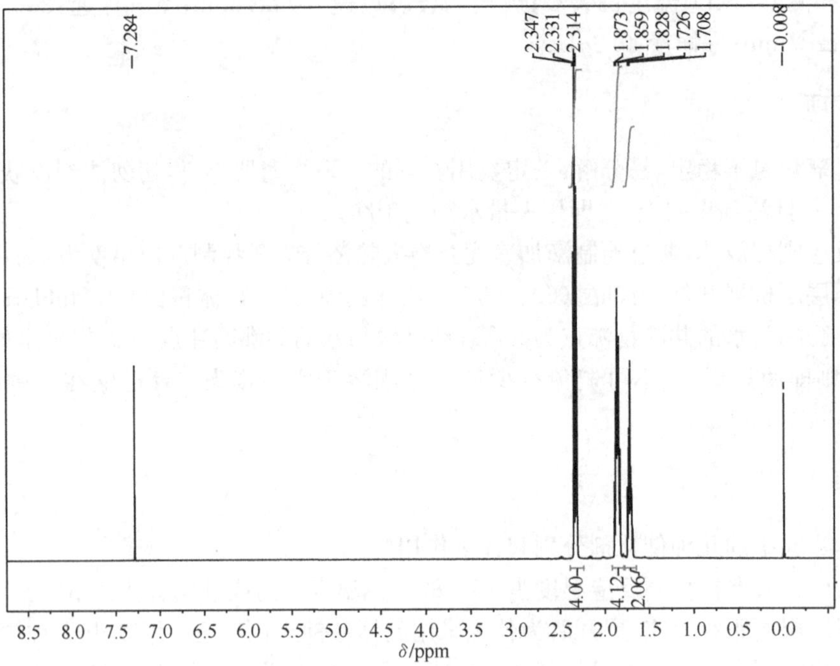

图 6.43　环己酮的核磁共振氢谱图（400MHz，$CDCl_3$）

实验二十六　1-丁基环己醇的制备
（CAS：5445-30-7）

一、实验目的

(1) 学习 Grignard 试剂的制备原理和方法。

(2) 学会正确安装带有机械搅拌器的三颈瓶无水反应装置及使用方法。

(3) 复习巩固滴液漏斗、分液漏斗的使用，低沸点易燃溶剂的蒸馏，减压蒸馏等基本操作。

(4) 了解 GC-MS 分析产品的原理、仪器操作及其在有机化合物研究中的应用。

二、实验原理

主反应：

$$C_4H_9Br + Mg \xrightarrow{\text{无水乙醚}} C_4H_9MgBr$$

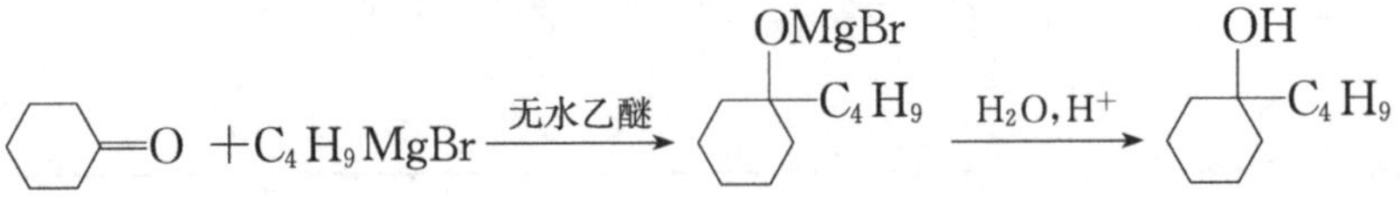

副反应：

$$C_4H_9MgBr + C_4H_9Br \xrightarrow{\text{无水乙醚}} CH_3(CH_2)_6CH_3 + MgBr_2$$

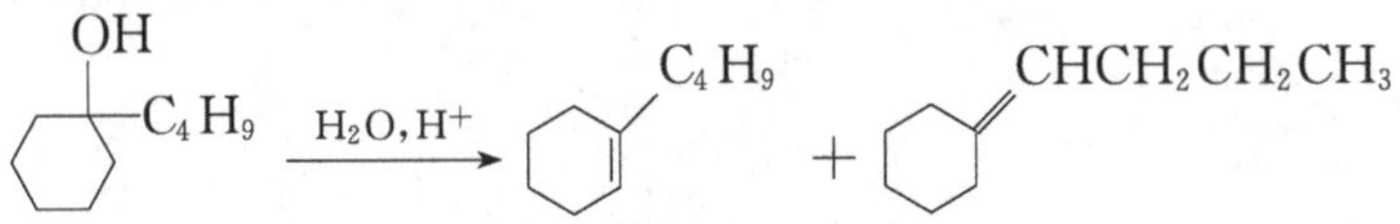

三、实验步骤

1. 制备[1]

在 150mL 四颈烧瓶上分别装置搅拌器、冷凝器及滴液漏斗，在冷凝器及滴液漏斗(恒压滴液漏斗可不装)的上口分别装置氯化钙干燥管，瓶内放置 1.2g(0.05mol)镁屑[2]，一小粒碘。滴液漏斗中放置 6.9g (5.4mL，0.05mol)正溴丁烷及 30mL 无水乙醚，混合均匀。先滴入约 5mL 混合液(镁屑浸没即可)，片刻即发生反应，碘的颜色逐渐消失。然后缓慢搅动，缓缓滴入混合液，保持溶液微沸。加毕，再加热回流 0.5h，使镁屑作用完全。

将四颈烧瓶用冷水浴冷却，搅拌下滴加 4.0g (4.2mL，0.04mol)环己酮和 15mL 无水乙醚混合液，在 15min 内滴完 (保持反应液微沸)，然后温和回流 0.5h。

在冰水浴冷却下，搅拌滴加 5mL 浓盐酸和 10mL 冰水混合液。开始以每 2～3s 一滴的速度滴加(无回流现象)。当加入 5mL 后，余下的混合液约在 0.5h 内加完，不能让醚溶液温热，以致酸催化使叔醇脱水。

用分液漏斗分去水层，醚层[3]先后用 10mL 冰水和 10mL 饱和食盐水洗涤。无水硫酸镁干燥，过滤，蒸去乙醚，然后水泵减压蒸馏，产品为无色黏稠液体，称量，计算产率。产物沸点 210℃，89～91℃/1.33kPa(10mmHg)，折光率 n_D^{25} 1.4635。

2. 产品分析

(1) 测定折光率。
(2) GC-MS 分析产品纯度和表征结构。
(3) IR 分析。

四、注意事项

[1] 所有的仪器及试剂必须充分干燥。
[2] 镁屑应用新刨制的，若长期放置，应除去镁屑的氧化膜。
[3] 如果醚层呈红棕色，是由于游离碘的存在，可先用约 10mL 饱和亚硫酸氢钠溶液洗涤，醚层即为无色。

五、思考题

(1) 本实验中用稀盐酸分解加成产物时要注意什么？否则会产生什么后果？用反应式表示。
(2) 实验中可能发生哪些副反应？应如何避免？
(3) 画出粗产物纯化步骤的流程示意图。

六、产品的光谱图

产品的光谱图如图 6.44 和图 6.45 所示。

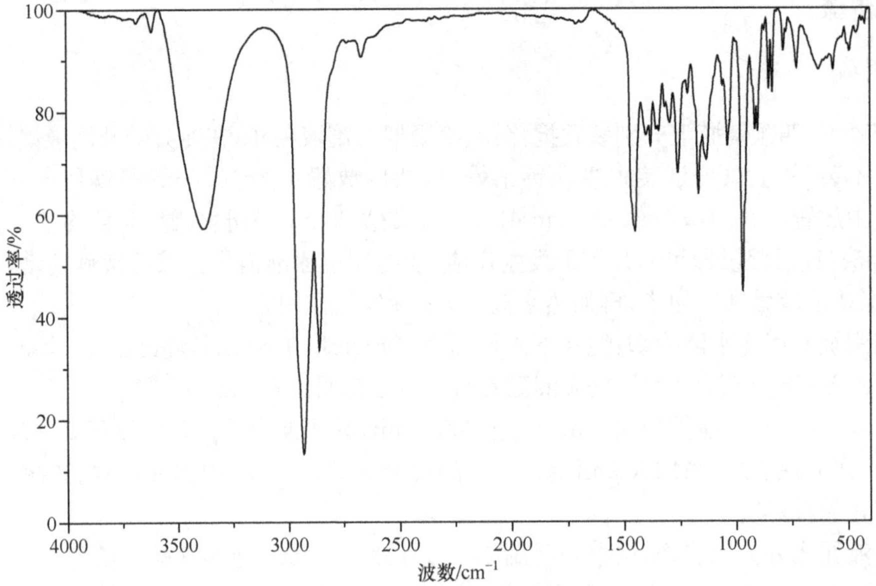

图 6.44　1-丁基环己醇的红外光谱图

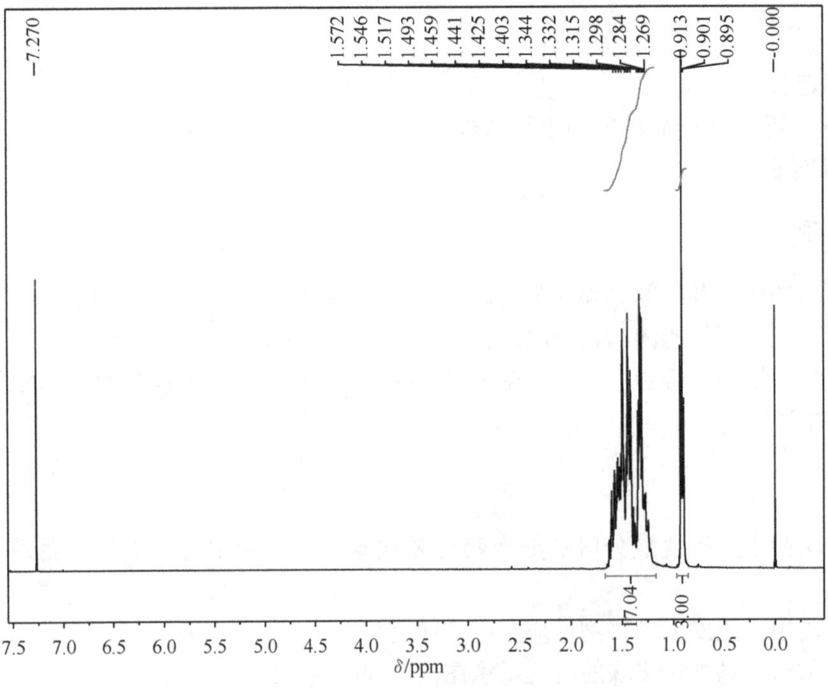

图 6.45　1-丁基环己醇的核磁共振氢谱图(400MHz，$CDCl_3$)

实验二十七　水相 Barbier 反应合成 1-庚烯-4-醇 (CAS:3521-91-3)

一、实验目的

(1) 了解水相 Barbier-Grignard 有机反应制备不饱和醇的原理和方法。

(2) 学会正确安装带有机械搅拌器的四颈瓶反应装置及使用方法。

(3) 复习巩固萃取、干燥、蒸馏、减压蒸馏等基本操作。

(4) 学习用柱层析方法分离纯化粗产物和薄层层析法跟踪反应、监控柱层析分离进程。

二、实验原理

水相 Barbier-Grignard 反应是指醛酮的羰基在水中与原位生成的有机金属试剂的反应，是制备不饱和醇的有效方法。与经典的 Grignard 反应相比，在水介质中进行反应具有经济、安全、不需要无水无氧操作、不需处理易燃的有机溶剂、减少溶剂对环境的污染等优点，符合绿色化学的标准。此类反应也极大地扩展了其在工业化生产中的应用范围。

本实验用丁醛、烯丙基溴及锌粉在饱和氯化铵水溶液和 THF 的混合溶剂中进行 Barbier 反应制备 1-庚烯-4-醇。可能的反应机理为锌粉在饱和氯化铵溶液中被活化，其产生的初始电子向烯丙基溴分子转移，烯丙基溴分子在锌的表面被吸附形成自由基负离子，然后与丁醛进行亲核加成反应。

反应式：

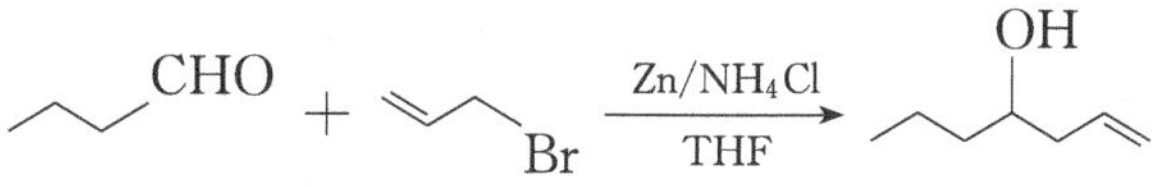

三、实验步骤

1. 制备

方法一：常量法

在装有搅拌器、回流冷凝管、滴液漏斗和温度计的 150mL 四颈瓶中依次加入 2.9g (3.7mL，0.04mol) 正丁醛[1]、8.0mL 四氢呋喃、3.94g (0.06mol) 经活化的锌粉[1]、40mL 饱和氯化铵溶液，在冰水浴冷却和搅拌下滴加 7.3g (5.2mL，0.06mol) 烯丙基溴[2]，温度维持在 25℃左右，加毕，在室温下搅拌[3]反应 1h，薄层色谱跟踪[4]［展开剂：石油醚(60～90℃)-乙酸乙酯(5∶1，体积比)；显色剂：0.5%高锰酸钾溶液-10%碳酸钠溶液(1∶1，体积比)］。待原料反应完全后，在冰水浴冷却下滴加 30mL 5%稀盐酸溶解固体。用乙酸乙酯萃取(25mL×3)，合并有机相，再用 30mL 饱和氯化钠溶液洗涤有机相至中性，无水硫酸钠干燥。过滤，干燥剂用少量溶剂洗涤，蒸除溶剂后，水泵减压蒸馏，收集产品。称量，计算产率。

纯粹 1-庚烯-4-醇的沸点 169～170℃，90℃/3.33kPa(25mmHg)，折光率 n_D^{20} 1.4342。

方法二:微量法

在 50mL 圆底烧瓶中准确称取 0.58g(0.73mL,8mmol)正丁醛[5],再依次加入 1.6mL 四氢呋喃、8.0mL 饱和氯化铵溶液、0.8g(12.0mmol)经活化的锌粉、1.0mL(12.0mmol)烯丙基溴,装上回流冷凝管,室温下磁力搅拌反应 1h,薄层色谱跟踪[展开剂:石油醚(60～90℃)-乙酸乙酯(5∶1,体积比);显色剂:碱性高锰酸钾溶液]。待原料反应完全后,加入 20mL 水淬灭反应,再加入 10mL 5%稀盐酸,搅拌使不溶物完全溶解。用乙酸乙酯萃取(15mL×3),合并有机相,再用饱和氯化钠溶液洗涤有机相至中性,每次 10mL。有机层用无水硫酸钠干燥约 0.5h。滤去干燥剂并用少量溶剂洗涤,用旋转蒸发仪蒸除溶剂后得油状粗产物。

粗产物用柱层析提纯:将 8g 硅胶(100～200 目)用石油醚调成流动的糊状,湿法装柱。以石油醚(60～90℃)-乙酸乙酯(6∶1,体积比)为淋洗剂提纯上述所得粗产物。分别等体积收集洗脱液,用薄层色谱检测,合并含产物的洗脱液,蒸馏回收溶剂后,再减压除去少量残留的溶剂至恒量,称量,计算产率。

2. 产品分析

(1) 测定折光率。

(2) GC-MS 和 ^{1}H NMR 分析。

四、注意事项

[1] 丁醛需用新蒸的,锌粉要活化后使用。

[2] 烯丙基溴易挥发,量取时要在通风橱中进行且动作迅速。

[3] 反应是非均相的,要充分搅拌,不要使锌粉沉在下面。

[4] 用 TLC 跟踪反应时,硅胶 G 薄层板上点样,展开后取出立即把该硅胶板浸入碱性高锰酸钾溶液中,这是因为原料丁醛的沸点(76℃)低,极易从硅胶板上挥发掉,影响反应终点的判断。湿润后即取出,放置几分钟后,紫红色背景的硅胶板上在点样处出现黄色的斑点。

[5] 正丁醛用注射器量取直接准确称量至烧瓶内,其他溶剂用注射器量取相应体积。

五、思考题

(1) 本实验薄层显示为什么不用紫外灯而采用碱性高锰酸钾溶液? 其显色的依据是什么?

(2) 能否用浓盐酸来溶解反应体系的固体? 为什么? 本产品能否用无水氯化钙干燥? 为什么?

(3) 本实验中可能发生哪些副反应? 以反应式表示。

六、产品的光谱图

产品的光谱图如图 6.46 和图 6.47 所示。

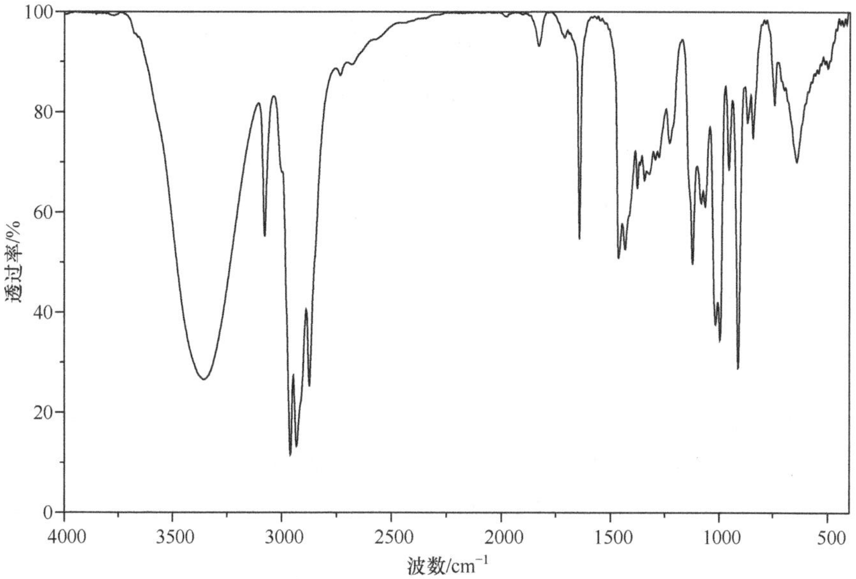

图 6.46　1-庚烯-4-醇的红外光谱图

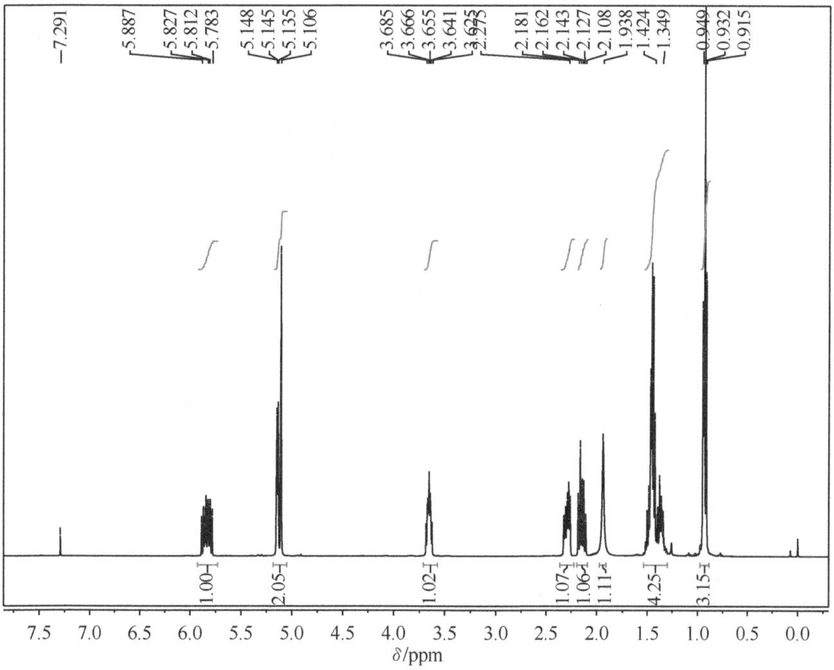

图 6.47　1-庚烯-4-醇的核磁共振氢谱图(400MHz，$CDCl_3$)

实验二十八　Wittig 反应合成 E-二苯乙烯
(CAS:103-30-0)

一、实验目的

(1) 了解利用 Wittig 反应制备烯烃的原理和方法。

(2) 复习巩固机械搅拌、滴液漏斗、分液漏斗等操作技术。

(3) 掌握用 IR 及^{1}H NMR 表征产品结构的方法。

二、实验原理

醛或酮与磷叶立德(phosphorus ylide)试剂反应可生成烯烃,这一反应称为 Wittig 反应。选择不同结构的醛、酮与磷叶立德试剂反应可合成各种烯烃化合物。本实验以苄氯与三苯基膦反应生成磷叶立德试剂,再与苯甲醛反应得到 Z,E-二苯乙烯的混合物,经分离纯化得 E-二苯乙烯。

主反应:

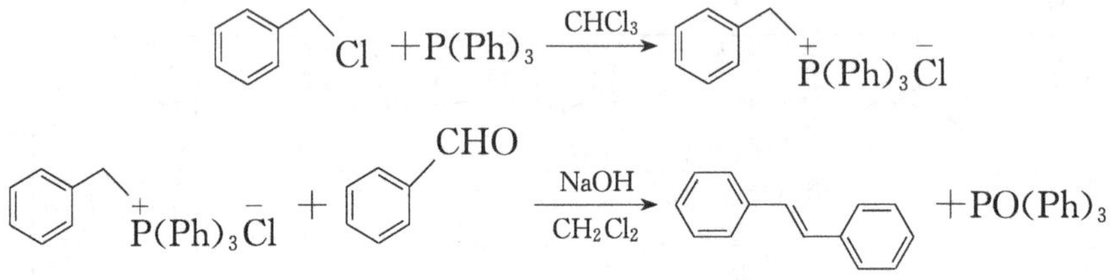

E-(70%)

副反应:

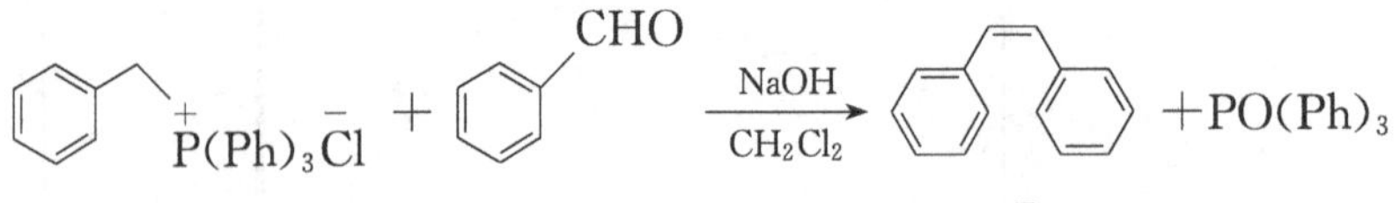

Z-

三、实验步骤

1. 磷叶立德盐的制备

在 100mL 圆底烧瓶中加入 9.0g (0.071mol)苄氯、18.6g (0.071mol)三苯基膦和 45mL 氯仿。装上回流冷凝管,加热回流 2h。冷却后加入 30mL 乙醚,使鏻盐沉淀完全,抽滤,所得粗产品用少量乙醚洗涤,干燥得苄基三苯基氯化膦产品 23.0g,产率 83.6%。此产品直接用于下一步 Wittig 反应。

2. Wittig 反应

在 150mL 三颈瓶上分别装置搅拌器、冷凝管及滴液漏斗,瓶内加入 17.6g (0.045mol)苄基三苯基氯化膦、4.8g (0.045mol)苯甲醛和 22mL 二氯甲烷。剧烈搅拌下,滴加 22mL 50% NaOH[1]溶液,滴完后继续搅拌 30min。反应结束后加入 22mL 水和 30mL 乙醚,搅拌 3min 后移入分液漏斗中静置,分出有机层,水层用 40mL 乙醚分两次萃取。合并有机层,用水洗涤

(20mL×3)，无水硫酸钠干燥。水浴蒸去乙醚，残留物中加入 27mL 热乙醇[2]，冰浴冷却，*E*-二苯乙烯结晶析出，抽滤，干燥，称量，得产品 3.6g，产率 44%，熔点 123～124℃。

3. 产品分析

(1) 测定熔点。
(2) IR、^{1}H NMR 分析。

四、注意事项

[1] 缓慢滴加 50% NaOH 溶液，滴加时间约 15min。
[2] 若乙醇温度过低，不利于 *Z*-二苯乙烯副产物等杂质溶解，影响 *E*-二苯乙烯纯度。

五、思考题

(1) 本实验中 Wittig 反应后得到的二苯乙烯有 *Z*-、*E*-两种构型，利用何种方法将其分开？试设计从 *E*-二苯乙烯结晶母液中分离、提纯 *Z*-二苯乙烯的实验步骤。
(2) 本实验制备方法有哪些缺点？如何改进使 *E*-二苯乙烯的制备工艺更绿色化？
(3) 解析 *E*-二苯乙烯的 IR、^{1}H NMR 谱图，确定产品结构。

六、产品的光谱图

产品的光谱图如图 6.48 和图 6.49 所示。

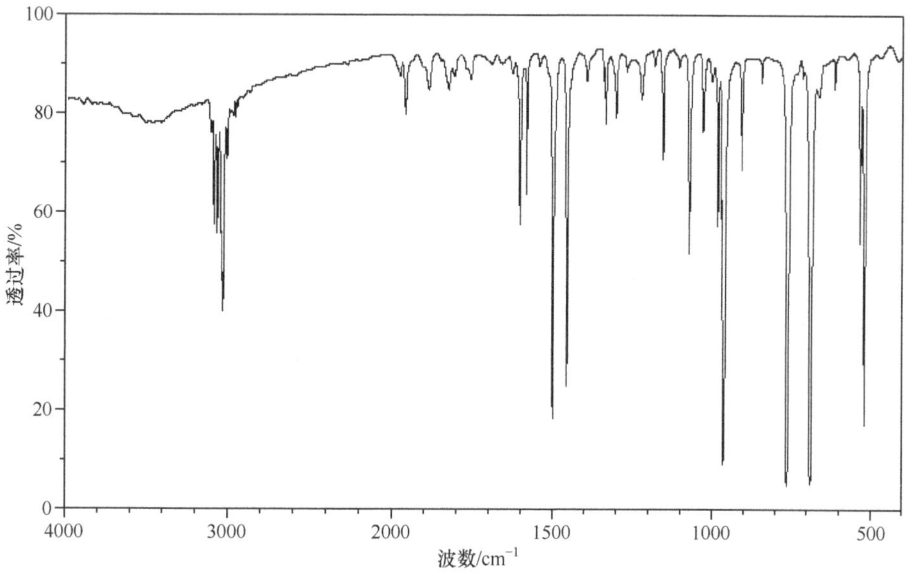

图 6.48　*E*-二苯乙烯的红外光谱图

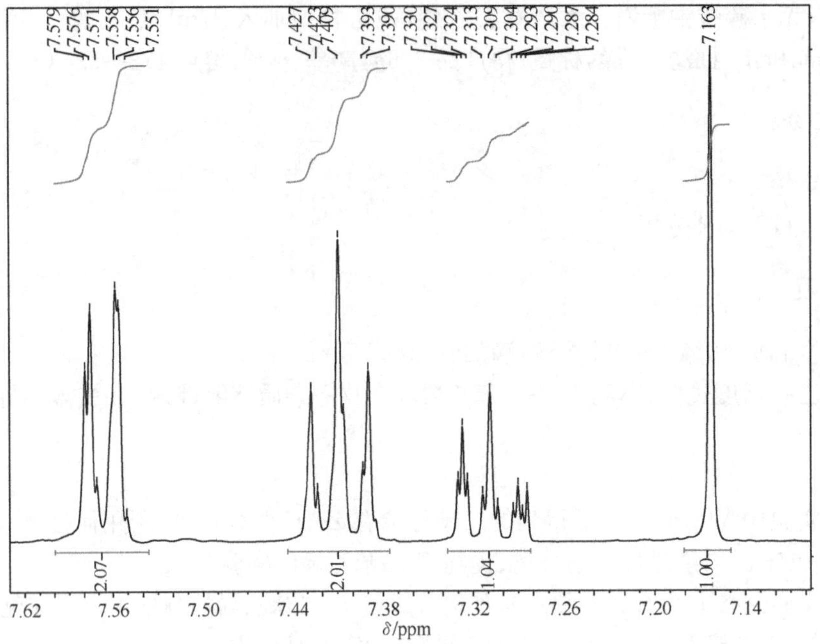

图 6.49　*E*-二苯乙烯的核磁共振氢谱图(400MHz，$CDCl_3$)

实验二十九　*E*-二苯乙烯的绿色溴化

(CAS:13440-24-9)

一、实验目的

(1) 了解碳-碳双键溴化加成反应的原理和方法。

(2) 学习绿色溴化试剂的使用及操作方法。

二、实验原理

本实验采用氢溴酸作为溴源，双氧水作为氧化剂，替代传统的液溴原料，与 *E*-二苯乙烯加成，制备 1,2-二苯基-1,2-二溴乙烷。该反应避免了传统溴化反应中使用挥发性强、毒性大的液溴试剂，提高了溴原子的利用率，原子经济性高。使用双氧水作氧化剂，反应的副产物为水，并将传统反应中使用的卤代烃溶剂改换成乙醇，减少有害溶剂的使用，大大减少环境污染。本实验方法更符合绿色化学的要求。

传统方法：

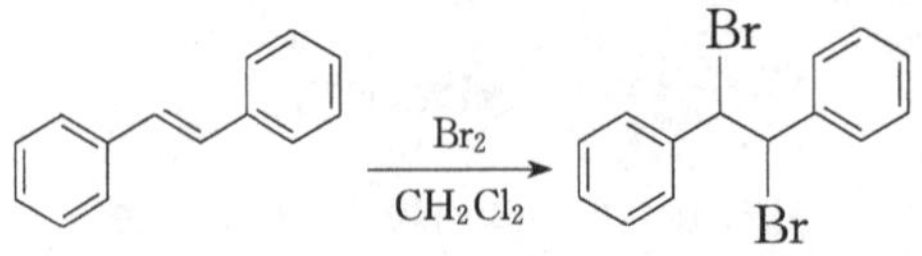

绿色方法：

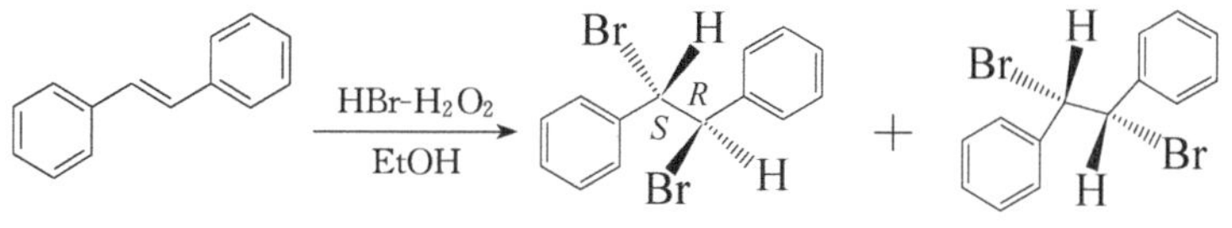

E-二苯乙烯　　*meso*-1,2-二苯基-1,2-二溴乙烷　　*dl*-1,2-二苯基-1,2-二溴乙烷

三、实验步骤

1. 制备

在 50mL 三颈瓶上分别装置冷凝管、两个滴液漏斗[1]。称取 1.8g (0.01mol)*E*-二苯乙烯放入三颈瓶中，再加入 10mL 乙醇，加热回流，在磁力搅拌下滴加 4.2g(0.02mol)40%氢溴酸[2]，滴完后，再从另一滴液漏斗缓慢滴加 6.9g(0.06mol)30%双氧水[3]，随着双氧水的滴入，反应液呈现黄色。滴完后，体系呈深橘黄色。搅拌回流 15min，橘黄色褪去，混合物呈现乳白色。停止加热，搅拌下冷却至室温，再用冰水浴进一步冷却使产品析出完全，抽滤收集固体，冷水洗涤，再用少量冰冷的乙醇[4]洗涤，烘干，得 1,2-二苯基-1,2-二溴乙烷白色固体 2.40g，产率 70%，熔点 236～237℃(d)。

2. 产品分析

(1) 测定熔点。

(2) IR、^{1}H NMR 分析。

四、注意事项

[1] 氢溴酸和双氧水不能使用同一个滴液漏斗加料，否则在漏斗中即发生反应。反应过程中是在回流状态下滴加物料的，因此不能在滴完氢溴酸后拆除滴液漏斗换另一个，否则会造成有机蒸气泄漏，污染实验室环境。

[2] 不同厂家的氢溴酸浓度不同，需根据实验中具体使用的氢溴酸物质的量重新折算投料量。氢溴酸、双氧水长期存放后浓度会下降，实验中应尽量使用生产批号较新的原料。

[3] 氢溴酸加完搅拌均匀后再滴加双氧水，否则可能造成局部物料浓度过高，反应过于剧烈，导致冲料，影响反应的正常进行，影响产率及产品质量。

[4] 要用非常冷的乙醇洗涤产物除去微量杂质，避免溶解过多的产品。

五、思考题

(1) 本实验中的限量试剂是什么？溶剂是什么？为什么要用 0.06mol 的双氧水？

(2) 用什么简单方法判别产品纯度，确定是否需要进行精制？

(3) 比较本实验与传统工艺(用液溴作溴化剂，二氯甲烷作溶剂)的优劣，提出进一步改进方案使其真正成为对环境友好的绿色合成工艺。

(4) 对 1,2-二苯基-1,2-二溴乙烷产品的 IR 和^{1}H NMR 谱图进行解析。

(5) 计算反应的原子经济性，试分析该制备方法的经济性。

六、产品的光谱图

产品的光谱图如图 6.50 和图 6.51 所示。

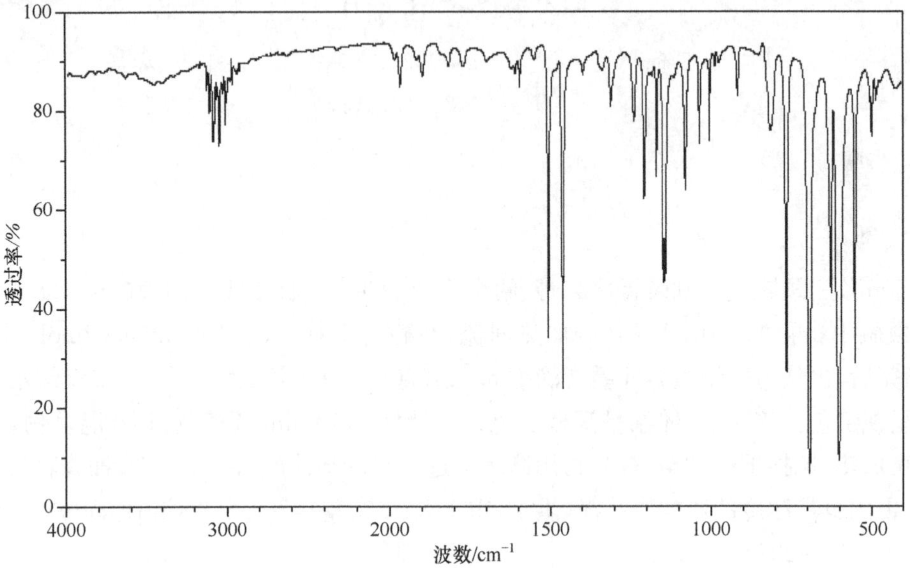

图 6.50　1,2-二苯基-1,2-二溴乙烷的红外光谱图

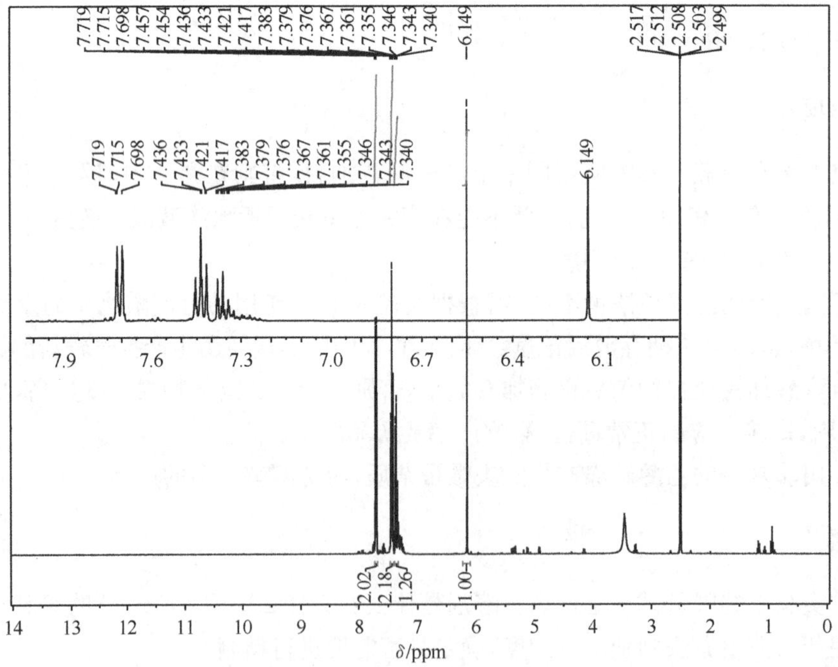

图 6.51　1,2-二苯基-1,2-二溴乙烷的核磁共振氢谱图(400MHz，DMSO-d_6)

实验三十　乙酰苯胺的制备
(CAS:103-84-4)

一、实验目的

(1) 熟悉氨基酰化反应的原理及意义。
(2) 掌握乙酰苯胺的制备方法。
(3) 复习重结晶操作。

二、实验原理

乙酰苯胺是非常重要的有机中间体，在医药、农药、精细化工、军事等领域应用广泛。胺的乙酰化反应在有机合成中是非常重要的。它常用来保护芳环上的氨基，使其不被反应试剂破坏。氨基经乙酰化保护之后，尽管其定位效应不改变，但对芳环的活化能力降低，因而使反应由多元取代变为更有用的一元取代，此外由于乙酰基的空间位阻，往往还选择性地生成对位取代物。

乙酰苯胺可由苯胺与乙酰化试剂(如乙酰氯、乙酸酐或乙酸等)直接作用来制备。反应活性是乙酰氯＞乙酸酐＞乙酸。由于乙酰氯和乙酸酐的价格较贵，而且反应后除产品外还分别产生氯化氢和乙酸副产物，既不环保又不经济，因此本实验选用冰醋酸作为酰化剂，成本低，污染小。反应式如下：

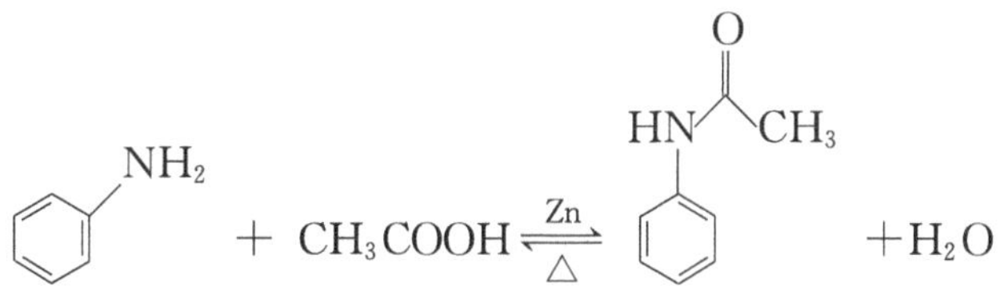

副反应：

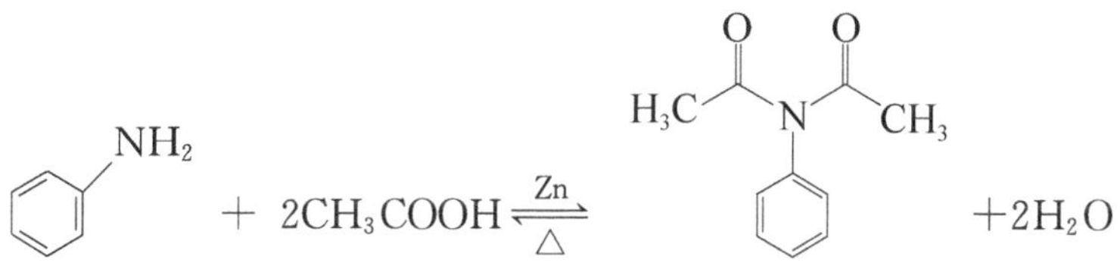

三、实验步骤

1. 制备

在 50mL 圆底烧瓶中加入 5.1g(0.055mol)苯胺[1]、15mL(15.8g，0.26mol)冰醋酸及少许锌粉[2](0.26g，0.004mol)，磁力搅拌下加热回流反应 2h。反应完毕，在不断搅拌下，趁热[3]小心地将反应液倒入装有 50mL 水的烧杯中，充分冷却，待析晶完全后用布氏漏斗抽滤收集固体，用少量冷水洗涤至结晶无乙酸气味，烘干。粗产品用水重结晶[4]，产量约 4.42g，产率约 59.5%，熔点 113～114℃。也可用 33%乙醇重结晶。

纯粹乙酰苯胺的熔点 114.3℃。

2. 产品分析

(1) 测定熔点。
(2) IR 和 ^1H NMR 表征。

四、注意事项

[1] 苯胺在储存过程中极易发生氧化，实验前需新蒸，以免影响产品产量和质量。

[2] 锌粉作为催化剂及抗氧化剂(防止苯胺氧化)，无需专门活化。

[3] 反应液冷却后会立即析出固体，粘在壁上不易处理，故须在搅拌下趁热倒入冷水中，以除去过量的乙酸及未作用的苯胺。

[4] 以水为重结晶溶剂时，在沸腾状态下由于乙酰苯胺的熔化可能出现油状物，此时可再加入少量水至油状物消失，避免重结晶溶剂用量过少，影响产品纯度。

乙酰苯胺在水中的溶解度如下：

温度/℃	20	25	50	80	100
溶解度/(g/100mL)	0.46	0.56	0.84	3.45	5.5

五、思考题

(1) 本实验中的限量试剂是什么？溶剂是什么？锌粉的作用是什么？

(2) 本实验中会产生哪些副产物？反应完毕，为什么要将反应液趁热边搅拌边倒入水中？

(3) 乙酰苯胺用水重结晶时应注意哪些问题？若粗品颜色较深，需进行脱色，选用哪种重结晶操作方式使产品损失最小？

(4) 乙酰化反应是可逆反应，可采取哪些措施来提高乙酰苯胺的产率？

(5) 本实验制备方法中还有哪些不足？如何改进使乙酰苯胺的制备工艺更绿色化？

(6) 常用的乙酰化试剂有哪些？哪一种较经济？为什么？

六、产品的光谱图

产品的光谱图如图 6.52 和图 6.53 所示。

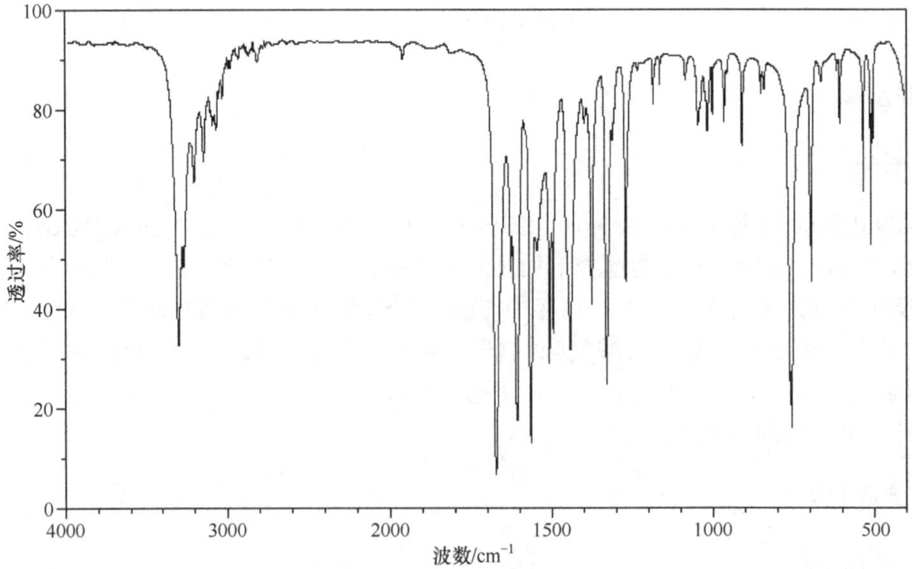

图 6.52 乙酰苯胺的红外光谱图

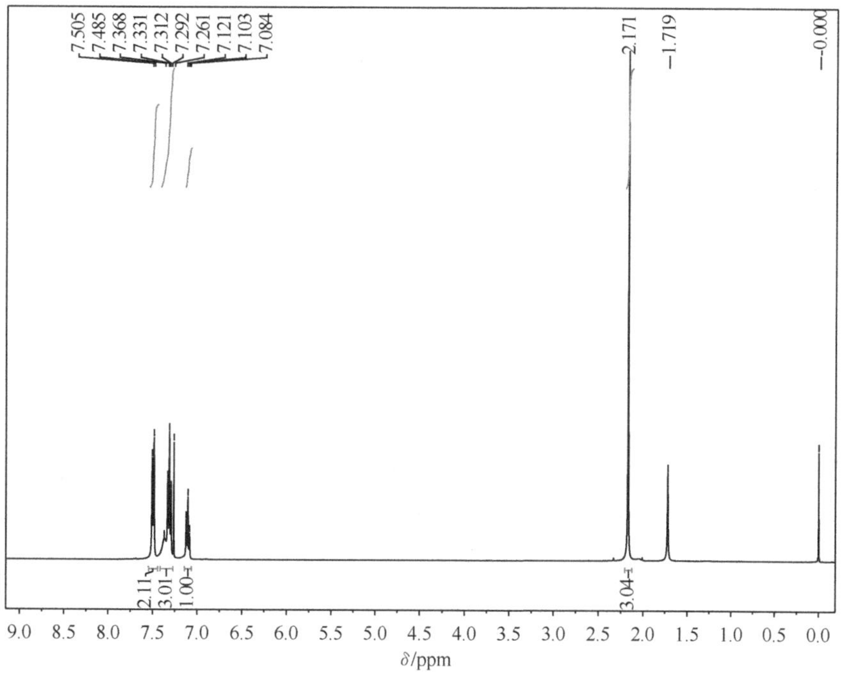

图 6.53　乙酰苯胺的核磁共振氢谱图(400MHz，$CDCl_3$)

实验三十一　对溴乙酰苯胺的绿色合成

(CAS：103-88-8)

一、实验目的

(1) 了解苯环上溴代反应的原理和方法。

(2) 学习绿色制备对溴乙酰苯胺的方法。

(3) 复习正确安装带有气体吸收的操作装置。

(4) 掌握用 IR 及^{1}H NMR 表征产品结构的方法。

二、实验原理

对溴乙酰苯胺为重要的医药中间体,其下游产品可广泛用于放、化疗增效药物、肿瘤预防药物的合成。它主要由乙酰苯胺通过芳环上的溴代反应制备得到。本实验采用氢溴酸作为溴源,双氧水作为氧化剂,代替传统的溴化剂液溴,制备对溴乙酰苯胺。该方法有效地改善了传统反应中的不足,提高了溴原子的利用率,环境污染小,反应产率高,后处理简便。

主反应：

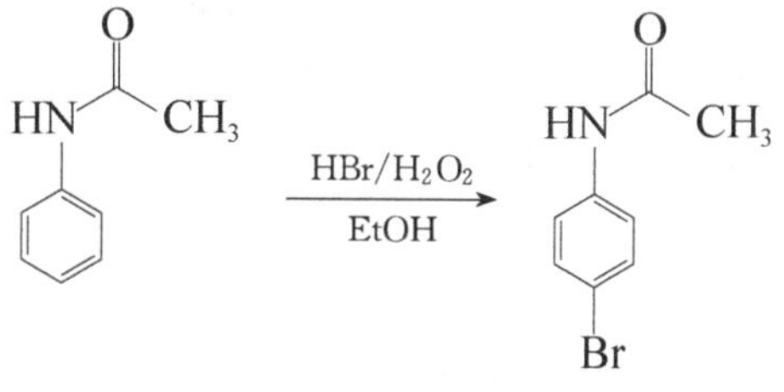

副反应：

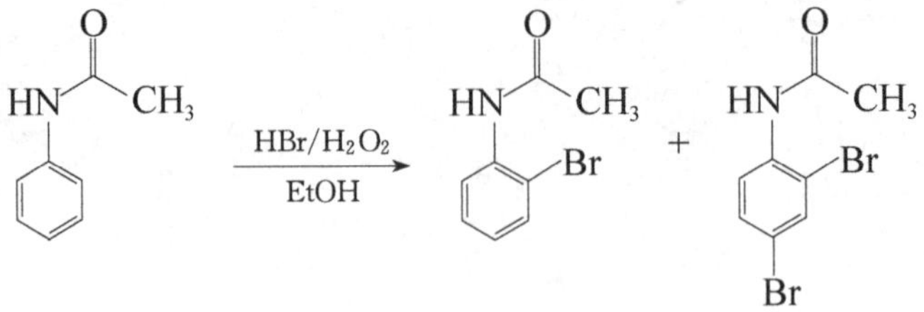

三、实验步骤

1. 制备[1]

在配有磁子、恒压滴液漏斗、球形冷凝管及尾气吸收装置[2]的 50mL 三颈瓶中加入 1.0g (7.4mmol) 乙酰苯胺和 15mL 无水乙醇，搅拌至溶解后，加入 1.7g (8.4mmol) 40% 氢溴酸。加热回流，缓慢滴入 1.7g (15mmol) 30%双氧水[3]，滴完后，再回流 1h，直到反应液没有颜色。停止搅拌，使其自然冷却，析出晶体。过滤，烘干，称量，得对溴乙酰苯胺 1.5g，产率 94.9%，熔点 170～171℃[4] (文献值 168℃)。

2. 产品分析

(1) 测定熔点。
(2) IR、^{1}H NMR 表征。

四、注意事项

[1] 本反应中乙酰苯胺、氢溴酸及双氧水投料比为 1∶1.14∶2，其中氢溴酸、双氧水在长期存放后浓度会下降，故后两者过量。但氢溴酸过量太多会有二溴代的副产物，本反应中其过量控制在 14%以内。

[2] 注意正确安装气体吸收装置，防止倒吸。

[3] 滴加双氧水时要慢，避免氧化生成的溴来不及同原料作用就发生逸散，降低产率，污染环境。

[4] 若产品熔点与文献值有明显差异或熔程较大，则需用乙醇-水混合溶剂重结晶精制。

五、思考题

(1) 本实验中的限量试剂是什么？氢溴酸和双氧水在反应中各起什么作用？双氧水滴加过快有何影响？

(2) 本实验中的主要副产物是什么？用什么方法可以检验该副产物是否存在？能否用重结晶的方法将其与产物分离？

(3) 本实验方法与传统方法(用液溴作溴化剂，乙酸作溶剂)相比，主要的优点是什么？提出进一步改进方案，使其真正成为对环境友好的绿色合成工艺。

(4) 附上合成的对溴乙酰苯胺的 IR 和^{1}H NMR 谱图，并对图谱进行解析。

六、产品的光谱图

产品的光谱图如图 6.54 和图 6.55 所示。

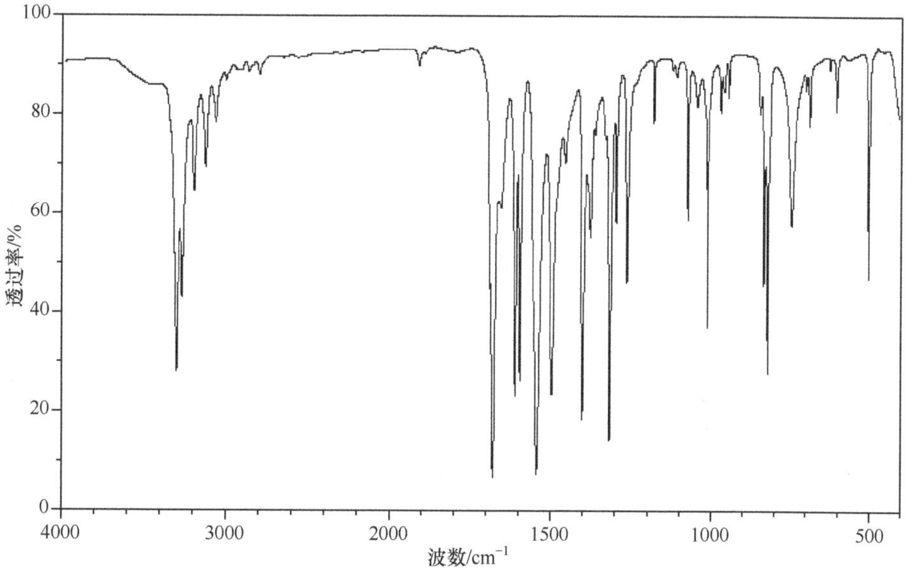

图 6.54　对溴乙酰苯胺的红外光谱图

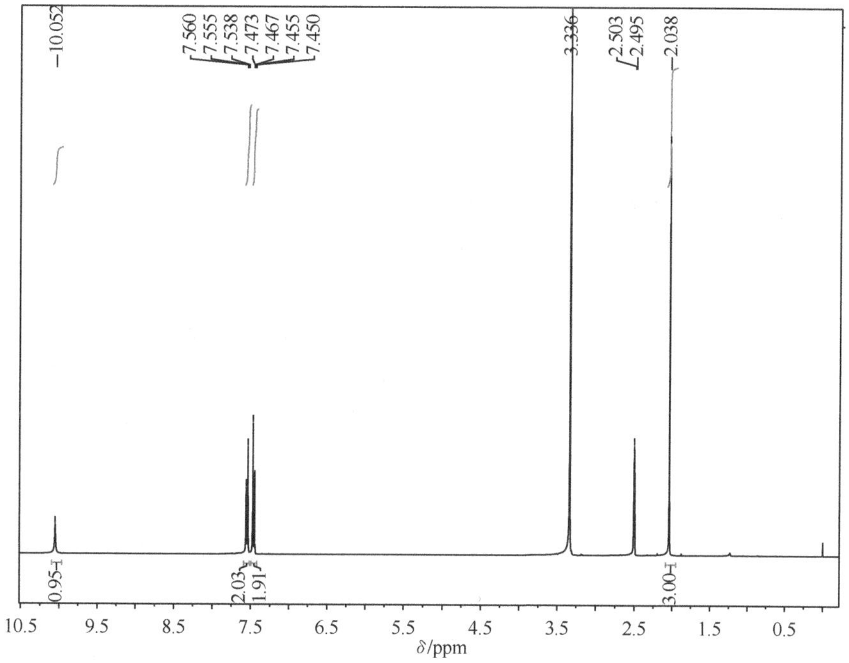

图 6.55　对溴乙酰苯胺的核磁共振氢谱图(400MHz，DMSO-d_6)

实验三十二　乙酰乙酸乙酯的制备
(CAS:141-97-9)

一、实验目的

(1) 了解乙酰乙酸乙酯的制备原理及方法。

(2) 学会正确取用金属钠的方法。

(3) 了解盐析法的应用。

(4) 熟练掌握减压蒸馏操作技术。

二、实验原理

乙酰乙酸乙酯有醚样和苹果味的香气，广泛应用于食用香精中，主要用以调配苹果、杏、桃等食用香精。乙酰乙酸乙酯为1,3-二羰基化合物，中间的氢具有酸性（$pK_a=10.65$），强碱作用下可以脱去，生成的负离子可以与其他化合物发生亲核取代，生成的产物经水解、脱羧等步骤，可合成很多有用的产物。这一方法称为乙酰乙酸乙酯合成法。

乙酰乙酸乙酯可通过两分子乙酸乙酯间的 Claisen 酯缩合反应来制备。这里的催化剂是乙醇钠，也可以是金属钠。因为金属钠和残留在乙酸乙酯中的少量乙醇（少于2%）作用后就有乙醇钠生成。当乙酸乙酯中含有较多的乙醇和水时，会使产量显著降低。

反应式：

$$2CH_3CO_2C_2H_5 \xrightarrow{NaOC_2H_5} Na^+[CH_3COCHCO_2C_2H_5]^- \xrightarrow{HOAc} CH_3COCH_2CO_2C_2H_5$$

乙酰乙酸乙酯的生成经过以下一系列平衡反应：

$$CH_3CO_2C_2H_5 + {}^-OC_2H_5 \longrightarrow {}^-CH_2CO_2C_2H_5 + C_2H_5OH$$

$$CH_3CO_2C_2H_5 + {}^-CH_2CO_2C_2H_5 \rightleftharpoons H_3C-\underset{\underset{OC_2H_5}{|}}{\overset{\overset{O^-}{|}}{C}}-CH_2CO_2C_2H_5$$

$$\rightleftharpoons CH_3COCH_2CO_2C_2H_5 + {}^-OC_2H_5$$

由于生成的乙酰乙酸乙酯分子中亚甲基上的氢非常活泼，能与醇钠作用生成稳定的钠化物，故使反应向生成乙酰乙酸乙酯的方向进行。最后用酸（如乙酸）酸化，使乙酰乙酸乙酯游离出来。

$$CH_3COCH_2CO_2C_2H_5 + NaOC_2H_5 \rightleftharpoons Na^+[CH_3COCHCO_2C_2H_5]^- + C_2H_5OH$$

$$Na^+[CH_3COCHCO_2C_2H_5]^- + CH_3CO_2H \longrightarrow CH_3COCH_2CO_2C_2H_5 + CH_3CO_2Na$$

乙酰乙酸乙酯是一个酮式和烯醇式的平衡混合物，在室温时含有93%的酮式及7%的烯醇式。

$$\underset{\text{酮式}}{H_3C-\overset{\overset{O}{\|}}{C}-CH_2CO_2C_2H_5} \rightleftharpoons \underset{\text{烯醇式}}{H_3C-\overset{\overset{OH}{|}}{C}=CHCO_2C_2H_5}$$

三、实验步骤

1. 制备

在干燥的50mL圆底烧瓶中放入1g(约0.04mol)金属钠[1]和5mL二甲苯，装上冷凝管及无水氯化钙干燥管。加热使钠熔融，将圆底烧瓶用力来回振摇，制得细粒状钠珠。稍经放置，钠珠即沉于瓶底，将二甲苯全部倾出，并迅速加入22mL(20g，约0.23mol)乙酸乙酯[2]及磁子，重新装上冷凝管及氯化钙干燥管。反应立即开始，并有氢气泡逸出。若反应很慢，可稍加温热。待激烈反应过后，用电热套加热，保持微沸状态，直至所有金属钠全部作用完为止（约需1.5h)[3]。此时生成的乙酰乙酸乙酯钠盐为橘红色透明溶液（有时析出黄白色沉淀）。待反应物稍冷后，在磁力搅拌下加入 50%乙酸，直至反应液呈弱酸性为止（约需 6 mL）[4]。这时所有的固体物质都已溶解，将反应物移入分液漏斗，加入等体积的饱和氯化钠溶液，用力振摇，经放置后乙酰乙酸乙酯全部析出。分出后用无水硫酸钠干燥，然后滤入蒸馏瓶，并以少量乙酸乙酯洗涤干燥剂。水浴加热水泵减压[约 5.32kPa(40mmHg)]蒸去未反应的乙酸乙酯后，再用油泵进行减压蒸馏[5]。收集乙酰乙酸乙酯，产量 2.4～2.8g，产率 42%～49%[6]。

纯粹乙酰乙酸乙酯的沸点 180.4℃，折光率 n_D^{20} 1.4192。

乙酰乙酸乙酯的沸点与压力的关系如下：

压力/mmHg	760	80	60	40	30	20	18	14	12	10	5	1.0	0.1
沸点/℃	181	100	97	92	88	82	78	74	71	67.3	54	28.5	5

2. 产品分析

(1) 测定折光率。

(2) IR、^{1}H NMR 分析，并对谱图进行解析。

四、注意事项

[1] 金属钠遇水即燃烧、爆炸，故使用时应严格防止与水接触。称量或切片应当在二甲苯保护下进行，以免空气中水汽侵蚀或被氧化。

金属钠的颗粒大小直接影响该缩合反应的速率。若实验室有压钠机，则可将钠压成钠丝，其操作步骤如下：用镊子取储存的金属钠块，用双层滤纸吸去溶剂油，用小刀切去其表面氧化层，即放入经乙醇洗净的压钠机（图 6.56）中，直接压入已称量的带塞的圆底烧瓶中。为防止氧化，迅速塞紧瓶口后称量。

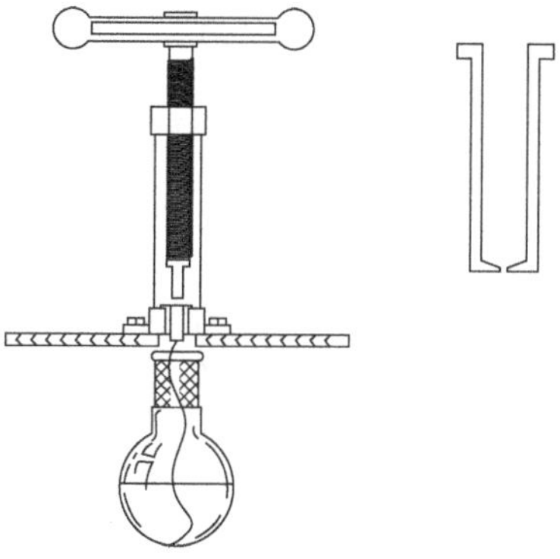

图 6.56　压钠机

[2] 乙酸乙酯必须绝对干燥，但其中含有 1%～2%的乙醇。其提纯方法如下：将普通乙酸乙酯用饱和氯化钙溶液洗涤数次，再用烘焙过的无水碳酸钾干燥，在水浴上蒸馏，收集 76～78℃馏分。

[3] 一般要使钠全部溶解，但很少量未反应的钠并不妨碍下一步操作。

[4] 用乙酸中和时，开始有固体析出，继续加酸并不断搅拌，固体会逐渐消失，最后得到澄清的液体。若还有少量固体未溶解，可加入少许水使其溶解。但应避免加入过量的乙酸，否则会增加在水中的溶解度而降低产量。

[5] 乙酰乙酸乙酯在常压蒸馏时，很易分解而降低产量。因此，采用减压蒸馏可降低加热温度，但加热须缓慢，一定要待乙酸乙酯蒸尽后，才可换用油泵减压蒸馏。

[6] 产率是按钠计算的，本实验最好连续进行，间隔时间太久，由于去水乙酸的生成会降低产量。

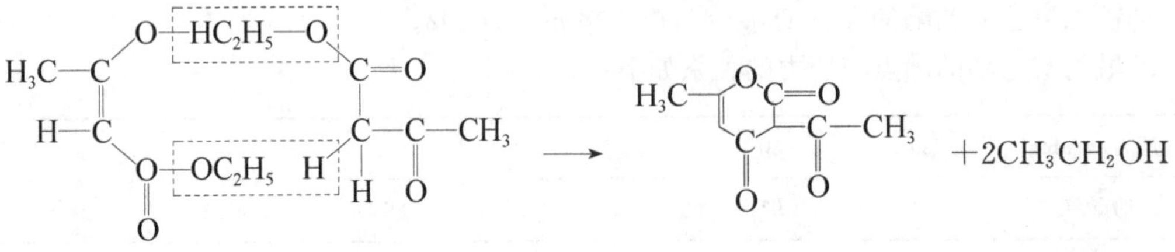

五、思考题

(1) 本实验中加入50%乙酸和饱和氯化钠溶液的目的是什么?

(2) 什么是互变异构现象? 如何用实验证明乙酰乙酸乙酯是两种互变异构体的平衡混合物?

(3) 反应中为什么有氢气生成?

(4) 乙酰乙酸乙酯粗产品中可能含有哪些杂质? 它们是如何被除去的?

(5) 影响反应产率的因素有哪些?

六、产品的光谱图

产品的光谱图如图 6.57 和图 6.58 所示。

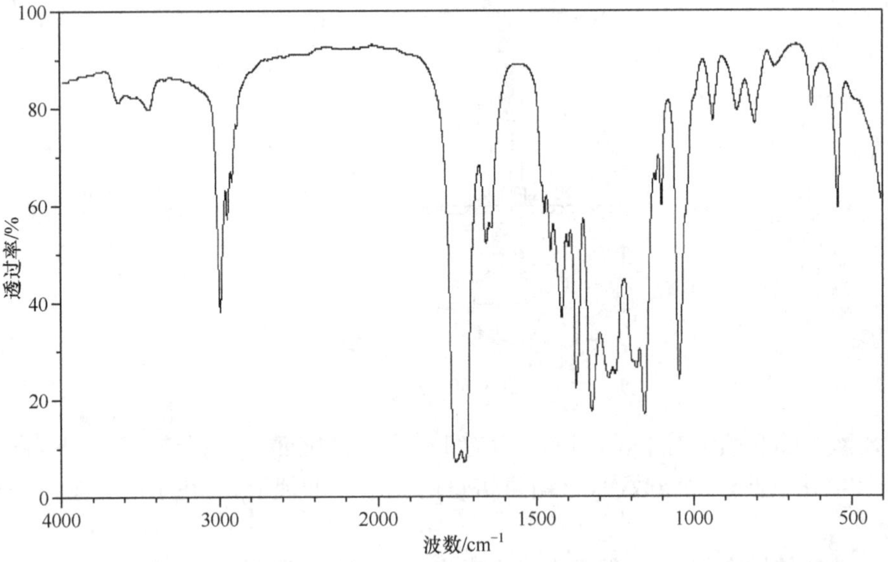

图 6.57　乙酰乙酸乙酯的红外光谱图

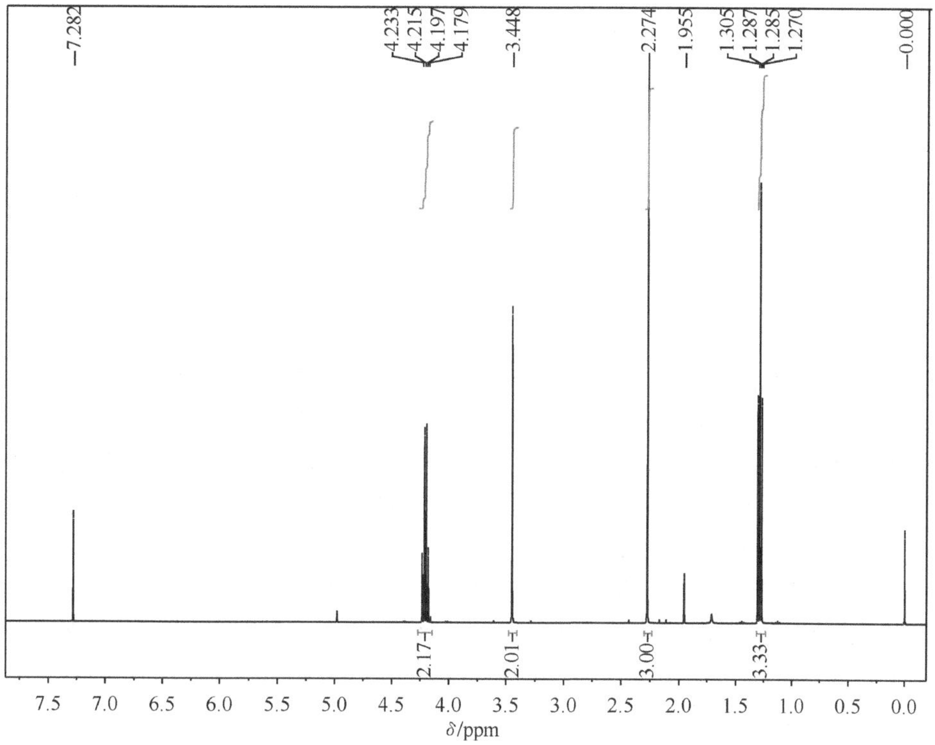

图 6.58　乙酰乙酸乙酯的核磁共振氢谱图(400MHz, $CDCl_3$)

实验三十三　二氢吡啶钙离子拮抗剂的合成
(CAS:21829-28-7)

一、实验目的

(1) 以自制的乙酰乙酸乙酯为原料，与间硝基苯甲醛、碳酸氢铵缩合，制备二氢吡啶钙离子拮抗剂。

(2) 学习环合反应的种类、特点及操作条件。

(3) 掌握无溶剂反应的特点。

(4) 复习巩固重结晶技术。

(5) 学习用 IR、^{1}H NMR 表征产物。

二、实验原理

二氢吡啶钙离子拮抗剂具有很强的扩血管作用，适用于冠脉痉挛、高血压、心肌梗死等症。本品化学名为 1,4-二氢-2,6-二甲基-4-(3-硝基苯基)-吡啶-3,5-二羧酸二乙酯，为黄色立方体结晶或晶形粉末。

反应式：

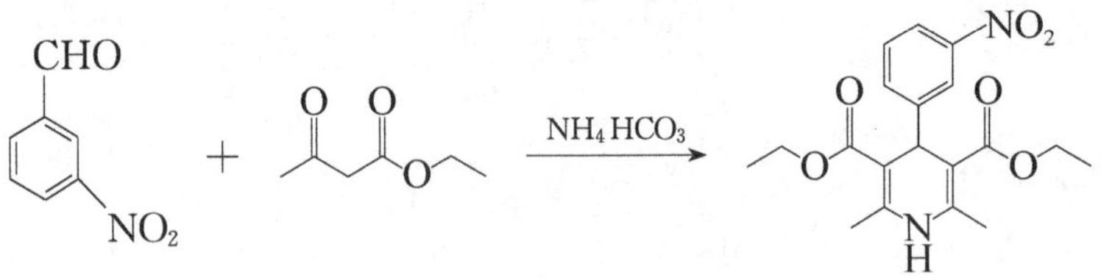

三、实验步骤

1. 制备

在 50mL 圆底烧瓶中准确称量 1.50g(0.01mol) 间硝基苯甲醛、1.60g(0.02mol) 碳酸氢铵和 2.60g(0.02mol) 乙酰乙酸乙酯，装好回流冷凝管，磁搅拌，水浴加热，控制水浴呈微沸状态[1]。观察瓶内现象，固体慢慢溶解，溶液中生成大量气泡，随着反应的进行，液体黏度逐渐增大，反应 1h 左右[2]，瓶内物料呈黏稠的半固态物，此时搅拌基本失效。

停止加热，冷却后向体系中加入 20mL 水和 15mL 乙酸乙酯，充分搅拌使固体全溶。分出有机层，水层用乙酸乙酯萃取 (15mL×2)，合并所有的有机层，用无水硫酸钠干燥。滤去干燥剂后蒸除乙酸乙酯[3]，并减压抽干，得黄色黏稠油状物粗品[4]。粗品用 60%乙醇重结晶，冷却[5]、过滤、洗涤、抽干后置红外灯下干燥，得到黄色粉末 2.15g，产率 57%，熔点 167～169℃（文献值 165～167℃）。

2. 产品分析

(1) 测定熔点。

(2) IR、^{1}H NMR 表征。

四、注意事项

[1] 若剧烈沸腾需多次补水，反应温度下降，反应时间略长。

[2] 若反应瓶内物料未固化，可适当延长反应时间至 1.5h。

[3] 可用 100mL 圆底烧瓶直接操作，若用 50mL 圆底烧瓶则需边滴加边蒸馏。

[4] 粗品刚抽干时为油状物，长时间放置可固化。若需计量粗品质量，则需预先称量蒸馏瓶的质量。

[5] 晶体生长较慢，冷却时间尽量长些。

五、思考题

(1) 反应结束后产物中的主要杂质是什么？如何除去？

(2) 重结晶时选择何种加热方式？为什么？

(3) 对本实验的实验条件提出改进意见，以提高产率。

六、产品的光谱图

产品的光谱图如图 6.59 和图 6.60 所示。

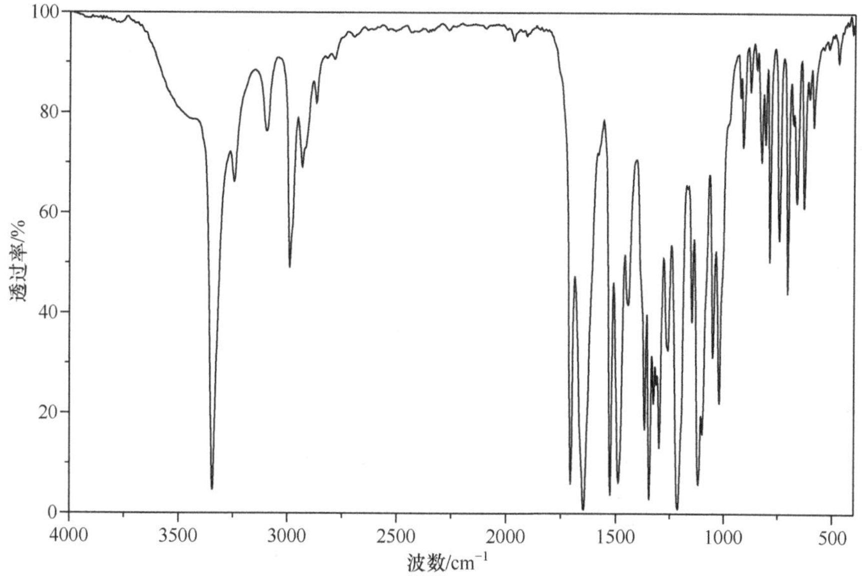

图 6.59　二氢吡啶钙离子拮抗剂的红外光谱图

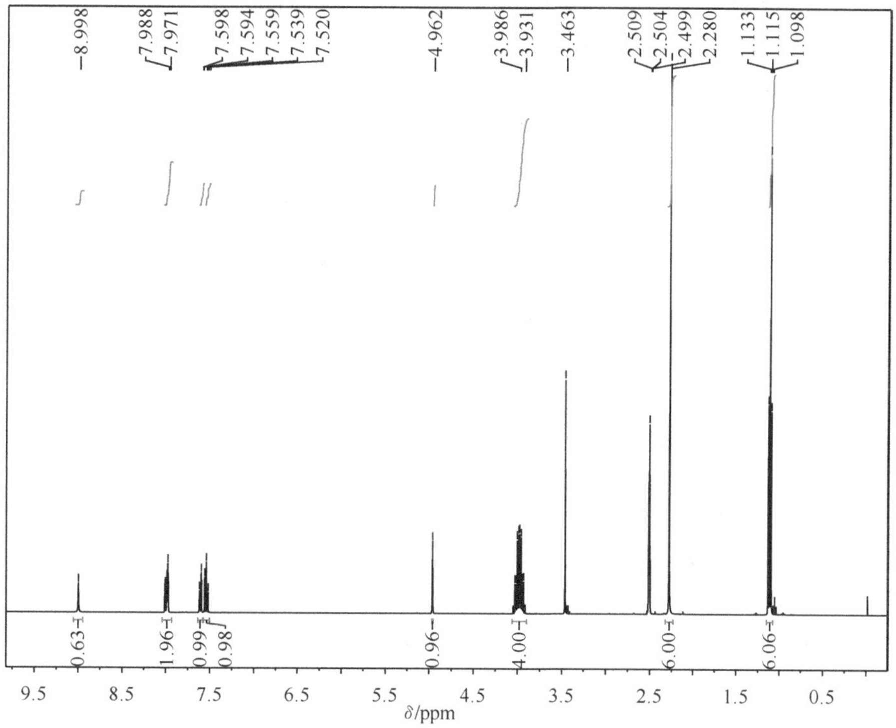

图 6.60　二氢吡啶钙离子拮抗剂的核磁共振氢谱图(400MHz，DMSO-d_6)

实验三十四　7-羟基-4-甲基香豆素的无溶剂合成(CAS:90-33-5)

一、实验目的

(1) 学习利用 Pechmann 反应合成 7-羟基-4-甲基香豆素的原理和方法。

(2) 掌握阳离子交换树脂催化无溶剂反应的原理及特点。

(3) 复习巩固重结晶技术。

(4) 了解香豆素类化合物国内外的研究进展及其研究的重要意义。

二、实验原理

7-羟基-4-甲基香豆素是合成香料、医药、农药及染料的重要中间体,同时也是一种新型利胆药(俗称胆通),还可以用作荧光增白剂、激光染料、荧光指示剂和酸碱指示剂等。传统的合成工艺是以乙酰乙酸乙酯和间苯二酚为原料,在浓硫酸的催化下,经 Pechmann 缩合反应合成。但此法后处理麻烦,对设备有较强的腐蚀性,而且废酸的排放对环境造成严重污染。

本实验采用固体酸 Amberlyst 15(A15)作为催化剂合成 7-羟基-4-甲基香豆素。A15 是一种磺化聚苯乙烯型树脂,无毒、无腐蚀性、无污染,后处理简单,经回收可重复使用。

Pechmann 反应是典型的多步同时发生的反应,反应包括三步:羟烷化反应(芳环亲电取代)、酯交换反应和脱水反应。

反应式:

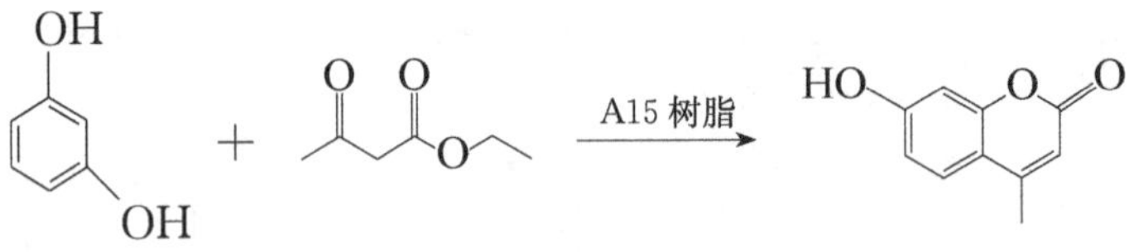

可能的反应机理:

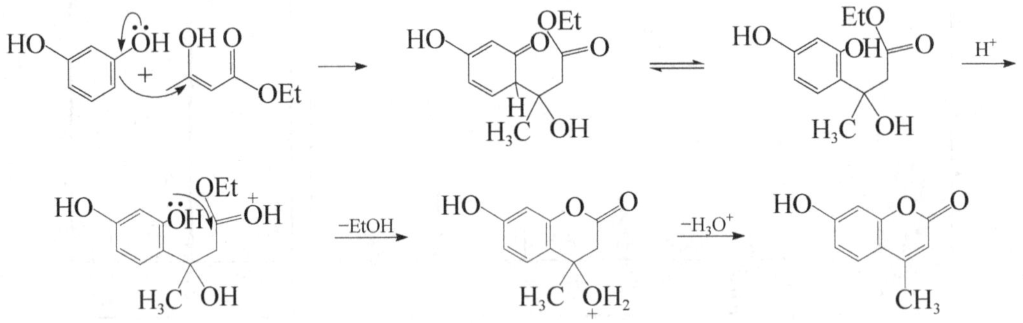

三、实验步骤

1. 合成

在 50mL 锥形瓶中准确称量 0.8g(7.3mmol)间苯二酚、1mL(8mmol)乙酰乙酸乙酯,摇动,使间苯二酚溶解后加入 1g A15 树脂,装好回流冷凝管,水浴加热,控制水浴呈微沸状态[1]。反应过程中不时振摇反应瓶,使反应瓶中物料充分接触,反应液慢慢变黏稠,树脂表面逐渐有固体生成。反应 2h 左右,物料由黏稠变疏松[2],即可停止反应。

稍冷后，向锥形瓶中加入10mL乙醇，加热回流3min，趁热过滤，催化剂表面用10mL热乙醇充分洗涤后回收。洗涤液同滤液合并，蒸馏除去约15mL乙醇后[3]，趁热向淡黄色的残馏液中加入热水，至溶液恰好出现浑浊摇动不消失，再加热回流使溶液透明[4]。冷却析晶，收集晶体，晶体用乙醇-水（1∶1，体积比）的混合溶剂洗涤。干燥，得无色针状晶体0.8g，产率62.5%，熔点188～189℃（文献值188～190℃）。

2. 产品分析

(1) 测定熔点。

(2) IR、^{1}H NMR表征产品结构。

(3) HPLC分析产品纯度。

分析条件

仪器：Agilent 1100LC；色谱柱：C_{18}反相柱（ODS）4.6m×150mm×5μm（国产）；检测波长：322nm；柱温：40℃；流动相：甲醇-水（80∶20，体积比）；流速：1.0mL/min，进样量：2.5μL。定量分析方法采用面积归一法。

(4) 测定产品的荧光性质。

在三支试管中分别放入少量产品（约20mg），加入2～3mL 95%乙醇使产品溶解。然后在其中一支试管中加入2mL 10% HCl溶液，另一支试管中加入2mL 10% Na_2CO_3溶液，将试管置于日光和紫外灯（365nm）下，比较三种溶液的荧光颜色。产品在中性条件下发紫色荧光，碱性条件下发蓝色荧光，酸性条件下发绿色荧光。

四、注意事项

[1] 若剧烈沸腾需多次补水，最好补加热水以免反应温度下降，延长反应时间。注意防止从磨口处渗水进入反应瓶，影响反应进行。

[2] 随着液体物料的消耗，固体产物生成，体系由黏稠变疏松。反应速率与振摇程度有关。

[3] 具体回收的乙醇量视蒸馏装置体积及前期趁热过滤操作情况而定。也可根据蒸馏瓶中残留液的体积而定。

[4] 如果溶液不透明，需补加适量乙醇。

五、思考题

(1) 本实验的投料量如放大10倍，应选择何种搅拌方式？为什么？

(2) 本实验回收的催化剂能否直接套用于下次实验？若不能，可通过哪些处理使催化剂得以套用？

(3) 为什么7-羟基-4-甲基香豆素在不同pH溶液中发出不同颜色的荧光？

(4) 附上合成的7-羟基-4-甲基香豆素的IR和^{1}H NMR谱图，并对图谱进行解析。

(5) 阳离子交换树脂催化剂在有机合成上还有哪些应用？

六、产品的光谱图

产品的光谱图如图6.61和图6.62所示。

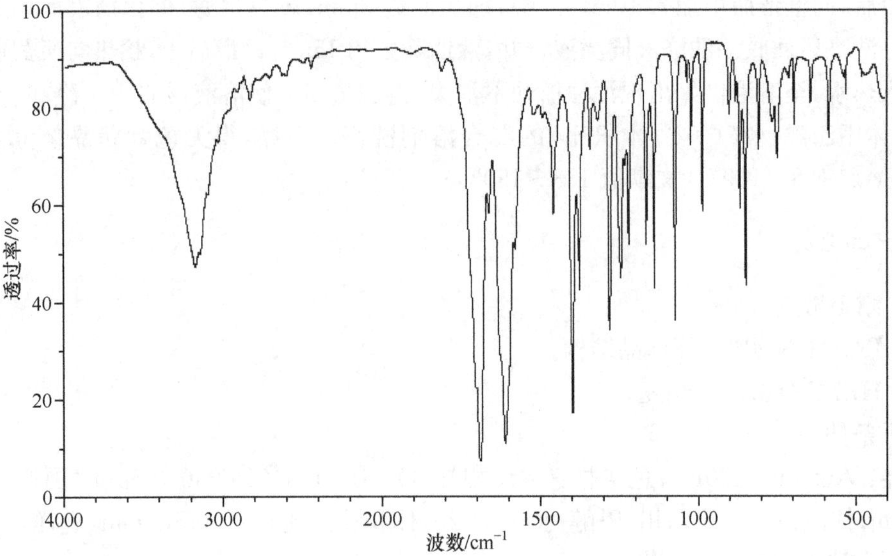

图 6.61 7-羟基-4-甲基香豆素的红外光谱图

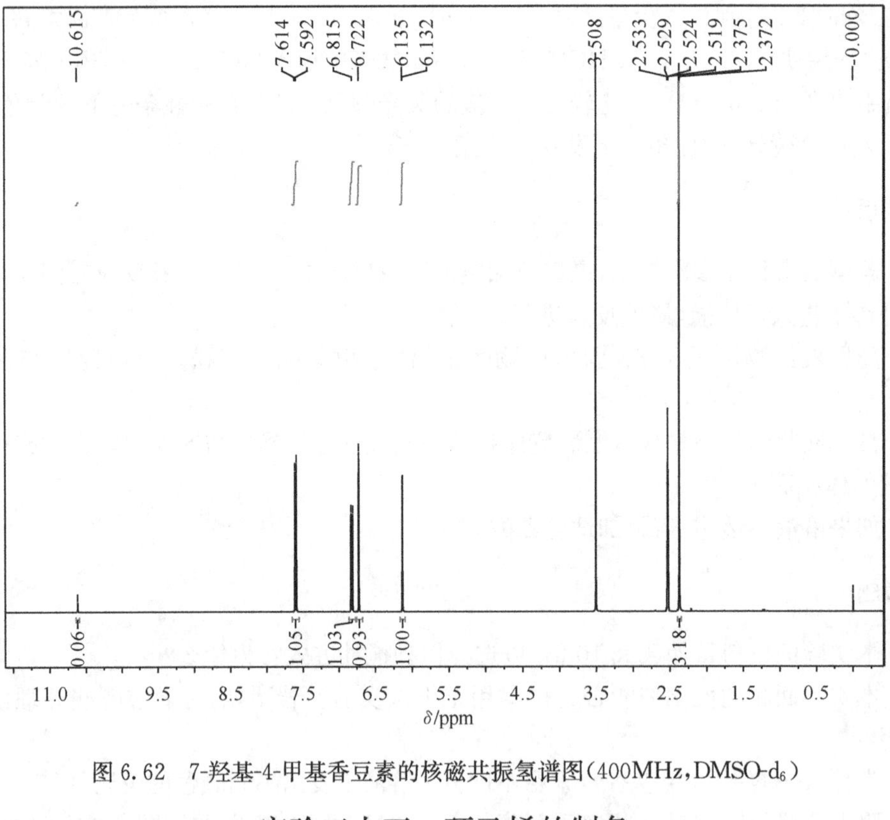

图 6.62 7-羟基-4-甲基香豆素的核磁共振氢谱图(400MHz,DMSO-d_6)

实验三十五 环己烯的制备

(CAS:110-83-8)

一、实验目的

(1) 学习用环己醇制取环己烯的原理和方法。

(2) 了解简单分馏的原理并初步掌握分馏操作技术。

(3) 正确理解共沸物概念及其在有机化学实验中的应用。

(4) 复习巩固液体有机物的洗涤、干燥及蒸馏等基本操作技术。

(5) 进一步熟悉气相色谱分析鉴定产物的方法。

二、实验原理

烯烃是重要的有机化工原料。工业上主要通过石油裂解的方法制备烯烃，有时也利用醇在氧化铝等催化剂存在下，进行高温催化脱水来制取；实验室则主要用浓硫酸、浓磷酸作催化剂使醇脱水或卤代烃在醇钠作用下脱卤化氢来制备烯烃。

用酸催化脱水，常用的脱水剂有硫酸、磷酸、对甲苯磺酸及硫酸氢钾等。反应基本上按 E1 机理进行，从伯醇到叔醇，消去反应变得越来越容易。由于在反应过程中有中间体碳正离子的生成，所以在很多情况下伴随有重排反应，导致双键异构化和碳骨架的重排。此外，醇脱水反应中容易发生的副反应是烯烃的聚合及醇分子间的脱水。因此，在反应中常伴随有副产物-重排产物、聚合产物和醚的生成。不同结构的醇脱水得到产物的结构遵循札依采夫规则。

醇脱水反应是可逆反应，在实际操作中，可将形成的烯烃从反应混合物中直接蒸出，以促使平衡向生成烯烃的方向移动。同时，也避免了随后可能发生的异构化和聚合等副反应。如果产生的烯烃沸点相当高，可向反应体系中加入苯、甲苯等带水剂，使其与水形成恒沸物而将水带出。

本实验以浓磷酸为脱水剂，同时采用将环己烯及其共沸物蒸出反应体系的方法，促使平衡向生成环己烯的方向移动。环己醇脱水只得一种结构的产物环己烯；环己醇分子间脱水生成环己醚较难；环己醇是仲醇，脱水较易进行，反应产率较高。反应式如下：

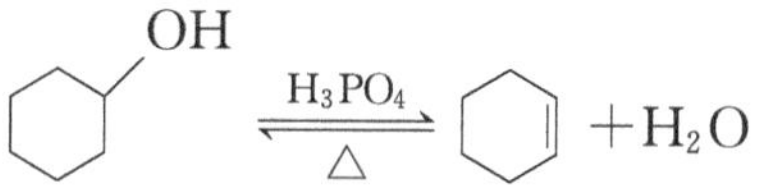

三、实验步骤

1. 制备

在干燥的 50mL 圆底烧瓶中加入 20g(20.8mL，0.2mol)环己醇[1]、5mL 磷酸[2]和沸石，摇匀[3]后按图 6.63 装上分馏柱[4]、蒸馏头、温度计、冷凝管等，接收瓶用冰水浴冷却[5]。用油浴加热圆底烧瓶[6]，控制浴温为 180～220℃。当反应液微沸后调小电压，先加热反应 0.5h 后，再逐渐蒸出环己烯和水的共沸物，用加热速度控制柱顶温度在 71℃左右，直至无馏出物。

柱顶温度开始下降，可稍稍加大电压并使柱顶温度不超过 90℃，蒸至瓶中仅剩下少量残留液时，停止蒸馏[7]。全部反应分馏时间约需 1.5h。

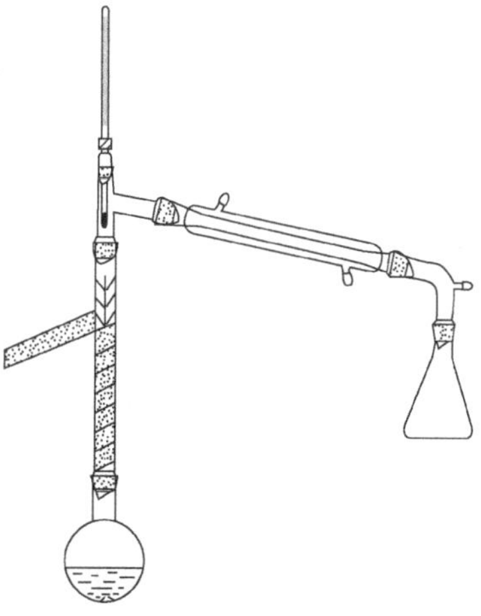

图 6.63　分馏反应装置

将收集的粗环己烯转移至分液漏斗中，用等体积饱和氯化钙溶液洗涤一次，分去水层[8]，将有机层倒入一个干燥的锥形瓶中，加入 1～2g 无水氯化钙干燥。将干燥过的产品通过滤纸或少量脱脂棉过滤至 25mL 圆底烧瓶中，用水浴加热蒸馏，收集 82～85℃ 馏出液，产品为无色透明液体，产量 11～12g，产率67%～73%[9]。

纯粹环己烯的沸点 82.98 ℃，折光率 n_D^{20} 1.4465，相对密度 d_4^{20} 0.8102。

2. 产品分析

(1) 测定折光率。

(2) GC 分析产品质量。

GC 分析条件

仪器：Varian CP-3800；检测器(FID)温度：250℃；色谱柱：Varian CP-Sil 5 CB(二甲基聚硅氧烷柱)；柱长：25m×0.53mm ID；氮气流速：50mL/min；氢气流速：30mL/min；空气流速：300mL/min；柱温：100℃；气化温度：150℃；进样量：1μL。

四、注意事项

[1] 环己醇熔点 24℃，常温下为黏稠液体。为避免黏附损失，最好用称量法直接称取。

[2] 也可用 1mL 浓硫酸代替磷酸，但容易在反应中炭化和放出刺激气味的二氧化硫气体。

[3] 磷酸和环己醇必须充分混合，振荡均匀，避免在加热时可能产生的局部炭化现象。

[4] 为防止散热，影响分馏效果，在先加热反应约 0.5h 使填料充分润湿后，分馏柱用石棉绳(或玻璃布)包裹保温。

[5] 在收集和转移环己烯时，最好保持充分冷却以免因挥发而损失。

[6] 此实验关键是控制加热速度，由于反应中环己烯与水形成共沸物(沸点 70.8℃，含水 10%)，环己醇与水形成共沸物(沸点 97.8℃，含水 80%)，所以，反应刚开始时蒸馏速度不宜过快，最好稍加回流后再开始蒸出，以每 2～3s 一滴为宜。

[7] 反应终点可从下列几个方面判断：分馏出的环己烯-水共沸物达到理论计算值；反应烧瓶中出现白雾；加热速度不变的情况下柱顶温度自动下降。

[8] 水层应尽可能分离完全，否则将增加无水氯化钙的用量，使产物更多地被干燥剂吸附而导致损失。这里用无水氯化钙干燥较适宜，因为它还可除去少量环己醇(生成醇与氯化钙的配合物)。

[9] 产品是否清亮透明是衡量产品是否合格的外观标准。因此在蒸馏已干燥的产物时，所用蒸馏仪器都应充分干燥。如果 80℃以下时已蒸出较多前馏分，应将前馏分收集起来，重新干燥后再蒸馏。这可能是由于无水氯化钙用量过少或干燥时间太短，粗产品中的水分未除尽。

五、思考题

(1) 分馏和蒸馏在原理及装置上有哪些异同点？

(2) 为什么装有填料的分馏柱比不装填料的效率高？在分馏过程中为什么要防止回流液体在柱内聚集？

(3) 在制备环己烯时，为什么要控制分馏柱上端的温度不要超过 90℃？

(4) 环己烯粗产品为什么不用纯水洗，而是用饱和氯化钙溶液洗涤？

(5) 如果实验产率太低或产品纯度低，试分析主要是在哪些操作步骤中造成的。

六、产品的光谱图

产品的光谱图如图 6.64 和图 6.65 所示。

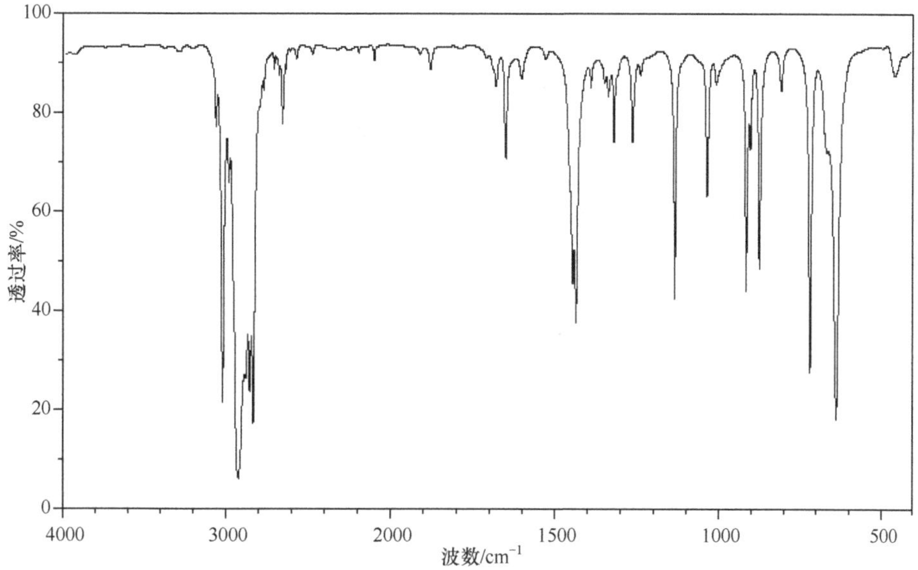

图 6.64　环己烯的红外光谱图

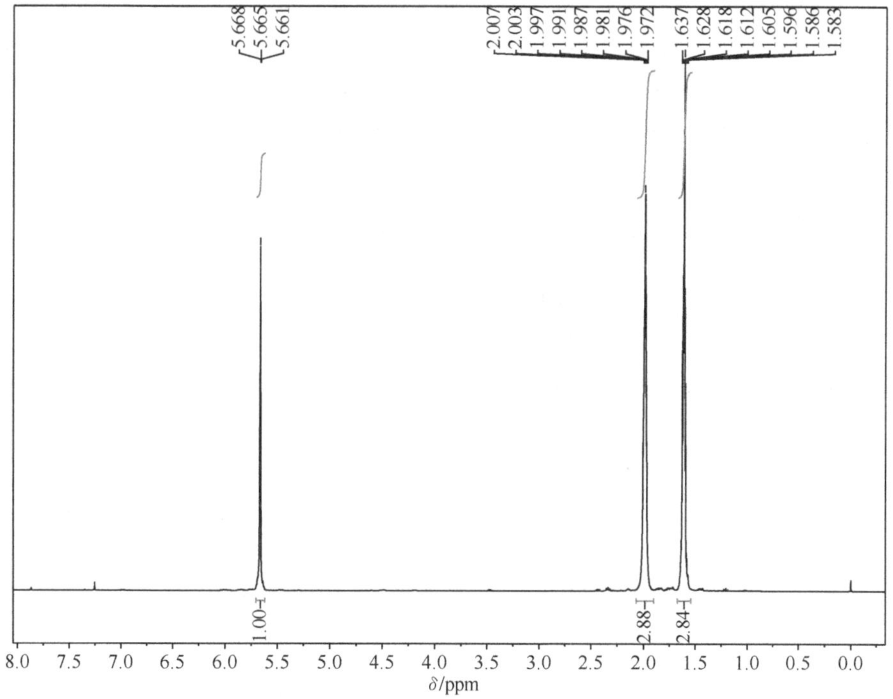

图 6.65　环己烯的核磁共振氢谱图(400MHz，$CDCl_3$)

实验三十六　Preparation of 7,7-Dichlorobicyclo[4.1.0]heptane (CAS:823-69-8)

1. Principle

Addition of dichlorocarbene to alkenes by phase transfer catalysis. One method for the formation of a cyclopropane ring is the addition of a carbene to a carbon-carbon double bond. If the carbene bears substituents, such as a pair of chlorine atoms, a substituted cyclopropane ring can be formed, and the addition of dichlorocarbene to an alkene can be represented in general as

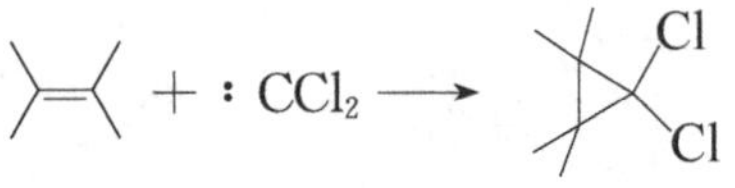

alkene　dichlorocarbene　dichlorocyclopropane

Although carbenes are uncharged, the valence shell of the carbon atom is electron deficient since it contains only six electrons. For this reason, carbenes act as powerful electrophiles. In order to avoid reaction with water, a nucleophile, carbene reactions are usually run under anhydrous conditions. In this procedure, however, dichlorocarbene is generated in water-free environment in an unusual way. The reaction mixture consists of two phases: an aqueous phase containing sodium hydroxide and a catalytic amount of tetra-*n*-butylammonium bromide, and an organic phase containing chloroform and cyclohexene. Apparently tetra-*n*-butylammonium ions and hydroxide ions migrate into the organic phase as ion pair where the hydroxide ion removes a proton from chloroform molecule to give the trichloromethyl anion:

$$HO^- + HCCl_3 \rightleftharpoons H_2O + CCl_3^-$$

The trichloromethyl anion then undergoes an alpha elimination, which a chloride ion is lost, to form dichlorocarbene:

$$CCl_3^- \longrightarrow Cl^- + :CCl_2$$

The dichlorocarbene, formed in the organic layer where the water concentration is very low and the cyclohexene concentration very high, will usually react to give dichloronorcarane. The chloride ion formed and tetra-*n*-butylammonium ion then migrate as ion pair into the water layer where the ammonium cation can again pick up a hydroxide ion to take into the organic layer. The catalytic role of the tetra-*n*-butylammonium cation can be summarized in this way:

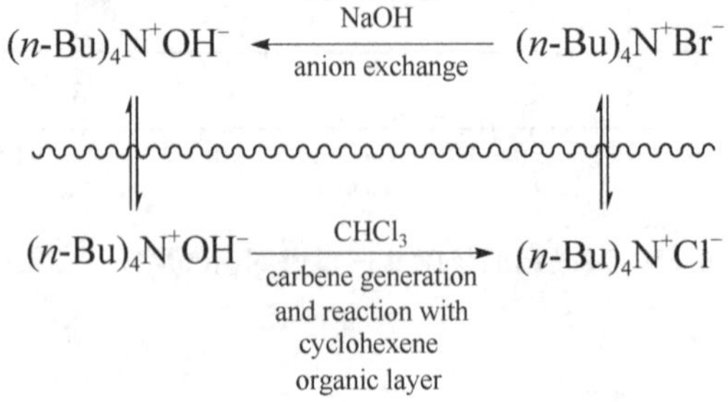

The catalytic function of the tetra-*n*-butylammonium salt in this reaction has been called phase transfer catalysis. Other quaternary ammonium salts have the same effect, and no reaction takes place in the absence of the salt.

The addition of dichlorocarbene to cyclohexene gives 7,7-dichlorobicyclo[4.1.0] heptane, or dichloronorcarane. The reaction can be represented in this way:

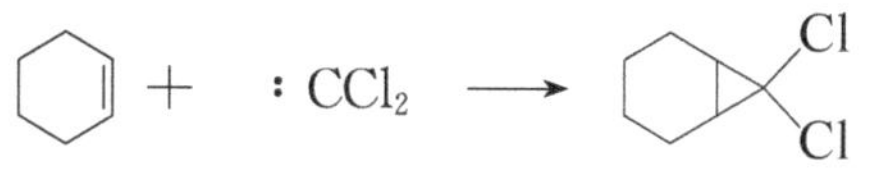

cyclohexene　dichlorocarbene　dichloronorcarane

2. Procedure

Put a magnetic stirring bar in a 250mL three-neck round-bottom flask with a reflux condenser, dropping funnel and thermometer. Place a steam bath on a magnetic stirrer and clamp the flask in position in the rings of the steam bath so that the contents of the flask can be heated by steam and magnetically stirred at the same time. Add to the flask 19mL of chloroform (27.5g, 230mmol), 7.7mL of cyclohexene. (6.2g, 75mmol), and 250mg (0.78mmol) of tetra-*n*-butylammonium bromide. Then drop into the flask a mixture of 23g sodium hydroxide (570mmol) and 45mL of water. Gently heat and vigorously stir the resulting mixture for 30 minutes[1]. At the end of the heating period, add ice in order to cool the mixture to room temperature. Then add to the flask 50mL of ether and vigorously stir the resulting mixture for three minutes[2]. Then transter the mixture to a separatory funnel, allow the layers to separate, and draw off the lower, aqueous layer, returning it to the original 250mL boiling flask. Save the ether extract in a 125mL Erlenmeyer flask. Add 25mL of ether to the aqueous layer in the boiling flask and again vigorously stir the mixture for three minutes. Again, using the separatory funnel, separate the layers and then dry the combined ether extracts over anhydrous magnesium sulfate. Filter the dried ethereal solution by gravity into a round-bottom boiling flask and remove the ether by distillation on the steam bath. Distill the residue under water pump reduced pressure using an oil bath. Collect the fraction boiling between 95～97℃/4.67kPa (35mmHg) as dichloronorcarane. Yield: about 7grams (about 55%).

Pure dichloronorcarane: b.p. 198℃(d), n_D^{20} 1.5040.

3. Analysis of product

GC-MS.

4. Notes

[1] Heat the mixture just to boiling so that an occasional drop falls from the reflux condenser(at 55～60℃).

[2] The yield is critically dependent on the thoroughness of the extraction.

5. Question

What product (s) would you expect to get by a similar treatment of

a. styrene?

b. 1,5-cyclooctadiene?

6. Spectrogram of product

Spectrogram of product see Fig. 6. 66 and Fig. 6. 67.

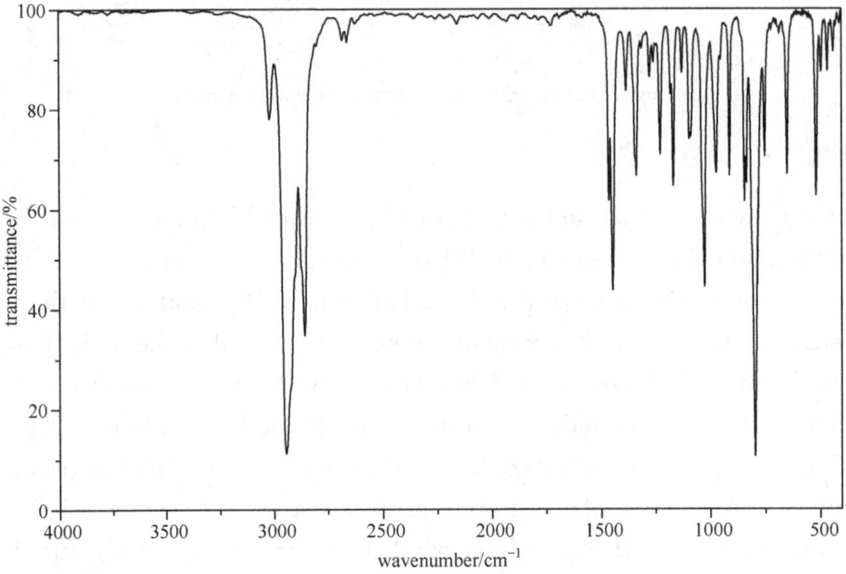

Fig. 6. 66 IR spectrum of dichlornorcarane

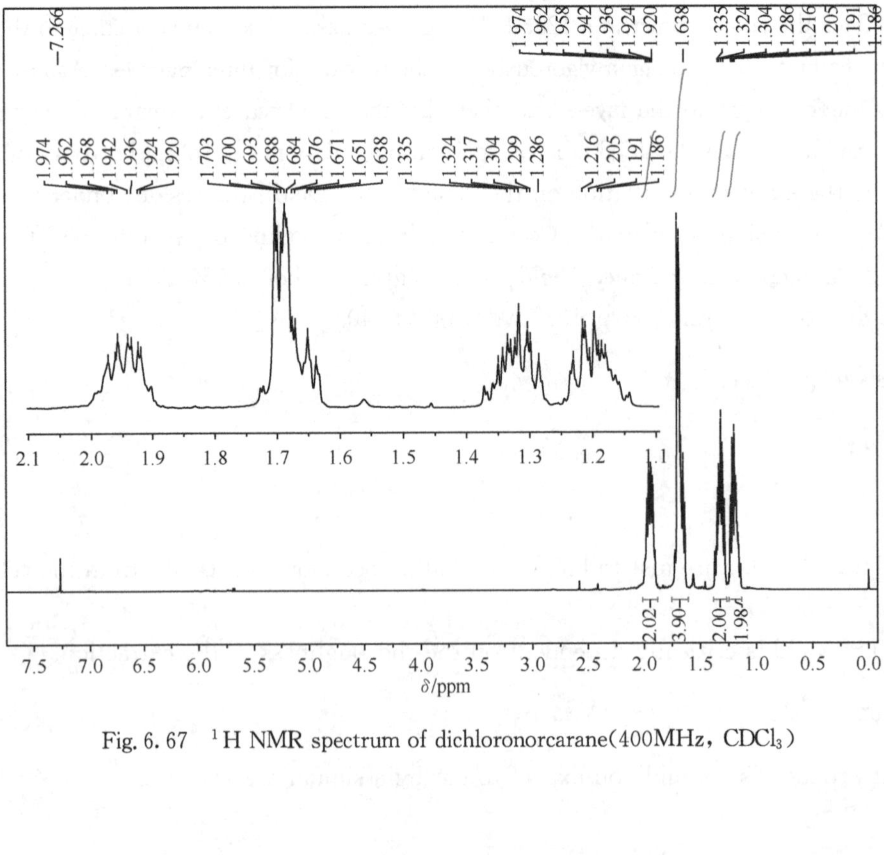

Fig. 6. 67 ^{1}H NMR spectrum of dichloronorcarane(400MHz, $CDCl_3$)

实验三十七　3-溴环己烯的制备
(CAS:1521-51-3)

一、实验目的

(1) 学习烯烃 α-氢溴代的原理和方法。
(2) 进一步巩固水泵减压蒸馏的操作技术。

二、实验原理

烯丙式卤代物工业上一般是由烯烃与卤素在高温条件下使双键的 α 位发生自由基取代反应制得。而实验室制备烯丙式卤代物,常用的方法是用溴化试剂 N-溴代丁二酰亚胺(NBS),在光或引发剂作用下,在惰性溶剂中与烯烃作用生成 α-溴代烯烃。本实验以环己烯为原料,NBS 为溴化剂,过氧化苯甲酰为引发剂,非极性的 CCl_4 作溶剂,通过 α-氢的溴代反应制备 3-溴环己烯。

反应式:

三、实验步骤

1. 制备[1]

在放有磁子的 100mL 圆底烧瓶中加入 4g(0.022mol) N-溴代丁二酰亚胺[2]、3.0g (0.036mol)精馏过的环己烯和 30mL 无水四氯化碳,最后加入 80mg 过氧化苯甲酰。在烧瓶上装上冷凝管及干燥管,反应物在室温条件下开始反应[3]。反应混合物逐渐变热,黄色的 N-溴代丁二酰亚胺逐渐转变为悬浮在混合物上层的无色的丁二酰亚胺。加热搅拌回流至所有的 N-溴代丁二酰亚胺全部转变为丁二酰亚胺,约需 1h(用淀粉-碘化钾试纸跟踪反应,取 1 滴反应液滴在试纸上,若不显色即为反应终点)。冷却,过滤,用四氯化碳洗涤滤渣。滤液依次用饱和碳酸氢钠、饱和亚硫酸氢钠和蒸馏水各 10mL 洗涤,无水氯化钙干燥。蒸馏除去四氯化碳(沸点 77℃)和未反应的环己烯(沸点 83℃),然后水泵减压蒸馏,收集 72～77℃/4.0kPa(32～35mmHg)的馏分,得无色透明的 3-溴环己烯。称量,计算产率。

纯粹 3-溴环己烯的沸点 80～82℃/5.33kPa(35mmHg)、66～67℃/2.66kPa(20mmHg);折光率 n_D^{20} 1.5230。

2. 产品分析

(1) 测定折光率。
(2) IR、GC-MS 分析。

四、注意事项

[1] 溴化物能刺激皮肤和催泪,实验时应在通风橱中进行,并注意戴防护手套及防护眼镜。
[2] NBS 易水解,所用仪器及试剂必须干燥。
[3] 可加热引发反应,若反应过于剧烈,可稍冷却,但不能使反应停顿。

五、思考题

(1) 本实验中原料 NBS 易水解，反应时要注意什么？否则会产生什么后果？

(2) 若反应过于剧烈，可稍冷却，但不能使反应停顿，为什么？

(3) 本实验中过氧化苯甲酰起什么作用？以反应式表示。

(4) 写出本实验中可能有的副反应。

六、产品的光谱图

产品的光谱图如图 6.68 和图 6.69 所示。

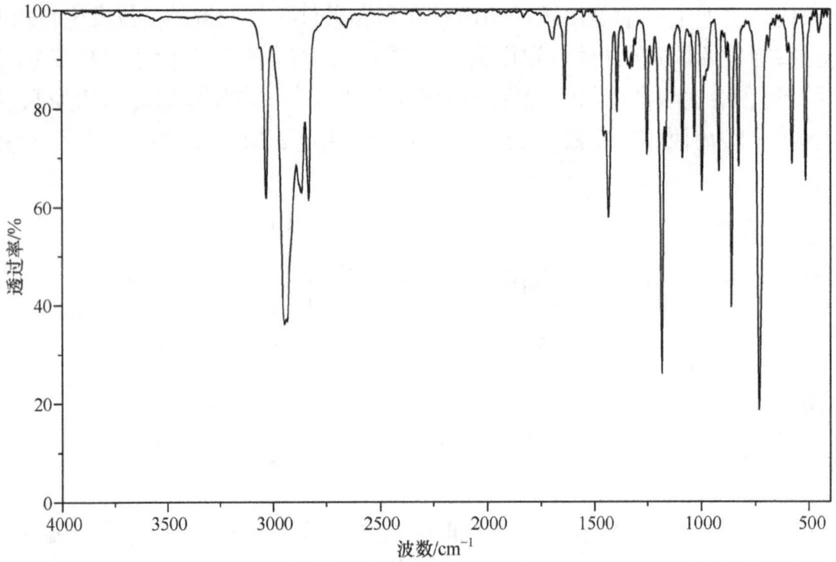

图 6.68　3-溴环己烯的红外光谱图

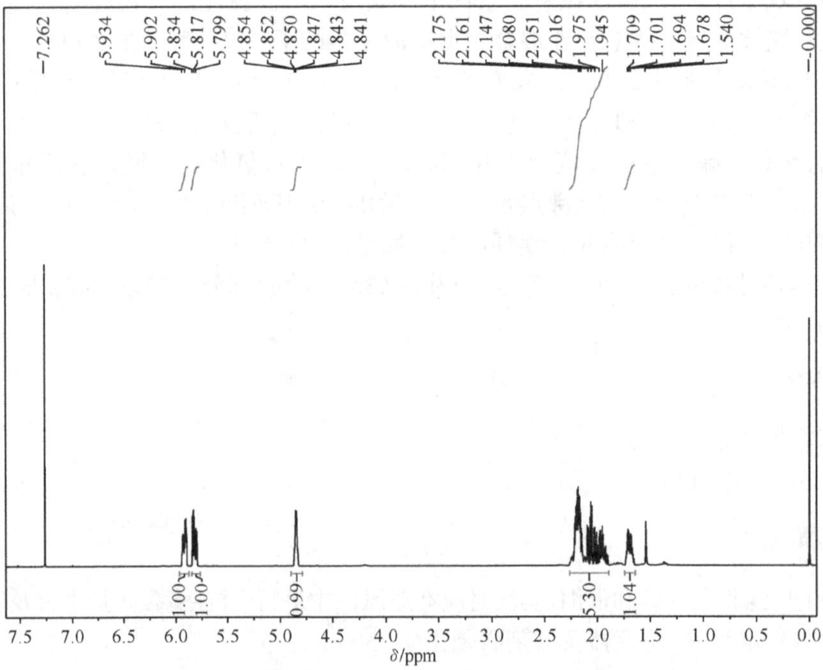

图 6.69　3-溴环己烯的核磁共振氢谱图(400MHz, $CDCl_3$)

实验三十八　己二酸的绿色合成

(CAS:124-04-9)

一、实验目的

(1) 了解绿色化学实验的重要意义。

(2) 学习绿色化学的原理及应用。

(3) 了解实现绿色合成的方法、技术与途径。

二、实验原理

己二酸(ADA)是一种重要的化工原料和合成中间体,主要用于合成尼龙 66、聚氨酯和增塑剂等。大多采用浓 HNO_3 或 $KMnO_4$ 直接氧化法制备己二酸,这些方法都存在一定程度的污染。

本实验采用 30% H_2O_2 作为氧化剂,Na_2WO_4/H_3PO_4 为催化剂,在回流温度下,催化氧化环己烯制备己二酸。反应条件温和,易控制,反应过程中无毒害物质产生,反应时间较短,反应后产物极易分离,催化剂可重复使用。

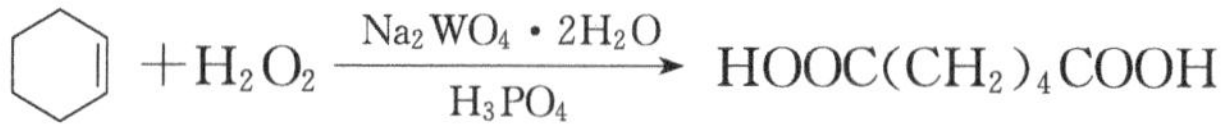

三、实验步骤

1. 合成

在 50mL 圆底烧瓶中依次加入 0.825g(2.5mmol) $Na_2WO_4 \cdot 2H_2O$、0.34mL(约 8 滴,5mmol)85% H_3PO_4、22.5mL (220mmol) 30% H_2O_2[1],磁力搅拌 15min,然后加入 5mL(50mmol)的环己烯,高速搅拌下加热回流 2～3h[2,3]。反应结束后用冰水冷却,此时,己二酸从水相中结晶出来,抽滤(**注意:滤液保留,回收催化剂**),晶体用冰水洗涤(6mL×3),得到白色己二酸,红外灯干燥,称量,计算产率。

纯粹己二酸的熔点 150～152℃。

将滤液转移至另一 50mL 圆底烧瓶中,减压除去溶剂,回收钨盐可重复使用。

2. 产品分析

(1) 测定熔点。

(2) IR 表征。

(3) HPLC 分析产品质量。

四、注意事项

[1] 双氧水对皮肤有腐蚀性,取用时要戴手套。

[2] 回流约 15min 后出现白色泡沫,0.5h 后泡沫消失,控制好回流速度,防止冲料。

[3] 搅拌要剧烈,否则影响产率。

五、思考题

(1) 列举 3 种氧化剂可以将环已烯氧化成已二酸。

(2) 用双氧水作为氧化剂有什么优点?

(3) 该反应中主要副产物有哪些?

六、产品的光谱图

产品的光谱图如图 6.70 和图 6.71 所示。

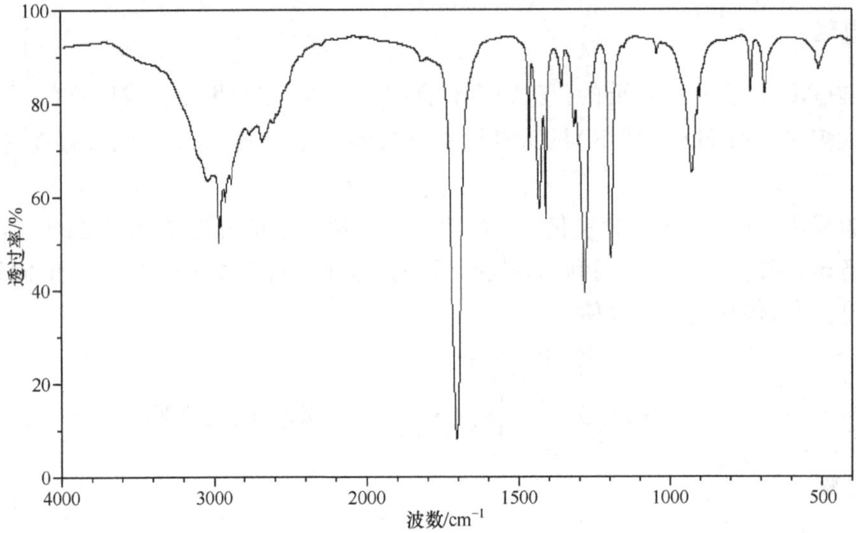

图 6.70　已二酸的红外光谱图

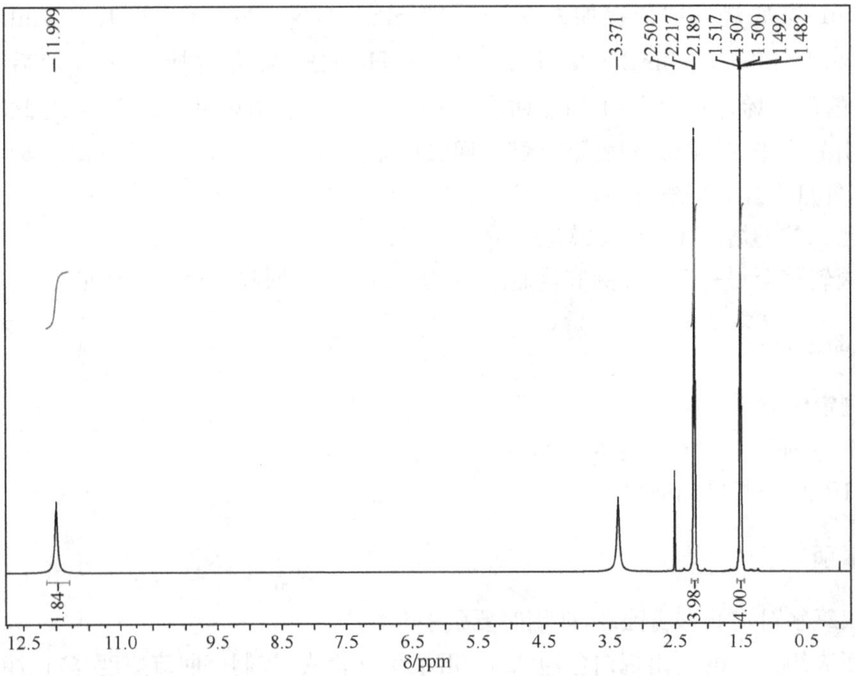

图 6.71　已二酸的核磁共振氢谱图(400MHz，DMSO-d_6)

实验三十九　Green Oxone Oxidation of Borneol to Camphor (CAS:464-48-2)

1. Principle

The objective of this experiment is to oxidize the natural terpene, (1*S*)-borneol, to (1*S*)-camphor using green oxidation conditions. Oxone, a product of DuPont, is a "triple salt" ($2KHSO_5 \cdot KHSO_4 \cdot K_2SO_4$) containing potassium peroxymonosulfate, $KHSO_5$, as the active oxidizing agent. This compound combined with a catalytic amount of sodium chloride serves to oxidize the secondary alcohol of borneol to the ketone of camphor. Borneol and camphor are members of a large class of natural products called terpenes. Read about these unique and important compounds in the accompanying essay. The isolated camphor product will be dried, using a homemade desiccator, sublimed, and characterized by melting point, IR, and ^1H NMR spectroscopy.

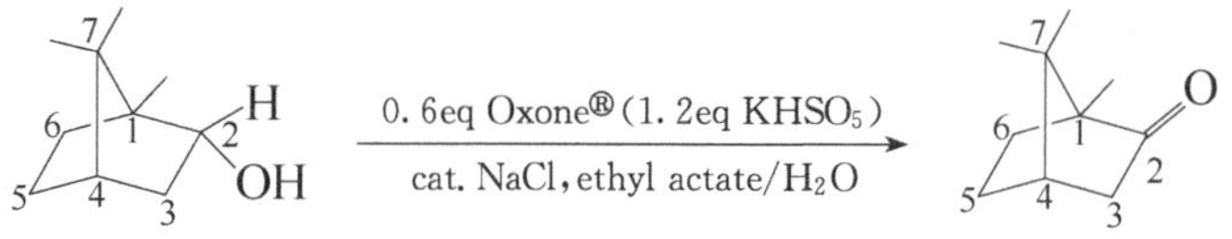

(1*S*)-borneol
(1*S*,2*R*,4*S*)-1,7,7-trimethylbicyclo [2. 2. 1]heptan-2-ol

(1*S*)-camphor
(1*S*,4*S*)-1,7,7-trimethylbicyclo [2. 2. 1]heptan-2-one

Possible mechanism of oxone and catalytic NaCl oxidation:

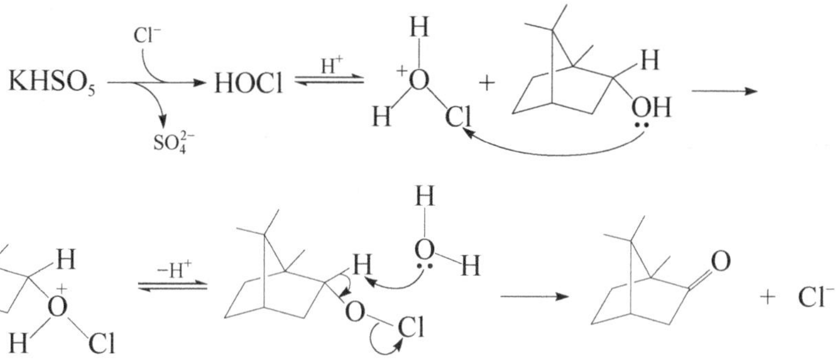

The mechanism of the oxidation is also of interest, especially because in the absence of sodium chloride, no camphor is produced. The catalytic nature of the chloride ion is thus made very clear and most likely involves the formation of hypochlorous acid, analogous to the proposed mechanism normally presented to students during the bleach-acetic acid oxidation laboratory. It is also worthwhile to merge oxidation-reduction chemistry concepts with organic transformations, which is not immediately apparent to many students of organic chemistry. Students can determine the oxidation state of the oxygen-bearing carbon in both borneol (0) and camphor (−2) and observe that throughout the course of the oxidation chlorine is reduced by the same number of oxidation states, from (+1) to (−1). It is an interesting exercise not confined to the realm of metals and inorganic ions.

Oxidation chemistry has historically been environmentally harmful. The commonly used and reliable "Jones oxidant" (a chromium-based reagent) is carcinogenic and has a corrosive action on the hands and mucous membranes. Additionally, chromate salt by-products from a chromic acid oxidation are harmful to the environment and thus pose a disposal problem. The salts produced in the oxone/NaCl experiment, on the other hand, are environmentally benign (mainly potassium sulfate), and the health and safety hazards are very low. Consider each of the *12 Principles of Green Chemistry* learned and how it might apply to this experiment.

Camphor has the distinction of being one of the first natural terpene products isolated from nature with a rich and colorful history. It can be found in the camphor tree (*Cinnamomum camphora*), an evergreen tree found in Asia, and from many other plant sources. Camphor can be synthetically produced from the oil of turpentine. Humans have found a wide range of uses for camphor including medicinal applications (antimicrobial, anesthetic, cough suppressant), plasticizer, embalming fluid, pyrotechnics, moth repellent, and preservative in pharmaceuticals and cosmetics. See if you can find camphor on the label of any of your products at home.

2. Procedure

Clamp a 50mL round bottom flask to a ring stand and position a magnetic stirrer beneath it. Place a medium stir bar in the flask and add 1. 0g (6. 5mmol) of (1S)-borneol. Add 4mL ethyl acetate and begin stirring to dissolve the borneol. Add 2. 4g (3. 9mmol) of oxone[1] (which corresponds to 7. 8mmol of $KHSO_5$) to the flask with continued stirring. Then add 0. 08g (1. 4mmol) NaCl, followed by 1. 5mL of deionized water. Allow the reaction to stir at room temperature for 50 minutes. Then add an additional 0. 03g (0. 5mmol) NaCl. Continue to stir for 10 more minutes. Note any changes in color or temperature during the entire procedure.

By the end of this time the oxidation should be complete and excess oxidant can be destroyed. Add 15mL of deionized water to the reaction and continue stirring to dissolve most of the salts. Slowly add a spatula tip of solid sodium bisulfite to reduce the oxidants that remain. Test the aqueous layer (not organic) by dipping a glass rod into it and then touching a piece of starch-iodide paper. A blue-black color (positive test) indicates the presence of excess oxidant; add small amounts of sodium bisulfite if the aqueous layer tests positive, until a negative test is achieved (no color change).

Carefully transfer contents to a separatory funnel. Add 1～2mL of ethyl acetate to the reaction flask, swirl, and add this wash to the separatory funnel as well. Shake the separatory funnel and separate the layers. Pour the organic layer out of the top into a clean Erlenmeyer flask. Extract the aqueous layer[2] with ethyl acetate (3×5mL). Return the combined organic phases to the separatory funnel and wash three times with 5mL of brine each time. Pour the organic phase into a clean Erlenmeyer flask and dry over magnesium sulfate.

Filter the solution via gravity filtration with fluted filter paper and transfer to a tared Erlenmeyer flask. In the hood, heat gently on a water bath and under a low vacuum to remove the ethyl acetate solvent. Excessive heating or vacuum can lead to sublimation and product loss, so it is important to monitor the concentration step carefully, especially near the end when the solid product begins to form. Record a crude mass(ca. 0.82g) after drying under infrared lamp or room temperature.

The crude camphor may be sublimed. Prepare a microscale sublimation apparatus or the round-bottomed flask and beaker method. Perform the sublimation and carefully scrape the sublimed product onto a weighed watch glass or into a tared vial. Determine a mass or "yield" of sublimation. M. p. 178～180℃(lit.).

3. Analysis of product

(1) Determination of melting point.

(2) IR, ^{1}H NMR analyses.

(3) Thin-layer chromatography. Run a TLC comparison of samples of authentic borneol, authentic camphor, and your purified camphor with methylene chloride (reagent grade) as the developing solvent. The samples should be prepared as concentrated solutions in small amounts (100μL) of methylene chloride in three labeled vials.

(4) Optical rotation measurement. Weigh 125～150mg of purified camphor into a tared 5mL volumetric flask and fill it to the mark with ethanol. Be certain to mix the solution by inverting the flask with the stopper in place. Fill a 1dm (center-fill) polarimeter tube and use the automatic polaremeter to obtain a measured rotation at the sodium -D line(589nm). Calculate the specific rotation and compare it to the literature value for optically pure (−)-camphor of −43.8° in ethanol. Look up the specific rotation of (−)-borneol in ethanol and comment on whether or not a small amount of the unreacted starting material would affect your rotation measurement.

4. Notes

[1] Oxone® is a strong oxidant; do not inhale the dust. Oxone® reaction are oxidizing and acidic and should be quenched with sodium bisulfite and then neutralized with sodium bicarbonate before disposal.

[2] All aqueous layers from the extraction must be combined and neutralized with solid baking soda, then washed down the drain with plenty of water. Solid $CaCl_2$ may be placed in the nonhazardous solid waste container.

5. Questions

(1) What is the purpose of adding sodium bisulfite to the reaction flask at the end of the reaction?

(2) What is the proper way to dispose of the aqueous layers from the extraction steps?

(3) How green is this lab? List pertinent principles of green chemistry that were followed in the procedure with a very brief description for each of how it was addressed in this experiment.

6. Spectrogram of product

Spectrogram of product see Fig. 6. 72 and Fig. 6. 73.

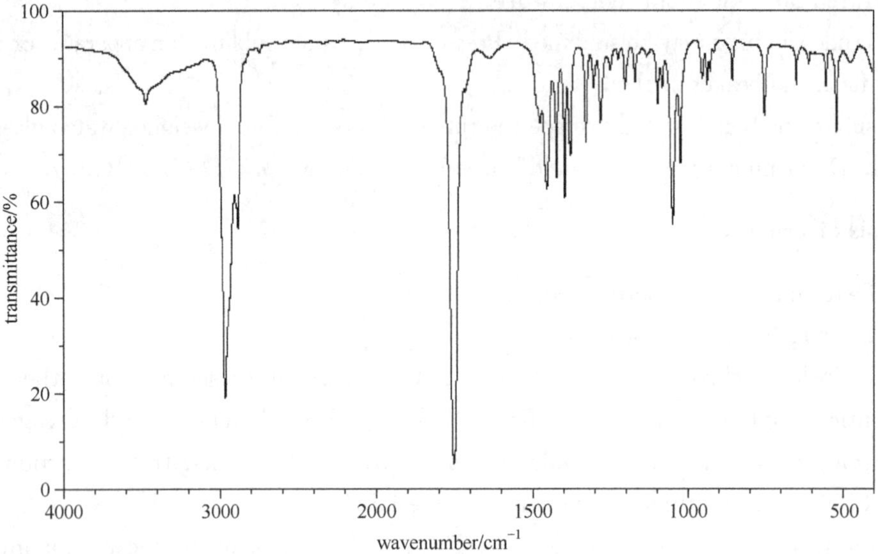

Fig. 6. 72　IR spectrum of camphor (KBr)

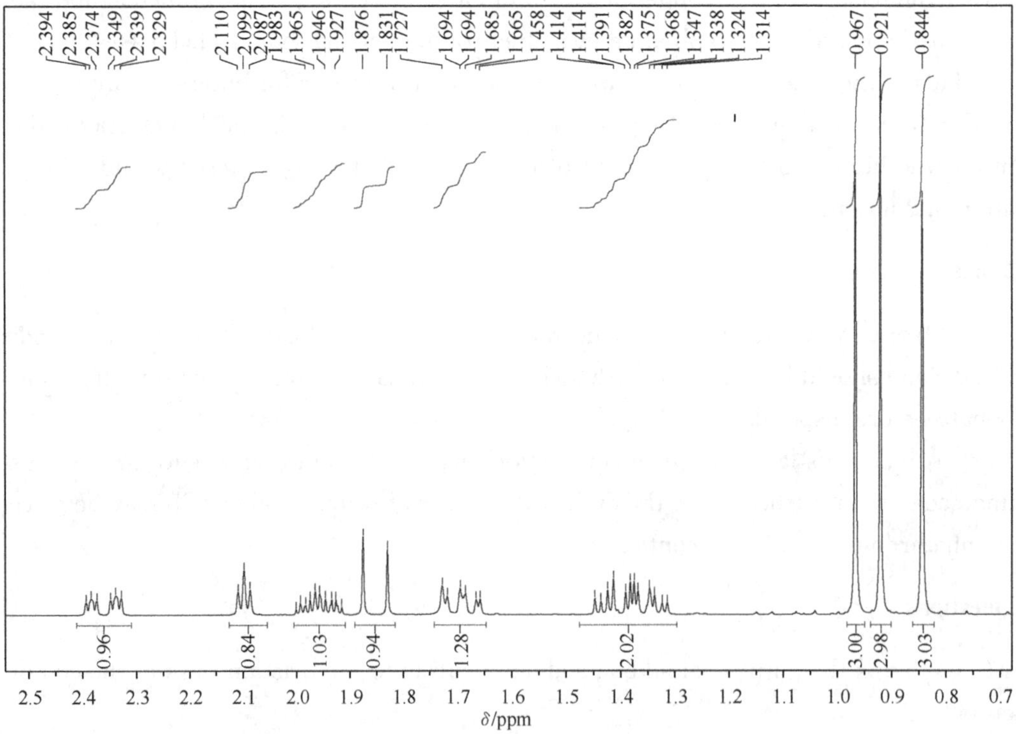

Fig. 6. 73　^1H NMR spectrum of camphor (400MHz, $CDCl_3$)

实验四十　对甲苯乙酮的合成

(CAS:122-00-9)

一、实验目的

(1) 了解利用 Friedel-Crafts 酰化反应制备对甲苯乙酮的原理和方法。

(2) 学会正确安装机械搅拌器及带有气体吸收阱的四颈瓶无水操作装置和使用方法。

(3) 学习用油泵进行减压蒸馏和体系真空度的计算方法。

(4) 学会利用温度-压力关系列线图估计各种压力下产物的沸点。

(5) 掌握用 GC-MS、^1H NMR 分析产品质量和表征结构的方法。

二、实验原理

Friedel-Crafts 酰基化反应是制备芳香酮的主要方法。在催化剂的作用下,酰氯或酸酐首先生成酰基正离子,然后与活泼的芳香化合物发生亲电取代反应,可以得到高产率的芳香酮。在实际制备反应中,常用酸酐作酰化试剂,因为酸酐易得、纯度高、操作方便、副产物少、反应平稳、产率高,产物易纯化。常用的催化剂是无水三氯化铝,与烷基化反应不同的是,由于 $AlCl_3$ 能与羰基配位,因此酰化反应的催化剂用量比烷基化反应多。使用酰卤时,三氯化铝的用量为 1.1～1.2mol;使用酸酐时,三氯化铝需 2.2～2.4mol(酸酐分解产生的羧酸也会与三氯化铝反应);而烷基化反应只需 0.1～0.2mol 的催化量;由于酰基的致钝作用,阻碍了苯环进一步发生取代反应,可停留在一酰化阶段,不会产生多元取代;酰基化反应是不可逆的,不会发生重排反应,故产物纯度高。

对甲苯乙酮有花果香味,主要用作香料和精细有机化学品的合成原料。对甲苯乙酮的合成反应如下:

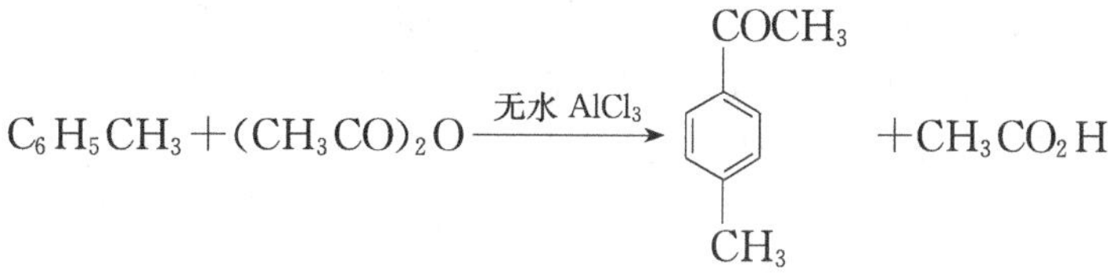

三、实验步骤

1. 制备

在 150mL 四颈瓶上分别装置冷凝管、搅拌器、滴液漏斗和温度计,冷凝管上端装一氯化钙干燥管,后者再与氯化氢气体吸收装置相连[1]。

迅速称取 16.5g(0.12mol)无水三氯化铝[2],放入四颈瓶中。立即加入 27mL 无水甲苯。在搅拌下滴加 5.1g(4.7mL,0.05mol)乙酸酐,以调节滴加速度控制反应温度在 60℃左右[3],约需 15min 加毕。用电热套加热,使反应液温度升至 90～95℃[4],在此温度下反应 30min。冷却,然后在冷水浴冷却和搅拌下自滴液漏斗缓慢滴入 70mL 水[5],水解反应的温度控制在 40～60℃。待固体全部溶解后将水解物转移到分液漏斗中,分出有机层,水层用 15mL 甲苯萃取一次。有机层合并,依次用水、5%氢氧化钠溶液、水各 15mL 洗涤至中性。洗涤后的有机层溶液先用水泵减压蒸去甲苯和微量水[6],再用油泵进行减压蒸馏,收集 93～94℃/0.93kPa

(7mmHg)馏分,产量 6g,产率约 86%。

纯粹对甲苯乙酮的沸点 225℃,折光率 n_D^{20} 1.5335。

2. 产品分析

(1) 测定折光率。

(2) ^{1}H NMR、GC-MS 分析,并对图谱进行解析,确定产品结构及可能存在的杂质。

GC-MS 分析

仪器:Trace GC-DSQⅡ;EI 离子源;四极杆质量分析器;毛细管色谱柱:Varian CP-Sil Low Bleed 30m×0.25mm×0.25μm;样品制备:1 滴产品用 10 滴甲醇稀释;进样针用样品溶液洗三次,取 0.2μL 样品;GC 条件:柱温:170℃,保持 2min,然后以 10℃/min 升温速度升至 200℃,再保持 1min;进样口温度:250℃;分流比 100;载气流速:恒流模式 0.5mL/min;接口部分:传输线温度 250℃;MS 条件:scan 模式,质量扫描范围 35~300;离子源温度:200℃。

四、注意事项

[1] 仪器必须充分干燥,否则影响反应顺利进行,装置中凡是与空气相通处均应装置干燥管。注意正确安装氯化氢气体吸收装置,防止倒吸。

[2] 无水三氯化铝的质量是实验成败的关键之一,研细、称量、投料都要迅速,避免长时间暴露在空气中。为此,应在带塞的锥形瓶中称量。

[3] 甲苯应用金属钠干燥,乙酸酐要新蒸,以保实验成功。Friedel-Crafts 反应是放热反应,但它有一个诱导期,所以操作时要特别注意温度的变化,滴加乙酸酐速度不宜过快,否则反应过于激烈,大量氯化氢气体逸出,污染环境,同时溚状物等副产物增多,影响产率。反应一旦发生:温度自动上升,有 HCl 气体,$AlCl_3$逐渐溶解。可先滴加几滴乙酸酐,待反应发生后再继续滴加,要防止滴加的乙酸酐没有反应,累积过多,一旦发生反应,失去控制,反应温度急剧上升,易发生冲料等事故。此时应停止滴加并立即用冷水冷却,待反应缓和后再滴加。

[4] 一定要控制好反应温度,高于 95℃反应液会发黑,增加副产物。反应液应为红色。

[5] 因水解剧烈放热,故开始滴加水要尽量缓慢,每 2~3s 约 1 滴,控制水解温度不超过 60℃,否则易发生冲料等事故。但也不要低于 40℃,温度太低固体溶解慢,约需 10min。

[6] 有机层可不用无水硫酸镁等干燥剂干燥,直接蒸馏利用水-甲苯共沸(沸点 84℃)脱水的方法干燥。

五、思考题

(1) 在本实验中的限量试剂是什么?溶剂是什么?为什么要用 0.12mol 无水三氯化铝?

(2) 本实验中的主要副产物是什么?反应温度若超过 100℃有何影响?为什么不用强酸性溶液分解反应混合物?

(3) 减压蒸馏时,应该怎样正确掌握操作顺序?为什么一定要达到大致所需的真空度后,才开始加热蒸馏,而不是先加热后减压?在停止蒸馏时,为什么要先卸下热浴,再慢慢放气,待压力几乎达到大气压时,才关闭油泵或水泵?毛细管起什么作用?

(4) 为什么在减压蒸馏时,即使沸点较高的化合物也最好采用热浴加热,而不直接用火加热?

(5) 从手册中查出 5~35℃水的饱和蒸气压,水泵能达到的最高真空度是多少?同一水泵,在夏天和冬天能达到的真空度是否相同?

(6) 经 GC-MS 和^{1}H MNR 分析，如果确证合成的产品中含有其他异构体，采用哪些方法可以进一步分离纯化这些异构体(沸点：对甲苯乙酮，225℃；邻甲苯乙酮，214℃；间甲苯乙酮，220℃)?

六、产品的光谱图

产品的光谱图如图 6.74 和图 6.75 所示。

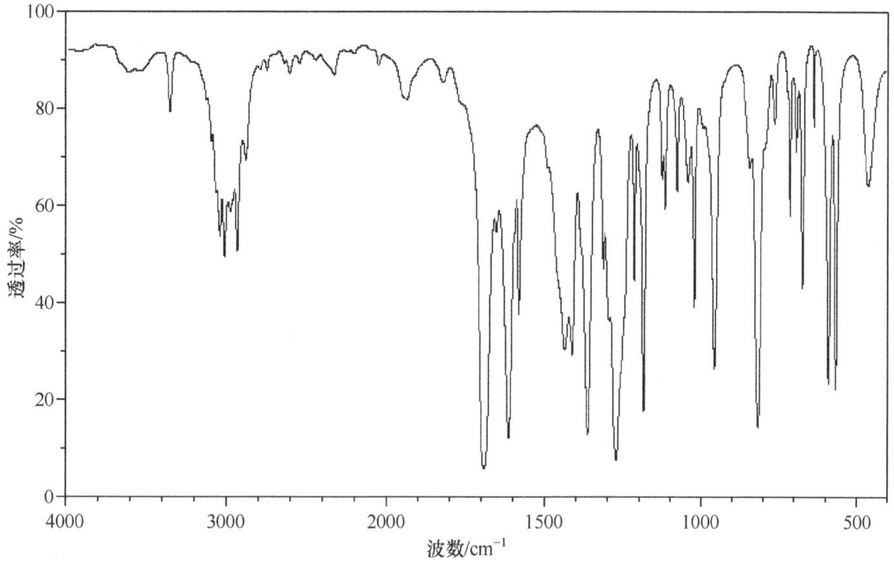

图 6.74　对甲苯乙酮的红外光谱图

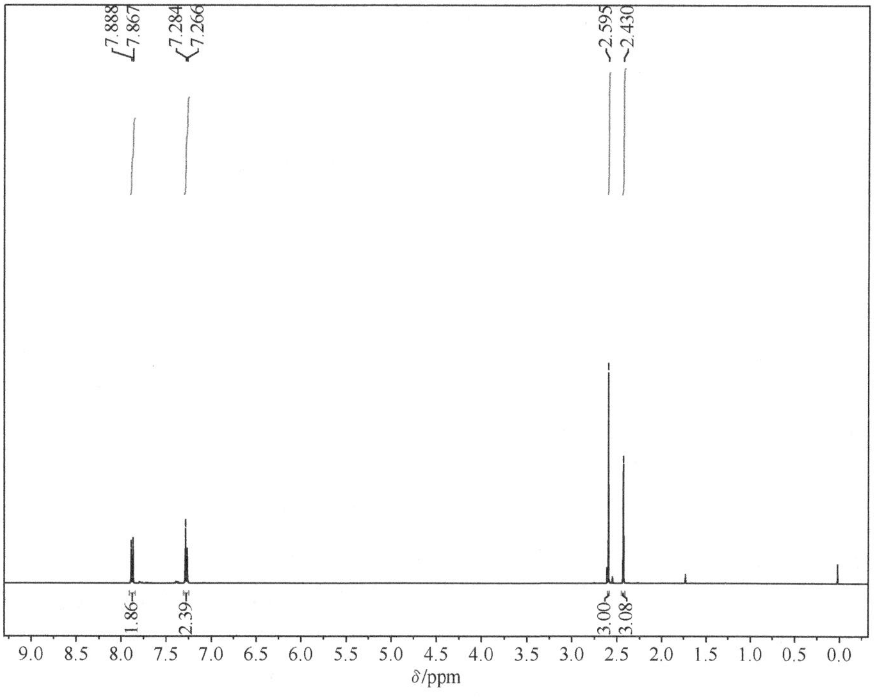

图 6.75　对甲苯乙酮的核磁共振氢谱图(400MHz, $CDCl_3$)

实验四十一　苄叉乙酰对甲苯的制备及其加成反应
（CAS：4224-96-8）

一、实验目的

(1) 以自制对甲苯乙酮为原料，与苯甲醛在碱液中缩合，制备苄叉乙酰对甲苯（甲基查尔酮）。再将所得产物分别与溴和苯胺加成，制备其衍生物。

(2) 熟习羟醛缩合反应和 α,β-不饱和醛酮的加成反应。

(3) 学习进行多步骤有机合成实验。

(4) 掌握小量实验技术。

(5) 复习巩固重结晶操作。

二、实验原理

芳醛在碱性条件下与醛（酮）缩合生成 α,β-不饱和醛酮的反应即为 Claisen-Schmidt 反应，该反应在 1880 年为 Schmidt 首先发现，后经 Claisen 加以改进，其反应机理基本上与典型的羟醛缩合反应相同。立体化学研究表明，在一对顺反异构的反应产物中，以 E 型产物占优势。

(1) $p\text{-}CH_3C_6H_4COCH_3 + PhCHO \xrightarrow[-H_2O]{NaOH}$

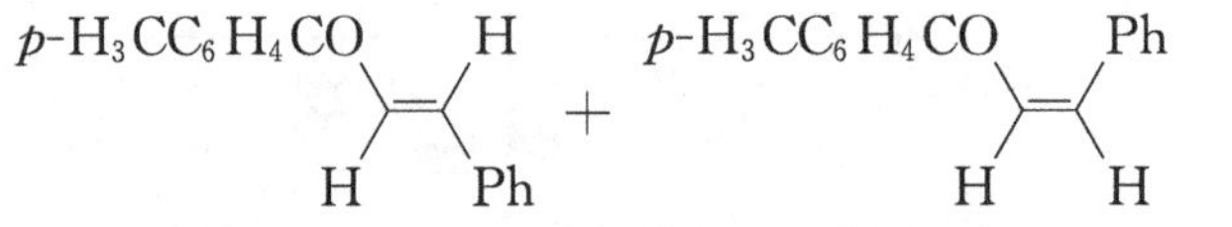

E（主），熔点 75℃　　　　Z（次），熔点 57℃

(2) $PhCH{=}CHCOC_6H_4CH_3\text{-}p + PhNH_2 \longrightarrow PhCH(NHPh)CH_2COC_6H_4CH_3\text{-}p$

(3) $PhCH{=}CHCOC_6H_4CH_3\text{-}p + Br_2 \longrightarrow$

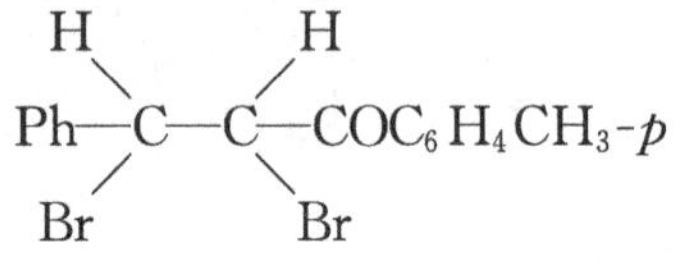

赤式（主），(dl)

三、实验步骤

1. 苄叉乙酰对甲苯的制备

在 50mL 锥形瓶中放入 6.3mL 3mol/L 氢氧化钠溶液、6.3mL 95% 乙醇和 1.7g (0.0125mol) 对甲苯乙酮，用冰浴冷却，在电磁搅拌下滴加 1.4g（约 1.3mL，0.0125mol）新蒸的苯甲醛。于室温下反应 1h，即有黄色油状物析出，可加入晶种或用玻璃棒摩擦瓶壁[1]，并用冰水冷却至晶体析出完全，抽滤，晶体先后用少量冰水及冷却过的 95% 乙醇洗涤，留下少量结晶作为晶种，余下的粗品用 95% 乙醇重结晶（1g 晶体用 4～5mL 乙醇）得淡黄色晶体，测定精制产物的熔点，称量，计算产率。

2. 苄叉乙酰对甲苯的溴化反应

在 25mL 锥形瓶中加入 0.5g 苄叉乙酰对甲苯和 2mL 四氯化碳，待固体溶解后，冰浴冷却，一边摇动一边滴加 2mL 溴-四氯化碳溶液[2]（1g 溴溶于 6mL 四氯化碳）直到溶液溴色不褪色为止，室温放置 5～10min，收集晶体，并用少量冷乙醇洗涤，得白色粉状物，干燥称量，测熔点[3]，确定产物是赤式还是苏式。

3. 苯胺与苄叉乙酰对甲苯的加成反应

在 50mL 锥形瓶中将 1g 苄叉乙酰对甲苯溶于 20mL 95%乙醇，加入 1mL 苯胺[4]摇动溶液成均相，若有固体未溶完，可置于 60℃水浴中温热片刻使呈均相。滴加 1～2 滴 5%NaOH，装上冷凝管，室温电磁搅拌约 1h。析出大量固体，滤出固体并用少量乙醇洗涤，干燥，称量，测熔点。熔点文献值 140～142℃。

四、注意事项

[1] 苄叉乙酰对甲苯对皮肤有刺激作用，切勿接触皮肤。

[2] 溴是具有强烈腐蚀性和刺激性的物质，因此在量取时必须在通风橱中进行，并戴上防护手套。若不慎触及皮肤，应立即用水冲洗，再用甘油按摩后涂上油膏。

[3] 生成的苄叉乙酰对甲苯中的碳-碳双键能与溴迅速发生亲电加成反应，若加成反应是立体专一性的，由于反应中产生两个手性碳，应该有四个可能的二溴化合物的立体异构体，即两对对映异构体。

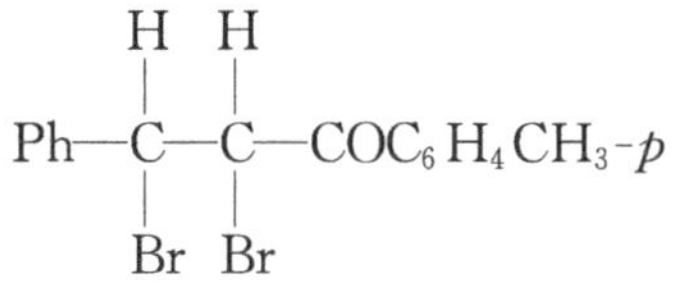

赤式（*dl*），熔点 175～176℃

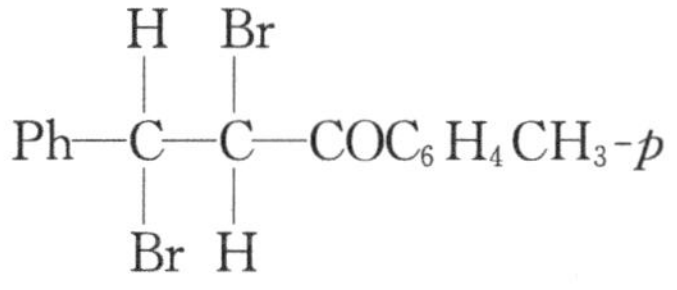

苏式（*dl*），熔点 140～141℃

然而无论溴加到 *E*-或 *Z*-苄叉乙酰苯上，得到的主要产物都是高熔点的二溴化合物。

[4] 苯胺有毒，勿吸入蒸气和接触皮肤。本实验中苯胺的用量过量一倍，以加速反应进行和提高产率。

五、思考题

(1) 为什么实验中交错羟醛缩合反应是生成苄叉乙酰对甲苯，而不是发生两种可能的副反应（苯乙酮的自身缩合和苯甲醛的 Cannizzaro 反应）？

(2) 说明交错羟醛缩合反应混合物中苄叉乙酰对甲苯的反式异体为主要产物的原因。

(3) 苄叉乙酰对甲苯为 α,β-不饱和酮，它与苯胺的亲核加成是 1,2 加成还是 1,4 加成？

六、产品的光谱图

产品的光谱图如图 6.76～图 6.81 所示。

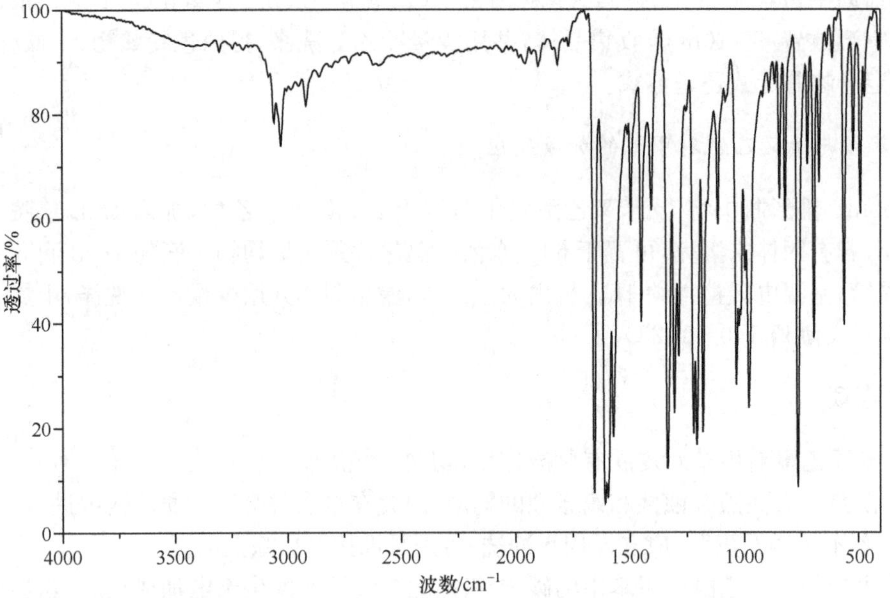

图 6.76　苄叉乙酰对甲苯的红外光谱图

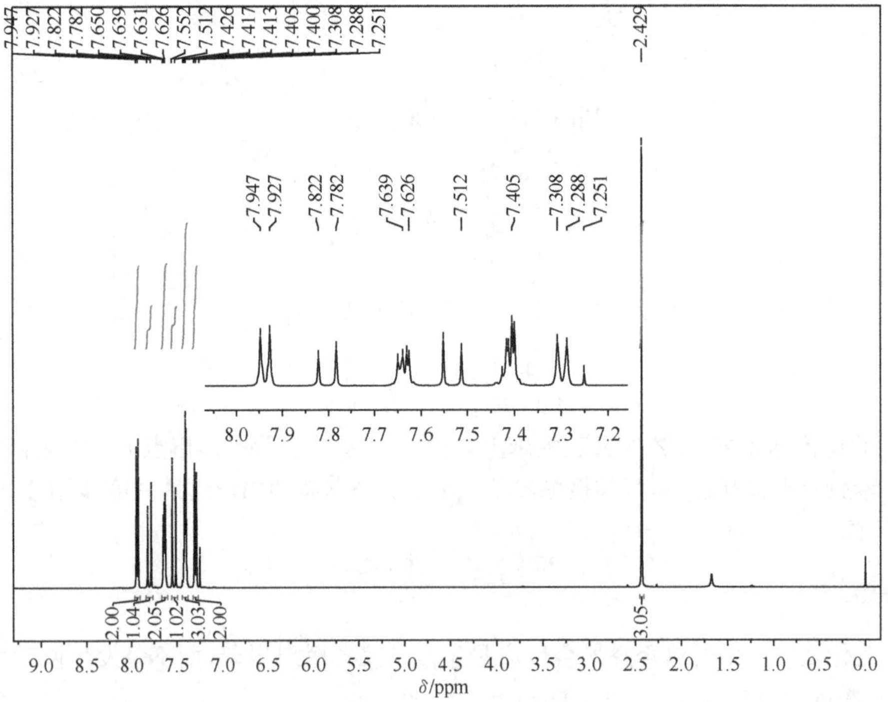

图 6.77　苄叉乙酰对甲苯的核磁共振氢谱图(400MHz，$CDCl_3$)

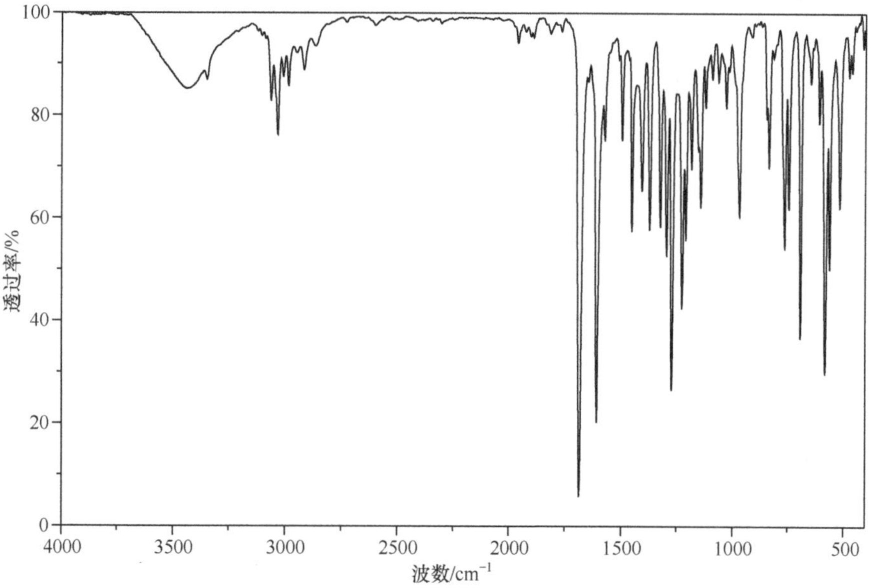

图6.78　2,3-二溴-3-苯基-1-对甲苯基-1-丙酮的红外光谱图

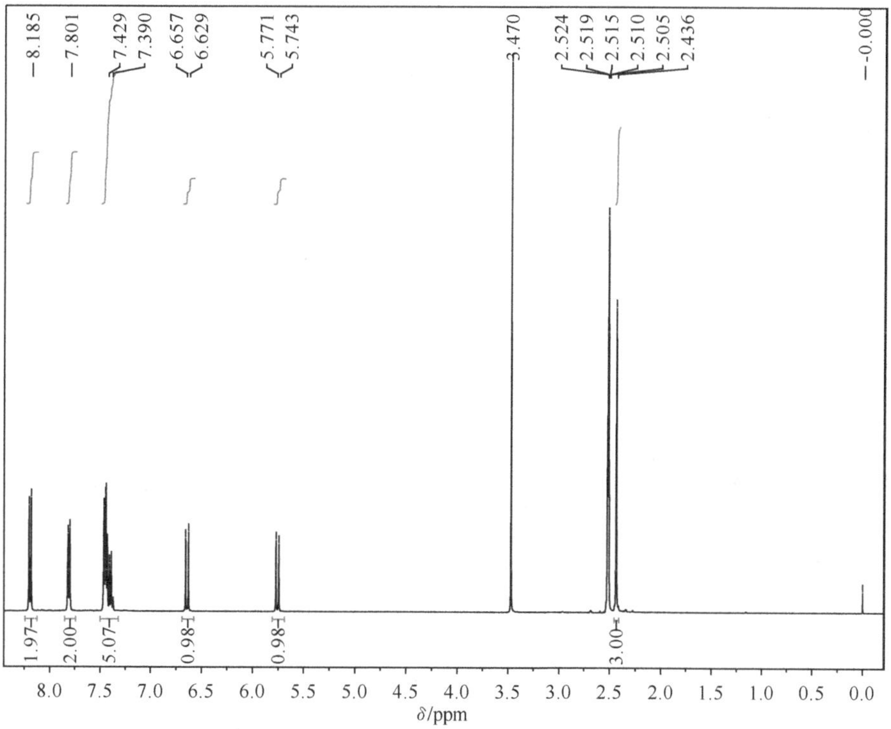

图6.79　2,3-二溴-3-苯基-1-对甲苯基-1-丙酮的核磁共振氢谱图(400MHz，DMSO-d_6)

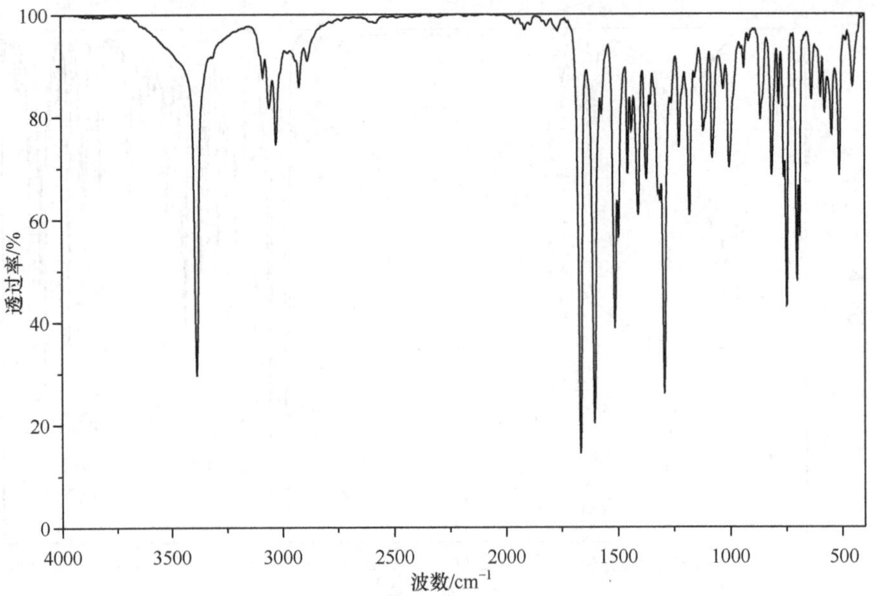

图 6.80　3-苯基-3-苯氨基-1-对甲苯基-1-丙酮的红外光谱图

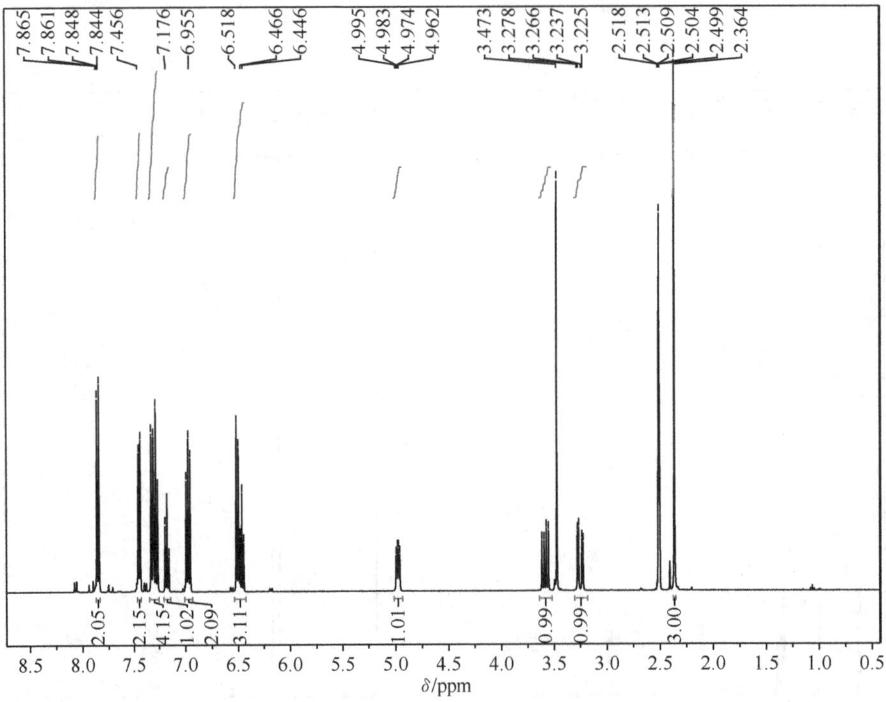

图 6.81　3-苯基-3-苯氨基-1-对甲苯基-1-丙酮的核磁氢谱图(400 MHz，DMSO-d_6)

实验四十二　二苄叉丙酮的合成

(CAS:538-58-9)

一、实验目的

(1) 了解利用羟醛缩合反应制备 α,β-不饱和醛酮的原理和方法。

(2) 复习重结晶操作。

(3) 掌握用 IR 及^{1}H NMR 表征产品结构的方法。

二、实验原理

二苄叉丙酮是一类重要的有机合成中间体，可用于合成香料、医药、防晒制品等各种精细化学品，由芳香醛和丙酮在酸或碱催化下通过 Claisen-Schmidt 缩合反应制备。

主反应：

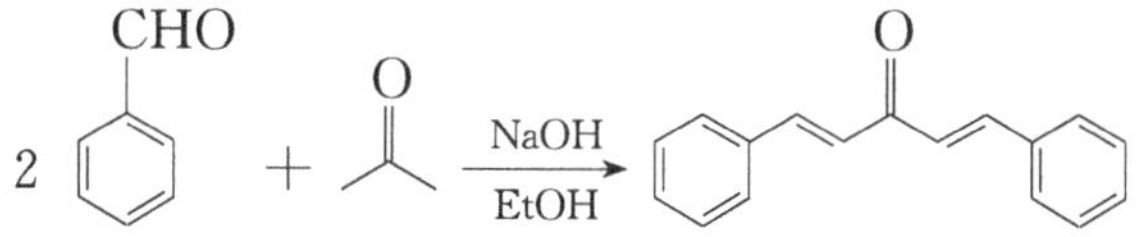

副反应：

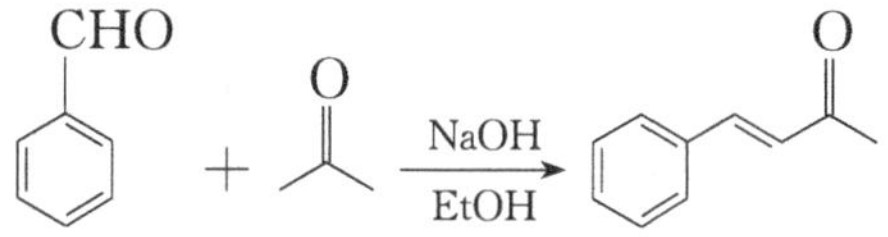

三、实验步骤

1. 制备

方法一：NaOH 催化

在 100mL 圆底烧瓶中加入 0.83g (14.3mmol)丙酮、3.9g (36.8mmol)苯甲醛[1]和 15mL 乙醇，磁力搅拌 2min。然后加入 30mL(75mmol)10%氢氧化钠水溶液，剧烈搅拌 10min[2]，反应液颜色逐渐变黄，并有固体析出。冰浴冷却，抽滤收集固体，用水充分洗涤，干燥，用乙醇重结晶，产量约 3g，产率 89.5%，熔点 120～122℃。

方法二：LiOH 催化

在 25mL 圆底烧瓶中加入 0.64g(11mmol)丙酮、2.40g(22.6mmol)苯甲醛和 5mL 乙醇，磁力搅拌混匀后，加入 43mg(1mmol) $LiOH \cdot H_2O$。反应混合物剧烈搅拌反应 30min。约 8min 后反应液发热并由无色变成浅黄色，15min 左右有浅黄色固体析出[3]。反应完毕，向反应瓶中加入 5g 碎冰，使固体沉降完全。抽滤收集固体，用水洗涤，干燥，用乙醇重结晶，产量约 2.1g，产率 81.4%。

2. 产品分析

(1) 测定熔点。

(2) IR、^{1}H NMR 分析。

四、注意事项

[1] 本实验中苯甲醛必须是新蒸的，若有苯甲酸则会影响反应。

[2] 随着反应的进行，有固体产品逐渐析出，为保证反应完全，搅拌需充分剧烈。否则析出的产品包裹了剩余原料，导致反应不完全，产率降低。

[3] 如果苯甲醛蒸过后放置了一段时间，则反应至固体析出需 1～2h。

五、思考题

(1) 本实验中的限量试剂是什么？

(2) 本实验中的主要副产物是什么？如何除去？

(3) 比较两种碱催化的差异。为什么方法一使用过量的碱，而方法二只需催化量的碱？

(4) 附上合成的二苄叉丙酮的 IR 和^{1}H NMR 谱图，并对图谱进行解析，确定产品结构。

六、产品的光谱图

产品的光谱图如图 6.82 和图 6.83 所示。

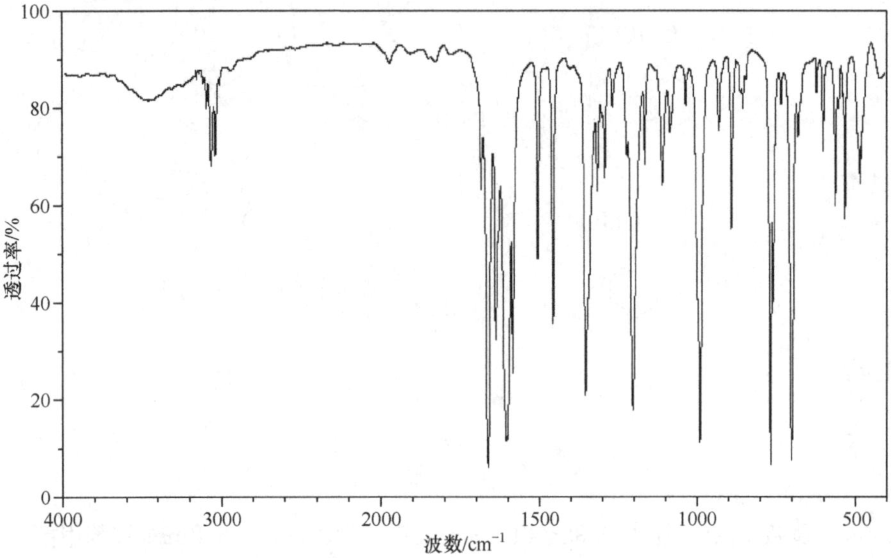

图 6.82　二苄叉丙酮的红外光谱图

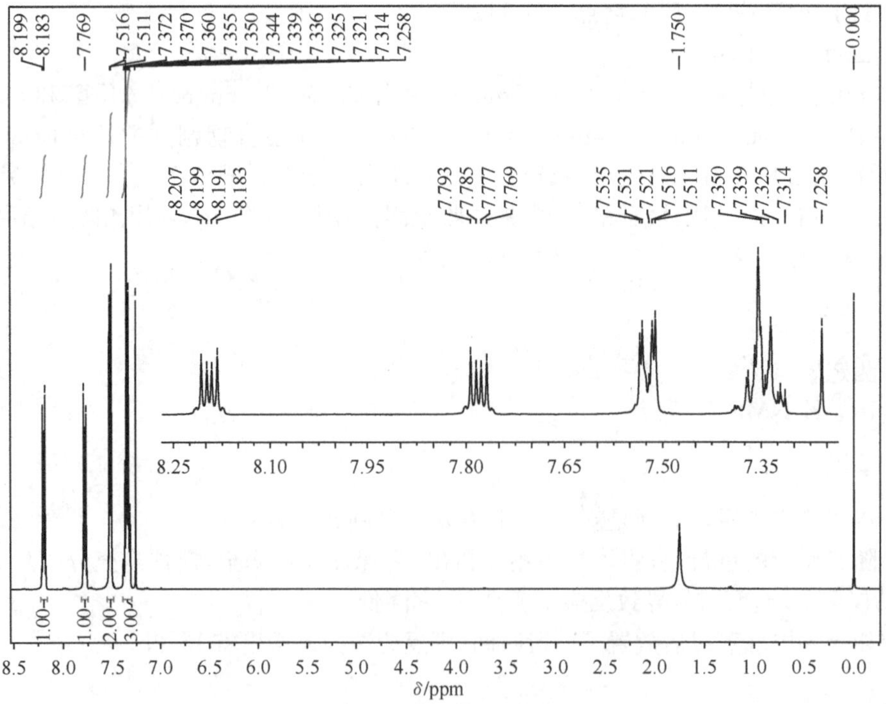

图 6.83　二苄叉丙酮的核磁共振氢谱图(400MHz，$CDCl_3$)

实验四十三　常压催化氢化制备丁二酸
（CAS：110-15-6）

一、实验目的

（1）了解实验室常压氢化催化剂的制备方法。

（2）掌握常压液相催化氢化的反应原理和实验技术。

二、实验原理

丁二酸(succinic acid)广泛存在于人体、动物、植物和微生物中。早在 1550 年，Agricold 首先用蒸馏琥珀的方法得到，并由此得名琥珀酸。它是一种重要的有机化工原料和中间体，广泛应用于表面活性剂、电镀、医药、食品、照相材料、生物可降解塑料、橡胶、防护涂料、染料和其他工业等领域。

丁二酸的制备主要包括生物发酵法、石蜡氧化法、电解法和催化加氢法。催化加氢法具有转化率高、产品纯度高、环境友好、原子经济性等优点，是目前工业上应用最广泛的丁二酸合成方法。催化氢化所用的催化剂种类很多，最常用的有 Raney 镍、氧化铂和 Pd/C 等。

本实验采用马来酸在无水乙醇中以 Raney 镍为催化剂，于常温常压下进行液相催化氢化制备丁二酸。

反应式：

$$NiAl_2 + 2NaOH + 2H_2O \longrightarrow Ni + 2NaAlO_2 + 3H_2\uparrow$$

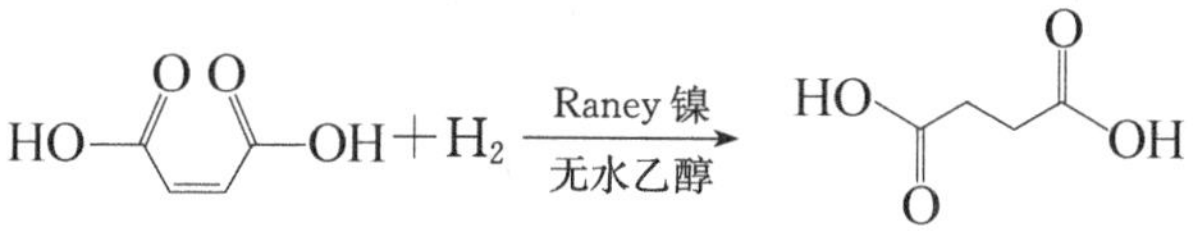

三、实验装置

实验装置如图 6.84 所示。

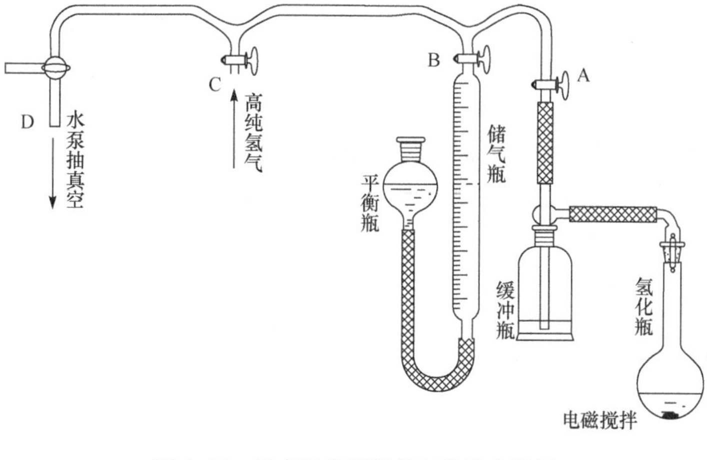

图 6.84　马来酸常压催化氢化反应装置

四、实验步骤

1. 制备[1]

1) Raney 镍的制备

在 500mL 烧杯中放入 3g 镍铝合金(含镍 40%～50%)及 30mL 蒸馏水，于搅拌下分批加入 5g 氢氧化钠。开始加入氢氧化钠时，有 0.5～1min 诱导期，然后发生非常剧烈的放热反应，并有大量氢气产生，因此加碱的速度及数量以维持反应液强烈沸腾但无泡沫溢出为宜。碱加完后，在室温下放置 10～15min，然后在 70℃水浴下继续反应 0.5h 至无气泡放出。倾去上层溶液，采用倾倒法用蒸馏水洗涤接近中性，再用 6mL 无水乙醇分 3 次洗涤，然后将制备好的催化剂倒入氢化瓶中，加入少量无水乙醇覆盖备用[2]。

催化剂的活性检验：取少量固体催化剂，置于滤纸上晾干，催化剂能发火自燃，表明活性较好，否则需重新制备。

2) 氢化反应

按图 6.84 搭好反应装置[3]，各活塞涂好凡士林。向氢化瓶加入 0.58g(5.0mmol)马来酸、15mL 无水乙醇，摇动使固体溶解。检查装置是否漏气：打开水泵，抽真空(真空度不宜过高，以减少乙醇的挥发)，观察压力计是否变化，若装置漏气应排除后再继续下面步骤。

将储气瓶中充满水，关上活塞 B，将三通阀 D 与水泵相连，活塞 C 与高纯氢气发生器相连，打开活塞 A。

关闭活塞 C，将三通阀 D 打开，打开水泵抽气，将装置内空气抽尽，待真空表所显示压力稳定后，在三通阀 D 处将抽气系统关闭，打开活塞 C，使装置内充满氢气。以上操作反复两三次，即可将装置内空气赶尽。

关闭活塞 A，降低平衡瓶的位置。打开活塞 C，边充气边降低储气瓶中的水位，待气体充到一定体积后(根据理想气体状态方程计算出理论用气量，再多加 100～150mL)，关上充气阀 C。

将平衡瓶与储气瓶水位持平，记录储气瓶内氢气的体积、气温和大气压，然后将平衡瓶稍高于储气瓶水位，使氢气压力稍高于大气压。打开活塞 A，开动搅拌器，进行氢化反应。在反应过程中，调整平衡瓶使水位稍高于储气瓶中水位，每隔 10min 记录氢气的消耗量(测量氢气消耗量时，平衡瓶水位应与储气瓶水位持平)。当氢气消耗不变时，氢化反应结束。

摇动氢化瓶，将瓶壁上的催化剂冲下液面，确保 Raney 镍被溶剂覆盖。打开三通阀 D 与大气相连，拆下氢化瓶。

分离纯化产物：将氢化瓶中反应混合物抽滤，滤出催化剂[4,5]，用少量无水乙醇洗涤，注意不要抽得太干，以防催化剂自燃。滤液蒸去乙醇，残留固体用热水重结晶，得到丁二酸，称量，计算产率，熔点 188℃(升华)。

3) 结果处理

根据实验结果计算出分子中含双键数目[6]。并以时间(min)为横坐标、吸收的氢气体积(mL)为纵坐标作图，求出半氢化时间[7]。

2. 产品分析

(1) 测定熔点。

(2) IR、^{1}H NMR 分析。

五、注意事项

［1］注意室内通风，熄灭一切火源，以防发生着火爆炸事故。

［2］这种催化剂为高活性的 Raney 镍，虽然可在水、乙醇或其他溶剂中储存若干时间，但一般要求现做现用，放置会导致活性显著降低。Raney 镍在空气中干燥时都能立即燃烧，因此在洗涤过程中，镍催化剂始终要用水或乙醇溶剂覆盖，不可使其直接暴露在空气中。另外，硫、磷、砷、铋、卤素（尤其是碘）等化合物以及硅、铅、锡、锗等有机金属化合物易使镍催化剂中毒失效，所以在操作过程中要注意防止将这些杂质引入反应体系而影响催化剂的活性。

［3］加氢装置要严密、不漏气。

［4］在抽滤除去催化剂时，不能抽得太干，以防催化剂自燃。

［5］使用过的催化剂连同滤纸要倒在装有水、乙醇或其他溶剂的回收瓶中。

［6］分子的不饱和程度可根据消耗的氢气量算出，计算时应将实验条件下消耗的氢气体积换算成标准状态下的体积，再减去催化剂本身消耗的氢气体积。

设氢化时温度为 t，大气压力为 P，吸收的氢气总体积为 V，并以 P_H、P_w 和 P_e 分别表示 t℃时氢气分压、水和乙醇的蒸气压（P_w 和 P_e 查阅相关手册）。

由

$$\frac{P_0V_0}{T_0}=\frac{P_HV}{T}$$

得

$$\frac{760V_0}{273}=\frac{(P-P_w-P_e)V}{273+t}$$

即可将测得的氢气体积换算成标准状态下的体积 V_0：

$$V_0=\frac{273(P-P_w-P_e)V}{760\times(273+t)}$$

而催化剂消耗的氢气体积 V_c(mL)为

$$V_c=\frac{m_c\times 2}{M_c}\times 22\,415$$

式中，m_c 和 M_c 分别为催化剂的用量(mg)和相对分子质量。所以，反应物消耗的氢气体积 $\bar{V}$ 应为

$$\bar{V}=V_0-V_c$$

故分子含双键数：

$$n=\frac{\text{反应物消耗的氢气的物质的量}}{\text{反应物的物质的量}}=\frac{\bar{V}}{22\,415}\Big/\frac{W}{M}=\frac{\bar{V}M}{22\,415W}$$

式中，M 和 W 分别为不饱和反应物的相对分子质量和称取的质量。

［7］催化剂的活性影响催化反应的速率，它可用半氢化时间来量度。半氢化时间是氢化过程进行到被反应物吸收的氢气量达到它全部氢化所需氢气量的一半时所用去的时间，它可从所作的体积-时间图求得。

六、思考题

(1) 制备 Raney 镍时须注意哪些问题？

(2) 哪些因素会对常压催化氢化有显著影响?

(3) 实验过程中应特别注意哪些安全问题?

(4) 本实验要得到满意的结果,其关键是什么?

七、产品的光谱图

产品的光谱图如图 6.85 和图 6.86 所示。

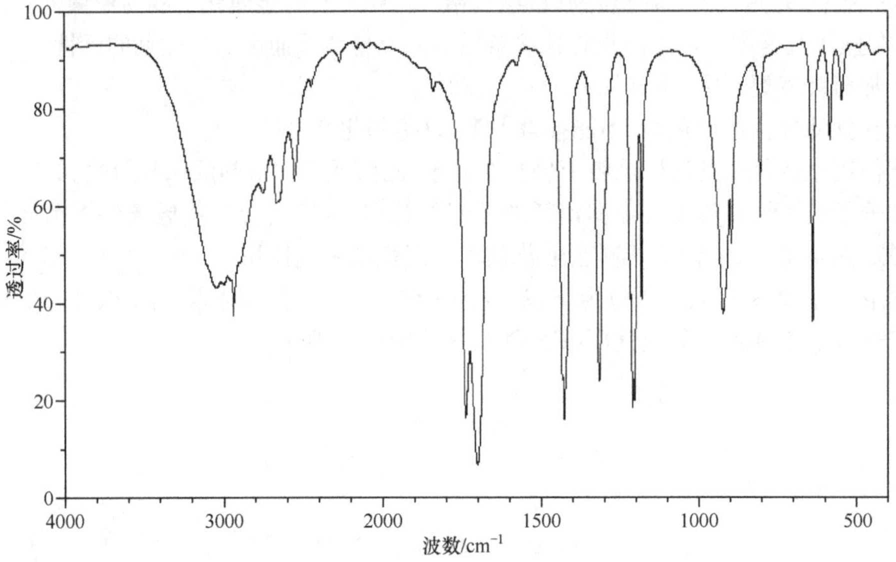

图 6.85 丁二酸的红外光谱图

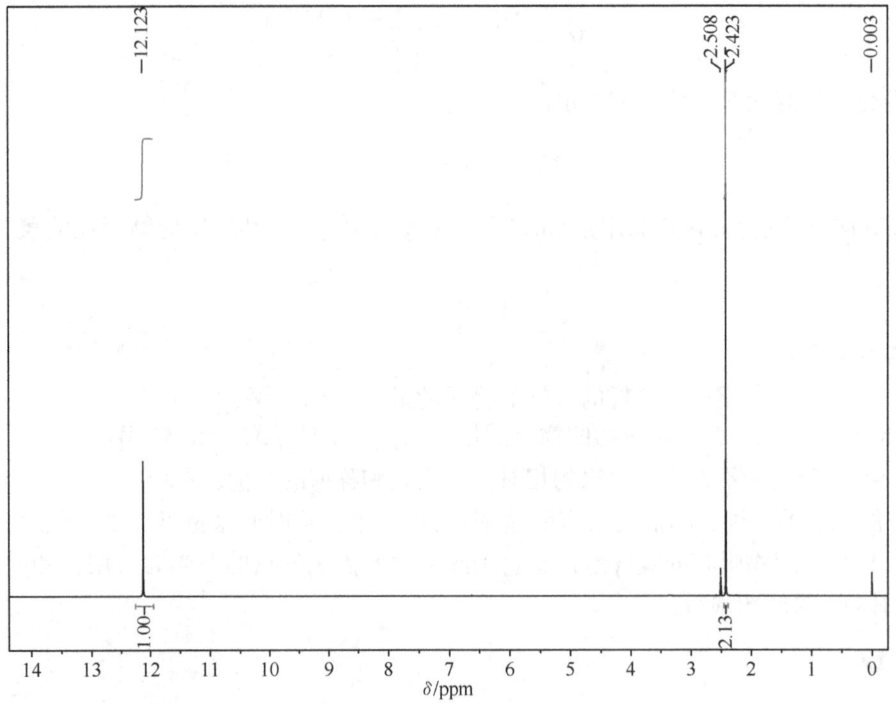

图 6.86 丁二酸的核磁共振氢谱图(400MHz, DMSO-d_6)

实验四十四　Synthesis of Succinic Anhydride under Microwave Irradiation (CAS: 108-30-5)

1. Principle

An important contribution of microwave techniques to organic synthesis can be observed in recent years. Microwave assisted organic synthesis (MAOS) allows not only for the improvement of reaction yields but also decreases reaction time, and simplifies product purification. In this experiment, you will use this technique to prepare Succinic anhydride under solvent-free conditions.

Succinic anhydride is an important reagent in organic synthesis. The majority of the synthetic procedures describe traditional organic chemistry in organic solvents and typical synthetic equipment. Furthermore, they need time and laborious product isolation and purification.

Microwave assisted organic synthesis help shorten the synthesis and isolation of the products to 1～2 hours. Neat and solid phase techniques help to reduce the amounts of organic wastes produced in laboratory. This in turn reduces environmental hazards. This is an important feature of so called "green chemistry". Green chemistry means the design of chemical products and processes in such manner that reduce or even eliminate the use and generation of hazardous substances (such as wastes, toxic reagents and solvents). It means pollution prevention and protection of human health.

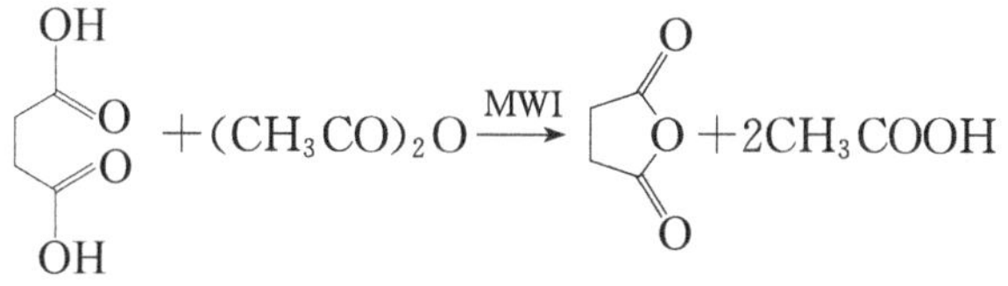

2. Procedure

1) Microwave procedure[1-4]

Combine 1. 77g (15mmol) of succinic acid and 3. 08g (2. 85mL, 30mmol) of acetic anhydride in a 50mL Erlenmeyer flask, The Erlenmeyer flask is installed with air condenser, spherical reflux condenser and a anhydrous calcium chloride drying tube in succession.

Irradiate the mixture continuously in a microwave oven at 550W for 10min. Cooled reaction mixture to complete crystallization and is filtered. Wash the crude product twice with 1mL of anhydrous diethyl ether and dry the product to yield a white solid, yield is about 1. 21g (80. 6%), melting at 119～120℃ (lit. 118～120℃).

2) Conventional procedure

In a 25mL round-bottomed flask containing a stirring bar , place 2. 13g (18mmol) of succinic acid and 3. 89g (3. 6mL, 38. 8mmol) of redistilled acetic anhydride, the flask was fitted with a reflux condenser protected by a anhydrous calcium chloride drying tube. Reflux the reaction mixture under stirring for 1h, allow it to cool (observe the formation of crystals) and finally cool in ice. Collect the succinic anhydride on a Buchner funnel or a sintered glass funnel, wash it twice with 1mL of anhydrous diethyl ether and dry in a vacuum desiccator. The yield is 1.39g(77%), m.p. 119～120℃.

3. Analysis of product

(1) Determination of melting point.

(2) IR, ^{1}H NMR analyses.

4. Notes

[1]All microwave assisted experiments should be safe but you should follow few simple rules:

① Run all reactions with the microwave oven in the hood and the sash down.

② Let your sample cool down before you take it out of the oven. It usually takes about 5 min.

[2] The Erlenmeyer flask is placed in a culture dish on 6 cm height of polytetrafluorethylene stand in a microwave oven. Different location in a microwave oven will affect reaction result.

[3] You should also work carefully with any chemicals. Wear gloves and safety glasses. Avoid contact of chemicals with your skin or eyes. Avoid breathing the vapors.

[4] Microwave power is 550W at first, after reflux is reduced to 400W. Reflux velocity is maintained at 1～2 drop/s.

5. Questions

(1) What is the advantage of microwave ?

(2) What are Principles of green chemistry illustrated in this experiment?

6. Spectrogram of product

Spectrogram of product see Fig. 6.87 and Fig. 6.88.

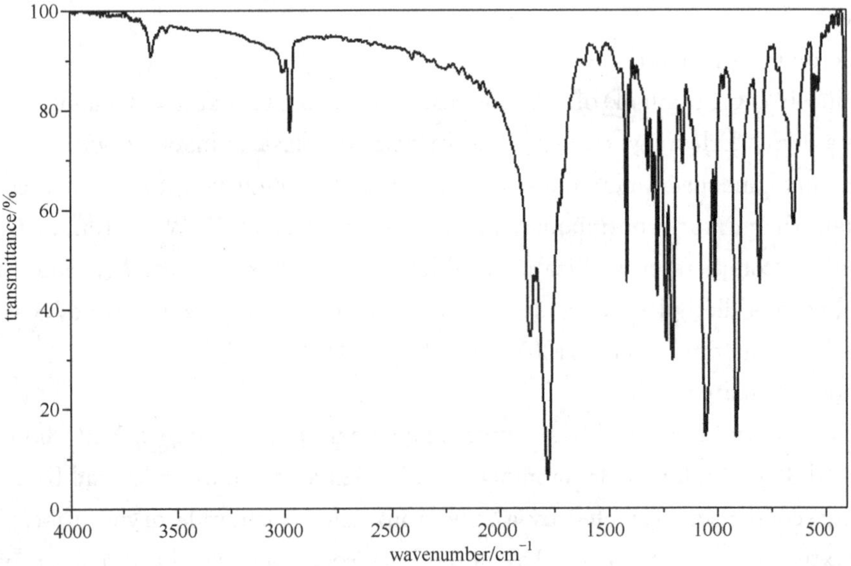

Fig. 6.87　IR spectrum of succinic anhydride

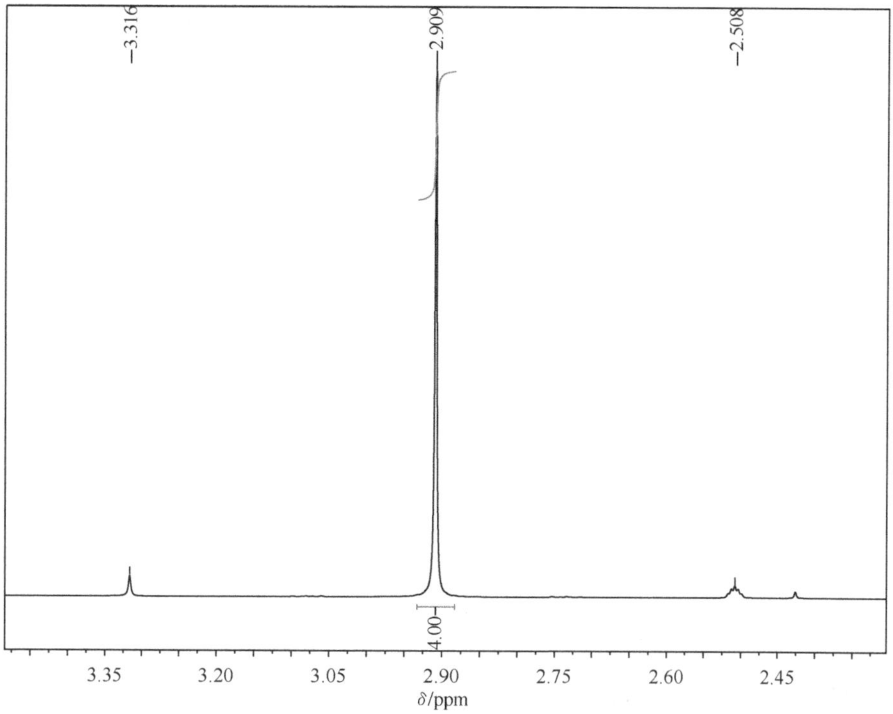

Fig. 6. 88　^{1}H NMR spectrum of succinic anhydride (400MHz, DMSO-d_6)

实验四十五　4-对甲苯基-4-氧代丁酸的制备 (CAS:4619-20-9)

一、实验目的

(1) 学习 Friedel-Crafts 酰基化制备芳酮的原理和方法。
(2) 掌握机械搅拌及酸气吸收装置的安装和使用。
(3) 学习水蒸气蒸馏的原理及操作。
(4) 掌握重结晶的操作技术。
(5) 学习用 IR、^{1}H NMR 表征产物结构及 HPLC 分析产品质量。

二、实验原理

在无水三氯化铝作用下,甲苯与丁二酸酐发生 Friedel-Crafts 反应,制得 4-对甲苯基-4-氧代丁酸。反应式如下:

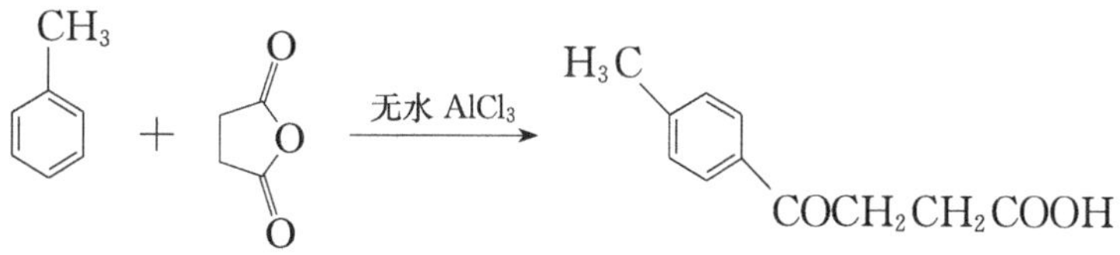

三、实验步骤

1. 合成[1]

在装有搅拌器、回流冷凝管、酸气吸收装置[2]和温度计的干燥的 150mL 四颈瓶中加入 10mL 无水甲苯和 1g 丁二酸酐，在搅拌下一次加入 4g 无水 $AlCl_3$[3]。待反应平稳后，用电热套加热，搅拌下控制温度在 90～95℃反应 30min。将反应体系冷却至室温，在冰水浴冷却及搅拌下缓慢加入 6mL 浓盐酸和 6mL 冰水的混合物，使反应液水解完全。将水解后的反应液直接进行水蒸气蒸馏，蒸除过量的甲苯。将蒸除甲苯后的剩余液置水浴中，冷至室温，即有固体产生，过滤，每次用 2～3mL 冷水洗涤两次。将抽干后的粗品加入 100mL 圆底烧瓶中，用 30% 乙醇重结晶。活性炭脱色，趁热过滤，静置，结晶。待产品结晶完全后，过滤，洗涤，抽干后置红外灯下干燥，称量，计算产率。

2. 产品分析

(1) 测定熔点(文献值 128～130℃)。
(2) IR、^1H NMR 表征产品结构。
(3) HPLC 分析产品质量。
分析条件
液相色谱仪：Agilent 1100；色谱柱：C_{18}反相柱；流动相：60%CH_3OH-40%H_2O(pH 2.0，H_3PO_4调)；流速：1.0mL/min；检测器：254nm；样品用 CH_3OH 溶解：2mg/mL；进样量：10μL；运行时间：25.0min。

四、注意事项

[1] 反应所用仪器必须充分干燥，否则会影响反应顺利进行。反应装置中与空气相通处应安装干燥管。
[2] 正确安装氯化氢气体吸收装置，防止倒吸。
[3] 无水三氯化铝的质量是实验成败的关键之一，应注意称量、投料要迅速，避免长时间暴露在空气中。

五、思考题

(1) 完成本实验在仪器和操作方面有哪些注意事项？
(2) 反应完成后为什么要缓慢加入浓盐酸和冰水的混合物？
(3) 在烷基化和酰基反应中，三氯化铝的用量有何不同？这是为什么？
(4) 对本实验中产物的分离提纯方法提出改进意见。

六、产品的光谱图

产品的光谱图如图 6.89 和图 6.90 所示。

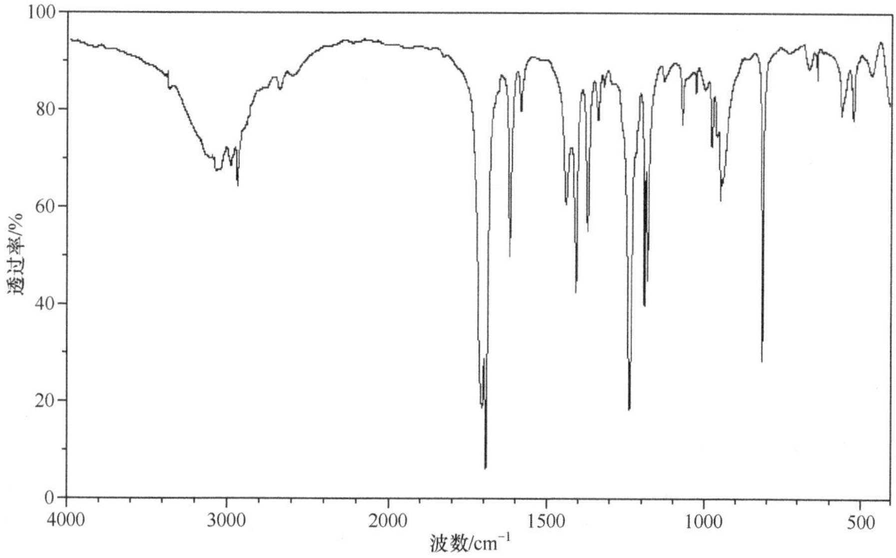

图 6.89　4-对甲苯基-4-氧代丁酸的红外光谱图

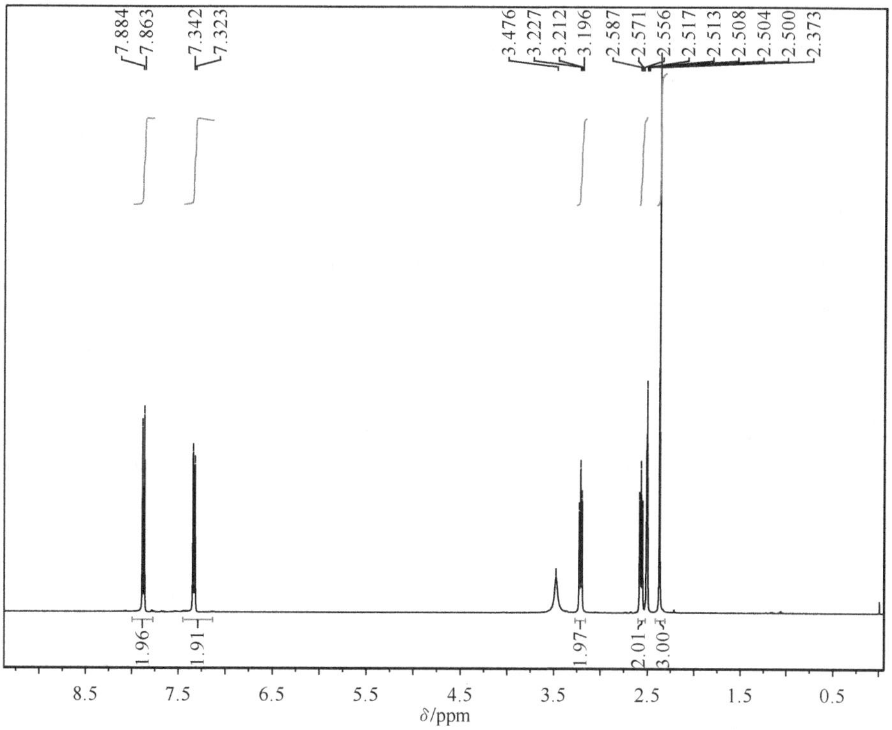

图 6.90　4-对甲苯基-4-氧代丁酸的核磁共振氢谱图(400MHz，DMSO-d_6)

实验四十六　利用废聚酯饮料瓶制备对苯二甲酸(CAS:100-21-0)

一、实验目的

(1) 利用所学知识,变废为宝,净化环境,增强环保意识。

(2) 了解化学与人们生活的密切关系。

(3) 综合训练机械搅拌、加热、回流、减压蒸馏、过滤、洗涤、微波干燥、IR 和 HPLC 等基本实验操作技能。

二、实验原理

高分子材料的广泛使用在丰富和方便人们生活的同时,也带来了"白色污染"的环境问题。目前,世界塑料用量已达到 1 亿多吨,每年产生的废塑料量可达几千万吨。聚对苯二甲酸乙二醇酯(PET,简称聚酯)是通用高分子材料之一,因 PET 物化性能优良,被广泛应用于食品、饮料、医药、感光胶片、装饰材料、工程材料、磁带、服装等行业。

目前市场上大量碳酸饮料、矿泉水、食用油等产品包装瓶几乎都是用 PET 制作的。据统计,我国年生产和消耗聚酯瓶在 12 亿只以上,折合聚酯废料为 6.3 万 t。世界范围内每年消耗的聚酯量为 1300 万 t,其中用于饮料包装瓶的聚酯量达 15 万 t。废旧聚酯瓶进入环境,不能自发降解,将造成严重的环境污染和资源浪费。如何有效地循环利用废旧聚酯瓶是一项非常重要、非常有意义的工作,也是化学工作者责无旁贷的任务。

废 PET 经化学解聚制备 PET 的初始原料对苯二甲酸(TPA)及乙二醇(EG),形成资源的循环利用,既可有效治理污染,又可创造巨大的经济和环境效益,是实现聚酯工业可持续发展战略的重要途径之一。

PET 化学解聚回收 TPA 和 EG 是 PET 聚合的逆向反应。其解聚主要有水解法、甲醇醇解法、乙二醇醇解法、碱解法及酸解法。水解法、甲醇醇解法均需在高压下进行,乙二醇醇解法虽然可实现常压,但反应时间长,一般需 8～10h,而且解聚不完全,仅能得到含单体、低聚体等多种物质的混合物,难以形成 TPA 单一产品。

本实验将醇解反应与碱解反应相结合,采用醇碱联合解聚 PET 的方法。以乙二醇和碳酸氢钠为复合解聚剂,在催化剂氧化锌的存在下,可在常压下快速、彻底解聚 PET,同时回收 TPA 和 EG。

反应式:

$$\mathrm{HO(CH_2CH_2OOC{-}C_6H_4{-}COO)_{\mathit{n}}CH_2CH_2OH + 2\mathit{n}NaHCO_3 \xrightarrow[EG]{ZnO}}$$

$$\mathrm{(\mathit{n}+1)HOCH_2CH_2OH + \mathit{n}NaOOC{-}C_6H_4{-}COONa + 2\mathit{n}CO_2\uparrow}$$

$$\mathrm{\mathit{n}NaOOC{-}C_6H_4{-}COONa + 2\mathit{n}HCl \longrightarrow \mathit{n}HOOC{-}C_6H_4{-}COOH + 2\mathit{n}NaCl}$$

三、实验步骤

1. 制备

在 100mL 四颈瓶上分别装置冷凝管、搅拌器和温度计[1]。然后依次加入 5.00g 洗净干燥的废矿泉水瓶碎片[2](自备,PET≤3mm)、0.05g 氧化锌[3]、5.00g 碳酸氢钠和 25mL 乙二醇。

加毕，缓慢搅拌[4]，油浴加热，缓慢升温，于 0.5h 内将温度升至 180℃(不超过 185℃)，在此温度下反应 0.5h。反应完毕，体系呈白色稠浆状。降下油浴，冷却至 160℃左右停止搅拌，将搅拌回流装置改成搅拌蒸馏装置(图 6.91)，水泵减压[5]，油浴加热蒸去乙二醇，记录乙二醇的沸点及回收体积。

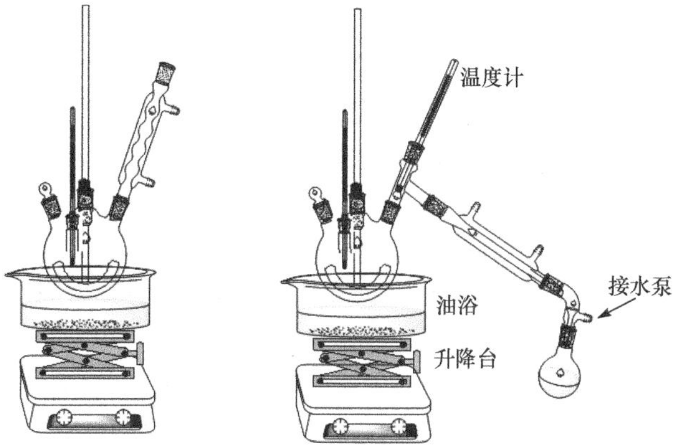

图 6.91　PET 解聚实验装置

蒸毕，撤去油浴，擦去反应瓶外壁的硅油，向四颈瓶中加入 50mL 沸水，搅拌使四颈瓶中的残留物溶解，溶液温度维持在 60℃左右(溶液中还有少量白色不溶物及未反应的 PET)。拆除装置，将四颈瓶中的混合物用布氏漏斗及滤纸抽滤除去少量不溶物，滤毕，用 25mL 热水洗涤四颈瓶和滤纸，记录滤液颜色(若有颜色，加活性炭脱色 10min)。将滤液转移到 400mL 烧杯中，用 25mL 水荡洗吸滤瓶并倒入烧杯中，再添加水使溶液总体积达 200mL，加入 2 粒沸石，将烧杯置于石棉网上加热煮沸。取下烧杯，趁热边搅拌边用 1∶1 HCl 酸化滤液至 pH 为 1～2，需 10～12mL 1∶1 HCl，酸化结束，体系呈白色糊状。冷至室温后再用冰水浴冷却，用砂芯漏斗抽滤，滤饼用蒸馏水洗涤数次，每次 25mL，洗至滤出液 pH=6，抽干后再用 10mL 丙酮分两次洗涤，抽干。将滤饼置于已称量的扁型称量瓶中，摊开，置于微波炉中干燥(**微波干燥条件：功率 500W，时间：每次 5min，干燥两次。第一次干燥后取出用磨口塞将产品压成粉末以便更快干燥，第二次干燥后将样品冷却至室温后称量**)。记录对苯二甲酸的产量(4.1～4.3g)，并计算产率。

2. 产品分析

(1) IR 分析并解析谱图。

(2) HPLC 分析产品质量。

分析条件

液相色谱仪：Agilent 1100；色谱柱：ODS 柱 4.6m×150mm×5μm (国产)；柱温：室温；流动相：CH_3OH-H_2O(70∶30，H_3PO_4 调 pH 2.0)；流速：1.0mL/min；检测波长：254nm；溶样溶剂：甲醇；浓度：1%；进样量：2μL。

四、注意事项

[1] 安装实验装置时注意留出后面改装成蒸馏装置的高度。油浴下垫升降台，便于操作。

油浴中挂温度计，控制浴温≤200℃。

[2] PET 碎片越小，比表面越大，解聚速度越快。若 PET 碎片太大，不仅影响解聚速度，而且不利于体系充分搅拌。

[3] ZnO 为解聚反应催化剂，促使 PET 在过量 EG 中迅速溶胀，增加反应界面，使 PET 长链快速断裂成低聚体，然后形成碱解和醇解相互协同、相互促进的分解环境，最终成为碱解产物。

[4] 确保 PET 碎片浸没在 EG 中，否则影响反应结果。随着反应的进行，酌情调节搅拌速度。

[5] 降低蒸馏温度，避免乙二醇聚合和氧化，使产物颜色加深。

五、思考题

(1) 写出本实验中废 PET 解聚制备 TPA 的原理。PET 的解聚速度和分解率主要受哪些因素的影响？

(2) 本实验中能否用廉价的 $Ca(OH)_2$ 或 $Mg(OH)_2$ 代替 $NaHCO_3$？为什么？

(3) 本实验中回收乙二醇时，为什么采用减压蒸馏？

(4) 试设计能有效循环利用废旧聚酯瓶的其他实验方案。

六、产品的光谱图

产品的光谱图如图 6.92 和图 6.93 所示。

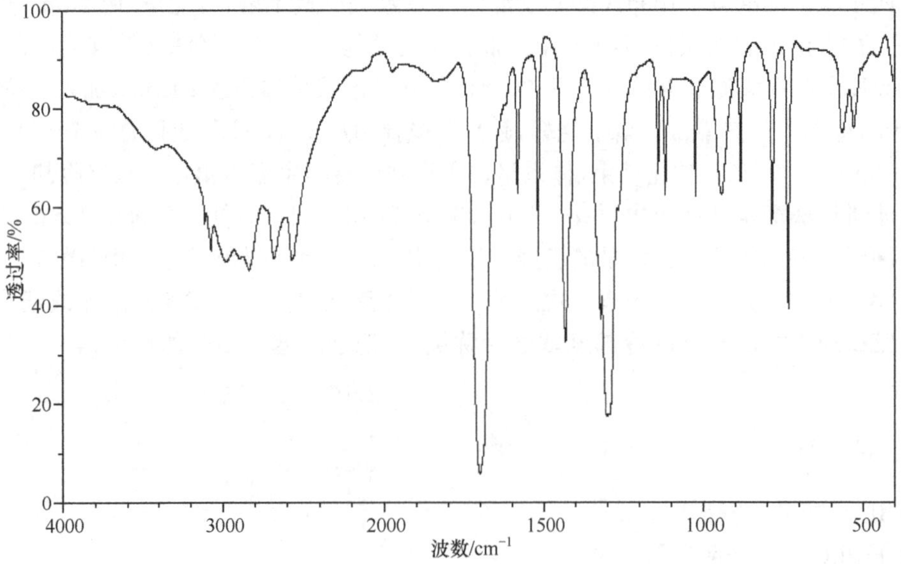

图 6.92　对苯二甲酸的红外光谱图

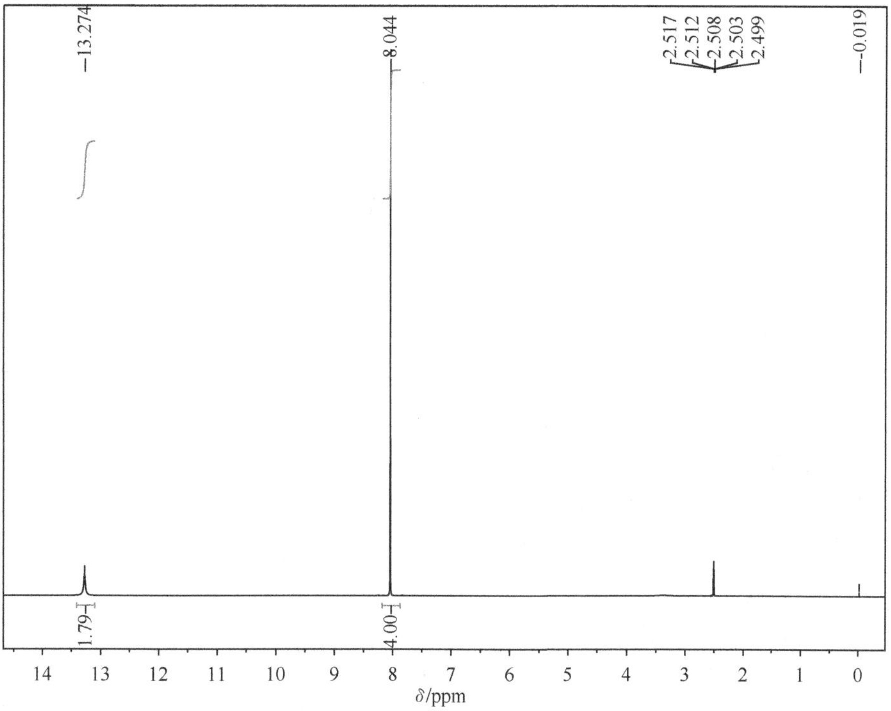

图 6.93　对苯二甲酸的核磁共振氢谱(400MHz，DMSO-d_6)

实验四十七　微波辐射制备对苯二甲酸
(CAS:100-21-0)

一、实验目的

(1) 学以致用,变废为宝,净化环境,增强环保意识。

(2) 了解化学与人们生活的密切关系。

(3) 了解微波辐射下废聚酯(PET)解聚制备对苯二甲酸的原理和方法。

(4) 掌握微波加热技术的原理和实验操作技术。

二、实验原理

反应式:

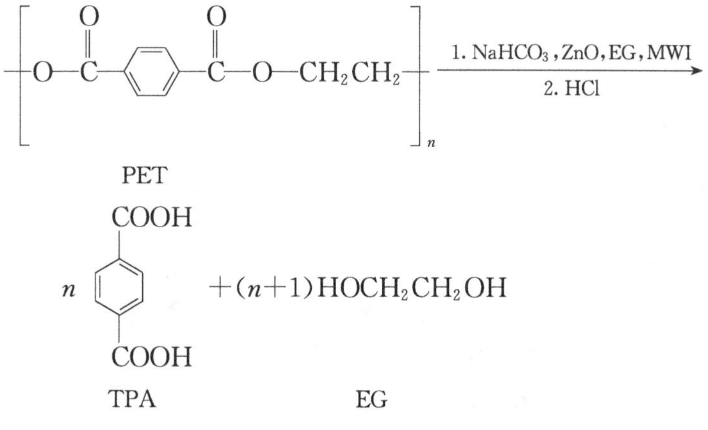

三、实验步骤

1. 制备

在 100mL 圆底烧瓶中依次加入 5.00g 洗净干燥的废矿泉水瓶碎片[1]（自备，PET≤3mm）、0.05g 氧化锌[2]、5.00g 碳酸氢钠、25mL 乙二醇和 2 粒沸石。加毕，置于微波炉中，依次装上空气冷凝管及球形冷凝管[3]。设置反应时间为 20min，启动后将微波功率调至 500W，回流后（约 1min）再调到 150W。反应完毕，体系呈白色稠浆状。冷却，减压蒸去乙二醇[4]，记录乙二醇的沸点及回收体积。

蒸毕，加入 50mL 沸水，搅拌使残留物溶解，溶液温度维持在 60℃左右（溶液中还有少量白色不溶物及未反应的 PET）。将瓶中的混合物用布氏漏斗及滤纸抽滤除去少量不溶物，滤毕，用 25mL 热水洗涤瓶和滤纸，记录滤液颜色（若有颜色，加活性炭脱色 10min）。将滤液转移到 400mL 烧杯中，用 25mL 水荡洗吸滤瓶并倒入烧杯中，再添加水使溶液总体积达 200mL，加入 2 粒沸石，将烧杯置于石棉网上加热煮沸。取下烧杯，趁热边搅拌边用 1∶1 HCl 酸化[5]（TPA 解离常数：$pK_{a_1}=3.51$，$pK_{a_2}=4.82$），酸化结束，体系呈白色糊状。冷至室温后再用冰水冷却。用砂芯漏斗抽滤，滤饼用蒸馏水洗涤数次，每次 25mL，洗至滤液 pH＝6，再用 10mL 丙酮洗涤两次，抽干。将滤饼置于已称量的扁型称量瓶中，摊开，置于微波炉中干燥[6]（**微波干燥条件：功率 500W，时间：每次 5min，干燥两次。第一次干燥后取出用磨口塞将产品压成粉末以便更快干燥，第二次干燥后将样品冷却至室温后称量**）。记录对苯二甲酸的产量，并计算产率。

粗产品可用 DMF-水混合溶剂重结晶。先用最小量的 DMF 使粗产品溶解（100℃），若有颜色，用活性炭脱色，过滤，然后趁热滴加热水至溶液刚好出现浑浊摇动不消失，再加热使溶液变为清亮，冷却、抽滤、洗涤，最后用少量丙酮洗涤，干燥，称量，计算回收率。

2. 产品分析

(1) IR 分析并解析谱图。

(2) HPLC 分析产品质量，分析条件参照实验四十六。

四、注意事项

[1] PET 碎片越小，比表面越大，解聚速度越快。若 PET 碎片太大，影响解聚速度及产品产率。

[2] ZnO 为解聚反应催化剂，促使 PET 在过量 EG 中迅速溶胀，增加反应界面，使 PET 长链快速断裂成低聚体，然后形成碱解和醇解相互协同、相互促进的分解环境，最终成为碱解产物。

[3] 仪器安装时注意所有磨口连接处必须紧密不漏气，以防有机物泄漏着火。万一炉内着火，切勿打开炉门，应立即切断电源，采取常规灭火措施。

[4] 降低蒸馏温度，避免乙二醇聚合和氧化，使产物颜色加深。因乙二醇被包裹于对苯二甲酸钠糊状物中，若不搅拌，乙二醇很难蒸出。可以不蒸，直接加水使对苯二甲酸钠溶解，过滤，除去不溶杂质。最后可从滤液中回收乙二醇。

[5] 用 1∶1 HCl 酸化至 pH 1～2 需 10～12mL，若酸化不到位，会影响产率。趁热酸化

的目的是使析出的白色固体容易过滤。

[6] 先将产品在红外灯下干燥除去丙酮，然后置于微波炉中干燥，以防直接用微波炉干燥引起有机溶剂着火。

五、思考题

(1) 微波反应有哪些优点？为什么微波辐射可以加速反应？
(2) 为什么反应物料必须是极性分子才能在微波炉中进行反应？
(3) 写出本实验中废 PET 解聚制备 TPA 的原理。
(4) 哪些因素影响 PET 的解聚速度和分解率？
(5) 本实验中能否用廉价的 $Ca(OH)_2$ 或 $Mg(OH)_2$ 代替 $NaHCO_3$？为什么？
(6) 本实验中回收乙二醇时，为什么采用减压蒸馏？
(7) 试设计能有效循环利用废旧聚酯瓶的其他实验方案。

六、产品的光谱图

产品的光谱图如图 6.92 和图 6.93 所示。

实验四十八　生物柴油的制备

一、实验目的

(1) 了解利用植物油制备生物柴油的原理和方法。
(2) 了解利用废弃植物油制备生物柴油的现实意义。
(3) 掌握用 GC-MS 分析产品质量的方法。

二、实验原理

生物柴油即脂肪酸甲酯，是一种含氧清洁燃料，可生物降解、可再生、无毒、燃烧完全，是典型的绿色能源，可作为石油燃料的替代产品。由于石油资源的紧缺和环境污染，世界各国积极开展对生物柴油的研制和生产。它主要是以植物油、动物油和废餐饮油等为原料，与甲醇或乙醇等醇类物质在催化剂参与下经酯交换反应获得。酯交换法主要有酸催化法、碱催化法、生物酶催化法、超临界法等。目前我国主要利用废弃油脂生产生物柴油，“变废为宝”，有利于环境保护和资源的综合利用，具有良好的经济和社会效益。

反应式：

$$\begin{array}{l} H_2C—OCOR_1 \\ \quad | \\ \;HC—OCOR_2 \\ \quad | \\ H_2C—OCOR_3 \end{array} + 3CH_3OH \xrightarrow{NaOH} \begin{array}{l} H_2C—OH \\ \quad | \\ \;HC—OH \\ \quad | \\ H_2C—OH \end{array} + \begin{array}{l} R_1COOCH_3 \\ R_2COOCH_3 \\ R_3COOCH_3 \end{array}$$

三、实验步骤

1. 制备

在装有搅拌器、温度计、恒压滴液漏斗和冷凝管的 50mL 四颈瓶中加入 0.18g NaOH[1] 和 5mL 甲醇，搅拌使其完全溶解。水浴加热至 40℃[2]，滴加 20mL(18g) 植物油[3]，加毕，加热回流 30min，进行 TLC 分析，判断反应终点[4]。反应完毕后，将反应混合物倒入分液漏斗中静置。取上层甲酯溶液[5]，用饱和食盐水洗涤(15mL×3)，检测水层 pH 呈中性。有机层用无水硫酸镁干燥，过滤后得到浅黄色澄清透明的产品生物柴油，称量，计算产率。

2. 产品分析

1) TLC 跟踪反应

样品的制备：从反应混合物的上层取 1 滴反应液，用 1mL CH_2Cl_2稀释；取 1 滴原料油，用 1mL CH_2Cl_2稀释。

TLC 条件：硅胶 G 板；展开剂：石油醚(60～90℃)-乙酸乙酯(7∶3，体积比)；显色：展开后将层析板浸入 1mol/L H_2SO_4中，取出用热空气干燥。测定原料油及产品的 R_f值，若原料油斑点基本消失，即可停止反应。

2) GC-MS 分析产品

仪器：Trace GC-DSQ Ⅱ；EI 离子源；四极杆质量分析器；毛细管色谱柱：Varian CP-Sil Low Bleed 30m×0.25mm×0.25μm；样品制备：1 滴产品用 10mL CH_2Cl_2稀释；GC 条件：柱温：90℃，保持 5min，然后以 10℃/min 升温速度升至 240℃，再保持 20min；进样口温度：250℃；进样量：0.2μL；分流比：100；载气流速：恒流模式 0.5mL/min；接口部分：传输线温度 250℃；MS 条件：scan 模式，质量扫描范围 35～400；离子源温度：200℃。

3) 测定密度和闪点

测定产品的密度和闪点。

四、注意事项

[1] 氢氧化钠投料量较小，极易吸潮，称量、加料速度要快。尽量使用颗粒状氢氧化钠。

[2] 植物油与甲醇不互溶，两相之间混合程度对反应速率有较大影响。若低温下加入植物油影响混合程度，还会导致醇钠析出。

[3] 酯交换反应中，油脂应尽可能不含水和游离脂肪酸(酸值必须小于 1mg KOH/g)。游离脂肪酸含量高的油脂，一般都要先通过预酯化将其酸值降低到酯交换反应的要求。否则，碱性催化剂会与原料油中的游离脂肪酸发生皂化反应，使催化剂中毒，且生成的皂会在反应中起乳化剂的作用，出现乳化现象，导致分离困难。

[4] 酯交换后生成的甘油密度较大，反应需剧烈搅拌。若还有原料斑点，可适当延长反应时间，使反应完全。

[5] 上层为生物柴油和甲醇的混合物，下层为甘油、未反应的甘油三酸酯。若甲醇用量较大，应先蒸馏回收后再进行水洗。

五、思考题

(1) 本实验中的限量物料是什么？为了加快反应速率，能否增加碱的用量？

(2) 实验最后得到的产品是否需要进一步分离提纯？

(3) 如果使用回收的废弃植物油制备生物柴油，需要进行哪些预处理？

实验四十九　Synthesis of (—)-*N*-Benzylcinchonidinium Chloride (CAS:69257-04-1)

1. Principle

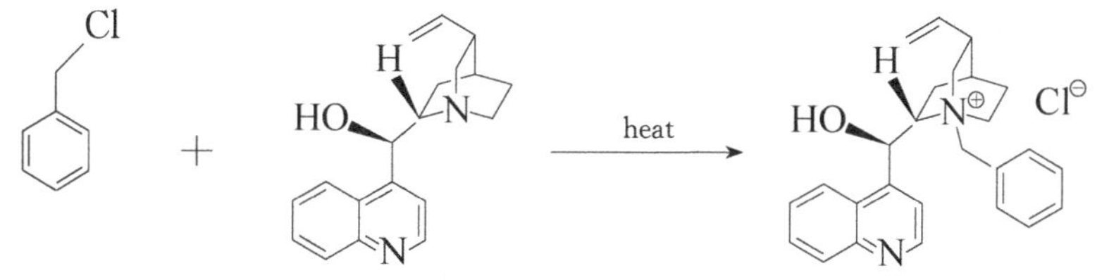

C_7H_7Cl(126.6)　$C_{19}H_{22}N_2O$(294.4)　$C_{26}H_{29}N_2OCl$(421.0)

2. Procedure

1) Conventional heat

2.94g (10.0mmol) cinchonidine and 1.90g (1.73mL, 15.0mmol) benzyl chloride are placed in a 100mL round bottom flask with magnetic stir bar and reflux condenser with drying tube and heated under reflux in 40mL anhydrous ethyl acetate and 10mL anhydrous DMF for 8h. The reaction course is followed via thin layer chromatography (developing agent: C_2H_5OH-CH_2Cl_2=1∶3, added one drop ammonia water in 10mL mixture of ethanol and dichloromethane).

The reddish orange solution is cooled to room temperature. The precipitated product is sucked off with a Buechner funnel (Φ = 5.5cm), twice washed on the filter with 20mL acetone each and then dried. Yield: 3.5g (8.3mmol, 83%). Recrystallized with water (8mL water /1g crude product). $[\alpha]_D^{23.5}=-161°$(C_2H_5OH, c=0.5), Lit: $[\alpha]_D^{20}=-175.1°$ (H_2O, c=0.4).

2) Microwave irradiation

2.94g (10.0mmol) cinchonidine, 1.90g (1.73mL, 15.0mmol) benzyl chloride, 40mL anhydrous ethyl acetate and 10mL anhydrous DMF are placed in a 100mL three-neck flask fitted with mechanical stirrer and reflux condenser with drying tube. The reaction mixture reflux gently for 2h under microwave irradiation and stirring. Microwave power is 400W at first , after reflux is reduced to 100W. The reaction course is followed via TLC.

The red solution is cooled to room temperature. The precipitated product is sucked off with a Buechner funnel (Φ = 5.5cm), twice washed on the filter with 20mL acetone each and then dried. Yield: 3.05g (7.3mmol, 72.4%). Lit: $[\alpha]_D^{20}=-179.6°$(H_2O, c=1).

3. Analysis of product

(1) Determination of optical rotation.

(2) IR, ^1H NMR analyses.

4. Notes

Benzyl chloride is a strong lachrymator and is toxic. The reaction should be carried out in a well-ventilated fumehood. Exposure to benzyl chloride causes severe irritation. The product, (—)-*N*-benzylcinchonidinium chloride(**NBCC**), should be washed thoroughly with cold acetone to remove unreacted benzyl chloride completely, and the chemical waste should be disposed properly. Both (—)-cinchonidine and *N*-benzylcinchonidinium chloride are very fine powders, special care must be exercised during weighing and handling to avoid inhaling the fine powder.

5. Spectrogram of product

Spectrogram of product see Fig. 6. 94 and Fig. 6. 95.

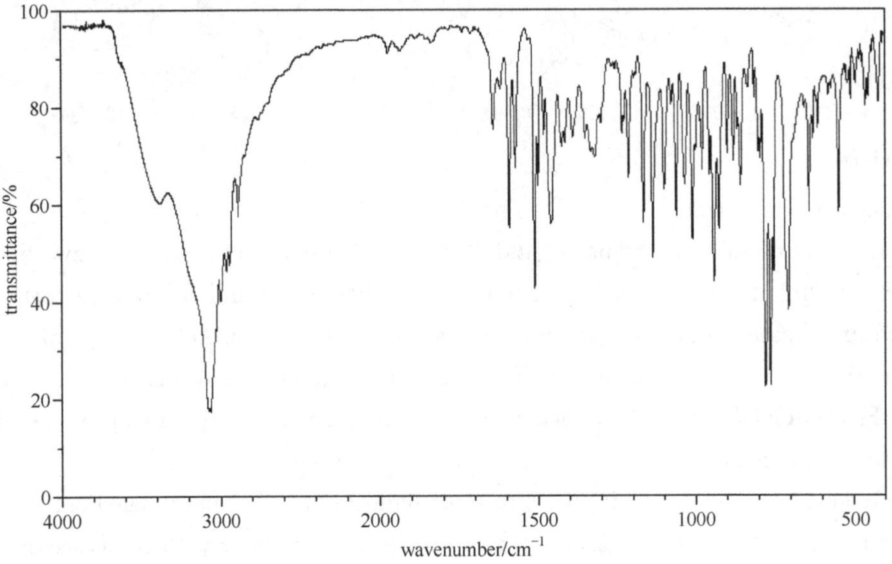

Fig. 6. 94 IR spectrum of NBCC (KBr)

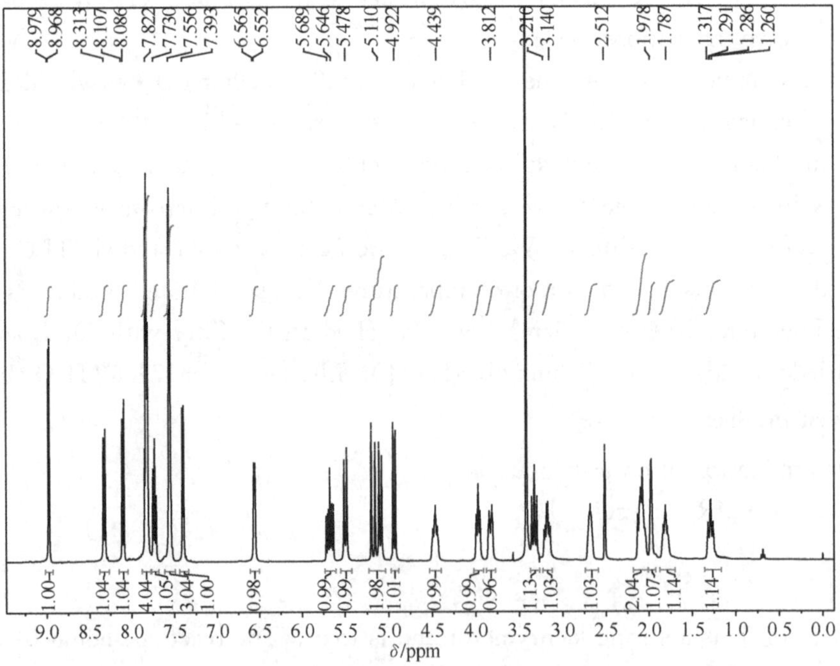

Fig. 6. 95 ^1H NMR spectrum of NBCC (400MHz, DMSO-d_6)

实验五十　手性联萘酚的制备

[CAS:(R)-18531-94-7;(S)-18531-99-2]

一、实验目的

(1) 了解在过渡金属氧化剂存在下酚类的氧化偶联反应的原理及应用。

(2) 了解分子识别原理及其在手性拆分中的应用。

(3) 掌握旋光仪的使用及旋光度的测定方法。

(4) 学习利用手性 HPLC 测定光学活性物质的光学纯度的方法。

(5) 复习有机溶剂重结晶操作技术。

(6) 了解光学纯联萘酚在不对称催化合成中的应用及国内外的研究进展。

二、实验原理

手性是构成生命世界的重要基础,光学活性物质的合成则是有机合成化学家创造有功能价值的物质(如手性医药、农药、香料和液晶等)所面临的挑战,因此手性合成已经成为当前有机化学研究中的热点和前沿领域之一。在各种手性合成方法中,不对称催化是获得光学物质最有效的手段之一,因为使用很少量的光学纯催化剂就可以产生大量所需要的手性物质,并且可以避免无用对映异构体的生成,因此它又符合绿色化学和原子经济反应的要求。

在众多类型的手性催化剂中,以光学纯联萘酚及其衍生物为配体的金属配合物是应用最为广泛和成功的一类化合物,因而对于联萘酚的合成及应用研究也成为有机化学研究的热点课题之一。1,1′-联-2-萘酚(1,1′-bi-2-naphthol,BINOL,简称联萘酚)的合成方法很多,大体上可分为两种:一种是直接不对称合成;另一种是合成外消旋联萘酚,然后进行拆分。目前后一种制备方法成本低,而且容易获得高纯度的对映体,已成为主要的方法。

(±)-BINOL(CAS:602-09-5)主要是通过 2-萘酚的催化氧化偶联获得,常用的氧化剂有 Fe^{3+}、Cu^{2+}、Mn^{3+} 等,反应介质大致包括有机溶剂、水或无溶剂。本实验以 $FeCl_3 \cdot 6H_2O$ 为氧化剂,水作为反应介质。在反应条件下,2-萘酚被水溶液中的 Fe^{3+} 氧化成自由基,然后二聚或与其另一中性分子形成新的 C—C 键,然后消去一个 H· 恢复芳环结构,H· 可被氧化成 H^+,生成外消旋 1,1′-联-2-萘酚。

外消旋化合物的拆分方法主要有化学法、生物法和色谱法。化学法是最常用的拆分方法,其基本原理是首先通过化学反应把对映体转变成非对映体,然后利用非对映体间的物理化学性质差异,使用常规方法分离,再将所得的非对映体分解得到原来的对映体,即达到拆分的目的。BINOL 中由于邻位 2 个羟基的立体位阻作用,使 C—C 联萘键的自由旋转受到阻碍,分子中两个萘环不能共平面而使分子具有手性,垂直于 C—C 联萘键有 C_2 对称轴,因此 BINOL 是具有 C_2 对称轴的手性分子。到目前为止,文献报道的 BINOL 的拆分方法有 20 余种,在众多类型的拆分方法中,通过手性分子识别的方法对映选择性地形成主-客体(或超分子)配合物,已经被证实是最有效、实用而且方便的手段之一。

手性分子识别是指手性试剂对外消旋体中的一个对映体存在能量上较有利的作用。例如,两者间可能存在静电引力或其他弱相互作用力,相互靠近时选择合适的取向能有效地形成氢键、避开空间位阻或减少静电排斥。而与另一个对映体存在能量上较不利的作用。按三点作用机制,也就是有利识别的两者(主-客体)之间同时有三个相互作用互相匹配,且其中至少有一个与立体化学因素有关。作用方式为非共价键合，主要是通过分子间的弱相互作用力如范德华力、氢键、静电作用(偶极作用)、π-π 堆积作用、短程排斥作用及亲疏水作用进行主-客体之间的识别。形状选择是弱相互作用的基础，因此这种识别作用要求配合物的能量、体积、电荷、形状、对称性和手性等都必须与客体结合部位高度匹配，即立体化学因素要求将这些作用固定在特定位置和方向。由此看出，手性分子识别比一般的非手性分子识别需要更精密的分子设计。研究手性识别可以更好地理解光学拆分的机制，从而指导选择合适的拆分试剂和拆分条件进行光学拆分。手性识别包括识别过程与结果。识别过程是一个复杂的动态过程，不易用一般的物理化学方法跟踪。已提出的手性识别理论研究主要是根据识别的结果(形成非对映异构体分步结晶法、色谱法、电导法和 X 射线晶体结构分析法等)建立相应的手性识别模型。

本实验选用容易制备和可回收反复使用的(8*S*,9*R*)-(−)-*N*-苄基氯化辛可尼定作为拆分剂(host)。因为它能够选择性地与(±)- BINOL 中的(*R*)-对映异构体形成稳定的分子配合物晶体，而(*S*)-BINOL 则被留在母液中，从而实现(±)- BINOL 的光学拆分，分别获得光学纯度(ee)大于 99%的(*R*)-(+)-BINOL 和(*S*)-(−)-BINOL。(8*S*,9*R*)-(−)-*N*-苄基氯化辛可尼定与(*R*)-BINOL 的手性分子识别模式如下所示，二者间主要通过分子间氢键作用以及氯负离子与季铵正离子的静电作用结合，包括一个(*R*)-BINOL 分子的羟基氢与氯负离子间以及邻近的另一个(*R*)-BINOL 分子的羟基氢与氯负离子间的氢键作用，氯负离子在两个(*R*)-BINOL 分子间起桥梁作用，同时氯负离子与 *N*-苄基辛可尼丁正离子的静电作用以及 *N*-苄基辛可尼丁分子中羟基氢与(*R*)-BINOL 分子中的一个羟基氧间的氢键作用使 BINOL 部分与 *N*-苄基辛可尼定部分结合起来。

反应式：

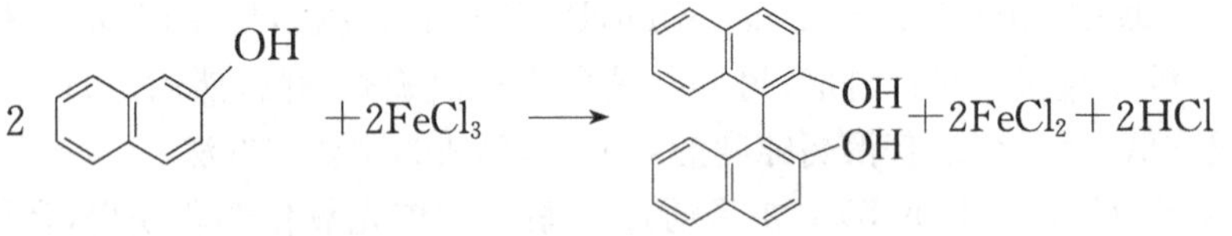

1

±BINOL

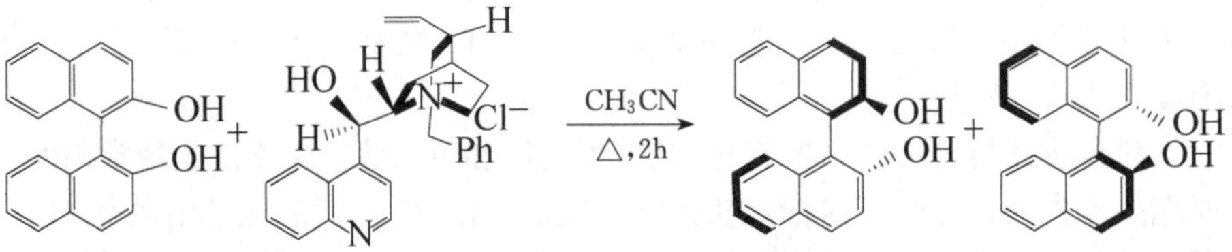

1　　2　　(*R*)-(+)-　　(*S*)-(−)-

(8*S*,9*R*)-(−)-*N*-苄基氯化辛可尼定

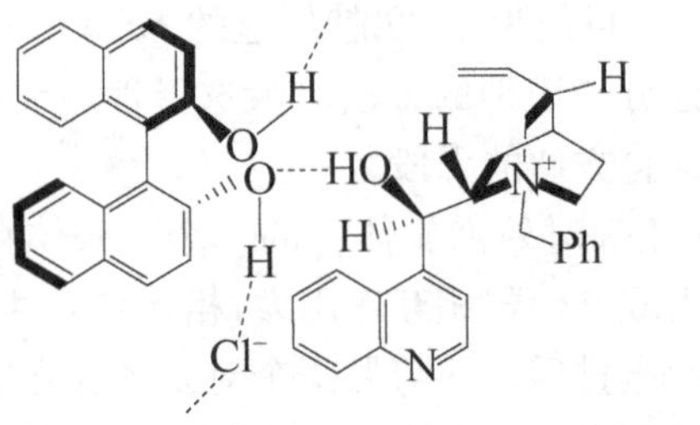

(*R*)-(+)-BINOL 与(8*S*,9*R*)-(−)-*N*-苄基氯化辛可尼定 1∶1 分子配合物，熔点 248℃(d)

三、实验步骤

1. (±)- BINOL 的合成

在装有搅拌器、冷凝管、滴液漏斗和温度计的 250mL 三颈瓶中加入 2.9g(0.02mol)2-萘酚、120mL 蒸馏水，搅拌并加热到 60℃，滴加 8.1g (0.03mol)$FeCl_3 \cdot 6H_2O$ 和 60mL 蒸馏水配成的溶液。滴毕，继续搅拌反应 1h。取样，进行 TLC 分析[1]，判断反应终点[溶样溶剂：乙酸乙酯；展开剂：乙酸乙酯-石油醚(1：4，体积比)]。若原料点基本消失，则可结束反应。冷却，过滤，滤饼[2]用蒸馏水洗涤至无 Fe^{3+}、Fe^{2+}(用 SCN^-，铁氰化钾溶液检验)，微波干燥(功率：400W，4min/次×2)，粗产品用甲苯(1g 粗品需 7～8mL 甲苯)重结晶并用活性炭脱色，得白色晶体。称量，计算产率。测熔点，进行 IR、^{1}H NMR(溶剂：$CDCl_3$)分析，指出各主要谱峰的归属。熔点文献值 216～218℃。

2. (±)-BINOL 的拆分

1) 非对映体的制备与分离[3]

在装有回流冷凝管和磁子的 50mL 圆底烧瓶中加入 1.0 g(3.5mmol)(±)-BINOL 和 0.9g(2.1mmol)*N*-苄基氯化辛可尼定及 20mL 乙腈。加热搅拌回流 2h，然后冷却至室温，再用冰水冷却，过滤析出的白色固体并用乙腈洗涤(5mL×3)。固体是(*R*)-(+)-BINOL 与 *N*-苄基氯化辛可尼定形成的 1：1 分子配合物，熔点 248℃(分解)。滤液保留，用于回收(*S*)-(−)-BINOL。

2) (*R*)-(+)-BINOL 的制备

将白色固体悬浮于 40mL 乙酸乙酯和 60mL 稀盐酸(0.5mol/L)中，室温下搅拌 30min，直至白色固体消失。分出有机相，水相用 20mL 乙酸乙酯再萃取一次(**注意：水相保留，回收拆分剂**)，合并有机相，并分别用 20mL 饱和食盐水和蒸馏水洗涤一次，无水 $MgSO_4$ 干燥。蒸去有机溶剂，残余物用甲苯重结晶，得到 0.3～0.4g 无色柱状晶体，即(*R*)-(+)-BINOL，产率 60%～80%，熔点 208～210℃，$[\alpha]_D^{21}$ +34.0°(c=1.0，THF)。

3) (*S*)-(−)-BINOL 的制备

将母液蒸干，所得固体重新溶于 40mL 乙酸乙酯中，过滤除去不溶物(为少量拆分剂与 BINOL的配合物及杂质)，滤液用 20mL 稀盐酸(1mol/L)和 20mL 饱和食盐水各洗涤一次(**注意：稀盐酸洗涤液保留，回收拆分剂**)，最后用 20mL 蒸馏水洗涤。有机层用无水 $MgSO_4$ 干燥，蒸去有机溶剂，残余物用甲苯重结晶，得到 0.3～0.4g(*S*)-(−)-BINOL，产率 60%～80%，熔点 208～210℃，$[\alpha]_D^{21}$ −34.0°(c=1.0，THF)。

3. 回收拆分剂 *N*-苄基氯化辛可尼定[4]

将上述萃取后的盐酸层(水相) 合并后用固体 Na_2CO_3 中和至无气泡放出，得到白色沉淀，过滤，滤饼用少量冰水和丙酮洗涤，抽干，干燥，称量，计算回收率。

白色固体用乙醇-水混合溶剂重结晶，得到 *N*-苄基氯化辛可尼定，回收率>90%，可重新用来拆分且不降低效率。

4. 产品分析

1) 测定熔点

采用显微熔点测定仪测定(*R*)-(+)-BINOL 或(*S*)-(−)-BINOL 的熔点。

2) 测定旋光度

准确称取 0.25g(准确至 0.001g)(*R*)-(＋)-BINOL 或(*S*)-(－)-BINOL,定量地转移入 25mL 容量瓶中,加入四氢呋喃(THF)至刻度,摇匀,配成 1%的溶液。

取一支长 1dm 的旋光测定试管,依次用蒸馏水洗净、少量丙酮涮洗和吹风机吹干。将容量瓶中配制的(*R*)-(＋)-BINOL 或(*S*)-(－)-BINOL 的 THF 溶液小心倒入旋光测定试管中,用旋光仪测定其旋光度,计算比旋光度及产物的光学纯度、两个对映体的相对百分含量,并与 HPLC 分析结果比较。

3) 手性高效液相色谱测定对映体纯度

(1) 色谱分离条件。

色谱柱:Chirex 3010(4.6mm×250mm);流动相:甲醇-正己烷(75∶25,体积比);流速:0.5mL/min;检测波长:312nm;柱温:25℃;进样量:2μL(浓度为 1%,溶样溶剂 THF)。

(2) 样品分析。

当色谱系统稳定后,分别注入(±)-BINOL、(*R*)-(＋)-BINOL 或(*S*)-(－)-BINOL 样品进行分析,计算产物的对映体纯度。由(*R*)-(＋)-BINOL 和(*S*)-(－)-BINOL 色谱峰面积计算对映异构体纯度,通常用 ee 值表示:

$$\mathrm{ee}(R,\%)=\frac{R-S}{R+S}\times 100\% \quad 或 \quad \mathrm{ee}(S,\%)=\frac{S-R}{S+R}\times 100\%$$

四、注意事项

[1] 取少量固体样品溶于少量乙酸乙酯中,太稀会影响检测结果。稍静置,点样管伸至酯层取样,切勿碰到水层。

[2] 滤饼也可采用以下处理方法:

a. 滤饼用 30mL 乙酸乙酯溶解,转移至 250mL 分液漏斗中,再用 20mL 乙酸乙酯洗涤漏斗及吸滤瓶,一并倒入分液漏斗中。先用 1∶1 HCl 洗涤(20mL×2),再用饱和食盐水洗涤,每次 25mL,洗至无 Fe^{3+}、Fe^{2+}。有机层转移到 100mL 圆底烧瓶中,加入 3g 活性炭,装上回流冷凝管,室温磁搅拌脱色 15min,双层滤纸吸气过滤(注意:布氏漏斗和吸滤瓶均要干燥),活性炭用乙酸乙酯洗涤(10mL×2),将乙酸乙酯溶液再经折纹滤纸(先用少量乙酸乙酯润湿)过滤到 100mL 圆底烧瓶中,水浴加热蒸馏,回收乙酸乙酯后,再用水泵抽干。用甲苯重结晶,先加 20mL 甲苯,电热套加热回流至正好溶解即可(不溶可补加少量甲苯),冷至室温后用冰水冷却,收集产品。微波干燥:功率 400W,时间 3min。此法处理后得到的产品色白,产量高。

b. 滤饼用 10% NaOH 溶解,室温搅拌脱色,过滤。滤液酸化,过滤得粗品,微波干燥,甲苯重结晶。

[3] 非对映体的制备可放大一倍量,由两个学生合做。拆开后,一人处理(*R*)-(＋)-BINOL与拆分剂的分子配合物,回收(*R*)-(＋)-BINOL;另一人处理含(*S*)-(－)-BINOL 的滤液,回收(*S*)-(－)-BINOL。在其他条件不变的情况下,若用微波加热搅拌回流,仅需 20min 即可达到同样的拆分结果,大大缩短了实验时间。

[4] 实验过程中分离出的盐酸溶液中含有拆分剂,切勿倒掉。两个学生所有回收的盐酸溶液合并处理,回收拆分剂 *N*-苄基氯化辛可尼定,干燥称量装瓶后交指导教师。

五、思考题

(1) 写出 β-萘酚发生自由基氧化偶联生成 BINOL 的反应机理,该反应还可能形成哪些副产物？

(2) 为提高产物的光学纯度，本实验的关键步骤是什么？

(3) 使用旋光仪测定旋光物质的旋光度时，有哪些注意事项？

(4) 为什么常规的高效液相色谱法不能拆分对映异构体？

(5) 为什么本实验可以采用峰面积归一化直接计算对映异构体的百分含量？改变检测波长会影响 ee 值的测定吗？

六、产品的光谱图

产品的光谱图如图 6.96 和图 6.97 所示。

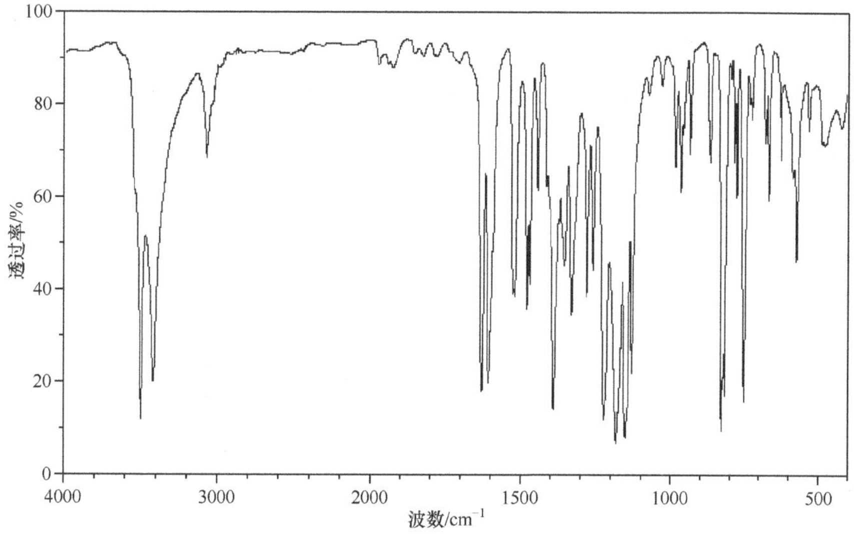

图 6.96　BINOL 的红外光谱图

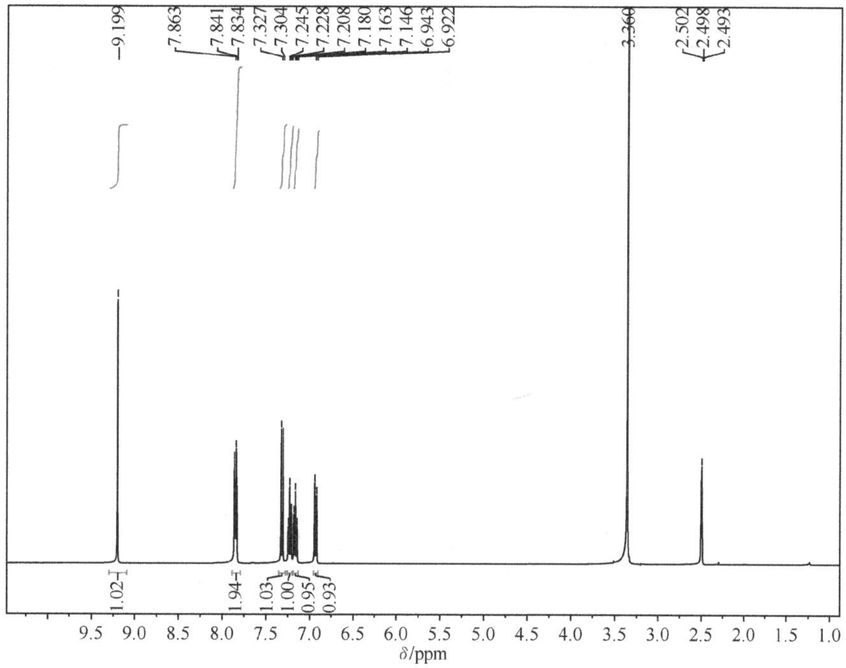

图 6.97　BINOL 的核磁共振氢谱图(400MHz，DMSO-d_6)

实验五十一　微波辐射固相合成手性联萘酚

一、实验目的

(1) 了解微波辐射下固相合成手性联萘酚的原理和方法。

(2) 掌握微波合成技术。

(3) 了解在过渡金属氧化剂存在下酚类氧化偶联反应的原理及应用。

(4) 了解分子识别原理及其在手性拆分中的应用。

(5) 学习利用手性 HPLC 测定光学活性物质的光学纯度的方法。

(6) 掌握旋光仪的使用及旋光度的测定方法。

(7) 复习有机溶剂重结晶操作技术。

(8) 了解光学纯 BINOL 在不对称催化合成中的应用及国内外的研究进展。

二、实验原理

参见实验五十。

反应式：

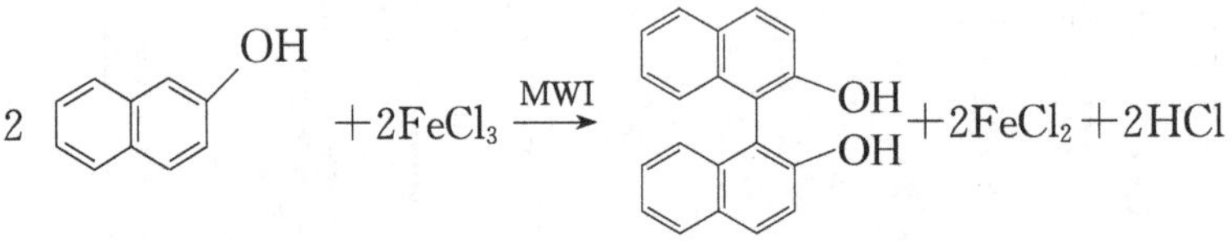

1

±BINOL

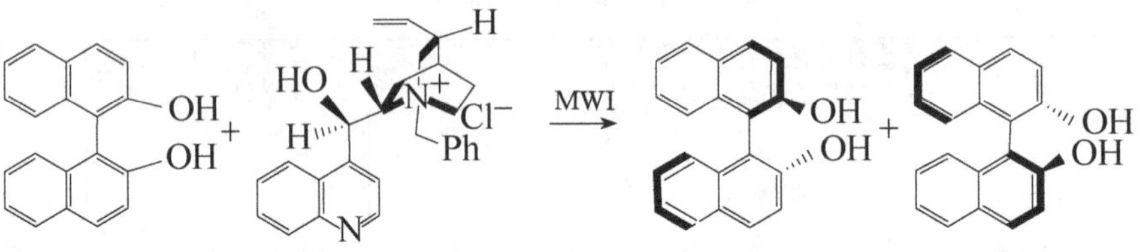

1　　2　　(R)-(+)-　　(S)-(−)-

(8*S*,9*R*)-(−)-*N*-苄基氯化辛可尼定

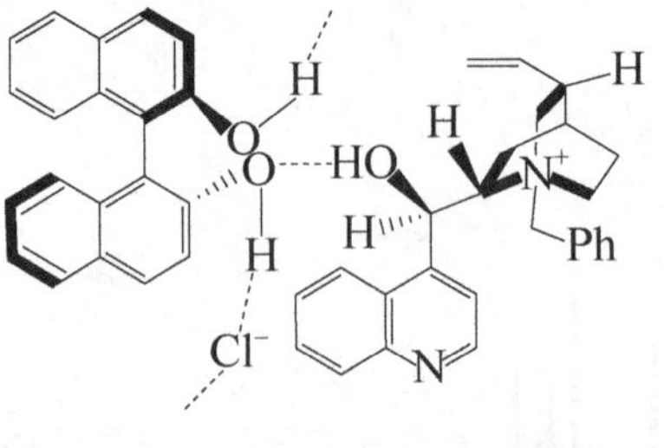

(*R*)-(+)-BINOL 与(8*S*,9*R*)-(−)-*N*-苄基氯化辛可尼定 1∶1 分子配合物，熔点 248℃(d)

三、实验步骤

1. (±)- BINOL 的合成

在瓷研钵中依次加入 2-萘酚(2.0g,14mmol)和 $FeCl_3 \cdot 6H_2O$(4.2g,15.4mmol),充分研细后置于微波炉中[1],在微波功率 160W 下辐照 1min 后取出,再研细,再辐照 1min,如此反复,用薄层层析跟踪[溶样溶剂:乙酸乙酯;展开剂:乙酸乙酯-石油醚(1∶4,体积比)],直至原料斑点完全消失,累计辐照时间 7min。

向研钵中加入 50mL 稀盐酸(1∶1),研磨[2],过滤,滤饼用蒸馏水洗至滤液中无 Fe^{3+} 和 Fe^{2+}(**用 SCN^-,铁氰化钾溶液检验**),抽干,微波干燥(功率:400W,4min/次×2)。

粗品用甲苯(1g 粗品约需 8mL 甲苯)重结晶(若颜色深,用活性炭脱色),得白色晶体,称量,计算产率。测定熔点,进行 IR、^{1}H NMR 分析,指出各主要谱峰的归属。粗品也可用乙醇-水重结晶。熔点文献值 216~218℃。

2. (±)-BINOL 的拆分

1) 非对映体的制备与分离[3]

在瓷研钵中加入 1.0g (3.5mmol)(±)-BINOL 和 0.9g(2.1mmol)*N*-苄基氯化辛可尼定,充分研磨后置于微波炉中,在微波功率 400W 下辐照 1min 后取出,冷却,研磨[4],再辐照 1min,如此重复,累计辐照时间 5min。研钵中固体为乳白色,外观无变化。将固体转移至 100mL 圆底烧瓶中,加入 40mL 乙酸乙酯,磁力搅拌 30min。然后用砂芯漏斗过滤,滤饼用乙酸乙酯充分洗涤(10mL×3)。滤饼和滤液分开处理[5]。

白色固体是(*R*)-(+)-BINOL 与 *N*-苄基氯化辛可尼定形成的 1∶1 分子配合物,熔点 248℃(分解)。滤液呈无色或淡黄色,用于回收(*S*)-(−)-BINOL。

2) (*R*)-(+)-BINOL 的制备

白色固体中依次加入 60mL 稀盐酸 (0.5mol/L) 和 40mL 乙酸乙酯,室温下磁力搅拌至全部溶解。转移到分液漏斗中,分出有机相,水相用 20mL 乙酸乙酯再萃取一次(**注意:水相保留,回收拆分剂**),合并有机相,并分别用 20mL 饱和食盐水和蒸馏水洗涤一次,无水 $MgSO_4$ 干燥。过滤,用少量乙酸乙酯洗涤干燥剂,蒸去有机溶剂,残余物用甲苯(3mL 左右)重结晶,得到 0.3~0.4g 无色柱状晶体,即(*R*)-(+)-BINOL,产率 60%~80%,熔点 208~210℃,$[\alpha]_D^{21}$ +34.0°(*c*=1.0,THF)。

3) (*S*)-(−)-BINOL 的制备

将滤液倒入分液漏斗中,用 20mL 稀盐酸 (1mol/L) 洗涤,分去酸层(**注意:稀盐酸洗涤液保留,回收拆分剂**),有机层分别用 20mL 饱和食盐水和蒸馏水洗涤一次,无水 $MgSO_4$ 干燥。过滤,用少量乙酸乙酯洗涤干燥剂,蒸去有机溶剂,残余物用甲苯重结晶。得到 0.3~0.4g (*S*)-(−)-BINOL,产率 60%~80%,熔点 208~210℃,$[\alpha]_D^{21}$ −34.0°(*c*=1.0,THF)。

3. 回收拆分剂 *N*-苄基氯化辛可尼定[6]

将上述萃取后的盐酸层(水相)合并后用固体 Na_2CO_3 中和至无气泡放出,得到白色沉淀,过滤,滤饼用少量冰水和丙酮洗涤,抽干,干燥,称量,计算回收率。

白色固体用乙醇-水混合溶剂重结晶，得到 *N*-苄基氯化辛可尼定，回收率>90%，可重新用来拆分且不降低效率。

4. 产品分析

1) 测定熔点

采用显微熔点测定仪测定(*R*)-(+)-BINOL 或(*S*)-(−)-BINOL 的熔点。

2) 测定旋光度

准确称取 0.25g(准确至 0.001g)(*R*)-(+)-BINOL 或(*S*)-(−)-BINOL，定量地转移入 25mL 容量瓶中，加入四氢呋喃(THF)至刻度，摇匀，配成 1%的溶液。

取一支 1dm 长的旋光测定试管，依次用蒸馏水洗净、少量丙酮涮洗和吹风机吹干。将容量瓶中配制的(*R*)-(+)-BINOL 或(*S*)-(−)-BINOL 的 THF 溶液小心倒入旋光测定试管中，用旋光仪测定其旋光度，计算比旋光度及产物的光学纯度、两个对映体的相对百分含量，并与 HPLC 分析结果比较。

3) 手性高效液相色谱测定对映体纯度

(1) 色谱分离条件。

色谱柱：Chirex 3001(4.6mm×250mm)；流动相：甲醇-正己烷(75∶25，体积比)；流速：0.5mL/min；检测波长：312nm；柱温：25℃；进样量：2μL(浓度为 1%，溶样溶剂 THF)。

(2) 样品分析。

当色谱系统稳定后，分别注入(±)−BINOL、(*R*)-(+)-BINOL 或(*S*)-(−)-BINOL 样品进行分析，计算产物的对映体纯度。由(*R*)-(+)-BINOL 和(*S*)-(−)-BINOL 色谱峰面积计算对映异构体纯度，通常用 ee 值表示：

$$\mathrm{ee}(R,\%)=\frac{R-S}{R+S}\times 100\% \quad 或 \quad \mathrm{ee}(S,\%)=\frac{S-R}{S+R}\times 100\%$$

四、注意事项

[1] 样品一定要充分研匀，辐照时，研棒不要放在研钵中的样品上，否则易使研棒下的样品炭化，应另放在小烧杯中与研钵同时放入微波炉中。

[2] 其他处理方法：

a. 研钵中加入 25mL 1∶1 的盐酸，研磨，再加入 25mL 乙酸乙酯使固体全部溶解，转移至 250mL 分液漏斗中，再用 25mL 乙酸乙酯分批洗涤研钵，一并倒入分液漏斗中。静置，分层。有机层再用饱和食盐水洗涤，每次 25mL，洗至无 Fe^{3+}、Fe^{2+}。有机层中加入 3g 活性炭，室温磁搅拌脱色 15min，抽滤，活性炭用乙酸乙酯洗涤(10mL×2)，将滤液再经折纹滤纸过滤到蒸馏瓶中，水浴加热蒸馏，回收乙酸乙酯后，再用水泵抽干。用甲苯重结晶，产品微波干燥：功率 400W，时间 3min。

b. 将蒸馏水洗涤后的滤饼用 10% NaOH 溶解，室温搅拌脱色，过滤。滤液酸化，过滤，微波干燥，甲苯重结晶。

[3] 非对映体的制备可放大一倍量，由两个学生合做。拆开后，一人处理(*R*)-(+)-BINOL与拆分剂的分子配合物，回收(*R*)-(+)-BINOL；另一人处理含(*S*)-(−)-BINOL 的滤液，回收(*S*)-(−)-BINOL。

[4] 每次辐照后取出，冷却至室温，期间可边冷却边研磨，注意研磨一定要充分，尽量研

细、混匀，否则会影响拆分效果。研棒刮净物料，另放在培养皿中与研钵同时放入微波炉中。

[5] 滤饼和滤液分开处理时，注意仪器不能共用，否则影响产品的光学纯度。

[6] 实验过程中分离出的盐酸溶液中含有拆分剂，切勿倒掉。两个学生所有回收的盐酸溶液合并处理，回收拆分剂 *N*-苄基氯化辛可尼定，干燥称量装瓶后交指导教师。

五、思考题

(1) 写出 β-萘酚发生自由基氧化偶联生成 BINOL 的反应机理，该反应还可能形成哪些副产物?

(2) 为提高产物的光学纯度，本实验的关键步骤是什么?

(3) 使用旋光仪测定旋光物质的旋光度时，有哪些注意事项?

(4) 为什么常规的高效液相色谱法不能拆分对映异构体?

(5) 为什么本实验可以采用峰面积归一化直接计算对映异构体的百分含量? 改变检测波长会影响 ee 值的测定吗?

(6) 微波辐射固相合成有机化合物有哪些优点?

六、产品的光谱图

产品的光谱图如图 6.96 和图 6.97 所示。

实验五十二 微波促进下的蒽与马来酸酐的 Diels-Alder 反应 (CAS:103515-22-6)

一、实验目的

(1) 了解利用 Diels-Alder 反应制备六元环化合物的原理和方法。

(2) 了解微波辐射下蒽与马来酸酐发生环化加成的原理和方法。

(3) 掌握微波加热技术的原理和实验操作。

二、实验原理

Diels-Alder 反应是一个巧妙的合成六元环有机化合物的重要方法。它是一个亲二烯体对一个共轭二烯体的 1,4-加成反应，即为一个 2π 电子体系对一个 4π 电子体系的加成，因此该反应也称为[4+2]环加成反应。其反应机理是一步发生的协同反应，即键的断裂和键的形成同时进行，不产生任何反应中间体。当双烯上含有烷基、烷氧基等给电子基团以及亲双烯体上含有羰基、羧基、酯基、氰基等吸电子基团时，反应速率加快。Diels-Alder 反应具有 100%的原子经济性，即二烯和二烯亲合物中的所有原子都融合在产物中。

本实验以蒽和马来酸酐为原料合成 9,10-二氢蒽-9,10-α,β-马来酸酐，用传统加热的方法反应需要 1.5～2h，而用微波辐射仅用 10min 左右便能完成。蒽作为共轭双烯体分子中具有环己二烯的结构，其中 9,10 位是共轭双烯的两端，容易与亲双烯体发生 Diels-Alder 反应生成桥环化合物，是空间定向性很强的顺式加成反应。同时，反应是可逆的，在低温时反应向加成物方向进行，高温时加成物发生分解。

反应式:

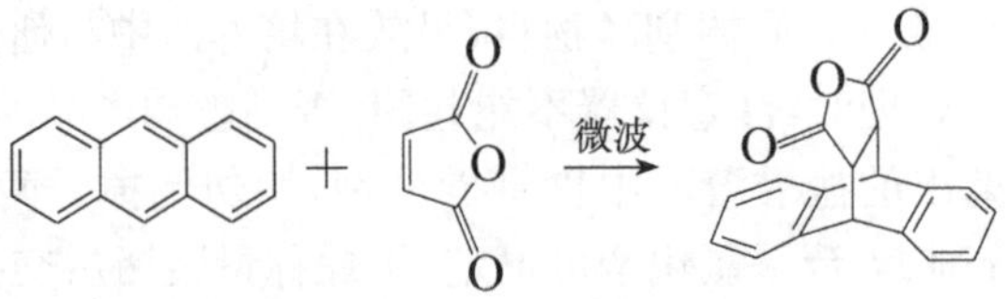

三、实验步骤

1. 制备[1]

在 25mL 圆底烧瓶中加入 1g (5.6mmol)蒽[2]、0.7g (7.1mmol)研细的马来酸酐、2.5mL 无水二甘醇二甲醚[3]和沸石。加毕，置于微波炉中，依次装上空气冷凝管、球形冷凝管及氯化钙干燥管。设置反应时间为 10min，启动后将微波功率调至 480W[4]，回流后(约 2min)再调节到 380W。用薄层层析[5]跟踪反应的进行。反应结束后，冷却至 80℃左右，然后加入 5mL 无水乙醇加热回流(微波功率 200W，回流后调至 100W)，然后逐渐滴加乙醇，直至晶体成白色[6]，需 6～8mL。冷却，抽滤，用少量无水乙醇洗涤。得到产物约 1.42g，产率 92％，熔点265～267℃。

纯粹 9，10-二氢蒽-9，10-α，β-马来酸酐的熔点 263～265℃。

2. 产品分析

(1) 测定熔点。

(2) IR、^{1}H NMR 分析。

四、注意事项

[1] 马来酸酐和生成的产物遇水会水解成二元酸，因此反应仪器和所用试剂必须干燥。

[2] 实验中使用的工业蒽需重结晶精制。

[3] 溶剂量过多，会溶解一部分产物，使产率降低；溶剂的量过少，则不能使原料完全溶解，导致反应不完全。

[4] 若使用更高的微波功率(如 500W)可使体系更快达到回流状态，但考虑到马来酸酐在微波条件下很容易升华，所以反应开始时不能过于剧烈，以免马来酸酐损失，影响产率。

[5] 微波辐射停止时，反应瓶内温度较高，物料呈液体，略降温后，立即有固体析出。原料蒽在紫外光下发荧光，用薄层层析检测蒽的消耗情况，以判断反应的终点。反应是可逆的，当反应达平衡后溶液中仍有少量的蒽，因而荧光并不能完全消失，只能以荧光的颜色及深浅作为定性判断的依据。蒽的浓溶液点在薄层板上，在紫外光下显强烈的蓝绿色荧光，当浓度很低时则为蓝紫色荧光。薄层层析展开剂：乙酸乙酯-二氯甲烷(1：1，体积比)；硅胶 H-CMC 薄层板；紫外灯显色(365nm)。

[6] 原料蒽略带颜色，反应产物为白色。产物在无水乙醇中不溶，原料可溶于乙醇。使用乙醇加热回流是洗涤操作，不是重结晶操作。粗产品可用无水二甲苯重结晶纯化。产品必须保存在干燥器或用塞子塞紧的瓶中，否则产物会水解成二元酸。

五、思考题

(1) 为什么蒽能与亲双烯体发生 Diels-Alder 反应？

(2) 微波辐射为什么能加速 Diels-Alder 反应？实验中若微波功率偏高，回流过快，对反应结果有什么影响？

（3）反应结束后加入乙醇加热回流的目的是什么？为什么可以从颜色上判断乙醇的用量？

（4）在本实验中，可用两种不同的反应条件进行反应，一种用微波加热，另一种用传统加热方法（1.5～2h），试比较两种方法的产率、产物纯度和能量消耗，两者最大差别是什么？

六、产品的光谱图

产品的光谱图如图 6.98 和图 6.99 所示。

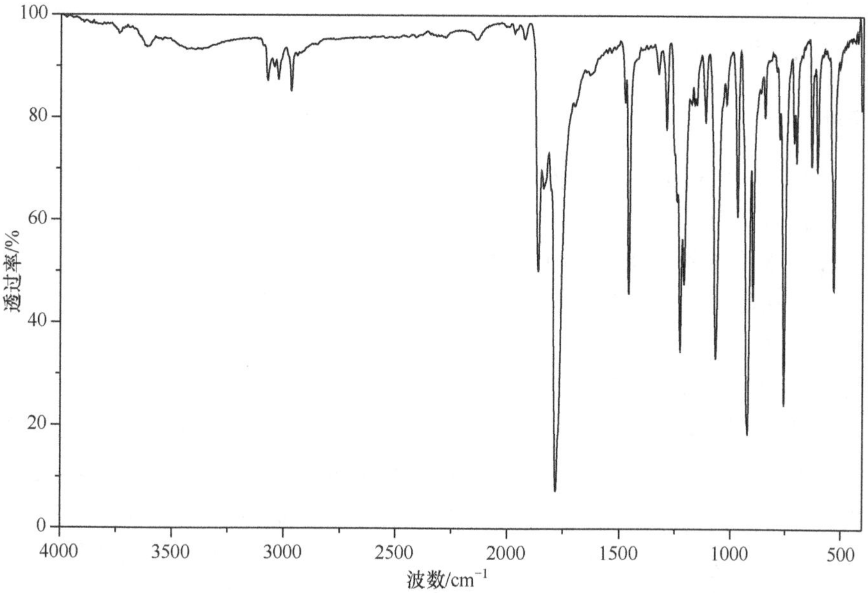

图 6.98　9,10-二氢蒽-9,10-α,β-马来酸酐的红外光谱图

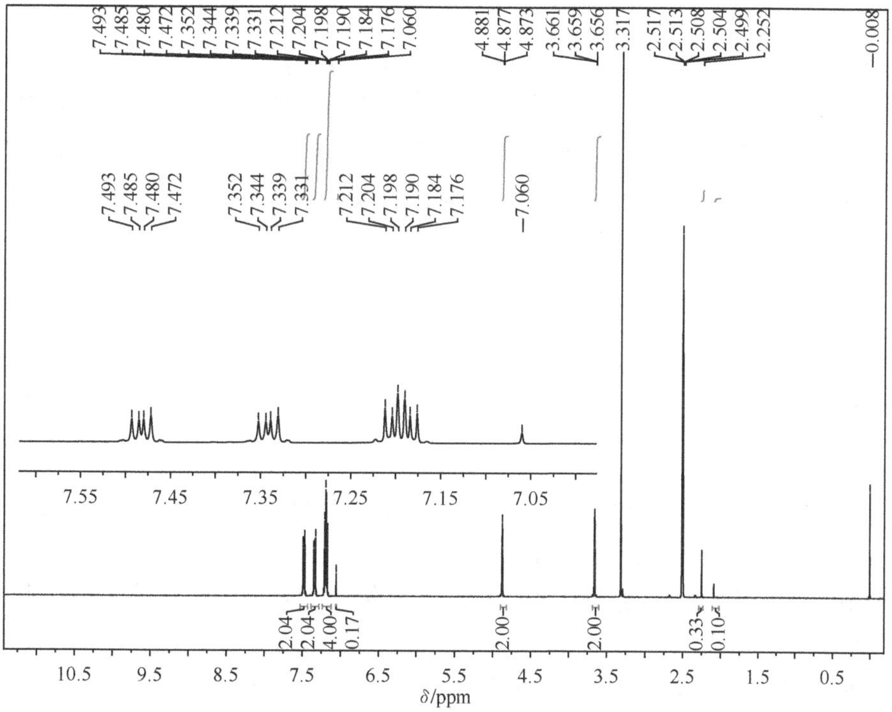

图 6.99　9,10-二氢蒽-9,10-α,β-马来酸酐的核磁共振氢谱图（400MHz，DMSO-d_6）

实验五十三　离子液体溴化 1-丁基-3-甲基咪唑的合成
（CAS：85100-77-2）

一、实验目的

（1）了解室温离子液体的基本概念、性质及其在有机合成中的应用。

（2）掌握溴化 1-丁基-3-甲基咪唑的制备原理和方法。

（3）学习用真空干燥箱干燥物料的操作方法。

二、实验原理

离子液体是指在室温或室温附近温度下呈液态的由离子构成的物质，也称为室温离子液体、低温熔融盐、有机离子液体等。

离子液体一般由有机阳离子和无机或有机阴离子组成，常见的阳离子有季铵离子、季鏻离子、咪唑离子和吡啶离子等，阴离子有 X^-、BF_4^-、PF_6^-、NO_3^-、$CF_3SO_3^-$、HSO_4^-、$AlCl_4^-$、$CF_3SO_2NCOCF_3^-$ 等。

与传统的有机溶剂相比，离子液体具有以下特点：①液态范围宽，从低于或接近室温到300℃以上，有良好的热稳定性和化学稳定性；②蒸气压低，不易挥发，在使用、储藏中不会蒸发散失，可以循环使用，消除了挥发性有机化合物环境污染问题；③具有较大的极性可调控性，黏度低，密度大，可以形成两相或多相体系，适合作分离溶剂或构成反应-分离耦合新体系；④对大量无机物和有机物都表现出良好的溶解能力，且具有溶剂和催化剂的双重功能，可以作为许多化学反应溶剂或催化活性载体。由于离子液体的这些特殊性质，它与超临界 CO_2 和双水相一起构成了三大绿色溶剂，广泛地应用于有机合成、生物催化、萃取分离、电化学等领域。

溴化 1-丁基-3-甲基咪唑（[Bmim]Br）属于二烷基咪唑类离子液体，不仅本身在油品脱硫等方面具有广泛的用途，同时也是制备[Bmim]BF_4、[Bmim]PF_6 等其他二烷基咪唑类离子液体的重要中间体。本实验以 *N*-甲基咪唑和正溴丁烷为原料合成溴化 1-丁基-3-甲基咪唑。

反应式：

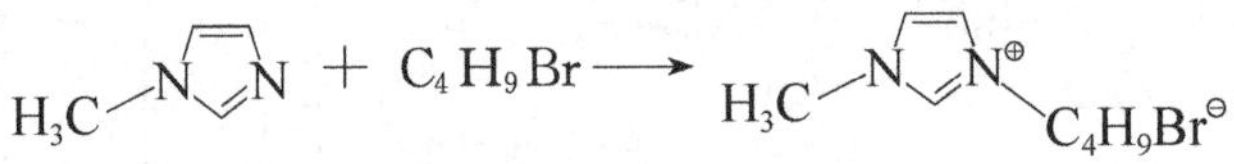

三、实验步骤

1. 制备

在装有磁子的 25mL 圆底烧瓶中加入 1.2g（14.6mmol）*N*-甲基咪唑和 2.71g（19.8mmol）正溴丁烷，装上回流冷凝管和无水氯化钙干燥管。在 80℃水浴中搅拌反应 1h，反应物变成黄色黏稠液体。冷却，产品用无水乙醚洗涤（5mL×3），磁力搅拌 3min 后静置分层[1]，仔细用滴管吸出上层乙醚，将下层黏稠液体转移至表面皿中，放在真空干燥箱内干燥[2]，称量，计算产率。

IR(KBr)/cm^{-1}：3143，3047，2960，2871，1568，1463，1380，1168。

2. 产品分析

IR、^{1}H NMR 分析。

四、注意事项

[1] 用乙醚洗去未反应的 *N*-甲基咪唑和正溴丁烷。

[2] 真空干燥箱操作方法：

a. 将需干燥处理的物品放入真空干燥箱中，关上箱门，并关闭放气阀，开启真空阀，接通真空泵电源开始抽气，当箱内真空度达到－0.1MPa 时，关闭真空阀，再关闭真空泵电源。

b. 把真空干燥箱电源开关拨至“开”处，选择所需的设定温度，箱内温度开始上升，当箱内温度接近设定温度时，加热指示灯忽亮忽灭，反复多次，一般 120min 以内可进入恒温状态。

c. 当所需工作温度较低时，可采用二次设定方法，如所需温度 60℃，第一次可设定 50℃，等温度过冲开始回落后，再第二次设定 60℃。这样可降低甚至杜绝温度过冲现象，尽快进入恒温状态。

d. 根据不同物品潮湿程度，选择不同的干燥时间。若干燥时间较长，真空度下降，需再次抽气恢复真空度，应先开真空泵电源，再开启真空阀。

e. 干燥结束后应先关闭干燥箱电源，开启放气阀，解除箱内真空状态，再打开箱门取出物品。解除真空后，若密封圈与玻璃门吸紧变形不易立即打开箱门，经过一段时间后，等密封圈恢复原形后，才能方便开启箱门。

本实验中使用真空干燥箱干燥离子液体是在室温下干燥的，只需保证真空，不必加热升温。也可置于以 P_2O_5 作干燥剂的真空干燥器中干燥。得到的离子液体为淡黄色黏稠液体，可以不经进一步处理直接作为催化剂和溶剂用于有机化合物的合成。

五、思考题

(1) 本实验中的限量试剂是什么？溶剂是什么？

(2) 反应温度若超过 100℃有什么影响？

(3) 为什么得到的产物不需要进一步精制？

(4) 附上合成的溴化 1-丁基-3-甲基咪唑的 IR、^{1}H NMR 谱图，并对图谱进行解析，确定产品结构。

(5) 计算反应的原子经济性，并对产品的制备进行经济性分析。

六、产品的光谱图

产品的光谱图如图 6.100 和图 6.101 所示。

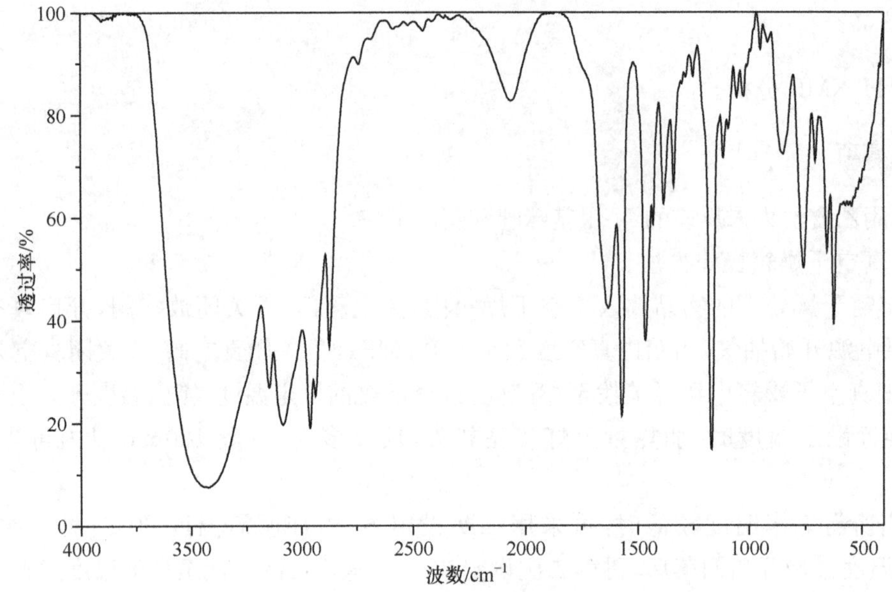

图 6.100 溴化 1-丁基-3-甲基咪唑的红外光谱图

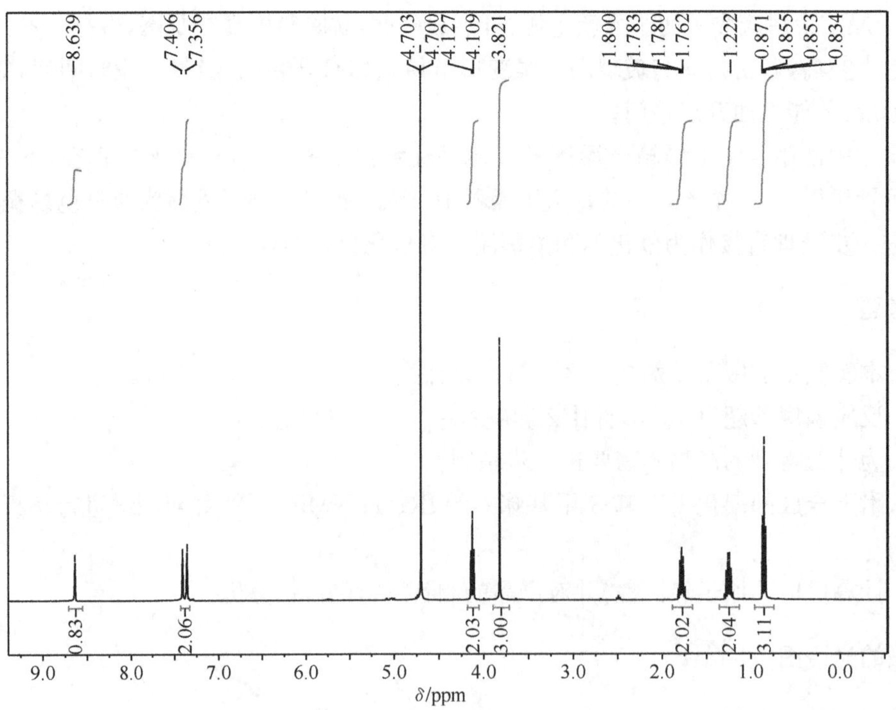

图 6.101 溴化 1-丁基-3-甲基咪唑的核磁共振氢谱图(400MHz，D_2O)

实验五十四　微波辐射下离子液体催化合成 2-苯基苯并噻唑 (CAS:883-93-2)

一、实验目的

(1) 了解微波辐射下离子液体催化制备 2-苯基苯并噻唑的原理和方法。

(2) 学习微波加热技术的原理和实验操作。

(3) 掌握绿色化学的基本原理及离子液体回收利用的原理和方法。

(4) 熟悉用 IR 及 ^{1}H NMR 分析产品质量及表征结构的方法。

二、实验原理

离子液体已经在聚合反应、选择性烷基化和胺化反应、酰基化反应、酯化反应、重排反应、室温和常压下的催化加氢反应、烯烃的环氧化反应、电化学合成等方面得到广泛应用,具有反应速率快、转化率高、反应选择性高、催化体系可循环重复使用等优点。

苯并噻唑类衍生物具有抗菌、抗癌活性、荧光性和光致变色性等性质,广泛应用于农药、医药、材料等领域。例如,工业上,它可用作橡胶硫化促进剂,纤维、塑料等的染色剂;农业上,可用作除草剂、杀虫剂;医药上,可用作杀菌剂。

反应式:

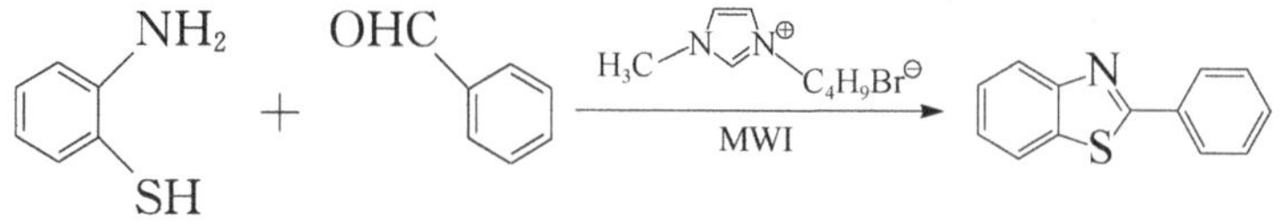

三、实验步骤

1. 制备

在 25mL 圆底烧瓶中加入 1.0g(9.5mmol)苯甲醛[1]、1.25g(10mmol)2-氨基苯硫酚、0.5g(2.3mmol)离子液体溴化 1-丁基-3-甲基咪唑和沸石。加毕,摇匀后[2]置于微波炉中,依次装上空气冷凝管、球形冷凝管及无水氯化钙干燥管。设置反应时间为 15min,启动后将微波功率调至 120W。待反应完毕后冷却,析出固体。加入 20mL 乙醚,充分振摇,使固体溶解,用滴管将乙醚吸出放到 50mL 圆底烧瓶中。残留液为离子液体,回收再利用[3]。蒸除乙醚,残留物用乙醇-水(4∶1)重结晶[4],得到白色固体,干燥,称量,产量 1.72g,产率 86.4%,熔点 114～116℃(文献值 112～115℃)。

2. 产品分析

(1) 测定熔点。

(2) IR、^{1}H NMR 分析。

四、注意事项

[1] 苯甲醛必须是新蒸的。

[2] 离子液体起助溶、催化的作用。在微波辐射前需充分振摇使物料混合均匀,否则可能

导致反应不完全或副反应增加。

[3] 残留离子液体再用乙醚洗涤一次，然后在 80℃真空干燥 1h，即可再用于反应，催化效率无任何明显的降低。

[4] 用乙醇-水混合溶剂重结晶操作如下：先用最小量的热乙醇使 2-苯基苯并噻唑固体溶解，然后趁热滴加热水至溶液出现浑浊，再加热使浑浊消失，溶液变为清亮，冷却抽滤析出的结晶。若在重结晶过程中溶液颜色较深，则在加热水前加入少量活性炭脱色并趁热过滤除去活性炭后再滴加热水。

五、思考题

(1) 微波功率偏高对反应结果有什么影响？

(2) 反应结束后加入乙醚的作用是什么？

(3) 影响离子液体催化反应的主要因素是什么？

(4) 使用微波合成仪时，如何注意安全防护？

(5) 附上合成的 2-苯基苯并噻唑的 IR 和 ^{1}H NMR 谱图，并对图谱进行解析，确定产品结构。

(6) 计算反应的原子经济性，对制备的产品进行经济性分析。

六、产品的光谱图

产品的光谱图如图 6.102 和图 6.103 所示。

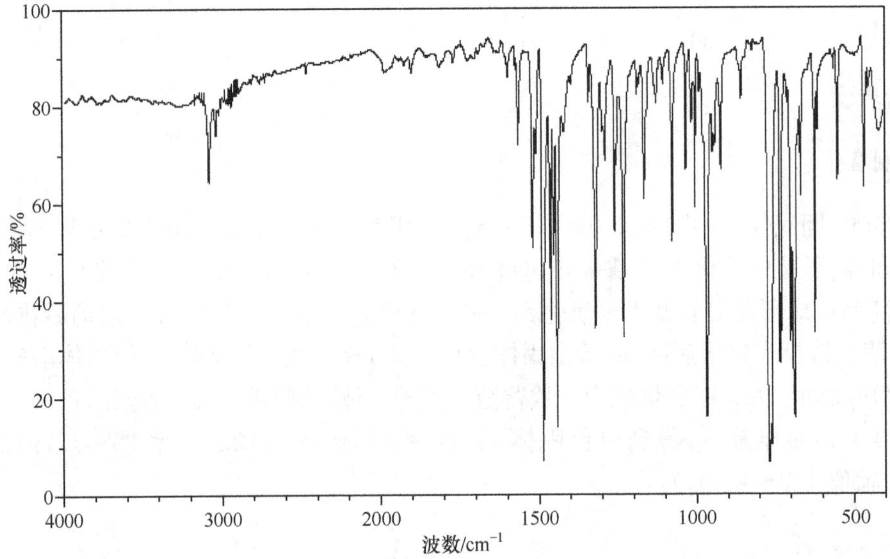

图 6.102　2-苯基苯并噻唑的红外光谱图

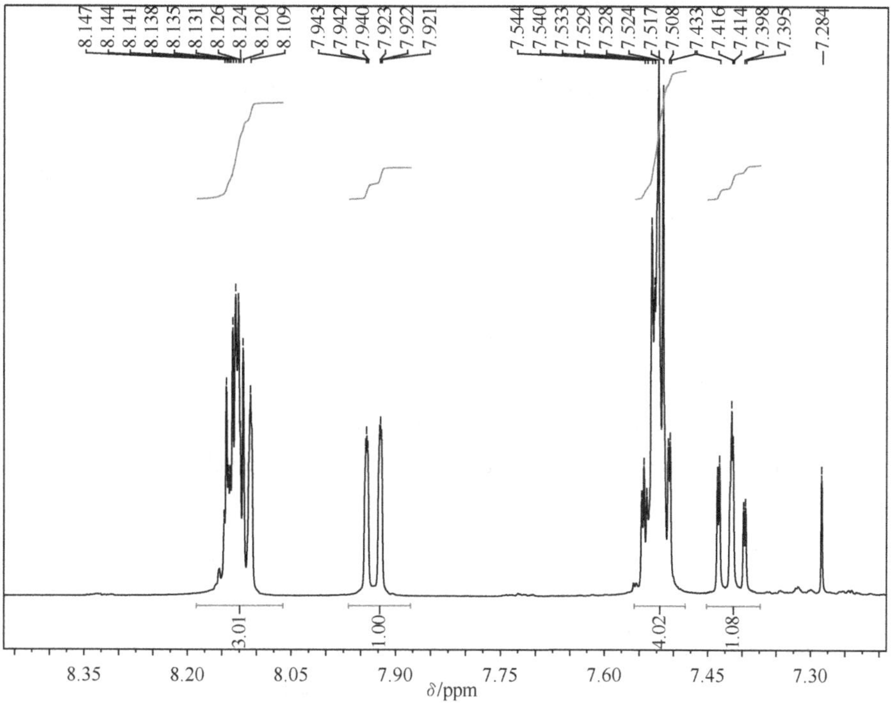

图 6.103　2-苯基苯并噻唑的核磁共振氢谱图(400MHz，$CDCl_3$)

实验五十五　Microwave-assisted Solventless and One-Pot Synthesis of Cu(Ⅱ)Phthalocyanine Complex (CAS:147-14-8)

1. Principle

Metallophthalocyanine complexes have attracted considerable attention owing to their impressive and useful chemical and physical properties. Phthalocyanines are unstable to light, heat, acids, and alkalis and are important blue and green dyes that are used in inks (ballpoint pens), textiles, and coloring for plastic and metal surfaces. Recently, they have been used as photoconducting agents in photocopiers and laser printers, sensing elements in chemical sensors, electrochromic display devices, and photodynamic reagents for cancer therapy and other medical applications.

In the synthesis of Cu(Ⅱ) phthalocyanine complex microwave radiation is used as the energy source. The purpose of this experiment is to apply a few principles of green chemistry to a commonly used organic synthesis and thereby introduce the types of strategies that can be employed to make common reactions cleaner.

In recent years, there has been a concerted effort to introduce undergraduate students to green chemistry principles both in the classroom and in the laboratory. The new catchphrases "green chemistry" and "green engineering" intimates reaction optimization with respect to materials and energy usage, waste reduction from all sources, and overall cost minimization. Also suggested are minimization of toxicity and hazards and maximization of safety practices.

When these terms are applied to the performances of individual chemical reactions, chemical processes, and chemical synthesis plans, they deal with the same issues.

Microwave-assisted organic synthesis has become a common and invaluable technique in recent years. The advantages of microwave-assisted reactions lie not only in their speed, but also in the fact that these reactions are generally cleaner and more economical than standard reactions. When microwave-assisted reactions are conducted in the absence of solvent, the reactions become "greener" and offer an environmentally friendly way of practicing and teaching chemistry.

In an effort to introduce green chemistry into the curriculum, synthesis of Cu(Ⅱ) phthalocyanine, was modified to make it greener by (i) replacing a hazardous solvent, pyridine, with a more benign solvent, *N*-methyl-2-pyrolidinone to be used in UV-Vis spectroscopy and (ii) switching from conventional thermal heating of several hours to microwave heating for 16min.

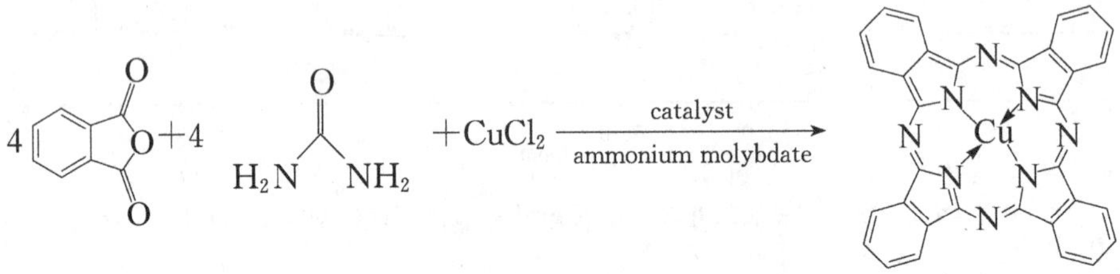

synthesis of Cu(Ⅱ) phthalocyanine complex

2. Procedure

1) Preparation of anhydrous $CuCl_2$

$CuCl_2 \cdot 2H_2O$ is flame dried until dry (indicated by brown color). Drying may be accomplished by placing an excess of $CuCl_2 \cdot 2H_2O$ into a small round-bottom flask or crucible and heating over an open flame until the solid turns from green to brown (this only takes a couple of minutes over a moderately hot flame). Use of dry $CuCl_2$[1] is essential as wet metal salts inhibit the reaction and may stop the reaction entirely. It is advisable to avoid the contact of products with skin or clothes, as staining may occur (the products are dyes).

2) Preparation of copper(Ⅱ) phthalocyanine complex

Clean glassware must be used! Weigh anhydrous $CuCl_2$ (0.68g, 5mmol) that is to be intimately combined with excess urea (5.5g, 92mmol), phthalic anhydride (3.2g, 20mmol), and ammonium molybdate (61.8mg, 0.05mmol) using a mortar and pestle. Grind these contents until a homogeneous mixture is formed, irradiate in a laboratory microwave oven for 16min (600W model)[2]. After each interval of 4min, stop microwave radiations, take out the mortar and cool to room temperature. then stir the reaction mixture during each interval. The presence of a white layer on the complex is observed, which may be due to the formation of ammonium carbonate during the reaction[3]. Cool the reaction mixture to room temperature, grind it and wash with 10mL of 5% caustic soda, water, 2% hydrochloric acid and again with water respectively. The dried phthalocyanine thus obtained is weighed for the calculation of yield (Scheme 1). m. p. >300℃. IR(KBr)/cm^{-1} 3048, 1607, 1506, 1464, 1420, 1332, 1287, 1165, 1119, 1091, 1048, 899, 874, 776, 754, 726.

3. Analysis of the product

(1) UV/Vis spectrum analysis.

Prepare the solution of Cu(Ⅱ)phthalocyanine complex in *N*-methyl-2-pyrrolidinone to acceptable concentrations. We used concentrations between 10^{-3}mol/L and 10^{-4}mol/L. Record the UV/Vis spectrum (200～700nm) and record the wavelength at which maximum absorbance occurs for each band.

(2) IR spectrum analysis.

Record the infrared spectrum of the complex(KBr pellet) and assign the important IR absorptions (ie, C—N stretch, aryl —CH stretch).

4. Notes

[1] It is recommended that dehydrated $CuCl_2$ be stored in a desiccator.

[2] It is advisable to use thermal gloves prior to removing the reaction mixture from the microwave oven because the mortar may be hot.

[3] Since the products are deep shades of blue and the starting reaction mixture is not highly colored, the progress of the reaction can be monitored visually.

reaction mixture
(before reaction starts)

copper phthalocyanine
complex

5. Questions

(1) Why the $CuCl_2$ must be dry?

(2) What is the advantage of microwave?

(3) What are principles of green chemistry illustrated in this experiment?

6. Spectrogram of product

Spectrogram of product see Fig. 6. 104.

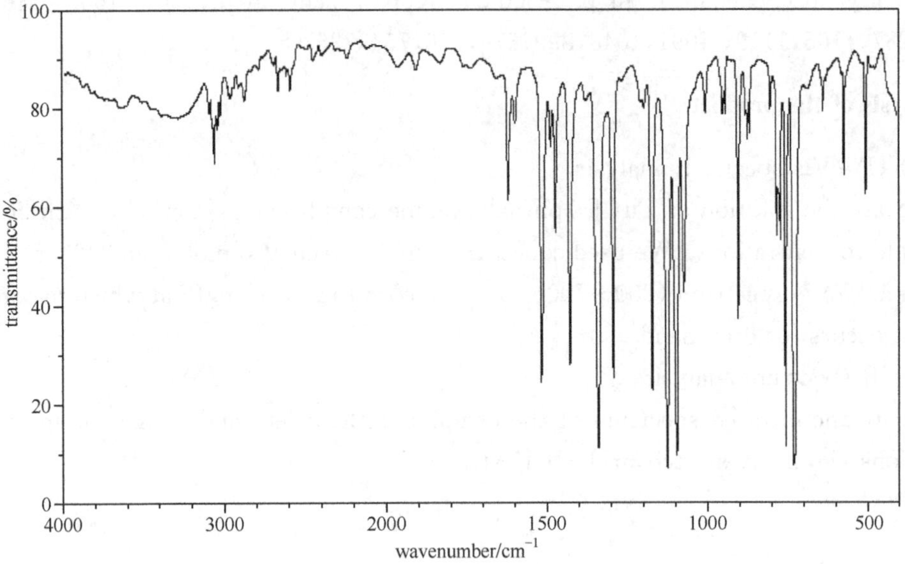

Fig. 6. 104 IR spectrum of copper(Ⅱ)phthalocyanine

实验五十六 双 5-溴水杨醛缩(1*R*,2*R*)-环己二胺手性席夫碱及其 Zn 配合物的合成 (CAS:52291-49-3)

一、实验目的

(1) 学习手性席夫碱及其配合物的合成方法。

(2) 了解手性席夫碱配合物在不对称合成中的应用。

(3) 学习用 IR 及^{1}H NMR 表征产物结构。

二、实验原理

1990 年,Jacobsen 和 Katsuki 研究小组分别独立报道了手性 Salen-Mn(Ⅲ) 配合物能够有效地催化烯烃的不对称环氧化反应。Jacobsen 和他的实验小组建立了使用廉价的 NaClO 溶液和有机溶剂的两相反应体系进行烯烃的不对称环氧化,得到很好的对映选择性。但几乎所有 Salen 类型的配合物都不溶于水,这使得催化剂在 NaClO 水溶液/有机溶剂两相中的反应活性不高,随后对基于 Salen 配体结构修饰的金属配合物在不对称催化反应中的应用进行了广泛的研究。手性席夫碱类配体具有结构多样性,可从许多潜手性含氮化合物制得及对空气稳定性良好等优点。预料将来会有更多新型的手性席夫碱配合物出现,呈现出手性中心微环境取代基多变性,可调控金属中心多样化的发展趋势。

反应式:

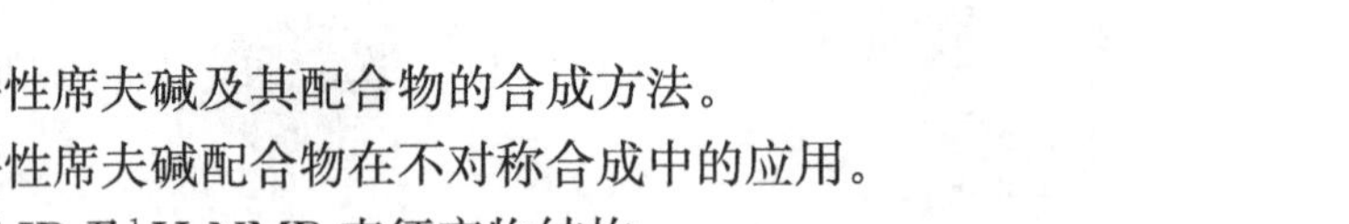

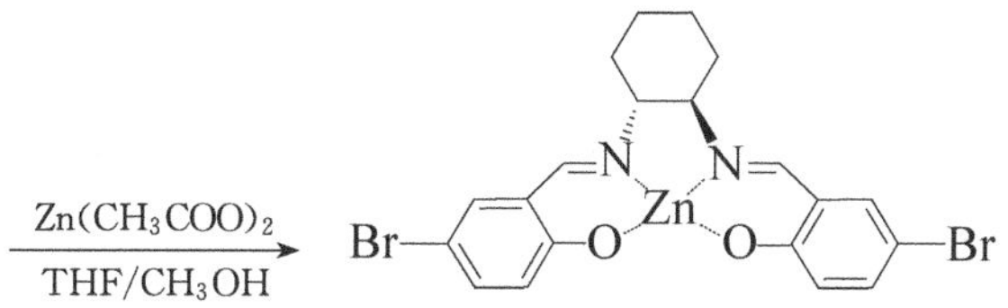

三、实验步骤

1. 双 5-溴水杨醛缩(1*R*,2*R*)-环己二胺的合成

在 50mL 圆底烧瓶中加入 1.14g (10mmol) (1*R*, 2*R*)-环己二胺和 20mL 乙醇,磁力搅拌混匀后,再加入 4.02g (20mmol) 5-溴水杨醛。室温搅拌反应 1h,析出黄色固体[1],冰浴冷却,过滤,得到手性(1*R*, 2*R*)-Salen 配体 4.7g,产率 98%,不用提纯,可直接用于下一步合成。$[\alpha]_D^{25}$ −107.34°(*c*=0.22,THF),熔点 189~190℃。

2. 双 5-溴水杨醛缩(1*R*,2R)-环己二胺-Zn(Ⅱ)配合物的合成

在 100mL 圆底烧瓶中加入 2.4g(5mmol)手性 Salen 配体和 10mL THF,磁力搅拌溶解后,滴加 1.1g(5mmol)$Zn(CH_3COO)_2 \cdot 2H_2O$ 溶于 10mL 甲醇的溶液。加毕,水浴加热回流 1h 后,加入 40mL 甲醇,析出黄色固体。过滤,真空干燥,得到 2.0g 黄色配合物[2],产率 74%。

(1*R*, 2*R*)-Salen 配体:^1H NMR(300MHz,$CDCl_3$)δ/ppm:1.23~2.05 (m,8H,CH_2环己烷环上亚甲基),3.32 (m,2H,CH—N),6.77~7.36 (6H,芳环),8.17 (s,2H,H—C═N),13.24 (s,2H,OH);^{13}C NMR δ/ppm:24.0 (CH_2),32.9 (CH—CH_2),72.5(N—CH—),118.8,119.9,133.4,135.0 (芳环 C),110.1 (C—Br),159.9 (酚环上与氧相连 C),163.4 (酮亚胺 C)。

四、注意事项

[1] 若手性席夫碱(1*R*, 2*R*)-Salen 配体析出较慢,可以于 80℃加热回流。

[2] 手性席夫碱配合物可用热甲醇洗涤提纯。

五、思考题

(1) 试设计中间体(1*R*, 2*R*)-Salen 分离与提纯的实验步骤。

(2) 比较(1*R*, 2*R*)-Salen 与(1*R*, 2*R*)-Salen-Zn(Ⅱ)配合物在比旋光度、IR、^1H NMR 谱图上的差异。

(3) 如何根据(1*R*, 2*R*)-Salen 与(1*R*, 2*R*)-Salen-Zn(Ⅱ)配合物的 IR、^1H NMR 谱图确定手性配合物产品的结构?

(4) 如何分析(1*R*, 2*R*)-Salen-Zn(Ⅱ)配合物中锌离子的含量?

六、产品的光谱图

产品的光谱图如图 6.105~图 6.107 所示。

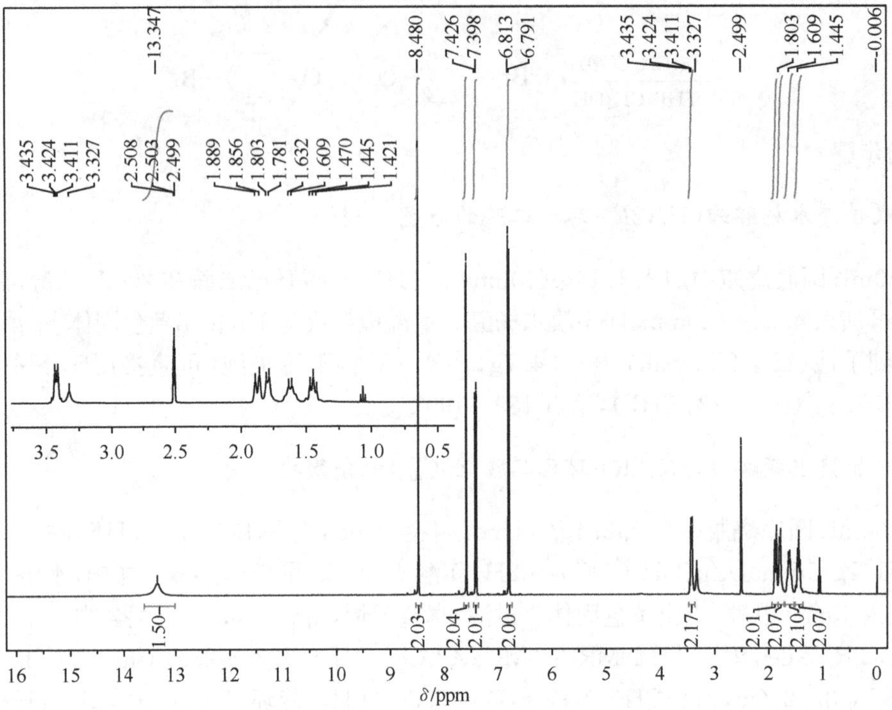

图 6.105　双 5-溴水杨醛缩(1*R*,2*R*)-环己二胺的核磁共振氢谱图（400MHz，DMSO-d_6）

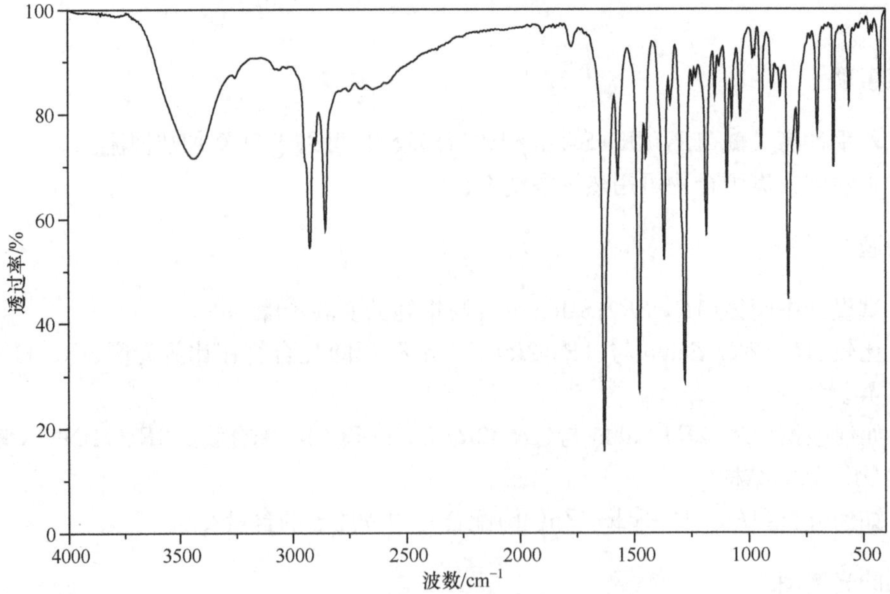

图 6.106　(1*R*,2*R*)-Salen 配体的红外光谱图

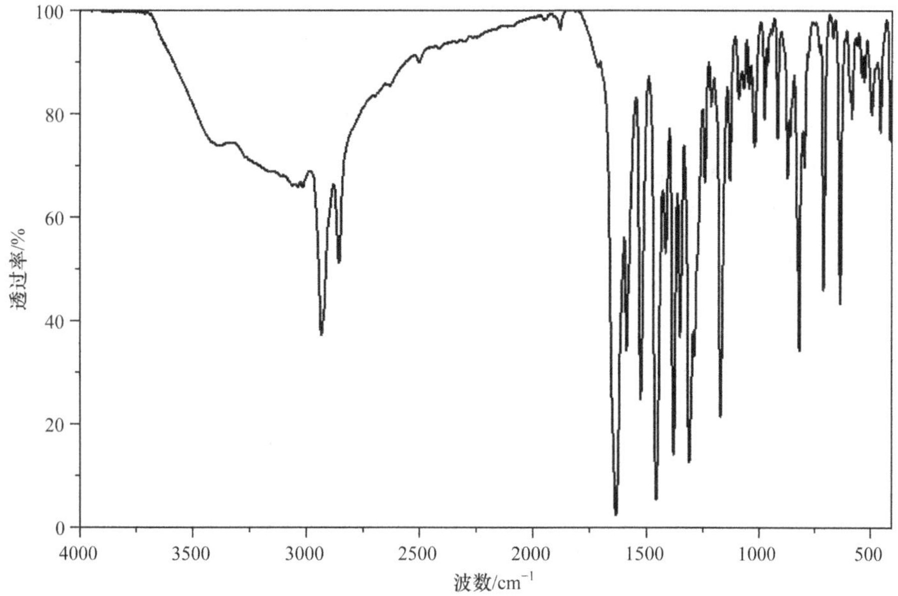

图 6.107　(1*R*,2*R*)-Salen-Zn(Ⅱ)配合物的红外光谱图

实验五十七　辅酶催化下的安息香缩合反应
(CAS:119-53-9)

一、实验目的

(1) 了解安息香缩合反应的原理和方法。

(2) 了解辅酶催化反应的原理及在有机合成上的应用。

(3) 复习巩固重结晶、测熔点等基本操作技术。

(4) 掌握用 IR 及 ^{1}H NMR 表征产品结构的方法。

二、实验原理

苯甲醛在催化剂的存在下发生双分子缩合,生成 1,2-二苯基羟乙酮[安息香(benzoin)]的反应称为安息香缩合反应。该反应具有完全的原子经济性,苯甲醛中所有原子都进入最终产物中。安息香是一种重要的化工原料和药物合成中间体,广泛用作感光性树脂的光敏剂、染料中间体和粉末涂料的防缩孔剂,用于抗癫痫药物二苯基乙内酰脲的合成以及二苯基乙二酮、二苯基乙二酮肟、乙酸安息香类化合物的制备等。

传统的安息香缩合反应使用剧毒的氰化物为催化剂,环境污染严重,危害人体健康。本实验采用辅酶 (维生素 B_1)作为催化剂,价廉易得,无毒,反应条件温和,并且添加了四丁基溴化铵作为相转移催化剂,将碳负离子从水相迅速转移至有机相苯甲醛中,促进缩合反应的进行。

反应式:

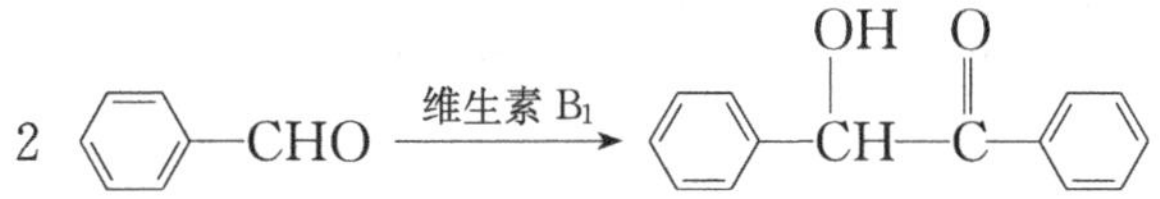

辅酶催化安息香缩合反应机理:

维生素 B_1,又称盐酸硫胺素或噻胺(thiamine),结构式为

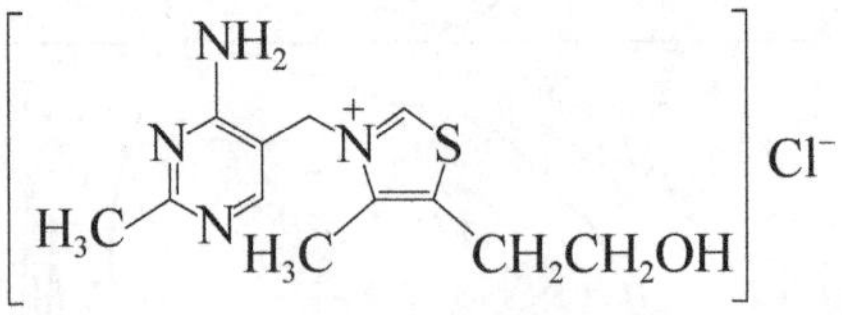

它作为一种辅酶普遍存在于所有有机体中，并在生命过程中起重要作用。辅酶分子中噻唑环 C2 上的质子由于受氮和硫原子影响，具有酸性，在碱的作用下容易脱除质子，产生的碳负离子与芳醛的羰基发生亲核加成反应，最终形成苯偶因产物，其反应过程如下：

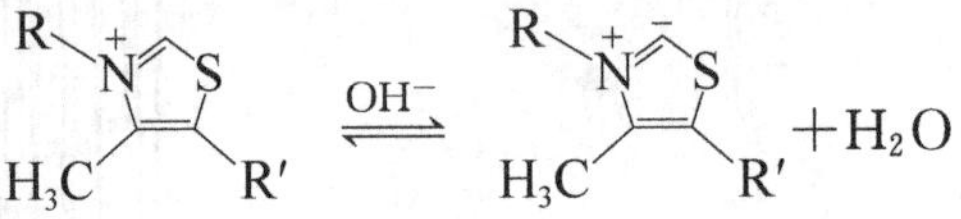

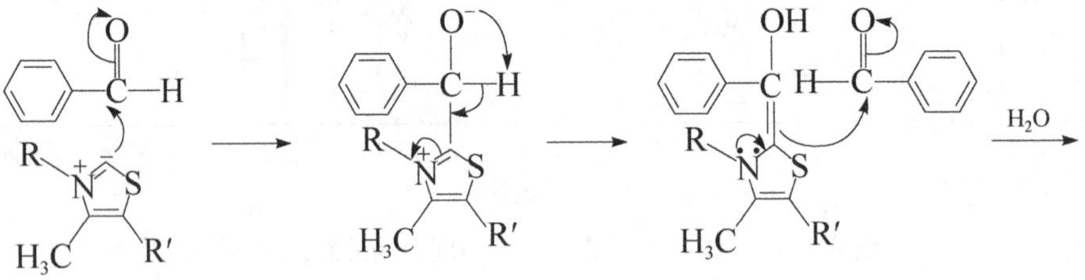

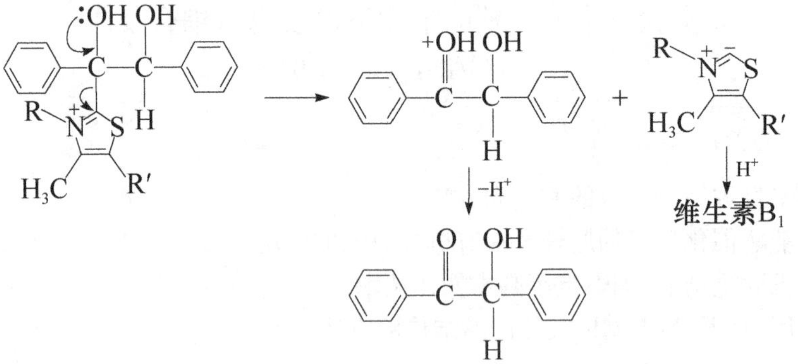

三、实验步骤

1. 制备

在装有回流冷凝管、滴液漏斗、温度计及磁子的 50mL 三颈瓶中加入 1.75g (5.8mmol) 维生素 B_1[1]、0.2g (0.6mmol) 四丁基溴化铵和 4mL 蒸馏水，搅拌溶解后再加入 15mL 95%乙醇和 10mL (10.5g，100mmol)苯甲醛[2]，充分搅匀，得到淡黄色混合溶液。将三颈瓶置于冰水浴中冷却[3]，然后在 5～10min 内滴加预先用冰浴冷却过的 3～5mL 10% NaOH 溶液，此时溶液变为红褐色，pH 为 8～10。加毕，于 60～70℃[4]水浴中加热 1.5h，在反应过程中需用 pH 试纸跟踪测试体系的 pH，通过补加 NaOH 溶液使体系的 pH 保持在 8～10[5]，反应液呈橘黄色。反应完毕，冷却，析出白色晶体[6]，抽滤，用 50mL 冷水洗涤，干燥，得粗品 5.72g (产率 54.5%)，熔点 132～134℃。粗品用 95%乙醇重结晶 (每克产物约需 6mL)，得白色针状晶体，熔点 134～136℃。

2. 产品分析

(1) 测定熔点。

(2) IR、^{1}H NMR 分析，并对图谱进行解析，确定产品结构。

四、注意事项

[1] 维生素 B_1 易吸水，受热时易分解变质，遇光和 Fe、Cu、Mn 等金属离子可加速氧化，故应使用新鲜的，不用时应放在冰箱中保存。

[2] 苯甲醛易氧化成苯甲酸，本实验中必须是新蒸的。

[3] 应充分冷却，否则维生素 B_1 在碱性条件下会发生分解，失去催化活性。

[4] 加热时应严格控制温度，切勿加热过剧。不加热也能反应，但需塞住瓶口，并于室温下放置 24h 以上。

[5] pH 是本实验的关键，pH 过低，不利于催化剂形成碳负离子，反应无法进行；pH 过高，维生素 B_1 的噻唑环发生开环，失去催化性能。

[6] 若产物呈油状析出，应重新加热溶解，然后静置任其冷却，必要时可用玻璃棒摩擦烧瓶壁或加入晶种，以诱发结晶。

五、思考题

(1) 本实验为什么要用新蒸苯甲醛？

(2) 为什么要在低温条件下滴加稀氢氧化钠溶液？

(3) 安息香缩合反应为什么要控制 pH 为 8～10？

(4) 安息香缩合、羟醛缩合、歧化反应有什么不同？

六、产品的光谱图

产品的光谱图如图 6.108 和图 6.109 所示。

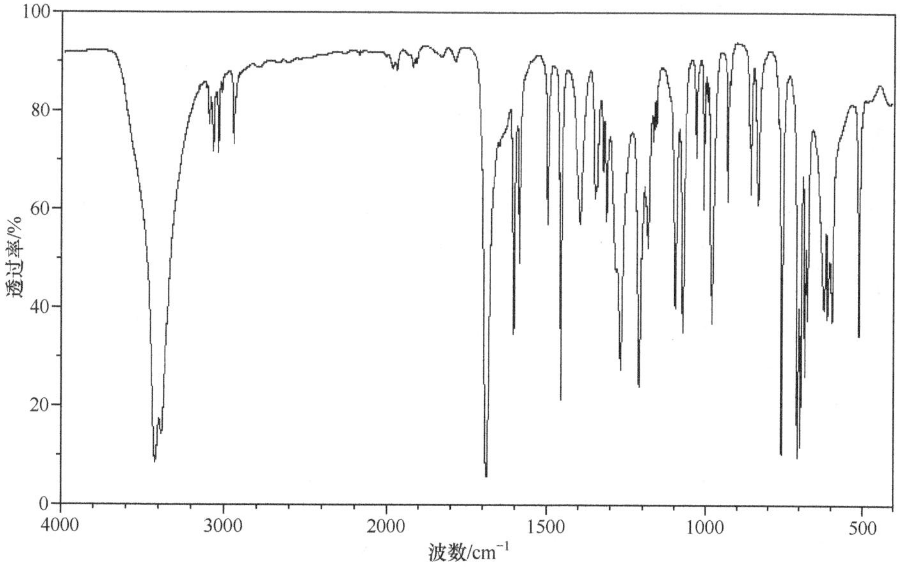

图 6.108　安息香的红外光谱图

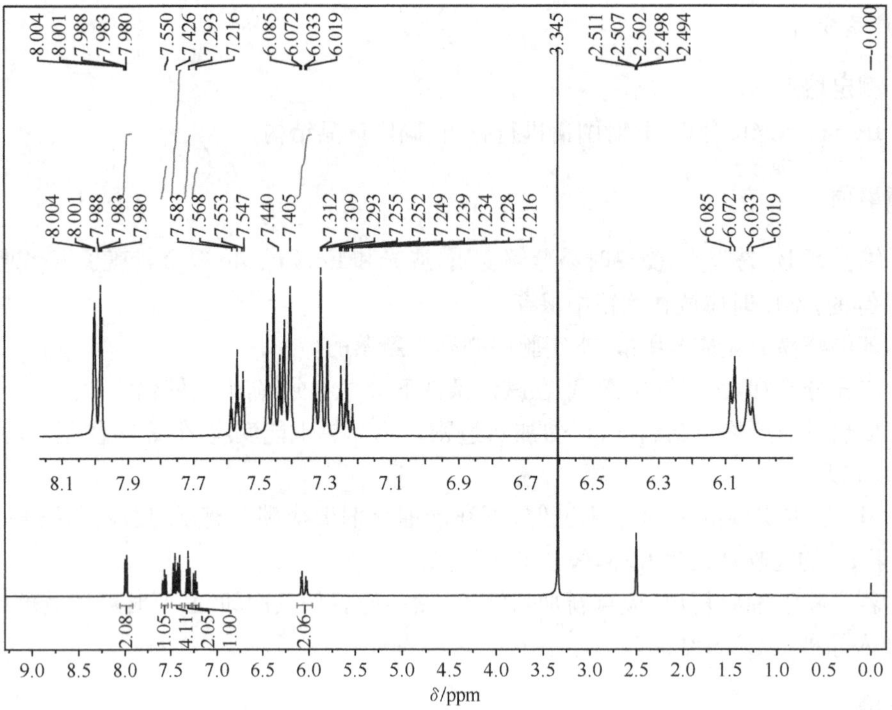

图 6.109 安息香的核磁共振氢谱图（400MHz，DMSO-d_6）

实验五十八 三氯化铁氧化法制备二苯基乙二酮 (CAS:134-81-6)

一、实验目的

(1) 了解安息香氧化制备二苯基乙二酮的原理和方法。
(2) 掌握用薄层层析监测反应进程的方法。
(3) 复习重结晶操作。
(4) 掌握用 IR 及^{1}H NMR 表征产品结构的方法。

二、实验原理

二苯基乙二酮又称苯偶酰、联苯酰、联苯甲酰，是有机合成的重要中间体，可用于合成农药杀虫剂、医药苯妥英钠，也可用作紫外线固化树脂的光敏剂，在医药、香料、日用化学品生产中有着广泛的应用。

二苯基乙二酮可由安息香经氧化制得，常用浓硝酸作氧化剂，但反应生成的二氧化氮对环境污染严重。本实验采用 $FeCl_3 \cdot 6H_2O$ 作为氧化剂，具有产率高、质量好、操作方便安全等优点，符合绿色化学的理念。

反应式：

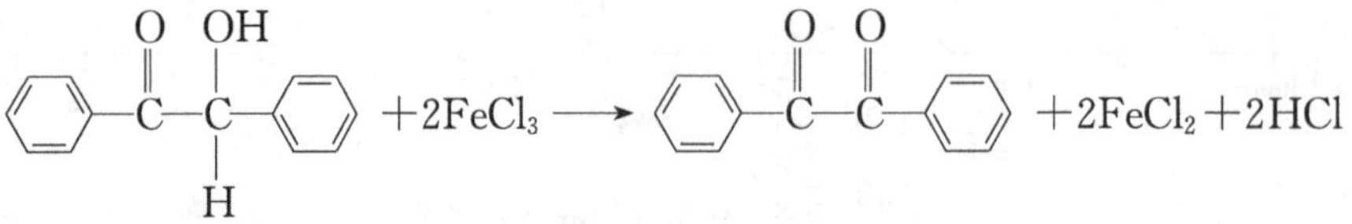

三、实验步骤

1. 制备

在 50mL 圆底烧瓶中加入 10mL 冰醋酸、5mL 水、9.0g (0.033mol) $FeCl_3 \cdot 6H_2O$，磁力搅拌至全溶（可适当温热），加入 2.1g (0.01mol) 安息香，搅拌下加热回流 1h，薄层层析跟踪至反应结束[1]。加入 30～50mL 水，重新加热至回流，冷却、析晶、抽滤、干燥，得到黄色固体 2.08g (99.03%)，用 80% 乙醇重结晶，得浅黄色针状晶体，称量，计算产率。熔点文献值95～96℃。

2. 产品分析

(1) 测定熔点。

(2) IR、^1H NMR 表征。

四、注意事项

[1] 薄层层析跟踪反应，GF_{254}硅胶板；展开剂：二氯甲烷；紫外显色。

五、思考题

(1) 本实验中的限量试剂是什么？加乙酸的目的是什么？

(2) 反应结束后加水的目的是什么？为什么要重新加热至回流再冷却析晶？

(3) 本实验制备方法中还有哪些不足？如何改进使二苯基乙二酮的制备工艺更绿色化？

(4) 附上合成的二苯基乙二酮的 IR 和^1H NMR 谱图，并对图谱进行解析，确定产品结构。

六、产品的光谱图

产品的光谱图如图 6.110 和图 6.111 所示。

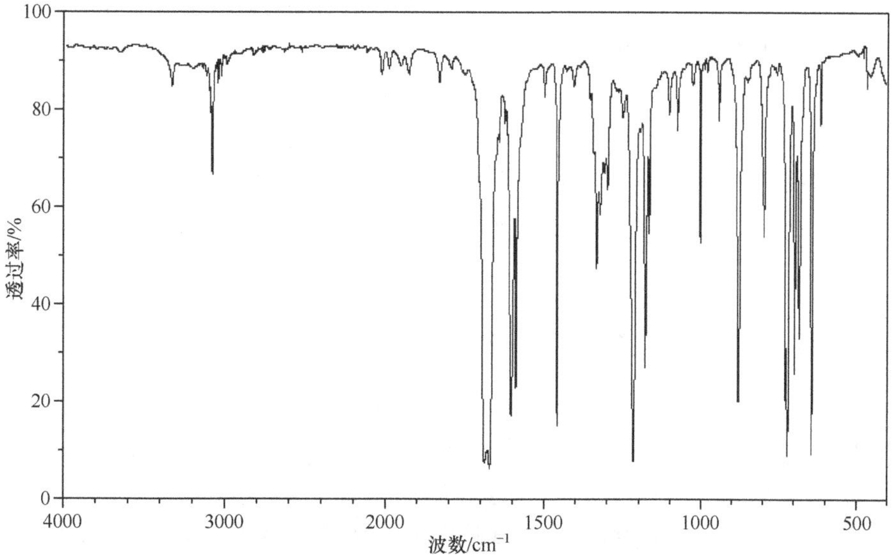

图 6.110　二苯基乙二酮的红外光谱图

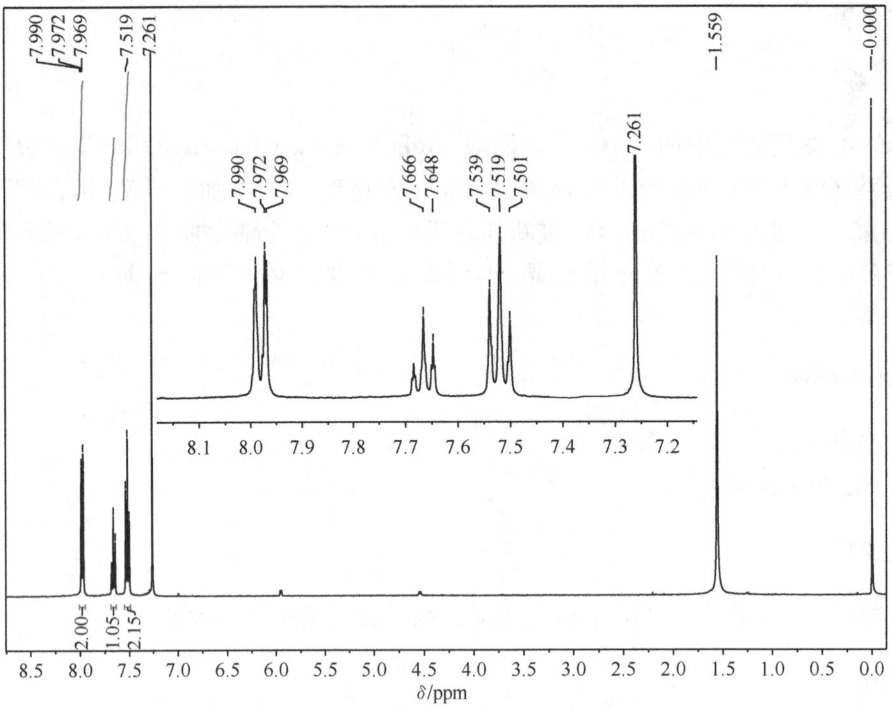

图 6.111　二苯基乙二酮的核磁共振氢谱图(400MHz, $CDCl_3$)

实验五十九　二苯基羟乙酸的制备
(CAS:76-93-7)

一、实验目的

(1) 了解苯偶酰重排反应机理,学习利用重排反应制备二苯基羟乙酸。

(2) 复习重结晶操作。

(3) 掌握多步骤有机合成的方法。

二、实验原理

二苯基羟乙酸(benzilic acid)是胃药胃复康的重要中间体,也用于锆的测定。其主要由二苯基乙二酮在强碱作用下,发生分子内重排制备。

反应式:

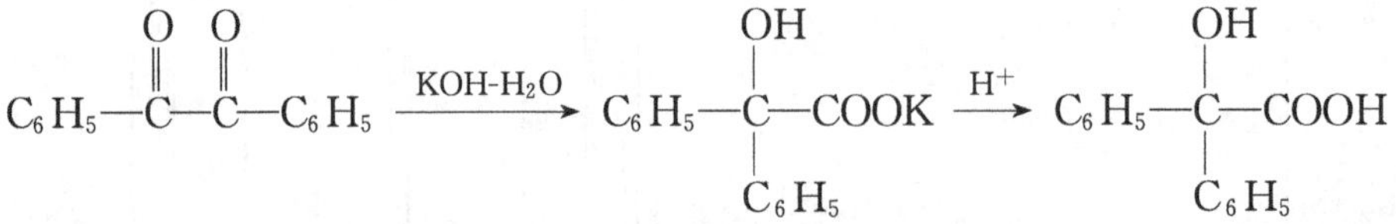

二苯基乙二酮为 α-二酮,因无 α-氢不能烯醇化,当用碱处理时发生碳骼重排,得到二苯基羟乙酸,这种类型的重排称为二苯基羟乙酸重排。

$^-$OH 进攻二苯基乙二酮中的一个羰基碳原子,发生羰基亲核加成,形成活性中间体。然后苯基带着一对电子向另一个羰基迁移,生成更稳定的产物二苯基乙醇酸钾,酸化后得到二苯基乙醇酸。

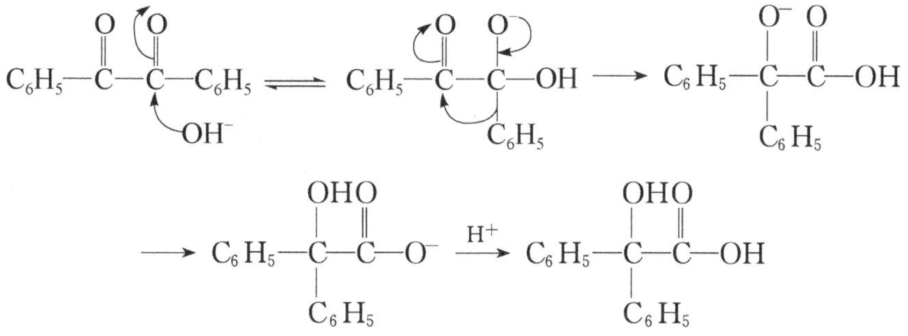

三、实验步骤

1. 制备

1) 重排反应

在装有磁子的 50mL 圆底烧瓶中加入 5mL 水和 5g (0.089mol) KOH 搅拌溶解，再加入 5mL 95%乙醇，混合均匀后加入 1g (0.0047mol) 二苯基乙二酮[1]，搅拌至全部溶解，此时溶液呈深紫色，回流 15min，即有固体析出。冰水冷却静置 1h 后，抽滤，用少量无水乙醇洗涤固体，得到白色二苯基羟乙酸钾盐。

2) 后处理及产品的精制

将上述钾盐溶于 60mL 水中[2]，滤去不溶物。滤液用 6%盐酸酸化[3]，至 pH 2 左右，析出白色晶体。经放置冷却后，抽滤，将结晶用冷水洗涤至滤液中性，干燥，称量，粗产品质量约 0.8g。粗产品用甲苯重结晶[4]，得白色针状晶体 0.71g (产率 66%)，熔点 150～152℃。

2. 产品分析

(1) 测定熔点。

(2) IR、^{1}H NMR 表征。

四、注意事项

[1] 加料方式也可改为先将二苯基乙二酮溶解在 95%乙醇中，再滴加碱液。

[2] 冷水溶解较慢，可用热水溶解，冷却后再过滤、酸化。

[3] 酸化时边滴加边搅拌，避免产物结团，包裹过多杂质。

[4] 甲苯重结晶加热温度不要超过 90°C，因二苯基羟乙酸易脱羧，也可用 25%乙醇重结晶。

五、思考题

(1) 在本实验中粗品用冷水洗至中性，主要洗去什么杂质?

(2) 本实验中重结晶加热选择何种热源合适? 为什么?

(3) 附上合成的二苯羟乙酸的 IR 和^{1}H NMR 谱图，并对图谱进行解析，确定产品结构。

六、产品的光谱图

产品的光谱图如图 6.112 和图 6.113 所示。

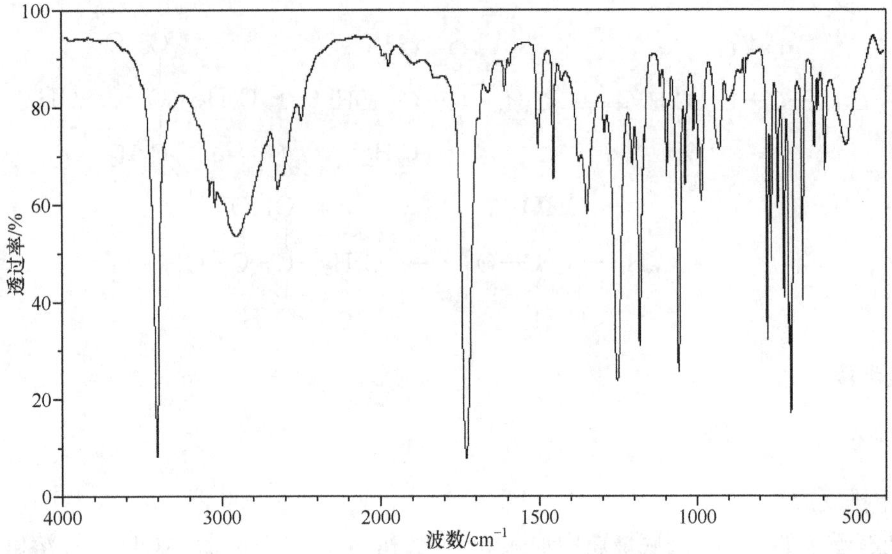

图 6.112　二苯基羟乙酸的红外光谱图

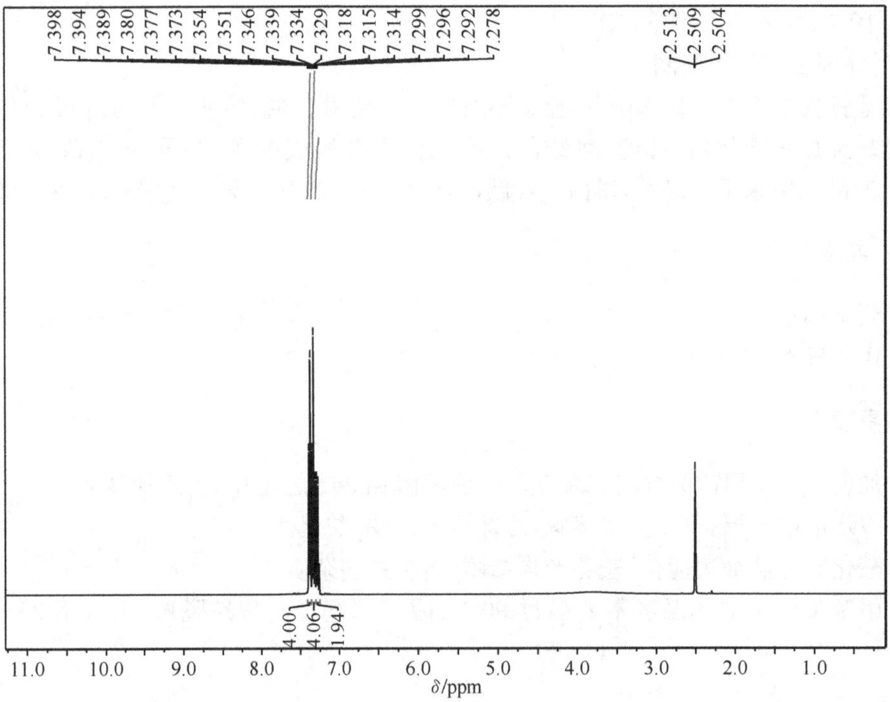

图 6.113　二苯基羟乙酸的核磁共振氢谱图(400MHz，DMSO-d_6)

实验六十　2,3-二苯基喹喔啉的合成
(CAS:1684-14-6)

一、实验目的

(1) 了解利用羰基和氨基的亲核加成-消去反应制备含氮杂环的原理和方法。
(2) 了解传统方法及微波固相反应法合成2,3-二苯基喹喔啉的原理和方法。
(3) 掌握微波加热技术的原理和实验操作。
(4) 掌握用IR及^{1}H NMR分析表征有机物结构的方法。

二、实验原理

喹喔啉类化合物是一类重要的含氮杂环化合物，具有广泛的生物活性，应用于抗生素、抗肿瘤、杀菌剂、杀虫剂、除草剂、植物生长调节剂、荧光探针、电致磷光材料以及染料中间体等诸多领域研究中。

合成2,3-二芳基喹喔啉通用方法之一是利用1,2-二芳基乙二酮与1,2-苯二胺发生缩合反应，在催化剂存在下于有机溶剂(如乙醇、乙腈、乙酸)或水溶液中进行，产物的产率也比较高。

本实验分别采用在催化剂存在下于乙醇-水混合溶剂中进行反应以及微波固相无催化反应的方法合成2,3-二苯基喹喔啉。微波应用于有机合成反应时，除通常有溶剂存在的湿法技术外，更为重要的是无溶剂的干法技术。干法技术不存在因溶剂挥发而形成高压的危险，避免了大量有机溶剂的使用，对解决环境污染具有现实意义。

反应式：

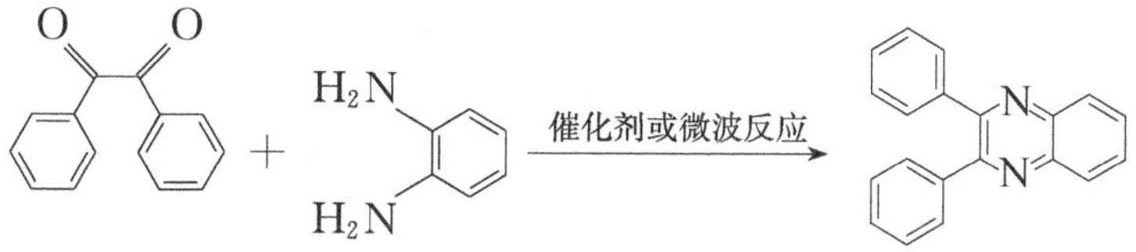

三、实验步骤

1. 制备

方法一：传统方法

在装有磁子的50mL圆底烧瓶中加入0.53g(2.5mmol)二苯基乙二酮、0.27g(2.5mmol)邻苯二胺、0.025g(0.02mmol)钼酸铵、15mL乙醇、5mL水，加热回流15min，冷却析出白色晶体。抽滤，干燥，称量得产品0.7g，产率99%，熔点128～129℃。

方法二：微波法

在瓷研钵中加入0.42g (2mmol) 二苯基乙二酮和0.22g (2mmol) 邻苯二胺，充分研细后置于微波炉中[1]，在微波功率500W下辐照1min后取出，再研磨，再辐照1min，如此反复，累计辐照6min[TLC跟踪：正己烷-乙酸乙酯(3∶1)]。用15mL乙醇将研钵内的物料转移至锥形瓶中，重结晶，得产品0.44g[2]，产率78%，熔点128～129℃。

2. 产品分析

(1) 测定熔点。
(2) IR、¹H NMR 表征。

四、注意事项

[1] 样品一定要充分研匀，辐照时研棒不要放在研钵中样品上，否则易使研棒下的样品炭化，应另放在小烧杯中与研钵同时放入微波炉中。

[2] 用 12mL 乙醇将物料转移至锥形瓶中，加热回流溶解，然后趁热滴加热水(约 4mL)至溶液出现浑浊，再加热使浑浊消失，溶液变为清亮，冷却析晶，可提高产品产率。也可用快速柱层析纯化。

五、思考题

(1) 本实验中的主要副产物是什么？如何避免？
(2) 微波辐射固相合成有机化合物有哪些优点？
(3) 比较两种合成工艺的差异，提出进一步改进方案使其真正成为对环境友好的绿色合成工艺。
(4) 附上合成的 2,3-二苯基喹喔啉的 IR 和¹H NMR 谱图，并对图谱进行解析，确定产品结构。

六、产品的光谱图

产品的光谱图如图 6.114 和图 6.115 所示。

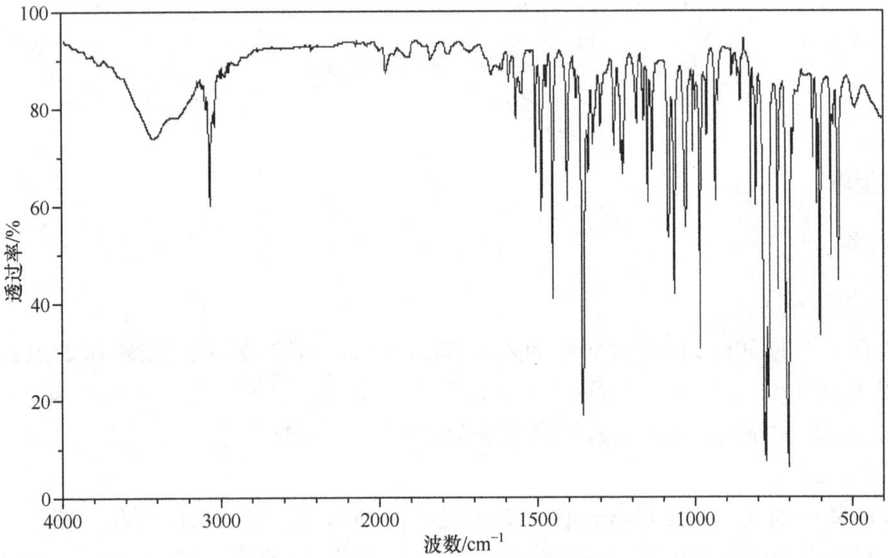

图 6.114　2,3-二苯基喹喔啉的红外光谱图

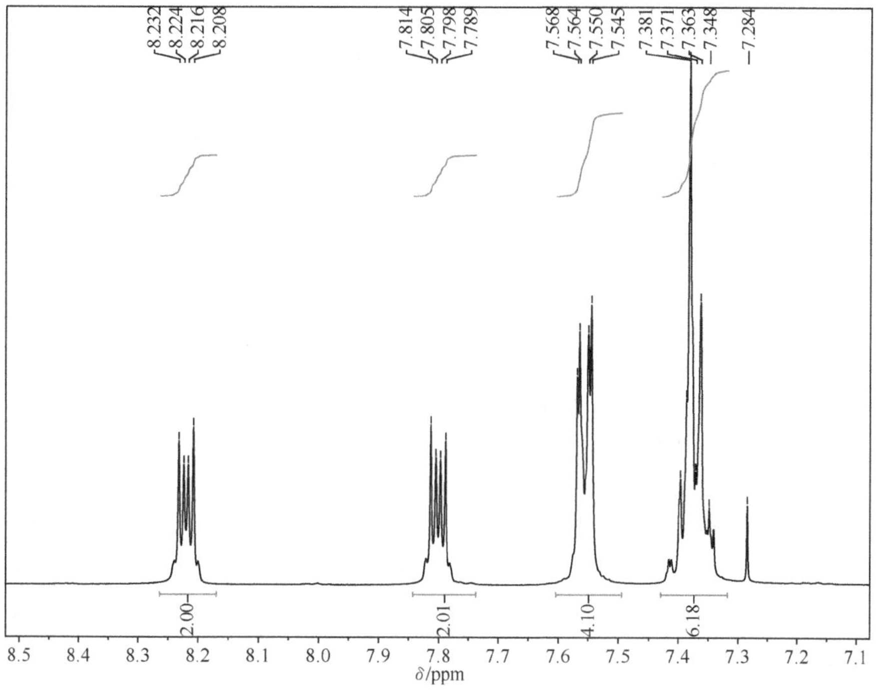

图 6.115　2,3-二苯基喹喔啉的核磁共振氢谱图(400MHz, $CDCl_3$)

实验六十一　马来酸酐的光二聚反应——1,2,3,4-环丁烷四甲酸二酐和四甲酯的合成(CAS:4415-87-6;1032-95-7)

一、实验目的

(1) 学习利用[2+2]环加成反应制备四元碳环的原理和方法。

(2) 了解有机光化学反应的原理及操作方法。

(3) 掌握酸酐醇解的原理和操作。

二、实验原理

四羧酸二酐作为制备聚酰亚胺、聚酯、醇酸树脂、环氧树脂等高分子的原料得到了广泛应用。环丁烷四甲酸二酐(CBDA)与二胺单体聚合为聚酰亚胺(PI),该种聚酰亚胺具有优良的光学和电学特性,用该材料制备出的 PI 薄膜除具有较高的可见光透过率外,还可以耐 300～400℃的高温,其性能非常优良,是制备液晶显示器用取向膜的理想材料。

顺丁烯二酸酐在紫外光照射下发生[2+2]环加成反应,得到顺,反,顺-1,2,3,4-环丁烷四甲酸二酐,进一步在甲醇中发生醇解反应得到顺,反,顺-1,2,3,4-环丁烷四甲酸四甲酯。

反应式:

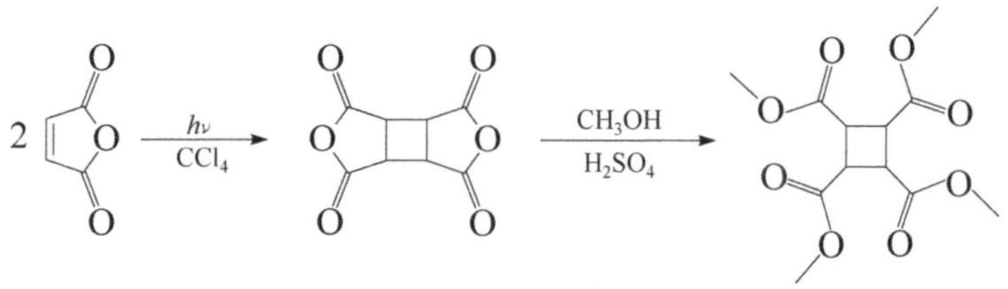

三、实验步骤

1. 制备

1) 1,2,3,4-环丁烷四甲酸二酐的制备

将 0.5g (5.1mmol)顺丁烯二酸酐(熔点接近 54℃)以及 80mL 四氯化碳[1]放在 125mL 锥形瓶中,并在水浴上加热[2]。若有少量顺丁烯二酸酐不溶解,可放置几分钟,再用玻璃漏斗过滤到干燥的 125mL 锥形瓶中[3],塞好塞子放在日光下。1.5h 后溶液发生浑浊,5～6h 后可观察到绒毛状的白色晶体,为环丁烷四甲酸二酐。放置一周后[4],过滤,用少量四氯化碳洗涤,干燥,产量约 0.3g,产率约 60%,熔点在 300℃以上[5]。

IR(KBr)/cm^{-1}:3012, 1850, 1790, 1208, 1096, 964, 938。

^{1}H NMR(300MHz, DMSO-d_6)δ/ppm:3.87(s,4H,CH)。

2) 1,2,3,4-环丁烷四甲酸四甲酯的制备

将 0.3g 干燥二聚物加入 50mL 圆底烧瓶中,再加入 30mL 甲醇和 1 滴浓硫酸,在水浴上温和回流 1.5h。然后蒸馏除去约 1/2 甲醇[6],此时有白色粒状晶体析出[7],为 1,2,3,4-环丁烷四甲酸四甲酯。冰水浴冷却,过滤,晶体用少量冷甲醇洗涤[6],干燥,称量,产量约 0.35g,产率约 79.5%,熔点 144～146℃。

IR(KBr)/cm^{-1}:3014, 2962, 1736, 1716, 1460, 1381, 1298, 1205, 1012。

^{1}H NMR(300MHz,$CDCl_3$)δ/ppm:3.76 (s,4H,CH), 3.69 (s,12H, CH_3)。

2. 产品分析

(1) 测定中间体和产品的熔点。

(2) 对中间体和产品进行 IR、^{1}H NMR 分析。

四、注意事项

[1] 光化学反应之所以能进行,是因为被一定波长的光激活的分子具有较高能量,在相互作用下逐步发生化学键的断裂或连接,氯原子能发生光诱导反应,所以常用四氯化碳、氯仿作为溶剂进行光能转化。也可用 77mL 碳酸二乙酯代替四氯化碳。

[2] 酸酐易水解,所用仪器、试剂必须干燥,回流冷凝管上要装干燥管。

[3] 若有不溶杂质,对加成反应有一定影响,且无法观察环丁烷四甲酸二酐晶体。

[4] 根据光照强度,可适当缩短反应时间。放置一周后再处理,便于实验教学安排。

[5] 夏天光照反应效果比冬天好,产品纯度高。产品易水解,若不是立即使用,需密封保存于干燥器中。

[6] 甲醇毒性很大,为防止吸入蒸气,操作要小心,回收甲醇及母液集中处理。

[7] 蒸除甲醇的量直接影响最终产率。安装蒸馏装置,对蒸出的甲醇进行计量。

五、思考题

(1) 顺丁烯二酸酐的光二聚反应与 Diels-Alder 反应均为环加成反应,为什么反应条件不同?

(2) 顺丁烯二酸酐的光二聚反应可能发生哪些副反应？

(3) 本实验中得到的产品为什么不需要进一步精制？

(4) 1,2,3,4-环丁烷四甲酸四甲酯有四个异构体，它们的结构和熔点如下：

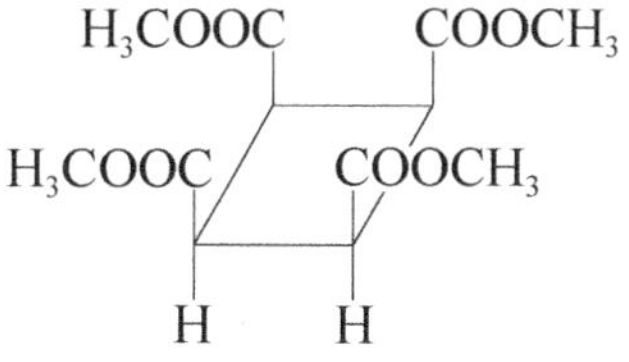

cis,cis,cis
熔点 203～205℃

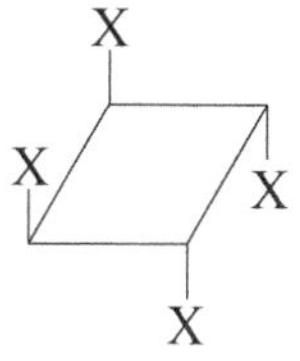

cis,trans,cis
熔点 145℃

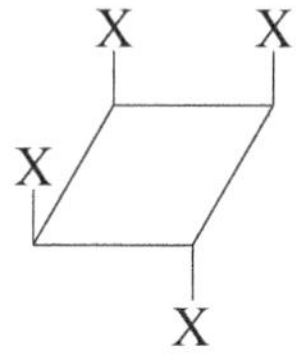

cis,cis,trans
熔点 73～74℃

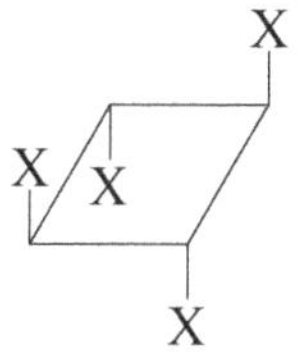

trans,trans,trans
熔点 127℃

X＝$COOCH_3$。得到的是哪种异构体？说明理由。

六、产品的光谱图

产品的光谱图如图 6.116～图 6.119 所示。

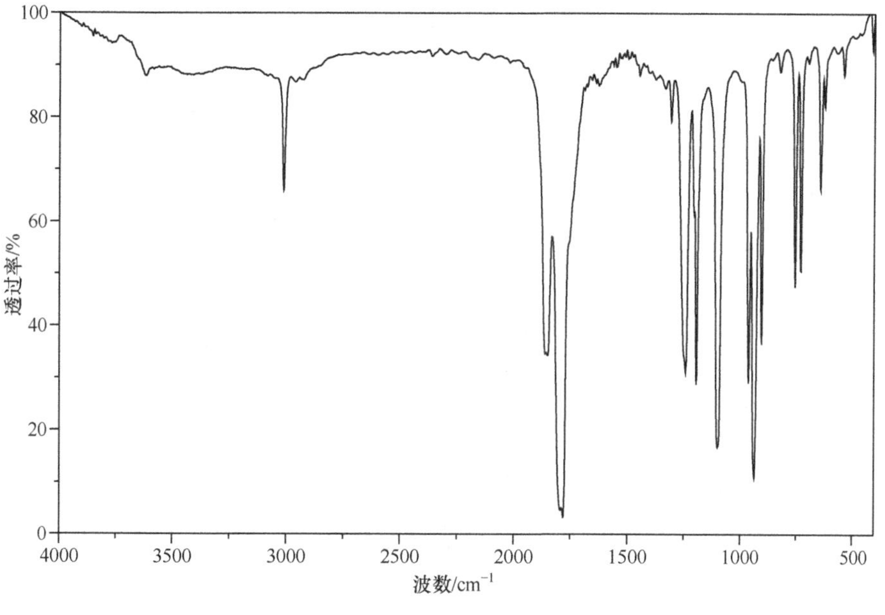

图 6.116　1,2,3,4-环丁烷四甲酸二酐的红外光谱图

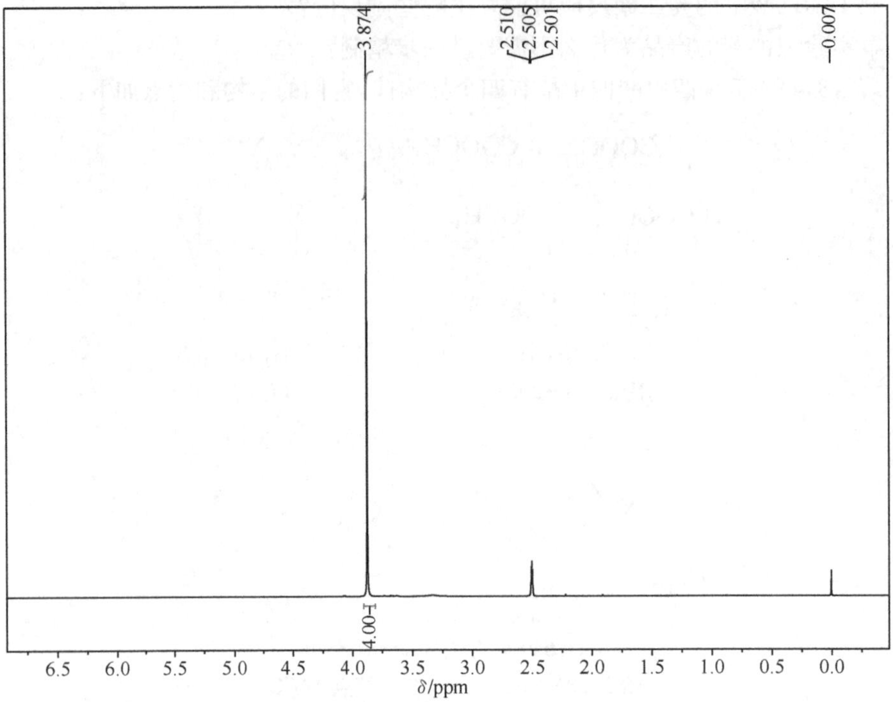

图 6.117　1,2,3,4-环丁烷四甲酸二酐的核磁共振氢谱图（400MHz，DMSO-d_6）

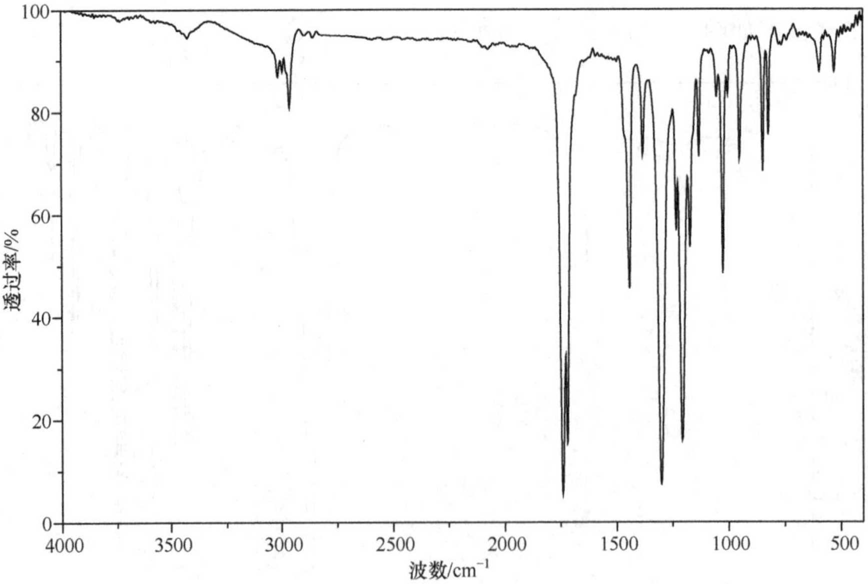

图 6.118　1,2,3,4-环丁烷四甲酸四甲酯的红外光谱图

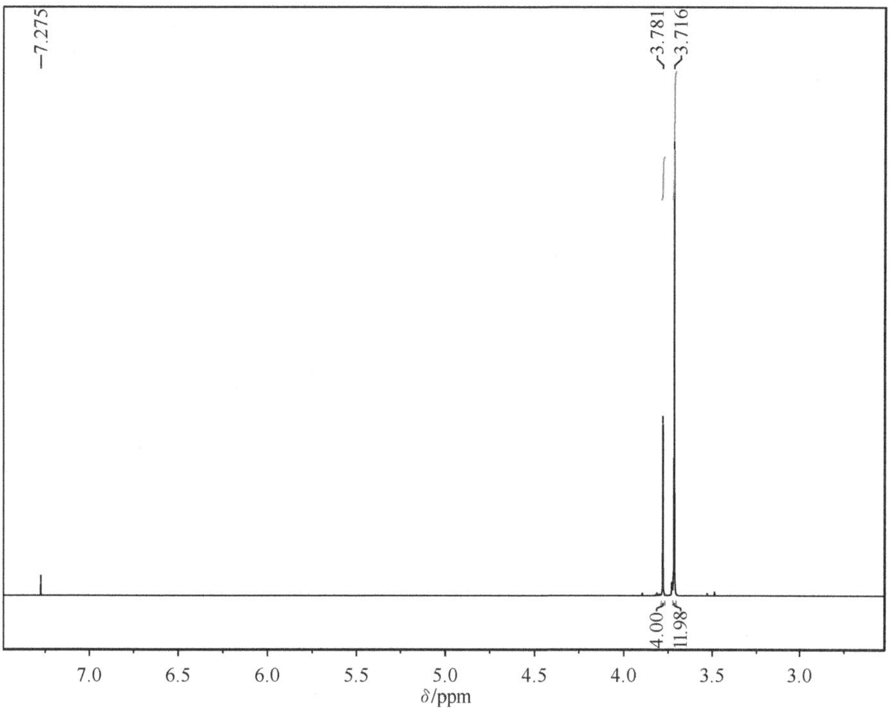

图 6.119　1,2,3,4-环丁烷四甲酸四甲酯的核磁共振氢谱图(400MHz,$CDCl_3$)

实验六十二　5-(4-甲氧基苯基)-2-苯基-2*H*-四氮唑的合成 (CAS:20433-10-7)

一、实验目的

(1) 了解芳香族醛、酮缩芳磺酰腙的制备原理、方法和应用。

(2) 学习 1,5-偶极环化反应合成四氮唑的原理和方法。

(3) 掌握低温反应、快速柱层析等操作技术。

二、实验原理

近 20 年来,四氮唑类化合物因其独特的结构和生物活性在医学、药学、材料科学等领域备受关注。尤其是 2,5-二芳基取代的四氮唑类化合物具有光敏性,广泛用于蛋白标记、光敏超分子仿生材料等化学生物学研究中。

5-(4-甲氧基苯基)-2-苯基-2*H*-四氮唑采用对甲氧基苯甲醛缩对甲苯磺酰腙与苯胺的重氮盐经 1,5-偶极环化反应制得。该反应原料易得,操作简便,产率较高。

反应式:

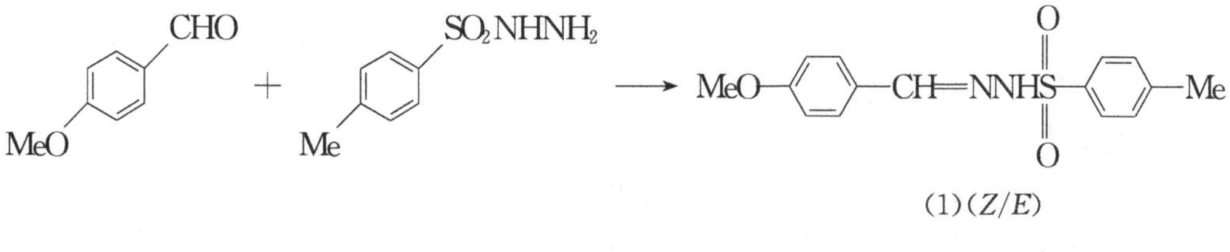

(1)(*Z*/*E*)

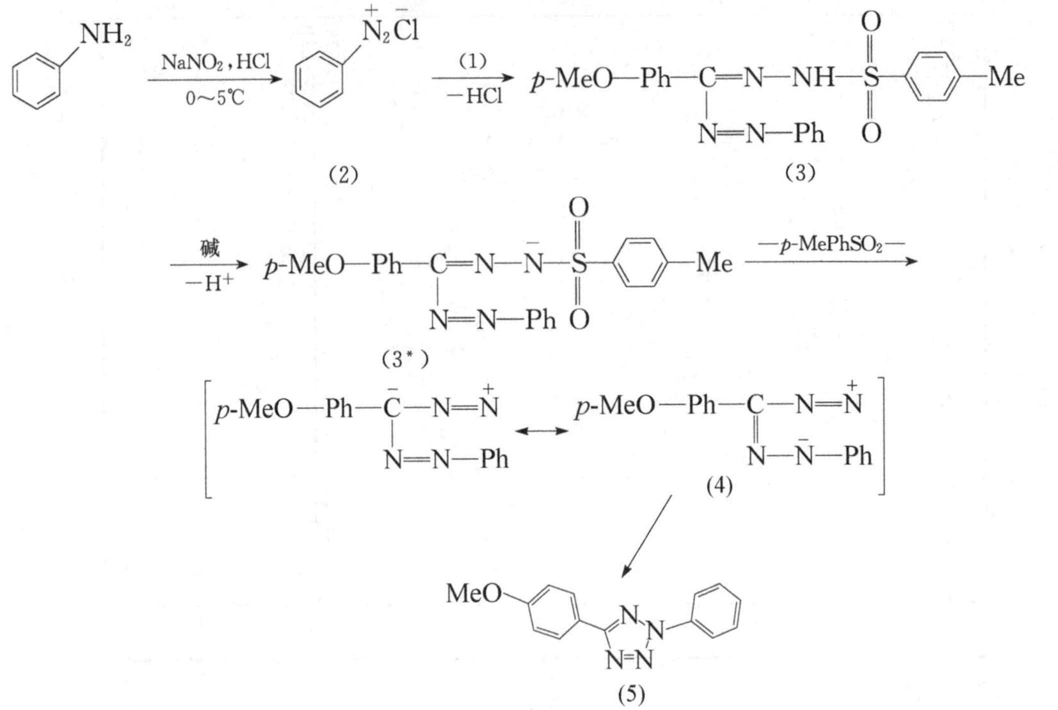

三、实验步骤

1. 对甲氧基苯甲醛缩对甲苯磺酰腙的合成

在干燥的 50mL 锥形瓶中加入 1.86g(10mmol)对甲苯磺酰肼和 10mL 乙醇，磁力搅拌下，滴加 1.36g(10mmol)对甲氧基苯甲醛[1]，立即发生温和的放热反应，反应液由乳白色逐渐变成淡黄色透明溶液。加毕，室温搅拌反应 30min，析出白色固体。用冰浴冷却至 0℃，过滤，用少量冰冷的乙醇洗涤，干燥，得白色粉末状晶体 2.65g(产率 87%)。粗品不用提纯[2]，可直接用于下一步合成。熔点(Z)111～112℃(文献值 110～112℃)；(E)125～127℃。

IR (KBr)/cm^{-1}，(Z)：3222，1161；(E)：3169，1159。

^{1}H NMR (400MHz，$CDCl_3$)δ/ppm：2.39 (3H，s，$ArCH_3$)，3.80 (3H，s，OCH_3)，6.85 (2H，d，J= 8.7Hz，芳环 H)，7.29 (2H，d，J= 8.3Hz，芳环 H)，7.50 (2H，d，J= 8.7Hz，芳环 H)，7.74 (1H，s，CHN)，7.87 (2H，d，J= 8.3Hz，芳环 H)，8.24 (1H，br. s，NH)；^{13}C NMR (100MHz，$CDCl_3$) δ/ppm：21.6 (q)，55.4 (q)，114.2 (2d)，126.1(s)，128.0 (2d)，129.0 (2d)，129.7 (2d)，135.5(s)，144.2(s)，148.4 (d)，165.5 (s)。

2. 5-(4-甲氧基苯基)-2-苯基-2H-四氮唑的合成

1) 重氮盐的制备

在 25mL 锥形瓶中依次加入 8mL 50%乙醇、1.3mL 浓盐酸、0.47g(5mmol)苯胺[3]，混匀后，用冰盐浴冷却至 0～5℃，边摇边滴加在冰浴中冷却的 0.35g(5mmol)亚硝酸钠和 2mL 水配成的溶液，滴完后用淀粉-碘化钾试纸检验[4]，然后继续在冰盐浴中放置 15min，以保证反应完全[5]，并保存于冰盐浴中待用。

2) 对甲氧基苯甲醛缩对甲苯磺酰腙与重氮盐反应

在装有冷凝管、搅拌器、滴液漏斗[6]和温度计的 150mL 四颈瓶中加入 1.45g(4.76mmol)

对甲氧基苯甲醛缩对甲苯磺酰腙及 30mL 吡啶。用冰盐浴冷却至－15～－10℃，搅拌下缓慢滴加上述制备的冰冷的重氮盐溶液[7]，约 30min 滴完。反应放热，控制好滴加速度和反应温度。滴加完毕，在此温度下继续搅拌反应 10min。然后撤去冰盐浴，使反应温度自然回升到室温(约需 0.5h)，加入 30mL 二氯甲烷和 30mL 水，搅拌萃取 5min，将反应液转移至分液漏斗中，静置分层。二氯甲烷层用 30mL 稀盐酸洗涤(除去吡啶)，再用水洗至中性[30mL×(2～3)]，无水硫酸钠干燥。滤去干燥剂并用少量溶剂洗涤，蒸除溶剂后得红色残留物。粗产物用硅胶快速柱层析纯化[8]，淋洗剂：石油醚(60～90℃)-乙酸乙酯(5∶1，体积比)。蒸除溶剂后得白色固体，再用乙醇重结晶[9]，称量，计算产率。熔点 100～104℃(文献值 106～107℃)。

^{1}H NMR (300MHz, $CDCl_3$) δ/ppm：8.20(d, J＝8.4Hz, 4H), 7.58(t, J＝6.9Hz, 2H), 7.49(t, J＝7.2Hz, 1H), 7.04(d, J＝9Hz, 2H), 3.89(s, 3H)；^{13}C NMR (75.4MHz, $CDCl_3$) δ/ppm：165.6, 162.0, 137.5, 130.1, 130.0, 129.1, 120.3, 114.9, 55.9。

3. *产品分析*

(1) 测定中间体和产品的熔点。

(2) IR、^{1}H NMR 分析。

四、注意事项

[1] 对甲氧基苯甲醛易氧化，用前需新蒸。对甲苯磺酰肼在乙醇中不溶，随着芳醛的加入，反应液由乳白色逐渐变成淡黄色透明溶液，5～10min 后有白色固体析出。因反应轻微放热，升高温度 5～6℃，也可将对甲苯磺酰肼和乙醇混合摇匀后，一次性加入对甲氧基苯甲醛，摇至溶液呈透明，加塞放置 30min 或放置一周后处理。若醛为固体，将其溶于少量热乙醇中后滴加或固体分批加至对甲苯磺酰肼的乙醇溶液中。反应完后一定要用冰浴冷却至 0℃，使产品析出完全，否则会影响产率。将母液浓缩或加水至无沉淀析出，可回收 0.35g 左右的产品。

[2] 若粗产品熔程＞2℃，可用 95%乙醇重结晶，得白色棒状晶体。反应产物为一对顺反异构体，在本实验条件下，一般主要得到反式异构体，但有时会得到顺式异构体或顺、反异构体的混合物，用乙醇重结晶后全部转变成反式异构体，可通过熔点和红外光谱区别。这些异构体不影响下面的反应。

[3] 苯胺易氧化，用前需新蒸。苯胺可燃、有强烈气味、有毒，避免吸入其蒸气或触及皮肤，需戴手套在通风橱中操作。若不慎触及皮肤，立即用 5%乙酸清洗污染的皮肤，再用肥皂水和清水冲洗。

[4] 试纸不显蓝色时，可补加少量亚硝酸钠溶液，直到试纸刚呈蓝色。若亚硝酸钠过量，可加尿素溶液使其分解。

[5] 反应液应呈酸性。

[6] 为避免重氮盐滴加时温度升高发生分解，滴液漏斗需用冰盐浴冷却或置于冰柜中冷却，临用前取出。

[7] 重氮盐少量多次加至滴液漏斗中，防止滴加时间过长，漏斗中的重氮盐分解。重氮盐溶液量少的情况下可用滴管慢慢滴加。

[8] 粗产物先进行 TLC 分析，展开剂同柱层析，紫外灯显色，确定产品的位置(第二个斑点为产品)，然后用快速柱层析纯化，硅胶用 300～400 目。

[9] 柱层析后的产品做 TLC 分析，若无其他杂质斑点且无色，可不要重结晶。若有杂质斑点或有色，则需进行重结晶。

五、思考题

(1) 合成 2-苯基-5-对甲氧基苯基四氮唑为什么要在低温下进行?

(2) 重氮盐滴加速度快及反应温度高有什么不好?

(3) 粗产物为什么要用快速柱层析纯化?

(4) 解析合成的中间体及目标产物的 IR、^{1}H NMR 谱图。

(5) 试比较 1,5-偶极环化反应与 Diels-Alder 环化反应有什么不同。

六、产品的光谱图

产品的光谱图如图 6.120～图 6.124 所示。

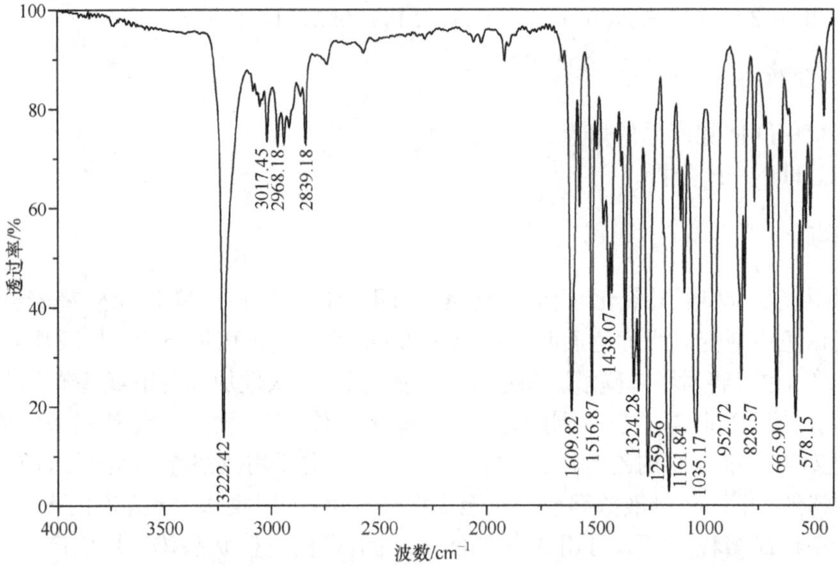

图 6.120　顺式-对甲氧基苯甲醛缩对甲苯磺酰腙的红外光谱图

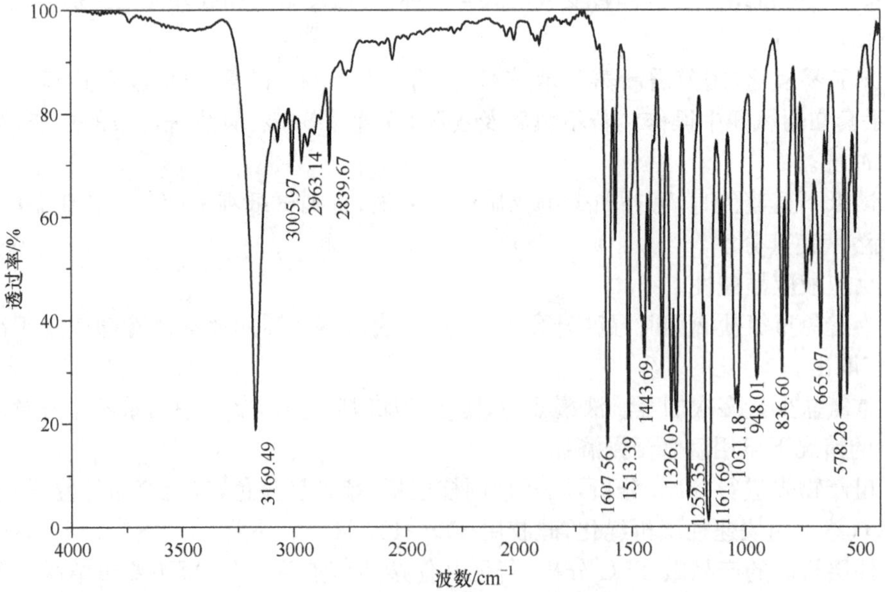

图 6.121　反式-对甲氧基苯甲醛缩对甲苯磺酰腙的红外光谱图

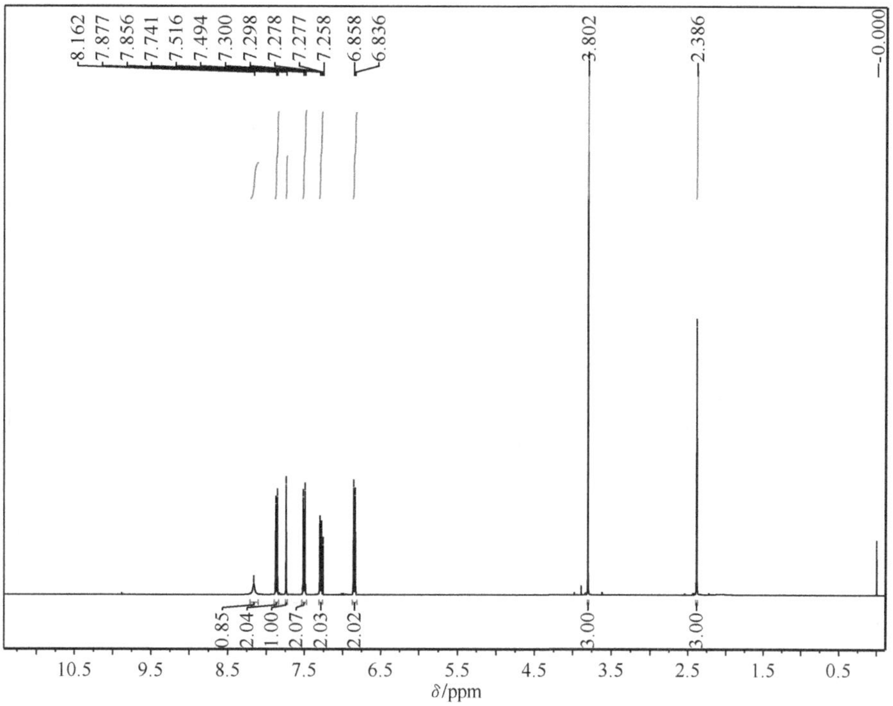

图 6.122　对甲氧基苯甲醛缩对甲苯磺酰腙的核磁共振氢谱图(400MHz，$CDCl_3$)

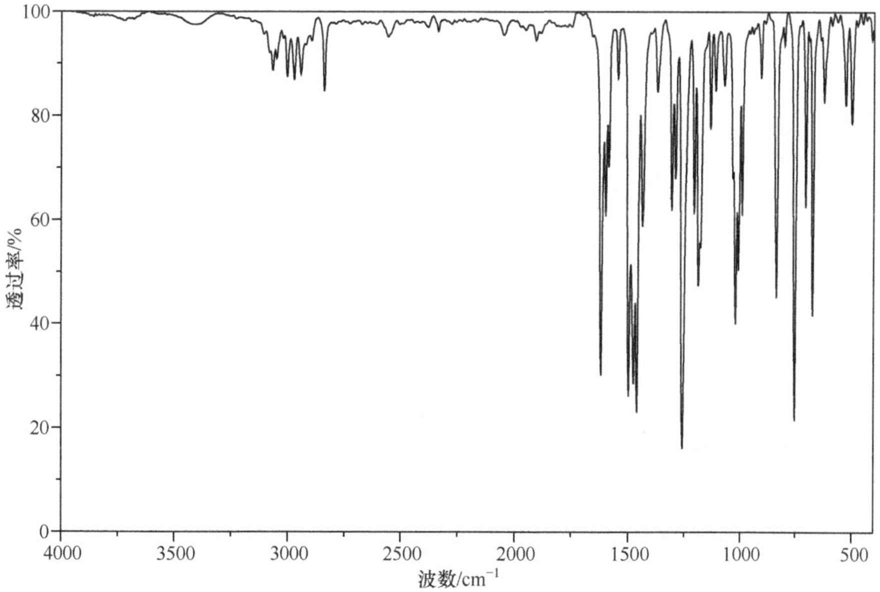

图 6.123　5-(4-甲氧基苯基)-2-苯基-2*H*-四氮唑的红外光谱图

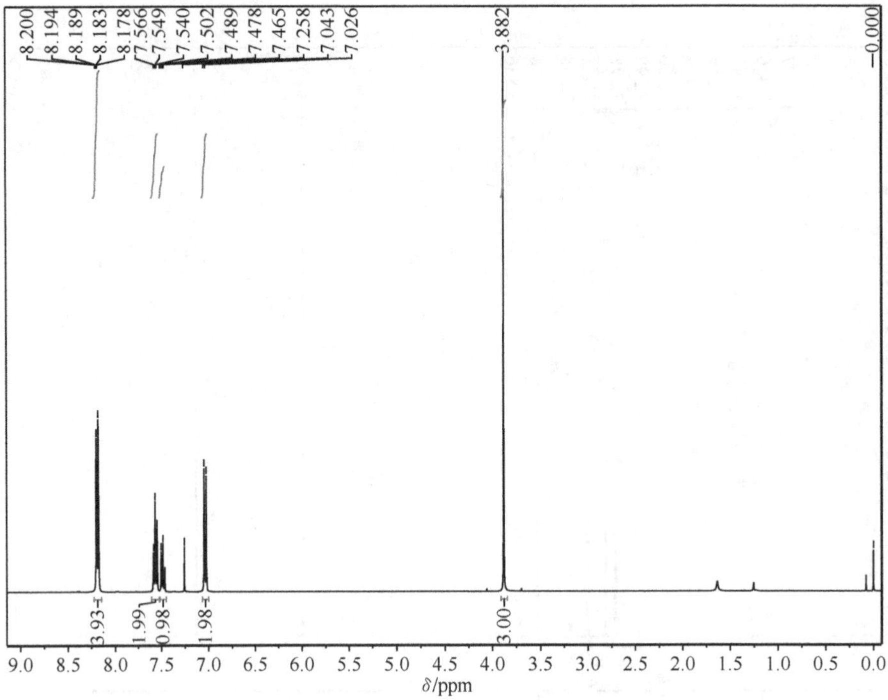

图 6.124 5-(4-甲氧基苯基)-2-苯基-2*H*-四氮唑的核磁共振氢谱图(400MHz，$CDCl_3$)

实验六十三 光诱导 1,3-偶极环加成合成吡唑啉 (CAS:118794-92-6)

一、实验目的

(1) 了解有机光化学反应的基本原理和实验方法。

(2) 学习光诱导 1,3-偶极环加成合成吡唑啉的原理和操作技术。

(3) 掌握利用薄层层析跟踪反应的技术。

二、实验原理

1967 年,德国化学家 Huisgen 小组发现 2,5-二苯基四氮唑与巴豆酸甲酯能够在 290nm 光催化条件下发生 1,3-偶极环加成反应。反应机理可能是由二芳基四氮唑在光辐照下发生快速的逆环化反应释放出一分子 N_2,原位生成的氰亚胺偶极子能够与一个烯烃亲偶极子发生瞬间的环合反应生成吡唑啉加成产物。在反应中,Huisgen 等使用中压汞灯作为激发光源,生成的吡唑啉产物有两种区域异构体,量子产率为 0.5～0.9,反应式如下:

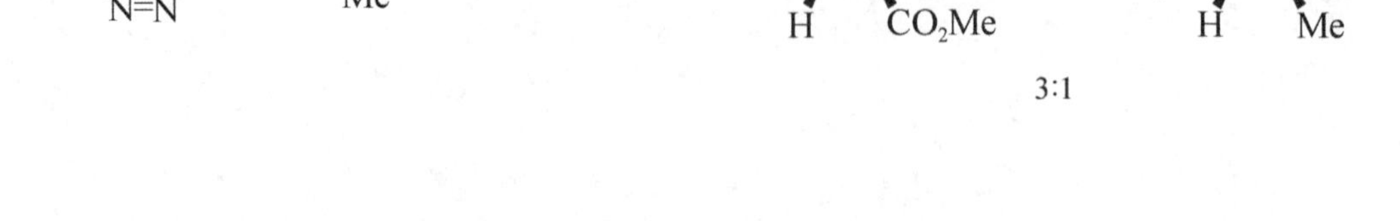

Lin 小组在 2007 年的 *Organic Letters* 上首次证实 2,5-二芳基四氮唑与烯烃在非常温和的低功率手持紫外灯辐照下就能够发生快速的 1,3-偶极环加成反应，反应受取代基性质的影响较小，且具有良好的溶剂适应性，在反应体系中加入适量的水可以提高反应的速率、区域选择性以及产率。反应的动力学研究表明，2,5-二芳基四氮唑修饰的多肽与丙烯酰胺在 pH=7.5 的 PBS(phosphate-buffered saline，磷酸盐缓冲溶液)中，使用 302nm 手持式紫外灯辐照，氰亚胺偶极子产生的一级反应速率常数 $k_1=0.14s^{-1}$，继而发生的环加成反应其反应速率常数达到 11.0L/(mol·s)，反应速率与 Staudinger 连接反应、张力引发的叠氮-炔环加成反应等点击反应相比具有显著的提高。此反应在光诱导条件下具有极高的化学选择性、快速的反应动力学——正交反应特性，已作为分子探针被广泛应用于在活体细胞中探测蛋白质的动力学和功能性。

吡唑啉类化合物是一类重要的荧光材料，具有优异的蓝光电致发光性能，很高的荧光量子效率，发光波长窄，色纯度好；并且还有良好的热稳定性、耐光耐氯漂及耐洗涤等多种优良性能，故广泛应用于电致发光器件、荧光探针、荧光增白剂、荧光染料和激光染料、空穴传输层材料、医药和农药等领域。除此之外，在洗涤剂、造纸、皮革、塑料、涂料、照相显影等行业都有应用。总之，吡唑啉衍生物在有机合成和其他领域中的应用越来越广泛，发展前景非常广阔，因此设计制备具有新颖结构的多功能吡唑啉化合物具有重要的意义。

合成吡唑啉衍生物的传统方法很多，包括：①肼类与 α,β-不饱和酮的缩合反应；②肼类与 β-氯酮的取代缩合反应；③肼类与曼尼希碱的反应；④光诱导 1,3-偶极环加成反应；⑤1-苯基吡唑啉与重氮盐的反应等。

本实验以 2-苯基-5-对甲氧基苯基四氮唑和甲基丙烯酸甲酯为原料，在 302nm 紫外灯辐照下，经 1,3-偶极环加成反应制备 1-苯基-3-对甲氧基苯基-5-甲基-5-甲酸甲酯吡唑啉。该光化学反应只需普通的紫外灯，反应简便快速，后处理简单，产率几乎是定量的，具有原子经济性。

1,3-偶极环加成反应经过五元环的过渡态，是总电子数 6π 体系的协同反应。它受溶剂的极性影响很少，而且是立体专一的顺式加成反应。分子内或逆向的 1,3-偶极环加成反应都可以发生，此类反应是经典点击化学(click chemistry)的精华。

反应式：

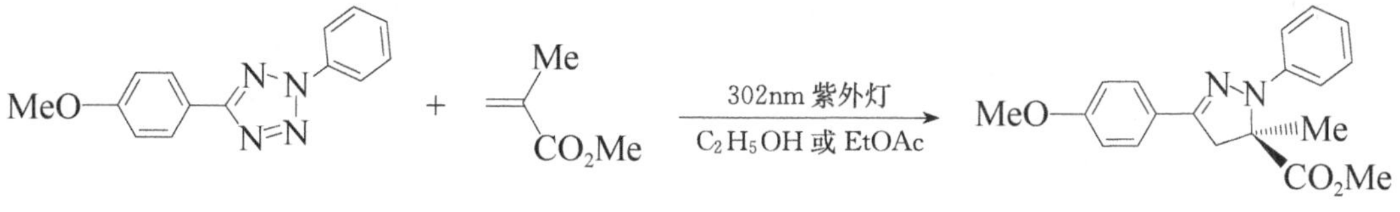

反应机理：

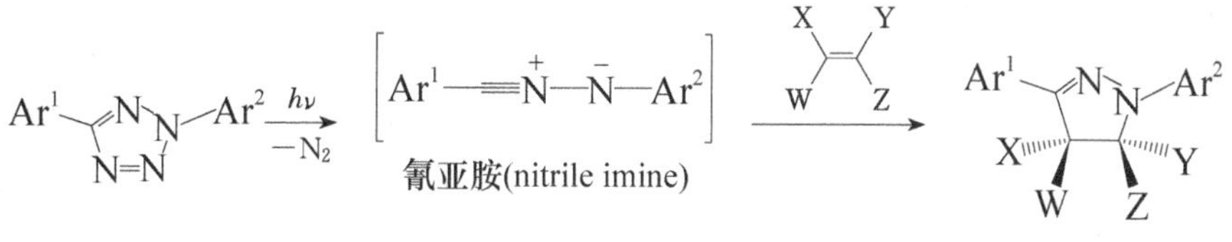

三、实验步骤

1. 制备

在干燥的 50mL 锥形瓶中加入 20mg(0.08mmol) 5-(4-甲氧基苯基)-2-苯基-2*H*-四氮唑[1]、20mL 乙醇，加热使固体完全溶解。然后冷却至室温，再加入 0.4g(4mmol)甲基丙烯酸甲酯[2]，摇匀。将配制好的澄清溶液置于培养皿中，锥形瓶用 10mL 乙醇荡洗两次，一并倒入培养皿中，轻轻晃动培养皿使溶液混匀。然后把培养皿放在 302nm 紫外光下辐照 2h[3]，TLC 跟踪[展开剂：石油醚(60～90℃)-乙酸乙酯(5∶1，体积比)]，当四氮唑原料斑点消失，停止光照。将反应液转移至蒸馏瓶中减压浓缩除去溶剂和过量的甲基丙烯酸甲酯，得到浅黄色固体粗产物 3-(4-甲氧基苯基)-5-甲基-1-苯基-4，5-二氢-1*H*-吡唑啉-5-甲酸甲酯，用乙醇重结晶[4]，干燥后得 20mg 浅黄色针状晶体，产率 77.8%，熔点 113～114℃。

^{1}H NMR(400MHz，$CDCl_3$)δ/ppm：7.71(dt，J＝9.2Hz，2.8Hz，2H)，7.24(dt，J＝7.2Hz，2.4Hz，2H)，7.08(dt，J＝8.0Hz，0.8Hz，2H)，7.0(dt，J＝6.8Hz，2.8Hz，2H)，6.82(tt，J＝7.2Hz，1.2Hz，1H)，3.85(s，3H)，3.74(s，3H)，3.73(d，J＝17.2Hz，1H)，3.43(d，J＝17.2Hz，1H)，1.61(s，3H)；^{13}C NMR(75.4MHz，$CDCl_3$)δ/ppm：174.4，160.2，145.1，143.5，129.0，127.2，125.1，119.8，114.5，114.0，68.8，55.3，52.9，48.3，21.0。

2. *产品分析*

(1) 测定熔点。

(2) IR、^{1}H NMR[5]分析。

四、注意事项

[1] 四氮唑可直接购买，也可先安排合成四氮唑，再做光化学实验。实验拓展：①选用不同的四氮唑与甲基丙烯酸甲酯反应；②选用不同的亲偶极分子，如丙烯酰胺、丙烯腈、马来酸二甲酯、富马酸二甲酯、丁二酰亚胺等与四氮唑反应；③在不同的溶剂(如乙酸乙酯、二氯甲烷、THF、己烷、DMF)中进行反应并比较。溶剂的用量一般为 1mL/mg 四氮唑，溶解性好的溶剂可在室温下配制反应液，不必加热。

[2] 甲基丙烯酸甲酯用前必须新蒸。可用带塞小试管称量，或用滴管计量相应的滴数。甲基丙烯酸甲酯为无色易挥发液体(沸点 100℃)，并具有强辣味，应避免吸入和触及皮肤，在通风橱中使用。若皮肤接触甲基丙烯酸甲酯，用肥皂水及清水彻底冲洗；眼睛接触，立即翻开上下眼睑，用流动清水冲洗 15min，就医；若吸入，离开现场至空气新鲜处。

[3] 用薄层显色的三用紫外灯或手持式紫外灯，在通风橱中光照。培养皿尽量靠近紫外灯，若溶剂挥发(光照前培养皿上做好标记)，适当补充。最好用两根平行的 302nm 紫外灯管增加辐照面。光照 2h 后取样进行 TLC 分析，若原料斑点未消失，继续光照至原料斑点消失为止。

[4] 粗品还可通过 300～400 目硅胶快速柱层析纯化。

[5] 吡唑啉进行^{1}H NMR 分析时，若用氘氯仿作溶剂，氘氯仿必须经碱性氧化铝处理方可使用，否则产品易被氘氯仿中的 HCl 分解。取一根滴管，滴管细端填入少量脱脂棉，再将 200～300 目柱层析用的碱性氧化铝装入滴管中，装匀后加入氘氯仿，稍加压，使氘氯仿从滴管下端直接流入核磁管中。

五、思考题

(1) 什么是 1，3-偶极环加成反应？它与 Diels-Alder 环化反应有什么异同？

(2) 光照时，培养皿上能否盖上玻璃盖，减少溶剂挥发？

(3) 哪些因素会影响光化学反应的产率？本实验中可能产生哪些副产物？如何除去？

（4）查阅文献，了解“点击化学”的基本概念及其在有机合成上的应用和国内外研究进展情况，写一篇综述性的小论文。

六、产品的光谱图

产品的光谱图如图 6.125 和图 6.126 所示。

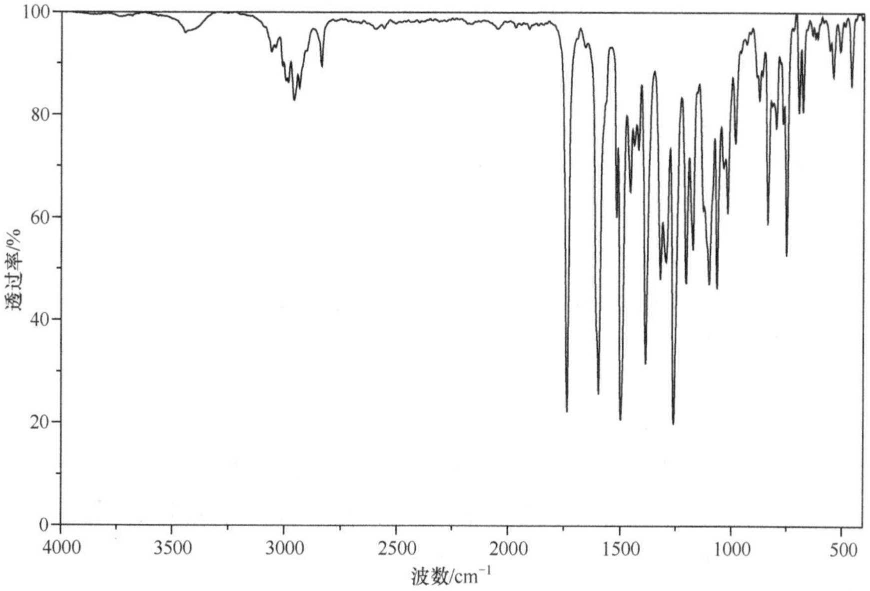

图 6.125　3-(4-甲氧基苯基)-5-甲基-1-苯基-4,5-二氢-1H-吡唑啉-5-甲酸甲酯的红外光谱图

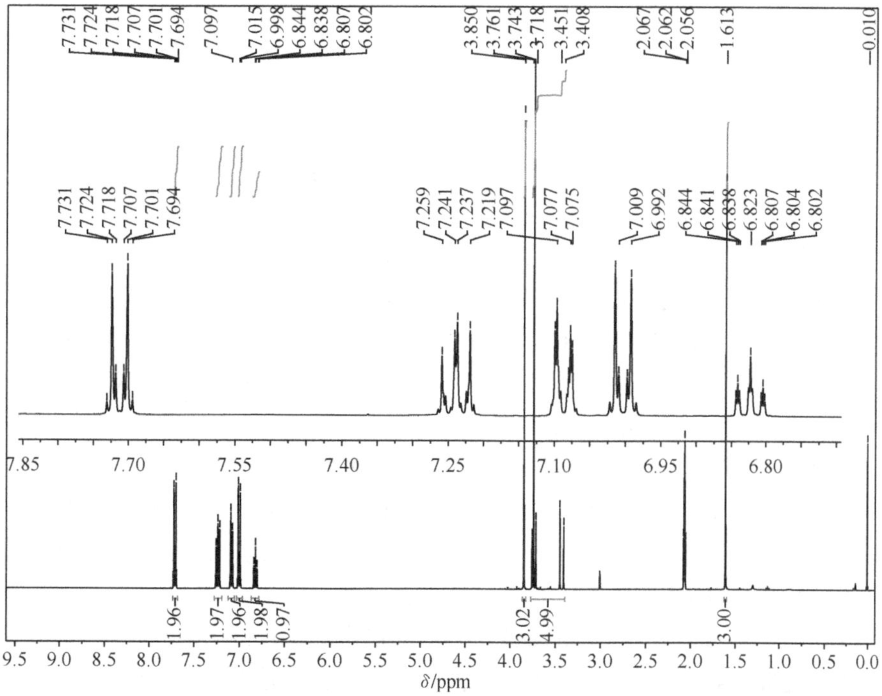

图 6.126　3-(4-甲氧基苯基)-5-甲基-1-苯基-4,5-二氢-1H-吡唑啉-5-甲酸甲酯的核磁共振氢谱图(400MHz，CD_3COCD_3)

实验六十四　从茶叶中分离咖啡因

（CAS：58-08-2）

一、实验目的

（1）学习从茶叶中提取咖啡因的原理和方法，了解研究天然产物的重要意义。

（2）掌握液-液萃取、离心分离、干燥、蒸馏、减压升华、衍生物制备、称量转移等多种微型实验操作技术。

（3）了解升华法纯化固体有机物的原理、应用及操作方法。

（4）学会利用熔点、衍生物和 IR、^{1}H NMR 等方法鉴定产物结构。

二、实验原理

茶、咖啡、可乐等饮料能使人醒脑提神，活跃思维，这主要因为其中含有咖啡因。咖啡因是一种生物碱，生物碱则是一类天然的碱性含氮化合物，多存在于植物中。大多数生物碱有强烈的生理效应，许多生物碱是极有价值的具有特殊疗效的药物。因此，生物碱化学的研究有非常重要的意义。

咖啡因的分子式为 $C_8H_{10}N_4O_2$，对其降解产物的研究和有机合成证明其结构为 1，3，7-三甲基-2，6-二氧化嘌呤。咖啡因在茶叶中的含量为 3%～5%。除咖啡因外，茶叶中还含有少量的茶碱，它是咖啡因的低级同系物，可可豆中的生物碱则主要是可可碱，是茶碱的异构体，它们的结构式及母核嘌呤的结构式分别如下：

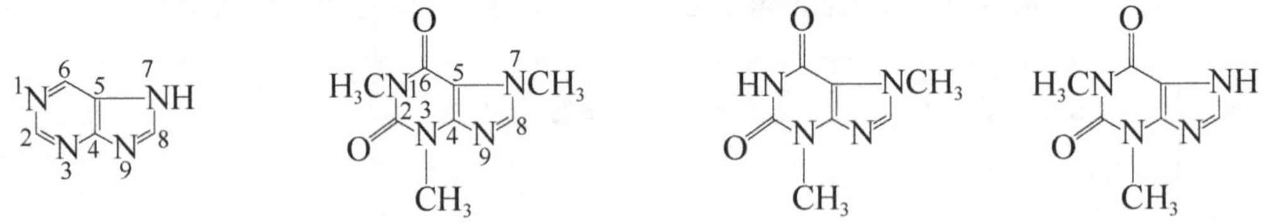

嘌呤　　咖啡因　　可可碱　　茶碱

咖啡因对心脏、呼吸器官和中枢神经有兴奋作用，使其成为世界上迄今消耗量最大的一种药物，平均全世界每人每年消耗约 0.5lb(1lb=0.453592kg)。长期以来，人们并未充分认识到咖啡因是有害的。然而现代研究表明，咖啡因不仅会使人成瘾，对于某些人还会引起生理上的危害作用。由于咖啡因与 DNA 和 RNA 中的两个重要碱基腺嘌呤和鸟嘌呤的化学结构相似，因此引起某些研究者的忧虑。如果咖啡因取代了 DNA 中的这些碱基，则将会引起基因突变。不过，迄今为止尚未发现这种遗传变异的迹象。

纯咖啡因是在 1821 年由法国化学家 Robiquet 从咖啡中分离得到的。现在工业上用人工合成法生产。本实验将从茶叶中分离咖啡因。咖啡因易溶于热水、乙醇、氯仿、CH_2Cl_2 等溶剂，本实验先用热水提取茶叶，茶叶中的其他天然产物也会溶于热水，主要是黄酮类色素、叶绿素和丹宁以及部分丹宁的水解产物葡萄糖和棓酸。

丹宁及棓酸是具有酚基和羧基的酸性化合物，在提取液中加碱中和，使其成盐，此碱性水溶液再用 CH_2Cl_2 提取，则咖啡因和溶解度较大的叶绿素被提取到 CH_2Cl_2 中，其他成分仍留在水相中。然后将 CH_2Cl_2 提取液干燥、浓缩，即可得粗咖啡因。最后用升华法或用丙酮重结晶进一步纯化，可使咖啡因与叶绿素分离，得到纯咖啡因。

含结晶水的咖啡因为无色针状晶体，在 100℃时即失去结晶水，并开始升华，120℃时升华相当显著，至 178℃时升华很快。无水咖啡因的熔点 234.5℃。

咖啡因是弱碱性化合物，能与酸成盐。可将它与水杨酸反应生成咖啡因水杨酸盐衍生物，熔点 138℃，以进一步证实咖啡因的结构。

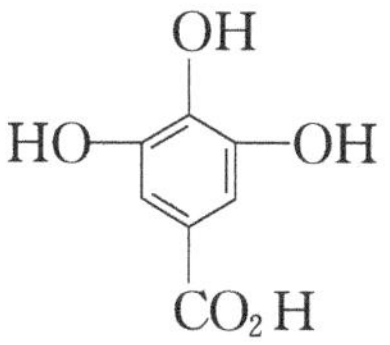

棓酸(没食子酸)

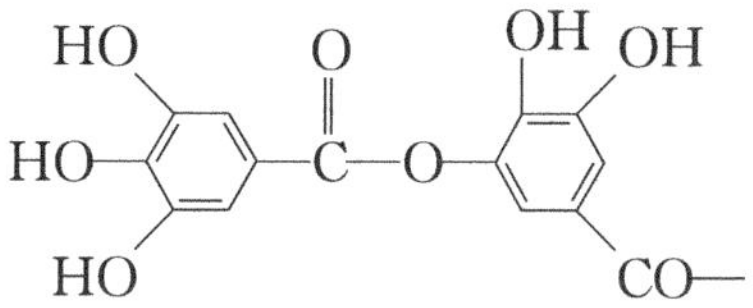

二棓酰基

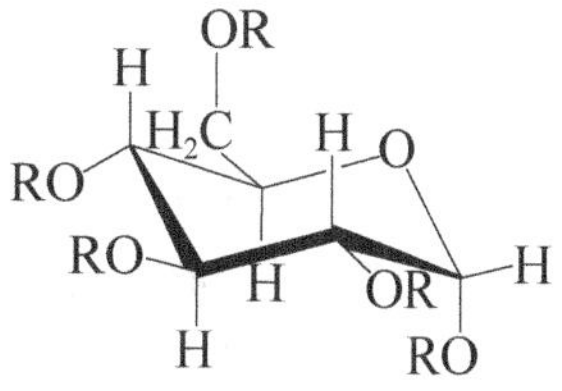

葡萄糖：R＝H；
水解性丹宁：某些 R＝二棓酰基

三、实验步骤

1. 分离咖啡因

在 50mL 烧杯中加入 1.1g (0.01mol)无水碳酸钠和 10mL 水，小火加热使固体溶解，称取 1.0g 茶叶，用纱布扎成小茶袋，放入上述水溶液中，盖上表面皿，小火煮沸 15min[1]，冷却至室温，将茶液转移到 10mL 离心试管中，并尽量挤压出袋中的茶液。离心试管中的茶液用 2.0mL CH_2Cl_2 提取，提取时用滴管反复吸入和放出液体使两相充分接触。若发生乳化，则进行离心分离使两相分层清晰。备一根长约 10cm 的玻璃滴管，末端塞一小团脱脂棉。其中装入 2g 无水 Na_2SO_4 用于干燥 CH_2Cl_2 提取液。用滴管仔细吸出离心试管下层的 CH_2Cl_2 层[2]，并通过玻璃滴管内的 Na_2SO_4 层过滤到 25mL 过滤管中。离心试管中的茶液按同法再用 CH_2Cl_2 提取(2mL×3)。最后，滴管内的 Na_2SO_4 用 2.0mL CH_2Cl_2 淋洗，合并后的 CH_2Cl_2 提取液置热水浴中先常压蒸馏回收 CH_2Cl_2，再用水泵减压浓缩至干，即得到灰白色的粗咖啡因。

2. 纯化

粗咖啡因用升华法纯化，安装一套减压升华装置。即在上述过滤管中插入一根冷凝指，先将体系通过安全瓶接水泵减压，再在冷凝指中通冷凝水。用小火在过滤管下温和加热，使咖啡因升华，凝结到冷凝指壁上。注意，加热时勿使咖啡因熔化，若熔化，要移开热源，待重新固化后再加热。升华完毕后，撤去热源，冷至室温。小心地使体系解除真空，关闭冷凝水，仔细地拆下冷凝指，不要让冷凝指壁上的晶体掉回过滤管中。用镍匙刮下冷凝指上的晶体，称量，计算茶叶中咖啡因的百分含量。

3. 鉴定

(1) 测定熔点。

(2) IR、^1H NMR 分析，与标准谱图比较并解析图谱，指出各主要吸收峰的归属。

(3) 制备水杨酸盐衍生物。在 5mL 梨形瓶中放入 11mg(0.06mmol) 咖啡因、8mg (0.06mmol)水杨酸和 0.5mL 甲苯，并放入磁子装上冷凝管，在电磁搅拌下用电热套温和加热使固体溶解，加入 0.3mL 石油醚(30～60℃)并在冰浴中冷却以诱导结晶。用毛细滴管吸出母液[3]，晶体用少许石油醚洗涤，移出晶体，干燥，测定衍生物的熔点。称量，计算产率。

4. 质量分析

HPLC 分析产品纯度。

四、注意事项

[1] 煮沸过程中可视水的蒸发情况而酌量补加水。

[2] 若有上层进入滴管，在从滴管中放出下层时，注意让上层留在滴管中不要放出，将它滴回离心试管中。此时，滴管的作用就相当于分液漏斗。

[3] 微量固体重结晶时，用吸气过滤法使固液分离会引起较多的物料损失，且操作不便，将普通滴管的细端拉成一小段毛细管，制成一根毛细滴管，用它仔细地吸出母液，可有效地达到固液分离的目的。若重结晶在小试管（最好是离心试管）中进行，则先在离心机中离心分离，使晶体沉积在试管底部，再用毛细滴管吸出母液，分离效果会更好。晶体的洗涤可按同法进行。

五、思考题

(1) 完成本实验的操作流程图：

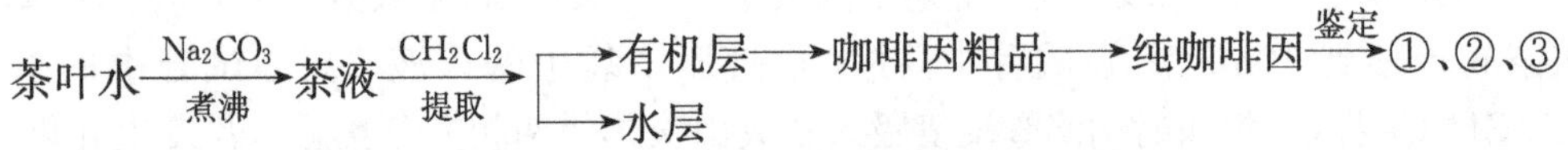

(2) 如果不在茶叶的水提取液中加碱，CH_2Cl_2 能否有效地从其中提取出咖啡因？为什么？若用 CH_2Cl_2 直接提取干茶叶，试与本实验比较其效果如何？其实验中用的 Na_2CO_3 是否可用其他碱代替？

(3) 减压升华时，为什么要先减压然后在冷凝指中加碎冰或通入冷凝水？

(4) 本实验哪些步骤是微量操作？

(5) 咖啡的热水提取液中含有咖啡因、丹宁、葡萄糖和绿原酸。

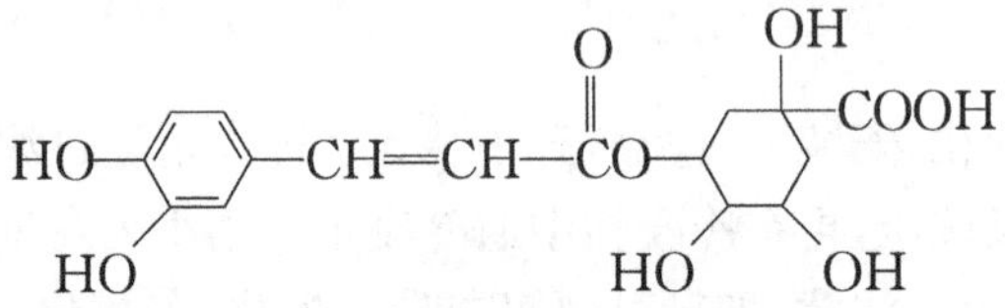

绿原酸

试写出从中分离咖啡因的操作流程。

(6) 写出咖啡因水杨酸盐的结构式。

六、产品的光谱图

产品的光谱图如图 6.127 和图 6.128 所示。

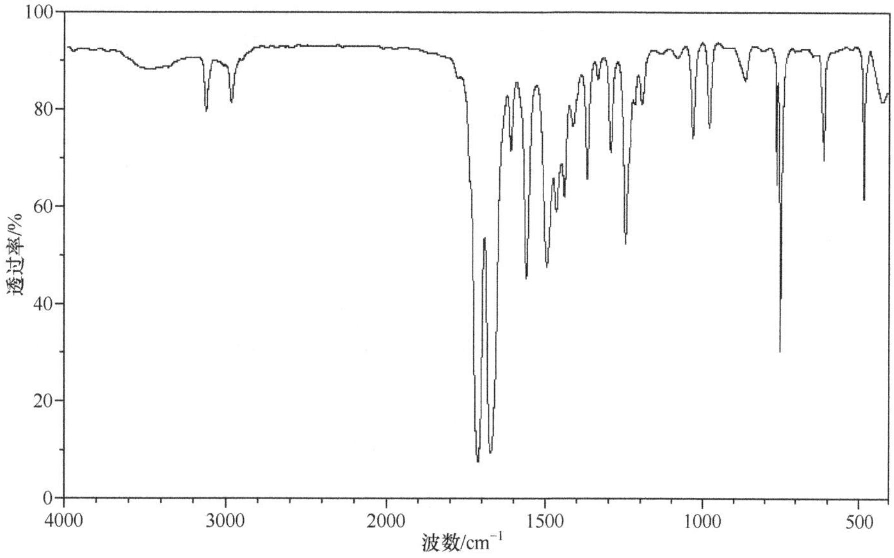

图 6.127　咖啡因的红外光谱图

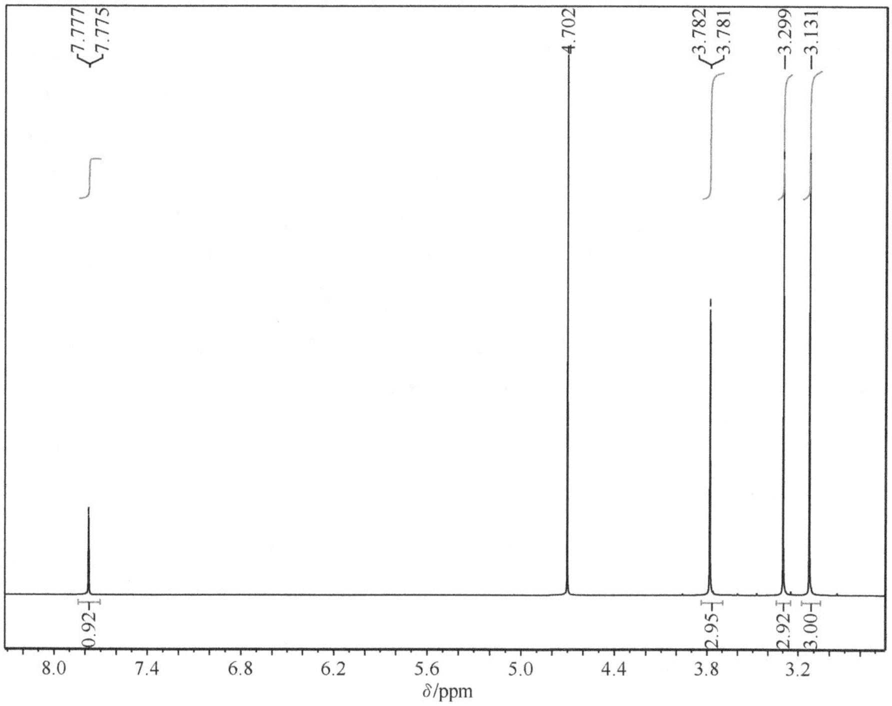

图 6.128　咖啡因的核磁共振氢谱图(400MHz, D_2O)

实验六十五　4-氯苯甲醛的 Cannizzaro 反应

一、实验目的

(1) 了解 Cannizzaro 反应机理和应用,加深对羰基亲核加成反应的理解。

(2) 学习微量物料的称量和转移、液-液萃取、升华、重结晶等多种微型实验操作技术。

(3) 用 TLC 跟踪反应进程，正确判断反应终点。

(4) 通过物理常数测定、化学性质实验和 IR 分析综合鉴定化合物纯度和结构。

二、实验原理

无 α-H 的醛在浓碱作用下同时发生氧化还原反应，生成相应的酸和醇，此即 Cannizzaro 反应。

$$2RCHO \xrightarrow{\text{浓 NaOH}} RCO_2H + RCH_2OH (R = Ar, R'_3C)$$

该反应有重要的实际应用，季戊四醇的工业生产便是其典型实例。有机合成中，该反应是制备某些伯醇的重要途径之一。

本实验中使 4-氯苯甲醛在浓碱作用下发生 Cannizzaro 反应，生成 4-氯苄醇和 4-氯苯甲酸。

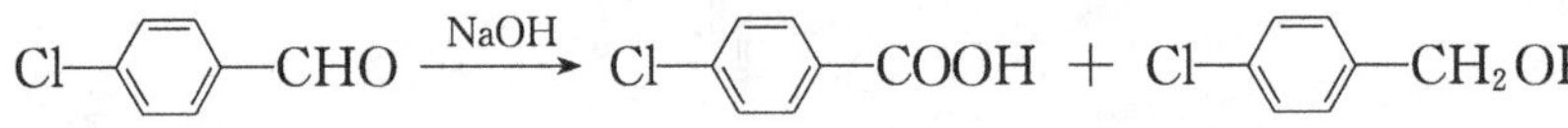

(CAS:74-11-3)　　(CAS:873-76-7)

三、实验步骤

1. 制备

在装有回流冷凝管的 10mL 梨形瓶中放入磁子，向瓶中加入 150mg (1.1mmol) 4-氯苯甲醛和 0.6mL 95%乙醇，开启磁力搅拌器，待固体溶解后在搅拌下加入 0.4mL 11mol/L KOH 溶液，将反应混合物在 75～80℃水浴中加热搅拌 1h，进行 TLC 分析，判断反应终点。

TLC 用的吸附剂为硅胶 GF_{254}，制板时用 1%羧甲基纤维素钠水溶液制成硬板，CH_2Cl_2 为展开剂，在紫外光分析仪下观察斑点，4-氯苯甲醛在该条件下的 R_f 值约为 0.70；4-氯苄醇的 R_f 值约为 0.38；4-氯苯甲酸则基本停留在原点。若原料点基本消失，则可结束反应；若还比较明显，则适当延长反应时间，每隔 10min 做一次 TLC 分析，直至原料点基本消失时为止。

反应混合物冷却至室温后加入 2.0mL 蒸馏水，溶液用 CH_2Cl_2 磁力搅拌萃取 3 次，每次 1.0mL CH_2Cl_2，磁搅拌 3min 后静置分层，仔细用滴管将下层 CH_2Cl_2 液转移到 12mL 离心试管中，保留上层水层，留以后再行处理。

2. 4-氯苄醇的分离、纯化和鉴定

合并的 CH_2Cl_2 层用饱和 $NaHCO_3$ 溶液洗涤(0.25mL×2)，再用 0.5mL 蒸馏水洗涤一次；弃去上层水相，CH_2Cl_2 层用 150mg 无水 Na_2SO_4 干燥。仔细用滴管将干燥后的 CH_2Cl_2 溶液转移到 25mL 过滤管中，干燥剂用 1.0mL CH_2Cl_2 洗涤并与过滤管中的溶液合并后，将过滤管置于温热的水浴中，先常压蒸馏回收 CH_2Cl_2，再减压浓缩至干，得到约 90mg 淡黄色的 4-氯苄醇粗产品，可用升华法或重结晶法将粗品进一步提纯。

1) 升华法

在过滤管口装上冷凝指，通入冷凝水后，小火加热过滤管底部，使 4-氯苄醇逐渐升华至冷凝指上，直至管底只剩下一点黄色半固状物时为止，移去火焰，待过滤管冷却至室温后，关闭冷凝水，仔细取出冷凝指，用镍匙刮下其外壁上黏附的白色长针状晶体，可得约 40mg 较纯的 4-氯苄醇，产率 51%，熔点 69～71℃(文献值 75℃)。若产品足够，可再进行一次升华提纯。

2) 重结晶法

所得粗品用 0.2mL 4%丙酮-己烷重结晶，用离心法分离析出的晶体，即用毛细滴管仔细吸出上层残液，也可在普通滴管尖端稍后处放一小撮脱脂棉做成一支吸滤滴管来吸出上层母液，再用 0.5mL 己烷迅速洗涤晶体并用滴管吸出己烷后，将晶体转移到滤纸上进一步吸干洗液，将晶体晾干，可得约 35mg 4-氯苄醇，熔点 67～70℃，产率 45%。

将纯化后的 4-氯苄醇用 KBr 压片法进行 IR 分析，解析图谱上的主要吸收峰，与标准 IR 谱核对。进行下列化学性质实验，进一步验证产物的结构：①灼烧实验；②Beilstein 实验或钠熔法检验卤素；③硝酸铈铵实验（或 Jones 氧化实验）；④溶解度分类实验，分别检验芳环、卤素和醇羟基的存在。若产品量足够，将其制备成 3,5-二硝基苯甲酸酯衍生物，以确证结构。

3. 4-氯苯甲酸的分离、纯化和鉴定

在第一次分层得到的碱性水层中加 2.0mL 水，再加少量活性炭，室温搅拌脱色 10min，过滤，滤饼用少量水洗涤，滤液用 0.4mL 浓 HCl 酸化，至使 pH 试纸呈强酸性，此时析出白色固体，用吸滤漏斗进行吸气过滤，滤饼用 2.0mL 水洗涤，抽干后用乙醇-水重结晶，得到约 50mg 4-氯苯甲酸无色晶体，产率 58%，熔点 240～242℃（文献值 243℃）。

用 KBr 压片法测定其 IR 谱并解析主要吸收峰，与标准谱对照。做下列化学性质实验进一步验证其结构：①灼烧实验；②Beilstein 实验或钠熔法检验卤素；③溶解度分类实验，以确定芳环、卤素和羰基的存在。

四、思考题

(1) Cannizzaro 反应要求以浓碱液为试剂，为什么？在配制 11mol/L KOH 溶液时，有人误配成 11% KOH，结果产物只有 4-氯苯甲酸，而 4-氯苄醇的产量很少，试说明原因。

(2) 4-氯苄醇粗产品中可能存在的主要有机杂质是什么？用何种化学实验可以检验该杂质是否存在？

五、产品的光谱图

产品的光谱图如图 6.129～图 6.132 所示。

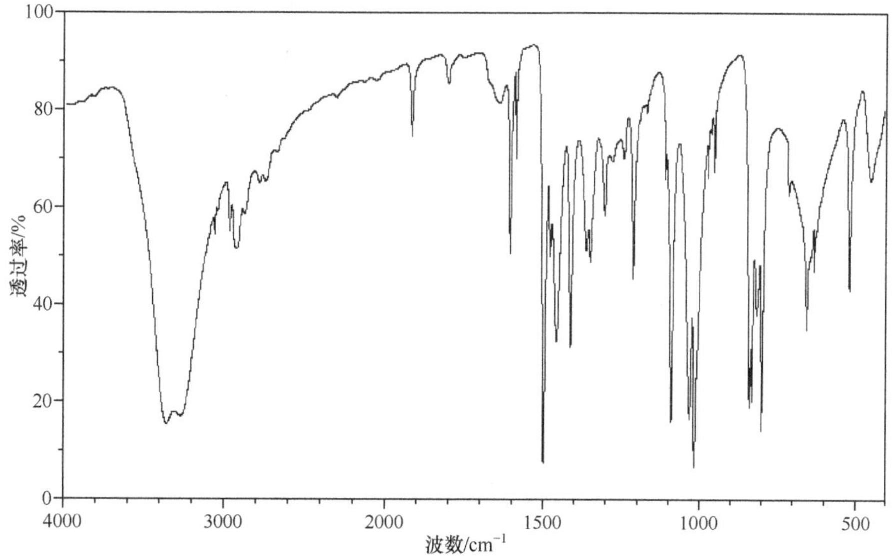

图 6.129　4-氯苯甲醇的红外光谱图

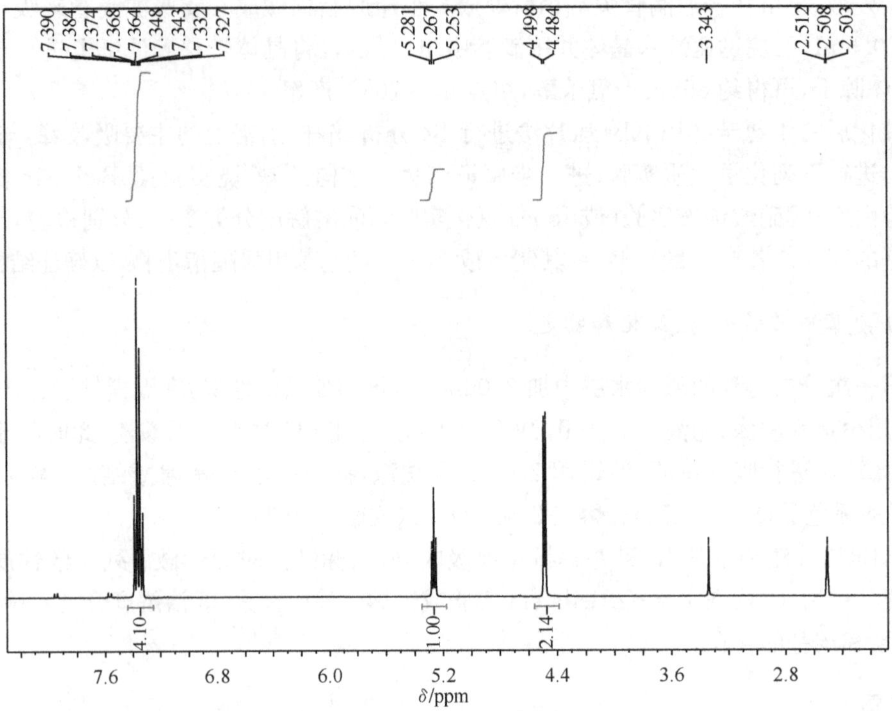

图 6.130　4-氯苯甲醇的核磁共振氢谱图(400MHz,DMSO-d_6)

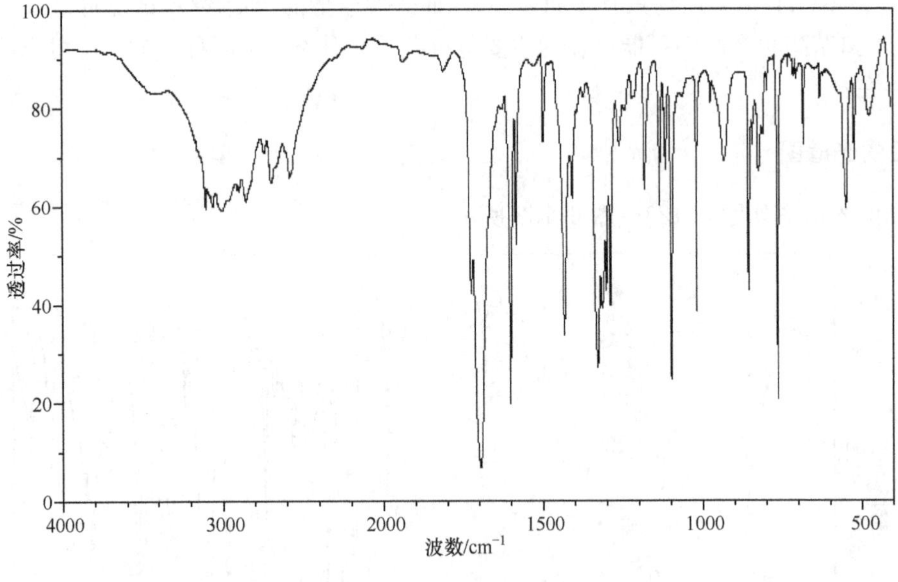

图 6.131　4-氯苯甲酸的红外光谱图

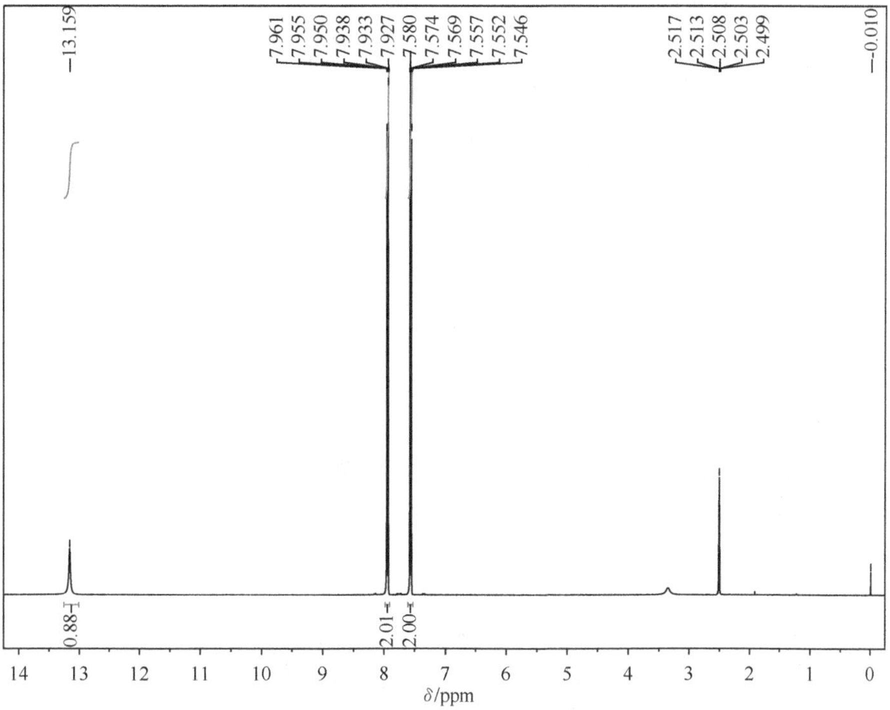

图 6.132　4-氯苯甲酸的核磁共振氢谱图(400MHz，DMSO-d_6)

实验六十六　设计实验——未知混合物的分离、纯化和鉴定

混合物的分离、纯化和鉴定是有机化学实验最基本的操作，几乎所有类型的有机化学实验都离不开分离纯化和鉴定工作。不同来源的混合物，其组成千差万别，不可能有统一的普适性的模式，但分离纯化的依据却都是根据混合物中各组分物理性质或化学性质的差异。常利用的物理性质差异包括物态、沸点、熔点、蒸气压、溶解度、分配系数、极性等，而最常利用的化学性质差异则是酸碱性。常用的分离纯化方法有蒸馏、重结晶、升华、萃取和层析等。事实上许多混合物的分离比较复杂，如天然产物、配方产品的剖析等，需要用到多项操作技能。分离前必须详细了解样品的来源和背景知识，通过反复预实验，大体了解混合物中各组分的性质，才能拟订出一个切实可行的分离纯化方案。

一、实验目的

(1) 考查灵活运用有机化学理论知识、实验知识和手册等文献资料，正确拟订各组分的分离、纯化和鉴定方案的综合实验设计能力。

(2) 综合考查分离、纯化和鉴定等基本操作以及分析问题和解决问题的能力。

(3) 考查对实验结果、数据、图谱的分析处理能力以及实验总结和报告的书写能力。

二、实验要求

(1) 分离方案设计合理。

(2) 确定混合物中各组分并纯化、鉴定。

(3) 证据充分,结果正确,有一定的回收率(>50%)。

(4) 不能只有结果没有过程,要有详尽的整个实验操作过程及现象。

(5) 操作规范,安全卫生,爱护公物。

(6) 在规定时间内独立完成实验及实验报告,作弊者实验成绩为零分。

(7) 实验完毕,将实验报告以及分离、纯化、鉴定后的各组分分别写上化合物名称、质量、熔点和沸点等物理常数后交给任课教师。

三、混合物样品

样品为人为配制的多组分的乙醚溶液。其中每一组分:固体样品 1g,液体样品 1~4mL。

四、注意事项

(1) 尽量使各组分定量地分离干净,且不破坏或丢失其中任一组分,尤其注意含有水溶性或低沸点液体组分,提高回收率。

(2) 正确判断某组分是否存在,了解杂质和组分的区别。

(3) 酸化、碱化时注意滴加速度、试剂用量及 pH 等。

(4) 每一份提取液贴上标签或用记号笔标记,以免混淆。

(5) 使用分液漏斗萃取时掌握正确的振摇、放气和分层的方法,谨防着火。

(6) 酸提取液碱化或碱提取液酸化后若分层不清,或析出油状物,可用少量乙醚提取,蒸去乙醚得粗品,再纯化或制备衍生物等。若有颜色,萃取后要先脱色,再酸化或碱化。

(7) 混合物中的样品量较少,选用合适的仪器,尽可能减少损失。

(8) 利用 IR、^{1}H NMR、UV 及 GC-MS 等波谱分析、官能团定性分析和物理常数,正确鉴定各组分的结构。

第 7 章　有机化合物定性分析实验

有机化合物的鉴定是有机化学实验的一个重要组成部分，无论在基础研究还是工业生产、日常生活的实际应用中都有重大意义。通过鉴定可了解新物质的分子结构及理化性质；确定污染物或中毒物等结构为拟定根治方案提供依据等。近年来，波谱技术的应用使得经典的有机分析方法发生了根本的变化，大大加速了鉴定的进程。但化学分析作为这些技术的基础，只需在很短时间内用少量样品就可为鉴定化合物的结构提供重要信息，是波谱技术不能完全替代的，可与波谱法互相补充和印证。因此，在通常情况下，近代有机结构分析实际上是经典化学方法与近代波谱法的结合。所以化学分析也是有机实验中必须掌握的基本知识和基本操作。

经典的有机化合物系统鉴定包括以下步骤：①初步鉴定，如化合物的状态、颜色、气味、是否可燃以及燃烧后是否留有残渣；②物理常数的测定，包括熔点、沸点、密度、折光率和比旋光度等；③元素定性分析；④分组试验，常用的分组方法是利用化合物在水、乙醚、5%氢氧化钠、5%碳酸氢钠、5%盐酸以及冷浓硫酸等溶剂中溶解度的不同而分组，根据溶解度试验的结果，可以初步了解化合物的极性、相对分子质量大小、可能含有哪些官能团、主要官能团的性质(酸、碱或中性化合物)，为官能团分类试验提供有用的信息；⑤官能团分类试验；⑥制备衍生物，未知物的鉴定常需要将其转化成固体衍生物，然后通过测定两种以上衍生物的熔点来确定未知物；⑦波谱分析及查阅文献。

下面着重讨论元素定性分析和具有代表性的官能团性质试验。

实验六十七　元素分析

元素定性分析就是确定化合物是由哪些元素组成的。通常主要是分析氮、硫、卤素等杂原子。在有机化合物分子中，原子之间多数以共价键结合，在水中不能形成相应的离子，不能直接进行元素测定，故需将有机化合物分解转变成相应的无机离子，再用无机定性分析方法检测。分解有机化合物有多种方法，最常用的是钠熔法。将有机物与金属钠混合，小心地加热使其共熔，有机物迅速被钠分解，结果有机物中的氮、硫、卤素等元素转变成下列可溶于水的离子型化合物，再对它们的水溶液分别进行分析鉴定。

$$\underset{(\text{C、H、O、N、S、X、P})}{\text{有机物}} \xrightarrow{\text{钠熔}} \begin{matrix} \text{NaCN、}Na_2S\text{、NaCNS} \\ \text{NaX、NaOH、}PO_4^{3-} \end{matrix}$$

[应用范围]

大多数有机化合物可用钠熔法来进行元素定性分析。

例外：低沸点或容易挥发的有机物常在和金属钠作用以前就挥发了，常得负结果。脂肪族偶氮化合物及芳香族重氮盐，在钠熔时易生成氮气逸出，不易生成氰离子。氢化偶氮物、氨基化合物钠熔时容易转变成氨挥发掉。多硝基化合物、吡咯衍生物、偶氮化合物和蛋白质等钠熔时，氮不易形成氰化物，不易检出。一些含氮量低的样品中加入葡萄糖促使氰离子的生成。硝基烷烃、叠氮化合物、重氮酯和多卤化合物(卤仿、四氯化碳)在钠熔时常发生爆炸,遇此情况应中断试验。可将 0.1g 试样与 3mL 冰醋酸和 0.1g 锌粉共沸,使试样还原。待大部分锌粉溶解后,蒸发混合物至干,然后将残渣按钠熔法试验。

一、钠熔法

将一干燥的硬质玻璃试管(50mm×8mm)用试管夹垂直夹紧,先加入少许样品(固体 5mg,液体 1～2 滴),再加入一小块绿豆大小的金属钠(新鲜切开的)。用小火加热试管底部,待钠蒸气上升后,再加入少许试样。此时有机物被钠迅速分解,强烈反应过后,继续用火加热,并将试管底部灼热至暗红色 1～2min,迅速将热试管浸入盛有 10mL 蒸馏水的烧杯中,试管立即破碎,此时水与过剩金属钠发生剧烈反应,待作用停止后,用玻棒捣碎块状物,煮沸,过滤到洁净大试管中为无色溶液,留做以下试验。若溶液呈现颜色,则需重做钠熔。

思考:如果被分解的有机化合物原来含有氮、硫、卤素,此时应转变成哪些无机化合物?

二、注意事项

(1) 注意安全,钠遇水发生剧烈反应,钠熔时必须戴防护眼镜。因为许多多卤化物和多硝基化合物钠熔时,可能发生爆炸,试管口不可对着人,以保证安全。

(2) 金属钠通常已切好,保存在煤油中。用镊子取一小块金属钠,用吸水纸擦净表面煤油,擦煤油的纸不要乱扔,应集中存放统一处理,以免发生意外。

(3) 样品量不能多于钠量,否则分解不完全。若样品中 N、S 同时存在,钠要稍过量,否则易生成硫氰化钠。样品也可以一次加入。

(4) 蒸馏水不能太多,否则离子浓度太低,影响检测(可浓缩)。煮沸,用滤纸和漏斗过滤到大试管中的滤液应为无色透明,若有颜色说明没有分解好,要重新钠熔。

三、元素的鉴定

1. 氮的鉴定(普鲁士蓝法)

取 1mL 钠熔储备液,加入少量硫酸亚铁晶体(加固体的目的是防止溶液被过度稀释),煮沸约 30s,热溶液仔细用 30%硫酸酸化,直到氢氧化铁恰好溶解为止(避免过量的酸)。此时若生成蓝色沉淀表明有氮存在。如果溶液为绿色或蓝绿色,过滤,留存在滤纸上的蓝色也视为正反应。

2. 硫的鉴定

1) 硫化铅法

取 1mL 储备液,用乙酸溶液仔细酸化,再加 2 滴 5%乙酸铅溶液,若有棕黑色沉淀,则证明有硫存在。

2) 亚硝基铁氰化钠法

取 1mL 试液加入 2 滴 0.5%亚硝基铁氰化钠溶液,若显深紫色,表明有硫存在。

3. 硫和氮同时鉴定

取 1mL 试液用稀盐酸(1∶1)酸化,再加 1 滴 1%三氯化铁溶液,若有血红色出现,即表明有硫氰根离子(CNS^-)存在。

在钠熔时，若用钠量较少，硫和氮常以 CNS^- 形式存在，因此在分别鉴定硫和氮时若得负结果，则必须做本实验。

4. 卤素的鉴定

取 2mL 溶液，加稀硝酸酸化，加入一粒沸石，在通风橱中加热煮沸 1～2min，除去 H_2S、HCN、HSCN 等，若无 S、N，此步可免去，冷却后加入 1～2 滴 5%硝酸银溶液，若有沉淀生成，表明有卤素。

实验六十八　烯烃、炔烃

烯烃与炔烃分子中含有碳-碳不饱和键，易发生加成和氧化反应，如两者均可与溴的四氯化碳溶液和高锰酸钾溶液反应，经常用于检验不饱和键的分类试验。端基炔因含有活泼氢，与银或亚铜离子作用生成白色的炔化银或砖红色的炔化亚铜沉淀，借此性质与烯烃、非端基炔区别。

一、烯烃的性质

1. 高锰酸钾溶液

在试管中加入 5 滴环己烯，再加入 0.5%高锰酸钾溶液和 10%碳酸钠溶液各 6 滴，充分摇动，观察现象。

2. 溴的四氯化碳溶液

在试管中加入 5 滴环己烯，加 1 滴 2%溴的四氯化碳溶液，摇动试管，溴的红棕色褪去，表示发生加成反应。

二、炔烃的性质

1. 溴水溶液

将乙炔通入 1mL 溴水中，观察溴的颜色是否消失。

2. 高锰酸钾溶液

将乙炔通入 1mL 0.5%高锰酸钾和 2mL 10%碳酸钠的混合溶液中，观察现象。

3. 硝酸银-氨水溶液

通乙炔于加有 2 滴氨水的 2mL 5%硝酸银溶液中，观察现象。

三、注意事项

(1) 一些对溴的四氯化碳溶液显负结果的烯烃以及易被氧化的物质或杂质均对高锰酸钾溶液显正结果，因此在检验不饱和性时，应同时做溴的四氯化碳和高锰酸钾两个试验，以免漏检。

(2) 炔化银在干燥时有爆炸性，实验完毕后在试管中加 2mL 稀硝酸并加热分解乙炔银，以免干燥后爆炸。

(3) 醛、酚、芳胺等易氧化的化合物也能使高锰酸钾溶液褪色。

实验六十九　芳　烃

在室温和无催化剂存在时，大部分芳烃是不活泼的，但在催化剂存在下可以发生取代反应。通常用三氯化铝和氯仿试验来检验芳烃。

一、溴化作用

取 2 支试管各加入 10 滴苯和 2 滴溴的四氯化碳溶液，在其中一支试管中再加入少许铁粉，摇动试管，放置片刻，观察有什么变化，若无变化，温热片刻，并比较结果。

二、硝化作用

在一干燥的试管中加入 1mL 浓硝酸和 2mL 浓硫酸，将试管放在水浴中加热至混酸温度达 70℃左右，加入 3 滴苯，每加 1 滴都充分摇动，加毕，将试管在热水浴中加热 15min，再在石棉网上加热 3～5min，然后小心倾入 20mL 冷水中，并用玻璃棒搅拌，观察现象。

三、磺化作用

在一干燥的试管中加入 1mL 发烟硫酸，再加入 5 滴苯，摇动试管，观察现象。

四、Friedel-Crafts 烃基化作用

在一干燥的试管中加入 2mL 氯仿和 3 滴无水苯，摇均匀。斜执试管，使管壁润湿，沿管壁加入少许无水三氯化铝，使一部分粉末沾在管壁上，观察沾在管壁上的粉末和溶液的颜色。

五、苯的安定性

在试管中加入 0.5%高锰酸钾溶液和 10%碳酸钠溶液各 10 滴，再加入 5 滴苯，充分摇动，观察现象。

六、注意事项

(1) 溴化反应中，催化剂是铁粉与溴生成的三溴化铁。因三溴化铁颜色深，影响观察溴色褪去，只要颜色有变化，且有 HBr 放出，可用湿润的 pH 试纸在试管口检验，或将蘸有 NH_4OH 的脱脂棉置于试管口，看其是否冒白烟。不加铁粉的无变化。不活泼芳烃一定要在路易斯酸催化剂存在下才能产生反应，试验时要充分摇动，加热加速反应。

(2) 硝化反应时要注意安全，硝基化合物有毒，进入体内血液中，造成血液中毒；具有氧化、爆炸性。避免触及皮肤，皮肤易被硝酸氧化变黄，万一不慎沾到手上，应立即用肥皂清洗。若出现油珠为一硝基物，无固体析出则没有反应，均需重做。实验完毕，废液倒入指定回收瓶中。

(3) Friedel-Crafts 烃基化实验根据颜色变化来区别芳烃(包括卤代芳烃)与脂肪烃及其氯化物、不活泼泼芳烃的化合物。一般烷烃及不活泼芳烃无反应，不显颜色。而活泼芳烃化合物与本试剂反应后，产生各种不同颜色的碳正离子。

实验七十　卤　代　烃

卤代烃的卤原子不同时，性质有明显差别；而且卤原子分别与伯、仲、叔碳连接时，也有不同反应性能。

一、硝酸银-乙醇溶液试验

取7支试管，各加入1mL 2%的硝酸银-乙醇溶液，分别加入2滴下列样品：氯丁烷、仲氯丁烷、叔氯丁烷、溴丁烷、溴苯、苄氯、三氯甲烷，观察现象。若在5min内仍无沉淀产生，则水浴加热至沸，有何变化？试比较上述卤代烃的反应速率。

在每个有沉淀的试管中各加2滴5%硝酸，若沉淀溶解则为负反应。

二、碘化钠-丙酮溶液试验

在干燥试管内加入1mL碘化钠-丙酮溶液，再加2滴试样(若为固体，将50mg固体溶于最小量丙酮中)。摇动试管并在室温下放置约5min，可将试管在40℃水浴中温热6min，取出冷至室温，观察并记录溶液何时产生卤化钠沉淀。加热末期仍是澄清溶液的试样视为负结果。用正溴丁烷、2-溴丁烷、叔丁基溴分别做上述试验。

试比较上述卤代烃的反应速率。

三、注意事项

(1) 苄氯具催泪性，使用时在通风橱中进行。

(2) 羧酸与$AgNO_3$反应生成RCOOAg，可用有机酸的银盐能溶于稀硝酸而卤化银不溶于稀硝酸加以区别。

(3) 做碘化钠-丙酮溶液试验时，试管、药品要干燥，否则影响实验结果。生成的盐溶于水。试样不能加多，否则碘化钠在丙酮中溶解度降低而析出产生误导。加热水浴温度40℃，以免丙酮挥发而影响判断。

实验七十一　醇、酚、醚

醇和酚的结构中都含有羟基，但醇的羟基与烷基相连，而酚羟基与芳环直接相连，因此它们的化学性质有很大差异。醇是中性化合物，它的分类试验都与羟基有关，即羟基被取代或被氧化。对于酚，溴水、三氯化铁和硝酸铈铵试验都不是专一性的，但若未知物已通过溶解度试验列入酚类，这些试验则是有用的。

一、酚羟基的酸性反应

在试管中将约0.1g β-萘酚溶于10%氢氧化钠溶液中，将其分为甲、乙两份，甲份加3mol/L硫酸呈酸性，有何现象？一份通入二氧化碳，有何现象？

二、醇羟基上活性氢的反应

在一干燥试管中加入10滴无水乙醇，加一小块金属钠，观察有无气体发生。当溶液冷却后，有无白色固体析出？如果没有，再加入少量金属钠或加等体积的无水乙醚，再强烈摇动。

三、硝酸铈铵试验

少于 10 个碳原子的醇和酚都能与硝酸铈铵溶液发生反应，醇溶液由无色转变为红色，酚在水溶液中得棕色或绿-棕色沉淀。

$$(NH_4)_2Ce(NO_3)_6 + ROH \longrightarrow (NH_4)_2Ce(RO)(NO_3)_5 + HNO_3$$

取 1 滴液体样品或固体样品 20mg 加入 2mL 水制成溶液(不溶于水的样品以 1mL 二恶烷代替)，再加入 0.5mL 硝酸铈铵试剂，摇动，注意颜色变化，用乙醇，苯酚进行试验。

四、盐酸-氯化锌试验

取丁醇、仲丁醇、叔丁醇样品各 5 滴分别放入 3 支干燥试管中，加 2mL 盐酸-氯化锌溶液(Lucas 试剂)，摇荡，在室温下静置，观察溶液变成浑浊和分层所需时间，比较不同醇的反应速率。

五、氧化作用

(1) 取 5%重铬酸钠溶液 10 滴，加浓硫酸和醇各 4 滴，摇动试管数分钟，注意溶液的温度和颜色变化，观察是否发生了氧化反应。用乙醇、丁醇、仲丁醇、叔丁醇做试验，比较不同醇的反应速率。

(2) 取少许对苯二酚加水 10 滴，加热溶解，稍冷后加入浓硫酸 1 滴，一边轻轻摇动试管，一边沿试管壁滴加饱和重铬酸钠溶液直至液面处出现黄色晶体为止。解释现象。

六、三氯化铁显色反应

溶解 20mg 样品于 2mL 水中(或水-乙醇混合液)，再加入 1 滴 1%三氯化铁溶液，观察并记录现象。用苯酚、水杨酸、间苯二酚、乙酰乙酸乙酯分别做上述试验。

七、溴水作用

取 20mg 苯酚溶于 1mL 水中，逐滴滴加溴水，观察现象。

八、乙醚的性质

1. 水中溶解度

在试管中加入 10 滴乙醚和 0.5mL 水，摇振，观察是否分层。再继续滴加约 0.5mL 水，是否全部溶解?

2. 鎓盐的生成

在试管中先加入 10 滴乙醚，再滴加浓硫酸，同时猛烈摇动试管，观察现象。

3. 易燃性及蒸气的相对密度(两人合做)

在一根空气冷凝管(或粗玻璃管)中间放置脱脂棉(高度约 2cm)，加入乙醚使其润湿，将冷凝管固定在铁架台上，在冷凝管下端用火柴点燃，观察燃烧情况。

九、注意事项

(1) 醇羟基上活性氢的试验中，若有未作用完的金属钠，应用乙醇将其分解；千万不要倒入水槽或其他溶液中。

(2) 硝酸铈铵试验，10个碳原子以下的醇和酚都能得到正反应。醇溶液由黄色[Ce(Ⅵ)]转变为红色再变成无色[Ce(Ⅲ)]；酚类在水溶液中得棕色或绿-棕色沉淀。

(3) 盐酸-氯化锌实验仅适用于鉴别六个碳原子以下的伯、仲、叔醇。因为它们能溶于试剂中，不会与生成的卤代烷混淆。实验中，如果不能明显区别仲醇还是叔醇，可用浓盐酸做试验：在2mL浓盐酸中加2～4滴醇振荡后静置，仲醇不反应，叔醇在10min内有卤代烃生成。伯醇中有时含有少量仲醇和叔醇等杂质，可能出现浑浊现象，但静置后不会分层。同一种醇，不同氢卤酸，反应难易次序为：HF＜HCl＜HBr＜HI。

实验七十二　醛、酮

醛、酮的试验方法很多。鉴定一个化合物是否含有羰基，主要是利用醛、酮与2,4-二硝基苯肼的反应，生成黄、棕或橙红色的2,4-二硝基苯腙沉淀。

根据醛比酮容易氧化的性质，通过Tollens试验、品红试验和铬酸氧化试验可以区分醛和酮。次碘酸钠与甲基酮基(CH_3CO—)和α-羟乙基结构[$CH_3CH(OH)$—]的化合物发生碘仿反应，可用于鉴定含有以上基团的化合物。

一、2,4-二硝基苯肼

取待测物2滴与1mL 2,4-二硝基苯肼试液混合，摇动，如果没有沉淀发生，放置5～10min，观察并记录现象。

待测物：丙酮、乙醛、苯甲醛、苯乙酮。

二、品红试剂

取待测物2滴，加10滴品红试剂，振摇1min，不要加热，观察并记录现象。

待测物：甲醛、苯甲醛、乙醛、丙酮。

三、Tollens试剂

在一洁净试管中加入1mL 10%硝酸银溶液和等体积的10%氢氧化钠溶液，混合后溶液产生浑浊或沉淀，逐滴加入2%氨水，同时摇动，至沉淀刚好溶解为止，再加待测物2滴，必要时在水浴中温热，观察并记录现象。

待测物：甲醛、丙酮、苯甲醛。

实验完毕后，立即用大量水冲洗残渣、试管并用稀硝酸淋洗。

四、铬酸试验

铬酸试验除用于检验醇外，也可用于区别醛和酮，脂肪族醛在5s内发生正反应，芳醛在30～45s发生正反应，若1min后颜色发生变化不为正反应。

在试管中加入1mL丙酮，溶解1滴或10mg样品，再加入1滴铬酸酐试剂，振摇试管，观察反应液颜色变化，反应液有时为乳浊液。

分别用环己酮、乙醛、苯甲醛、苯乙酮进行试验。

五、碘仿反应

取1滴液体样品(固体约20mg)溶于1mL水中，再加1mL 3mol/L氧氧化钠，然后慢慢加入 1～1.5mL 碘溶液，有什么现象发生？如果样品不溶于水，将其溶于 1mL 二恶烷中，步骤同上，最后用 10mL 水稀释。

分别用丙酮、乙醛、异丙醇、乙醇进行试验。

六、注意事项

(1) 做 2,4-二硝基苯肼反应时，试样不宜加多，否则苯腙沉淀溶于试样，影响实验结果。乙醛为 40%的水溶液，分层，上层为乙醛，使用时摇动。

(2) 品红试剂受热或遇碱容易分解，放出亚硫酸，回复到品红溶液的桃红色。试验时不能加热。

(3) Tollens 试剂必须在使用前配制，因为银氨配离子溶液不稳定，久置后析出黑色的氮化银(Ag_3N)沉淀，受到震动发生分解而爆炸。实验完毕后，应立即用硝酸酸化分解，清洗干净。

(4) 用乙醇、异丙醇做碘仿试验时，试剂要过量一倍，现象才明显，因为发生两步反应。

(5) 铬酸试验中，丙酮应用试剂级，或将溶剂级的丙酮用高锰酸钾处理。

(6) 铬酸酐试剂的配制：在 25mL 浓硫酸中加入 25g 铬酐(CrO_3)，搅拌得均匀糊状物，将其缓缓倒入 75mL 蒸馏水中，同时搅拌，直至得到透明的橙色溶液为止。

实验七十三　羧酸及其衍生物

水溶性羧酸可以通过酸性试验来鉴别，非水溶性羧酸则需利用稀氢氧化钠或稀碳酸氢钠来与酚区别。羧酸衍生物的性质试验主要利用它们的水解、醇解和氨解。

一、直接酯化作用

取 5 滴乙酸和 10 滴无水乙醇混合，再加入 2 滴浓硫酸，摇动并温热试管，倾入一表面皿中，用固体碳酸钠中和，是否有香味？

二、盐析效应

溶解 6 滴乙酸乙酯于最小量(约 3mL)水中，加食盐使溶液饱和，溶液是否分层？上层是什么？

三、酯的水解作用

取 6 滴乙酸乙酯和 3mL 5%氢氧化钠溶液共热并摇动，是否还有水果香味？写出其反应式。

实验七十四　胺

胺类化合物具有碱性，可以与酸成盐，是判断胺类化合物最重要的依据。Hinsberg 试验是根据一级胺、二级胺和三级胺与苯磺酰氯形成不同反应结果而鉴定的。

一、溶解度试验

在 3 支试管中分别加入 3mL 水、5%盐酸、5%氢氧化钠溶液，各滴入 2 滴胺，摇动试管，观察是否溶解。

用苯胺、*N*-甲基苯胺及 *N*,*N*-二甲基苯胺重复上述试验，观察是否溶解。

二、Hinsberg试验

在3支试管中分别加入3滴苯胺、*N*-甲基苯胺、*N*,*N*-二甲基苯胺，再各加入5mL 10%氢氧化钠溶液和5滴苯磺酰氯，加塞强烈摇动5min，保持溶液呈碱性，观察现象。再加入几滴浓盐酸酸化，有什么现象发生？

三、注意事项

(1) 进行Hinsberg试验时要严格控制试剂和试样的用量，胺-氢氧化钠-苯磺酰氯为1∶4∶1.5。

(2) 物料不能加多，否则产品溶解。

(3) 必须保持反应液呈碱性，使过量苯磺酰氯水解，产品才能析出。必要时用水浴加热，以促进水解。

实验七十五　糖

糖类化合物在酸性条件下，可脱水形成糠醛或糠醛衍生物。这些糠醛可以与α-萘酚作用生成紫色化合物。

还原性糖可以还原Fehling试剂和Tollens试剂，还能与过量苯肼成脎。糖脎是具有固定熔点的结晶，根据其形状、熔点和析出时间可以鉴别不同的糖。

一、Molisch试验

单糖和双糖化合物的一个比较普遍的定性反应是Molisch反应，即在浓硫酸存在下，糖与α-萘酚作用生成紫色环。

在试管中加入0.5mL 5%糖水溶液，再滴入2滴10% α-萘酚的乙醇溶液。在另一试管中加入1mL浓硫酸，然后将上述糖溶液沿试管内壁慢慢倒入此试管中，试液在上层，硫酸在下层，观察两液层交界处的颜色。颜色的产生是呋喃衍生物（如呋喃甲醛或羟甲基呋喃甲醛，此类衍生物是由糖类化合物在酸的作用下形成的）与α-萘酚结合的结果。

分别用葡萄糖、蔗糖、淀粉做上述试验。

二、Benedict试验

在一洁净试管中先后加入1mL 5%糖水溶液和1mL Benedict试剂，振摇，并将试管在沸水浴中加热3min，室温冷却试管，观察现象。

分别用葡萄糖、果糖、蔗糖、麦芽糖做上述试验。

三、Tollens试验

在洗净的试管中加入1mL Tollens试剂，再加入0.5mL 5%糖水溶液，在50℃水浴中温热，观察现象。

分别用葡萄糖、果糖、蔗糖、麦芽糖做上述试验。

四、糖脎的形成

在试管中加入1mL 5%糖水溶液，再加入0.5mL 10%苯肼盐酸盐溶液和0.5mL 15%乙酸钠溶液，在沸水浴中加热并不断摇动，加热 30min 后将没有出现沉淀的试管冷却。记录成脎的时间，比较产生脎结晶的速度。若有显微镜，应观察脎的特殊结晶形状。

分别用葡萄糖、果糖、蔗糖、麦芽糖做上述试验。

五、注意事项

Benedict 试剂的配制：称取 173g 柠檬酸钠和 100g 无水碳酸钠溶于 800mL 水中，再取 17.8g 结晶硫酸铜溶于 100mL 水中，慢慢将此溶液加入上述溶液中，最后用水稀释至 1L。若溶液不澄清，可过滤。

实验七十六　氨基酸和蛋白质

氨基酸是一类既含有氨基又含有羧基的两性化合物。α-氨基酸是组成蛋白质的基本单元。α-氨基酸与水合茚三酮溶液共热可生成蓝紫色物质。用层析法分离氨基酸，茚三酮可以作为显色剂。

尿素加热至 180℃左右，生成缩二脲并放出一分子氨。缩二脲与碱式硫酸铜作用，产生铜-缩二脲配合物。含有两个以上肽键（酰胺键）的多肽具有与缩二脲相似的结构，也能发生缩二脲反应，生成紫红或蓝紫色配合物，可用于蛋白质的定性或定量测定。

黄蛋白反应是含有苯环的氨基酸（如酪氨酸和色氨酸）与硝酸发生芳环上的硝化反应而显黄色，在碱性溶液中进一步形成橙黄色的硝醌酸钠。多数蛋白质分子含有带苯环的氨基酸，所以有黄色反应。

一、蛋白质的颜色反应

1. 茚三酮反应

(1) 取 2 支试管分别加入蛋白质溶液和甘氨酸溶液 1mL，再各加 0.5mL 0.1%茚三酮溶液，混匀，在沸水浴中加热 1～2min，观察颜色是否由粉红色变紫红色再变蓝色。

(2) 在一块小滤纸上滴一滴 0.5%甘氨酸溶液，风干后再在原处滴一滴 0.1%茚三酮-乙醇溶液，在微火旁烘干显色，观察是否有紫红色斑点出现。

2. 双缩脲反应

取 1 支试管，加入约 1mL 蛋白溶液和约 2mL 10%NaOH，摇匀，再加 2 滴 1% $CuSO_4$ 溶液，随加随摇，观察是否有紫玫瑰色出现。

3. 黄蛋白反应

取 1 支试管，加 4 滴蛋白质溶液及 2 滴浓硝酸，由于强酸的作用，开始蛋白质形成白色沉淀，小火加热，则沉淀变为黄色，冷却，逐滴加入 10%氢氧化钠溶液，颜色由黄色转变成深橙黄色。

二、蛋白质的沉淀反应

在水溶液中的蛋白质分子由于表面生成水化层和双电层而成为稳定的亲水胶体颗粒，在一定的理化因素影响下，蛋白质颗粒可因失去电荷和脱水而沉淀。

蛋白质的沉淀反应可分为两类。

(1) 可逆的沉淀反应。

此时蛋白质分子的结构尚未发生显著变化，除去引起沉淀的因素后，蛋白质的沉淀仍能溶解于原来的溶剂中，并保持其天然性质而不变性。例如，大多数蛋白质的盐析作用或在低温下用乙醇(或丙酮)短时间作用于蛋白质。提纯蛋白质时常利用此类反应。

(2) 不可逆沉淀反应。

此时蛋白质分子内部结构发生重大改变，蛋白质常变性而沉淀，不再溶于原来溶剂中。加热引起的蛋白质沉淀与凝固、蛋白质与重金属离子或某些有机酸的反应都属于此类。

蛋白质变性后，有时由于维持溶液稳定的条件仍然存在(如电荷)，并不析出。因此变性蛋白质并不一定都表现为沉淀，而沉淀的蛋白质也未必都已变性。

1. 盐析试验

取 1 支试管，加入 20 滴蛋白质溶液，再加入 20 滴饱和硫酸铵溶液，振荡后析出蛋白质沉淀，溶液变浑浊。取 10 滴浑浊液于另一试管中，加入 2mL 蒸馏水，振荡后观察现象。

2. 重金属盐沉淀蛋白质

取 2 支试管，各加入 10 滴蛋白质溶液，再在其中一支试管中加入 1 滴 5%碱式乙酸铅溶液，另一支试管中加入 1 滴 5%硫酸铜溶液，立即产生沉淀(切勿加过量试剂，否则沉淀复溶解)。再用水稀释，观察沉淀是否溶解，与盐析结果比较。

3. 生物碱沉淀蛋白质

取 2 支试管，各加入 10 滴蛋白质溶液和 2 滴 1%乙酸，一支试管中加入 2 滴饱和苦味酸，另一支试管中加入 2 滴 5%单宁酸。观察有无沉淀生成。

三、注意事项

(1) 茚三酮反应是氨基酸和蛋白质共有的；缩二脲反应是肽键的反应，只有蛋白质有；还有的是特殊反应，如有些蛋白质遇硝酸变黄，是因为蛋白质中有苯环。

(2)沉淀复溶于过量沉淀剂中，这是由于沉淀吸附了过量的金属离子，使沉淀胶粒带电形成新的双电层。

(3) 生物碱试剂过量时，也会出现沉淀复溶于过量沉淀剂的现象。

实验七十七　未知物的鉴定

下列试剂瓶的标签失落，试用化学方法或以化学方法为主，鉴别出每个试剂瓶中装的是何种试剂。

①间苯二酚；② 乙酰苯胺；③酒石酸钾钠；④ 对氨基苯磺酸；⑤十八烷胺；⑥蔗糖；⑦葡萄糖；⑧ 对苯二甲酸；⑨ 异丙醇；⑩ 环氧氯丙烷；⑪ 苯甲酸乙酯；⑫苯甲醛；⑬环己烯；⑭正丁醇；⑮正氯丁烷；⑯苯丁醚；⑰对甲苯乙酮；⑱环己烷；⑲甲苯；⑳ 正溴丁烷。

第8章　研究型实验

一、实验目的

在学生掌握有机实验的基本知识和基本操作技术的基础上开设研究型实验是有机化学实验教学一个相当重要的环节。

经过研究型实验的训练，进一步提高学生获取知识及灵活应用知识的能力、用科学方法进行探索的能力、综合实验操作能力、分析问题和解决问题的能力、文献的调研能力、科技论文的写作能力、开发创新能力及团队的协作精神，使学生初步了解和掌握有机化合物的一般研究方法，激发学生对有机化学实验的兴趣，使他们感觉到有机化学无处不在，无处不用，与日常生活和国民经济的发展息息相关，为今后的科学研究工作奠定坚实的基础。

二、实施步骤

1. 实验课题的选择

研究型实验课题的选择非常重要。一是要新，尽量包含当今有机化学学科前沿知识的研究热点、有机实验的新技术和新方法等；二是要尽量结合生产和生活实际；三是要兼顾实验室条件和学生实验特点。所以选题可从拓展实验内容，改进实验方法，开发新的有机化学实验，结合教师科学研究的需要合成某些原料或将教师的科研成果转化为教学实验，合成一些有实用价值的化合物或中间体等方面考虑；也可以让学生自带课题。

2. 文献查阅

先由教师向学生介绍有机化学文献的概况及其查阅方法。学生根据所选课题查阅资料，收集文献报道的合成路线及分析方法。

3. 拟订实验方案

学生对所查阅的文献资料进行归纳整理，经综合分析比较后拟订合适的合成路线，确定实验步骤，并与指导教师讨论确定最后的实验方案。然后按实验目的、实验原理、试剂(注明规格、用量、理化常数、配制方法等)、仪器及装置、实验步骤、产品分析、注意事项、参考文献等项目书写成文，并提交仪器和药品清单。

在设计最佳合成路线时，应考虑以下几个方面：①原料廉价、易得、毒性小；②反应步骤少，时间短，能耗小；③反应条件温和，操作简单，产品易分离、纯化；④具有好的反应选择性；⑤产率高、质量好、原子经济性高；⑥环境污染小；⑦对设备要求不苛刻；⑧对产品的制备进行经济分析。

4. 探索研究

准备工作完成后，进入实验室进行实验研究，所有相关试剂及溶液都由学生自行处理及配制。每个学生按照确定的实验方案独立完成实验。进行研究型实验时，先按设计方案完成基本实验过程，初步得到预期的结果。然后优化实验参数，从而得出最佳合成条件，力争获得创新性结果。实验中需仔细观察，及时记录试剂用量、反应仪器、反应条件、实验现象、测试数据等。若在实验中发现原设计方案不完善或出现问题，应设法改进或解决，以获得满意的结果。

5. 总结

实验结束后，首先对实验结果进行归纳、分析、总结，然后在全班或小组中讨论、交流、总结，对设计的实验方案提出评价或切实可行的改进意见，以达到相互启发、借鉴的目的。

6. 撰写小论文

将研究结果撰写成小论文，格式可借鉴一般化学期刊上发表的论文。发表论文要根据各类刊物对格式的具体要求书写。一般主要由以下几个方面组成：①题目；②作者（作者单位，邮政编码）；③摘要（研究内容、方法、成果和意义等）；④关键词（关键试剂、产物、反应类型、实验技术、方法等），以上几项要求中、英文；⑤引言（简要介绍题目的背景，实验目的、意义和研究成果）；⑥实验部分（主要仪器的名称和型号、试剂的级别及生产厂家等、详细的实验步骤和结果）；⑦结果与讨论（分别讨论各项研究结果，如实验方法的改进、新的研究方法、产物的结构表征和反应机理等）；⑧结论（写出最佳合成条件及结果等）；⑨参考文献；⑩致谢。

研究型实验可以在课内进行，也可以在学生课余时间或暑期学校进行。教师在研究型实验教学实施过程中始终起指导作用，对学生的研究课题必须做到心中有数，审查学生设计的研究方案时，切不可忽略实验中的安全因素，为学生独立完成实验提供必要的软硬件支持。在实验过程中，要随时与学生讨论实验中出现的各种问题，及时纠正不正确的操作。总之，在充分体现学生主体作用的同时，要充分发挥教师的主导作用。

三、研究型实验参考课题

(1) 实验室废液的回收、处理研究。

有机化学实验教学中，每年都产生大量的废水和废溶剂，目前主要是回收后上交有关部门处理，但需要支付“三废”处理费。所以开设这个课题很重要，一方面提高学生的实验能力和科研素养，另一方面增强教师和学生的环保意识，同时减少“三废”，节约教学经费。

研究内容提示：①处理废水，设计处理和分析方案，处理后的水经分析要达国家排放标准；②处理废溶剂，设计处理和分析方案，处理后的溶剂经分析要达试剂 CP 或 AR 级，回收后再用于教学实验。

必须注意：采用的处理方法不能产生二次污染。

(2) 2-硝基-1，3-苯二酚合成工艺的改进。

研究内容提示：根据绿色化学的十二条规则，改进 2-硝基-1，3-苯二酚的合成工艺，使其合成方法更绿色化，减少实验室的污染，提高产品产率。

(3) 废弃光盘的综合利用研究。

随着信息技术的高速发展，多媒体技术的更新和网络的普及，光储存媒体在人们日常生活中的使用越来越广泛，常见的有 CD、VCD、DVD 等。据相关报道，目前仅我国的光盘年消费量约为 70 亿张，而每年产生的废弃光盘约为 40 亿张，并且有不断增加的趋势。用于制造光盘的主要材料是双酚 A 型聚碳酸酯，金、银或铝的反射层，有的光盘还含有有机染料的染料层，铟、锑、碲及锗等贵金属构成的记录层。如果焚烧光盘，会产生二恶英等致癌物质。填埋处置法对完整的光盘起不到降解作用，但是破碎光盘中的 Al、Au、Ag 等却会进入土壤和地下水中，若被植物吸收，Al^{3+}会影响植物根系对养分的吸收，而 Au、Ag 会造成重金属污染。

对废弃光盘进行处理和再利用不仅可以节约价格昂贵的化工原料，还可以降低企业生产成本，提高企业市场竞争力，同时实现资源的循环利用。因此废弃光盘的回收利用不仅具有环保价值，还具有巨大的经济价值。

研究内容提示：①回收金、银等贵金属；②回收染料（可记录光盘 CD-R 中使用的感光染料的价格是黄金的 8～10 倍）；③回收双酚 A 并合成环氧树脂、双酚 A-二（羧甲基）醚、双酚 A 缩水甘油酯等各种有用的衍生物。

(4) 虾壳、蟹壳的综合利用研究。

甲壳素（chitin）又名几丁质、甲壳质、壳多糖等，广泛存在于甲壳纲动物如蟹、虾、昆虫及真菌中，其资源丰富，产量仅次于纤维素，是自然界第二大类有机物质。壳聚糖（chitosan）是甲壳素最重要的衍生物，是甲壳素部分或全部脱乙酰基的产物，是自然界中唯一的碱性多糖，是一种具有独特生物活性的高分子材料，无毒、无污染，而且具有很好的生物降解性和相容性。因此，非常有必要加大对壳聚糖的研究，以开发更多的产品。

研究内容提示：①制备骨关节保健品氨基葡萄糖；②壳聚糖止血材料的研制；③用氨基葡萄糖对阿司匹林进行改性，改善口感，减少对肠胃的刺激并有协同作用，制备氨基葡萄糖乙酰水杨酸盐，合成乙酰水杨酸 *N*-乙酰氨基葡萄糖酯（单酯或多酯）；④水溶性壳聚糖的制备；⑤水溶性羧甲基壳聚糖的制备；⑥壳聚糖废液制备双乙酸钠；⑦水溶性消毒杀菌剂壳聚糖碘的制备。

(5) 废聚酯瓶的综合利用研究。

聚酯是由对苯二甲酸或对苯二甲酸二甲酯与乙二醇聚合而成的饱和聚酯，具有良好的物理化学性能，广泛用于食品包装、纤维、薄膜、片基及电器绝缘材料等领域。

饮料包装瓶均为聚酯瓶。假设每年人均消费各种饮料 20 瓶，全国每年就有大量聚酯瓶的废弃物产生，经过 5 年、10 年的时间，环境中蓄积的废聚酯瓶将是天文数字。聚酯的广泛应用不仅消耗大量的石油资源，而且造成越来越严重的环境污染。因此，近年来废聚酯的循环利用日益受到世界各国的重视。废旧塑料资源是"人类的第二矿藏"、"城市里的宝藏"，开发利用废旧塑料资源，既可有效治理污染，又可创造巨大的经济和环境效益，是利国利民的绿色环保事业。

研究内容提示：①制备对苯二甲酸及聚酯；②制备对苯二甲酸二乙二醇酯（BHET）；③制备增塑剂对苯二甲酸二丁酯和对苯二甲酸二辛酯；④制备对苯二甲醇和对苯二甲醛；⑤Synthesis and characterization of MOF-5[Zn_4O(1,4-benzenedicarboxylate)$_3$]materials。

金属-有机骨架化合物（MOFs）作为一种新型的多功能分子基材料，因其有机-无机杂化特性、结构上的有序性和可裁剪性、微孔性、特殊的光电磁性质及工业上的潜在运用而备受关注。它作为多孔材料，是目前新功能材料研究领域的一个热点。

(6) 手性 Salen 和(1S)-1-(4-硝基苯基)-2-硝基乙醇的合成。

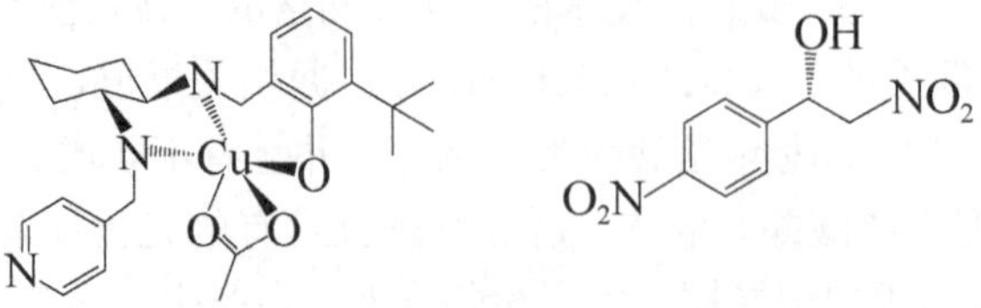

(7) Green, aqueous Suzuki coupling reaction: synthesis of ethyl(4-phenyl phenyl) acetate.

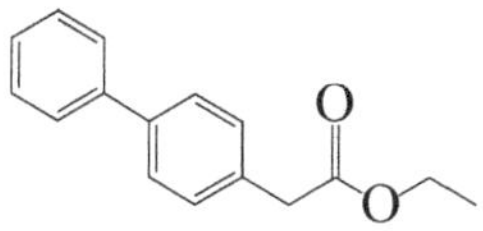

(8) Synthesis of a near-infrared emitting squaraine dye.

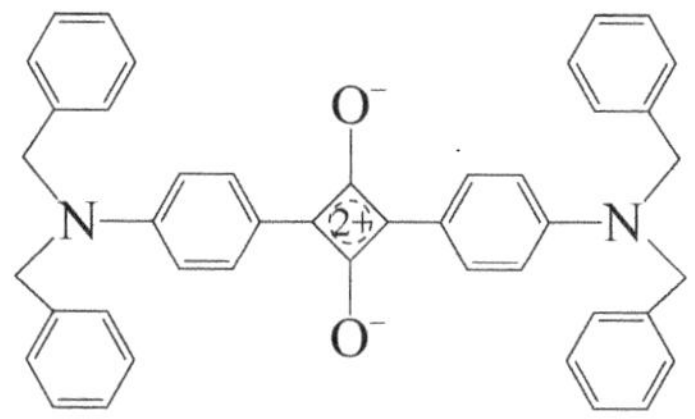

(9) Multicomponent one-pot synthesis of a *N*-protected α-amino ester: ethyl 2-[(4-methoxyphenyl)amino]-3-phenylpropanoate.

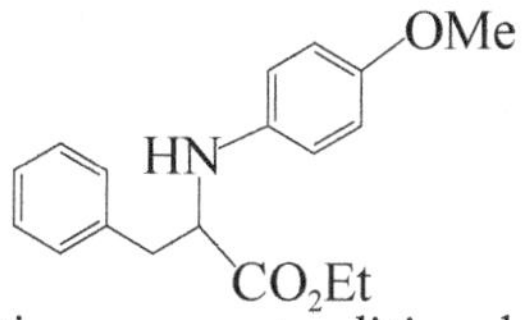

(10) Supercritical fluid extraction versus traditional solvent extraction of caffeine from tea leaves.

(11) Synthesis of tetrafuran (4FS). Tetrafuran derived from pentaerythritol (4FS) serve as building blocks for a self-healing cross-linked polymer via Diels-Alder reaction.

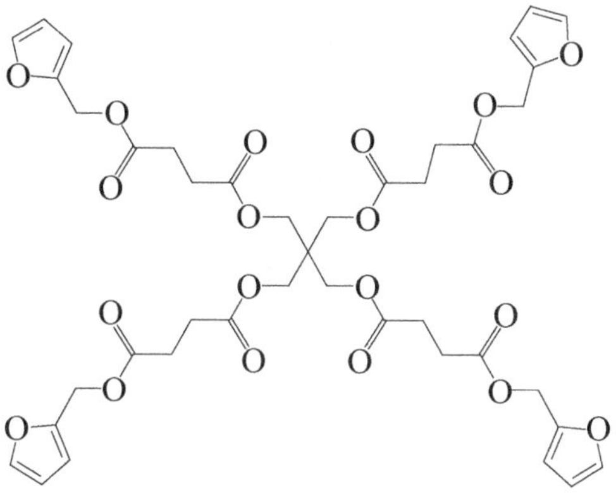

4FS

(12) 4,4′-二苯基-3-丁烯-2-酮[$CH_3COCH{=}C(Ph)_2$]的合成。

(13) Synthesis and characterization of self-assembled liquid crystals: *p*-alkoxybenzoic acids (p-$C_nH_{2n-1}OC_6H_4COOH$, $n=5\sim10$).

(14) 急救药瑞易宁(ethyl nalidixate)的合成。

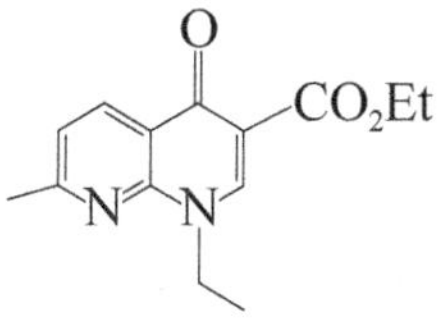

(15) Synthesis of sulfathiazole [2-(4-aminobenzenesulfonyl)aminothiazole].

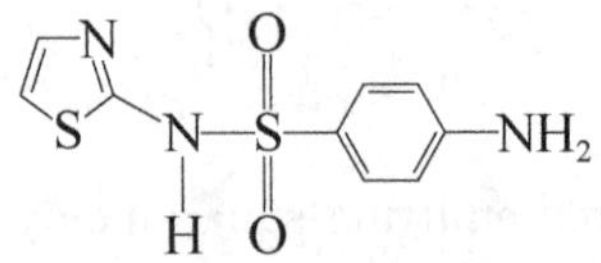

(16) 超分子主体化合物——杯[4]芳烃及其衍生物的合成、表征及应用。

超分子化学是一门新兴的学科，它是基于冠醚和穴状配体等大环配体的发展以及分子自组装的研究而发展起来的。杯芳烃(calixarenes)是对位取代苯酚与甲醛反应的具有腔体结构的低聚物，是继冠醚和环糊精之后出现的第三代超分子主体化合物。与环糊精、冠醚相比，杯芳烃更容易进行化学修饰，能衍生出成千上万功能各异的杯芳烃衍生物。以对叔丁基苯酚为代表的杯芳烃，其分子内可以包含 4、5、6、7、8 个苯环，目前研究得较多的是含有 4、6、8 个苯环的杯芳烃及其衍生物。其中杯[4]芳烃比杯[6]和杯[8]芳烃的构象更稳定，更容易合成，因此研究得最多。杯芳烃及其衍生物的应用非常广泛，可用于各种金属离子的选择性萃取，中性有机分子的分离，水污染的控制，有机反应的相转移催化剂，酶模拟催化反应，化学传感器和光电材料等领域。

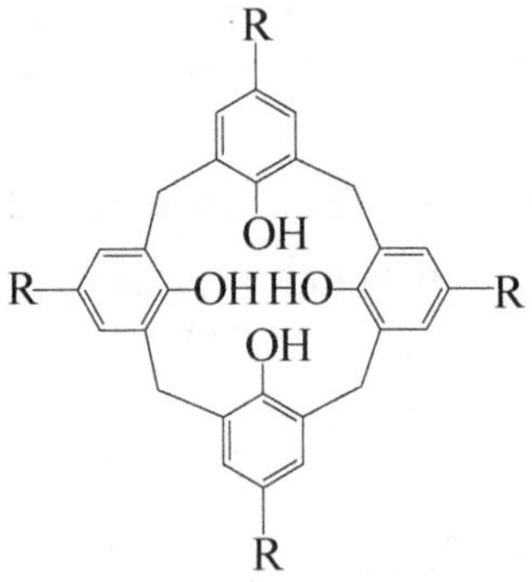

(17) Synthesis and characterization of new resorcinarenes (5,11,17,23-tetranitroresorcinarene) under alkaline conditions.

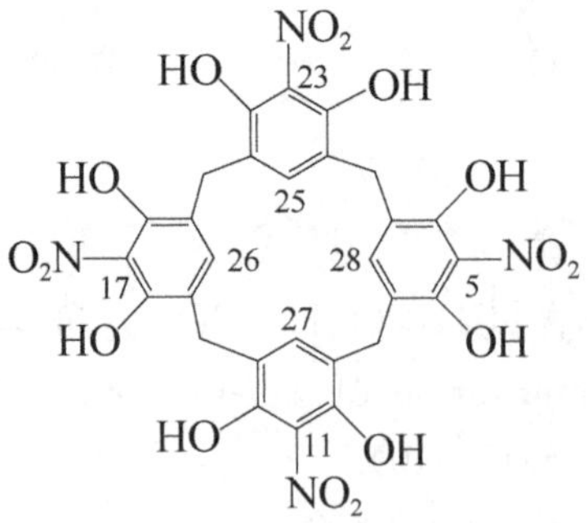

(18) 天然降血脂药物香菇嘌呤(eritadenine)的制备。

研究内容提示：①从香菇中提取香菇嘌呤；②香菇嘌呤的合成研究。

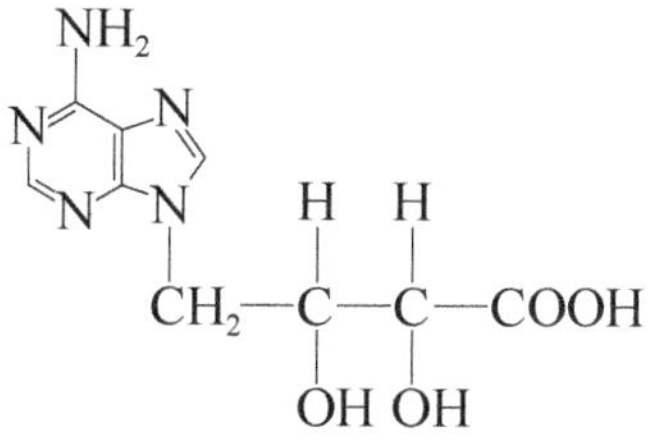

(19) 天然产物3,4-二羟基肉桂酸苯乙酯的全合成。

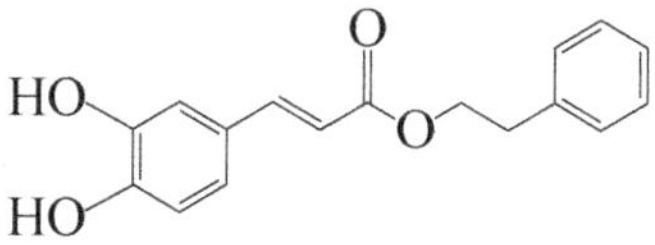

(20) 镇痛止痒剂4′-丁氧基-3-哌啶基苯丙酮盐酸盐(dycloninae)的合成。

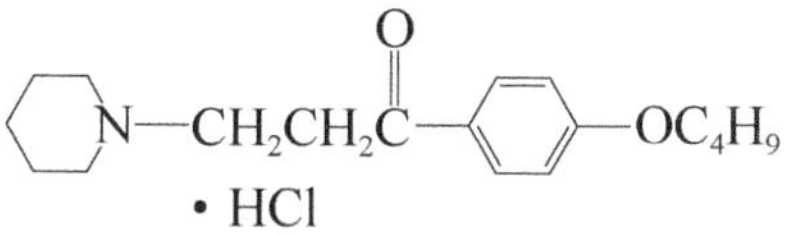

(21) 香兰素酶催化氧化偶联反应——合成二聚香兰素的研究。

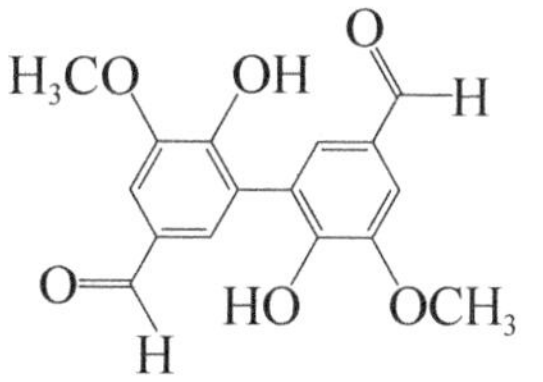

(22) Synthesis of *meso*-diethyl-2,2′-dipyrromethane in water.

(23) Microwave-assisted one-pot synthesis of a natural insecticide——methylenedioxyprecocene(MDP) on basic montmorillonite K10.

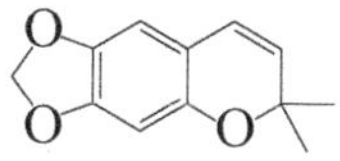

(24) "一锅法"合成光学活性化合物灭鼠灵(warfarin)的研究。

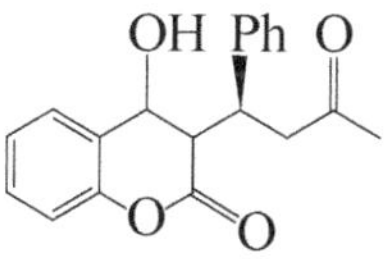

(*R*)-warfarin

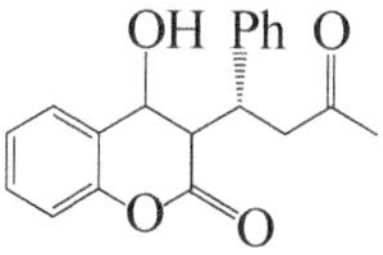

(*S*)-warfarin

(25) 非甾类抗炎药布洛芬(ibuprofen)的合成研究。

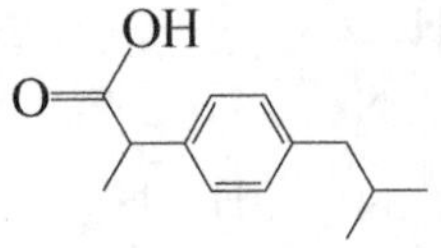

(26) 酚类化合物邻位甲酰化反应制备水杨醛类化合物的研究。

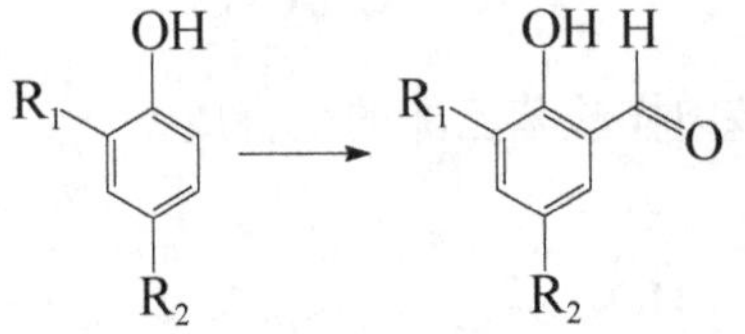

R_1,R_2:H,烷基,烷氧基,Ar,OAr,F,Cl,Br,I

(27) 废弃动植物油脂的综合利用研究。

研究内容提示:①制备生物燃料;②制备脂肪酸及其衍生物。

(28) 多组分"一锅法"合成 1-[(4-氟苯基)(4-甲氧基苯基)甲基]哌啶。

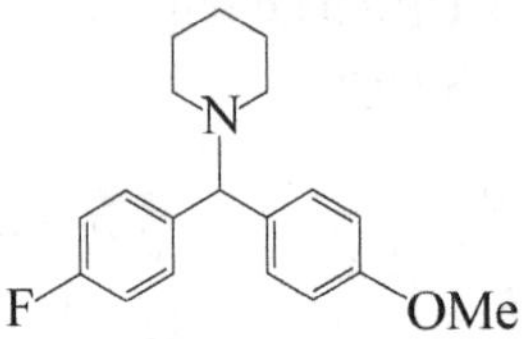

(29) 从夏雪片莲中提取治疗老年痴呆症药物加兰他敏(galantamine)及结构表征。

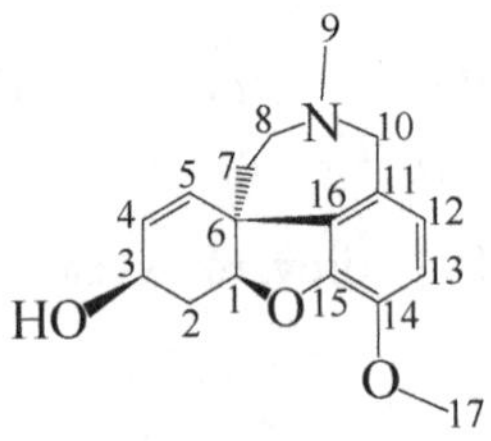

(30) 从白芥子中提取镇咳有效成分对羟基苯乙腈的研究。

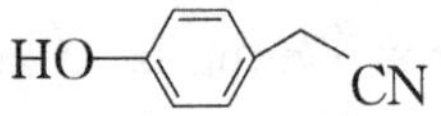

参考文献

北京大学化学学院有机化学研究所. 2002. 有机化学实验. 2版. 北京:北京大学出版社

道格西,哈奇森. 2005. 绿色有机化学——理念和实验. 任玉杰译. 上海:华东理工大学出版社

丁明玉. 2006. 现代分离方法与技术. 北京:化学工业出版社

杜斌,郑鹏武. 2009. 实用现代色谱技术. 郑州:郑州大学出版社

范如霖. 1987. 有机合成特殊技术. 上海:上海交通大学出版社

方珍发. 1992. 有机化学实验. 南京:南京大学出版社

高占先. 2004. 有机化学实验. 4版. 北京:高等教育出版社

谷珉珉,贾韵仪,姚子鹏. 1991. 有机化学实验. 上海:复旦大学出版社

化学同人编辑部. 1980. 化学实验安全手册. 陈琼译. 南宁:广西人民出版社

纪顺俊,史达清,等. 2009. 现代有机合成新技术. 北京:化学工业出版社

贾瑛. 2009. 绿色有机化学实验. 西安:西北工业大学出版社

姜麟忠. 1987. 催化氢化在有机合成中的应用. 北京:化学工业出版社

焦家俊. 2000. 有机化学实验. 上海:上海交通大学出版社

金钦汉. 2001. 微波化学. 北京:科学出版社

康锡惠,刘梅清. 1995. 光化学原理与应用. 天津:天津大学出版社

克劳泽·施韦特利克,等. 2011. 有机合成实验室手册. 22版. 万均,温永红,陈玉,等译. 北京:化学工业出版社

兰州大学. 2010. 有机化学实验. 3版. 北京:高等教育出版社

李霁良. 2003. 微型半微型有机化学实验. 北京:高等教育出版社

李克华,李建波. 2007. 精细有机合成. 北京:石油工业出版社

李良助,林垚,宋艳玲,等. 1992. 有机合成原理和技术. 北京:高等教育出版社

李明,刘永军,王书文,等. 2010. 有机化学实验. 北京:科学出版社

李鑫钢. 2009. 现代蒸馏技术. 北京:化学工业出版社

李再峰. 2008. 绿色化学实验. 武汉:华中科技大学出版社

李兆陇,阴金香,林天舒. 2001. 有机化学实验. 北京:清华大学出版社

陆熙炎. 1998. 绿色化学与有机合成及有机合成中的原子经济性. 化学进展,(2): 1-11

麦禄根. 2001. 有机化学实验. 上海:华东师范大学出版社

麦禄根. 2002. 有机合成实验. 北京:高等教育出版社

米勒 J A,诺齐尔 E F. 1987. 现代有机化学实验. 董庭威,谷珉珉,吴世晖,等译. 上海:上海翻译出版公司

帕维亚 D L,兰普曼 G M,小克里兹 G S. 1985. 现代有机化学实验技术导论. 丁新腾译. 北京:科学出版社

施理纳,等. 2007. 有机化合物系统鉴定手册. 8版. 张书圣,温永红,丁彩凤,等译. 北京:化学工业出版社

施耀曾,等. 1988. 有机化合物光谱和化学鉴定. 南京:江苏科学技术出版社

宋华,陈颖. 2003. 化工分离工程. 哈尔滨:哈尔滨工业大学出版社

孙尔康,吴琴媛,周以泉,等. 1991. 化学实验基础. 南京:南京大学出版社

覃兆海,陈馥衡,谢毓元. 1998. 超声波在有机合成中的应用. 化学进展,10(1):63-73

汤峨,曾坤伟,曹秋娥. 2010. 应用化学实验. 北京:科学出版社

唐林生. 2008. 绿色精细化工概论. 北京:化学工业出版社

唐培堃,冯亚青. 2006. 精细有机合成化学与工艺学. 2版. 北京:化学工业出版社

王福来. 2001. 有机化学实验. 武汉:武汉大学出版社

王建新. 2000. 精细有机合成. 北京:中国轻工业出版社

王利民,田禾. 2004. 精细有机合成新方法. 北京:化学工业出版社

王娜,李保庆. 1999. 超声催化反应的研究现状和发展趋势. 化学通报,5:26-32

王莹，王晓波，陈世波. 2006. 催化加氢技术在化工中的应用. 河北化工，29(11)：39-41
奚关根，赵长宏，高建宝. 2002. 有机化学实验. 上海：华东理工大学出版社
夏玉宇. 2004. 化学实验室手册. 北京：化学工业出版社
谢如钢. 2007. 现代有机合成化学. 上海：华东理工大学出版社
《新编危险物品安全手册》编委会. 2001. 新编危险物品安全手册. 北京：化学工业出版社
徐家业. 1997. 有机合成化学及近代技术. 西安：西北工业大学出版社
徐家业. 2004. 高等有机合成. 北京：化学工业出版社
许其佑，等. 1990. 有机化工分离工程. 上海：华东化工学院出版社
许遵乐，刘汉标，陆慧宁. 1999. 有机化学实验. 2 版. 广州：中山大学出版社
薛叙明. 2009. 精细有机合成技术. 2 版. 北京：化学工业出版社
薛永强，张蓉，等. 2007. 现代有机合成方法与技术. 2 版. 北京：化学工业出版社
杨国强. 2011. 我国光化学研究的进展及展望. 化学通报，74(7)：594-599
有机化学实验技术编写组. 1978. 有机化学实验技术. 北京：科学出版社
余向春. 2009. 化学文献及查阅方法. 4 版. 北京：科学出版社
余仲建，李松兰，张殿坤. 1994. 现代有机分析. 天津：天津科学技术出版社
张宝文，程学新，刘颙颙，等. 2001. 有机合成光化学及其研究现状. 感光科学与光化学，19(2)：139-155
张华. 2005. 现代有机波谱分析. 北京：化学工业出版社
赵乃瑄，冯新. 2007. 化学化工电子文献检索与分析策略. 北京：科学出版社
Ault A, Wright B. 1976. J Chem Educ, : 53: 489.
Cai D, Hughes D L, Verhoeven T R, et al. 1995. Tetrahedron Lett, 36: 7991-7994
Clovis J S, Eckell A, Huisgen R, et al. Chem Ber, 100: 60-70
Gilbert J C, Martin S F. 2011. Experimental Organic Chemistry: A Miniscale and Microscale Approach. 5th ed. Cengage Learning
Isagawa K, Kimura Y, Kwon S. 1974. J Org Chem, 39: 3171
Joshi G C, Singh N, Pande L M. 1972. Tetrahedron Lett, 1461
Kendrew K W M. 2004. J Chem Educ, 81(11): 1636-1640
Lang P T, Harned A M, Wissinger J E. 2011. J Chem, Educ, 88: 652-656
Lim K V R, Lin Q. 2011. Acc Chem Res, 44: 828-839
Makosza M, Wawrzyniewicz M. 1969. Tetrahedron Lett, 4659
Mayo D W, Pike R M, Forbes D C. 2011. Microscale Organic Laboratory with Multistep and Multiscale Syntheses. 5th ed. New York: John Wiley & Sons, Inc
Mohrig J R, Hammond C N, Schatz P F. 2010. Techniques in Organic Chemistry: Miniscale, Standard Taper Microscale, and Williamson Microscale. 3rd ed. New York: W H Freeman and Company
Musiol R, Tyman-Szram B, Polanski J. 2006. J Chem Educ, 83(4): 632-633
Pavia D L, Lampman G M, Kriz G S, et al. 2002. Microscale and Macroscale Techniques in the Organic Chemistry Laboratory. New York: Harcourt Inc
Schulze A, Pagona G, Giannis A. 2006. Syn Comm, 36: 1147-1156
Sharma R K, Sharma C, Sidhwani I T. 2011. J Chem Educ, 88(1): 86-87
Song W, Wang Y, Qu J. 2008. Angew Chem Int Ed, 47: 2832-2835
Vivekanand P A, Balakrishnan T. 2009. Catal Commun, 10: 687-692
Vogel A I, et al. 1989. Vogel's Textbook of Practical Organic Chemistry. 5th ed. NewYork: Halstead Press
Wang Y, Rivera Vera C I, Lin Q. 2007. Org Lett, 9: 4155-4158
Yamano Y, Ito M. 2007. Org Biomol Chem, 5(19): 3207-3212

附　　录

附录1　普通有机化学实验常用玻璃仪器单

名称	形状	规格	数量	用途
磨口温度计		360℃/14#	1	测量温度
搅拌头		14#	2	装置搅拌、固定温度计
		19#	2	
磨口塞		10#	2	盖在磨口容器上防止液体挥发
		14#	2	
		19#	4	
		24#	2	
接头		14×19#	2	可连接不同规格的磨口
		19×14#	2	
蒸馏头	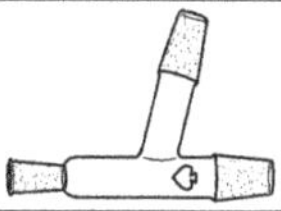	14×14#	1	与圆底烧瓶等组装后用于蒸馏
		14×19#	1	
分馏头	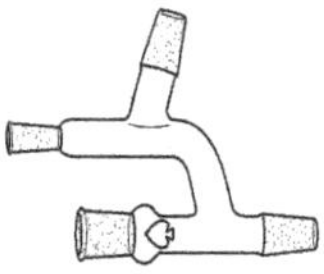	14#×2/14#×2	1	用于减压蒸馏
蒸馏弯头	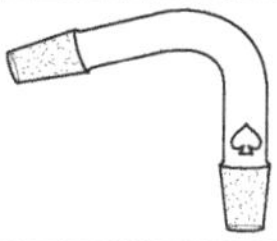	19#×19#	1	与蒸馏瓶、冷凝管组装用于蒸馏
干燥管	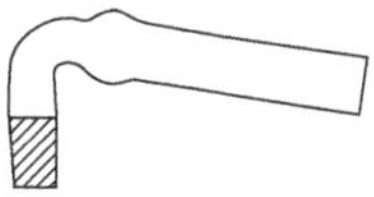	14#	1	装干燥剂，用于无水反应装置
		19#	2	
Y形加料管	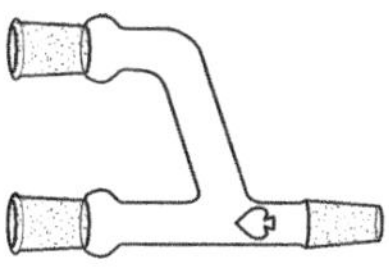	19#	1	与圆底烧瓶等组装增加连接口；与蒸馏头或蒸馏弯管组成克氏蒸馏头
过滤管	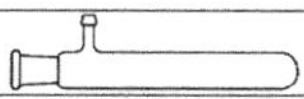	25mL/19#	1	用于吸滤
空气冷凝管	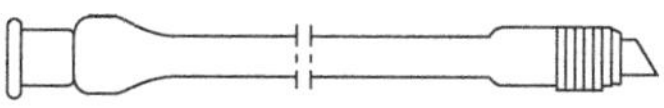	20cm/19#	1	用于蒸馏、回流冷凝沸点高于130℃的样品
直形冷凝管		10cm/14#	1	用于常压蒸馏和减压蒸馏沸点<130℃
		20cm/14#	1	
		30cm/19#	1	

续表

名称	形状	规格	数量	用途
球形冷凝管	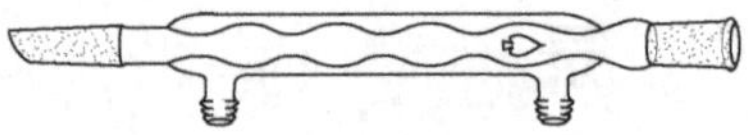	20cm/14#	1	用于回流反应中冷凝溶液蒸气沸点<130℃
		30cm/19#	1	
单尾应接管	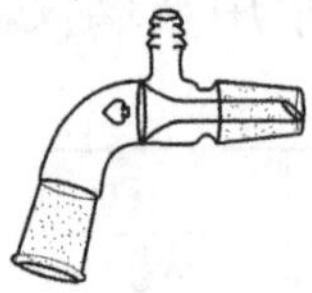	14#×14#	1	用于蒸馏
		19#×19#	1	
双尾应接管	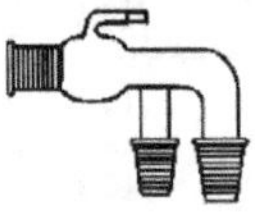	14#×14#	1	用于减压蒸馏
梨形瓶	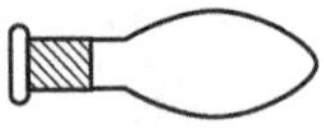	10mL/14#	1	少量实验时用
圆底烧瓶		25mL/14#	3	用于常温下反应、加热回流及蒸馏
		50mL/19#	3	
		100mL/19#	2	
		250mL/19#	2	
三颈瓶		250mL/19#×3	1	用于反应，三口分别装电搅拌器、回流冷凝管和温度计等
锥形瓶		10mL/14#	3	用于储存液体、混合溶液及加热小量溶液
		50mL/19#	3	
		100mL/19#	3	
		250mL/24#	4	
恒压滴液漏斗	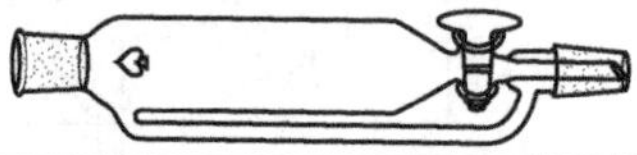	50mL/19#	1	用于向反应体系滴加反应液
分液漏斗	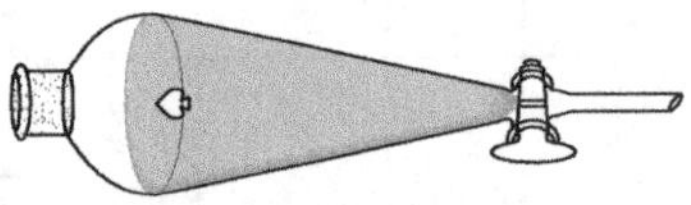	125mL/19#	1	溶液的萃取和分离
		250mL/19#	1	
冷凝指	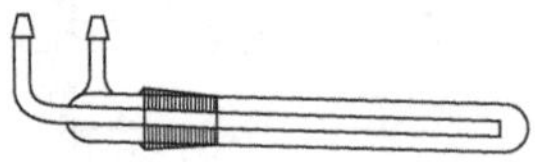	19#	1	用于固体样品的升华
四颈瓶	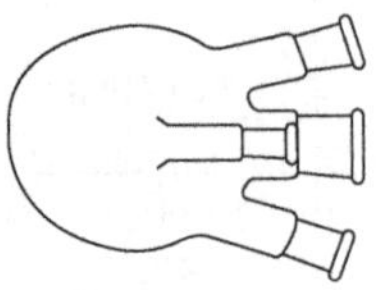	150mL/14#×19#×3	1	用于反应

续表

名称	形状	规格	数量	用途
容量瓶		25mL	1	用于配制标准溶液
磨口吸滤瓶	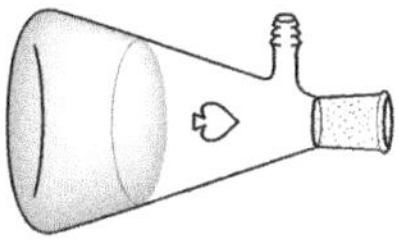	50mL/19＃	1	用于减压过滤
吸滤漏斗	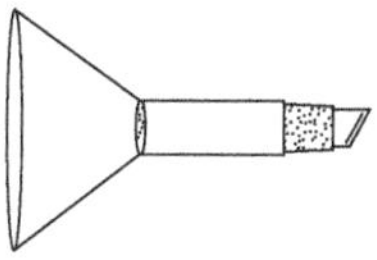	4cm/19＃	1	用于减压过滤
固体漏斗	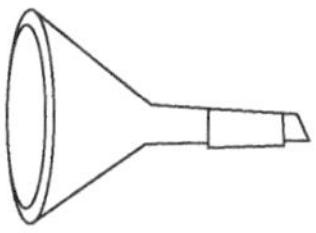	19＃	1	用于向体系中加入固体原料
磨口梨形试管	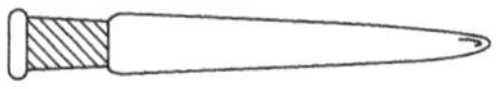	2mL/10＃	2	用于微量实验
普通温度计		250℃	1	用于温度测定
		360℃	2	
普通干燥管	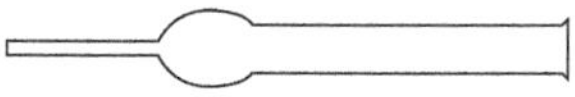		1	装干燥剂，用于无水反应、蒸馏装置
磨口 b 形管＋带孔搅拌头	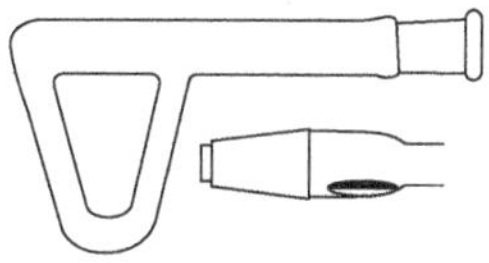		1	用于熔点测定
烧杯	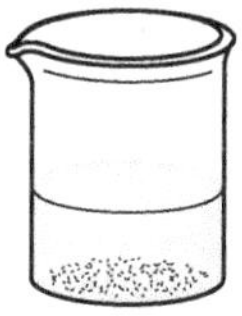	50mL	2	用于加热溶液、浓缩溶液及溶液混合和转移
		100mL	2	
		250mL	2	
		400mL	2	
量筒	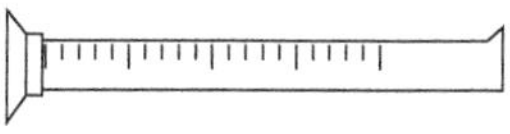	10mL	1	用于量取液体
		50mL	1	
试管		10mm×75mm	20	用于定性实验
		15mm×150mm	16	
离心试管	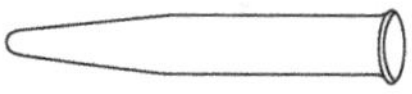	12mL	2	用于液体和固体样品的分离

续表

名称	形状	规格	数量	用途
吸滤瓶	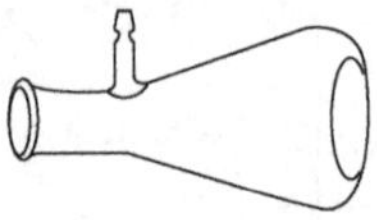	125mL	1	用于减压过滤
布氏漏斗	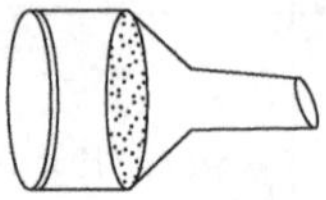	4cm	1	用于减压过滤
玻璃漏斗	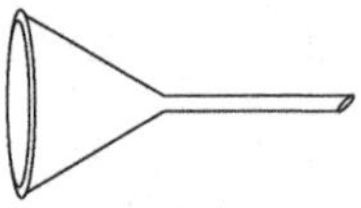	4cm	1	用于常压过滤及添加液体
		6cm	1	
表面皿		7cm	2	用于干燥固体样品
培养皿	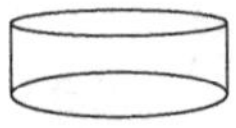	6cm	1	放置固体样品，用于干燥
细口瓶	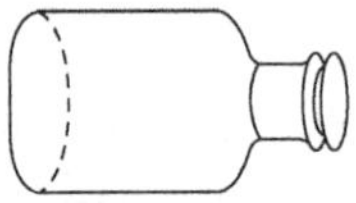	30mL	2	用于盛放液体试剂和溶液
广口瓶	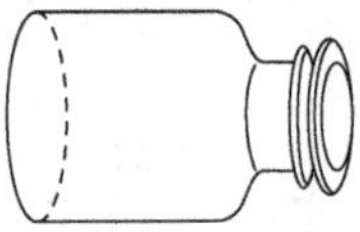	30mL	4	用于盛放固体试剂和样品
层析缸	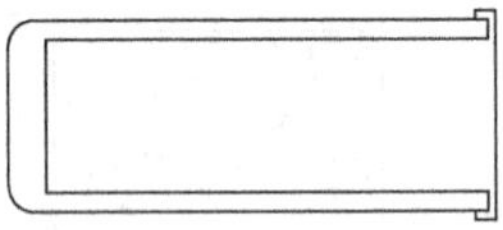		1	用于薄层层析
钢精锅		16cm	1	加热容器
洗耳球	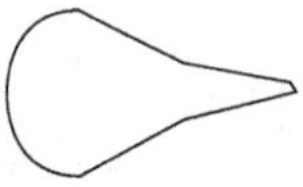			与刻度移液管组合用于移取液体
刻度移液管	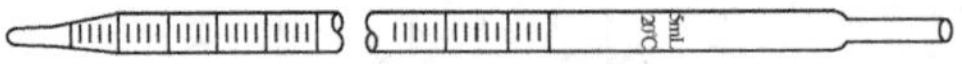	5mL	1	用于移取液体
		1mL	1	
T形管	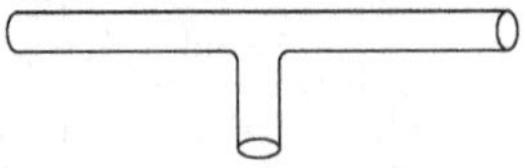		1	用于连接仪器或作导管
骨勺			1	用于取固体样品
镍勺			1	用于取非酸性固体样品

续表

名称	形状	规格	数量	用途
弹簧夹			1	用于夹橡皮管
试管夹	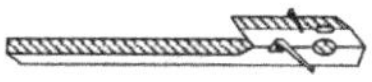		1	用于夹试管
石棉网	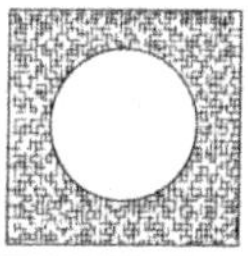		2	用于给烧杯等隔热
自由夹	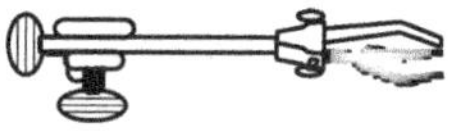		4	用于固定反应容器
十字夹			4	和铁夹一起固定反应瓶或冷凝管
橡皮管		1.5m	2	用于通冷凝水
磁子		(大,中,小)	各1	用于磁力搅拌
标准口塑料夹		19#	3	用于固定仪器
		14#	4	

附录2　常见基团和化学键的红外吸收特征频率

化合物	基团	频率/cm^{-1}	波长/μm	强度	振动类型
烷烃	—CH_3	2962±10 2872±10 1450±20 1375±10	3.37 3.48 6.89 7.25	强 强 中 强	C—H 伸 C—H 伸 C—H 弯 C—H 弯
	—CH_2—	2926±5 2853±5 1465±20	3.42 3.51 6.83	强 强 中	C—H 伸 C—H 伸 C—H 弯
	—$C(CH_3)_3$	1395～1385 1365±5 1250±5 1250～1200	7.16～7.22 7.33 8.00 8.00～8.33	中 强	C—H 弯 C—H 弯 C—H 伸 C—H 伸

续表

化合物	基团	频率/cm^{-1}	波长/μm	强度	振动类型
烷烃	$—C(CH_3)_2—$	1385±5 1370±5 1170±5 1170～1140	7.22 7.30 8.55 8.55～8.77	强 强	C—H 弯 C—H 弯 C—H 伸 C—H 伸
	$—(CH_2)_n—$	750～720	13.33～13.88		C—C 伸(n=4)
不饱和烃	C═C C═C（共轭）	1680～1620 ～1600	5.95～6.17 6.25	变化 强	C═C 伸 C═C 伸
	—CH═CH—	3040～3010 970～960	3.29～3.32 10.30～10.42	中 强	C—H 伸 C—H 弯
	R—C≡CH R—C≡C—R′ —C≡C—（共轭）	2140～2100 2260～2190 2260～2235	4.67～4.76 4.47～4.57 4.42～4.47	中 中 强	C≡C 伸 C≡C 伸 C≡C 伸
	R—C≡C—H	3320～3310 680～610	3.01～3.02 14.71～16.39	中 中	C—H 伸 C—H 弯
芳烃		3070～3030 1600～1450 900～695	3.25～3.30 6.25～6.89 11.11～14.39	强 中 强	C—H 伸 C—C 伸 C—H 弯
醇和酚	OH(二聚)(分子间氢键)(多聚)	3350～3450 3400～3200	2.82～2.90 2.94～3.13	变化 强	O—H 伸 O—H 伸
	伯醇	3643～3630 1075～1000 1350～1260	2.74～2.75 9.30～10.00 7.41～7.93	强 强 强	O—H 伸 C—O 伸 O—H 弯
	仲醇	3635～3620 1120～1030 1350～1260	2.75～2.76 8.93～9.71 7.41～7.93	强 强 强	O—H 伸 C—O 伸 O—H 弯
	叔醇	3620～3600 1170～1100 1410～1310	2.76～2.78 8.55～9.09 7.09～7.63	强 强 中	O—H 伸 C—O 伸 O—H 弯
	酚	3612～3593 1230～1140 1410～1310	2.77～2.78 8.13～8.77 7.09～7.63	强 强 中	O—H 伸 C—O 伸 O—H 弯
胺	伯胺	3398～3381 3344～3324 1079±11 3400～3100 1650～1590 900～650	2.92～2.96 2.99～3.01 9.27 2.94～3.23 6.06～6.29 11.11～15.38	弱 弱 中 强 强 弱	N—H 伸 N—H 伸 C—N 伸 N—H 伸(氢键) N—H 弯 N—H 弯

续表

化合物	基团	频率/cm^{-1}	波长/μm	强度	振动类型
胺	仲胺	3360～3310 1139±7 1650～1550	2.76～3.02 8.78 6.06～6.45	弱 中 弱	N—H 伸 C—N 伸 N—H 弯
羰基化合物	酮	1725～1705	6.00～5.87	强	C═O 伸
	芳酮	1960～1860	5.92～5.95	强	C═O 伸
	醛	1745～1730 2900～2700 1440～1325	5.73～5.78 3.45～3.70 6.94～7.55	强 弱 强	C═O 伸 C—H 伸 C—H 弯
	酯	1750～1730 1300～1000	5.71～5.78 7.69～10.00	强 强	C═O 伸 C—O—C 伸
	酸	1725～1700 1700～1680 2700～2500 3560～3500 1440～1395 1320～1211	5.80～5.88 5.88～5.95 3.70～4.00 2.81～2.86 6.94～7.19 7.58～8.26	强 强 弱 中 弱 强	C═O 伸 C═O 伸(芳酸) O—H(二聚体) O—H 伸(单体) C—O 伸 O—H 弯
羧酸及其衍生物	CO_2^-	1610～1560 1420～1300	6.21～6.45 7.04～7.69	强 中	C═O 伸 C═O 伸
	酰卤	1810～1970	5.53～5.59	强	C═O 伸
	伯酰胺	1890～1650 ～3520 3410 1420～1405	5.92～6.06 2.84 2.93 7.04～7.12	强 中 中 中	C═O 伸 N—H 伸 N—H 伸 C—N 伸
	仲酰胺	1680～1630 ～3440 1570～1530 1300～1260	5.95～6.13 2.91 6.37～6.54 7.69～7.94	强 强 强 中	C═O 伸 N—H 伸 N—H 伸 C—N 伸
	叔酰胺	1670～1630	5.99～6.13	强	C═O 伸
硝基化合物	C—NO_2(脂肪族)	1554±6 1382±6	6.44 7.24	极强 极强	N—O 伸 N—O 伸
	C—NO_2(芳香族)	1555～1487 1357～1348 875～830	6.43～6.72 7.37～7.59 11.42～12.01	强 强 中	N—O 伸 N—O 伸 C—N 伸
	O—N═O	1640～1620 1285～1270	6.10～6.17 7.78～7.87	强 强	—N═O 伸 —N═O 伸

续表

化合物	基团	频率/cm^{-1}	波长/μm	强度	振动类型
有机卤化物	C—F	1100～1000	9.09～10.00	强	C—F 伸
	C—Cl	830～500	12.04～20.00	强	C—Cl 伸
	C—Br	600～500	16.67～20.00		C—Br 伸
	C—I	600～465	16.67～21.50		C—I 伸
其他有机化合物	—C—S—H	2950～2500 700～590	3.38～3.90 14.28～16.95	弱 弱	S—H 伸 C—S 伸
	C═S	1270～1245	7.87～8.03	强	C═S 伸
	C—Si—H	2280～2050 890～860	4.39～4.88 11.24～11.63	极强	Si—H 伸 Si—H 弯
	C—P—H	2475～2270 1250～950	4.04～4.40 8.00～10.53	中 强	P—H 伸 P—H 弯
无机化合物	CO_3^{2-}	1490～1410 880～860	6.71～7.09 11.36～12.50	极强 中	C—O 伸 C—O 弯
	SO_4^{2-}	1130～1080 680～610	8.85～9.62 14.71～16.40	极强 中	S—O 伸 S—O 弯
	NO_2^-	1250～1230 1360～1340 840～800	8.00～8.13 7.35～7.46 11.90～12.50	强 强 弱	N—O 伸 N—O 伸 N—O 弯
	NO_3^-	1380～1350 840～815	7.25～7.41 11.90～12.26	极强 中	N—O 伸 N—O 弯
	NH_4^+	3300～3030 1485～1390	3.03～3.33 6.73～7.19	极强 强	N—H 伸 N—H 弯
	PO_4^{3-} HPO_4^{2-} $H_2PO_4^-$	1100～1000	9.09～10.00	强	P—O 伸
	ClO_3^-	980～930	10.20～10.75	极强	Cl—O 伸
	ClO_4^-	1140～1060	8.77～9.43	极强	Cl—O 伸
	$Cr_2O_7^{2-}$	950～900	10.35～11.11	强	Cr—O 伸
	CN^-、CNO^-、CNS^-	2200～2000	4.55～5.00	强	C—N 伸

附录3　各类取代苯泛音区及900～650cm^{-1}区特征吸收带

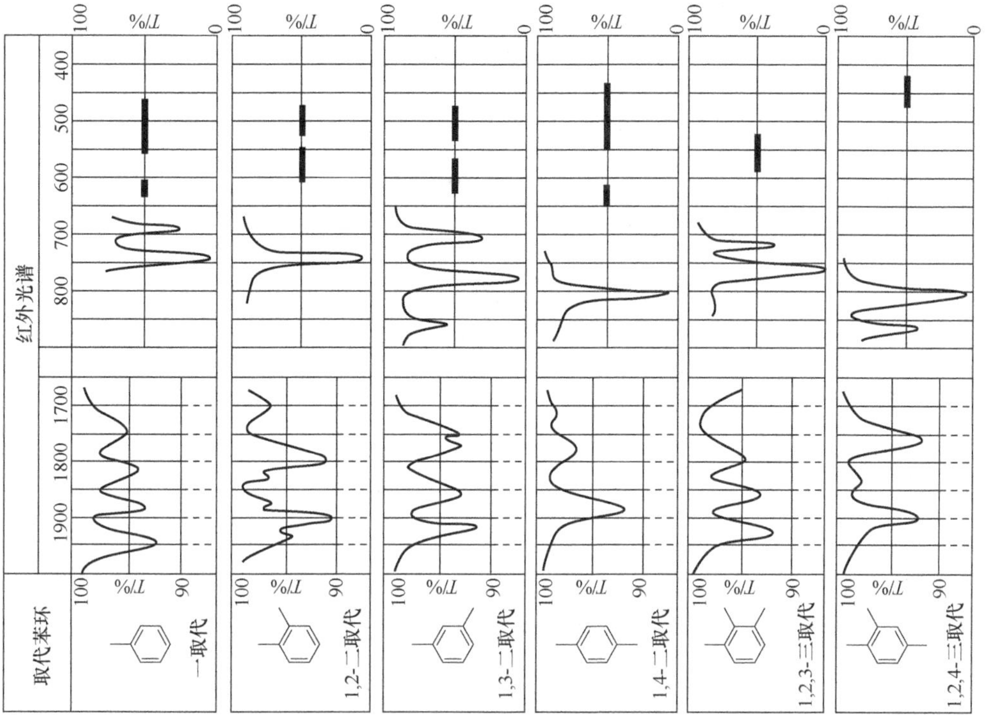

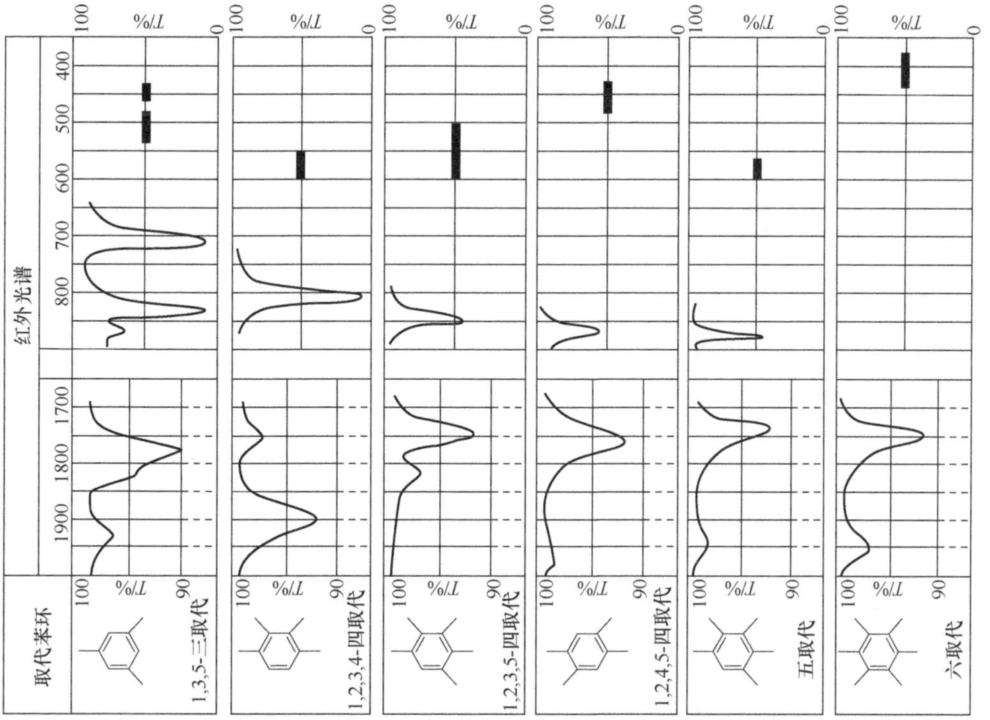

附录 4 各类取代苯的特征吸收频率

取代类型	吸收频率/cm^{-1}(μm),强度(相邻 H 数)	注释
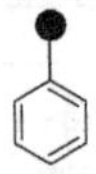 单取代	770～730(13.0～13.7),很强(5H) 710～690(14.1～14.5),强 2000～1600(5.0～6.0),弱	芳环变形振动 样品浓度高时,有四个小突起
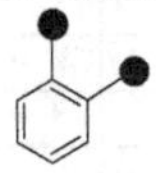 邻二取代	770～735(13.0～13.6),很强,(4H) 1950～1650(5.13～6.06),弱	在 1900cm^{-1}、1780cm^{-1}有两个小突起, 1680cm^{-1}、1940cm^{-1}还有两个更弱的带
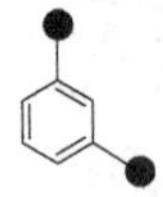 间二取代	900～860(11.1～11.6),很强,(1H) 810～750(12.3～13.3),很强,(3H) 720～680(13.8～14.7),强 1930～1740(5.18～5.75),弱	芳环变形振动 样品浓度较高时有三个小突起, 频率最低的小突起有时较宽
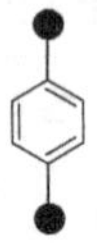 对二取代	860～800(11.6～12.5),很强,(2H) 1900～1750(5.26～5.71),弱	有两个突起,高频突起较强
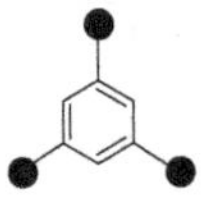 1,3,5-三取代	860～810(11.6～12.3),强,(1H) 735～675(13.6～14.8),强 1800～1700(5.56～5.88)	芳环变形振动 一个很宽的弱带,但在 1900cm^{-1}处 还有一个很弱的突起
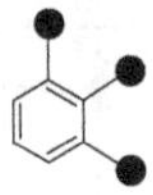 1,2,3-三取代	780～760(12.8～13.2),强,(3H) 725～680(13.8～14.7) 1900～1700(5.26～5.88),弱	与间二取代苯相似 芳环变形振动 与一元取代苯相似,但只有三个小突起
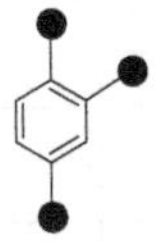 1,2,4-三取代	885～870(11.3～11.5),强,(1H) } 825～805(12.1～12.4),强,(2H) } 1900～1700(5.26～5.88),弱	此双带的频率比单取代、 间二取代及其他三取代苯都高 在 1880cm^{-1}、1740cm^{-1}处有两个突起, 在这两个带中间还有一个更弱的突起
四取代苯(三个异构体)	870～800(11.5～12.5),强 1900～1700(5.26～5.88),弱	单带,易与对二取代苯混淆 单带,但在 1950cm^{-1}(1,2,3,5-四取代苯)、 1700cm^{-1}(1,2,4,5-四取代苯)及 1730cm^{-1} (1,2,3,4-四取代苯)各有一个更弱的带
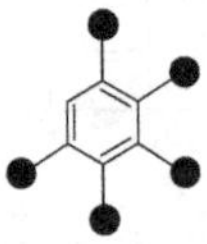 五取代	900～850(11.5～11.8),强,(1H) 2000～1700(5.00～5.88),弱	位置和强度多变 很像 1,2,3,5-四取代苯
六取代苯	2000～1700(5.00～5.88),弱	很像 1,2,3,5-四取代苯